イギリス歴史人口学研究

社会統計にあらわれた生と死

安元 稔 著
Minoru Yasumoto

名古屋大学出版会

イギリス歴史人口学研究

目　次

序　章　歴史人口学とはなにか……………………………………………1
　　　　──本書のねらいと構成──

第Ⅰ部　史料と統計制度

第1章　人口動態統計記録の系譜………………………………………10
　　　　──教区登録制度から世俗身分登録制度へ──

　1　教区登録制度の変遷　11
　2　1836年「登録法」と身分登録本署の設立　54

第2章　人口静態統計制度の展開………………………………………84
　　　　──近代センサスの生成過程──

　1　センサス以前の人口静態統計　84
　2　1801年第1回センサス　116
　3　1841・1851年近代センサスの成立　136

第Ⅱ部　イギリス歴史人口学の世界

第3章　出生から結婚まで………………………………………………162

　1　出生力の動向と産業革命期の人口増加　163
　2　ヨーロッパに固有の結婚・家族形態　189

第4章　移動，そして生の終着点へ……………………………………202
　　　　──近代における人口の流動性と死亡──

　1　人口移動　203
　2　乳幼児死亡・成人死亡と平均余命　227

第 III 部　近代イギリスにおける生と死

第 5 章　出生・結婚，老年と終末期 …………………………… 234

　　1　産科医の症例記録から見た出産　234

　　2　19 世紀工業都市における結婚・世帯形成と人口再生産　254

　　3　救貧院の歴史人口学——貧困・疾病と家族関係　269

第 6 章　19 世紀工業都市の疾病と死亡 …………………………… 290
　　　　　　——工業化・都市化と環境破壊——

　　1　都市と農村の死亡率　291

　　2　人口集積・過密と感染症の流行　301

終　章　近代イギリス史研究と歴史人口学 …………………………… 345

　　注　　　　349

　　付　　録　394

　　引用史料・文献一覧　418

　　あとがき　441

　　初出一覧　445

　　図表一覧　446

　　索　引　451

序　章

歴史人口学とはなにか
――本書のねらいと構成――

　歴史人口学（démographie historique ; historical demography）とはどのような学問分野なのであろうか。あらゆる角度から人間の営みを時の経過の中で解明しようとする諸々の歴史研究に伍して，歴史人口学は何を明らかにしようとするのであろうか。固有の分析用具・思考様式を持つ領域なのであろうか。今日までの社会科学の歴史において，歴史人口学はどのような位置を占めてきたのか，そして，固有の領域として自立してきた背景とは何なのであろうか。歴史人口学は，端的に言えば，社会を構成する基層の一つは人口と家族であるという視点に立って，人口と家族の動向が社会・経済・政治・文化などの諸側面に作用し，後者の変化がまた人口・家族に影響を与えるという相互作用を歴史的に解明することを目指している。過去の人間の営みとその結果の根底にあるものをじかに対象として選び，諸個人の行動様式を科学的に追究し，その成果を他の歴史的局面に照射することによって，社会・経済・文化などのメカニズムをより鮮明にすることを目指す領域である。言い換えれば，特定の環境の枠組みの中で生きる生物としての人間集団の生命現象を，時の経過を通じて検討することが歴史人口学の内容である。

　歴史人口学が人口学の単なる一分野から自律した領域として登場するきっかけの一つとなったのは，1960年にストックホルムで開催された第11回歴史科学国際会議（The International Committee of Historical Sciences ; Comité International des Sciences Historiques）におけるフランス国立人口学研究所のルイ・アンリによる講演「歴史的人口研究の最近における発展」であろう。このセッションは「歴史の方法」をテーマに設けられたものであり，講演の中で，アンリは近世以降

にキリスト教の宗教的通過儀礼として教区教会に登録されるようになった洗礼・結婚・埋葬を記録した教区登録簿（registres paroissiaux；parish registers）を史料として用いる歴史人口学の新たな方法，家族復元法（la reconstitution des familles；family reconstitution）について解説した。講演の衝撃は大きく，史料・問題意識・研究体制の充実の程度に大きな差があったにもかかわらず，多くの国々で独立した領域としての歴史人口学が呱呱の声をあげたのである。以後，この領域は社会史・経済史・家族史・医学史・女性史・子供と老齢者の歴史研究などに少なからぬ影響を与え続けている。

　アンリは，その後1967年に上梓した『歴史人口学の方法』において，拠るべき史料について次のように述べている。「広い意味において，歴史人口学は統計的な情報が全くない過去か，あるいは不十分な過去（遠近は問わない）のすべての人口の歴史を対象とするものである。このように定義すると，こうした人口は最も古い時期からつい最近の過去までの歴史全体を含むものであるということができる。しかし，この茫洋たる過去には特に史料に関して大きな違いが存在し，時期を細分する必要がある。この過去の細分において，「原基的統計」時代（la period « protostatistique »）が特に重要となる。この時期には統計と呼ぶべきものは少ないか，あるいは全く存在しない。しかし，分析に利用することが可能な史料は残存しているからである」[1]。

　歴史人口学という領域の性格について，この分野の黎明期であった第二次大戦直後の1946年という早い時期に，直截的な形で言及した一つの例として，フランスの歴史家であるルイ・シュヴァリエの言説を挙げておこう。シュヴァリエは，「歴史学はかつて長い間，政治史・行政史研究を中心とするものであった。しかし，次第に歴史研究は経済史・社会史へ向かいつつある。われわれの過去が，なぜ，そしていかにそうなったのかは最終的に人口との関わりの中でしか理解できない」とさえ述べている[2]。こうした視点は，わが国の歴史人口学研究の根底にも横たわっており，「社会を構成する基層は人口と家族である」という共通認識に導かれて研究が急速に進んでいる[3]。

　アンリの『歴史人口学の方法』刊行の2年後にイギリスではT. H. ホリングスワースが，その後のイギリスにおける歴史人口学研究の礎石を築いた優れた解説書である『歴史人口学』を公刊している。これに先立って，ホリングス

ワースはすでに 1957 年に「英国公爵家族の人口学的研究」[4] を著している。そして，1964 年には「イギリス貴族の人口」を『人口研究』誌上に発表していた。正確な記録資料に基づいて，ホリングスワースはイギリス貴族の信頼すべき人口史を復元し，人口史研究の領域において確固たる地歩を固めたのである[5]。

　ホリングスワースの『歴史人口学』は，センサスはもとより，世俗登録簿，死亡表（Bills of Mortality），教区登録簿・陪餐者（communicants）名簿をはじめとする教会史料，遺産目録，遺言状，家系図，租税記録，考古学資料，墓跡に至るまで多数の原史料を挙げ，それぞれの史料としての質を検討し，歴史人口学の方法について史料にそって紹介している。次いで，著作刊行までの時期に公表された内外の歴史人口学研究の成果を俯瞰している。出生・結婚・死亡を記録した各種の人口動態記録に相当する史料を考察した章では，後に詳しく言及する教区登録簿を用いる「家族復元法」に多くの紙幅を割き，その限界と問題点を指摘している。最後に，歴史研究における人口史の限界に言及し，その後の歴史人口学研究に貴重な指針を与えた[6]。

　後に詳しく紹介するイギリス歴史人口学の拠点となる「ケンブリッジ人口・社会構造史研究グループ」（Cambridge Group for the History of Population and Social Structure 以下ケンブリッジ・グループ）が，1541 年から 1871 年に至る期間のイングランドの総人口を復元した著書を刊行したのと同じ 1981 年に，ロンドンにおける 8〜10 教区の教区登録簿を用いたロジャー・フィンレーによる首都ロンドンの人口に関する詳細な研究が刊行された。中心部（City）・特別行政区（Liberties）・外縁教区（Out-parishes）・郊外教区（Distant parishes）を含めれば大小 130 の教区からなる巨大都市ロンドンの近世における人口の動向を復元した，きわめて優れた先駆的業績である。記録の正確性を検証する史料批判を経た後，教区登録簿の洗礼と埋葬，死亡表の動向からロンドンの人口変動が推計されている。1638 年の「教会十分の一税調査記録」の検討は，ロンドン各地域における社会構造の相違を分析し，「家族復元分析」の妥当性を検証するための準備作業である[7]。数教区の登録簿に「家族復元分析」を適用した結果が，死亡率・結婚・出生率について詳述されている[8]。

　これに先立って，フィンレーは良質な教区登録簿に恵まれているロンドンの

4教区に「家族復元分析」を適用し，1570～1653年における生命表を算出し，プリンストン・モデル生命表を用いて各教区の出生時平均余命・乳児死亡率（出生数1,000に対する1歳未満の乳児死亡数）などを推計した結果を公表している[9]。そこでは，貧しい教区と比較的富裕な住民からなる教区の生命表の間における有意な相違が検出されている。すでに「家族復元分析」が完了していたイングランドの2教区の生命表，あるいは同時期におけるスイス，ジュネーヴの出生時平均余命との比較も行われている[10]。興味深いのは，「家族復元分析」を終了したイングランドの数教区のみならず，17世紀におけるジュネーヴをはじめとするヨーロッパ各地の都市の人口指標がこの時点で比較され，近世におけるロンドンの歴史人口学的特質が浮き彫りにされていることである[11]。

後に詳しく検討するように，ケンブリッジ・グループのE. A. リグリーとR. S. スコッフィールドが，1981年に404の教区登録簿の集計値と1871年センサスを用いた遡及推計（back projection）によって1541～1871年におけるイングランドの各年の総人口を復元してからすでに30年余りが経過した。このグループは1997年に，イングランド全域に散らばる26の教区登録簿について，記録の正確性が検証済みであることを確認したうえで，家族復元分析によって算出した1580～1837年の結婚・死亡・出生に関する詳細な人口指標を明らかにしている。2000年には人口地理学者のロバート・ウッズが1837年以降の人口動態統計調査（Annual Reports of the Registrar General）を利用した研究（全国および地域別の結婚・家族制限・死亡の動態統計，特に都市化の人口学的含意に関する包括的な研究）を著し，2009年には出生以前の胎児の健康と死亡に関する国際比較研究を公刊している。こうして，近代イギリスを対象とした体系的な歴史人口学研究はほぼ出尽くしたように見える。死亡・出生に関する研究成果に比べるとやや取り残されたかに見える人口移動研究に関しても，ここ数年の間に重要な文献が相次いで刊行されている。

2016年には，約半世紀以前に事実上自律的な領域として確立した歴史人口学研究の軌跡を辿ったアンソロジー『歴史人口学の世界史――学際研究の半世紀』が刊行された。その中でイギリスにおける歴史人口学研究の半世紀にわたる足跡を回顧したP. M. キットソンは，「イングランドとウェールズの歴史人口学研究は解決すべき諸課題をもはや残していないと思われるほど成功しすぎ

てきた」と指摘している[12]。この指摘はある意味で正鵠を射ているといってよいであろう。しかし，残された課題もこの著書刊行を契機に以前よりも明らかとなってきた。史料，統計制度，疾病，死亡，人口移動，工業化・都市化の進展による環境悪化と公衆衛生をはじめ，現在イギリス歴史人口学研究は新たな課題を開拓する出発点に立っている。

　本書は，日本を含め世界の歴史人口学を牽引してきたイギリス歴史人口学の半世紀に及ぶ成果と到達点を見据えて，新しい史料による実証も加え，イギリス歴史人口学の新たな全体像を提示しようとするものである。わが国におけるイギリスを対象とした歴史人口学研究は少数の専門家を除いてまだ広範な理解者を獲得していない。また，研究成果の蓄積も十分ではない。本書の目的と課題は，このような研究状況の空隙を埋めることによって，内外の歴史人口学研究に可能な限り貢献することである。現在一つの節目を迎えたと思われるイギリス歴史人口学の到達点を回顧し，今後の進むべき方向を展望することはイギリス社会史・経済史の再構築に資するところが少なくないと思われる。史料・分析視角における独自性を第一義として，イギリスにおける歴史人口学研究にも貢献することを目指している。本書は，筆者がこれまで収集した多数の第一次史料を用いた新たな分析結果を提示することによって，歴史と人口現象の相互作用に興味を持つ人々にこの領域の新鮮さと奥深さを知ってもらうことを目的としている。

　序章，終章のほか，本書は三部から構成されている。第Ⅰ部「史料と統計制度」のねらいは，以下の通りである。まず，近代イギリスにおける人口現象の具体的な分析結果の信頼性・正確性を担保する史料の性格，および史料がどのような歴史的文脈で作成され，記録されたのかを吟味するために，統計制度の変遷を追う。具体的には，人口動態統計，すなわち時間の流れの中で変化する人口変動の構成要素である出生・結婚・死亡・移動の統計記録の前身として，主要な史料の一つである洗礼・結婚・埋葬を記録した教区登録簿の性格と登録制度の変化を跡づける。次に，1801年から実施された人口静態統計であるセンサス（census）成立の社会経済的背景を検討する。センサスとは変動しつつある人口のスナップ・ショット，瞬間映像にほかならない。さらに，これら二つの主要な記録を残した統計制度を，とりわけ統治機構による情報収集・中央

管理,近代国家形成の歴史的過程として考察する。

第II部「イギリス歴史人口学の世界」では,現在までイギリスの歴史人口学研究を牽引してきた上述のケンブリッジ・グループが,404の教区登録簿の集計値と1871年センサスを結合した遡及推計に基づいて,1541〜1871年におけるイングランドの各年の総人口を復元した画期的な方法とその結果を解説する。次いで,フランスの歴史人口学者アンリが開発した教区登録簿を用いる「家族復元分析」という手法に依拠して,同グループがイングランドの26の教区登録簿の分析によって算出した詳細な人口動態統計,およびこれまで内外の研究者によって蓄積されてきたその他の研究動向を回顧し,近代イギリスの人口史について何が明らかとなったのか,そして今後取り組むべき課題は何かを展望する。

第III部「近代イギリスにおける生と死」の課題は,第一次史料を用いて,生の出発点としての出産から結婚・家族形成を経て死に至るライフ・ヒストリーの復元を試みることである。ここではまず出産の実態を,繊維工業都市リーズ(Leeds)の産科医が18世紀後半に残した詳細な症例記録(case notes)を分析することで解明する。次いで,北東部イングランドの新興工業都市における19世紀後半の結婚・世帯形成の特色をセンサス個票から検討し,青年期・壮年期の人口行動を追う。そして,厳しい生の果てに行き着いた救貧院(workhouse)において被収容者を待ち受けていた疾病と家族の絆の変化を,彼らの親族関係から分析する。最後に,同じく19世紀末期の工業都市が短期間に経験した三度にわたる感染症の流行,すなわち伝染性肺炎・腸チフス・天然痘による死亡の実態分析を通じて,工業化・都市化がもたらした環境破壊の影響を明らかにし,併せて都市共同体の対応を考察する。

ここで,本書で取り扱う問題を地域・時期・領域別にあらかじめ限定しておきたい。一般的に用いられている英国あるいはイギリスを構成するイングランド・ウェールズ・スコットランド・アイルランドのうち,本書で取り扱うのは主としてイングランドとウェールズである。スコットランド・アイルランドは単著で取り扱うには制度的にも史料的にもあまりに個性的であるからである。16世紀半ばから19世紀末期までの時期を対象とする理由は,主要な史料の一つである教区登録簿が宗教改革を契機に登場するからである。他の理由は,歴

史人口学研究には不可欠のもう一つの史料である人口静態統計を提供するセンサスが，イングランドとウェールズでは1801年に初めて実施され，19世紀を通じて近代的な人口静態統計制度が整備されてくるからである。問題領域に関しては，歴史人口学を構成する重要な柱の一つである医学史（medical history）研究の成果については，独立した章で包括的に紹介することはせず，他章の記述を補うに当たって必要な限りでふれるにとどまった点を注記しておきたい。近年におけるイギリス医学史研究の進展は著しく，その成果の積み重ねは分厚いものとなりつつある。現在までのイギリスを対象とした医学史研究の成果を一次史料に基づきつつ整理し，今後の課題を検討することは別の機会に譲りたい。また，人口現象と関わりがある限りにおいて，家族史（family history）についても触れざるをえないが，家族史研究の現状や研究史の回顧それ自体は本書の主要な課題ではない。

第 I 部

史料と統計制度

第1章
人口動態統計記録の系譜
―― 教区登録制度から世俗身分登録制度へ ――

　国家による統計作成事業が軌道に乗り始める19世紀世紀前半に至るまでの「前統計時代」とも呼ぶべき時期においては，17世紀に登場した「政治算術」を除けば，社会現象を数量的・統計的に捉えようとする思考様式はなじみの薄いものであった。しかし，アンリのいう「原基的統計」時代，すなわち，統計的分析に利用することが可能な史料が残存する時代は確かに存在した。イギリスの場合，少なくとも人口統計に関する限り，16世紀半ばの宗教改革とそれによってもたらされた洗礼・結婚・埋葬の強制的登録を内容とする教区登録制度は，「原基的統計」時代の幕開けを告げるものであった。
　この章では，統計調査を目的としない宗教的通過儀礼の記録という情報を世俗当局がどのように利用しようとしたのか，正確な登録の徹底と中央による情報収集と制御にいかに腐心したのかを分析する。そして，18世紀中葉に登場した世俗身分登録への編成替えの試みを詳しく紹介し，教区登録制度が長期にわたる試行錯誤を経て世俗身分登録制度へと昇華してゆく歴史的過程を検討する。さらに，1836年に設置された人口統計作成を担当する世俗機関である身分登録本署の組織と活動を解説し，統計記録の精度を保証するいくつかの制度について詳述する。

1　教区登録制度の変遷

1）宗教改革と教区登録制度

　最初に歴史人口学および史料論の観点から，本書で利用することになる種々の統計数値の精度の向上，情報収集の効率化を保証する制度改革が具体的にどのように進展していったのかを究明しておかなければならない。基本的な人口現象である出生・結婚・死亡を発生のつど記録した登録簿および一時点における人口総数とその構成を調査するセンサスのそれぞれが生成してゆく歴史的背景の検討は，歴史人口学が依拠する主要な史料の性格を理解するためには不可欠の作業である。人口動態統計である前者は，イギリスにおいては16世紀半ばから始まった宗教改革の過程で制度化された。他方，人口静態統計であるセンサスは，1801年から10年ごとに実施されることになった。この章では，事実上の人口動態統計記録である教区登録簿が存続した歴史的環境と，史料の正確性を担保する制度の展開を検討しておこう。

　イギリス宗教改革の事実上の完成を象徴する1534年11月・12月の国王至上法[1]によって，ローマ教皇の首位権から分離・独立し，英国国教会の「最高首長」(*supreme heed or hede*) としての地位を獲得したヘンリー八世は，1536年7月18日に，寵臣であったトマス・クロムウェル（Thomas Cromwell）を宗務総監・主教総代理（Vicar-General）および国王総代理（Vicegerent）に任命した。もともとクロムウェルはコモンローを学んだ実務的な法律家出身であった。政界の表舞台に立つ前にロンドンにおいて法律業務に携わっていた時期に，大法官府への請願・和解文書・定期借地・土地取引関連書類の起草に従事しており，土地法・商業取引には通暁していた[2]。彼はまた中央政界に登場する以前のある時期まで毛織物商としてイタリア・低地地方などの大陸諸国に滞在し，鋭い現実感覚と行政手腕に恵まれていたといわれている[3]。

　宗務総監・主教総代理，国王総代理就任直後に，クロムウェルは全国の聖職者に対して，首長命令（injunction）を発し，「ローマ教皇の権威を否定する法」[4]および国王至上法の遵守を強い調子で再確認している[5]。首長命令とは，宗教改革時に国教会首長としての国王が聖職者に対して発した命令であり，

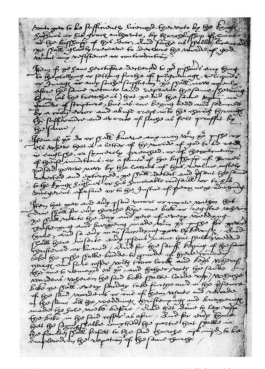

写真 1-1　トマス・クロムウェルの聖職者に対する首長命令（1538 年 9 月，一部）

出所）National Archives, State Papers, SP 6/3 f. 1.

1538 年のそれは国王総代理としてのクロムウェルが発した最初の首長命令である。1571 年に聖職者会議（Convocation）の教会法規に代わるまで，計 4 回首長命令が発せられている。この首長命令は，ローマ教皇権からの分離独立後，英国国教会独自の教義を制定する必要に迫られ，教会内の統一・結束を図る目的で遂行された国教会体制整備の最初の試みであったが，それ自体はまだ矛盾を含むものであった。

その後まもなく，クロムウェルは当時イングランド全域におよそ 1 万 1000 あった教区（parish）の受禄聖職者（incumbent）と俗人の教区委員（churchwardens）に対して，次のような首長命令を発している[6]。教区登録制度導入に関する箇所（写真 1-1 参照）を転写すれば以下の通りである。

当主教管区のすべての教区正副聖職者は，教会に一冊の登録簿を用意し，自身およびその後継者の任期中に教区で発生したすべての結婚・洗礼・埋葬の日時を記入し，登録簿にすべての結婚・洗礼・埋葬当事者の氏名を記入しなければならない。登録簿の安全な保管のために，教区は共同で費用を負担し，二つの鍵を備えた安全な櫃を用意し，鍵の一つは聖職者，他は教区委員が保管し，登録簿を収納しなければならない。教区聖職者は，毎日曜日に登録簿を櫃から取り出し，すべての教区委員あるいはその一人の面前において，前の週に発生したすべての結婚・洗礼・埋葬を登録簿に記入し，それが終わった後，登録簿を以前の通り櫃に戻さなければならない。それを怠った当事者はそのたびごとに当該教会に3シリング4ペンスを支払うこと，その違約金は教会の修復に使用されるべきである。

　この教区登録制度導入に際してクロムウェルの念頭にあったのは，次のようなことであったと思われる。洗礼・結婚・埋葬という重要な宗教的通過儀礼の教区聖職者による登録を通じて，国教徒と非国教徒（Nonconformists；Dissenters）を分断し，成立後まだ日の浅い国教会体制の効果的な浸透・周知徹底を図ることである。あわせて，治安維持・救貧・農業生産その他を管理する，政治的・社会的・経済的な末端統治機構としての教区制度のいっそうの整備を意図したのである。クロムウェルにとってさしあたり重要であったのは，国教会聖職者が教区の洗礼・結婚・埋葬を記録することであって，身分登録あるいは中央による情報の集中管理といった問題は二義的なものであった。しかし，こうして導入された教区登録制度はその後の300年間，英国国教会・世俗国家，カトリック・プロテスタント諸派・ユダヤ教徒などの非国教徒という互いに利害を異にする勢力の間で絶えず動揺を続け，その性格の変化を余儀なくされることになる。クロムウェルが教区登録制度導入を図った1538年の首長命令が十分に効果を発揮しなかったという事実は，エドワード六世による同趣旨の首長命令の発布からも窺われるところである[7]。

　他の多くのキリスト教圏ヨーロッパ諸国の場合と同様，教区登録簿に記載された情報は，写真1-2に示すように，家族・世帯を単位として編成されたものではない。東アジアの一部の社会で見られたような制度，すなわち世俗あるい

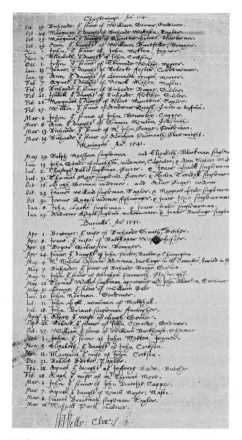

写真 1-2 教区登録簿（Saint Peter Mancroft, Norwich, 1541/42 年，一部）

出所）Norfolk Record Office, PD 26/1. この教区登録簿は，Vicar of the Church of Saint Peter Mancroft, Norwich および Norfolk Record Office のご好意により転載したものである。

は聖界当局が，租税・傭役徴収，徴兵その他を目的として住民の家族・世帯に関する情報を集中管理し，家族・世帯成員のライフ・サイクル上に発生した異動を逐次書き加えてゆく「加除式登録」という形式を持つ「戸籍制度」は，かつて一度もイギリスに存在したことはなかった。イギリスにおいては，教区登

録制度開始後300年を経て導入された世俗身分登録制度（civil registration）も現行の登録制度も，個人のライフ・サイクル上の出来事（event）を個々ばらばらに登録するという基本的な性格を失っていない[8]。

　1538年のクロムウェルの首長命令は，いうまでもなく，直接的には教会行政上・管理上の動機に発するものであった。ローマ教皇の霊的権威を否定し，その支配からの分離・独立を進めたヘンリー八世とその統治担当者は，急遽，英国国教会の正当性（legitimacy）を確立し，国民に周知徹底するという難題を突き付けられたのである。この困難な課題解決のためには，すべての階層の聖職者に対して国王の教会裁治権・世俗統治権（jurisdictions）の何たるかを理解させ，聖職者を通じて，末端の教区民に英国国教会（Anglicana Ecclesia）の最高首長がイギリス国王であることを認知させなければならなかった。聖職者の義務の遵守，日常生活の規範の提示，十信仰箇条における独自の教義や儀式の公知，聖奠（sacrament）としての洗礼，あるいは結婚，埋葬の教区登録簿への記録と厳重な保管義務の遵守をはじめとして統治機構が意図したのは，誕生まもない国教会体制の速やかな浸透であった。

　トマス・クロムウェルによる首長命令には，今日われわれが考えるような，世俗国家が個人の身分の同定・人口数の計上を直接目的とするという趣旨は少なくとも明示的には記されていない。しかし，教区登録制度が聖奠としての洗礼，結婚，埋葬といった宗教的通過儀礼の聖職者による記録制度以上の歴史的意味を持ちえなかったと断定することはできない。300年の長きにわたって継続したイギリスの教区登録制度には，後述するように多様な側面があったのである。以下，教区登録制度と300年後の1836年に導入された世俗身分登録制度を歴史的に跡づけることにしよう。

　イギリスに教区登録制度を初めて導入した1538年の首長命令は，小修道院解散，王妃アン・ブーリンの処刑，聖職者に対する第1回目の首長命令[9]と矢継ぎ早に国王至上法体制の実現を推進してきたヘンリー八世が，「恩寵の巡礼」（Pilgrimage of Grace）に代表される旧勢力の一応の鎮圧に成功した直後に出されたものであった[10]。しかし，この首長命令の翌年に，教区登録制度が課税を目的とするものではないかとの風評に基づいて西部諸州に不穏な動きがあった事実や，同趣旨の首長命令が，続くエドワード六世治世（1547年）に，あるいは

即位直後のエリザベス一世（1559年）によって発せられていることを考慮すれば，教区登録制度はもとより英国国教会体制そのものが歩んだ道が平坦なものではなかったことは明らかである[11]。

　この間，教区登録制度導入当時の目的・理念の実現を目指す聖界側の締め付けと既得権益擁護の動きがあったことにも注目しておくべきであろう。たとえば，1547年のカンタベリー大主教管区の巡察項目の一つには，教区登録簿の保管と結婚・洗礼・埋葬の正確な記載の有無が挙げられている。また，メアリー治世下の1555年に枢機卿ポールは，司教が巡察に際して，教区聖職者が受洗者と教父母・結婚当事者・死者の氏名を正確に登録簿に記載しているか否かを調査することを命じ，2年後にもほぼ同様の巡察項目を掲げている。さらに，エリザベス一世は前述のように即位直後の1559年にトマス・クロムウェルのそれをいっそう厳しくした首長命令を発し，教区登録制度の周知徹底を図っている[12]。

2）ヘンリー八世の国王回状

　教区登録制度の歴史において，上に述べた登録制度導入を命じた1538年9月5日のトマス・クロムウェルによる首長命令よりもいっそう重要であると思われるのは，その数か月後の1538年12月に発せられたヘンリー八世による回状である[13]。この国王回状を転写し，重要部分に邦訳を施しておこう（写真1-3，原文は巻末付録参照）。初期テューダー朝の統治機構による国民への情報・指令伝達手段としては，布告（proclamation）・国王回状（circular ; royal circular letters）・首長命令があり，回状は布告よりも多数の，特定の階層，主として治安判事（justice of the peace）に情報・指令を伝達する手段として用いられた。拘束力は強く，最も直接的かつ権威のある手段であり，国王総代理時代のクロムウェルによって多用された[14]。

　　余が信頼し，敬愛する臣民に対し，心からの挨拶を送る。余は，高貴なる者も庶民もその平和・安寧・繁栄・静穏，そして余に劣らずその保護のみをもっぱら顧慮し，提供してきた。そして，その目的のために，最近，臣民とわが王国の治安判事に対して，以下の内容を含む書状を送付した。

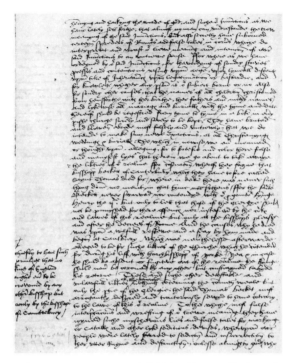

写真 1-3　ヘンリー八世の治安判事に対する回状（1538 年 12 月，一部）

出所）British Library, Cotton Library, Cleopatra E.VI, ff. 226-227.

（中略）

　われわれは既述の首長命令によって，以下のように命じた。年齢，直系血族による財産法定相続，不動産法定相続の権原，嫡出・非嫡出の別，そしてイギリス国民として出生した臣民であるか否か，あるいはその他の原因から生じる様々な抗争・訴訟手続上の問題・係争を避けるために，以後，すべての教区において受洗した子供の氏名をその出生日時と父母の氏名とともに，また，同様にすべての結婚当事者・被埋葬者の氏名と日時を，発生のつど，教区登録簿に記録し，安全に確実に保管しなければならない。彼らは，われわれがすべての洗礼，結婚と埋葬〔の登録〕に対して新たに手数料を課すつもりであるとのきわめて誤った，虚偽のうわさを愚かにも広くまき散らして

いる。われわれはこうした意図をまったく持たず，考えたこともない。彼らは，われわれが王国の自由を奪うことに努めているとする，不正確で明白な虚偽を強弁し，正当化しようと強く主張している。

この回状送付の目的は，前半部分にある通り，英国国教会の権威の再確認と，ローマ教皇権の否定を命じた以前の首長命令の遵守を求めることである。国王自身が英国国教会の最高首長として修道院の院長，その他役職者，修道士に対して，国教会の聖職者としての全般的な心構えや修道院における日常生活の規範を述べた最初の首長命令である1535年のそれ[15]，宗務総監・主教総代理・国王総代理に就任したトマス・クロムウェルが発した1536年のそれ（英国国教会の最高首長として国王を承認する「国王至上法」を遵守すること，教区民に対して，その事実と従来の首長命令の遵守，十信仰箇条，十戒，主の祈りを教示することなど[16]），および聖奠としての洗礼，結婚・埋葬の届出と教区登録簿への登録を命じた1538年の首長命令が，特に教区牧師・主任司祭・副牧師などの教区聖職者による懈怠・曲解・偽りの説教あるいは首長命令の誤読によって教区民を混乱に陥れている事態に鑑み，発せられたものである。聖界勢力への世俗権力の浸透が未だ不十分であり，首長命令の趣旨と強制力に対する聖職者の無理解・反発に直面した統治機構による反応の一つと解釈できるであろう。

統治の主要な内容をなす国民の身分同定手段に関する情報管理を世俗の地方名望家としての治安判事に委ねる契機になったという意味において，この1538年の回状は重要である。身分の同定作業は，民勢（demography）の把握と「国民」（Nation）の形成を通じて，中央集権化を図る手段であった。この回状にある次の言葉は，ことのほか重要である。すなわち，「年齢，直系血族による無遺言不動産〔物的財産〕相続（lyneall descents），物的財産法定相続権（title of inheritance），嫡出・非嫡出（legitimacon or bastardie）をめぐって生じる様々な争い，訴訟手続き，および係争の出来を回避するため，特定個人が生まれながらのわが臣民であるか否かを知るため，そしてその他諸々の理由から，われわれは既述の首長命令において，次のように命じた。すなわち，爾後，出生し，洗礼を受けた子供の洗礼名，父母の氏名，また同様にすべての結婚当事者と被埋葬者の名前と発生時刻と日時を，発生のつど，すべての教区教会の登録簿に

記入すること，そしてその教区登録簿を安全かつ確実に保管することを命じる」[17] という文言である．

　重要なことは，教区登録簿の記入と保管は，年齢，直系血族による財産法定相続，不動産法定相続の権原，嫡出か非嫡出かをめぐって生じる様々な係争を回避するためのものであると明言している点である．教区登録簿を不動産権原の真実性の証拠，訴訟における「許容性のある証拠・証拠能力のある証拠 (admissible evidence)」として採用しようとする意図が明らかである．この試みの背後にはまた，不動産権原内容の可視化・透明化の実現を通じて土地流動性を高める目的があったものと思われる．

　イギリス国民として出生した臣民であるか否かを調査すること，「国籍」の同定を目指したことも看過できない．教区登録簿という身分登録の強制は，当初からイギリス「国民」を対象として本人確認と土地に対する私的所有権の権原を認証する手段を講じるというきわめて世俗的な動機に発するものであった．ヘンリー八世のこの回状は，特定の場所（教区）への帰属と財産所有権を明確にすることによって，「国民」としての自覚を喚起することを目的の一つとしていたのである．その意味で，聖職者による教区登録簿への洗礼・出生，結婚，埋葬の登録と保管の監視を治安判事という世俗機関に対して強制したこの回状は，イングランドに居住するあらゆる人々をイギリス「国民」として認定し，その権利の一部，特に当時の主要な資産であった土地所有権を統治機構が保証しようとする意図の下に発せられたものである．

　このように 1538 年の回状の意図は，宗教改革以降に進められていた近代国民国家形成の支柱である「国民」の認定，権利の確認と賦与，そのための正確かつ信頼度の高い記録の作成への布石という文脈で捉えなければならない．ヘンリー八世の回状は，近代国民国家の構成員を特定する試みであり，教区登録簿をそのための手段として位置づけようとしたものであった．私的所有権の権原証明には，所有権の人格的表現としての個人の身分同定と，土地そのものの権原を証明する登録の双方が深く関わっている．あえていえば，最初に私的所有権の法的整備の試みがあり，そのための手段として教区登録制度を導入し，身分登録を制度化したともいえるであろう．ヘンリー八世，トマス・クロムウェルとその顧問団，国王評議会からなる当時の統治機構の制度設計を時間的

な経過の中で追ってみると，最初に国民の私的所有権を確認する手段の導入，次いでそのための身分登録制度の整備と情報の中央集中管理・集権的処理機構の構築，という順序で事態は進行したように見える。

　全国の治安判事に宛てて発せられた1538年のヘンリー八世の国王回状に明言されているように，教区登録簿の記録と保管の第一義的な目的は，国民個人の属性に関する情報の記録・保存はもとより，土地相続・譲渡の法的前提となる不動産所有権の確定を身分登録制度の整備を通じて達成することであった。重要なことは，当時の統治機構は土地という私的所有の対象物に関する正確な情報を収集する有効な手段を持っていなかったということである。国家形成のもう一つの支柱である「国民」の主要な資産である土地に対する私的所有権は，コモンロー体系の下にあったイギリスでは中世以来の複雑な財産法・不動産法によって不明確であった。少なくとも，コモンローの土地法に習熟していない者にとっては，複雑・難解なものであった。この事実は不動産相続・売買・譲渡に対する少なからぬ障害となり，土地の流動性を弱める方向に働いた。また同時に，不動産取引に関わる専門知識を有した階層，すなわち不動産に関わるコモンローに通暁した法律家（attorney-scriveners）の既得権益を強固なものにしていたのである。こうした制度設計の背後に，コモンローに通じた実務法律家としてのトマス・クロムウェルの影を見ることも可能であろう。

3）中央による情報統制への動き

　1538年12月のヘンリー八世による回状送付直後から，教区登録簿への登録と記録の厳重な保管という指令に対して否定的な反応が広がり，治安判事をはじめとする地方官僚が相次いでこれを中央に報告している。国教会体制浸透の一環として教区登録制度の徹底を進めつつある統治担当者にとって，地方における民衆の動向を知ることは喫緊の課題であった。おそらく，治安判事裁判所あるいは四季裁判所における尋問に対する供述宣誓書に基づいてであろう，各地からこの問題に対する住民の反応が中央に伝えられている。1539年には，「大修道院解散」が強行され，旧カトリック勢力および一般民衆の国教会体制推進に対する不満が一挙に高まっていた。同年2月にはノッティンガムのマーシャル（John Marshall）が，3月18日にはサセックス（Sussex）の治安判事であ

るコヴァート (R. Covert) とミッチェル (J. Michell) が連名で，「国王が埋葬・洗礼に対して，〔一件当たり〕3 シリング 2 ペンスを徴収するのではないか」との風評が流布している事実を伝えている[18]。4 月 20 日には，西部のデヴォンシャー (Devonshire) とコーンウォール (Cornwall) における状況が，エッジコム (Sir Piers Eggecomb) によって伝えられている。国王が指令した教区聖職者による結婚・埋葬・洗礼の登録簿への記録と厳重な保管に対する不安，特に登録によって従来以上の賦課金が徴収されるのではないかとの懸念が住民の間に広がり，不穏な雰囲気が漂っているとの報告である[19]。これらはすべて，国王代理・司教代理であるクロムウェルに宛てた，新制度の導入に対する地方住民の不安と緊張を伝える報告であった。

続いて，教区住民の身分上の異動に関する情報を地方あるいは中央が集中し，管理するという，本来の身分登録制度確立への萌芽が窺われる法案が庶民院に上程されている。1547 年に庶民院の第一読会において，各州に州記録保管所 (a Treasure-house in every shire for kepyng of the Records) を設立する法案が議論された[20]。エドワード六世による教区登録の徹底を指示した首長命令[21]の発布と同年に，記録保管所をすべての州に設置する法案が上程されていることは注目すべきである。計 4 回の首長命令にもかかわらず，はかばかしく浸透しない国教会体制の定着に腐心する統治機構の試みであった。末端の聖界および世俗執行機関に対して，国教会体制の浸透を促したものであり，1547 年の記録保管所の設置の試みもそうした文脈で理解すべきである。史料焼失のために詳細は不明であるが，この法案はその後廃案となり，州記録保管所の設立は実現しなかった。しかし，登録簿の謄本を各教区から州記録保管所に移送することを義務づけ，地方世俗機関が住民の身分に関する情報の集中管理を意図したこの法案の趣旨は，教区登録制度を何らかの目的に沿った「身分登録制度」として利用しようとする勢力が存在していたという事実を示唆している[22]。

1563 年に庶民院の第一読会に上程され，同様の経過を辿って廃案になった法案「結婚・洗礼・埋葬を登録する教会記録簿を保管する登録本署を設立する法案」[23]も，世俗勢力（議会）による教区登録制度への干渉・利用という意図の表れであった。法案提出の背後に，バーリー卿 (Lord Burghley) ウィリアム・セシル (W. Cecil) による，教区を単位とする救貧行政整備および系統的

救貧費の徴収対象としての教区住民の実態に関する情報収集の試みを見ることができる[24]。この法案は，1547年のそれよりも詳細な規定を含み，大主教・主教が主教管区（diocese）に登録本部を設置し，教区記録の謄本を送付するよう明確に義務づけている。この法案は，教区登録制度導入以来24年のあいだ，紙の登録簿に記録されていた記載事項をすべて大判上質の羊皮紙に書き写すこと，その費用は一定額以上の動産・不動産を所有する両親・当事者・夫婦に負担させることを規定している。

結婚・洗礼・埋葬手数料の徴収に対する反対が原因であったのであろうか，この法案は聖職者の賛同を得ることができず，1547年の法案と同様に廃案となった[25]。なお，この法案には次のような興味深い文言がある。すなわち，「教区登録簿に記載された内容の検索を希望する者は4ペンスを，聖職者の署名を付した羊皮紙に書かれた証書の入手を希望する者は12ペンスを，そしてそのような証書あるいは記録に付された聖職者の署名については，4ペンスを支払わなければならない」[26]。法案の目的の一つが，身分登録証明謄本としての教区登録簿記載内容の利用であったことはほぼ間違いない。この間，1563年の主教管区登録本部設置法案の廃案後，法案再提出の動きがあったことを暗示する記録がある。1575年2月に請願裁判所裁判官（Master of the Requests）ウィルソン他6名が教会記録（Church Books），すなわち，洗礼・結婚・埋葬登録簿の安全な保管のための法案作成を目的としてカンタベリー大主教管区裁判所裁判官室（Chamber in the Arches）に集い，法案が第一次読会に提案された旨の記録が庶民院議事録に収録されている[27]。

身分登録制度への編成変えを目的とした世俗勢力の介入は，大蔵卿のセシルが立案したイングランド・ウェールズ「身分登録本署」設置計画にうかがうことができる。1590年にセシルから身分登録本署設立の請願（suit）が提出された。8項目からなる請願の大要は以下の通りである[28]。イングランド・ウェールズの各教区教会において登録された洗礼・結婚・埋葬を集約する「身分登録本署」（General Registry）を中央に設立し，登録本署長官を任命する。登録本署設立の目的は，事実婚・非嫡出・異母兄弟（姉妹）・重婚を識別しうる情報を収集することである。また，毎年の州別洗礼数・結婚数・埋葬数および州別男女幼児数に関する情報を収集・整理・利用する機構として，中央がこの登録本

署を利用する，というものであった。この請願書にある毎年の男女別幼児数（menchildren/weemenchildren）の国王・大蔵卿への報告義務に関する提言は，将来の兵員・壮丁数の予備調査を目的にするものであった可能性がある。

　この請願において重要なのは，全国の教区で登録された人口動態統計（出生・結婚・埋葬の日時と場所，その他の情報）を中央が収集・処理するという点である。加えて，登録本署設立案の真意は，身分登録制度の整備を通じて，家系・親族関係の正確な登録と記録の厳重な保管を実現し，家族の長である生涯不動産権（life estate）者の権利を守ることであった。請願の第4項に次のような文言がある。「この登録本署の設立は，以下の行為を回避することに明らかに役立つ。すなわち，〔土地譲渡手段として用いられている〕和解譲渡（fine）の手続（leavinge of fines）を行うこと，〔土地譲渡手段として用いられている〕馴合い不動産回復訴訟を容認（suffering recoveries）すること，債務証書〔商人法上の誓約捺印金銭債務証書あるいは交易法上の誓約捺印金銭債務証書〕（Statutes）[29]あるいは誓約証書（recognizance）の責任を引き受けること，その他正式記録を残す行為において，未成年者が為したすべての被侵奪法定相続産回復訴訟〔あるいは詐欺的行為〕（cosenages）を回避することである」[30]。

　こうした提言の内容を吟味すると，セシルの請願は，国民の身分登録を中央が管理し，「身分登録本署」設立という制度改革を実行することによって，登録の合理化と物的・人的財産権の強化を目指したものであったと思われる。しかし，この提案は聖界勢力の既得権益を奪う試みと判断されたためであろうか，カンタベリー大主教ジョン・ウィットギフト（J. Whitgift）の容れるところとはならず，挫折している。女王の忠実な補佐役・能吏であり，政治・聖界・社会経済全般にわたって系統的な情報収集をもとに王室財政の危機に挑戦し，主教を頂点とする教会制度のあり方の解明と末端の教区行政への世俗統治機構の浸透を目指していたセシルの意図は，聖界勢力にとっては脅威ですらあった[31]。1590年のセシルによる登録本署設立に関する請願を転写したジョン・ストライプ（J. Strype）は，末尾において，「この請願に対する開封勅許状（patent）が大蔵卿（Lord Treasurer）からカンタベリー大主教宛に発せられ，その判断を仰いでいる」旨の解説を付している[32]。他方，A. M. バークはセシルの試みが挫折した要因として次のような事実を挙げている。「カンタベリー大主教の影響

は，イングランド・ウェールズの洗礼・結婚・埋葬総数の州別年集計値を登録すべきであるとするセシルの申し出を阻止するに十分であった」[33]。

1590年におけるセシルの「すべての洗礼・結婚・埋葬を登録する登録本署の設立」を求める請願に首肯しなかったとされるウィットギフトは，後述するように，1603年に全国主教管区調査を実施し，国教会信徒数の集計を企てている。当時の男女人口数を調査することの必要性を自身が感じていたのかもしれない。教会十分の一税や洗礼・結婚・埋葬への手数料，死後寄進など教区から聖職者が取得する所得という既得権益の侵害に対して，聖界は当然反対したと考えられる。世俗権力は危殆に瀕した王室財政改善の方法として，教会への課税を打ち出した[34]。そのためには聖界領の再評価が必要であり，調査を目的とする王立委員会が設置された。こうした世俗権力の攻勢に対して，ウィットギフトが賛意を表さなかった理由は容易に理解できる[35]。セシルの請願は，教区登録簿記録の正確性を保証し，所有権の明確化・契約遵守の法的根拠を制度化しようとする，近代国民国家形成にとって重要な試みではあった。しかし，こうした試みが時期尚早であったことは否めない。

地方あるいは中央による個人情報の集中管理という体制は，1597年のカンタベリー大主教管区聖職議会の教会憲章（constitution）[36]によってようやく現実のものとなった。この教会憲章は，全体で12条からなり，教区登録簿に関する条項は最終条である[37]。条文は以下の通りである[38]。

教会に安全・確実に保管されるべき教区登録簿について

きわめて有用性の高い教区登録簿は，教区教会において安全・確実に保管されることが望ましい。もともとこの制度は，女王陛下の件の命令が注意深く遵守されていることを教区聖職者と教区委員に対して巡察のたびに銘記させることを目的に設置されたと思われる。

次に，このような用途を持つべく意図された教区登録簿は，安全に保管され，後代に引き継がれるように，将来は教区民の負担で羊皮紙製の冊子にされるべきである。洗礼用の聖水によって清められた者，結婚によって結ばれる者，最も神聖なエリザベス女王陛下の定めによって教会付属墓地に埋葬される恩恵を受ける者だけではなく，今後，洗礼を受け，結婚し，埋葬される

であろう者の氏名も旧来の紙製登録簿からありのままに転写されるべきであり，その費用は教区が負担すべきである。

　意図的に歪曲されたか怠慢によって不注意に登録された記録以外は，懲戒の対象とはならない。その週に教区登録簿に記入された者の氏名は，教区聖職者によって1か月と1日にわたって，日曜日の朝禱・晩禱の後に，公開で，声高く，明瞭に読み上げられる。この間に発生した登録は，教区登録簿に逐一付け加えられる。

　教区登録簿の頁が多数の登録によって記入されつくした場合には，教区聖職者あるいは教区委員はそれに署名し，記載内容を確認することが要求される。

　旧来の紙製登録簿から記載内容が転写される場合，かつて注意深く，慎重に収集され，保管されていた各頁をその通り転写すべきである。その後，教区登録簿は決して一人だけの保管に委ねてはならない。転写された教区登録簿は公開の場所に置かれた櫃に収納し，聖職者の立ち会いなく教区委員だけが，そして教区委員の立ち会いなく聖職者だけが更新しないように三重に施錠して保管すべきであろう。

　最後に，教区登録簿に集積された氏名の謄本は，毎年復活祭後1か月以内に教区委員によって主教座記録保存所（*Archivis Episcopi*）に送られ，主教登録簿（*Episcopi Diocesani registrum*）に記入されなければならない。主教登録簿への受け入れと記入は無料で行われ，主教座記録保存所において安全・確実に保管されるべきである。

　この条項に定められた業務を怠る者は，義務懈怠として，法の定めるところに従って処罰される（以下略）。

　教区登録に関する条項では，後に「主教謄本」（Bishop's Transcripts）と呼ばれるようになった各教区の登録簿の写しを主教区登録本部に集めて保管すること，正確な登録簿の作成と保存のための羊皮紙の利用，礼拝式における記載事項の読み上げ，聖職者および教区委員氏名の記入などが義務づけられている。また，教区登録簿に記録された洗礼・結婚・埋葬当事者氏名の謄本は，主教登録保存所に送られ，主教登録簿に記入され，保管されるよう規定されている。身分登

録事項の中央集査という1563年法と同様の趣旨が繰り返され，情報の中央統制という年来の意図がはっきり現れている。しかし，一部を除いてこれとほぼ同様の通達が1603年にも発せられており，こうした主教登録本部による集査という制度が実際にどれほど根付いたのかは疑問である[39]。

　1603年の教会法規・規範集（canon）に記された教区登録に関する内容は，上述の1597年におけるカンタベリー大主教管区聖職議会教会憲章に基づいて，登録に関する規定と記録の保存法を繰り返したものである[40]。特に1559年，即位直後のエリザベス一世が発した教区登録に関する首長命令に基づいて，従来の登録方法と記録の保管，主教登録所（Bishop of the Diocese, or his Chancellor ; Registry of the said Bishop）への移送義務が繰り返されている。翌1604年には，ロバート・ステュワード卿（Sir R. Steward）によって，女王エリザベスに対して以下のような請願が提出されている[41]。すなわち，「イングランド・ウェールズにおけるすべての結婚・洗礼・埋葬は，多くの場合，堅牢ではない紙に記録され，怠慢により紛失の憂き目にあい，あるいは多くの場合ひどい方法で保管され，女王陛下の臣民に損害を与えるとともに女王陛下に関わる後見と結婚に多大の不便を生じさせている。したがって，イングランド・ウェールズの各教区から毎年12ペンスを徴収し，カンタベリーとヨーク大主教管区の毎年のすべての結婚・洗礼・埋葬を記録した羊皮紙の登録簿を保管する権利を20年間の期限付き契約で与えられることを希望する」という趣旨の請願である。請願者ロバート・ステュワードの素性は不明であるが，次に見るロンドン「中央登録本署」設置に関する提案の趣旨を窺わせる動きである。

4）「身分登録本署」設立の試み──統治と私的所有権・契約の保護

　17世紀初頭の国家文書（State Papers）に，名誉革命以前における身分登録制度と不動産所有権の権原認証制度との密接な関わりを示唆する興味深い史料が所蔵されている。執筆者と正確な期日は不明であるが，『国家文書要覧』（Calendar of State Papers）は，内容から判断して1611年から1618年の間に作成されたものとしている[42]。この文書は，「すべての出生・結婚・死亡を登録する身分登録本署をロンドンに設置することによって生じる以下の諸便益，すなわち，コモンロー，大陸法（Civil Law），内政・統治（Policie）上の便益および知識欲

を満足させるうえでの諸利益に関する陳述書」，同様の内容を記述した3部の複写，「王国におけるすべての洗礼・結婚・埋葬を登録する「身分登録本署」設置の権利の付与に関する提案」・「登録に関する聖職者の懈怠・故意の濫用を発見する改善計画概要」・「ロンドンに「身分登録本署」を設置する要請概要」の5部からなっている。巻末にこの文書の原文を転写しておく[43]。

　史料の内容は大略以下の通りである。教区教会の登録簿（registers）に記載された事項は，コモンロー，大陸法（Civil Law），統治政策，軍事あるいは国力に関する情報を取得するという知的好奇心を満たすうえで，必要不可欠であり，その正確な記録と保管のためにロンドンに登録本署（Regester generalle office）を設置し，記録の中央管理を実施すべきであるという提言である。かつ，記録保管の責任者である登録本署長官（Registrar）に正当な報酬を与え，正式の官職とするべきであるとの提言を行っている。これは，ロンドンに出生・結婚・死亡の公的登録本署を設置することによって現行の教区登録簿の不備を是正することから生じる様々な便益を，大陸法とコモンローの管轄法域に分けて記載したものである。

　この史料によれば，地方の聖職者，教区委員，あるいは主教管区登録責任者（Registers of any Dioces）が代わるたびに記録の不正使用，盗用，氏名の改竄などが生じている。中央に登録本署が設置され，情報が適切に管理されていれば，登録本署長官はそうした不正をたやすく見分けられるようになり，訂正することが可能になるであろうと進言している。国民は一生にわずか18ペンスを登録本署長官に支払うだけでこの便益を享受できるのである。いうまでもなく，教区登録簿を記録・保管する教区は，全国各地に分散し，大陸法とコモンローに基づいてすべての争訟を解決する国王の記録裁判所（all his Majestys Highe Courts of Record），あるいは主要な記録裁判所（ther alsoe every of those princypall courts）から遠く離れている。したがって，登録本署はすべての情報がえられるロンドンあるいはその近郊の一か所に設置されるべきであると主張している。加えて，国王は，毎年必要とする時期にただちに一定の場所，すなわちロンドンに所在する「身分登録本署」の長官から，イングランド・ウェールズで発生したすべての出生・洗礼・結婚・埋葬に関する証明書を取得することが可能となり，それによって，従来よりも十分に臣民数の増減を知りうるのである。さ

らに，この制度によって，ローマ・カトリックの神父によって洗礼を受け，王国にとって危険なカトリック信者とその子供に関する情報を完全に入手することができると付言している。また，困窮した軍人の恩給に登録本署収入の一部を充てるという提言もなされている。

　教区登録簿の有用性については，以下のように述べられている。

　教区登録簿の記録は，一般的に次のような目的にとって有益なものである。
1　すべての人々の出生，結婚，死亡の信頼すべき証明
2　法定相続人，特に国王の被後見人の年齢の特定
3　正確な家系・血統の認定
4　非嫡出出生の発見
5　浮浪者の出生地への移送

大陸法上の便益としては，次のような項目が挙げられている。

1　遺言者の死亡およびその動産・人的財産についての遺言内容の証明
2　法定相続人の嫡出如何とその年齢の特定
3　結婚の適法性の確認
4　貴族およびジェントルマンの紋章の発給

コモンロー上の便益としては，次の11項目が挙げられている。

1　国王被後見人およびすべての法定相続人の年齢の証明（相続料・先占権・占有引渡しなどに関連して）
2　小児および妻の身分（coverture）に関する事実審理と開示（不動産贈与・譲与・賃借権設定・放棄・権利確定・売買契約・売却，封譲渡，和解譲渡，不動産回復における買い手の権限の保護のために）
3　結婚年齢の証明（寡婦産・鰥夫産・非嫡出子・未成年鋤奉仕保有権者の後見人に関連して）
4　特許権者，官職保有者，年金受給者の死亡による失効の確認
5　非占有あるいは和解譲渡された残余権付生涯不動産権者の死亡による失効の確認

6 聖職禄保有者の死亡の証明（聖職禄保有権の国王・主教管区主教などへの返納に関連して）
7 教区主任代行司祭・主教座聖堂参事会員・主席司祭・主教・その他聖職者の死亡の確認（後任聖職者の権益保護のため）
8 正確な死亡・結婚・年齢の記載（捺印金銭債務証書・誓約証書・商人法上の誓約捺印金銭債務証書あるいは交易法上の誓約捺印金銭債務証書・その他に従って記載された条件の厳密・正当な履行のための記録を提供する）
9 ユース（use）における約因の証明
10 年金・特許料受給者の死亡の確認（虚偽の証明書による国王収納官の不正な年金・特許料交付防止のため）
11 迅速・確実な出生・結婚・死亡証明取得の労と費用の軽減（口頭では証明不可能な遠距離からの申請）

また，この計画には次のような便益が付されている。すなわち，$Policie$（統治・内政上）の便益として，国家・公共善（公共の福祉）の促進が挙げられている。その内容は，

1 物資が豊富な時期
　　国益増進のために輸出可能な穀物量を容易に知る手立てとなる。
2 飢饉・食糧難の時期
　　同様に，国内の人口を扶養するに必要な穀物量を知る手立てとなる。
3 戦時
　　16歳から60歳までの軍務に適した男子〔壮丁〕の数を知りうる。それによって，防衛戦・攻撃戦のいずれにおいても軍備を整えることが可能である。

加えて，上述の情報を獲得する目的として，「知ることの喜びと充足感」(Plesure & Contentment) をえることが掲げられている。すなわち，「国王・貴族・その他の人々にとって，王国に居住するすべての年齢の男女数を知りうることは，大いなる喜びと満足を与える」。「見聞した諸王国中，とりわけわが王国の正確な人口数をつねに知りうることは，大いなる便益を与える」。

このように個々の国民の属性・身分に関する情報を集約する公的な機関を設立し，より正確な出生・結婚・死亡に関する情報を中央が集中管理することによって，文字通り私的所有権の効率的・合理的な確定を提言しているのである。明らかに，身分登録記録を不動産権原の公的認証の重要な手段として制度化しようとする政策意図を読み取ることができる。大陸法域上の有効性については，1533年の「上告制限法」[44)]によって，遺言・結婚・離婚・十分の一税・奉献（oblacions）・献金（obvencions）に関わる諸係争をローマ司教（the See of Rome）に上訴することが禁じられて以来，これらの訴訟はローマ法学者に委ねられていたと考えられる。

　11項目からなるコモンロー上の便益については，身分登録証書取得にかかる手間と費用の低減を挙げた最後の項目を除いて，すべて権利能力に関わるものである。能力の有無を証明する手段として，教区登録簿記録の重要性を掲げている。特に興味深いのは，2番目の項目に，未成年あるいは権利能力を持たない妻による負債の有無を見きわめる確実な証拠となるよう教区登録簿に正確な事実を記録することを推奨している点である。不動産の買い手を保護する目的で不動産権原の内容を可視化し，不動産取引市場における売り手と買い手の情報の非対称性を是正しようとする意図が看取される。すでに詳しく検討したように，ヘンリー八世の治安判事への回状，セシルによる身分登録本署設置の請願にもこうした統治機構の政策が顕現している。個人の人口学的属性を記録する身分登録制度と不動産権原・契約の公的認証手段の提供，物的財産内容の可視化の試みは表裏一体の関係にあり，一方の存在だけでは自立不可能な車の両輪のようなものである。両者相まって，有効な統治の手段となりうるのであり，両者が一体となってこそ統治の根幹が形作られるのである。

　さらに，興味深い提言として，身分登録本署設置が「Policie」にもたらす便益に関する言説を挙げることができる。この文書におけるPolicieが，Policeと同義で用いられているとすれば，その意味は「内政」あるいは「統治」ということになるであろう。この点については，ミシェル・フーコーの『安全・領土・人口』における指摘が重要である。フーコーは，次のように述べている。「ところが十七世紀以降，「ポリス」という単語はこれとは相当に異なる意味を持ちはじめるように思われます。その意味は次のように要約できると思います。

十七世紀以降，良い国家秩序を維持しつつ国力を増強し得る諸手段の総体が「内政　ポリス」と呼ばれはじめるのです。言い換えると，内政（ポリス）は，国内秩序と国力増強のあいだに動的な（とはいえ安定的で制御可能な）関係を打ち立てることを可能にする計算・技術を指すようになるということです」[45]。

　先掲の史料は，身分登録本署の設置は国家・公共善・公共の福祉の促進を通じて（For the good of the State & Common wealthe），統治・内政に便益をもたらすと主張する。上に紹介したように，物資が豊富な時期には，国益増進のために輸出可能な穀物の量を容易に知るための情報を提供する。飢饉・食糧難の時期には，国内の人口を扶養するに足る穀物量を知るための情報を提供する。戦時には，16歳から60歳までの軍務に適した男子（壮丁）の数を知りうる。それによって，防衛戦・攻撃戦のいずれにおいても，軍備を整えることが可能であると主張している。平時・戦時を問わず，統治・内政（ポリス：Police）を完遂するためには，人口に関する情報の掌握が不可欠であり，それを実現するためには，人口（動態統計：出生・結婚・死亡，静態統計：年齢別・性別総人口・人口地域分布を含む）を正確に登録し，その記録を間違いなく保管できる機関を中央に設置することが不可欠であるという点を強調したのである。後年，人口動態統計と静態統計の整備を謳った1753年法案をめぐる論争においても，同様の言説が現れている。この法案をめぐる議論では，「この法案の実現を通じて，確実かつ既知の原理に基づいて，police，すなわち統治の地方管理を獲得することができる」としている[46]。

　17世紀初頭のこの史料に記された提言は，統治の手段としての身分登録の内容をなす基本的情報の収集・整備を強く要請したものである。この段階ではまだ，どちらかといえば素朴な形態の統治の効率化，迅速性・機動性を担保する機構の設立を訴えるにとどまっている[47]。さらに，先にも述べた通り，この計画には「知ることの喜びと充足感」という項目がある。繰り返せばその内容は，「国王・貴族・その他の人々にとって，王国に居住するすべての年齢の男女数を知りうることは，大いなる喜びと満足を与える」「見聞した諸王国中，とりわけわが王国の正確な人口数をつねに知りうることは，大いなる便益を与える」ということである。身分登録本署設置の提案者は，動態統計だけでなく，中央「身分登録本署」が後のセンサス（静態統計）と類似の業務を行うことを

期待していたのかもしれない。

　統治の手段としての国民の出生・結婚・死亡の認証，人口統計の中央における集中管理，そのための中央登録機関設置の必要性という見解は，17・18世紀の啓蒙思想家にはなじみのものであった。たとえば，フランスの啓蒙主義者 J. F. ムロンは，1736年に刊行された『商業についての政治的試論』において，統治学の第一の役割として，生命の維持に必要な小麦の確保を挙げ，小麦の流通の自由化，および小麦を量る尺度の共通化により，余った場所から不足している場所へ小麦を円滑に流通させるべきことを説いている。第二に，農業や製造業において進歩があるとすると，それは人口増加によるものであるとして，人口増加を統治者の役割として挙げる。この目的実現のために人口調査の重要性を強調している。最後に，交換を容易にし促進する手段（貨幣）の円滑な流通と信用の保持を，統治者の第三の役割として挙げている[48]。

　現行の教区登録制度が持つ欠陥，すなわち，地方が収集した情報の管理を地方だけに委ねることから生じる欠陥を予防する手段として，中央の情報管理・集権的情報処理を薦めている点において，この提案は前世紀以来の同種のそれと基本的な問題意識を共有している。後年ジョン・スチュアート・ミルが有効な行政の要諦として指摘した次の言説が，この間の事情を的確に物語っている。すなわち，『代議制統治論』(*Considerations on Representative Government*) 第15章「地方代議制団体」(Of Local Representative Bodies) において，ミルは次のように述べている。「中央当局の主要な責務は指示を与えることであり，地方当局の責務はそれを適用することである。執行は地方に任せても構わないが，知識・情報は中央が掌握してはじめて最も有益に利用されるのである。他の場所に存在している不完全で潤色された知識が，完全なものとなり，純化されるようになるために必要なものが存在する中心，すなわち，分散したすべての光線が一点に集まる焦点がどこかになければならない」[49]。

　既述の諸法案・提言はロンドンあるいは主教座記録保管所に「身分登録本署」を設立し，分散した身分登録記録の中央集中と管理を目的にするものであったが，いずれも実現することはなかった。宗教的通過儀礼の司式・登録という教会の既得権益の領域に踏み込んで，教区を世俗的な目的に利用する統治機構の政策の実現は容易なことではなかった。中央に「身分登録本署」を設置

し，国民の身分登録記録を統一的な管理と組織の下に置くという政策が実現したのはようやく19世紀前半になってからであり，1836年に世俗機関である身分登録本署（General Register Office）が設立されるまでこの課題は持ち越されることになる。

ここで検討した17世紀初頭における世俗身分登録本署設立提案の背後には，地方の聖職者による登録と記録保存の杜撰さに対する世俗統治機構の根強い不信があったことがわかる[50]。統治すべき「国民」の基本的な属性に関する情報を収集しうる制度・機構は，曲がりなりにも半世紀にわたって教区登録制度として存続してきた。しかし，情報を中央が収集し，管理するための身分登録制度は統治機構にとってはきわめて不十分なものでしかなかったのである。とりわけ，収集すべき情報が，正確な登録と記録の厳格な保存を遵守する宣誓（oath）を経ていない地方の聖職者に委ねられ，記録の紛失・改竄・捏造を中央が制御できない状況は正されるべき喫緊の課題であった。とりわけ，中央への情報集中機構の未整備はある意味では致命的な欠陥であった。

ほぼ3世紀という長期にわたって，為政者・識者を含む世論が出生（洗礼）・結婚・埋葬（死亡）を記録した教区登録簿を，相続，土地，その他の財産譲渡，遺産分与に関わる身分同定の公的な証拠とすべく，確実・安全な管理・保管を訴えたという事実の背後には，日常生活におけるこうした営為が実際には制度の整備とはかかわりなく，決定的な破綻を招かずに，進行し続けたという側面もあったことを暗示している。同時に次のような側面にも注意を払うべきであろう。すなわち，出生・結婚・死亡，家系を含む国民の基本的な個人情報を中央が集中管理する体制に対しては，伝統的に根強い反発があったという事実である。個人のプライヴァシーの秘匿，いかなる形にせよ私的な領域に外部が介入することを厭う風土がイギリスには存在していたという事実を忘れるべきではない。加えて，個人情報の中央による集中管理に関しては，中央と地方の権益の対立も見過ごすことはできない。

物的財産の所有，売買・譲渡・相続に関わる契約の保護には，こうした情報の収集と保管・管理が不可欠である。すなわち，陪審または裁判官による事実認定の根拠とされうる証拠あるいは「家系」（pedigree）を証明する証拠，こうした要件を満たす正当性を主張することが可能な記録がなければならない。物

的財産所有者にとって，私有財産権を従来よりも明確なものにし，それを保護する何らかの機構の設立は切実に求められていた。そのためには，排他的な物的財産権を記録する，証拠能力のある資料の保存・管理が是非とも必要であった。他方において，物的財産所有者はそうした機構と権限が中央に集中し，独占されることを可能な限り避けたかったのである。その意味で，首都ロンドンに登録本署を設立し，全面的に業務を委ねることは，彼らにとっては，二律背反の課題を含むものであった。後段で詳述するように，1836年「登録法」に基づいて設置された身分登録本署が執行する近代イギリスの身分登録とその機構の基本構想は，1611～18年のロンドン「身分登録本署」設置提案にほぼ完全な形で描き出されている。問題は，こうした制度設計の実現になぜ2世紀以上の時日を要したかという点である。

5）内戦・共和制期の身分登録制度

1597年・1603年・1604年の主教管区登録制度導入の試み，1611～18年におけるロンドン「身分登録本署」設置の提言のあと，ほぼ半世紀間制度上の目立った変化を見せなかった教区登録制度は，内戦とそれに続く共和制の時期に大きな変化を経験することになる。まず，祈禱書（The Book of Common Prayer）の廃止と公同礼拝指針（Directory for the publique Worship of God）の実施を規定した1644/5年1月4日の布告（Ordinance）は，イングランド・ウェールズのすべての教区と礼拝堂管轄区の聖職者が従来通り結婚当事者の氏名および結婚日時を記録すること，洗礼に関しては，受洗者氏名・日時だけでなく出生の日時も記載すること，埋葬についても被埋葬者氏名・埋葬日時だけでなく死亡日時も記録することを命じている。さらに，登録された出生・洗礼・結婚・死亡・埋葬の検索と謄本あるいは証明書（certificates）の発行を正当な事由に基づいて希望する者に対しては，教区登録簿を公開するよう命じている[51]。この布告は，出生・死亡登録と出生・死亡証明書発行に関する明確な規定を含んでいるという点で注目に値する。

共和制下のいわゆるベアボーン議会（Barebornes Parliament）会期中の1653年8月24日に制定された法は，イギリス身分登録制度史上重要な意味を持つものである。「結婚とその登録および出生と埋葬に関する法」と呼ばれるこの制

定法によって，これまで教区登録簿の記載と保管の権限を与えられていた国教会聖職者は解任され，これに代わって，教区住民によって選出されるとともに治安判事の同意をえた俗人の教区登録係 (Parish-Register) が登録と記録の保存の任に当たることとなった。重要なことは，この法が国教会聖職者による結婚の挙式 (solemnisation) を廃止し，治安判事による民事婚を導入した点である。その内容は，治安判事による結婚成立の宣言，教区登録係と治安判事による登録簿への署名，治安書記 (clerk of the peace) による証明書の発行，結婚に関わるすべての係争の四季裁判所 (The General Quarter Sessions) における裁定などである[52]。いうまでもなく，治安判事によらないすべての結婚を非合法としたこの法は，民事婚の導入という点では200年後に制定された世俗身分登録制度による結婚法を先取りするものであった。結婚当事者の両親氏名も登録すべきこととされ，埋葬に関しても埋葬・死亡双方に関する規定がある。

　教区登録制度導入以来ほぼ1世紀を経て，内戦期の統治機構はようやく教区民の通過儀礼の一つである結婚の挙式と記録，その保存の任務を俗人である治安判事と教区登録係に委ねたのである。すでに述べた17世紀初頭のロンドン「身分登録本署」設置の提言にあるように，当時の世俗統治機構が指摘した教区民の洗礼 (出生)，結婚，埋葬という通過儀礼の司式と登録，記録の保存という任務が聖職者に委ねられていることから生じる様々な問題点，中でも正確な記録の作成と保管が困難であるという問題は，とりあえず内戦期の法によって解決されたかに見える。教区登録簿の記載内容を不動産の権原証明として利用しようとした世俗統治機構にとって，身分登録記録とその保管が杜撰であることはきわめて不都合であった。政策実施が間接的にしか行いえないという事態はなんとしてでも避けたかったのである。

　治安判事による民事婚制度の導入を意図した1653年法は，非国教徒の結婚の合法化を実現し，従来彼らが置かれていた法的無権利状態を改善するものであった。俗人の教区登録係による出生・死亡の登録も合理的な身分登録制度に一歩近づくものとして，近代的身分登録制度の歴史上大いに評価すべきものである。しかし，実際には共和制下の教区登録制度の改革はほとんど実を結ばなかった。内戦開始後1653年法制定までの10年間，あるいはそれ以降の教区登録簿の記載が不正確であり，実態を反映していないとしばしばいわれる背景に

は，内戦による混乱の他に次のような事情があったとされている。すなわち，国教信奉者の中には，「ピューリタンの侵入者」である非国教徒聖職者による結婚あるいは俗人による挙式を潔しとせず，国教会聖職者の教会に赴いて挙式するものが少なからずいたとされている[53]。また，出生・死亡の登録にしても，実際には洗礼・埋葬のそれに完全に代わることは稀であった。加えて，1653年4月20日以降の布告あるいは制定法が1657年6月26日の議会で追認された際に，民事婚の合法化，すなわち「治安判事による民事婚以外は非合法である」とする条項が削除されることになった[54]。

多くの点で合理的な要素の導入を目指した護国卿のオリヴァー・クロムウェルの教区登録制度は，かえって混乱を持ち込み，登録制度の機能不全をもたらしただけであった。1660年の王政復古とともにイギリスの教区登録制度は，国教会聖職者による宗教的儀礼としての洗礼・結婚・埋葬の登録と記録の保管という旧来の制度に逆戻りすることになったのである[55]。他方，イギリスにおける登録制度を長期的な視野で眺めてみると，内戦中に打ち出された登録制度の改革にもいくつか重要な展開があったことがわかる。まず，内戦勃発直後の1644年12月6日に，結婚の挙式に関して庶民院は議会（Assembly）から送られてきた以下のような勧告を検討し，可決後，若干の修正を施した後，これを貴族院に送り，同意を求めている。すなわち，両親氏名を付した子供の洗礼時期の登録および埋葬の登録義務を明記した条項を含む礼拝規則書（Directory）を作成する命令書（Ordinance）を検討する委員会を設置する旨の言及がある。両親の同意なき結婚，両親による結婚の不当な強制，あるいは拒否を防ぐ命令書を作成するようこの委員会は要請されている。また，同意しない人々を聖職者があえて挙式に参加させようとすることを防ぐ手立てに関して，議論することを委員会に付託している。さらに，議会が可決し，貴族院に送られた結婚の挙式に関する部分を規則書に付け加えることが決定されている[56]。

この結果，1644/5年1月4日に，「一般祈禱書（The Book of Common Prayer）を捨て，公的礼拝（the Public Worship of God）のための礼拝規則書を作成し実行することに関する命令」（*An Ordinance for taking away the Book of Common Prayer, and for establishing and putting in execution of the Directory for the publique worship of God*）が発布された。この命令書には，前述委員会の答申に基づいて決定されたと思

われる次のような規定がある。イングランド・ウェールズの全教区，あるいは礼拝堂管轄区の負担で，良質の皮紙（Velim）製登録簿一冊を備えること，当該教区の聖職者とその他の教会役員はその保管の任に当たること，聖職者は両親および受洗したすべての子供の氏名と出生および洗礼の日時，教区で結婚したすべての人々の氏名と結婚日時，教区で埋葬されたすべての人々の氏名と死亡および埋葬の日時を登録簿に明記することがあらためて規定されている。

当面のわれわれの関心に照らして重要なのは，「登録されている人々の出生・洗礼・結婚，あるいは埋葬の検索を正当な事由で要請する人々に対して，保管に当たる者はこの冊子〔登録簿〕を開示しなければならない」とする規定である。同時にその謄本の受け取りと証書の取得を希望する者に対して，保管の任に当たる者は登録簿を開示する義務を負うという規定も重要である。証拠能力を持つ公正証書類似の証書としての要件を教区登録簿に付与する意図があったものと考えられる[57]。さらに，結婚に関する以下の諸規定に注目すべきである。「挙式に先立って，聖職者は前もって人々の便宜を考え，適当な場所に結婚の目的を公示しなければならない。当事者が未成年の場合には，両親の同意が必要であり，それを会衆の教会役員に知らせ，記録しなければならない。両親は，当事者の同意なく，結婚を強制し，正当な事由なく当事者の意志を無視することはできない。結婚の目的と契約が公表された場合には，遅滞なく挙式を行うべきであって，反対がない場合には，公的な礼拝として指定された場において適当数の信頼すべき証人の前で挙式を実行すべきである」，「この目的のために支給された帳簿（a Book）にただちに結婚当事者の氏名，結婚時期を正確に記入し，関係者の閲覧に供するためにその帳簿を注意深く保管しなければならない」[58]。しかしながら，前述のように，結婚に関する議会軍側の決定，すなわち国教会聖職者による挙式の廃止と俗人の治安判事による民事婚制度[59]は，8年後に大きく変化し，さらに4年後の1657年6月26日には民事婚制度は挫折を経験せざるをえなかった[60]。

6) 王政復古から 18 世紀中期まで

王政復古以降1836年の世俗身分登録制度への移行に至る期間にも，教区登録制度は利害の異なる勢力の間で以前にもまして翻弄され続けた。たとえば，

1666年から1680年にかけて、国内毛織物産業の保護・育成を掲げて、死者を毛織物で覆い、埋葬すべしとする法が相次いで三度も制定され、聖職者は埋葬の正確な登録と死後8日以内に提出される死亡証明宣誓供述書（affidavit）の受け取りおよびその事実の登録簿への記入を義務づけられている[61]。続く1694年の結婚登録税法（Marriage Duty Act）は、対仏戦の戦費調達の財源として、出生・結婚・埋葬の登録および25歳を超える独身者・子供のいない寡夫に対して国王が課税することに議会が同意したものである。社会的地位・経済的条件に応じて税額が詳細に定められた5年間の年限を付した租税法である。特に出生に関しては、両親による出生後5日以内の徴税官（collectors）への届出義務が規定されている。

この法には課税対象者の財産査定方法・徴税方法・徴税吏の選出方法・税率に関して、詳細な規定がある。徴税の徹底のために、教区聖職者は、結婚・埋葬・洗礼・出生の正確な登録と徴税官に対する登録簿の開示を求められている[62]。非国教徒の一部、クウェーカー・カトリック・ユダヤ教徒もこの法によって結婚に課税されることになった。5日以内というきわめて短い期間内に両親が出生を届け出なければならないとしたこの1694年法は、この点からだけでも近代的身分登録制度へ一歩近づくものになるはずであった。しかし、この法は国教会聖職者の既得権益を大幅に侵害するものであり、それに対する彼らの反発からか、その実効性はほとんど期待できなかった。以後、教区登録制度の弛緩、殊に結婚登録の不備が目立つようになる。

延長後の結婚登録税法、「対仏戦遂行のための結婚・出生・埋葬および独身者・寡夫への課税法」[63]は、対仏戦の長期化を視野に入れ、将来の担税力を確認する目的で、洗礼ではなく、出生の届出を両親に義務づけたうえで、出生・結婚・埋葬に対して、社会的地位・経済的条件、年齢、配偶関係に応じた詳細な課税金額を設定したある種の人頭税である。結婚・出生・埋葬および独身者・寡夫への課税制度が導入され、家屋税の正確な調査・徴税状況の改善のために、課税額・窓数・登録簿調査に当たる吏員が任命されている。延長以前の1694年結婚登録税において注目すべきは、両親が出生日と洗礼名を記した通知書を出生後5日以内に俗人徴税官（collectors）へ届け出ること、徴税官は両親に対して出生証明書を交付することを義務づけている点である（21条）。死

産児の届出に関する規定も初めて登場している。両親は，2名以上の証言を付した死産証明書を徴税官へ提出することを義務づけられ，違背した場合には科料4シリングが科せられている。しかし，担税者の階層・種別ごとに細かく税額の差を付け，徴税機構・責任機関（徴税官：Collectors, 徴税委員会：Commissioners, 収税官：Receivers General, 財務府：Exchequer, 治安判事）を明記し，違背者に対して過酷な罰則を科しているこの法の執行は，時間・労力と費用を伴うものであった。

結局，精緻に作成されたこの人口，出生・結婚・埋葬，資産の調査計画は有名無実な試みに帰してしまった[64]。残念ながら，世俗身分登録制度の萌芽もほぼ10年の時を経て，潰え去ってしまったのである。一言でいえば，この法は，17世紀末期におけるイギリスを取り巻く国際環境，財政構造，近代的統治形成への試行錯誤を象徴するきわめて重要な契機をなすものであった。

そのおよそ半世紀後に制定された1753年の結婚法，いわゆるハードウィック法（Hardwicke Marriage Act）は，教区登録簿制度の形骸化という現実を反映したものであった。元来，教会法（カノン法）の下では教会婚だけが唯一の合法的な結婚の形態ではなかった。中世教会の見解によれば，結婚成立の基本的要件は，証人の面前における誓いの交換とそれに続く完全な性的関係の成立（*cum copula*）であった。1545～63年のトレント宗教会議の後，ローマ・カトリック教会は，教会規律として，ミサにおいて聖職者の面前で取り交わされる誓いをもって合法的結婚成立の条件とするようになったが，英国国教会は誓いの交換の場をあえて特定する立場をとらなかった。18世紀中期になると，特定の結婚が合法的であるか否かという点に関して複雑な法的問題が出来し，その事態の是正を目的に大法官であったハードウィック卿によって立案され，推進されたのが1753年法である。この法によって1754年以降，教区教会において祈禱書（Prayer Book）にしたがって所定の形式で執り行われ，教区登録簿に記載された結婚だけが合法的なものとされたのである[65]。

1753年法は，正式名称「無式婚姻禁止法」（An act for better preventing of clandestine marriages）が示しているように，増加しつつあった国教会教会・礼拝所以外における合意の交換による結婚，両親の許可なき未成年の結婚を禁止し，結婚の公告（banns of matrimony）・結婚許可状（marriage licences）の取得など，

結婚の形式的要件を定め，それ以外の結婚を一切禁止したものである。こうした要件を満たさない無式婚姻は重罪（felony）とされ，14年間の流刑を科されることとなった。結婚の登録に関しては，印刷された書式への結婚の記載義務と記載事項の改竄・捏造，登録簿の破損に対する量刑（重罪）の規定がある。なお，クウェーカー・ユダヤ教徒および王族はこの法の適用を免れている[66]。この法の意図は，従来曖昧なまま放置されてきた結婚に関する法を整備・強化し，国教会聖職者による宗教婚を強制して結婚に対する彼らの統制を再び確認することであった。少なくとも，この法制定以降，クウェーカー・ユダヤ教徒以外の非国教徒の結婚は非合法化され，彼らの法的・身分的な無権利状態が固定化されることになる[67]。

埋葬・結婚・出生・洗礼の登録に対する3ペンスの印紙税（Stamp Duty）の賦課を規定した1783年制定法[68]の適用範囲をクウェーカー・カトリック・ユダヤ教徒以外の非国教徒にも拡大しようとする1785年法[69]は，非国教徒がこうした無権利状態からの解放を求めて自ら要求したものであったといわれている。しかし，課税対象となることによって，登録簿（幼児洗礼を行わない非国教徒の場合には結婚・埋葬簿）を民事上の身分に関して法的効力を持つ記録にしようとする非国教徒の意図は実現せず，彼らの無権利状態は改善されなかった[70]。国教徒および非国教徒双方の反対によって，両制定法は9年後の1794年に廃止されることになったのである[71]。

7) 近代的身分登録制度の先駆け——1758年法案

第2章で詳しく分析する人口静態統計・動態統計双方の計上を目的とする1753年法案が，直接的には議会の会期切れによって廃案になった後，5年を経てほぼ同様の内容を持つ法案が提出されている。「王国のすべての教区が出生・死亡・結婚を記録した登録簿を保管する義務を負う法案；そして，登録手数料から「ロンドン捨て子施療院」を支援するための基金を調達する法」[72]である。法案提出の直前，法案提出理由の一つとして挙げられた，1739年に国王勅許状によって設立された施設（the Hospital for the Maintenance and Education of Exposed and Deserted Young Children）の支援に関する委員会報告が記載されている[73]。約半世紀後に実行に移された第1回センサス，さらに1836年における

身分登録本署設置と世俗身分登録制度の確立へと連なる制度設計の雛形として，この1758年法案の内容は示唆に富んでいる。宗教的通過儀礼としての洗礼・埋葬・結婚の教会当局による登録ではなく，宗派を問わず，全人口を対象として，出生・死亡・結婚の届出を義務化し，世俗当局による受理と処理を規定している点も重要である。身分登録本署の業務に関する具体的な内容を明確にした点においても，近代的な人口動態統計制度整備の先駆けとなるべきものであった。

　1758年法案が，人口総数の計上，センサス（静態統計）の実施について言及していない点は注目に値する。この法案は，正確な動態統計の作成方法を縷説したものである。法案は国教会信徒のみならず，すべての「国民」の出生・結婚・死亡登録の具体的な方法とそのための機構整備（中央登録本部と地方実施機関の設置），目的（財産に関する法的権原証明のための証明書の発行とその費用）を詳述したものである。特に，法案の趣旨説明は興味深い論点を含んでいる。提案者の一人に1753年法案提案者が加わっていることを考えると，1753年法案提出時に巻き起こった広範な世論の反対を考慮して，方針の変更を企てた跡が見て取れる。1753年法案には静態統計と動態統計の計上という本来は原則の異なる調査の実施が盛り込まれ，実現性という点で大いに難があったことから，人口動態統計，教区登録制度の充実と登録事項の法的有効性の実現に絞って法案が作成されたものと思われる。

　1753年法案と同様に，1758年法案の前文で述べられている提案理由は示唆的である。すなわち，「教区登録簿が作成され，それが保管され，保存される現行の方法が不適当かつ杜撰で欠陥のあるものであることから甚大な不便が生じている。イングランド王国で発生するすべての出生・死亡・結婚の完全で正確な登録簿は，王国の人々にとって大いなる利益をもたらすものである。それだけではない。王国で発生するすべての出生・死亡・結婚の完全で正確な登録簿は，〔遺産の帰属をめぐる訴訟において〕権利を主張する請求者の親族関係（家系）と無遺言物的財産法定相続（descent）の証拠を，人々が容易に，そして法的に有効な方法で提示し，両親あるいはその他の親族の死亡によって正当に承継され確定されるべき物的および人的財産に対する権利と権原（Title）を明らかにすることを可能にする」。また，次のようにも述べられている。「そのよ

表1-1　1758年法案の身分登録要件

出　生	死　亡	結　婚
出生児姓名 父親氏名 母親氏名 父親居所 父親身分・職業 出生日時	死者姓名・職業・身分 死者両親氏名・職業・身分 死者居所 死者年齢 死亡時刻 死因・病名	当事者姓名 当事者出身教区名 当事者職業・身分 挙式教会・場所 予告結婚（banns）・許可書結婚（licence）・その他形 　式による結婚，未成年の場合，同意関係者の氏名 挙式日時 司式聖職者・その他氏名，他の形式による結婚 2名の立ち会い証人氏名

出所）BPP, House of Commons, Sessional Papers of the Eighteenth Century, 1758, Vol. 11, George II, Bills, 1757-1760, pp. 1-16 より作成。

うな正確な教区登録簿の記載事項の作成についてわずかの手数料を支払うことによって，記載に要する費用が支弁されるだけでなく，前述の施療院院長（Governors）と貧民救助施行委員（Guardians）によって養育される貧しい子供たちを支援するための基金が調達されるであろう。それによって，人々は皆大いに恩恵を受けるであろうし，王国のそれぞれの教区はかなりの負担をまぬかれることになるであろう」。

　以下，この法案において重要であると思われる点を列挙しておこう。第一に注目すべきは，「1758年9月29日以降，イングランド王国，ウェールズ，ベリック・アポン・トゥウィードで発生したすべての出生・死亡・結婚を以下のような形で登録する公的登録本部（Public Register Office）を設立する」ことが謳われていることである。ここで，ベリック・アポン・トゥウィードという都市名が記載されているのは，スコットランドに隣接し，以前は統治下にあったこともある同市が，1746年に制定された「ウェールズおよびベリック法」[74]によって，イングランドを構成する法制上の単位として認められたからである。まず，適切な人物が前述の施療院院長と貧民救助施行委員によって任命されるべきこととされ，彼は「出生・死亡・結婚，その他記録すべき事項を登録する登録本部長官（the Register General of Births, Deaths, and Marriages）と呼称され，この法の施行によって生じる基金から長官と書記の報酬が支弁される」と続く。さらに，「身分登録本署」長官は所定の形式の登録簿および個票を用意しなければならないとされる。登録簿に記入されるべき必要事項は，表1-1に示す通

りである。

　洗礼ではなく出生，埋葬ではなく死亡，そして結婚という人口動態事象のそれぞれについて，個人の属性を職業・身分・死因・死亡年齢・死者居所などとともに詳細に記録することを意図したこのような試みは以前にはなかった。ここで提案されている出生・死亡・結婚の内容に関する必要記入事項は，同じく廃案になった5年前の1753年法案および1836年の制定法「登録法」とほぼ同様である。「身分登録本署」長官はまた，1758年12月1日までにイングランド全域に行き渡るだけの十分な登録簿と個票をイングランド・ウェールズのすべての州都，ベリック・アポン・トゥウィード，その他の便利な場所に送り，その事実を官報に掲載しなければならないとされている。この登録簿と個票は全国の教区委員・礼拝堂委員・救貧委員が購入し，費用は教区救貧費から支弁する。購入された登録簿と個票は，教区の司式聖職者（officiating minister）に渡され，ジェイムズ一世第5年に制定された教会憲章・教会規則にしたがって，教区教会・礼拝堂に保管される。1759年1月1日以降，子供が生まれ，洗礼名を与えられた場合には，両親あるいは子供の養育に責任を持つ者は英国国教会信徒であると否とに関わりなく，洗礼名付与の時点から次の日曜日までに，日時・性別・氏名，両親の身分・職業を記載した書面を提出して出生の事実を俗人の教区書記（parish clerk）に通知すること，教区書記は次の日曜日までにその書面を教区の司式聖職者に送ることとされている。

　司式聖職者はただちに書面記載事項を教区登録簿の該当欄に転写し，書面はこれを定期的に時期別に整理し，記載内容と登録簿のそれを比較・確認するまで保管することとされた。非嫡出子の両親は出生の記録を書面で届け出る必要はないが，洗礼を受けた場合には，両親が希望すれば，教区役員の登録料支弁によって非嫡出子として洗礼名を教区登録簿に記録することができるとされている[75]。1753年法案では，届出先は教区の司式聖職者であり，教区書記ではなかった。また，1753年法案では当事者の届出に対して，司式聖職者は手数料取得を禁じられていた[76]。埋葬についても，死者が英国国教会信徒であると否とに関わりなく，死亡者が居住していた家屋・場所の所有者あるいは賃借者は，埋葬後次の日曜日までに，死者の氏名・身分・性別・年齢・疾病・死因，両親氏名・居所を記載し，署名した書面を教区書記に提出すること，教区書記

は埋葬後，次の日曜日までに書面を教区の司式聖職者に送ることとされている。書面を受け取った司式聖職者は，出生の場合と同様，直ちに書面記載事項を教区登録簿の該当欄に転写し，書面はこれを定期的に時期別に整理し，記載内容の比較・確認まで保管することとされた。結婚に関しても，英国国教会における挙式か否かを問わず，挙式後次の日曜日までに上に示した必要記入事項を記した書面を教区書記に届け出ることとされた。書面を受け取った教区書記は，次の日曜日までに司式聖職者にそれを送らなければならなかった。次いで，教区の司式聖職者は，出生・死亡の場合と同様に書面記載事項を教区登録簿に記入し，これを定期的に時期別に整理し，記載内容と登録簿のそれを比較・確認するまで保管することとされている。

　教区書記は，書面を受け取った後，直ちに出生・死亡・結婚の内容を教区委員・礼拝堂委員・救貧委員に通知しなければならないとされた。書面を教区書記に届け出た両親あるいは当事者・関係者は，貧民でない限り，2日以内に教区委員・礼拝堂委員・救貧委員のいずれかに，出生・死亡について一件ごとに8ペンスを支払わなければならなかった。結婚に関しては，特別許可状（Prerogative Lincence）によって挙式した場合には10シリング，その他の許可書による場合には2シリング，予告結婚，その他の合法的結婚の場合には6ペンスが夫によって支払われるべきであるとされた。教区聖職者および教区委員，救貧監督者が支払い不能と認定した者の登録は登録手数料の支払いを免れるが，貧民と明記した上で教区聖職者が登録簿に記載することは可能である。その場合の手数料は，教区救貧費あるいはその他の教区費用から支弁されるべきである。また，司式聖職者は出生・死亡・結婚に関する書面を教区登録簿に転写する際にその謄本を作成し，規定に基づいて処分されるまで教区教会に保管しなければならないとされている。

　1760年の最初の日曜日以降，毎年，教区委員・礼拝堂委員・救貧委員は，教会区委員室（vestry）に集まり，前年に作成された教区登録簿とその謄本に記録された事項を比較・検査し，誤りを発見した場合には，注釈を加えてそれを修正しなければならない。また，登録に対して教区委員・礼拝堂委員・救貧委員が受け取った手数料と貧民に代わって支払った手数料の合計を集計し，登録簿謄本の下段に記入しなければならない。教会区委員室に集まった聖職者・

教区委員・礼拝堂委員・救貧委員は，登録簿およびその謄本に署名し，署名期日を記入しなければならないとされた。検認され，署名された教区登録簿およびその謄本を故意に破損し，書き込みをし，消去した者は重罪を犯したとされる。他方，届出に際して規定通りの手数料を支払わなかった者は治安判事に召喚され，支払いを拒否した場合には差し押さえと家財の売却によって手数料を支払わなければならないとされている。規定の時期を6日過ぎても書面による届出を怠った者，あるいは書面を教区聖職者に送らず，教区委員・救貧委員に通知しなかった教区書記は，40シリングの科料を科せられ，半分は通報者に，残りの半分は前述施療院院長と貧民救助施行委員に支払われる。登録簿・謄本への登録事項の転写を怠った聖職者，登録事項の比較・検査のために教会区委員室に集まらなかった聖職者・教区委員・礼拝堂委員・救貧委員は，40シリングの科料を科せられ，半分は通報者に，残りの半分は前述の施療院院長と貧民救助施行委員に支払われる。

　教区委員・礼拝堂委員・救貧委員は，謄本への署名後6日以内に貧民に代わって支払った手数料を除き，収集した手数料を下段に金額を記入した謄本とともに地租 (Land Tax) 徴収官に提出しなければならない。救貧費の支払いを拒む者は，治安判事に召喚され，理由の開示を求められている。地租徴収官は，受け取った金額から，登録簿への転写と謄本の作成，転記事項検査手数料として，教区聖職者に一ポンド当たり5シリング，書面の受け取り手数料として，教区書記に一ポンド当たり1シリング6ペンスを支払う。地租徴収官は，教区委員・礼拝堂委員・救貧委員から受け取った手数料総額について，一ポンド当たり3ペンスを受け取り，残額を州の地租収入役 (Receiver General of the Land Tax) に登録簿謄本とともに送ることとされた。イングランド・ウェールズのすべての州，ベリック・アポン・トゥウィードの地租収入役は，毎年3月25日以前に，収集した登録簿の謄本を「身分登録本署」に送り，地租徴収官から送られてきた登録手数料から一ポンド当たり3ペンスの報酬を差し引いた残額を施療院の財務担当者に支払わなければならなかった。

　また，死亡が届けられた旨の死亡証明書を教区書記から取得するまで，死者をその教区から移動させてはならないこと，イングランド・ウェールズ，ベリック・アポン・トゥウィードで発生し，上述の手続きを踏んで確認されたす

べての死亡，出生・結婚の登録簿を保管する事務所の土地を便利な場所に購入し，建設しなければならないことも定められていた。この事務所に毎年送付されてきた登録簿の謄本は，別置され，規則的に，整理されるべきであるとされた。そして，「身分登録本署」長官は，毎年，アルファベット順に州別の索引と正確な参照符を作成し，すべての出生・死亡・結婚の記載が簡単に参照できるようにすることが求められた。「身分登録本署」長官は，登録本署事務所の業務を逐次実行し，検索を希望するすべての人々の便宜を図り，一件について1シリングの検索手数料と6ペンスの作成費を支払って登録事項の謄本を取得することを可能にするため，十分な職員を雇用しなければならなかった。

「身分登録本署」長官あるいは副長官によって検査され，真正なものと証明された登録事項の複製は，すべての記録裁判所あるいは巡回裁判所（Nisi Prius），その他の場所において，教区登録簿がそうであったように，証拠として採用される。さらに，「身分登録本署」長官は，保管されている登録書類を毎年検査し，謄本から集計表（abstracts）を作成し，手数料収入総計と出生・死亡・結婚数を公表しなければならなかった。また，謄本に記録されている死因と事故死の数，それぞれの死亡年齢の公表が義務づけられた。この集計表は「身分登録本署」長官によって，毎年議会に提出され，その複製は「商務省・貿易植民監督局」（The Lords of Trade and Plantations）に送付されなければならないとされた。「身分登録本署」の建設費はこの法の実施から上がる収入によって支弁され，事務所運営にかかる経費・職員の俸給は，この法の実施から上がる収入によって支弁される。

ミドルセックス，サリー，ミドルセックスのセイント・メアリ・ルーボンの「死亡表」管轄地域の教区書記（Parish Clerk）は，前の週に発生した性別・年齢別・疾病別のすべての出生・死亡・結婚をロンドン市の「教区書記組合」（The Company of Parish Clerks in the City of London）に同組合幹部（Master and Wardens）の指示通りの形式で届け出なければならない[77]。これを怠った教区書記は，5シリングの罰金を組合幹部に支払わなければならない。同組合幹部は，従来報告されていた洗礼・埋葬ではなく，毎週・毎年の出生・死亡・結婚および性別・年齢別・死因別の死亡を公表する必要があった。そして，毎週・毎年の結果を国王とその後継者およびロンドン市長に提出しなければならなかった。な

お，この法案は，イングランド・ウェールズの教区聖職者あるいは教区書記に従来から支払われている手数料を廃止ないし，変更することはなく，また，イングランド・ウェールズ，ベリック・アポン・トゥウィードのすべての教区に保管されている洗礼・埋葬・結婚登録簿あるいは主教管区登録事務所に送られる主教謄本制度を廃止するものでもないことが明記されていた。

大略以上のような内容を持つ1758年法案に対して，庶民院議員への意見具申という形で，翌1759年1月15日に匿名の書簡が公刊され，法案の矛盾点を指摘している[78]。反論の根拠は，次のように要約できる。一つは，ロンドンの捨て子施療院の経費を，出生（洗礼）・死亡（埋葬）・結婚という宗教的通過儀礼の登録料から賄おうとする意図に対する疑義である。また，所有権・遺産相続，その他についての法的な証拠として必須の出生・死亡・結婚という個人身分の同定手段に関する情報を世俗機関が独占的に統制するという新たな事態に対する危惧も表明されている。従来制度的に存在していなかった「身分登録本署」という機関を設置し，情報を中央統制すること，登録から上がる収益の帰属先として，「身分登録本署」・地租徴収官・地租収入役を介在させようとしている点も，登録をめぐる既得権益の侵害と批判されている。

いずれにしても，出生・死亡・結婚に関する正確かつ信頼できる登録簿を王国のすべての教区が保管するべきであるとする1758年法案は，後の人口動態統計実施のための制度設計の布石，不可欠の通過点であった。1753年法案が，後のセンサス（人口静態統計）実施のための制度設計の雛形であったのと対をなしているといえる。これらの法案がともに会期切れという理由で日の目を見なかったのは，イギリスにおける統計制度の発展という観点に立てば，不運なことであった。しかし，いずれの法案においても，制度設計の根底に国民の所有権を確定する手段の整備という意図があったことを見落としてはならない。再び確認しておきたいのは，教区登録簿への個人の人口動態記録の正確な記載と記録の安全な保管・中央管理という長期間におよぶ統治機構の執拗な試みは，反転させれば，統治者としての必須の任務であり，繰り返し提出された不動産の私的所有権・契約の確定と保護のための立法措置と見事に重なり合うということである。両者は文字通り表裏一体の関係にあったのである。

しかし，1758年法案もまた議会の会期切れによって不本意な結末を迎えた。

既述のように，1753年法案と1758年法案の内容における基本的な相違は，後者が人口動態統計調査の実施のみを目的とした法案であった点である。調査実施機関の相違もこれに劣らず重要である。1753年法案においては，人口静態・動態統計実施の責任機関として，ロンドンの商務省が所管する機関である「貿易・植民監督局」(Commissioners for Trade and Plantations) が想定されていたが，1758年法案では，すべての出生・死亡・結婚を登録・集約する公的機関として新たに公的登録本署が設立され，出生・死亡・結婚登録本署長官がその任に当たることとされた。統計作成制度・機構の精緻化の意図を読み取ることができる。

他方，1753年法案・1758年法案はともに救貧制度改革への動きと軌を一にするものであった。センサス実施以前のイギリスにおいて，人口総数（静態統計）あるいは出生・結婚・死亡（動態統計）登録の集中管理を目指す試みが繰り返し登場しているが，提案理由の中に必ずといってよいほど救貧に関わる言辞が現れている。たとえば，1753年法案は，教区の人口数，出生・結婚・死亡と，救貧費を受給した貧民数の届出を命じ，1758年法案の前文にも登録手数料収入を「ロンドン捨て子施療院」支援のために充てるという目的が記されている。この法案ではまた，登録手数料を支払う余力のない貧民は支払いを免除され，教区救貧費から支出されること，そうした貧民に関する情報を聖職者は登録簿に記入することなどが命じられている。貧民の出生教区・所属教区を明らかにし，救貧責任機関を明確にすることが意図されているように見える。洗礼（出生）・結婚・埋葬（死亡）の正確な日時を証明する手段としての教区登録簿には，住民の「籍」を明らかにするという目的が潜んでいたのである。

二宮宏之がフランスにおける教区登録簿を「聖堂区戸籍簿」と呼んでいるように，教区登録簿から得られる情報は，救貧対象者の氏名・年齢，所属教区の同定手段としてもきわめて重要であった[79]。身分登録制度と救貧制度との具体的なかかわりを究明することが身分登録制度全体の目的を明らかにするもう一つの鍵である[80]。個人の同定手段としてアジア諸国の多くが採用していた戸籍や住民基本台帳のような情報媒体を持たないイギリスにおいては，教区登録簿だけが個人の身分を同定する手段であった。特定の個人が所属する共同体・生地（教区）と出生（洗礼）・結婚・死亡を証明しうる唯一の記録が教区登録簿

だったのである[81]。その記録は，相続・譲渡・遺産分配の対象となる物的・人的財産の権原の証明はもとより，救貧法，定住法の円滑な運営にも不可欠の情報源であった[82]。

8) 19世紀における身分登録制度改革の動き

　19世紀10年代における教区登録簿の不備，実際の出生と洗礼，死亡と埋葬との乖離は300年の教区登録制度史上最悪の状態であった[83]。リグリーとスコッフィールドの推計によれば，1810～19年における国教徒の出生および死亡の捕捉率は，ともに1540年から1839年に至る300年間のそれの最低値であった67.95％と67.59％であり，この10年間の非国教徒の洗礼は3.81％，洗礼の遅れによる脱漏率は6.23％，その他の原因による脱漏率は実に22.01％に上ったと推計されている。埋葬に関しても，非国教徒の埋葬は1.36％，洗礼の遅れによる埋葬の脱漏率は7.47％，その他の原因による脱漏率は23.58％を占めている[84]。出生の捕捉率が最も高かったのは，メアリー治世下の1550～59年であり，教区登録簿は実際のイングランドの出生の実に99.63％を記録していると推計されている。他方，死亡に関しては，17世紀中葉の内戦期まで捕捉率はほぼ100％であり，内戦期から教区登録簿に記録されない非国教徒の埋葬が徐々に増加している。

　他方，最近の研究では，洗礼の遅れから来る乳児死亡の脱漏の程度はそれほど高くはなかったという結果が出ている。18世紀半ばから19世紀初頭までのロンドンの一教区（St. Martin in the Fields）の牧師に支払われる洗礼手数料（baptism fee）に関する史料と埋葬簿を用いたこの研究によれば，洗礼前に死亡する嬰児はそれほど多くはなく，乳児死亡の脱漏率も高くはなかった事実が明らかにされている[85]。また，17世紀中期から19世紀初頭におけるヨークシャー（Yorkshire）における出生・洗礼間隔計測については，いくつかの試みがある[86]。

　教区登録簿の不備に対する警鐘とその是正を求める世論の高まりを反映して，1810年代には多くの法案が提出されている[87]。法案審議の過程を仔細に検討すると，立案の背景と意図が明らかとなる。数度にわたる審議・委員会討議，法案修正を経て1812年に成立したいわゆるローズ法（Rose Act）は，以下の点でイギリスにおける動態統計記録の歴史における一つの画期をなすものである。

すなわち，前文にある通り，出生・洗礼・結婚・埋葬の登録方法・登録簿作成・保管方法の改善の目的は，物的および人的財産に対する権原を立証する証拠としての教区登録簿の能力を高めることにあるというのである[88]。加えて，この法は教区登録簿への洗礼の記入に際して，父親の職業を記載すべきであるとの規定を含んでいる[89]。この法の第5条は，登録簿への記載あるいは調査を目的とする検索と謄本の取得を希望する者，コモンロー裁判所あるいはエクイティ裁判所における証拠の提出を希望する者への開示以外には，保管箱から教区登録簿を取り出すことを禁じている。第13条では，「多くの主教管区では，洗礼・結婚・埋葬を記録した教区登録簿謄本および各主教管区において検認された遺言状を保管する場所が十分な管理の下におかれていない」という現状に鑑みて，それぞれの管区内の治安判事記録保管者（Custodes Rotulorum）および主教の代理として文書の作成・保存を行う書記（Chancellor）とともに，主教が教区登録簿および遺言状の保管所としてふさわしい場所を調査し，結果を枢密院に報告することが義務づけられている。

　ここでいうふさわしい場所とは，火災・その他の災害によって，年齢記載，財産の権原・順位・資産を主張することが可能な証拠が失われない場所という意味である[90]。不動産・動産の権原を証明する個人の身分同定手段＝家系として教区登録簿が初めて制定法に登場したのである。ただし，制定法では，「イングランドにおける出生，洗礼，結婚，埋葬を登録する教区登録簿およびその他の登録簿の従来よりも適切な管理と保管」が謳われているが，制定法の末尾に掲載されている別表（Schedule A）には，出生ではなく，洗礼の詳細を記載することとされている。1812年7月23日に庶民院は貴族院から提出された修正案の検討に入った。貴族院の修正はきわめて詳細であり，字句修正，文言挿入，箇条追加を含めて，合計56項目にわたっている。

　貴族院の修正案からうかがえることは，以下の通りである。すなわち，法案提出時に意図された「洗礼・結婚・埋葬を登録した教区登録簿の記録・保管方法を改善し，物的・人的財産の権原を主張する人々に対して，その家系を証明する証拠を容易に提供する」という本来の目的の実現よりも，従来通り洗礼・結婚・埋葬という宗教的通過儀礼の登録を英国国教会に委ね，世俗身分登録の導入を遅らせ，世俗勢力の身分登録への介入を極力排除しようとした勢力が背

後にあったことである[91]。初期の法案にあった出生・死亡という文言の削除とそれに代わる洗礼・埋葬という文言の挿入，あるいは教区聖職者の役割の重視からは，教会勢力の利害の温存という意図を窺うことができる。いずれにしても，物的および人的財産法定相続の証拠として，教区登録簿が持っている多くの欠陥を是正することが法案の重要な目的の一つであったことは確かである。「許容性のある証拠」・「家系」を証明する証拠として，教区登録簿，遺言状を整備するという法案の意図を明示的に条文に盛り込んだという点において，この1812年法は注目すべきものである。

しかし，このローズ法は，1810年代前後における教区登録簿の不備を改善する意図に発した重要な法であったが，その実効性の点でいくつかの問題を含むものであった。まず，この法は教区登録簿の記載事項の偽造に関するもの以外は，何ら実施を強制する条項を含まなかった。手続き・その他の条項も具体性に欠ける不十分なものであり，その実効はおぼつかなかったといわれている。事実，19世紀10年代における教区登録簿の不備，実際の出生と洗礼，死亡と埋葬の乖離は，前述のように300年の教区登録制度史上最悪の状態であった。教区登録制度が持っている様々な問題点がこの時期に鋭い形で露呈し，抜本的な改革に対する要請が各方面から提出され，1836年の世俗身分登録制度の導入を促しつつあったのである。

これまで検討を加えてきたように，300年の歴史において，教区登録制度は様々な利害の間でその性格の変化を余儀なくされたが，ここで視点を変えて，「身分登録制度」としての教区登録制度，すなわち，教区登録簿に反映された洗礼・結婚・埋葬が実際の出生・結婚・死亡をどの程度正確に記録していたのかについて見ておかなければならない。教区登録簿は個人のライフ・サイクル上に発生した宗教的通過儀礼としての洗礼・結婚・埋葬という出来事を，発生のつど，わずかな追加的情報とともに記録した史料である。また，既述のように，教区登録簿に記載された情報は家族・世帯単位に編成されたものではなく，個人の身分上の同定手段としては甚だ不完全なものである。

「身分登録」記録としての教区登録簿が本来持っているこうした弱点に加えて，聖職者の不在あるいは聖職禄兼領，聖職者の懈怠による誤り，記録の散逸・破損，教区民の登録に対する無関心あるいは敵意など，登録の不備をもた

らす要因は少なくなかった。いっそう重要なのは，教区登録簿の登録対象が国教徒であり，非国教徒の洗礼・結婚・埋葬はいくつかの例外を除いて，原則として記載されなかったという点である。加えて，フランスのカトリックの場合と違って，イギリスにおいては出生から洗礼までの間隔は平均1か月であった[92]。当然，この間に死亡した嬰児は洗礼簿に記載されず，通常，受洗せずに死亡した嬰児は埋葬簿に記録されなかった。嬰児のかなりの部分が洗礼・埋葬簿の双方から抜け落ちることになったのである。

教区登録簿の洗礼・埋葬と実際の出生・死亡の乖離が，非国教徒の存在，出生と洗礼の間隔，その他の要因によってそれぞれどの程度説明可能であるかを推計し，その比率の時間的推移を見ると，教区登録制度は，前述のように，メアリー治世下に始まる出生−洗礼間隔の延長による出生の2％前後の脱漏を別とすれば，導入後ほぼ1世紀間はともかくも有効に機能し，洗礼簿は実際の出生の96％を記録していたことになる。埋葬簿は，この間，死亡をほぼ忠実に記録していた。内戦期に入ると教区登録簿，特に洗礼簿は出生−洗礼間隔の拡大，非国教徒の増加，内戦による混乱と登録に対する無関心・敵意によって，実際の出生のほぼ95％を記録するにとどまっていた。また，埋葬簿は1％前後の死亡を捕捉しそこなっている。王政復古による旧制度への復帰は，教区登録制度にそれほど深刻な打撃を与えることはなかったが，1680年代以降の1世紀間には，教区登録簿は実際の出生の85〜92％，死亡の92〜97％を記録するだけとなっていた。そして18世紀末期，特に1780年以降の登録簿の不備は著しく，先にふれたように，1810年代には出生した子供の68％，同じく死者の68％だけしか教区登録簿にその姿を現さなかったのである[93]。

ここで，1812年ローズ法の実効性の乏しさと教区登録制度の弛緩という状況に対する批判と改善策を提唱したG. M. バロウズの『教区登録簿および死亡表の利用と欠陥に関する批判』[94]の内容を簡単に紹介しておきたい。まず，彼は次のように主張する。「この法は教区およびその他の登録簿の記録と保管について，物的および人的財産に対する権原を主張する人々の系譜・家系を証明する手段を提供するものとして高く評価されるべきものである。しかし，残念ながら立法者はその利用法について正確な考えを持っていない。この法はすべての宗派の人々にその登録を義務づけていないし，病院，保護施設，その他の

埋葬地で発生したすべての埋葬を記録するよう定めてはいない。最も深刻な瑕疵として挙げられるのは、この法が出生と洗礼を区別して記録するべきであるとしているにもかかわらず、条項のどこにもその規定を含んでいないし、法に添付された付表に出生を記入する欄を設けていないという点」である[95]。

　洗礼のみならず、人口統計にとっては必須の出生に関わる情報を記録すべきであるとするバロウズの提言は正鵠を射ている。出生と洗礼の乖離がはらむ法的な問題点として彼が挙げた次のような事例は興味深い。「デイド師（Rev. Mr. Dade）によれば、自身の息子が未成年で死亡した場合に、遠い親戚に5,000ポンドを遺贈しようとした者がいたが、その息子は出生後2週間して洗礼を受け、未成年で結婚し、妻と男児を残して死亡した。たまたま死亡日は洗礼日から起算して成年になる1週間前であった。彼の両親と彼の出生を証明する者すべてが死亡していたし、出生の正確な日付を証明するに足る十分な証拠もなかった。その結果、遠い親戚が遺贈金を手に入れ、息子と哀れなその子供が残されるという事態が出来した」[96]。こうした事態を防ぐためには、洗礼の日付を登録する場合には出生の日付も併せて記録されるべきであり、洗礼の登録には同時に両親の居所と職業、長子か否かも記録されるべきであるとバロウズは提言する。こうした情報は、貧民の定住に関わる紛争を解決し、教区の無駄な負担を避けるのに役立つとも彼は述べている。

　結論としてバロウズが主張するのは、現行の教区登録簿・死亡表への結婚・出生・洗礼・埋葬・疾病登録制度がきわめて欠陥の多いものであり、次のような問題点を解決しなければならないということである。すなわち、「すべての宗派の記録を登録していない；病院・施療院のそれを含んでいない；洗礼を受けずに死亡した嬰児が教区登録簿あるいは死亡表に記録されない；洗礼登録が出生の時期と場所を記録していない；埋葬登録が死亡地・居所・配偶関係を記録していない；死亡教区・年齢・死因を記録した証明書（certificate）が発行されていない；死体が死亡表登録地域から移動され、記録から除外される；死因を特定し、証明書を発行する専門の医師がいない；死因となる疾病の特定が不正確である；年齢の刻み方が医学的・政治的な意味において適当ではない；登録簿の保管を規制する法に欠陥があり、政治的・世俗身分的・医学的に重要な情報を顧慮していない；ロンドンの死亡表が管轄するすべての教区・礼拝施設

の週間および年間総計が記録されていないし，それを実行する当局も存在していない」という諸点である[97]。

2　1836年「登録法」と身分登録本署の設立

1) 1836年「イングランドにおける出生・死亡および結婚の登録に関する制定法」

身分同定手段としての教区登録制度の抜本的改革は，1836年の「イングランドにおける出生・死亡および結婚の登録に関する制定法」[98]（「登録法」），「イングランドの結婚に関する法律」[99]および「イングランドにおける登録に関する二つの制定法，結婚登録法，出生・死亡・結婚登録法の説明および改正を施す法」[100]の制定をもって不完全ながらも実現した。この「登録法」制定に至る過程で，現行の身分登録制度をめぐる年来の懸案は，1829年の「物的財産権に関する第一回庶民院議会委員会報告書」[101]および1833年の「教区登録制度に関する庶民院特別委員会」[102]（教区登録制度検討委員会：Select Committee on Parochial Registration）におけるきわめて詳細な調査と激しい論争を経て，一応の解決を見るに至った。以下，簡単に1836年の「イングランドにおける出生・死亡および結婚の登録に関する制定法」の内容を検討しておこう。この法の制定によって，形式的には300年間続いたイギリスの教区登録制度は，世俗身分登録制度（civil registration）へ全面的に編成変えされることになった。

洗礼・結婚・埋葬の教区聖職者による登録制度はその後も存続されることとされたが，この法によって新しい制度の下で，世俗当局による近代的な身分登録制度が発足することになったのである[103]。新制度実施のために，身分登録・人口動態統計調査を担当する最初の世俗機関である，内務省所管の身分登録本署が設置された。イングランド・ウェールズ全域が553の調査地区（enumeration districts），336の登録事務所（Register Offices）からなる27の大登録区（Registration Districts）に分割され，618名の地区登録監督官（Superintendent Registrars）が配置されることになった。さらに，その下に2,193名の登録官（Registrars）が配置され，彼らへの出生・死亡・結婚（写真1-4参照）の届出が義務づけられることになったのである[104]。

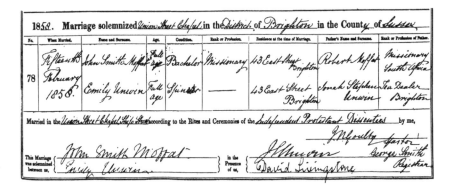

写真1-4　結婚届原票（1858年）

出所）M. Nissel, *People Count, A History of the General Register Office*, London, HMSO, 1987, p. 28.

　従来の教区登録制度との相違点は，以下の通りである。まず，実施機関が世俗当局である点，登録の対象が宗派にかかわりなく，すべてのイギリス国民である点，洗礼ではなく出生，埋葬ではなく死亡を届け出るという点である。結婚についても，同年に制定された別の制定法である「イングランドの結婚に関する法」によって，かつて共和制下に導入され王政復古によって無効となった民事婚が復活し，各地区登録官事務所において行われる結婚も合法的なものとなった。新生児の父親あるいは母親，または新生児が誕生した住宅の占有者は42日以内に出生を，5日以内に死亡を当該登録官へ，規定された登録書式・原票（schedule）に記入して，届け出ることとされた。出生の場合には，日時・氏名・性別・父親の姓名・母親の旧姓・父親の職業および居所，死亡の場合には，日時・姓名・性別・年齢・職業・死因・届出者の職業および居所，結婚の場合には，日時・当事者氏名・年齢（成年・未成年の別）・未既婚の別・職業・結婚時の居所・当事者の父親の氏名および職業を記載しなければならないとされた。また，新制度への移行直後の1837年7月3日に初代身分登録本署長官T. H. リスターから内務大臣ラッセル卿（Lord J. Russell）に宛てて，出生・死亡日時欄に出生地・死亡地を併せて記載するよう要請が出されている[105]。個人に関する情報量という点からいえば，教区登録簿のそれを数段上回るものであり，個人の身分同定は格段に容易になったということができる。

1837年7月1日から実施に移された登録制度の機構をごく簡単に述べれば，次のようになる。まず，各登録事務所に届け出された原票を基に作成された登録簿は，登録官によって3か月ごとに地区登録監督官事務所へ移送される。地区登録監督官は，訂正・挿入・形式不備・脱落・誤記・その他を検査し，それぞれについて認証謄本 (certified copies) と索引を作成し，索引はこれを手許に保管する。各地区登録監督官事務所で作成された訂正後の認証謄本は，3か月ごとにロンドンの身分登録本署長官 (The Registrar General) のもとへ送付され，再度誤記の検査を受ける。誤記が発見された場合，それぞれの登録官へ書面で説明を要求する。その後，身分登録本署では訂正後の認証謄本を地域ごとに頁を付してまとめる。こうして作成された冊子のほかに同本部では出生・結婚・死亡のそれぞれについて，アルファベット順の姓による索引を作成する。最後に登録本署長官はこれらを基に毎年，集計結果を作成し，年次報告書 (Annual Report of the Registrar General) として内務大臣に提出するのである。地区登録監督官事務所とロンドンの身分登録本署では，索引の閲覧と検索が希望者に許可され，手数料を徴収して認証謄本が発行される[106]。

新制度導入後1年間に身分登録本署に集められた認証謄本の総数は，出生が399,712件，死亡が335,956件，結婚が111,481件であった。結婚については，英国国教会の儀礼に基づくものが107,201件，国教会の儀礼に基づかないものは4,280件であった。このうち，地区登録監督官事務所で挙式された結婚はわずか1,093件であり，全体の1％に満たなかった。純粋の民事婚はその後もそれほど増加せず，1870年にようやく全結婚数の10％に達している。クウェーカー教徒の結婚は76件，ユダヤ教徒のそれは135件であった。その他の非国教徒の結婚数は，登録された25宗派の1,257か所の会堂で挙式された2,976件である[107]。

1837年以降に実施されることになった登録制度は，イギリスの身分登録制度史上重要な転換点であり，表1-2に示した現行の身分登録制度 (Registration Concerning the Individual) はこの1836年法を根拠にしている[108]。この間，いくつかの部分的な手直し，たとえば，1953年に実施方法に関する大幅な修正[109]が加えられているが，基本的には現行の身分登録制度は1836年法を踏襲している。このことは，表1-2[110]に示した現行身分登録の要件と1836年法に添付

表 1-2　現行身分登録の要件

出生（生児出生）	結　　婚	死　　亡
出生日時・場所 氏名・性別 父親（氏名・出生地・職業） 母親（氏名・出生地・旧姓・居所） 情報提供者（両親と異なる場合，氏名・適格性・居所・署名） 登録日時 登録官署名	結婚場所 結婚日時 当事者（氏名・年齢・未既婚・職業・結婚時居所） 当事者父親（氏名・職業） 結婚認証形式	死亡日時・場所 死亡者（氏名・性別・〔既婚女性旧姓〕・出生日時・場所・職業・居所） 情報提供者（氏名・適格性・居所） 死因 情報提供者署名 登録日時 登録官署名

出所）*Halsbury's Laws of England*, 4th ed., Butterworths, Vol. 39, 1982, pp. 497-560 より作成。

された原票の雛形および実際の結婚原票[111]の記載事項にそれほど大きな相違がないという事実からも明らかである。しかし，1836年法にはいくつかの重大な欠陥があり，その後の身分登録制度の実施と調査結果の公開に関して，大きな課題を残すことになった。その一つは，この法の罰則規定が不十分であったことである。確かに，この法には虚偽の届出・記録の破損，あるいは届出受理・登録を怠った登録官に対する罰則規定はあったが，届出義務違反者に対する罰則規定が欠如していた[112]。この欠陥は，1874年8月7日の改正法が，届出義務違反者に対して罰則規定（4シリング未満の科料）を導入することによってようやく是正されたが[113]，この間40年弱の記録の信憑性については疑問が投げかけられている[114]。加えて，1836年法・1874年法はともに地区登録監督官事務所およびロンドンの身分登録本署における索引の検索と認証謄本の発行に関する規定を含んではいたが，原票の公開に関しては何ら触れていない。その結果，100年の秘匿原則とは別に，再三にわたる歴史家・人口学者・統計学者・歴史人口学者などの要請にもかかわらず，少なくとも1996年に至ってもなお大量観察のための原票の公開は原則として行われていなかった。他方で地区登録監督官事務所記録の公開が認められている場所もあり，この点に関する不統一も大きな問題となっている[115]。

　300年という長期にわたって曲がりなりにもイギリスの「身分登録」を担ってきた教区登録制度は，なぜ19世紀30年代という時期に民事登録制度へ移行せざるをえなかったのであろうか。この点を検討しておこう。

第一に指摘しておかなければならないのは，導入以来教区登録制度から締め出され続けてきた非国教徒の無権利状態・市民的諸権利からの排除に対する批判と世俗国家・英国国教会当局に対する指弾の高まりである[116]。ある推計によれば，19世紀30年代にすでに非国教徒は400万人近くに達し，人口の3分の1を占めるようになっていた[117]。1851年の宗教センサスに記録された国教信奉者の総数は3,773,474人，非国教徒の総数は3,487,558人であり，国教徒の52％に対して，非国教徒の占める比率は48％に上っていた[118]。19世紀前半には，すでに非国教徒は数において国教徒に拮抗するほどの一大勢力に成長していたのである。

　世俗当局も英国国教会もこれほど増大した非国教徒の利害を無視することは困難であった。非国教徒が置かれていた無権利状態の内容は，端的にいえば，特に1753年結婚法制定以降に強化された結婚の非合法化から生じる様々な障害・差別，たとえば子供を嫡出とすることができないという不利益である。また，幼児洗礼を実施しない宗派，洗礼・結婚・埋葬登録の不備な宗派は，不動産の継承・相続・売買の際に不可欠の本人や親族の出生・死亡・生存年齢を証明する証拠を欠き，大きな不利益をこうむっていた。洗礼・結婚・埋葬記録が整備・残存している場合でも，裁判所の判決は，法的効力の点において非国教徒の登録簿を国教会の教区登録簿よりも劣位におき，一方を公的な証拠とみなしたのに対して，他方を私的な，付随的・間接的（collateral）な証拠としかみなさなかった[119]。

　宗教的良心から国教会教会における登録を拒否し，無権利状態に陥っている非国教徒の市民的権利を回復するためには，登録から宗教的色彩を払拭し，良心の呵責を感じることなくすべての国民が登録することが可能な世俗当局による登録制度の導入が不可欠であると考えられたのである。こうしてまず，1829年にカトリック教徒の無権利状態を是正する法案「カトリック解放法」[120]が制定される運びとなり，1836年の「結婚法」によって，非国教25宗派の1,257か所の登録会堂（registered places of worship）で挙式された結婚および地方登録官事務所で挙式された民事婚も合法化された[121]。次いで，同年の「イングランドにおける出生・死亡および結婚の登録に関する制定法」によって，少なくとも身分登録からの排除を原因とする法的・社会的無権利状態から非国教徒は

救済されることになる。

　登録事項の法的効力という点では国教会の教区登録簿も同じような問題を抱えていた。既述のように，1812 年のローズ法は初めてこの点に言及し，教区登録簿記載事項の正確性の向上と登録簿の確実な保管が，教区登録簿を不動産・動産の権原を証明する適格な証拠（legal evidence）たらしめるものであるとしている。1836 年の身分登録制度導入に至る過程で庶民院によって教区登録制度の検討を付託された既述の 1833 年「教区登録制度検討委員会」において，意見聴取された法曹関係者が財産権の保障・保護・権原（security, protection, title to property），相続（heirship；inheritance of property）という語をたびたび口にしたのは，次のような文脈においてであった。すなわち，不動産・動産の移譲（conveyance），売買，遺産の帰属をめぐる訴訟において，他の証拠を欠く場合，教区登録簿も権原を証明する証拠として採用されたが，記載の不備・保存の杜撰さが家系の証拠としての教区登録簿の価値を著しく損なっているというのである。

　実際の出生・死亡ではなく，洗礼・埋葬しか登録していないこと，しかもその登録が不正確であり，簡単に書き換え・捏造が可能なこと，個人に関する情報量の少なさが同姓同名者の区別を困難にしていること，原本の紛失・焼失・破損，あるいは謄本の作成・保管方法，検索を容易にする索引作成の不完全性など，教区登録簿が持っているあらゆる弱点が財産権の保障・保護を危うくし，円滑な不動産の移譲・売買を阻害して，その価値を減じているという[122]。したがって，国教徒もまたそうした意味においては不利益をこうむり，事態改善のためには世俗身分登録制度を導入し，その実施のための効率的な行政機構の整備を一日も早く実現するべきであるとする世論が形成されてきたのである。宗教改革以来導入された身分・人口属性と所有権に関する情報を国家が集約し，管理するという体制が 300 年の時を経て，ようやくここに実現したことになる。

　非国教徒の無権利状態からの解放を求める動き，あるいは財産処分に関して適格な証拠能力を持つ記録を作成すべきであるとする世論の高まりの他に，世俗身分登録制度の導入を促した要因として，人口動態統計，特に正確な死亡統計提供に対する要請が強まっていたという事実を挙げておかなければならない。19 世紀 30 年代のイギリスは，工業化に伴う都市化の急展開，都市の環境悪

化と死亡率の急上昇を経験し，公衆衛生に対する関心の高まりが E. チャドウィックによる 1839 年の「イギリス労働人口の衛生状態に関する報告書」を生んだことはよく知られている[123]。事実，身分登録制度導入後，長官が最初に内務大臣に提出した「第一回身分登録本署長官年次報告書」の死亡統計は詳細をきわめ，死因の年齢別・地域別，都市・農村別の統計を含み，出生・結婚統計を圧して報告書全体の 90% を占めている[124]。また，18 世紀末期以降に実施された種痘の効果を計測するために，医学関係者が正確な全国の死亡率・疾病率統計の必要性を痛感し，信頼度の高い人口動態統計の作成を主張したとも新たな身分登録制度への移行を別の角度から後押ししたであろう[125]。これと関連して，年金・生命保険に携わる統計学者や保険計理人（actuary）が，正確な死亡率・生命表算出のための基礎的データの収集を要請していたという事実も無視することはできない。あるいは，友愛組合（friendly societies）の疾病情報に対する強い需要も死亡登録をはじめとする正確な身分登録の整備を促した要因として考えられる[126]。

　この点に関して，1833 年の「教区登録制度検討委員会」における国債局（National Debt Office）の保険計理人であった J. フィンレゾンの意見は示唆的である。彼によれば，身分登録制度導入の目的は，死亡法則（law of mortality），特に労働者階級の死亡法則を知るための統計を得ることである。年金あるいは生命保険の拠出金額・保険料率の算定，給付年齢の確定，受給者の年齢と，本人であるか否かの同定の根拠としても正確な身分登録が是非とも必要であると彼は主張している[127]。少なくとも身分登録本署の統計的機能に関する限り，その起源は医学関係者の要望に応えるというよりも，チャドウィックおよび大蔵委員会委員（Lord Commissioner of the Treasury）の利害，すなわち，友愛組合に対して保険計算上のデータを供給するという側面が強かったということができる[128]。

　こうした世俗身分登録制度導入の動きに，国教会は諸手を挙げて賛成したわけではない。身分登録法制定直前の 1836 年 7 月 11 日の貴族院におけるカンタベリー大主教の見解に端的に示されているように，国教会の公式見解は，「非国教徒の市民的権利の回復と彼らの結婚の合法化は，国教聖職者が現に有している諸権益を侵害しない限りにおいてこれを歓迎する」というものであっ

た[129]）。登録を通じて教区住民の動向を知り，管理・統制する権利や登録事項の証明手数料取得といった現実的な既得権益の喪失に対して国教会聖職者は，世俗当局による強制的登録が家族のプライヴァシーを侵害し，届出違反に対する罰金が貧しい人々を苦しめ，出生の登録が洗礼の省略に繋がりかねないという懸念を表明して抵抗した[130]）。

　従来の聖職者による教区登録制度を温存したまま新しい身分登録制度を発足させるという二本立ての措置は，英国国教会と世俗当局との妥協の産物であったともいえるであろう。しかし，妥協の産物であるとはいえ，世俗当局による近代的な身分登録制度が成立したのは，この時代に顕著になってきた国家による市民社会への干渉，特に国教会の既得権益に対する国家の露骨な干渉・介入という潮流に抗して，国教会側が延命を図った結果であった。実際，「ある意味で，国家による最も驚くべき干渉は，英国国教会の財産と特権の領域でなされた」のである[131]）。世俗身分登録制度の成立は，教会財産の適正な利用，聖職禄兼領・不正聖職禄の是正，十分の一税の固定額貨幣地代への転換，すべての宗派の教会学校への公的援助の拡大など，一連の教会改革[132]）の一環として捉えるべきであるのかもしれない。

　教区登録制度成立後300年の時を隔てて，世俗身分登録制度が「19世紀行政革命」の時代と呼ばれる時期に登場したのは，偶然ではないであろう。1538年の教区登録制度がG. R. エルトンのいう「テューダー行政革命」[133]）の渦中で改革の推進者であったトマス・クロムウェルの発した首長命令とヘンリー八世の回状をもって始まり，1836年の身分登録制度が教会・教育・救貧・工場労働・公衆衛生・外国貿易・警察制度・法律など多岐にわたる領域における行政改革，いわゆる「19世紀行政革命」の時期に導入された背景には，イギリスにおける官僚制の特殊なあり方，行政機構の非効率性があったと思われる。地方的利害・地方における既得権益の擁護という伝統，中央統制に対する根強い反感は，イギリスの行政機構をきわめて非効率的なものにしていた[134]）。とりわけ，19世紀前半の工業化・都市化の進展に伴って発生した深刻な社会問題を解決するには当時のイギリスの行政機構はあまりに無力であり，至る所で機能麻痺を露呈していた。かつて経験したこともない異質の深刻な社会問題の山積に直面して，当時のイギリスは自由放任，国家に対する市民社会の優位とい

う固有の伝統を一部放棄せざるをえない状況に追い込まれていた。こうして次々と行政改革のための方策が打ち出され，機能的・効率的な国家行政の実現へ向けて国家干渉が続くのである[135]。

　1836年以降に実施された身分登録制度もまたこうした「19世紀行政革命」の一環として導入されたものであった[136]。様々な領域における緊急の課題を効率的に解決してゆくためには，国家行政の根幹である民勢の正確な把握が不可欠であった[137]。「登録法」に引き続いて，その実施を容易にするために翌1837年6月30日に制定された「イングランドにおける登録に関する二つの制定法，結婚登録法，出生・死亡・結婚登録法の説明および改正を施す法」[138]のうち，重要と思われる点を列挙しておこう。まず，登録本署長官が必要と認めれば，登録簿記載事項に出生地と死亡場所を付け加えることが可能である（当該制定法第8節）という点である。世俗身分登録における出生地・死亡地の記載に関しては，次の事実を付言しておきたい。既述のように，初代の登録本署長官であったリスターは，世俗身分登録法が規定する出生児の両親あるいは死者の居所に加えて，出生地あるいは死亡地を記入するよう内務大臣のラッセル卿に進言した。

　リスターの目的は，世俗身分登録制度導入直後の制度的な欠陥，特に改正救貧法「イングランドとウェールズにおける貧民に係る法の改正とより良き管理に関する法」[139]における救貧地域区分と世俗身分登録上の区分との不統一・齟齬をめぐる混乱を，可能な限り除去することであったと思われる[140]。リスターは，1837年3月1日以降に実施されることになった「結婚登録法」および「出生・死亡・結婚登録法」制定後のヴィクトリア女王登位初年1837年6月30日に制定された上述の「イングランドにおける登録に関する二つの制定法，結婚登録法，出生・死亡・結婚登録法の説明および改正を施す法」第VIII条の規定に基づいて，直後の7月3日に全国の登録官に，出生日時の後に出生教区名あるいはその他の場所の名を，死亡日時の後に死亡教区名あるいはその他の場所の名を書き加えることを指示し，その旨を内務大臣に報告している[141]。

　1836年身分登録法の不備の是正を目的とした法として，1874年法についても簡単に触れておかなければならない[142]。新たに死産に関する規定が加えら

れたほか，この法は，出生と死亡の届出と登録官による登録に関して強制力を伴った制定法として登場した。1836年法の不備を補うべく，出生に関しては，両親ないし出生が発生した家屋の占有者，出生に立ち会った人々，保護者は，42日以内に登録官に必要な事項を届け出て，登録官の面前で登録簿に署名することが義務づけられている。死亡に関しては，屋内における死亡に立ち会った直近の親族，病床で死を看取った人々，直近の親族を欠く場合には同じ小地区（sub-district）に住むその他の親族，こうした親族もいない場合には，死亡時に居合わせた者，死亡が発生した家屋の占有者，それを欠く場合には死亡が発生した家屋の同居人，埋葬人は死後5日以内に登録官に必要事項（死亡と死因）を届け出る義務を負い，登録官の面前で登録簿に署名しなければならないとしている。また，強制力を持たせるため，次のような厳重な罰則規定を設けている。第35条（登録官の出生・死亡登録義務違反，登録不備あるいは登録簿の紛失に対する罰則：科料最高50ポンド），第39条（両親・その他の届出義務違反，情報提供の懈怠に対する罰則：それぞれの違反につき最高40シリング），第40条（1. 出生・死亡に関する虚偽の届出，2. 証明書捏造・虚偽記載，3. 死産児を生存出生児と偽ること，死産などに関する虚偽の文書の作成・使用に対する罰則，4. 虚偽の申告で出生・死亡を登録すること：略式訴訟で，10ポンド以下の科料ないし2年以下の収監，ないし7年以下の重労働懲役）である。

2) 身分登録本署の機構

　1834年改正救貧法は，2年後の1836年における身分登録本署の設立に以下のような意味できわめて重要な意味を持っていた。身分登録本署の設立をイギリスにおける行政・官僚機構の改編・中央集権化（政府授権委員会という形で，実質的には中央省庁・国家機関を増設），すなわち，地方の相対的な自律性を保障しつつ，同時に地方行政を中央の監督下に置くという文脈で見直してみると，次のようなことがいえそうである[143]。すなわち，地方（教区）に実施責任を委ねた代表的な地方行政制度の一つであった救貧を中央（Poor Law Commissions）が制御するという体制への移行の重要な契機となったのが，救貧法の改正とその実施であった。従来，地方行政が管轄していた領域へ中央が進出し，統制する体制が，改正救貧法の成立によって初めて確立したのである。長きにわたっ

て中央統制に抵抗してきた地方の利害は，1834年の改正救貧法制定によって，その足元を崩されつつあった。

　身分登録本署が設立されたのち，世俗身分登録の日常業務において，中央統制が具体的にどのような形で行われていたのかを見てみよう。1844年1月10日付け登録本署長官G. グレアムの大蔵委員会委員宛書簡は，1843年12月30日に彼が提案した登録検査官（Inspectors of Registration）制度がほぼ軌道に乗りつつある旨を報告し，その必要性の再確認を行っている。登録検査官は，イングランド・ウェールズの出生・死亡・結婚登録を担当するすべての登録官のもとに赴き，指示を与え，その業務は満足すべき結果をもたらしつつあるとグレアムは明言している。長官は登録検査官と緊密な連絡を取り，彼らから毎週詳細な業務報告を受けるとともに，登録検査官が個人的に訪問して登録方法を指示したすべての登録官について，詳細な報告を受けているとも述べている[144]。身分登録本署設立後7年を経て導入されたこの登録検査官は，前触れなしに地区登録監督官，出生・死亡登録官，結婚登録官を訪問して，登録事務所・登録簿索引を検査し，地区登録監督官の過失を指摘する。さらに，監督下の出生・死亡登録官および結婚登録官の違反行為の摘発に当たる。登録検査官はまた，登録官に彼らの義務の詳細を指示し，登録官が所蔵する登録簿を詳しく検査する。そして，訪問・検査結果を定められた書式に記入し，毎週末に身分登録本署長官に送達するのである[145]。

　世俗身分登録の実施を地方の地区登録監督官・登録官に委ね，結果を登録本署が集中・管理し，様々な目的に利用するというこの制度の下では，中央統制は間接的にしか行われていないかのように見える。しかし，中央から派遣され，地区登録監督官・登録官事務所を訪問して登録結果を詳細に査察し，地区登録監督官をして配下の地方登録官へ指導・勧告を行うよう強制する権限を持った登録検査官は，効果的な中央統制を実現する機構であった。登録検査官の査察に基づいて作成された登録本署長官宛ての報告書において，登録官の虚偽・架空登録が判明した場合には，当該登録官は内務大臣名で巡回裁判所において起訴され，重罪を科されている[146]。

　しかし，中央行政と地方行政を繋ぐ鎖の一つともいうべきこの身分登録検査官制度は，固有の難問を抱えていた。出生・死亡・結婚の正確な登録の意義と

目的を地方の登録官や当事者に十分理解させることは，他の政府機関検査官が取り組む課題とは性格の異なる困難を伴っていた。過密と感染症予防のための都市環境の改善・公衆衛生の増進，工場・炭鉱における安全な労働条件の確保，児童労働の監視，安全な鉄道運営，精神障害者収容所・刑務所の改善，効果的な救貧の遂行，公平な教育の実施，教会改革といった初期ヴィクトリア朝の諸改革の目標は，より具体的・可視的であり，共通善・共益の向上という「改革の時代」の理念に適うものであった。しかし，他の諸改革実現のために必要不可欠の基本的な情報を収集することを目的にするとはいえ，直接的には本人確認のために，嫡出・非嫡出の別，死因，職業，宗派，居所などの個人情報を強制的に申告させる身分登録制度の実施は，無理解と抵抗，懈怠あるいは悪用を伴いがちであった。同様に，居所・年齢・続柄・配偶関係・職業・出生地・身体障害の有無，あるいは1851年に限られたとはいえ，宗派という個人情報を収集するセンサス実施についても，情報提供に対する不服従，目的・意義に対する無理解が出来するのは自然の成り行きであった。センサス実施時に，身分登録本署から内務大臣に対して治安当局の支援に関する要請があったのもやむをえないことであった[147]。

　様々な行政分野における中央の地方統制手段に関して，議会や政策担当者の間に合意があるわけではなかった。一方，世論の動向はどうであったのか。1836年の世俗身分登録制度成立直前の世論の一動向を示すものとして，功利主義哲学の始祖ベンサム（J. Bentham）によって創刊された『ウェストミンスター・レヴュー』[148]に掲載された，現行登録制度の不備に対する批判を挙げておこう。

　　1833年における教区登録制度に関する特別委員会および1834年におけるすべてのイギリス国民の出生・結婚・死亡を登録する機関を設立する法案に関連して，以下のような見解を表明せざるをえない。現内閣は，非常に優れた特別委員会の勧告を実現させるための法案提出を逡巡している。もし，非国教徒たちが彼らの要求をあからさまに無視しようとする内閣のこうした姿勢に反発しなかったならば，事態はこのままであったに相違ない。非国教徒たちはラッセル卿によって提案された結婚法案が廃案になったことに奮起し

たのである。イギリスの現行の内政は，相互に密接な関係と計画性を欠くものであり，公的な政策，法的な認証に関わる事項について，相互に関連づけられていない。したがって，教会とは分離して各地域に世俗の吏員からなる機関を設置し，それらによる法的・政治的・統計的な記録の効率的かつ完全な作成を図るべきである。

　こうした機関の第一の仕事は，宣誓証言に基づく出生・死亡の申告，登録官立会いの下で記録される結婚を記録することである。登録吏員は結婚許可書の交付を主教代理として行う。センサスに関わるすべての業務は身分登録本署において行い，記録は登録本署に収められる。租税賦課記録，教区記録は登録吏員がこれを所蔵し，民兵台帳，地租台帳，その他租税に関する仕事は身分登録本署において行われる。こうした機構は，全国を網羅する登録，中央機関としての身分登録本署とすべきである。登録本署は，すべての譲渡証書，不動産権利証書，遺言書[149]の登録所としての機能を果たすべきであり，ロンドンに設置されるべきである。この機構が首都に置かれるべき理由は，統一性を保つために，全体を統制しなければならないからである。ただし，中央機構は，各地方で記録された情報の全体の索引作成と集約のみを行うべきである。（中略）人口センサスの場合，中間の統制がないと詳細な結果が不十分なものとなり，下位の吏員の効率が落ち，大きな困難が生じる。中央集査については，誤解があり，すべてを本部でやる必要はない。法律家の間でも，身分登録本署設立に関して，都市と農村の間で，賛否両論がある。農村は登録本署設立に反対であり，その理由は法の正義が首都に独占される傾向があるからである。

　『ウェストミンスター・レヴュー』は，一貫して社会改革の担い手は中央政府であるとの態度を崩さず，救貧法委員，工場・鉱山検査官，精神障害者調査委員，身分登録本署，教会改革委員に賛意を表したのである[150]。

　世論形成に影響力が強かったロンドンを中心とする言論界を代表して，もう一つ，当時「イングランドの声」と呼ばれ，支配階層の利害を代弁していたと考えられる『タイムズ』(*The Times*)[151]の登録本署設立問題に関する見解を紹介しておこう。身分登録本署設立2年前の1834年3月に，『タイムズ』は次の

ような記事を掲載している。

　登録官の職責を国教会聖職者が担うにせよ，国家によって任命された吏員が担うにせよ，登録は条件・地位・宗派を超えてすべての階級・すべての宗派の人々を網羅するものでなければならない。この点でフランスの法は特に注目に値する。イギリスにこの制度を導入することによって，結婚・死亡場所がどこであろうと，個人の同定が可能となり，法定相続人あるいは親族に帰属する財産権が保証される。出生・結婚・死亡の正確な登録は，統計的・慈善的・医学的見地から計り知れない便益をもたらす。人口変動，都市の治安の良さが公衆衛生に与える影響，工業化が国民の寿命に与える影響，疫病の流行と緩慢な消滅が与える影響，その他諸々の点における影響を知りうる。とりわけ保険会社がよってたつ寿命の計算を誤らない方策が得られる。
　こうした事実を考慮すると，現行の登録制度は全く役に立たず，欺瞞的ですらある。洗礼が行われる儀式を拒否する非国教徒が多数いるにもかかわらず，この制度の下では出生ではなく洗礼だけが，死亡ではなく埋葬だけが記録されている。この葬儀は国教会聖職者だけが司式し，多くの非国教徒が宗教的な嫌悪感を抱くものである。これらの教区登録簿は，上述の理由によって不完全なものであるばかりではなく，保管方法が杜撰であり，毀損・改竄されるおそれがあり，喪失と損壊の危機に曝されている。現行の教区登録簿は，教区民の登録簿ではなく，聖職者の登録簿であって，正確で厳重に保管された教区の記録であるべきだとする目的からは隔たっている。本来の目的に照らして，登録簿は教会記録ではなく，世俗的な記録であることが必要である。さらに，登録簿は洗礼をしない教区民の出生を，国教会聖職者が司式しない結婚を，葬儀が行われない死亡を記録すべきである。そして，登録はすべての者を網羅すべきであり，強制的に実行されるべきである。強制が公正に行われるためには，最も容易に実行可能な法に準拠した方法が求められる[152]。

すでに詳しく分析してきたように，近世以来3世紀にもわたる時間を費やして身分登録本署設立の動きは幾度となく繰り返されてきた。こうした課題達成の試みが3世紀もの長きにわたって執拗に繰り返されてきた背景には次のよう

な事情があったのである。近代市民社会の骨格を成す国民国家が果たすべき主要な責務が国民の生命の維持と財産の保護であるとすれば，次に問題となるのは，統治者にとって「国民」とは何か，国民の基本的な属性に関する正確な情報をいかに入手するかということである。こうした情報を入手しなければ，「国民」の生命と財産の保護は十分に行われえない。最高の統治者である国王の後見権を例にとれば，それを確認する手段さえ，16世紀後半以来，少なくとも1世紀間は未整備のままであった。とすれば，一般国民に関する属性確定の手段がきわめて杜撰であったことは明白である。近代国家の最低限の要件が国民の生命・財産の保護であるとするならば，身分登録本署設立をめぐる歴史はイギリスにおける近代国家形成の歴史でもあった。19世紀初年の議会・宗教界・法曹界・一般知識人，あるいは有産階級を巻き込んで展開した身分登録本署設立への動きは，その意味で，イギリスにおける近代国家形成への重要な一過程であった。

3) 身分登録本署の活動

　1836年の身分登録本署の設立以後，法的証明獲得を目的として，出生・結婚・死亡の検索と証拠証明書発給を申請する件数は，表1-3に示すように着実に増加している。登録簿の記載内容が以前よりも正確なものとなり，その価値が広範に知られるようになった結果であろう。毎年，150万件以上の新たな名前が登録されるようになり，身分登録本署の業務が著増している。この統計は，創設以来50年にわたる間に身分登録本署に蓄積された結婚・出生・死亡の累積登録件数と検索件数および手数料収入を記録したきわめて興味深いものである。表1-4に示すように，累積登録件数に対する検索数の比率を追うことによって，この機関の目的が次第に人々に理解されてゆく過程を追うことができる。検索件数に関する統計が得られる最初の年，1843年の結婚・出生・死亡累積登録件数の総計，すなわち，身分登録本署に保存されている個人情報の総件数は，6,984,977件であった。この年，結婚・出生・死亡のいずれかの個人情報（結婚・出生・死亡証明）を，物的財産法定相続，譲渡，売買，担保設定，資金借り入れに際して用いる証拠，あるいは「家系」を証明する証拠として入手する目的で手数料を支払い，検索を申請した件数は620であった。蓄積され

表 1-3 身分登録本署における出生・結婚・死亡検索件数と証明書発給件数・手数料収入 (1866～98 年)

年	検索総数	証明書発給数	手数料収入*
1866**	12,135	10,017	1,860 15 6
1875	26,356	20,282	3,879 15 6
1885	36,450	27,682	5,317 13 6
1895	53,289	35,727	7,200 12 6
1896***	57,444	37,435	7,600 0 6
1897	58,664	37,485	7,686 8 6
1898	63,825	41,143	8,450 19 6

出所) *Sixty-First Annual Report of the Registrar-General of Births, Deaths, and Marriages in England* (1898), p. li.
注) * 単位はポンド・シリング・ペンス　** 1 年　*** 53 週。他の年度は 52 週。

表 1-4 身分登録本署における検索比率 (1845～85 年)

年	検索数	結婚・出生・死亡登録数累計	検索比率*
1845	744	9,327,544	8.0
1850	1,228	15,626,792	7.9
1855	2,492	22,414,440	11.1
1860	5,636	29,512,619	19.1
1865	9,016	37,203,641	24.2
1870	15,303	45,346,461	33.7
1875	25,407	54,078,318	47.0
1880	30,541	63,034,640	48.5
1885	35,693	72,104,452	49.5

出所) *Fiftieth Annual Report of the Registrar-General of Births, Deaths, and Marriages in England* (Abstract of 1887), p. lxvi より作成。
注) * 累計結婚・出生・死亡登録数十万件当たり。

た情報十万件当たり，8.9 件が検索の対象となっている。以後，検索利用者比率は着実に増加している。

「登録法」制定に対する主要な反対勢力は既得権益の侵害をおそれた聖職者であったが，推進する勢力は法律家と医学関係者であった。法律家の賛成理由は次のようなものであった。不動産法定相続の権原が不確実であったり，係争

中であったりした場合には，家系（系図）を辿り，出生，あるいは死亡の発生を証明しなければならないが，この法はその手段を提供するからであった。議会討議記録には，「旧制度の下では，あるいは登録制度がない場合には，『家系（系図）の検索』は膨大な時間と費用を要する仕事であった。特定個人の埋葬場所，出生地などの確定のために王国中を探し求めなければならなかったし，多くの場合に，その検索は失敗するか，あるいは不満足な結果を伴うものであった」と述べる著名な法律家の言が記録されている。出生・結婚・死亡の証拠を得るためにこの法が提供する便益によって，いかに多くの時間と費用が節約されるかは，次のような事実が証明している。すなわち，1887年に37,168件以上の登録件数が検索され，そのほとんどが法的な目的でなされた27,110件の証明書発行があった。これらの検索に要した時間は平均10分であり，費用は1シリングであった[153]。

　最も熱心な推進勢力は医学関係者であった。彼らにとって，登録制度は死因と地域・年齢・性別・生活条件との関係について従来よりも正確な情報を提供し，科学的な根拠を提供しうる手段であると同時に，重要な実践的結果をもたらすものであった。王立医学大学と薬剤師協会の会長は，開業医に回状を送り，致死疾病の正確な病名を制定し，開業医が従うように要請した。この回状によれば，この法によって正確な死因が判明すれば，イングランド・ウェールズに関してより正確に，死因の相対的な発生率のみならず，発生地域・年齢・性別・生活条件を知りうるという便益があるとされた。

　1838年9月30日における出生・死亡登録官（Registrar）数と内訳は次の通りである。まず，登録官総数の半数近くが改正救貧法関係者であった。登録官総計2,193名，うち267名は救貧法委員（Poor Law Commissioners）によって選出された臨時の登録官であった。登録官の内訳は，救貧法教区連合の職員のうち医療担当職員（Medical Officers）416名，救貧職員（Relieving Officers）500名，その他職員105名，合計1,021名であった。他方，救貧法教区連合の職員以外の職員は，医療関係者111名，医療関係者以外の専門職262名，商工業従事者437名，その他職業従事者362名，合計1,172名であった[154]。

　1836年制定法によって設立されるに至った登録本署は，1841年センサスの根拠法である1840年制定法の第2条[155]に基づいて，登録本署長官を長とする

センサス実施本部（Commissioners for taking account of the population in *Great Britain*）を設置し，1841年センサスの実施業務を兼務することを命じられた。そして，1841年センサス実施前後には，16歳から44歳までの専従職員51名の体制で人口動態統計・静態統計双方の収集・整理・統計作成業務に取り組むことになった。一等職員10名，中級職員18名，下級職員23名の専従職員は，連絡業務（correspondence）（9名），記録（資料）業務（record）（29名），統計作成監督業務（statistics）（8名），会計業務（accounts）（4名），非国教会登録簿（Non-Parochial Registers）管理・統計作成業務（1名）を担当し，それぞれ動態統計・静態統計の収集・保管と整理・統計作成，出生・結婚・死亡の一般検索用目録作成と証明書作成，長官年次報告書のための統計作成の任に当たることになった[156]。専従職員は，担当業務にしたがってそれぞれの下に転写係（transcribers），索引作成係（indexers）を雇用し，可能な限り正確な統計を作成するために彼らの業務を監督したと思われる。1841年9月13日の時点で，目録作成者は，320件の目録作成に対して4シリングの割合で週ごとに報酬を得ている[157]。

　設立後最初のセンサスである1841年センサスの実施に際して，登録本署は出生・死亡・結婚の登録単位として，改正救貧法の管轄単位をそのまま踏襲した[158]。1841年センサスの根拠法である「大ブリテン島の人口調査に関する制定法」[159]には，1836年法によって設定された出生・死亡・結婚の世俗身分登録機構と登録単位に基づくセンサスの実施方法が詳述されている。従来の出生・結婚・死亡登録業務に加えて，1841年から新たに静態統計作成の責務を負わされた身分登録本署は，人員はもとより，経費，事務所の物理的な空間をめぐる深刻な問題を抱えることになる。この事実は，動態統計の集計結果の公表，具体的には身分登録本署長官年次報告の公表の遅れとなって現れている。たとえば，1848年の集計結果は1850年の議会に提出されたが，印刷に付されたのは1852年であった。1836年の設立から1920年までの期間のうち，身分登録本署の業務にセンサス実施と公表が加わった19世紀40年代，そして1851年センサス直後には出版の遅れは最長で40か月以上に及んでいる。1851年センサスは，近代センサスの嚆矢としての1841年センサスの実施にまつわる様々な不備あるいは調査漏れ項目を点検し，実施に至ったものである。調査項目の不十分さ・手続きの煩雑さ・不備の是正，調査対象人口の増加という諸

要因は，身分登録本署の作業量を増加させ，調査終了から結果公表までの時間を大幅に延長させたのである[160]。

　人口静態統計実施の責任機関として1841年センサスを実行する直前の登録本署が具体的にどのような規模の業務をこなしていたか，1840年1月4日付け大蔵委員会宛登録本署長官グレアムの書簡から見てみよう。この書簡によれば，登録初年度の件数総計は958,630である。登録本署の業務内容および人員は，次の通りである。最初に転写，次にアルファベット順に整理，という順序で索引を作成する現在の職員数は，記録部局に28人，うち5人が聖職者および登録官から届けられた認証謄本の検査，9人が検査の結果発見された記入誤りおよび形式違反に関する通信，認証謄本の受け取りと整理，一般検索室の管理，検索の監督，転写記録の分類，転写記録および索引の点検，その他，14人が転写と索引作成に従事している[161]。グレアムはまた1851年センサスの実施に関して，内務大臣G. グレイに宛てた1850年6月16日付け書簡において，根拠法案の内容に関する変更およびセンサス業務専従職員について提案している。「政府によって新たに雇用される50～60名の作業員を監督し，指示を出すために，登録本署に現在所属している3～4名の職員をセンサス部局に移管させることを要請する。この措置は，1846年の指示に基づいており，センサス業務に現在雇用されている4名の非常勤職員とは別である」[162]。なお，1870年以降，身分登録本署の業務に計数機，高速度計算機（comptometers），計算尺が導入され，計算業務の効率が上昇した[163]。また，1904年には，女性事務員とタイピストが雇用されるようになり，初めて3名の専属職員からなるセンサス担当部局が確立されている[164]。

4) 身分登録本署人口動態統計の信頼性(1)──登録検査官制度

　登録の精度を向上させようとする登録本署の試みとして，次のような事例を挙げておきたい。上に略述したように，1844年1月10日付け長官グレアムの大蔵委員会委員宛書簡によれば，より正確な登録を担保するために，陸軍および海軍将校から4名の登録検査官を選出する要請を記した書簡が登録本署長官から国務大臣に送付されている。これに対して，大蔵委員会委員は常任登録検査官制度を採用しない旨返答している。ただし，大蔵委員会委員は，登録本署

長官の書簡にあるように，全国の登録官のすべての登録簿を検査し，その欠陥を報告する必要性は認め，1 年を期限として，4 人の登録検査官を任命することに同意した。報酬は年 300 ポンドである。また，大蔵委員会委員は登録検査官が以下の点に特に留意することを要望している。すなわち，当事者が事実に基づいて登録を申請したか否かを確認する方策を登録官が取ったかどうかという点である[165]。さらに，1846 年 4 月 15 日付け大蔵委員会委員 C. E. トレヴェリアンから登録本署長官宛て書簡によれば，常任登録検査官は，長官提案の通り 2 名とし，イングランド・ウェールズを対象として，2 年期で任用されることとなった[166]。

1845 年 3 月 14 日付け長官グレアムから大蔵委員会委員宛書簡には，登録本署の登録精度向上を目指す強い意図が反映されている。長官は 1843 年 12 月 30 日に提案し，採用された登録検査官制度がほぼ軌道に乗りつつある旨の報告とその必要性の再確認を行っている。自身が提案した登録検査官制度について，長官はこの制度が必要不可欠な方策である旨を強調している。理由は，きわめて深刻かつ看過できない以下のような事態が発生しているからである。すなわち，出生・死亡・結婚を登録するという重要な責務を負う係官（officer）である登録官の日常的な業務に少なからぬ不法行為が見られるということである。あらゆる法的目的からして，適格な証拠として用いられるべき登録事項を完全に無効にしてしまう不法行為であり，「登録法」制定の目的の一つであった土地不動産権に悪影響を与える弊害の除去，「すべての土地財産に悪影響をおよぼし，物的財産の相続（descent）や売却，取得を妨げる弊害の除去」を台無しにしてしまう不法行為である[167]。身分登録本署設立のそもそもの趣旨は，統計データを公表することではなかった。より重要な目的は，直系血族による無遺言不動産相続を裏づける家系を記録することによって，所有権を補強することであった[168]。

一例を挙げれば，サウス・シールズ（South Shields）において最近明らかになった事例がある。出生・死亡登録を担当する登録官の一人が内務大臣の告発に基づいて，架空の登録を行った咎によって，巡回裁判所において起訴され，重罪とされた。身分登録本署長官は，ダラム管区財務府裁判所首席裁判官（Lord Chief Baron）がこの係官に下した起訴事実と判決を印刷し，すべての登録

官に配布した。そして，再度検査を実施することが是非とも必要であると考える旨の意見陳述を行っている。長官は続けて,「3,000 人にも上る人員を使い，年 9 万ポンドの費用をかけて実施している現行登録制度の必要性を縷説する必要はない。登録検査を二度行わない限り，この制度は有効に機能しないことも明白である。登録検査官制度は，とりあえず 1 年間の期限で実施されており，常置するか否かはともかく，4 人の登録検査官を同様の報酬・手当・旅費で任命することを望むものである」[169] と述べている。

　イングランド・ウェールズ全域の身分登録状況を査察する登録検査官の業務がどのようなものであったか，2 名の登録検査官による請願から探ってみよう。登録検査官 W. R. ゴダード，J. S. ソーントンから 1859 年 1 月 11 日付けで登録本署長官に提示された請願の内容は，以下の通りである。「登録検査官の仕事は他の省庁に勤務する検査官のそれと比べて，困難な苦しいものであり，不愉快なものであるにもかかわらず，最高報酬を受け取ることができるのは 10 年勤務後である。最高報酬は他の省庁の職員のそれを下回る。他の省庁の検査官は，家を離れて勤務することは時々にすぎないし，決まった地域を離れることは稀である。他方，登録検査官はイングランド・ウェールズの全域を旅行し，危険に遭遇することが多い。(中略)したがって，年 500 ポンドの最高報酬を支給されることを切望する」[170]。

　以上見てきた登録本署業務に関する書簡集から，一貫して次のような政策意図が底流にあったことがわかる。教区登録簿に記録された洗礼・結婚・埋葬の記載事項と世俗身分登録簿に記録された出生・結婚・死亡のそれを法的に適格なイギリス国民の身分同定手段・証拠として用いることが可能な法的整備を実現するということである。こうした，出生・結婚・死亡という日常的な人口現象に関する可能な限り正確な情報を収集し，様々な目的に利用するという中央の意図を地方がどの程度正確に理解し，登録を実施していたのか。中央は，地方の登録業務をどのように編成し，指導・監督していたのか。登録本署と地方を結び，中央の指令を周知徹底するために査察と指導の任に当たる登録検査官の復命書の分析を通じて，世俗身分登録制度下の出生・結婚・死亡記録の信頼性を検証してみたい。

　1844 年 2 月 19 日に大蔵委員会によって任命された 4 人の登録検査官のうち，

第 1 章　人口動態統計記録の系譜　75

ノッティンガム・ラドフォード（Radford）地区を担当したJ. C. スノウボールの1848年・1853年における検査記録，およびリーズ地区を担当したゴダードの1856年・1859年・1860年における検査記録を見ておこう[171]。特定地区への検査訪問頻度の詳細は不明であり，検査報告書の残存状態にも規則性は見られない。検査の内容は地域・時期によって幾分異なるが，いくつかの検査項目を印刷した報告用紙に登録検査官が検査結果を書き込む形式をとっている。まず，最も重要な項目である登録簿の保存状態および一般の検索に供する索引の作成状態を検査するために，前回最終登録時以降に作成された出生・死亡登録簿，国教会および非国教会結婚登録簿の冊数を加えたそれぞれの登録簿の累計保管冊数，索引作成済みの登録簿冊数の確認が行われる。当該時期，ラドフォード地区を統括する地区登録監督官は，石炭販売業者であり，救貧委員会職員ではなかった。登録事務所は彼の居間に暫定的に設けられ，登録簿と索引の保存状態は良好である。記録は防火・防湿容器に所蔵されている。全般的な所見は，次の通りである。「登録簿の索引に誤りはないが，同姓の登録者の順序が正しく並べられておらず，頁の順序も正しくない。この地区登録監督官は，将校ではなかったと思うが，以前は陸軍の軍役に就いており，登録簿をかなりきちんと保管している」。この他，地区登録監督官による登録実施・記録保存に関する5段階の作業能力評価（degrees of Efficiency）が記入され，評価は上から2番目の「平均をかなり上回る」であった。

　同じ登録検査官による1853年の検査記録は，記載様式が変わり，写真1-5に示すように，登録内容の不備に関して以下のような細かい点検項目が設けられている[172]。

1　結婚通告がただちに結婚登録簿に記入されているか否か
2　地区登録監督官が管理すべき登録簿が登録事務所に所蔵されているか否か
3　記入を完了した登録簿が，地区登録監督官ではなく，登録官の手元に保管されたままであるか否か
4　聖職者が登録した結婚登録簿がただちに地区登録監督官の手元に届けられているか否か

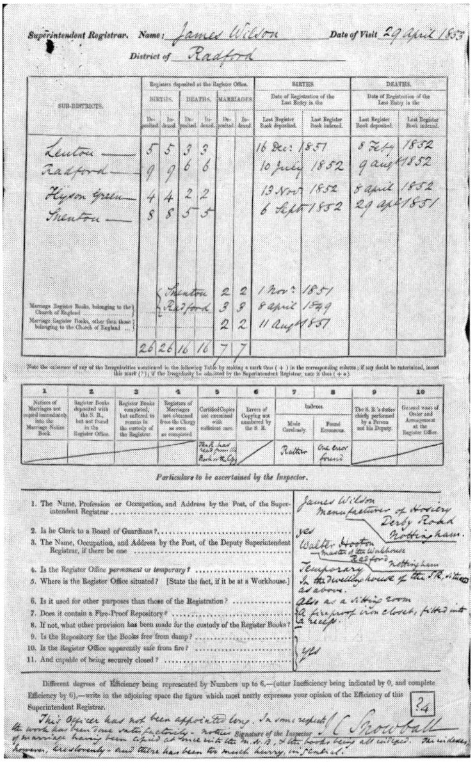
Superintendent Registrar. Name: James Wilson　Date of Visit 29 April 1853

District of Radford

SUB-DISTRICTS.	Registers deposited at the Register Office. BIRTHS. Deposited.	Indexed.	DEATHS. Deposited.	Indexed.	MARRIAGES. Deposited.	Indexed.	BIRTHS. Date of Registration of the Last Entry in the Last Register Book deposited.	Last Register Book indexed.	DEATHS. Date of Registration of the Last Entry in the Last Register Book deposited.	Last Register Book indexed.
Lenton	5	5	3	3			16 Dec: 1851		8 Feby 1852	
Radford	9	9	6	6			10 July 1852		9 Augt 1852	
Hyson Green	4	4	2	2			13 Novr 1852		8 April 1852	
Snenton	8	8	5	5			6 Sept 1852		29 April 1851	
Marriage Register Books, belonging to the Church of England (Snenton / Radford)					2 / 3	2 / 3	1 Novr 1851 / 8 April 1849			
Marriage Register Books, other than those belonging to the Church of England					2	2	11 Augt 1851			
	26	26	16	16	7	7				

Note the existence of any of the Irregularities mentioned in the following Table by making a mark thus (+) in the corresponding column; if any doubt be entertained, insert this mark (?); if the Irregularity be admitted by the Superintendent Registrar, note it thus (+ *).

1	2	3	4	5	6	7	8	9	10
Notices of Marriages not copied immediately into the Marriage Notice Book	Register Books deposited with the S. R., but not found in the Register Office.	Register Books completed, but suffered to remain in the custody of the Registrar.	Registers of Marriages not obtained from the Clergy as soon as completed	Certified Copies not examined with sufficient care.	Errors of Copying not numbered by the S. R.	Indexes. Made Carelessly.	Found Erroneous.	The S. R.'s duties chiefly performed by a Person not his Deputy.	General want of Order and Arrangement at the Register Office.
				The R. has read from the Book & the Copy		Rather	One error found		

Particulars to be ascertained by the Inspector.

1. The Name, Profession or Occupation, and Address by the Post, of the Superintendent Registrar ……… James Wilson Manufacturer of Hosiery Derby Road Nottingham.
2. Is he Clerk to a Board of Guardians? ……… yes
3. The Name, Occupation, and Address by the Post, of the Deputy Superintendent Registrar, if there be one ……… Walter Hooton Master of the Workhouse Radford Nottingham
4. Is the Register Office *permanent* or *temporary*? ……… Temporary
5. Where is the Register Office situated? [State the fact, if it be at a Workhouse.] ……… In the dwelling house of the S.R. situated as above.
6. Is it used for other purposes than those of the Registration? ……… Also as a sitting room
7. Does it contain a Fire-Proof Repository? ……… A fireproof iron closet, fitted into a recess.
8. If not, what other provision has been made for the custody of the Register Books? ………
9. Is the Repository for the Books free from damp? ………
10. Is the Register Office apparently safe from fire? ……… yes
11. And capable of being securely closed? ………

Different degrees of Efficiency being represented by Numbers up to 6,—(utter Inefficiency being indicated by 0, and complete Efficiency by 6),—write in the adjoining space the figure which most nearly expresses your opinion of the Efficiency of this Superintendent Registrar. ?4

This Officer has not been appointed long. In some respects the work has been done satisfactorily - notices of marriage having been copied at once into the M.N.B. & the books being all indexed. The indexes however, are slovenly - and there has been too much hurry, in general.

Signature of the Inspector J C Snowball

写真 1–5　ノッティンガム・ラドフォード地区担当登録検査官報告書（1853 年 4 月 29 日）

出所）National Archives, Inspectors' Reports, RG 61/26.

5　登録事項の認証謄本が正確に作成されているか否か

6　認証謄本の誤りを地区登録監督官が番号を付して明記しているか否か

7　索引が注意深く作成されているか否か

8　索引の誤りの有無

9　地区登録監督官の業務を補佐官以外の者が主として実行しているか否か

10　登録事務所の事務体制

1853 年における地区登録監督官の職業は靴下販売業者であり，救貧委員会

職員である。地区登録監督官補佐官は救貧院院長である。登録事務所は地区登録監督官の居所内に暫定的に設けられており，居間兼用である。登録簿・索引は，鉄製の防火戸棚に所蔵されている。地区登録監督官の登録業務に関する6段階の能力査定は，4前後である。登録業務内容に関する全般的な所見は，以下の通りである。「この地区登録監督官は，任命されてから日が浅い。登録・記録保管作業は，ある程度満足すべきものである。結婚通告はただちに登録簿に記入されている。登録簿にはすべて索引が付されている。しかし，索引は注意深く作られているわけではなく，急場で作成されている」。

次にリーズ地区の登録検査結果を見てみよう。写真1-6に示したように，1856年の記載様式は，1853年のノッティンガムのそれと同様である[173]。検査は，1856年9月1日から2日間にわたって，南東リーズ，北部リーズ，西部リーズ地区の都市内小登録地区（Sub-Districts）を対象として，登録検査官ゴダードによって行われた。登録内容の不備に関する点検項目では，結婚通告直後の登録簿への記載・索引作成・登録事務所の事務体制に難点があることが指摘されている。特に索引作成に関しては，非常に杜撰であると記されている。この地区の登録監督官は，事務弁護士のH. ラムペンであり，救貧委員会職員である。彼の業務は補佐官によって遂行されている。補佐官は救貧法教区連合副書記（assistant Union clerk）である。登録事務所は常設で救貧院内にあり，救貧法教区連合職員事務所と兼用である。登録簿・索引は，防火・防湿容器に保管されている。6段階の能力査定はノッティンガムの1853年のそれと同じく，4前後である。

登録業務内容に関する全般的な所見は，以下の通りである。「多くの登録簿の所在が不明であることがわかった。地区登録監督官は，登録・記録保管業務を全面的に補佐官に委ねているが，補佐官が現在マンチェスターに居り不在であるため，登録簿・索引の保管場所はわからないと述べた。登録検査官がそのようなことは認められないと告げたため，地区登録監督官は鍛冶屋を呼び，補佐官の引き出しを開けさせたところ，何冊かの登録簿が入っていることがわかった。また，何冊かは登録事務所の金庫に入っていることがわかった。彼は最近任命されたばかりであり，この業務は自身で行われるべきであると知らせなければならない。証書類（The certificate Book）〔登録官が調査員の登録状態に対

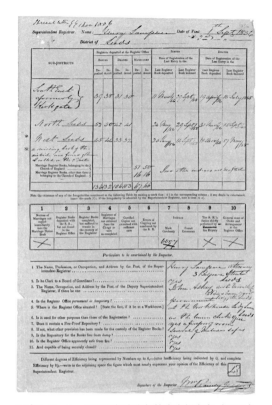

写真 1-6 リーズ地区担当登録検査官報告書（1856年9月1・2日）

出所）National Archives, Inspectors' Reports, RG 61/18.

して交付する証書を綴じた冊子か，あるいは地区登録監督官の業務を証明した証書か，認証謄本を綴った冊子かは不明〕には署名がない。索引はほとんどの地域について，最初から最後まで，下書き，すなわち縫い合わされたメモ用紙に記入されていた。9月2日の2回目の訪問の際，この地区登録監督官は，今後，自身で登録・記録保管業務に当たり，登録検査官が指摘した問題を解決すると告げた」。

5）身分登録本署人口動態統計の信頼性(2)——統計作成をめぐる中央と地方

　ここで，1858年に同じリーズ地区で発生した登録簿認証謄本紛失をめぐってロンドンの身分登録本署・地区登録監督官・監督官庁である大蔵委員会委員によってなされた対応を紹介し，19世紀中葉における世俗身分登録記録の信頼性について検証してみたい[174]。1858年10月9日付け長官グレアムから大蔵委員会委員宛の書簡に，大略以下のような登録簿認証謄本送付をめぐる事故に関する説明と再作成費用支給の要請があった。1836年「登録法」によって，全国の地区登録監督官は管轄地区の登録官および教区聖職者から送付された出生・死亡・結婚登録簿から認証謄本を作成し，四半期ごとにロンドンの身分登録本署に郵送しなければならなかった。1856年以来引き続きリーズ地区を担当していた地区登録監督官である事務弁護士ラムペンは，雇員の一人に同年3月31日までの四半期分の認証謄本を郵送するよう指示したが，その包みが期日までに身分登録本署に届かなかった。長官は郵便局および地区登録監督官に，郵送を命じられた雇員が認証謄本の包みを郵便局に届けなかった事実およびその雇員が地区登録監督官に対する嫌がらせを目的として故意に包みを破棄した事実が判明した時日を特定し，報告するよう命じた。

　当然，いかなる地区の出生・死亡・結婚の認証謄本を欠いても，ロンドンの身分登録本署はイングランド・ウェールズ全体の索引を短い期間で作成することは不可能である。したがって，身分登録本署は，当該地区登録監督官に対して，聖職者および登録官に対して紛失した認証謄本を再度作成するよう依頼することを指示すべきであると判断した。紛失した認証謄本は合計2,086件と多数に上ったため，身分登録本署は地区登録監督官が可能な限り低額の手当を支払って聖職者および登録官から複写を入手するよう指示している。聖職者が司式した結婚登録件数は，306件であった。教区聖職者は「登録法」によって，司式した結婚の複写が最終的に身分登録本署に送付されるように，地区登録監督官に提出し，結婚一件当たり6ペンスを支給されることになっていた。その複写再作成手当は合計7ポンド13シリングであった。管轄下の吏員であり，教区費用から手当を受け取る立場にある登録官からは，聖職者よりも安価な手当，合計7ポンド8シリング4ペンスで残余1,780件の登録の複写を提供させるよう身分登録本署は地区登録監督官に指示した。結局，紛失した認証謄本の

再発行に要した費用総額は，15ポンド1シリング4ペンスであった。身分登録本署長官は，地区登録監督官ラムペンが今回の件で負担したこの費用を身分登録本署が払い戻すことを許可するよう大蔵委員会（Lord Commissioners of Her Majesty's Treasury）に要請している[175]。

大蔵委員会委員はただちに事務次官補トレヴェリアンの名において，リーズ地区の四半期分出生・死亡・結婚の認証謄本再作成費用として，15ポンド1シリング4ペンスを登録監督官ラムペンに払い戻す許可を与える旨の書簡を送り，身分登録本署長官の要請に応えている[176]。この事故の場合，利用できる史料からは，地区登録監督官が教区聖職者および登録官に対して，彼らの手許にある出生・死亡・結婚当事者の届出票（schedules）の複写を再度提出するよう依頼したのか，登録事務所に保管されているはずの出生・死亡・結婚登録簿から認証謄本を作成するよう依頼したのかは判然としない。いずれにしても，地区登録監督官ラムペンが再度認証謄本を作成し，後にロンドンの身分登録本署に送付したことは事実である。遅れたとはいえ，身分登録本署がリーズ地区から認証謄本を受け取ったことも事実である。

地方登録担当者が収集した身分登録認証謄本がロンドンの身分登録本署に送付され，諸統計が作成・公刊されるまでに生起したリーズ地区の事故をめぐるそれぞれの責任機関の対応を見る限り，世俗身分登録記録の収集および中央への移送の過程で，身分登録本署・地区登録監督官・大蔵委員会委員の間に緊密な関係が存在し，随時発生する可能性のある不測の事態に比較的迅速かつ適切に対応していたように思われる。その限りにおいて，出生・死亡・結婚という身分登録記録の信憑性はかなり担保されていたのではなかろうか。この事故からちょうど1年後の1859年5月9・10日に実施された登録検査官ソーントンによるリーズ地区の登録検査結果は，以下の通りである。

検査対象の地区登録監督官は同じくラムペンである。地区登録監督官は，1名を補佐官として雇用している。前回最終登録時以降に記入された出生登録簿を加えた出生登録簿の累計保管冊数は，南東リーズ45冊，北部リーズ60冊，西部リーズ54冊，合計159冊であった。これら登録簿の索引はすべて作成済みであった。前回最終登録時以降，半年足らずのうちにすべての登録簿の索引が作成されていたことになる。前回最終登録時以降に記入されたものを加えた

死亡登録簿の累計保管冊数はそれぞれの地区について，35冊，48冊，40冊，合計123冊であった。索引が作成されていない登録簿は，西部リーズの1冊のみである。リーズ全域の国教会結婚登録簿の累計保管冊数は60冊，非国教会結婚登録簿の累計保管冊数は19冊，合計79冊であり，これらの登録簿はすべて索引が作成済みであった。

　地区登録監督官補佐官は，救貧法教区連合副書記（assistant clerk to the Guardians）である。1856年と同様，登録事務所は常設で救貧院内にあり，救貧法教区連合職員事務所と兼用である。登録簿・索引は，防火・防湿容器に保管されている。6段階の能力査定は5前後である。登録内容の不備に関する点検項目では，どの程度注意深く索引が作成されたか，索引に誤りがあるか否かという2点について難点があることが指摘されている。登録検査官の訪問時に地区登録監督官と補佐官はともに不在であったが，9日に登録事務所を検査したところ，登録簿の保管状態は良好であることが判明した。地区登録監督官が自身で全索引を索引簿に転写しつつある。また，リーズ教区の教区事務遂行を目的にして，現在登録事務所として使用している救貧院とは別に大きな建物を建造することを救貧委員が決定した。この建物内に新しい登録事務所を設置する予定であり，この件をまもなくロンドンの身分登録本署に伝え，同意を得るつもりであると地区登録監督官は述べている。

　翌1860年11月28日に実施された登録検査官による検査結果は，以下の通りである。地区登録監督官は1859年当時と同じくラムペンであるが，職業は救貧法教区連合職員（Union Clerk）とされている。登録検査官ゴダードがすべてに瑕疵がなかったと判断したのであろうか，登録内容の不備に関する点検項目については，いずれも記号の記入はない。補佐官の職業，登録事務所の所在・使用状況，防火・防湿設備については，1859年のそれと同様である。能力査定は6段階中の5である。全般的な所見は，「登録簿の保存状態は良好であり，登録事務所は近々他の場所に移動する予定である。索引作成業務も改善された方法で大いに進展した。登録記録保管業務は，大部分が地区登録監督官補佐官に委ねられているようである」というものであった。

　この時点で世俗身分登録制度導入以来20年近くが経過しているが，登録・記録保存業務と出生・結婚・死亡検索のための索引作成に関して，中央の統制

が万全であるとはいえない。地方における登録と記録保存に責任を持つ地区登録監督官による現場の登録官に対する統制が不十分であることも否めない。また，1858 年にリーズ地区において登録事務所から本部への記録移送の過程で起きたような事故が発生する可能性も，皆無であったとはいえないであろう。しかし，リーズ地区の例が示すように，出生・結婚・死亡の登録件数が農村と比較して格段に多数に上る都市部の状況が徐々に改善されつつある点，あるいは不測の事態に対する責任機関の対応の速さと適切さを見ると，地方の登録官による登録と地区登録監督官の指導・監督における不備は徐々に解消されていったように思われる。

　再三指摘しているように，センサスおよび出生・死亡・結婚登録実施・監督機関である身分登録本署は，人口静態・動態統計という民勢把握に不可欠の情報を確保するだけでなく，近代国家統治の根幹に関わる私的所有権や契約の保護の法的な証拠を作成・管理するという二つの責務を担う機関であった。この二重の課題を達成するための必要条件である，信頼できる出生・死亡・結婚記録と正確なセンサス情報の収集・管理は，身分登録本署にとっては自身の存在理由そのものであった。正確な人口静態・動態統計の収集・管理は，長期的視野に立てば民勢把握という面で有効な戦略であり，出生・死亡・結婚記録という物的財産契約保護のための「許容性のある証拠」の作成・供与は，喫緊の短期的な課題解決の手段であった。しかしながら，7 つの政府機関の最低・最高年俸，年昇給額を見ると，設立後 25 年を経た 1861 年においても，すべての等級の職員俸給・年昇給額ともに，身分登録本署は他の政府機関より下位にある。登録本署監督職員（Superintendents），登録検査官，職員，計 53 名が大蔵委員会委員に 1861 年 10 月 12 日に送付した昇級の請願の基礎となる事実の陳述（memorial）によれば，身分登録本署にはこの時点で，3000 万件を上回る出生・死亡・結婚登録を含む 8,300 冊の登録簿が蓄積され，その索引は，1,300 冊の別の冊子として保管されている。これらの記録に加えて，8,000 冊の非国教会登録簿の現物が貯蔵されている。加えて，外国からの亡命者，その他の教会に属する信者の登録簿，インド在住イギリス人の結婚認証謄本，諸地域の大使・領事によって登録された出生・死亡・結婚登録簿が保管されている。それだけではなく，14,600 か所の非国教徒祈禱所において登録された出生・死亡・結婚登

録の認証謄本と登録簿が移管されている[177]。

　新設の行政機関に対する予算・人事両面にわたる厳しい大蔵省統制（Treasury Control）の下で遂行されつつあった業務内容を仔細に検討すれば，与えられた歴史的条件の下で身分登録本署が課題達成のために最大限の努力を惜しまなかったことが判明する。その意味で，イギリスの身分登録本署が収集・管理した統計数値の信頼性は，同時代の他国のそれと比較して見劣りするものであったとは考えられない。他方，調査・登録の対象である国民の受け止め方は複雑であった。住所・氏名・出身地・配偶関係・続柄・年齢・身体障害の有無・宗派，あるいは嫡出・非嫡出を明記した出生，死因・死亡年齢を併記した死亡，宗派別に記録される結婚のそれぞれに関わる個人情報の開示に対する根強い嫌悪感と，所有権・契約の証明手段・証拠の提供，入手の必要性の容認という，二つの相反する感情に国民は支配されていたのである。われわれが分析の対象としている記録の信頼性・正確性は，こうした文脈で考察されなければならない。身分登録本署がつねに抱えていた困難な状況は，1920年以降における監督官庁である厚生省の方針転換，すなわち，身分登録本署を政府の政策立案の手段とみなす方針への転換に伴い，同署が副次的な機能へと降格されたことをもって，その行政組織としての性格を変えていったのである[178]。

第 2 章
人口静態統計制度の展開
―― 近代センサスの生成過程 ――

　前章では出生・結婚・死亡という人口動態統計記録の系譜を詳しく辿ったが，この章では人口総数とその構成の調査にまつわる制度，すなわち人口静態統計（センサス）制度の成立事情と統計収集の具体的なあり方を検討する。まず，人口調査とはそもそも何か，いくつかの代表的言説を取り上げ，その含意を探る。イギリスにおいては，多様な目的に基づいて人口静態統計を作成しようとする国家の意図に対する無関心と軽視，個人の属性を世俗当局が調査することへの嫌悪感と反発は，静態統計制度の確立を遅らせる重要な要因であった。人口と資源との均衡が破綻しつつあるとする当時の人々の現状認識，18世紀末期から19世紀初頭のイギリスを取り巻く政治的・経済的・軍事的環境が最初のセンサス実施を後押ししたのである。1801年における人口総数および農業従事人口比率調査の目的はこうした危機意識の表れであった。この章ではまた，いくたびかの試行錯誤を経て，近代的静態統計制度が1841年・1851年センサスとして結実する過程を追跡する。最後に，人口静態統計の作成は19世紀中葉の国家にどの程度の負担を強いたのかを試算する。

1　センサス以前の人口静態統計

1）人口統計とはなにか――いくつかの言説
　「統計的，あるいはその他の〈科学的な〉手続きは，それが実施された環境や使用目的と切り離して考えることはできない」，「統計的思考様式や方法は，

その特質を条件づける特定の社会的・経済的・知的環境の内部で発展してきたのである」とする P. ハドソン，あるいは「記録（records）というものの性格は，それを作り出した組織・団体の性格や活動と切り離しては考えられない。公刊された報告書を含めて，記録の性格と整理の仕方は，そうした記録を作り出した過程を跡づけることによってしか理解できない」とする E. ヒッグズの主張は，ともに統計制度の研究に不可欠な視点を要約したものである[1]。

　いずれの国家・地域を研究対象とするものであれ，近代社会経済史研究の領域でごく日常的に用いられている基礎的史料である歴史統計，特に公的機関によって作成された社会統計がどのような歴史的状況の下で作成されたのか，実施機関・調査実施方法・統計編成の仕方・根底にある統計思想など，近代統計制度のあり方を検討することは統計史料を用いる研究の出発点として是非とも必要である。公的機関が個人・集団の様々な属性を調査する目的・動機は，固有の歴史的背景を持つ国家・統治のあり方に規定されて必ずしも一様ではない。このことが社会統計の質と性格に少なからぬ影響を与えている。

　本書においては，解明すべき歴史的事象を数量的に捉える側面が強くならざるをえないが，統計史料を含めて，数量的史料を用いる場合の注意事項として，坂巻清の「歴史学についての断章」が示唆に富んでいる。坂巻によれば，

　　歴史学はこのような対象に資史料，特に文字史料を介して向き合うこととなる。（中略）文字史料にも多くの種類がある。そうした文字史料のうち，人口や経済など，ブローデルの「構造」にかかわる史料では，数値化され，統計的に処理されうる史料も多い。たとえば人口統計や物価，賃金，生産高など数字を中心とした諸史料は，史料製作者の主観によって左右されにくい史料であり，言語体系とかテクストとか言ってもあまり意味があるとは思えない。たしかに，人口統計や貿易統計等々も，テクストと見れば，人間の構築物であって，実体そのものではなく，実体との間には「歪んだガラス」ならぬ「薄いオブラート」ほどのものが介在しているともいえようし，また史料製作者・権力者側の言語体系の中でそれらがどういう意味を持つかも重視されねばならない。しかし，従来の史料批判という手法でも，史料作成者等の意図や史料としての限界性を自覚しつつ解決しえるものも多い。おそらく

これは，数を数えるという行為が，最も単純で主観に左右されにくい認識方法であるということによる[2]。

人口数とその属性および逐次発生する出生・結婚・死亡という人口現象を含めて，住民の人口を「知る」という公的機関の営為がどのような意味を持っているのか，いくつかの観点を紹介しておこう。ミシェル・フーコーは，『性の歴史I 知への意志』において，近代以降の権力（*pouvoir*）の特徴について，次のように述べている。「君主の権力がそこに象徴されていた死に基づく古き権力は，いまや身体の行政管理と生の勘定高い経営によって注意深く覆われてしまった。（中略）政治の実践や経済の考察の場で，出生率，長寿，公衆衛生，住居，移住といった問題が出現する。つまり，身体の隷属化と住民の管理を手に入れるための多様かつ無数の技術の爆発的出現である。こうして「生-権力」〔ビオ・プーヴォワール〕〔人間の生に中心をおいた権力〕の時代が始まるのだ」と述べ，近代以降の「権力」行使の対象を生の側から捉えている。そして，「住民＝人口の調整（*regulation*）の側にあるのは，人口統計学（デモグラフィ）であり，収入と住民の関係の算定であり，富とその循環の，生とその確率的長さの図表化」であるとしている[3]。

フーコーは，近代の国家による人口調査を「生に対する権力」（*pouvoir sur la vie, bio-pouvoir*）の発現形態の一つとして捉えているように見える。生に対するこの権力は，「今や生命に対して積極的に働きかける権力，生命を経営・管理し，増大させ，増殖させ，生命に対して厳密な管理統制と全体的な調整とを及ぼそうと企てる権力」である。また，それは「種である身体，生物の力学に貫かれ，生物学的プロセスの支えとなる身体というものに中心を据え」，「繁殖や誕生，死亡率，健康の水準，寿命，長寿，そしてそれらを変化させる総ての条件」であるとみなしている。そして「それらを引き受けたのは，一連の介入と，調整する管理であり，すなわち，人口の生-政治学〔ビオ・ポリティック〕〔生に基づく政治学〕（*une bio-politique de la population*）」[4] であった。

人口という国民の基本的な属性を国家が「知る」ということの意味について，アンソニー・ギデンズは，フーコーの見解を批判しつつ，いっそう直截に国家権力の行使という枠組みで考察する。ギデンズは，財政と徴税，人口に関する情報の収集と管理を，国民国家が行使する権力・管理・監視（行政当局が保有

する個人の生活歴の記録という形をとる監視)・暴力という文脈で解釈し，次のように述べている。「国家権力の生成は，管理目的に利用する情報の整然とした収集と保管，統制を必要」とする。人口統計を含む「官庁統計はまた，社会生活の多くの分野を網羅しており，また初めての詳細な，体系だった，ほぼ完全な統計になっている。こうした官庁統計のなかには，出生や結婚，死亡の届出記録の一元的照合や，住居と出身エスニシティ，職業に関する統計，それに一九世紀の統計学者ケトレほかが「道徳統計」と名づけた自殺や犯罪，離婚等々に関する統計が含まれている」としている[5]。

しかし，フーコーやギデンズの思考枠組みがすべての人口統計に通底する本質を穿ったものであるかどうか，にわかには判断できない[6]。たとえば，近代のイギリスにおいては，「公的機関が国民に関する情報を収集することは，労働者階級を市民として国民国家に組み入れようとする，より大きな運動の一部であり」，「国家による情報の収集は，抑圧的な社会統制を目的としたものではなく，限界はあるものの，市民に様々な権利を与えるために用いられたのである」とするヒッグズの興味深い指摘があるからである[7]。イギリスの場合，人口に関する情報の国家による収集が直接的な社会統制を目的とし，「生に対する権力」を拡大して，国民を国家の制御の下に置こうとする戦略の一部として実施されたとする見解は再考の余地がある。

他方，「近代への移行のなかで〈知ること〉と〈統治すること〉の緊密な結びつきが生まれ」，「人口をはじめとする国情の認識と統治の結合」が，近代国民国家の成立と展開の根底にあったとする阪上孝は，フランス革命をはさむ100年間のフランス社会を対象として，次のようにいう。「事実の観察と統計による社会の認識が合理的な統治の不可欠の条件」であり，「統治と科学の結節環」である「人口についての知識は合理的な統治の土台」であった。同時に，人口調査は，行政官や医師や地方の有識者などの協同作業が人間と社会に関する知識の重要な生産様式として登場するという意味で，新たな知の生産様式の生成に貢献したとするのである。「近代的統治は行政の合理化を意味しているが，そのためには，国家の現状を正確に知ることが不可欠」であり，「他方で，近代的統治の成立過程は国民国家の形成の過程であった。そのためには，新しい国家の担い手としての国民を創出しなければならなかった」とする阪上の後

段の所説は，フーコーやギデンズのそれとは異なり，イギリスの事例に基づくヒッグズのそれに相通じるものがある[8]。

　近代における数量的思考の起源と特質という文脈の中で，センサスをはじめとする社会統計の発展はどのような位置を占めているのであろうか。この点を論じたハドソンの所説を紹介しておこう。ハドソンによれば，工業化・都市化・商業社会の興隆は，計測し，監視し，制御しようとする強い衝動を伴っていた。「こうした統計作成への強い衝動は，部分的には，社会変化と不安定性に対する恐れから生まれた」のである。統計データを作成する種々の政府機関のみならず，19世紀のイギリスにはまた統計協会などの自発的結社が多数設立された。ロンドンのみならず地方都市にも設立された社会改革や統計作成のための民間団体は，多くの場合，中央政府による介入とそれに伴う課税強化を牽制する意図を持っていた。しかし，この時代のイギリスに広く浸透した社会思潮と，社会改革の必要性および目的に関する共通の見解が，多数の民間統計協会と国家の活動を支えていたのである。19世紀のイギリスにおいて展開した統計作成運動全般と公的機関および自発的結社が収集・分類したデータの特質は，政府機関と民間団体が経済・社会工学の追究と社会改革を支援するという目的を共有していた点にある[9]。

　人口調査，特に一時点における人口総数とその構成を調査するセンサスについて鋭い洞察をした I. ハッキング，B. コーエン，B. アンダーソン，K. レヴィタンの言説を簡単に紹介しておきたい。ハッキングは，次のように述べている。

　　私が本書で述べる諸転換は，我々がすぐにも気づかないわけにはいかないほどきわめて大規模なある出来事に密接に関連している。すなわち〈印刷された数字の洪水（an avalanche of printed numbers）〉である。国民国家はその臣民を新たに分類し数え上げ，表に載せたのである。〈数え上げ〉そのものは現在でも，少なくとも課税と徴兵目的で我々の身近にある。ナポレオン時代以前には，大部分の公式の計測値は為政者により秘匿されていた。しかしそれ以降はものすごい量の数字が印刷され公刊されるようになったのである[10]。

　印刷された数字というのは表面的な出来事である。その背後には分類と計量のための新しいテクノロジー，そしてそのテクノロジーを行使するような

権威と継続性を持った新しい官僚が存在していた。この新しい官僚によって作られた多くの事物は，それ以前には存在すらしていなかったと言っても誇張ではない。多くのカテゴリーが人々をきちんと数え上げるために発明された。人々に関する体系だったデータの集積は，我々の社会認識だけではなく，人々を記述する仕方にも影響を与えている[11]。(中略)

現在専門家のほぼすべては，大規模なセンサスよりも標本抽出の方が，人口に関しては正確な情報を与えると考えている。こうした考えは19世紀の終わり頃までなかった。代表という考えそのものがそれまでは存在しなかったのである。代表という考えは，データ集計の技術と共に，思考の技術を必要とした。科学的推論のスタイル全体が進化せねばならなかったのである[12]。

次に，コーエンのいうところを聞いておこう。

(中略) 当時の測定の精度が新しい高い水準に達し，この時代を「精密さの時代」と呼ばれるものにしたことである。これら二つの特徴がはっきりそれとわかるのは，国政術においてであり，国の人口見積りに取って代わった実際の人口調査においてであり，また食糧の実際の生産量と消費量を確かめる試みにおいてである。この時代の「数量化精神」は，国家的な人口調査（センサス）（国勢調査）の導入においてとりわけ明白にあらわれている[13]。(中略)

一八三九年から彼（ウィリアム・ファー）は中央登記局（ここに人口動態統計が保管された）で摘要編集者として働いた。この役所に勤めるあいだ，ファーは，保険計理人が生命保険と年金の計算に用いるための『イギリス人の生命表』（一八六四年）を作成した。この生命表の基礎になったのは，出生と死亡の登録と，イングランドとウェールズにおける人口調査の数字であった[14]。

『想像の共同体』の著者アンダーソンが人口統計調査について，どのように考えていたかを見てみよう。1983年刊行の初版を改訂した1991年版において，アンダーソンは新たに第10章「センサス（人口静態統計）・地図・博物館」を設け，人口調査をはじめとする諸制度が国家形成にとっていかなる意味を持っていたのかを詳細に分析している。

いずれも19世紀中期以前に考案されたものであるが，植民地領域が自己再生産をはじめる時期になると，形態と機能を変化させた三つの権力制度が何よりも鮮明にその原理を示すようになる。これら三つの制度とは，センサス（人口静態統計），地図と博物館である。これらは一緒になって，根本において，植民地国家が自らの統治権を想像する方法を形成する。すなわち，植民地国家が支配する人間の特質，支配領域，そして代々のつながりの正当性である[15]。（中略）

（植民地における）1870年代のセンサス実施者が本当に革新的であったのは，人種による分類を「作り出した」点にあるのではなく，体系的に数量化した点にあった。マレー・ジャワ世界が植民地となる以前の統治者は，支配下の人口を計量する試みを行ったが，計測は課税台帳と徴兵名簿という形をとった。植民地以前の支配者達の目的は，具体的であり，明確であった。すなわち，効果的な徴税と徴兵の対象となる人間を追跡することであった。なぜなら，支配者たちは，経済的な剰余と兵員にのみ関心を持ったからである。この点に関する限り，この地域における初期のヨーロッパによる支配体制は，以前のそれと大して違いがなかった。しかし，1850年以降，直接には財政的あるいは軍事的な目的を持たない複雑な区割りに従って，古い支配者が常に無視して来た女性と子供を含む人口を調査するために植民地当局は益々洗練された高度な行政手段を用いるようになったのである[16]。（中略）

後期の植民国家が自身の領土をどのようなものと彼等なりに考えていたかを端的に示すのは，相互に関連し合ったセンサス・地図・博物館である。こうした思考法の〈縦糸〉はすべてを分類する碁盤目である。この碁盤目は，現実の，あるいは想像上の国家の支配の下にあるすべてのもの，人間・地域・宗教・言語・生産物・記念碑・その他あらゆるものに無限の柔軟性を持って適用することができる。この碁盤目の効果は，あらゆるものについて，それが唯一の範疇に属し，他の範疇には属さないと言い切ることができることである。あらゆるものが境界分けされ，確定され，従って数えられるのである[17]。

最後に，レヴィタンの見解を紹介しておこう。主として国家形成の観点から

センサスの歴史的意味を考察した彼女は，次のように述べている。「新たな統計分野の中心にあったのはセンサスであり，それは国民全体を描くという能力の点で際立っていた」，「国家の構成員としての国民の数を調査することによって，センサスは少なくとも潜在的には，地域的・階級的帰属意識に代わって国民としての帰属意識を作り出し，社会的な調和を促進する側面を持つものであった」。そして，「すべての世帯がセンサスの実施に参加したという事実は，明らかにされたセンサスの諸結果が知的な公共財となったこと」[18]を意味していた。

2) センサス以前の人口静態統計――信教国家の宗教調査

すでに述べたように，近世・近代の社会統計のうち，人口調査，すなわち，国民の基本的な動勢を公的機関が捕捉する場合，二つの原理的に異なった方法がある。一つは，特定時点におけるストックとしての人口，横断面の人口（スナップ・ショット）に関する情報，すなわち，「人口静態統計」（Population Statistics ; Current Population Statistics）を収集する方法と，逐次発生する出生・結婚・死亡の法的登録に基づく規則的な情報，フローとしての動的な人口指標を収集する「人口動態統計」（Vital Statistics）である。前者，すなわち特定地域（多くの場合，国）の一時点における人口・社会経済指標などを調査した記録をセンサス（census）と呼ぶ。このうち，特に個人の属性（住所・氏名・性別・年齢・世帯主との続柄・配偶関係・職業・出生地・居住家屋・宗教・教育など）を中央政府が調査・編成・集計したものを固有のセンサス報告書という。この種の調査は，実施機関の意思決定に至る前提条件の整備はもとより，調査実施が軌道に乗った後も，根拠法の制定，準備（調査地域の区割り，責任機関・実施組織の設置，実施時期・調査項目・実施方法・集計方法の策定，調査員〔enumerator〕・監督者の調達・訓練・教育と報酬の準備），調査費用の負担，事後の集査・調査結果の公表をはじめとして，少なからぬ費用と時間を要する作業である。したがって，センサスはこうした目的のために資源を振り向ける余裕があり，行政機構が整備された近代の国民国家によって行われるのが通例である[19]。

調査人口は原則として特定時点に特定地域に居住するすべての人口である。正確な申告・記載を条件とする全数調査であるため，通常はこうした条件を担

保する根拠法を制定し，それに基づいて実施される。調査対象人口は，センサス実施時点に調査対象地域に実際にいた人口，すなわち，現在人口・実際人口・事実人口（*de facto population*）の場合（たとえば，イギリス）と，調査対象地域につねに住んでいる人口，すなわち，常住人口・現住人口（*de jure population*）の場合（たとえば，アメリカ）とがある。また，センサスは人口現象の時系列変化を確認するためにも，定期的（たとえば，5年・10年ごと）に実施される[20]。古代エジプト・中国・ローマ，あるいは近世ヨーロッパの植民地（たとえば，カナダ）においてセンサスに類似した調査が行われたが，中央政府による全国規模の本格的なセンサスは，スカンディナヴィア諸国（スウェーデン〔1749年〕，ノルウェー〔1760年〕，デンマーク〔1769年〕）で始まった。その後，アメリカ（1790年），次いで，イギリス・フランス（1801年）がこれに続き，19世紀中にほとんどのヨーロッパ諸国で実施されるようになった[21]。日本における最初のセンサス（国勢調査）は，1920年（大正9年）に実施されている。

　イギリスにおける近代センサスに先行する静態人口調査の系譜は，およそ七つに分けられる。近代のそれとは違って人口数調査を直接の目的とするものは少なく，宗教的動静を探ることを主な目的とする調査が多い。しかし，適切な史料批判を経た後の結果から人口数とその構成に関する情報を復元することは可能であり，歴史人口学研究の使命もそこにある。以下時期別に見ていこう。

1　最初のセンサス型調査記録であると考えられる1563年の教区世帯数（households）兼主教管区管轄調査
2　1603年のカンタベリー大主教J. ウィットギフトによる全国主教管区調査
3　1641～42年の宗旨確認宣誓報告書（Protestation Returns）
4　人頭税賦課報告書（Poll Tax Returns）[22]
5　1662～89年の炉税報告書（Hearth Tax Returns）
6　1676年のコンプトン・センサス（Compton Census）
7　1695年以降に実施された「結婚税報告書」（Marriage Duty）

このうち，「結婚税報告書」については，動態統計としての側面からすでに前章で分析した。人頭税・炉税報告書は，いうまでもなく宗教調査ではない。なお，人頭税報告書は史料がわずかしか残存していないため，系統的な分析には

適さない。そのため，他の史料と比較した場合，センサス型人口調査史料としての価値は低く，ここでは省略する[23]。

教区世帯数兼主教管区管轄調査　近世イギリスにおけるセンサス型静態人口調査の嚆矢とされる1563年教区世帯数兼主教管区管轄調査は，後の大蔵卿，バーリー卿（The Lord Burghley）セシルによる教区救貧制度整備と救貧費負担世帯の特定を目的とするものであった[24]。鋭い現実感覚と精力的な情報収集，特に人口数調査への強い関心に基づいて，危殆に瀕した王室財政立て直しのために国家行政を指導したセシルが推進しつつあった政策の一環であり，イギリスにおける近代国家形成の重要な構成要素の一つであった[25]。この点については，セシルによる1590年の中央身分登録本署設置提案と人口動態統計制度の検討においてすでに言及しておいた。

1563年7月9日付け枢密院顧問からカンタベリー大主教M. パーカー宛の書簡は，それぞれの主教管区（diocese）管轄の下位宗教単位・その地理的範囲・主教管轄外単位・教会数・教区世帯数について，6項目の調査・報告を要請している[26]。イングランド・ウェールズのすべての主教26名もこの書簡を受け取り，指示に従って調査・報告したものと思われる[27]。4番目の調査項目は教区の地理的位置・範囲，5番目のそれは各教区の世帯数（*how many howseholdes ar within every parishe*）である[28]。歴史人口学研究史料として重要なのは，教区の地理的範囲と世帯数に関する情報である。

この調査の背後には，世俗統治機構が推進しつつあった次の二つの政策があった。一つは，救貧費支払いを勧告した主教の指示に違背した教区民を治安判事が召喚し，拘束することを規定した1563年救貧法（Act for the Relief of the Poor, 5 Elizabeth C. 3）の制定である。この制定法の意図は，直近の1555年救貧法を改正・拡張し，教区を救貧責任機関として位置づけることであった。もう一つは，同じく1563年に庶民院に上程された法案「結婚・洗礼・埋葬を登録する教会記録簿を保管する登録本署を設立する法案」である。第1章ですでに述べたように，セシルによる救貧行政整備と系統的救貧費徴収の単位としての教区住民の実態に関する正確な情報収集の意図をこの法案から読み取ることができる。教区住民の人口属性と身分を正確に登録し，身分登録本署を設置して中央がその記録を収集・保管・管理・運用することを目的としたものである。

この法案は会期切れによって廃案となったが，1563年救貧法とともに，実現途上の国教会体制確立のために聖界勢力の統制を企てる世俗統治機構が教区を統治の基盤として明確に位置づけようとした制度設計上の意図に発したものであった[29]。

　報告された世帯数の正確性については，年次が近接する他の史料に記録された世帯数あるいは家屋数との比較を行うことによって検証可能である。この史料をすべて転写し，史料批判に基づいて総合的に分析したA. ダイヤーとD. パリサーによれば，1565～66年の調査との比較から世帯数調査はおおむね正確であることがわかっている[30]。世帯数の分布が，10，20，12などの概数に偏在しているかどうかの検証では，地域による偏差があり，一概に結論を下すことはできない[31]。世帯数から人口数を算出する係数としての平均世帯規模は，地域的偏差はもとより，1563年という特定の時期における飢饉やインフルエンザをはじめとする感染症が死亡率あるいは事後の結婚年齢・結婚率・出生力に与える影響，世帯内人口年齢構成，住み込み農事奉公人・下宿人数とも関連する特定困難な数値である。しかし，ダイヤーとパリサーは，平均世帯規模は従来考えられていた平均4.75人[32]よりも高い数値（5.0～6.0）が妥当ではないかとしている[33]。史料の残存度が低く（26主教管区中11），調査時点における総計算出の試みもなく，調査記録から世帯数全国総計あるいは総人口を推計することはできない。

全国主教管区調査　1603年にカンタベリー大主教ウィットギフトの指示によって実現した調査は，宗教改革から半世紀以上を経過した国教会体制の現状に関する情報収集を目的とするものであった。調査項目は各教区聖職者の資質・学歴・聖職禄保有態様・聖職禄の評価価値・信徒数などである。調査項目のうち歴史人口学研究史料として重要なのは，英国国教会の信徒数，すなわち，14～16歳以上の聖餐式への陪餐者（カトリックの場合には，聖体拝領者：communicants）数である[34]。1580年代に激しさを増しつつあった国教会体制に対するピューリタンの批判と改革機運の高まりを前にして，聖界・世俗統治機構はともに大幅な改革を避け，現状維持の立場で臨んだ。その根拠となる情報収集のために，国教会教区の現状を調査する必要に迫られていたのである[35]。1603年6月30日付けウィットギフトの各主教宛書状は，各主教に以下の調査とそ

表 2-1 全国主教管区人口数調査（1603 年）

	全教区数 (parishes)	全陪餐者数 (14〜16 歳以上人口)	非国教徒数
大英図書館ハーリー文書	9,244	2,273,088	8,512
ボドリーアン図書館文書	9,284	2,256,680	8,483

出所）*The Diocesan Population Returns for 1563 and 1603*, ed. by A. Dyer and D. M. Palliser, Records of Social and Economic History, New Series, Oxford, Oxford University Press, 2005, General Introduction, pp. lxxxii-lxxxv ; *The Compton Census of 1676 : A critical edition*, ed. by A. Whiteman, Records of Social and Economic History, New Series, Vol. X, Oxford University Press, Oxford, 1986, General Introduction, pp. xcviixcix, ci より作成。

の報告を命じている。国王と枢密院の要請に基づいて，主教は管轄下教区の状況，すなわち，陪餐者数の他，聖職禄兼領・俗人保管の教会財産・1535 年評価による聖職禄の価値・聖職授与権者を調査し，届け出ることとされた。陪餐者については，(i) 各教区における聖餐式への陪餐者の正確な数，(ii) 各教区に居住する正確な男子非国教徒数および女子非国教徒数，(iii) 聖餐式への陪餐を行わない男女の正確な数を報告することとしている[36]。

残存する大主教ウィットギフトの各主教宛書状のうち，特に詳細な内容を含むのは，7 項目からなるリンカン司教宛のそれである[37]。もともとこの史料は大英図書館ハーリー文書（BL MS Harley 280, ff. 157-172v）とオックスフォード・ボドリーアン図書館（Bodleian Library, Oxford, MS. Lincoln College Lat. E. 124, f. 192v）の所蔵になるものであったが，二つの文書群の間には記録された数値に少なからぬ齟齬が見られる。調査時点で集計された，カンタベリーおよびヨーク両大主教管区を構成する 26 の主教管区における教区・陪餐者・非国教徒の全国総計は表 2-1 の通りである。史料の残存状況には地域的な偏差があり，調査記録が残っているのはイングランド・ウェールズの全主教管区 26 のうち，7 主教管区だけである[38]。他方，調査時点において全国総計が計上・記録されている点は，歴史人口学研究史料としての価値を高めるものである。また，17 世紀初頭における非国教徒数の比率を推計することが可能な基礎史料としても貴重である[39]。

表 2-1 の総計に関する数値，特に国教会信者数が実態から大幅に外れることなく，記録された非国教徒と国教会信者の年齢構成がほぼ同一であると仮定すると，1603 年当時，非国教徒数は全体の 0.38 ％ を占めていたことになる[40]。

国教会以外の宗派に属する人口の比率は，大方の推計を下回るものである。また，ハーリー文書には，非国教徒に関して男女が分かち書きされている主教管区が22あり，総計は男子2,986名，女子は4,593名である。女子非国教徒数は男子の1.5倍強である[41]。非国教徒の宗派別構成は不明であるが，ホワイトマンが指摘するように，カトリックにおける女子信者の重要性を考慮すると，女子非国教徒のかなりの部分がカトリック教徒であった可能性がある[42]。

ただし，再びダイヤーとパリサーによれば，史料が残存している3,411教区の陪餐者数について，10，20という概数への偏在比率はそれぞれ52.9％，39.3％であった。不規則分布における10への集中度は10％程度であるとすると，1603年の史料に記録された概数への偏在度は高いといわざるをえない。また，概数20への偏在度が高い教区の比率は全体の20〜54％を占めている[43]。少なくとも個々の教区に関する限り，記録された数値に全幅の信頼をおくことはできない。

次に，陪餐者数の総計から総人口を推計する場合，どのような問題が想定できるであろうか。1563年教区世帯数兼主教管区管轄調査と同様，全史料を転写し，詳細な検討を加えたダイヤーとパリサーによれば，17世紀後半における陪餐者の年齢階層は，14〜16歳以上であり，それ以下の年齢が占める比率は33〜36％と考えられる。しかし，17世紀末期のG.キングによる推計値（幼児人口45％），あるいは除外年齢人口比率が相対的に低い都市と高い農村における年齢構成の相違を考慮すると，陪餐者以外の年少人口比率は35〜40％程度が妥当であろうという[44]。陪餐年齢に達している人口のうちでも，疾病・不在・旅行・その他の理由で聖餐式へ出席しない者の割合が総人口の10％程度を占めると仮定すると，記録から漏れる人口の比率が45％に上る教区もあると考えられる。

後述するように，教区登録簿の集計値とセンサス集計値を用いた遡及推計法（Back Projection）によって1541年以降毎年のイングランド総人口を復元したリグリーとスコッフィールドは，1603年における国教会信徒数を2,091,000としている[45]。この数値に，非国教徒・聖餐式へ出席しない国教会信徒・調査時の計上誤り・主教管轄圏外人口・その他を勘案して20万人を加えると，陪餐者以外の人口総数は229万人となる。さらに，陪餐年齢以下の人口と聖餐式へ出

席しない国教会信徒数を総人口の 45％ とすると，1603 年時点の総人口は 416 万人となる。興味深いことに，この推計総人口数はリグリーとスコフィールドが推計した 1601 年の 4,161,784，1606 年の 4,310,420 と近い数値となる[46]。

宗旨確認宣誓報告書　1641〜42 年，内戦直前の長期議会開催中に実施されたプロテステーション報告書（protestation returns：宗旨確認宣誓報告書）は，各教区に居住する 18 歳以上の男子人口を対象として，宗旨を宣誓させた記録である。議会庶民院主導の下に，カトリック教徒・その他の非国教徒の特定と排除を目的として，英国国教会，国王および議会への忠誠を宣誓させた記録である[47]。宗教調査ではあったが，世俗官吏である州長官（sheriffs）および治安判事が実施を担当し，教区の維持管理に当たる教区聖職者・教区委員（church-wardens）・治安官（constables）・救貧監督官（overseers of the poor）がこれに協力した[48]。1642 年 1 月 19 日の庶民院議長の実施命令書（order of the commons）[49]に基づいて，18 歳以上のすべての男子教区民の姓名を記入し，調査員の面前で宣誓がなされた事実を記録することが義務づけられている[50]。不在人口，宣誓拒否者，カトリック教徒，カトリック教徒以外の非国教徒も調査対象とされた。調査結果は議会へ報告することとされている。

　教区民は，多くの場合，1642 年初頭の日曜日に教区教会に招集され，上述の教区管理責任者の面前で宣誓を行った。宣誓に当たっては，姓名の記載と署名（コーンウォール州 20 教区の事例では，宣誓人口 3,127 の 19％），不識字者の場合には署名に代わって×印の記入（上記コーンウォール州の事例では 76％）を行うこととされた[51]。不在・病気・老齢を理由に宣誓を行わなかった者もいる[52]。宣誓記録作成に対する教区管理責任者の対応，事後の 1642 年 4 月 16 日における庶民院委員会設置と報告結果点検の試みから判断する限り，史料の信頼性はかなり高いと思われる[53]。議会の意図通り，宣誓義務を負った人口はほぼ例外なく男子であったが，女子のそれを記録する教区もあった[54]。

　史料が残存している 14 州 400 教区の宣誓記録を分析した A. ホワイトマンは，歴史人口学研究史料としての宣誓記録の有用性について次のように述べている。調査担当者の資質，現在人口・常住人口の別，あるいは教区の地理的範囲の曖昧さなど[55]，この種の史料が持つ共通の難点はあるものの，教区に居住する 18 歳以上の男子人口に関する限り，宣誓調査報告書は詳細な分析に十分

耐えうるものである[56]。しかし，残念なことに1603年調査のように調査実施時点における総計算出の試みはなかったようであり，17世紀中期における全国人口推計の手がかりを得ることは困難である。

残存する記録に対する厳密な史料批判と，他の史料，たとえば同時期の教区登録簿，炉税報告書，1676年のコンプトン・センサス，1811年センサス集計値などとの比較から，ホワイトマンは年齢・性別において限定的なセンサス記録としての宗旨確認宣誓報告書について，以下のように結論している。1642年における男女性比がほぼ同じであると仮定すると，18歳以上の男子人口は総人口の約30％を占めていたと考えられる[57]。したがって，宗旨確認宣誓報告書に記載された18歳以上の人口の3倍，あるいは3.5倍が教区総人口であるとする推計が最も妥当なものであるとしている[58]。

炉税報告書　宗教調査目的ではなく，もっぱら世俗的な関心から財務府（Exchequer）が導入した炉税を記録した徴税報告書（Hearth Tax Returns）の，人口静態統計記録としての可能性と問題点について簡単に検討しておこう。この記録は，1662～89年にイングランドとウェールズの被救恤窮民（以下「貧民」），あるいは低所得者世帯および営業用のそれを除くすべての世帯の住居に設けられた炉（hearths）を対象に，原則として一炉当たり1シリングを半年ごとに徴収するという固定資産税の課税記録である[59]。史料の問題点として挙げられるのは，課税免除世帯の条件が曖昧であること，非課税世帯の記録様式が地域によって不統一であること，課税対象が独立した家屋占有世帯ではないこともあり，炉税徴収単位と炉数調査単位との不一致の可能性もあったという事実である。炉税徴収者に配布された課税対象者・記載様式に関する指図書の内容が曖昧であり，時期によって相違しているという点も徴税現場に混乱を生んだといわれている[60]。

こうした制約を持つ史料である炉税報告書を用いて人口数を推計する場合に第一に考慮しなければならないのは，記録された課税単位が世帯（households）あるいは家族（families）であるのか，家屋（houses）であるのかという点である。家屋であれば，居住人口に含まれる下宿人（lodgers）数を加算しなければならない。その数は首都ロンドンと地方都市，農村ではかなり違ってくるであろう。この点は，炉税報告書を用いて17世紀末期の全国人口数を推計したキ

ングも明確にしていないが，彼は家屋として認識していたように思われる。その結果，キングによれば 1696 年のイングランド・ウェールズにおける一家屋当たり平均居住人口は，ロンドンで 5.0，地方の都市的定住地で 4.4，大小の農村で 4.04，イングランド・ウェールズ全体で 4.17 である[61]。

　前述のホワイトマンと並んで 17 世紀人口史料研究の第一人者である T. アーケルによれば，記録された単位はほぼ間違いなく，世帯であるという。考えうる妥当な平均世帯規模を推計し，1662〜89 年の炉税徴収期間中の全国人口数を課税記録から推計することは，前述した史料の限界を考えると不可能であるといわなければならない。良質の史料が残存している特定地域の総人口を推計する場合にも，ラスレットとウォールが収集した数値から算出した平均世帯規模は，表 2-2 および表 2-3 に示すような範囲にあったと考えられるという。アーケルは，少なくとも地域のみならず定住地の社会経済的性格も考慮に入れなければ，炉税報告書を用いて人口数を推計することは意味のない試みになるであろうと主張している。

コンプトン・センサス　1676 年に実施された国教徒・カトリック教徒・カトリック以外の非国教徒数調査は，カンタベリー大主教 G. シェルドンによって指示が発せられ，その指示はロンドン主教兼カンタベリー大主教管区大主教代理（Dean）であった H. コンプトンによって各主教に伝えられた。この宗派調査の実質的な発案者は大蔵卿のダンビー（Danby），T. オズボーンであったが，実施責任者であるコンプトンの名を冠して後年コンプトン・センサスと呼ばれるようになった[62]。この調査は，次第にあらわになってきた国教会内部の分派活動を禁止し，一体化を図るための情報を収集する目的で実施されたものである[63]。

　調査における三つの設問，すなわち教区住民数（あるいは国教徒数），カトリック教徒数，国教会の聖餐式に出席を拒むカトリック教徒以外の非国教徒がそれぞれ厳密に何を意味するのか，調査を担当した聖職者の解釈は斉一ではなかった。特に教区住民数あるいは国教徒数を問う第一の設問をめぐる混乱は，カトリック教徒とそれ以外の非国教徒が多い教区では教区人口集計値の信頼性を損なう要因である[64]。また，17 世紀後半において，カトリック教徒およびそれ以外の非国教徒の中には，完全に英国国教会から分離した者だけでなく，

表 2-2 平均世帯規模と人口数(1)（1662～1712 年）

地　域	調査対象地	人　口	世帯数	平均世帯規模	同中位値	時　期
ロンドン	28	39,697	7,879	5.04	5.8	1695～96
ミドルセックス州	29	92,100	20,096	4.58	4.8	1695～99
地方都市	41	51,011	11,239	4.54	4.5	1685～98
農村	65	24,721	5,693	4.34	4.4	1662～1712
計	163	207,529	44,907	4.62	4.6	

出所）T. Arkell, 'Multiplying Factors for Estimating Population Totals from the Hearth Tax', *Local Population Studies*, No. 28, Spring, 1982, p. 53 より作成。

表 2-3 平均世帯規模と人口数(2)（1695～1705 年）

地　域	ロンドン	シュルーズベリー	サウサンプトン	ウィルトシャー東部	ケント東部
時　期	1695	1698	1695～97	1700～05	1705
教区数	7	3	5	6	11
家屋数	771	1,112	435	292	455
人口数	4,673	5,041	1,745	1,133	2,158
平均居住人口数	6.1	4.5	4.0	3.9	4.7
平均下宿人数	1.7	0.5	0.2	0.1	0.1
平均世帯規模	4.4	4.0	3.8	3.8	4.6

出所）T. Arkell, 'Multiplying Factors for Estimating Population Totals from the Hearth Tax', *Local Population Studies*, No. 28, Spring, 1982, p. 54 より作成。

一時的・部分的な非国教徒（partial Catholic; partially-conforming Protestant dissenters）も含まれていたから，調査担当者の困惑はむしろ自然なことであった[65]。

　調査対象人口の年齢・性についても，教会法上の陪餐資格である 16 歳以上の男子のみに限られるのかが不明確であり，こうした設問の曖昧さ，調査担当者の解釈の相違がこの調査の最大の欠陥であった[66]。この種の調査につきまとう，以下のような除外人口を特定することもきわめて困難である。教会付設小礼拝堂（chapel）・支聖堂（chapel of ease）・教区外地域（extra-parochial）など通常の教区管轄権の及ばない地域の居住者，放浪者，最近の移住者，一時逗留者，下宿人，船員，兵士，囚人，大学・主教座聖堂あるいはその他教育機関・法学院に滞在する者をはじめとして，調査担当者の捕捉を逃れる人口は少なくない。しかも，その正確な数値を得ることは容易ではない[67]。

　調査は教区聖職禄保有者と副牧師および教区委員によって実施され，教区あ

るいは巡察集会において記帳された[68]。各教区の調査結果はそれぞれの主教管区において集査され，カンタベリー大主教管区についてはロンドン主教コンプトンを通じてランベス（Lambeth）の主教座に，ヨーク大主教管区については直接カンタベリー大主教シェルドンに送付された[69]。カンタベリー大主教管区に関しては，17主教管区の約1,200教区，ヨーク大主教管区では2つの主教管区の記録が残されている[70]。カンタベリー大主教管区については，各主教管区において集査された結果を転写したと思われる文書（The Salt MS）が残されている。ヨーク大主教管区の記録は，ノッティンガム大執事管区（Nottingham Archdeaconry）以外は，表形式で記録されている。カンタベリー大主教管区のそれのように公式に記録されたものではないように思われる[71]。

　1676年調査に記録された数値を人口数推計の材料として利用するにあたって，歴史人口学的な分析が直面する最も厄介な問題は，前述したように調査対象が陪餐国教徒数であるのか，それとも教区住民総数であるのかという第一の設問をめぐるものである。調査担当者はこの設問をどのように理解したのであろうか。端的にいえば，解釈は主教管区によって，また調査担当者によって斉一ではなかった。したがって，この点については，次の方法による以外に修正値を算出することはできない。すなわち，17世紀における教区を単位とする同種の調査報告書，たとえば1603年の「全国主教管区調査」・1641～42年の「宗旨確認宣誓報告書」・その他の教区史料（notitiae）に記録された陪餐者数・非国教徒数の比率および年齢・性別構成，1662～89年の炉税報告書・1660年以降に実施された人頭税報告書[72]および1811年センサスの集計値に記録された教区住民数あるいは人口年齢・性別構成から，1676年コンプトン・センサスにおける三つの設問それぞれに関する数値の比率の最尤値を推計する方法である[73]。

　時期が離れた1811年センサスを用いる理由は，より信頼できる数値を記録するとともに全国を網羅するものであり，1676年のコンプトン・センサスに記録された分類に合致するからである。リグリーが指摘するように，1676年と1811年の期間にイングランド・ウェールズの人口がおよそ2倍になり，16歳を超える人口が全体の3分の2を占めたと仮定すると，16歳を超える全人口は1676年1に対して1811年3となり，16歳を超える男子の場合には1対6,

世帯数では1対8となる[74]。もちろん，都市教区に関してはこの推計は当てはまらないであろう。しかし，一般的にいえば，男子・女子・子供については，1対2，16歳を超える男子と女子については，1対2.1から1対3.5となるであろう。16歳を超える男子については，1対3.6から1対5.1，男子あるいは世帯数に関しては，1対5.2から1対6.5，世帯数では1対6.6ということになるであろう[75]。

記録の信憑性については，陪餐者から徴収する復活祭献金が聖職者の所得への重要な追加であることを考慮すると，彼らの陪餐者数への関心が低かったとは考えにくい[76]。また，17世紀の聖職者は，世紀後半に実施された人頭税・炉税調査，荘園裁判所の指令に基づく調査，主教巡察調査をはじめとして，この種調査を少なからず経験し，任務遂行に特段の痛痒を感じることはなかったであろう[77]。あえて大胆に推計すれば，国民の大部分が英国国教会信徒で構成され，カトリック教徒は0.56％，それ以外の国教忌避者は4.5％を占めるにすぎなかったという結果が得られたということであろうか[78]。

このセンサスに記録された人口数を利用して，後年何人かの識者が人口総数〔16歳以上と思われる〕の推計を行っている。そのうち政治算術学者であるP. ペットとキングのそれを表2-4に示しておいた。ペットはカンタベリー大主教管区の16歳以上の総人口を2,228,386とし，16歳未満人口をほぼ同数と仮定した上で，管区総人口を4,456,772，ヨーク大主教管区総人口を742,795とし，イングランドの総人口を5,199,567としている[79]。なお，リグリーの推計では，1676年のイングランドの総人口は，5,184,564である[80]。近代センサス以前の人口静態統計の多くは宗教調査から得られたものであり，調査実施主体と調査担当者との間に目的・意図の認識における齟齬が生じていた。この事実が歴史人口学研究史料としての価値を減じているという側面は否定できない。しかし，イギリスの場合，北欧のいくつかの国々と同様に，宗教改革以降，世俗国家が英国国教会（The Church of England）体制の下で，信教国家（confessional state）として統治されていた。宗教調査が結果的に国家統計として機能していたのである[81]。信教調査が同時に世俗的な国民調査と重なり合っていたという歴史的事実が，逆に宗教調査の歴史人口学的価値を高めたという側面も否定できない。

表 2-4　1676年コンプトン・センサスによる推計男子総人口数
（ピーター・ペット；グレゴリー・キング）

カンタベリー大主教管区	英国国教徒 国教忌避者 カトリック教徒	2,123,362 93,151　（　93,153）* 11,878
ヨーク大主教管区	英国国教徒 国教忌避者 カトリック教徒	353,892　（353,890）* 15,525 1,978
計	英国国教徒 国教忌避者 カトリック教徒	2,477,254　(2,477,261)* 108,676　（108,678)* 13,856
総計		2,599,786　(2,599,795)*

出所）P. Pett, *The Happy Future State of England*, London, 1688, p. 118；*The Earliest Classics : John Graunt and Gregory King*, ed. by P. Laslett, Gregg International publishers Ltd., 1973, p. 11 より作成。

注）＊キングの試算。キングはこの他に，宗派の比率（179国教徒：1カトリック，23国教徒：1国教忌避者，102国教徒：1カトリックおよび国教忌避者）を挙げている。

　次に，1801年の本格的な人口静態統計制度確立に至るまでの道程を簡単に見ておこう。18世紀中期以降のイギリスが，7年戦争，スペイン・フランスとの植民地戦争，フランスと連携したスコットランド高地地方を拠点とするジャコバイトの最後の乱をはじめとして，国際関係における緊張と難問に直面していた時期に，人口の少なさ・国力の脆弱性を懸念する世論と雇用・貧困の観点から人口増加をもはや必要としないとする世論が拮抗し，いわゆる「人口論争」（Population Controversy）が展開した。人口規模に関する確たる証拠と関連する政策の客観的な根拠を欠いていたこの段階では，静態統計（人口規模と構成）と動態統計（出生・結婚・死亡数の計測）の作成は，効果的な統治にとって焦眉の課題であった[82]。

　もともとイギリスにおける人口学研究，ないし歴史人口学研究の出発点は，キットソンが指摘するように，18世紀後半以降の急速な人口増加と都市化の人口学的要因の解明であったから，この局面に関する研究の積み重ねは厚いということができる。さらに遡れば，最初の実質的な歴史人口学は，1688年以降のイングランド・ウェールズにおける人口増加の原因究明を18世紀後半の「人口論争」の中で主要な課題とした当時の識者たちの議論から始まったとも

いえる[83]。『人口論』の著者 T. R. マルサス自身は，その関心がフランス革命後に広く行き渡っていた人間の完全性という概念に対する解答を用意することにあったから，「人口論争」には直接関わっていないが，「人口論争」は，1801年のセンサスがとりあえず917万人という人口数を確定した結果，「減少論者」の解釈が破綻し，部分的には終焉した[84]。

　人口統計を含む国家統計を所管する機関の設置において，イギリスは独自の軌跡を辿った。フランスをはじめ，大方のヨーロッパ諸国では，国民に関する情報を収集・整理・編成する機関は，当初から直接に統計業務の編成・実施を目的として設立された[85]。他方，イギリスにおいては，前章で詳述したように，1836年に出生・結婚・死亡の登録と人口動態統計作成を目的に設立され，後に人口静態統計調査（センサス）業務を引き継いだ最初の世俗機関である身分登録本署は，宗派を超えた世俗当局による身分登録の確立と個人の同定を通じて従来未整備であった私有財産権・契約の保護を実現することを主要な目的としていたのである[86]。近代ヨーロッパ諸国の中で，中央政府による全国人口調査の導入において，イギリスは決して先進国ではなかった。すでに18世紀中葉にはスカンディナヴィア諸国において，正確なセンサスが実施されている[87]。イギリスがフランスとともに本格的なセンサスの導入に踏み切ったのは，ようやく19世紀初年であった。しかも1801年から1831年までの4回のいわゆる初期センサス（early censuses）は，調査員による聞き取り調査と調査票への記入（他計主義）に基づくものであった[88]。1841年の近代センサス（modern census）に至るまで，姓名・年齢・出生地，続柄，配偶関係など，個人の属性は調査の対象となっていない[89]。

3）人口静態・動態統計制度導入の試み——1753年法案の意図と調査方法

　第1回センサスに先立つほぼ半世紀以前に，毎年の全国人口調査・センサス（静態人口調査）と出生・結婚・死亡を逐次登録する人口動態統計調査の双方を実施しようと意図した企てがあった。このイギリスにおける最初の静態・動態人口調査実施計画は，「大ブリテン島の毎年の総人口と結婚・出生・死亡の総数，およびすべての教区と特別教区地域から救貧補助金を受給する貧民の総数を調査・登録する法案」に盛られている[90]。この法案は，1753年3月30日の

庶民院第一読会に上程され，委員会付託を経て，途中激しい論議を呼び，ようやく第三読会まで通過したが，最終的に貴族院第二読会において廃案となっている。とりあえず，この法案の内容を示しておこう。イングランド・ウェールズ，スコットランドの総人口を，毎年，原則として教区を調査単位として，一定の年齢階層・性・配偶関係別に調査し，その増減を計上すること，前年に救貧補助金を受給した貧民の総数を調査し，救貧税総額と使用内訳を明記して報告すること，住民すべての出生・結婚・死亡を逐次書面で各調査単位の責任機関に通知し，責任機関は指定された正当な手続きを経て，それらを登録し，保存することとされている。それぞれの調査責任機関は，これらすべての記録に基づいて集計表を作成し，毎年検認後にロンドンの商務省（商務委員会：The Board of Trade）が所管する機関である貿易・植民監督局へ送付する。商務省貿易・植民監督局はこれを議会に提出し，承認を得た後，公表しなければならないとされた。

人口総数とその構成を調査する静態人口調査については，後年1801年の第1回以降，センサスが10年ごとに実施されたのに対して，この法案では1754年6月24日から毎年実施することとされている[91]。各年調査は，その実現性に問題があったとしても，画期的な企てということができる。それまで実質的に動態統計として機能していた教区登録制度に加える形で，新たに導入を意図された，原理の異なるこの静態人口調査の調査員は教区貧民監督官であり，必要な場合には補助調査員として，治安官（constables）・警吏（headboroughs）を採用することが可能であった[92]。

調査員は世帯調査票（schedule）を持って各世帯を巡回し，指定項目別に人口数を計上し，同時に担当地区における前年の救貧費総額と貧民総数を男女別に計上・記録する。調査結果は，聖職者，教区委員（churchwarden；chapelwarden），あるいは主だった住民からなる教会区委員会（vestry）に提出され，その正確性・信憑性を検査される。調査員はその結果に対して宣誓の義務を負う。次いで，貧民監督官は世帯調査票の集計表と後述の登録簿副本および集計表を郡治安官（The Chief Constables of the Hundred or Division）に，郡治安官はこれを治安判事事務所書記官（The Clerk of the Peace）に，それぞれ調査・検討後に送付し，治安判事事務所書記官はこれをロンドンの貿易・植民監督局に移送するの

である。貿易・植民監督局は，全国から送付されてきた世帯調査票の集計表と登録簿副本および集計表を再度調査・検討し，王国全土の集計表と費用計算書を毎年議会に提出し，承認を得る。また，商務省副官（Secretary of the Board of Trade）は，各州の治安判事事務所書記官が正当な手続きを経て，真正な世帯調査票とその集計表を送付した場合，これを保証する証明書（certificates）を発行する[93]。

個票による個人の人口属性の調査・記録は，後年のいわゆる近代センサス，1841 年の第 5 回センサスを待たなければならない。しかし，教区住民の年齢については，この法案において，20 歳未満，20〜60 歳未満，60 歳以上の男女別・配偶別人口の計上が義務づけられている[94]。5 歳階級別の年齢調査が実施されたのは第 3 回センサス（1821 年）が初めてであり，次いで，第 5 回センサス（1841 年）においても同様に採用されているが，年齢調査を対象としていなかった第 1 回（1801 年）・第 2 回（1811 年）センサスと比べても，この法案は調査項目の精緻さという点では抜きん出ている。教区住民の配偶関係についても，各年齢階層別の調査を意図していることは人口統計としての先駆性を示すものである。配偶関係が初めて調査対象とされたのは，1 世紀後の第 6 回センサス（1851 年）である。その意味でも，この法案はイギリスにおける人口統計調査の系譜上注目に値する。

調査対象とされた人口は，翌 1754 年 6 月 24 日，あるいは，10 日後以内の時期に，当該教区・町区（township）・教区外地域（extraparochial place）に実際に居住する人口（resident）である。修正後の法案では，「調査時点，あるいは 12 時間以前に本人（personally）が居住し（resident），実際にその場所に居住している（actually dwelling）人口」とされている[95]。調査対象が現在人口であるのか，常住人口であるのか，この文言だけからは判然としない。しかし，議会審議の過程で，駅馬車御者・旅行者・行商人・アイルランド人季節労働者・12 時間以上 1 か所に滞留しない者・ロンドンと農村の 2 か所に居所を持つジェントリなどの取り扱いに関する疑念が提出されていることを考慮すると，調査対象人口は常住人口ではなかったかと思われる。いずれにしても，その規定は曖昧であったと考えるのが自然であろう[96]。スコットランドにおける人口調査の末端責任機関は，教会会議書記（The Clerk of the Kirk-Session）である。世帯調査

票の記入様式・調査方法は，イングランド・ウェールズのそれと同様である。記載内容は，聖職者・長老・富裕な地主（Heretor）からなる会議の検査・検認を経て，教会会議書記から州副長官（The Sheriff-Deputy of the County）に送付される。次いで，調査結果は，州副長官から首都エディンバラの警察次官（The Secretary of Police at Edinburgh）に送られる。エディンバラの警察次官は，すべての世帯調査票とその集計表をロンドンの貿易・植民監督局に移送するのである[97]。

　同法案に含まれる人口動態調査計画についても，簡単に紹介しておこう。この法案では，宗派を問わず全住民は，各教区において発生するすべての出生・結婚・死亡に関して，姓名・性別・日付，嫡出・非嫡出の別，続柄・職業・身分，40種類の死因，死亡年齢を含めて，個人に関する詳細な属性を付して，書面による通告（notice）で届け出ることが義務づけられている[98]。登録責任者である教区聖職者は住民から提出された届出に基づいて，出生・死亡・結婚の明細を登録簿（The Registry-Book）に転記し，受理した順序で整理・保管する。イングランド・ウェールズについては，登録簿に記載される結婚は英国国教会の儀礼に則って挙式されたものだけである[99]。

　各教区・礼拝堂管轄区の俗人委員は，教区・礼拝堂管轄区の費用で，印刷された二つ折りの登録集計帳（The General Registry Book）を用意して聖職者に手渡し，聖職者はこれに毎年の出生・死亡・結婚の総計を記入する。この法案で意図された人口動態調査について注目すべきは，死亡年齢別の死因調査である。乳児については，1か月未満，1〜3か月，3か月〜1歳未満，5歳まで各歳刻み，20歳まで5歳刻み，以後100歳までに分類し，合計40種類の疾病（死因）を明記しなければならないとされている[100]。死因調査表の設計は，1749年に実施されたスウェーデン人口調査の人口表と酷似している[101]。法案作成者がスウェーデン人口統計を参照したことはほぼ間違いないであろう[102]。

　法案には，内容の周知徹底法，調査結果の検査・訂正手続き，罰則規定と罰金，調査担当者の報酬などが詳述されている。末尾には，各教区・町区・教区外地域における世帯調査の集計表，出生・結婚・死亡登録の集計表，年齢・性別・死因別死亡集計表，ロンドンの死亡表管轄地域における年齢・性別・死因別死亡集計表の様式雛形が掲載されている。この法案で計画されている，英国

国教徒・非国教徒を問わず適用される出生・結婚・死亡の登録制度は，イングランド・ウェールズ，スコットランドにおいて従来から実施されている教区登録制度の廃止を意図せず，既得権益を侵害していない。洗礼・結婚・埋葬という通過儀礼の教区聖職者による登録・司式と登録簿への記載，記録の保管，登録・司式手数料の徴収についても，従来通りの権益が守られ，妨げられることはないと明言されている。また，前述したように，1597 年に成立し，後に「主教謄本」制度と呼ばれるようになった登録制度，すなわち，各教区の登録簿の副本を主教管区登録本部に集め，保管する機構も手付かずのまま残されることになっている[103]。この法案が成立し，出生・結婚・死亡登録の新制度が発足していれば，二本立ての登録制度が存在し，後年 1836 年における身分登録本署の創設以降に出来した教区登録制度と世俗登録制度の併存と同じように，煩瑣な事態を招来することになっていたかもしれない[104]。

　法案の上程理由として，冒頭に掲げられ，本文末尾近くに詳述されている次のくだりは，この法案の真の動機の一端を物語っている。すなわち，物的財産法定相続の証拠として，教区登録簿が持っている多くの欠陥を是正することが法案の重要な課題の一つであった[105]。陪審または裁判官による事実認定の根拠とされうる「許容性のある証拠」，「家系」を証明する証拠として，当時の教区登録簿は少なからぬ問題を抱えていた。したがって，各州の治安判事事務所書記官，ロンドンの死亡表管轄地域の長（Master），管理者（Warden），会衆・組合（Company），教区書記（parish clerk）およびスコットランド各州の州長官書記（Sheriff-Clerk）の手許に保管されている，正当な手続きを経て登録された原簿（The Registry Books）の謄本とその副本（duplicates）をもって，すべてのコモンローおよびエクイティ裁判所における証拠として受け入れられるべき旨が記されている[106]。少なくとも人口動態統計調査に関していえば，従来の教区登録制度の欠陥を是正し，教区登録簿に代わって，英国国教徒のみならず非国教徒を含めて，すべての個人の属性を登録簿（The Registry Books）に記録し，保管する制度の導入が意図されていたことは明白である。

　1753 年法案の提出者，支持者と反対派との間で取り交わされた激しい論争は，法案の文言自体からは読み取ることができない多くの興味深い側面を照射している。庶民院・貴族院における賛成・反対派の議論の中に，後年論議の的

となったセンサスおよび出生・結婚・死亡の民事登録実施上の問題点のほとんどすべてが現れている。以下，主要なものだけを列挙してみよう。たとえば，公的機関による人口調査および出生・結婚・死亡の世俗身分登録制度導入に対する根強い反感や個人情報の秘匿観念，法案の意図への疑念，18世紀中葉のイギリスが置かれていた政治的・社会経済的な環境に関する同時代人の認識などである。

　全国人口の計上と公表の意義は，提案者の一人，庶民院議長であったT. ポッターによれば，以下のようなものである。すなわち，王国の集団的な力の程度と人口分布に関する情報を入手することができること，王国にとって植民地居住者への国籍・市民権付与（general naturalization）が有益であるか否かの判断材料を提供すること，人口数の正確な把握が緊急事態における陸軍の動員力・壮丁の徴兵可能数の把握に役立つこと，現在，国民を植民地に送り，定住させることが得策か否か，そのために軍隊と機械技術兵（artificers）を派遣することが妥当であるかどうかを判断する情報が得られることなどである。法案実施を図り，明確かつ周知の原則に則って，治安維持および地方行政を運用すべきであり，従来こうした機構が欠けていたために産業の振興は阻害され，怠惰が温存されてきたとするのである[107]。

　上記のポッターの発言からして，年齢・性・配偶別全国人口とその増減の調査の主要な目的が，植民地の経営と国内の紛争処理を含めた軍事的な配慮にあるとみなしてほぼ間違いないであろう。調査の最高責任機関が商務省の植民・貿易監督局であることからもこのことは容易に察しが付く。ノヴァ・スコシア（Nova Scotia），あるいは信託委員会（Trustees）が経営するジョージア（Georgia）への言及から，国内人口の動向を把握し，カナダ・アメリカ植民地への移住奨励と維持が妥当であるか否かを判断する情報の入手を，監督機関である商務省が強く望んでいたことがわかる[108]。同時に，国家が，国内はもとより対外的にも所有権の保護を強く打ち出す必要に迫られていたという事情も考慮すべきである。植民地の権益，特にフランスとの抗争の渦中において，軍事力強化と大規模な企業体の対外資産の保護を国家は打ち出しつつあった。このことは，初期の大英帝国，北米，カリブ，アジア，その他の地域におけるイギリスの権益保護の動きに繋がってくる[109]。事実，法案が庶民院において議論される直

前の 1751〜52 年および議論が交わされている最中の 1753 年に，ノヴァ・スコシアとジョージア植民地の維持費とその妥当性に関する採決の報告が庶民院議事録に記録されている。それによれば，1751〜52 年に議会が承認したジョージアへの交付金は，3,304 ポンド 3 シリング 4 ペンス，ノヴァ・スコシアへの交付金は，111,510 ポンド 13 シリング 7.5 ペンスであった。1753 年 1 月 15 日までの 1 年間のノヴァ・スコシア植民地経営に対する交付金額は，94,615 ポンド 12 シリング 4 ペンスである。同じ期間の海軍費は，784,206 ポンド 13 シリング 9 ペンス，軍需品費（Ordnances）は，140,079 ポンド 13 シリング 11 ペンス，陸軍費は，1,067,021 ポンド 11.5 ペンスであった[110]。

　軍事的な観点も，植民地経営と並んで，この法案の意図を探る上で重要である。法案推進論者の一人，G. グレンヴィルの「人口数の信頼すべき調査と毎年の増減を知ることは，いつでも，特に長期の戦争の時期には，多くの有益な目的を持っている。こうした時代には，通常の徴兵制度は不十分であり，公平な徴兵制度の導入には教区の若い未婚男子の数を知ることが必要である。この法案に盛られている階層別人口数を調査しなければ，有効な国民民兵制度を確立することはできない」という議会審議における言説は，法案の意図をあからさまな形で表明したものである[111]。スペインおよびフランスとの植民地戦争，フランスと連携したスコットランド高地地方を拠点とするジャコバイトの最後の乱，いわゆる「45 年反乱」（The Forty-Five Rebellion）と，敵国軍隊侵入への強い危惧[112]，こうした緊急事態に備えて強力な兵員を調達するための効率的な兵制の導入が急務であると考えられたのである。議会の承認の下に常備軍を維持する現行の軍律法（The Mutiny Act）および民兵法（The Militia Act）に基づいて国王に統帥される民兵制に代わって，新たな軍事組織の整備が不可欠であり，そのための情報収集が是非とも必要であると主張された[113]。年齢・性・配偶別の全国人口調査はこうした目的に沿うものであった。

4）1753 年人口静態統計制度導入法案の問題点

　時期を問わず，人口調査に関連する新たな制度の導入が企図される場合には必ずといってよいほど表明される，課税目的に対する疑念についてはどうであろうか。18 世紀半ばにおけるイギリスの国家財政の破綻という事情を併せ考

えると，財政悪化解消のための新たな財源の確保や課税制度導入の意図があるとする懸念は現実味を帯びている。総人口と出生・結婚・死亡数の調査が，単にロンドンの政治算術学者の好奇心を満たすためだけではないとすれば，センサス実施に要する費用，時間，労力に対する何らかの実質的な見返りを政府が期待していると想像することは不自然ではないであろう[114]。反対者の一人の推計によれば，イングランドの教区総数，およそ1万1000の人口数の調査と計上だけで，毎年2万5000ポンド，出生・結婚・死亡の登録を入れると毎年5万ポンド以上の負担を国民に強いることになるという[115]。

事実，庶民院第二読会後に逐条解釈が委員会に付託され，特に現行税額の増加のための公平な査定と，必要な場合には，他の課税の導入を議会に指示する可能性の有無が検討された[116]。法案支持者には課税新法推進のための情報収集という意図はなくとも，総人口数，とりわけ年齢・性・配偶別人口と各教区の貧民総数に関する正確な情報は，たとえば人頭税算出の有力な基礎資料となる可能性があり，毎年50万ポンドの税収が見込まれるという推計が開陳されている[117]。政府にとって，こうした財源は将来の外交政策遂行と巨額の資金借り入れの基金になり，課税が恒久化するのではないかとの懸念が抱かれたのである。さらに，救貧税額の正確な情報は，新たな地租（Land Tax）賦課のための査定にも利用されかねないとの意見が陳述されている[118]。

この点に関する反対派の言説が，間近に迫った総選挙を目当てにした選挙民向けの政見の誇示，政争の具，強硬な反対のための反対，根拠の薄い杞憂とは必ずしもいい切れないであろう[119]。しかし，法案が新課税制度導入のための手段ではなく，懸念は根拠のないものであると推進派の議員が明言し，反対派もこれを了承していることから考えて，少なくとも，この法案が新課税制度導入を直接の目的としていたと考えるのは妥当ではない[120]。総人口および救貧税額と貧民総数の計上と公表に関して提起された問題点の一つは，目下の敵国スペインやフランスに自国の兵力や貧困の程度，富の規模の詳細，すなわち，民勢を知られることに対するおそれである[121]。商務省が情報の集約機関であること，毎年調査は高額の経費・時間・労力に見合う試みなのか，国内人口の分布を調査することの意味についても強い疑念が表明されている[122]。また，任意性の強い兵制から強制的なそれへの変更の可能性に対する懸念，センサ

実施を契機に下級吏員の権限が強化されることへの嫌悪感も無視しえない[123]。そのほか，議会審議記録には，センサスの実施期日，調査員の識字能力などの資質，調査対象人口が現在人口か常住人口か，二重計上・脱漏，調査経費と調査担当者に対する罰金が高額すぎることなどを含む，調査手続きに関する細かい疑問も多数列挙されている[124]。

調査に当たる下級吏員の権限強化については，当時の世論形成に少なからぬ影響を与えたジェントルマンの機関紙である『ジェントルマンズ・マガジン』が，1753年12月付けの記事で，議会におけるこの件に関する討論を紹介している。「下級官吏に過大な権限を与え，彼らに服従を強い，この法の規定に違背した場合に厳しい罰則を科そうとしていることは事実である。そして，この法案の実施は多大な国家費用の費消を伴う」[125]。末端の官僚機構の強化に対する潜在的な違和感を読み取ることができる。現行の洗礼・結婚・埋葬の教区登録制度とは別に，宗派を問わず全住民の出生・結婚・死亡を登録させる制度導入の目的は，前述したように，世俗の公権力による登録強制と法的な許容性の付与によって，裁判所をして登録簿記載内容を私有財産権の権原証明手段として受け入れさせ，法的に認めさせることである。当時の教区登録簿が持っているいくつかの重大な欠陥の解決は，この時代のイギリスが過去から未解決のまま引き継いだ重要な懸案であった。特に物的財産法定相続に際して，他の証拠を欠く場合，訴訟当事者が彼らの権原を回復することができないという事態を是正する必要に迫られていたのである[126]。この点については後述する結婚登録を別にすると，推進派・反対派の間に基本的な対立はない。ただし，死亡登録に際して提出する情報のうち，死因，特に梅毒・天然痘（pox）の記載については，世論形成者，あるいは民衆が個人情報の秘匿を重んじ，強い抵抗感を持ったことがうかがわれる[127]。

動態統計調査に関する議論のうち，興味深いのは，結婚登録をめぐるものである。出生・結婚・死亡という通過儀礼のうち，宗教的な儀礼として最も重要な位置を占める結婚の登録は，英国国教会の既得権益と深く関わる領域であった[128]。教区教会・礼拝所以外における合意の交換による結婚，両親の許可のない未成年者の結婚，国教会聖職者が司式と登録をしない秘密結婚・無式婚姻が横行し，結婚登録簿の不備が目立っていた18世紀中期のイギリスでは，従

来曖昧なまま放置されてきた結婚に関する法を整備・強化し，国教会聖職者によ る宗教婚を強制し，結婚に関する彼らの統制を再び確認しようとする動きが生じていた[129]。法案が庶民院で審議されている最中の 1753 年 6 月 6 日に貴族院で可決成立した別の法,「無式婚姻禁止法」は，既述のように，すべてのイギリス国民の結婚は英国国教会の教区教会において祈禱書に従って挙式されるべきこと，結婚の公告（banns of matrimony）・結婚許可書（marriage licences）の取得など，結婚の形式的要件を定め，クウェーカー・ユダヤ教徒・王族を例外として，秘密結婚・無式婚姻を無効としたのである[130]。この法の根底に，未成年の結婚に関する規定を整備し，厳格継承財産設定（Strict Settlement）によって貴族財産の分散・縮小を阻止し，貴族制度の維持・強化を図る意図がなかったとはいえないであろう。いずれにしても，同年に「無式婚姻禁止法」が制定され，英国国教会の聖職者によって祈禱書に従って挙式される結婚以外は非合法なものとされ，国教会の権益の強化が実現したのである。

「無式婚姻禁止法」には，結婚登録簿の記載内容の改竄・変更・虚偽記載・偽造，あるいは結婚公告・結婚許可証の偽造・改竄・その他，結婚登録簿の破損などに対する厳しい罪刑が規定されている。これらはすべて重罪とされ，国教会聖職者の司式による結婚を無視した廉で，死刑に処された。多分に象徴的な意味を持つものと思われるが，厳しい刑を科すことによって，結婚登録簿の「許容性のある証拠」としての証拠能力を担保する強い意図を読み取ることができる。実際，「無式婚姻禁止法」の立案者であった大法官のハードウィック卿自身が，無式婚姻は世襲財産の秩序ある移譲を阻害するものであり，従来よりも正確な結婚登録簿の記入と厳重な保管を実施することが肝要であると明言している[131]。1753 年 5 月 14 日の庶民院における第二読会後に，法務総裁 D. ライダーも物的財産法定相続と関連させて法案の趣旨に注意を喚起している[132]。各教区教会における朗読によって，「無式婚姻禁止法」の内容の周知徹底が図られていることを考えあわせると，この法の実効性は高かったと見るべきであろう[133]。

前述したように，ここで詳しく分析している毎年の総人口の計上と出生・結婚・死亡登録，貧民の捕捉に関する法案には，イングランド・ウェールズに関して，登録簿に記載される結婚は，英国国教会の儀礼に則って挙式されたもの

に限定する旨の言及がある[134]。法案の趣旨からいって，国教徒・非国教徒を問わず，すべての結婚を登録すべきであるにもかかわらず，国教会で挙式された結婚のみを登録対象とするというこの限定に対して，議会審議の過程で少なからぬ疑義が提出されている。しかし，「無式婚姻禁止法」が成立し，宗派を問わず，すべての結婚を英国国教会の統制の下に置くという体制が整った以上，結果として，この法案の結婚に関する規定は矛盾したものにはならなかったといえるであろう。言い方を変えれば，物的財産法定相続の証拠として教区登録簿が持っている多くの欠陥を是正するというこの法案の重要な目的は，1753年6月6日の「無式婚姻禁止法」の成立をもって，すでに部分的には達成されたということができる。

これまで見てきた技術的な側面に関わる論争に劣らず深刻な争点となったのは，人口数と出生・結婚・死亡の公権力による調査と強制的な登録に対する基本的な反発であり，民衆の不服従である。公的権力の私的領域への介入に対する嫌悪感，個人情報の秘匿・保護の観念が18世紀半ばに庶民の間に強く浸透していたという事実は重要である。調査員の住宅への侵入，姓名・年齢・性別・救貧費受給の有無の申告をはじめとして，非嫡出子の両親氏名の公表や結婚の公知，女性の年齢の公表，疾病・死因の公表について強い抵抗があったことがわかる。人口数の正確な計上が不吉な事態を出来させるという迷信に発する疑念とともに，個人のプライヴァシーの侵害に対する反発が同時に吐露されていることは興味深い[135]。この点に関して，強力な反対者であったW. ソーントンの次のような言説は印象的である。彼は，「この目論見は，イギリスの自由の最後の残りを完全に破壊するものであり，いかなる権威に基づいて，いかなる吏員が，人数と家族の状況を知らせるよう要求しても，私は断固としてこれを拒否する」と述べている[136]。

センサスの先駆形態である静態人口調査と動態人口調査，すなわち，年々の出生・結婚・死亡の届出と登録，さらに救貧費・貧民数の調査を目論んだ1753年法案が提出された時期のイギリスには，差し迫った課題が山積していたという事実を再び想起しなければならない。スペイン・フランスとの植民地戦争，ジャコバイトの最後の反乱にみられる国内の騒乱，財政悪化，軍制改革の要請，新たな民兵組織導入の試み，無式婚姻の増加と教区登録制度の弛緩，

家系を証明する訴訟記録としての教区登録簿の不備の是正の必要性という長年の懸案が，当時のイギリス社会に重くのしかかっていたのである。こうした緊急の課題を一挙に解決しようとして登場したのが，この1753年法案であった。この点についても，反対派議員や世論から厳しい批判が集中した[137]。相互に関連のない事案を一つの法案に盛り込むべきではなく，人口数の計上と出生・結婚・死亡の登録と救貧税額の調査は，それぞれ別個の法律を制定して実施すべきであるとする反対派の意見は説得的であった。これに対して，推進派は，1749年にスウェーデンですでに成立していた静態・動態人口調査の結果を念頭においていたのであろうか，イギリス国内の人口の増減とアメリカ植民地・アイルランドからの人口移入の規模を知る手段として，出生率・結婚率・死亡率を知ることはきわめて重要であり，人口絶対数と出生・結婚・死亡数の把握は不可欠であると反論している[138]。

廃案の直接の原因は，貴族院の第二読会においてこの法案が5月23日から1か月後に全体委員会に付託されることになったが，たまたまこの時期には議会が会期切れとなり，法案が失効したことである[139]。この法案が，多少の修正を施されても成立していれば，スウェーデンと並んでイギリスもヨーロッパにおけるセンサスと身分登録制度の先進国となっていたであろう。結局のところ，会期切れというきわめて単純な理由によって，この段階では効率的・合理的なセンサスと身分登録制度導入の試みは挫折したが，もともと，対象・目的・実施機関において，原理の異なる調査の実施を単一の法案に一挙に盛り込むことには基本的に無理があったといわざるをえない。

1753年法案が廃案になった後，第1回センサス実施に漕ぎ着けるまで，実に48年が経過している。この間，1753年法案審議の過程で明らかとなった諸利害の対立，世論の動向，人口数の調査と計上および登録制度導入の目的・実施をめぐる問題点が時間をかけてゆっくりと議論され，さらに何回かの挫折を経験し，次第に実施可能な状態に近づいてゆく。1786年には，1753年法案の調査員・手続きをそのまま踏襲し，救貧税・貧民の状態調査のみを目的とした個別法，「貧民の状態を調査する法」が成立し，以後，救貧に関する情報の収集機構が整備されてくる[140]。静態人口調査については，さらに長期間にわたる試行錯誤の末，ほぼ半世紀後の1801年に最初のセンサスが実行される運び

となり，他方で出生・結婚・死亡の世俗身分登録は，さらに 40 年近くの歳月を経過し，1836 年の身分登録本署設立を待ってようやく結実したのである。

2　1801 年第 1 回センサス

1）ジョン・リックマンとセンサス

　最初のセンサス実施をめぐる当時の有力な世論の動向を示す一例として，自身もその設計に携わった J. リックマンの所説，「イングランドの人口数を確定することの便益に関する考察」[141] を検討しておこう。この論文は，1796 年に未刊原稿として書かれたものであるが，刊行された論文には，「当初の原稿に対して，追加的な注が刊行時まで加えられている」という記述がある。もともとの原稿がフランス革命戦争時に作成されたことは，とりわけ重要である。リックマンのセンサス実施擁護の論点は多岐にわたり，提言は 20 項目に上る。主なものを原文の番号を付して簡単に紹介すれば以下の通りである。

- 2　経済学の知識を追求するに際して，何が国力と一国の資源の根幹を構成するのかを考えるべきである。国土の広さや肥沃度，鉱物資源の存在如何ではなく，勤勉な人口こそ国家の繁栄にとって第一の，そして必須の条件である。
- 3　戦争，特に防衛戦争において最も重要なのは，可能な限り多数の男子を徴兵し，訓練することである。イングランドにおいては，このことは民兵制度によってすでに試みられており，この制度はいっそう強化されるべきである。民兵は金銭的な負担を伴わないから，その数は地域の富裕度，地租に示されるような富裕度によって制限されることはない。それぞれの州の正確な地租総計が判明するまでは何事も決められない。人口数が確認されて初めてこのことが判明するのである。
- 6　結婚数の増減から重要な結論が引き出せる。結婚数の増加，したがって，人口数の増加は，食糧価格・賃金および戦争と平和によって増減することは政府も理解している。国民が幸福になれば，富と人口数の増加に

伴って君主の租税収入も増加する。

7 イングランドにおける真の住民数は，一般的な推計をはるかに超えている。一般的にいわれている人口数は，真実よりもずっと低い。100年以上前にW.ペティによって，900万人以上（植民地の人口のほかに950万人）が3つの王国にいたとされている。正確な人口数についての知識こそ今求められているのである。

11 われわれが提唱することを実施すれば，生命保険局（Life-Insurance Offices）の改善に繋がる。様々な年金受給資格者に溢れている国では，こうした制度の改良は役に立つ議論となる。

12 国情と政治に関して叙述しているすべての人々の注意を喚起したい。彼らは，人口に関する確実な知識なしに議論はしないであろう。人口調査の目的は多様である。しかし，確実な証拠があれば，その計算に確実性を付与することができるであろう。

16 実際，イングランドはその住民数を計測することを怠ってきたが，そのような企てにとって最良の材料がある。私は，教区登録簿のことをいっているのである。これは最初にクロムウェル〔ヘンリー八世の主教総代理であったトマス・クロムウェル〕によって，宗教的な目的で，遺言状との関連で最初に制度化されたものである。しかし，一般的にいえば，こうした試みは16世紀中葉以前には遡れない。したがって，われわれは250年にわたって全イングランドの出生と埋葬の正確な数値を知っていることになる。教区登録簿を所有するすべての聖職禄の名前は，主教座本部（Bishop's offices）から入手することが可能である。主教座本部は，自身の利益の観点からして，それぞれの管轄地域内部の教区の一覧表に関して，正確な情報を持っていると考えられる。これに基づいて調査を行った後，私は印刷された手紙をすべての聖職禄保有教会の司式聖職者に送付することを提案する。主教の賛同が得られない場合には，議会の制定法によって，過去10年間の男女別の出生・埋葬・結婚を，その他の必要事項とともに，回答させるべきである。次いで，各州の3あるいは4の孤立した教区を選び，教会にそれぞれの人間を配置し，それらの教区に関して正確な計測を行わせる。それらの教区の埋葬数とその教区

の人口との比率から，簡単な数学的計算によって，全国の人口を確定する十分な根拠が与えられる（注：非国教徒は教区教会では洗礼をしないから，その場合には教区登録簿には記録されない。したがって，埋葬の計算だけがわれわれの目的に適う）。

18 この方法の延長によって，十分な正確性を持って，われわれはいかなる時期についてもエリザベス時代以降の人口の相対的な数を知ることができる。連続した4年，あるいは5年間の平均埋葬数は，長期にわたる国家の様々な出来事の影響に関する情報の基本である。内戦，革命，ウィリアム・メアリー治世期の大陸の戦争，聖職者の努力を正確に調査すべきである。この種の調査が重要であることを認識できない者はこの仕事を完成できない。

19 わが国の産業と国民の価値が競争相手の2倍であると仮定すると，わが国の人口はフランスの人口の半分よりも多く，スコットランドとアイルランドの人口は500万，イングランドは1000万，東西の植民地のそれは100万，合計1600万であると推計できる。

　以上の論点から見て，リックマンがセンサスを推進する論拠は，対仏戦遂行のために陸海軍兵士の員数を確定するという軍事的な観点，戦時の食糧品価格の高騰とその緩和策の実施のための情報の収集（穀物消費者数の把握と穀物輸入の規模），租税収入の観点，健全な生命保険の運営，年金計算のための正確な情報の提供であったと思われる。目的は多様であるが，いずれも人口に関する正確な情報の取得は王国の政情の安定につながるとするものである。人口数調査の方法は，静態統計の収集や実際の全数調査ではなく，動態統計，特に非国教徒のそれを含む教区登録簿の埋葬数という動態統計から，総人口を推計するというものである。その意味でリックマンの方法は，「過去への推計」，あるいは「遡及推計」である[142]。全国の教区聖職者から1700年以降における洗礼・結婚・埋葬件数を収集するというリックマンの指導の下に実行された試みの目的は，1801年に至るまでの人口数を推計し，増加か減少かをめぐって争われてきた「人口論争」に一応の決着をつけることでもあった[143]。

　1801年以降数回にわたるセンサス実施の設計に際してリックマンが採用し

た方法，すなわち全国の国教会聖職者から収集した教区登録簿集計値を用いて，総人口を確定することなく平均余命を推計する方法は，死亡年齢のみに依拠していたため破綻した。この方法が成功するためには，定常（静止）人口（stationary population）の存在を前提しなければならないが，19世紀前半においてはこれは考えられない事態である。加えて彼の総人口推計は出生率一定を前提していたが，これも疑わしい[144]。したがって，こうしたリックマンの推計方法は，フリン（M. W. Flinn）によって，科学的な根拠に欠けると論評されたのである[145]。教区登録簿の埋葬記録から総人口を推計する方法は，簡単にいえば，孤立した4ないし5つの教区を選び，それら教区の総人口と埋葬数の比率から，あらかじめ収集しておいた全教区の埋葬数を基に全国人口を推計する方法である。そのために第1回センサスに先立って，リックマンは全国の教区から洗礼数・結婚数・埋葬数を収集したのである[146]。もともとリックマンはセンサス実施の目的の一つとして，労働者階級の死亡率を推計する材料を収集し，平均余命を算出することを考えていたと思われる[147]。1800年11月に庶民院に法案を最初に提出したのは，庶民院議長を務めた法律家であるC. アボットである[148]。既述のように，1812年法，いわゆる「ローズ法」推進者のローズ卿によって，アボットはリックマンの草稿を紹介され，彼を秘書として招聘し，1801年の第1回センサス法案[149]の作成に当たらせている。

　法案の名称が当初の「イングランド・ウェールズおよびスコットランドの人口を確認する法」から「イングランド・ウェールズおよびスコットランドの人口数およびその増減の調査」と変更されたことに端的に示されているように，第1回センサスのそもそもの目的は，戦時におけるイギリスの国力を客観的な根拠をもって知ることであった[150]。リックマンの子息であるウィリアムの回想録によれば，生涯を通じてリックマンの思想の中心をなし，その研究と探索を促した課題は大ブリテン島のセンサスであった[151]。センサスをもって，正確な担税力の調査，兵員の正確な算定の手段とするという父リックマンの観点は，回想録の随所に現れている[152]。そのために，教区登録簿を用いて総人口を「遡及推計」することが容易であるとするリックマンの考え方やその方法が，後年「ローズ法」（1812年）と呼ばれる教区登録制度の改革を推進しようとしたローズ卿の目に留まり，彼を通じて庶民院議員であったアボットに伝わり，

彼の関心を人口調査に向かわせたことについては既述の通りである。アボットが，1800年にリックマンを私設秘書として採用した事実や，第1回センサス法案がこのアボットによって1801年初頭に提案され，最初の全国人口調査が可能となり，以後，1801年，1811年，1821年，そして1831年のセンサスがリックマンによって実施されたという事情も興味深い[153]。

1831年のセンサス議会報告書にリックマンが盛った思想，特に死亡率の恒常的な低下という事実は，ヨーロッパ大陸ではもとより，イングランドにおいても理解されるのに時間がかかった。特にマルサスやW. モーガンの反対の渦中で，理解されることは困難であった[154]。1831年センサスの実施に際して，リックマンが設計した調査方法（調査員の実際の調査方法と誤りを防ぐために取られた措置，たとえば，家々を調査して回る救貧監督官が，調査票だけでなく，住民を正確に数えるために固い鉛筆を用いること，インクを用いる場合には吸い取り紙を持参すること，事前調査をすることなど），調査実施の具体的な方法に関するリックマンの指示の完璧さは称賛された[155]。リックマンは差し迫った1841年センサスの実施について，当時法務次長（Solicitor General）であった貴族院議員H. パーネルに書簡を送り，過去4回のセンサス実施の実質的な責任者として，それらを回顧し，将来のセンサス実施に関していくつかの提言を行っている。

次いで，リックマンは「大ブリテン島の人口調査の実施に関する法案」（A Bill for taking Account of the Population of Great Britain）を準備した。その結果，法案は，パーネルとF. モールによって提案され，6月1日に印刷に付されたのである[156]。死の直前に彼は，この1841年センサス法案に対する複数の匿名の非難に対して，36節（paragraphs）の回答を用意し，6月11日に内務省に送付している[157]。リックマンの人口研究は，単に10年ごとのセンサスに限らず，1836年4月16日に内務省に対して，過去の教区登録簿の記録を収集することを要請している。この書簡の中で彼は，1599年，1600年，1601年，さらにその後の洗礼数・埋葬数・結婚数を各教区の聖職者に報告させることができれば，1841年センサス実施以前に，州ごとの人口を復元することができると主張している。加えて，1700年，1750年，1800年に関しても同様の情報を得ることができれば，州ごとの1世紀間の人口の増減を復元することができるとも主張

している[158]。

　1836年9月22日，ラッセル卿はリックマンの提言に同意した。リックマンは回状と記載様式を作成し，10月に内務省名で，1570年から1800年までの教区登録簿を所有していると思われるすべての教区の聖職者に送付した。回収され，集計された結果は1841年センサスにおいて，次のような形で公表されるはずであった。すなわち，それぞれの年に記録された洗礼数・埋葬数・結婚数は1801年の実人口に対する比率と同じであるという前提で，「1570年，1600年，1630年，1670年，1700年，1750年におけるイングランドおよびウェールズ各州の人口」を示すというものであった[159]。身分登録本署に保管されているリックマン収集のデータはまた，労働者階級の死亡率と健康度を確定するために有益であり，友愛組合が加入者に支払うべき率に対する確たる基礎を提供するものである[160]。

　リックマンが実質的な指導者であった第1回から第4回までのセンサスは，1831年センサスに盛り込まれている情報（1815年における不動産年価値，余命〔duration of life〕，教区登録簿に関する調査など）から判断する限り，人口静態統計調査として純化していないことを示している。リックマンが根拠法を立案し，統計実施方法を設計した第1回から第4回までのセンサスの基本にあった統計思想は，スナップ・ショットとしての人口静態統計を得るべく調査を設計するというよりも人口統計以外の種々の情報も併せて収集するという目的を遂行するために，「過去への推計」，「遡及推計」に基づいて，調査を実施するというものであった。したがって，前4回のセンサスは，特定時点における個人の人口属性に関する情報を収集するという目的に特化した1841年以降の「近代センサス」とは基本的に原理を異にするものであったといってよい[161]。

2）第1回センサス実施の背景

　ここで，根拠法として1800年12月31日に制定・公布された第1回センサス実施法，ジョージ三世第41年制定法第15号「大ブリテン島の人口とその増減を計上する法」（An Act for taking an Account of the Population of Great Britain, and of the Increase or Diminution thereof）の内容を見ておかなければならない[162]。12条からなるこの制定法では，大ブリテン島の総人口とその増減の調査という目

が冒頭で謳われ，イングランドにおいては，教区・町区・その他の場所の救貧監督官，あるいはそれを欠く場合には，富裕な家屋所有者 (substantial householder)，スコットランドにおいては，州長官代理 (Sheriff Deputies)・州執事代理 (Steward Deputies)・治安判事によって任命される者が，現在人口，すなわち調査実施時点で現認される (actually found) 人口を，末尾に付された個票 (Schedule) の形式に従って，記入することとされている[163]。

調査員が担当調査単位の住民に対して行う質問項目は，以下の通りである。

1 教区・町区・その他の場所における居住家屋数・一家屋内家族数・非居住家屋数
2 現在，英国正規軍あるいは民兵軍の軍務に服している男子および英国海軍あるいは登録船舶に乗船中の船員を除き，調査実施時点に調査対象の教区・町区・その他において現認可能な性別人口数（すべての年齢の子供を含む）[164]
3 調査対象の教区・町区・その他において，主として農業に従事する人口数および商業・製造業・手工業に従事する人口数，ならびに前項のいずれの範疇にも属さない職業に従事する人口数
4 調査対象の教区・町区・その他における 1700 年, 1710 年, 1720 年, 1730 年, 1740 年, 1750 年, 1760 年, 1770 年, 1780 年およびその後 1800 年 12 月 31 日までの各年における性別洗礼数・埋葬数
5 調査対象の教区・町区・その他における 1754 年以降 1800 年末までの各年の結婚数
6 前項の質問項目に対する回答の説明において必要と思われる特記事項[165]

第 2 条では，州，その他行政単位の治安判事事務所書記官，町区書記に送付された法律文書副本は治安判事に，個票はイングランドにおいては監察官 (High Constable) に，スコットランドにおいては前述の調査員に送付されるべきことが規定されている。第 3 条では，監察官は受け取った個票の 1 組を教区牧師 (rector), 教会区司祭 (vicar), 司祭助手 (curate), その他聖職者に，他の 1 組を各調査単位の救貧監督官，あるいは救貧監督官を欠く場合には，富裕な家屋所有者に送付することとされている。次いで，救貧監督官あるいは富裕な

家屋所有者は，補助調査員として，教区委員・付属礼拝堂委員・教区委員補 (sidesmen)・教区書記・教区会書記 (vestry clerk) を雇い，必要な場合には，治安官・警吏 (Constables, Tithingmen, Headboroughs, or other Peace Officers) を雇い，1801 年 3 月 10 日に各調査単位のすべての家屋を巡回して，人口数を計上して書きとめ，個票に指定されている最初の 3 つの質問項目を住民に知らせ，確認し，様式に従ってその回答結果を個票に記入することとされている。また，彼ら調査員は人口数と各家族の構成員の職業を質し，調査する権利を有すると記されている。第 3 条にはまた，虚偽の回答・回答拒否に対する 40 シリング以上 5 ポンド未満の科料の規定がある。

　イングランドに関して，治安判事が召集し監察官も出席する会議に，救貧監督官，あるいは富裕な家屋所有者が出席し，最初の 3 つの質問項目に関する回答結果 (Answers and Returns) を持参して，それが真正なものであることを宣誓すること，クウェーカー教徒の場合には，証言 (Affirmation) することを規定したのが第 4 条である。続く第 5 条は，治安判事は，その回答結果を検査し，誤りがある場合には訂正し，完全なものとして監察官に手渡すこと，監察官はこれに州・その他行政単位の名前を裏書きし，調査を担当した救貧監督官，あるいは富裕な家屋所有者氏名のリストを添付して，それぞれの管轄区における治安判事事務所書記官，町区書記に送付することを定めている。第 6 条は，人口静態調査と並ぶもう一つの目的である，過去の洗礼・埋葬・結婚の調査に関わるものである。既述のように，個票を受け取った教区牧師・教会区司祭・司祭助手・その他の聖職者は，教区の洗礼・埋葬・結婚に関する質問項目 4・5 の回答結果を管轄区の主教へ送付する。主教は，その回答結果を大主教に送り，大主教はこれを枢密院に送る。枢密院において作成された回答結果の集計表は，議会両院に提出されなければならないとされている。

　スコットランドのセンサス実施は，第 7 条が別途これを規定している。スコットランドの州長官代理および州執事代理は，治安判事に命じて会議を開催させ，出席した三者が学校長 (schoolmasters) を調査員として任命し，学校長は治安判事事務所書記官から個票を受け取る。学校長は，イングランドの場合と同様に，各調査単位のすべての家屋を巡回し，人口数を計上して書きとめ，個票に記されているすべての質問項目を住民に知らせ，確認し，様式に従って

その回答結果を個票に記入することとされている。また，イングランドの調査員と同様，彼らが戸口調査によって人口数・職業を調査する権利を有すること，さらに住民による虚偽の回答・回答拒否に対する科料の規定がある。第8条もスコットランドに関する規定である。州長官代理および州執事代理は，治安判事に命じて開催させた会議に学校長を出席させる。治安判事は，学校長が持参したすべての質問項目に関する回答結果を受け取り，宣誓させ，その回答結果を検査し，誤りがある場合には訂正し，完全なものとして，州・その他行政単位の名前を裏書きし，治安判事事務所書記官・町区書記に送付しなければならないとされている。

　回答結果を作成するために救貧監督官および学校長によって集められた調査記録は，イングランドについては，教区委員・付属礼拝堂委員によって，スコットランドについては，学校長によって保管されるべきこと，回答結果は，イングランドの場合には，治安判事事務所書記官および町区書記，スコットランドの場合には，治安判事によって，それぞれ内務省大臣室（Office of His Majesty's Principal Secretary of State for the Home Department）に送られるべきとしたのが第9条である。内務大臣は，回収されたすべての回答結果を集約し，整理する義務を負っている。集約された回答結果から作成された集計表は，議会両院に提出される。第10条・第11条・第12条は，調査担当者，監督者に対する報酬，故意による虚偽の調査に対する科料，罰則規定を記したものである[166]。末尾には様式雛形の例示がある[167]。

　イギリスにおける第1回センサスの大きな特徴として，調査目的・対象と調査項目・調査担当者・責任機関および調査機構における聖俗の未分化を挙げることができる。過去の洗礼・埋葬・結婚数の確認，「主教謄本」制度の温存，聖職者による調査，あるいは，回答結果の正確性を担保するために，イングランドにおいては，救貧監督官・富裕な家屋所有者と聖職者，スコットランドにおいては，学校長と聖職者の間で，相互に検認し，照合・確認し合うという体制は，人口調査における聖俗利害の混交を端的に示している。前述したように，イギリスにおいて，世俗当局による人口現象の調査と登録が1836年の身分登録本署の設立をもって始まったという事実，あるいは1836年以降においてすら，教区登録制度と民事登録制度が並存したという事実を考慮すれば，1801

年の段階で，純粋に人口数の計上だけを目的にした世俗機構の整備を期待することは妥当ではないであろう。身分登録本署のセンサス実施中央本部（Commissioners for the Census）による最初の試みである第5回（1841年）センサスでさえ，過去の洗礼・結婚・埋葬の計上という事実上の人口動態統計調査を同時に実施していたのである。

　他方において，第1回センサス法成立までの議会審議を検討すると，この制度の導入の背後にあった主要な動機が差し迫った世俗的な課題の解決であったことがわかる。庶民院議会審議における法案支持演説に散見される次のような言説は，この間の事情をはっきりと示している。すなわち，「人口の状況を知らなければ，いかなる国家もその資源を十分に利用することができず，その人口が必要とするものを，有効に，恒久的に供給することはできない」，「人々の生存が問題になっている現在のような時期に，人口に関する知識は最も重要なものである」，「過去30年間に，この国が〔食糧品の〕輸出を止め，近隣諸国に依存するようになった原因の一つが，人口の増加か，増加しつつある人口のせいであるのか否かを見極めるうえで，人口に関する知識を得ることは重要である。なぜなら，このことが，われわれの農業の範囲を拡大する必要性に関する考えを決定するからである」という主張は，18世紀末期・19世紀初頭にイギリスが経験しつつあった資源と人口とのバランスの危うさに対する懸念を表明したものである[168]。「現在われわれが直面している状況の緊急性に鑑みて，他国も行っているように，推量ではなく，事実を知ることが必要である」，「調査人口の集計結果は，王国全土の，そしてすべての地域の住民の総計だけではなく，農業階級が王国の臣民の他の職業階級に占める比率を示すことになるであろう」，「洗礼・埋葬・結婚の増加，あるいは減少から，われわれは生存手段に対する需要の増加，あるいは減少に関する知識を得ることができるであろう」，「人口増加が戦時におけるわれわれの国力を増加させることは理解できるが，他方において，人口増加はそれを支える手段に対する用心深い注意を促すことも事実である」とする推進派の支持理由は，緊迫した国際環境の下で，いかなる形で国力を維持・強化すべきなのか，そのためには現在何をなすべきなのか，そうした課題解決の模索を反映していると見るべきである[169]。

　戦時における正確な国力に関する情報の収集については，他国の人口調査と

の比較が行われ，この点におけるイギリスの遅れに対する危惧の念が開陳されている。ほぼ同時期に，人口調査の試みが実行されたオランダ，すでに1749年に正確な人口調査制度を確立し，現在もそれを実施し続けているスウェーデン，1768年，1787年に完全なセンサスを実施しているスペイン，1791年に最初のセンサスを実施し，その後いっそう広範な調査を計画しつつあるアメリカと比べて，かつて一度もこうした試みを実行に移したことのないイギリスの状況に対して，「なぜ，偉大で強力なわが国のような大国がこうした重要な関心事を知らないままの状態でいられるのか」という強い疑念が表明されている[170]。

　既述のように，1801年センサス実施法の庶民院における審議から，この法案提出の背後にあった，18世紀末期から19世紀初頭にイギリスがおかれていた緊迫した状況を読み取ることができる。最初に指摘しておかなければならないのは，1801年センサス実施に関する庶民院の審議記録に，すでに紹介した1786年の「貧民の状態を調査する法」への言及があることである。ここには，1786年法に規定された貧民調査の手順と責任機関に関する問題のほかに，18世紀後半における救貧負担の増加と低賃金，生活水準の低下という深刻な状況が反映されていた[171]。18世紀後半に次第にはっきりとしてきた生活水準の低下傾向に，対仏戦に伴う軍備の増強と戦費調達，1798〜99年の凶作による食糧生産と調達の不調，戦時の物価騰貴，食糧品価格の高騰と生活手段の不足などが追い討ちをかけたのである。事実，この時期の庶民院と貴族院の法案審議記録には，庶民院において6回，貴族院において2回の食糧品高価格に関する詳細な委員会報告が掲載されている。センサス法が成立する12月31日までの1か月あまりの間に，集中審議と委員会報告が立て続けに行われ，事態が切迫していたことを告げている[172]。

　クラーク（G. Clark）の推計によれば，図2-1に示すように，第1回センサス実施前夜の農産物価格の急騰は明らかである。1860〜69年を基準年とした場合，1799年に110.5であった穀物価格指数は1800年には171.4に上昇し，センサス実施期の1801年には191.8に高騰している。興味深いことに，センサス実施の翌1802年には穀物価格指数は100.5，翌1803年には99.2に下落している[173]。また，シュンペーター／ギルボーイの消費財価格指数をゲイアー／

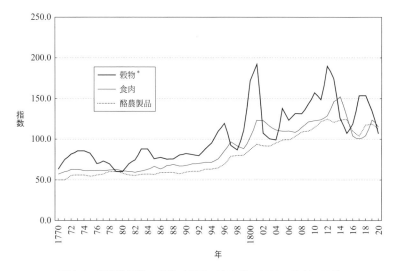

図 2-1　農産物価格の変動（1770〜1820 年，1860〜69 年＝100）

注）＊穀物：小麦・大麦・ライ麦・オート麦・豆（エンドウ豆・大豆）・馬鈴薯・ホップ・藁。

シュワルツによる国内・輸入財指数で修正したモキイアの消費財価格推計（基準年 1701 年）も，同様の傾向を示している。1799 年に 160 であった消費財価格指数は，センサス実施前夜の 1800 年に 212，1801 年に 228 に上昇しているが，センサス終了後の 1802 年には 174 に低下している。いずれも 1800 年を境に消費者物価の高騰と下落を示している[174]。この時期のイギリスには，穀物価格の高騰と食糧品の不足が焦眉の課題として突きつけられていたのである。同時に，これと符節を合わせるように，フランス革命後におけるヨーロッパ諸国の利害の衝突と対仏戦の渦中におけるイギリスの国情（The State of the Nation）調査を後押しする動きが活発となる。1800 年から 1801 年にかけて，国情調査委員会の設置に関する動議が都合 4 回も提出されている[175]。国情調査に関する議論は，いうまでもなく，フランス革命戦争遂行をめぐる諸問題を審議するためのものであった。

　すでに 8 年もの長きにわたって戦争状態にあったイギリスにとって，兵員と戦費の調達は重要課題であった。1800 年 11 月 27 日の審議では，ウィッグ党の政治家 G. ティアニーが立ち，「今次大戦の 8 年間で，戦費の累積は 2 億ポ

ンドを超え,毎年2500万ポンドが費消され,各地に動員された兵員は13万9000に達している」(1800年:col. 604)と述べている。ティアニーはまた,対仏戦続行による財政収支の悪化と課税制度の改革も緊急の課題であるとしたうえで,その根拠として所得税の試算を含めて,税収に関する詳細な数値と推計を提出している[176]。リグリーが指摘するように,18世紀の最末期から19世紀初頭のイギリスは,いわば「マルサス的な危機」の瀬戸際に立たされていたということができる[177]。

実際,センサス実施直前の1800年およびセンサスが実施された1801年における生活物資の欠乏,物価騰貴と生計費の急上昇は,信頼すべき統計数値がはっきりとこれを裏付けている。たとえば,小麦および小麦粉の輸入は,1799年の46万3000クウォーターから126万5000クウォーター(1800年),142万5000クウォーター(1801年)へほぼ3倍に急増している。しかし,翌1802年には64万8000クウォーター,1803年には37万4000クウォーターに減少し,以後輸入量は安定している。輸出も1799年の3万9000クウォーターから1800年の2万2000,1801年の2万8000クウォーターへと56〜72%の低下を示したが,センサス実施の翌1802年には14万9000クウォーターへと5倍強に増加している。当然のことながら,食糧品を中心とする物価騰貴は,庶民の生計費を押し上げ,1850年を基準年とした場合,1800・1801年の生計費は,それぞれ207.1・200.1,218.2・209.2であった。1795〜99年,1802〜06年の生計費の平均,149.8・142.7,168.6・161.0を大きく上回っている。

伝統的な雇用形態の解体,1795〜99年,1799〜1801年の物価騰貴に対する騒乱,低賃金,救貧負担の増大・慈善行政の不備,農村における伝統的な慣習の崩壊や既得権益の喪失,囲い込みをめぐる利害の対立など,イギリスが直面していた難題が全ヨーロッパを巻き込んだフランス革命戦争の渦中で山積していたのである[178]。こうした危機的な状況こそ,正確な人口数の調査と増減の確認,とりわけ,農業従事者の比率の調査を実施すべきであるとする要請の背後にあった社会経済的な要因であった[179]。特定の利害関係を持つ社会層に限らず,広く一般の人々の間でこうした懸念がたぎって捌け口を求め,やがて結実したのが第1回センサスの実施ではなかったであろうか。

重要なことは,この段階では,生産性の上昇によってこうした危機を回避で

きるか否か，確信を持って主張できる知識人も政治的指導者もいなかったという点である[180]。多額の費用を要し，煩雑な手続きと実施のための複雑な機構の整備を必要とすると考えられた史上最初の試みである全国人口調査の実施について，センサスを統治権力の結束強化の手段とみなしていたトーリーを背後に，世論に架橋不可能なほどの亀裂がなく，大方の賛同を得ることが容易であったことが，逆に短時日の間にセンサスの実施を可能にしたようにも思われる[181]。過去2世紀半にわたって続いてきた人口と実質賃金との負の相関が崩れて，新しい秩序，すなわち，人口増加と生活水準が雁行して推移するという関係の出現を予見する識者が存在したならば，また，そうした考え方が世論形成に結びついていたならば，イギリスにおけるセンサスの実施はさらに遅れることになったかもしれない。現在，われわれは19世紀の初年における古い人口秩序の消滅と新しい事態の展開を知りうる立場にある。しかし，マルサスをはじめとする古典派経済学者を含めて，当時の人々にはそうした動向を認識することは困難であった。それゆえ「危機」が差し迫ったものと感じざるをえなかったのである[182]。したがって，どのような犠牲を払っても，人口総数の調査とその増減，そして農業・工業・その他部門の就業人口比率の調査を実施するよう，当時の人々を駆り立てたのである。しかし，大方の賛同を得て，センサスの実施が軌道に乗った1800年を境として，16世紀中期以来ほぼ2世紀半にわたって経験してきた人口と資源との負の相関からイギリスは脱却しつつあったことは，まさに皮肉といわざるをえない[183]。

3) リーズの第1回センサス

　ここでは，イギリスにおける最初のセンサスの結果を，イングランド中北部ヨークシャーの繊維工業都市リーズの戸口調査表を素材に分析することにしよう。この史料は，筆者が30年近く前に，リーズ教区教会（The Parish Church of St. Peter's）の記録保管室で他の史料を探索中に発見したものである[184]。現在，1801年センサスの個票（戸口調査原票），特に大規模な都市のそれはきわめて稀にしか残っていない。その意味で，この史料は，第1回センサスの具体的な実施状況と結果を知る上で貴重である。史料の正式の名称は，『リーズ教区人口調査明細書』（*An Account of the Population of the Parish of Leeds*）であり，調査は

「1801年4月に実施」とある。センサス法の規定にある実施日3月10日と齟齬があるが，史料冒頭の印刷された実施要領には，センサス実施は3月10日，戸口調査表提出期限は4月10日から30日までとあり，史料作成の正確な日付はこの間のいつかであろう。

前述のセンサス法第9条は，記録の保管について，「回答結果を用意するために，救貧監督官および学校長によって実施され，記録された調査明細書（several Accounts）は，イングランドにおいては，教区委員・付属礼拝堂委員（Chapelwardens）によって，スコットランドにおいては，学校長によって，安全に保管・保蔵されるべきこと」，「回答結果は，イングランドの場合には，治安判事事務所書記官および町区書記がこれを受け取り，1801年5月15日以前に，スコットランドの場合には，治安判事がこれを受け取り，11月10日以前に，それぞれ内務省大臣室に送るべきこと」としている[185]。したがって，この史料はリーズ教区の救貧監督官が，治安判事事務所書記官および町区書記に送る回答結果を作成するための原簿あるいはその写本であり，リーズ教区の教区委員が代々教区教会に保管してきたものであろう。

リーズ教区は，行政区画としての都市（borough）と教区が一致する比較的稀な例であり，東西南北それぞれ7マイルにおよぶ大規模な単一教区・バラ（都市）である。中心部に固有の都市・市街地が位置し，10の郊外集落（out-townships）が市街地を取り囲んでいる[186]。郊外集落のセンサスは，別途実施され，その結果も別記されている。ここで分析する史料は，固有の都市・市街地に関するものである。市街地は，ハイタウン（上町），カークゲイト，ミルヒル，イースト，ノースイースト，ノースウェスト，サウスの7つの街区（Divisions）に分かれ，調査結果は街区ごとに記載されている。史料の形状は，2葉からなる冊子2冊であり，それぞれに，家屋（HOUSES），人口（PERSONS, including Children of all ages），職業（OCCUPATIONS），総計（Total）の3つの欄がある。家屋に関する欄は，住民（INHABITANTS），居住家屋数（Inhabited），家族数（No. of Families），非居住家屋数（Empty）に，人口に関する欄は男子・女子・男女計，職業欄は農業者（Farmers）・商工業者（Traders）・その他（Gentry）にそれぞれ細分されている。なお，この史料の2冊目最末尾の総計表の職業欄は，「農業」（Agriculture），「商工業」（Trade），「前記職業のいずれにも雇用され

ない職業」(Not employed in either of the former (sic)) に分類されている[187]。

　センサス法に規定されている質問項目とともに，それぞれの街区の調査結果の前に付されている印刷された調査実施要領にあるように，調査対象の「住民」とは，窓税（Window Tax）納付家屋に居住する「世帯主」である。調査員は，窓税賦課台帳（Assess Bill of the Window Tax）に記入されている納税家屋一覧表の番号に赤インクあるいは鉛筆で印を付け，混乱を回避し，また後に参照できるように，それと同じ番号を人口調査明細書に書き込む。次いで，窓税徴収吏員と同じように，各家屋を訪問し，必要項目を記入し，最後に救貧院の被収容者および貧困・その他を理由に窓税支払いを免除されている住民を記入する。住民欄への住民姓名の記入は，調査員の裁量に任されている。頁の末尾には，合計を記し，その合計を調査街区の最末尾にある集計表に転記する。ノースイースト街区には，個々の世帯とは別に施設人口，すなわち，男子96，女子108，計204名の救貧院被収容者の記載がある。被収容者の職業は，商工業者73名，その他131名である[188]。また，ミルヒル街区にはリーズ篤志総合病院（General Infirmary at Leeds）があり，男子53，女子38，計91名の患者が入院している[189]。職業は商工業1名，その他90名である。窓税免除者の別記はない。実施要領の規定のせいであろうか，調査結果の記載に精粗がはなはだしい。例示した史料（写真2-1）からわかるように，調査対象者の姓名を正確に記入する調査員もいれば，全く記入しない者，姓のみを記入する者もいる。調査対象者の姓名を記入した街区は，イースト，カークゲイト，ハイタウン（上町），サウスの4街区，姓のみ記入の街区は，ミルヒルの1街区，姓名の記入が全くない街区は，ノース，ノースウェスト，ノースイーストの3街区である。

　街区総計の後には，教区における1700年以降1780年まで10年ごと，1781年以降各年の性別洗礼・埋葬数および1754年以降各年の結婚数の聖職者による調査結果，居住家屋・非居住家屋・家族・人口の各街区総計，教区委員・救貧監督官署名欄がある。しかし，いずれの街区についても，洗礼・埋葬・結婚数の記載はない。また，ハイタウン街区については，調査員である救貧監督官の，その他一部の街区では，教区委員・救貧監督官の署名があるほかは，署名はない。リーズ教区人口調査明細書の最末尾には，それぞれの調査項目の総計を記入した表が掲載されている。人口調査明細書の結果をまとめ，いくつかの

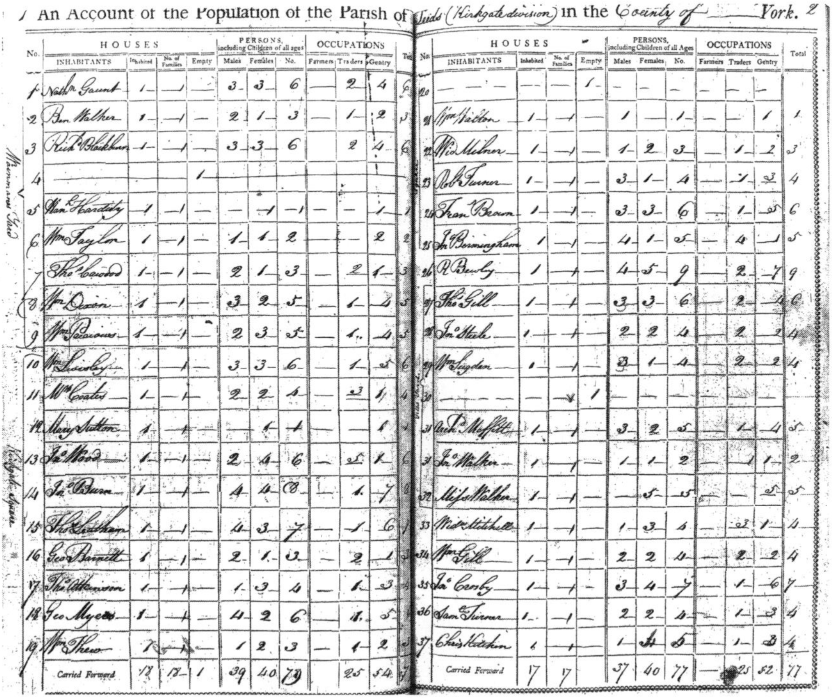

An Account of the Population of the Parish of Leeds (Kirkgate division) in the County of York.

No.	INHABITANTS	Inhabited	No. of Families	Empty	Males	Females	No.	Farmers	Traders	Gentry	Total
1	Nathl Gaunt	1	1	—	3	3	6	—	2	4	6
2	Ben Walker	1	1	—	2	1	3	—	1	2	3
3	Richd Blackburn	1	1	—	3	3	6		2	4	6
4				1							
5	Ann Hardisty	1	1	—	—	1	1	—	—	1	1
6	Wm Taylor	1	1	—	1	1	2	—	—	2	2
7	Thos Cawood	1	1	—	2	1	3	—	2	1	3
8	Wm Dixon	1	1	—	3	2	5	—	1	4	5
9	Wm Parsons	1	1	—	2	3	5	—	1	4	5
10	Wm Lindley	1	1	—	3	3	6		1	5	6
11	Wm Coates	1	1		2	2	4		3	1	4
12	Mary Sutton	1	1		—	1	1	—	—	1	1
13	Jno Wood	1	1	—	2	4	6	—	5	1	6
14	Jno Burn	1	1		4	4	8		1	7	8
15	Thos Latham	1	1	—	4	3	7	—	1	6	7
16	Geo Barnett	1	1	—	2	1	3	—	2	1	3
17	Thos Atkinson	1	1		1	3	4	—	1	3	4
18	Geo Myers	1	1		4	2	6	—	1	5	6
19	Wm Thew	1	1		1	2	3	—	1	2	3
	Carried Forward	18	18	1	39	40	79		25	54	79
20		—	—	1	—	—	—	—	—	—	
21	Wm Walton	1	1	—	1	—	1	—	—	1	1
22	Widw Milner	1	1	—	1	2	3	—	1	2	3
23	Robt Turner	1	1	—	3	1	4	—	1	3	4
24	Fran Brown	1	1	—	3	3	6	—	1	5	6
25	Jno Birmingham	1	1	—	4	1	5	—	4	1	5
26	R Bewly	1	1	—	4	5	9	—	2	7	9
27	Thos Gill	1	1	—	3	3	6	—	2	4	6
28	Jno Steele	1	1	—	2	2	4	—	2	2	4
29	Wm Lugden	1	1	—	3	1	4	—	2	2	4
30		—	—	1							
31	Archd Moffitt	1	1	—	3	2	5		1	4	5
32	Jno Walker	1	1	—	1	1	2		1	1	2
32	Miss Walker	1	1	—	—	5	5	—	—	5	5
33	Widw Mitchell	1	1	—	1	3	4	—	3	1	4
34	Wm Gill	1	1	—	2	2	4	—	2	2	4
35	Jno Crosby	1	1	—	3	4	7	—	1	6	7
36	Saml Turner	1	1	—	2	2	4	—	1	3	4
37	Chris Kitchin	1	1	—	1	4	5	—	1	3	4
	Carried Forward	17	17		37	40	77	—	25	52	77

写真 2-1　リーズ人口調査明細書（1801年）

出所）West Yorkshire Archive Service, Leeds District Archives, Leeds Township Census Enumerators' Returns 1801, LCA, LPC 104.

指標を算出した結果（表 2-5 参照）を見ると，最低 2,907 名（サウス）から最高 8,547 名（ノースイースト）まで，街区ごとの人口に大きなばらつきが見られる[190]。事実，人口密集街区のノースイーストでは，人口調査明細書は 3 部からなっている。街区に居住する人口の職業・階層構成・家族形態・富裕度の偏差を反映して，指標の間に無視しえない差が見出される。たとえば，労働者が密集して居住するイースト街区では，居住家屋当たりの平均家族数は 1.16 であるのに対して，サウス街区では，1.00 である。一家屋に複数の家族が居住する割合が最も高いのもイースト街区であり，15 % を占めている。他方，中産階級の比重の高いミルヒル街区，あるいはサウス街区では，複数家族比率はそ

表 2-5 リーズ市街地の人口諸指標（1801 年）

		ハイタウン	カークゲイト	ミルヒル	イースト	ノースイースト	ノースウェスト	サウス	計
家屋数		748	851	511	1,156	1,902	892	644	6,693
家族数(世帯数)		808	887	519	1,339	2,019	909	634	7,115
非居住家屋数		21	16	11	58	50	18	16	190
人口	男	1,639	1,836	1,161 (53)[1]	2,387	4,081 (96)[2]	1,892	1,383	14,379
	女	1,915	1,967	1,515 (38)[1]	2,737	4,466 (108)[2]	2,166	1,524	16,290
	計	3,554	3,803	2,676 (91)[1]	5,124	8,547 (204)[2]	4,058	2,907	30,669
一家屋当たり家族(世帯)数	1	719 (96.1%)[3]	823 (96.7%)	502 (98.2%)	985 (85.2%)	1,796 (94.5%)	876 (98.2%)	632 (99.8%)	6,333 (94.6%)
	2	26 (3.5%)	24 (2.8%)	9 (1.8%)	159 (13.7%)	94 (4.9%)	15 (1.7%)	1 (0.2%)	328 (4.9%)
	3	3(0.4%)	1(0.1%)		11(1.0%)	12(0.6%)	1(0.1%)		28(0.4%)
	4		2(0.2%)						2(0.05%)
	5		1(0.1%)		1(0.1%)				2(0.05%)
	計	748 (100.0%)	851 (100.0%)	511 (100.0%)	1,156 (100.0%)	1,902 (100.0%)	892 (100.0%)	633 (100.0%)	6,693 (100.0%)
一家屋当たり人口数	平均	4.8	4.5	5.2[4]	4.4	4.4[4]	4.5	4.6	4.5[4]
	最大	13	26	31	20	14	24	22	31
	最小	1	1	1	1	1	1	1	1
平均家族(世帯)規模		4.4	4.3	5.0[4]	3.8	4.1[4]	4.5	4.6	4.5[4]
独居世帯数		41 (5.1%)[5]	51 (5.7%)	22 (4.2%)	34 (2.5%)	65 (3.2%)	28 (3.1%)	29 (4.6%)	270 (3.8%)

出所）West Yorkshire Archive Service, Leeds District Archives, LCA, Leeds Township, Census Enumerators' Returns 1801, LPC 104.
注） 1) リーズ篤志総合病院入院患者数　2) リーズ救貧院被収容者数　3) 街区総家族（世帯）数に対する比率
　　4) 施設人口を除く　5) 街区総家族（世帯）数に対する独居世帯数の比率。

れぞれ1.8％，0.2％にすぎない。こうした傾向と矛盾するように思われるのは，イースト街区における非居住家屋数の比率であり，空き家比率は5.0％に上っている。

　富裕層，あるいは中産階級の住民が多く居住するミルヒル街区では，一家屋当たりの平均人口数は最も多い。最高で31人が居住する家屋もある。この街区の住宅は，平均して5.2名を収容している。この数値は居住空間の広さがもたらしたものであろう。他方，下層労働者階級が集住するノースイースト街区では，一家屋当たりの居住人口数の最高は14人であり，一住宅当たり平均人口数は，イースト街区と並んで最低の4.4人である。平均家族規模が小さいのもノースイースト街区であり，4.1人，イースト街区では最低の3.8人である。

最高はミルヒル街区の 5.0 人である。単独世帯の比率が最も低いのはイースト街区（2.5％），最も高いのは市の中心部に位置するカークゲイト街区であり，5.7％を占めている[191]。

世帯主氏名が記載されている街区について，女性世帯主の比率を見ると，労働者階級が集住するイースト街区の数値は他の街区のそれと大幅に異なっている。この街区では，女性世帯主比率・平均家族規模・単独世帯比率がそれぞれ最低の 14.1％，2.6％，12.4％である。他方，カークゲイト街区では，女性世帯主比率が最高値の 19.2％，平均家族規模も 3.2 人と 2 番目の高さを示している。単独世帯比率も最高の 37.0％である。住民の性比（女子人口に対する男子人口の比率）と職業構成を対比して見ると，ミルヒル街区が最低値 75.0 を示している。リーズ市街地全体の性比 88.3 と比べてその低さが際立っている。この街区の住民のほとんどは中産階級であり，彼らの多くは未婚女性の家政婦（domestic servants）を雇用している。若年層の女性家政婦の多さがこの街区の性比を極端に低くしているのである。また，中産階級あるいは下層中産階級世帯は，労働者階級と比べて女児を長く家庭に留め置く傾向があり，そのことも性比の低さに与っているものと考えられる。職業構成については，イースト街区を除いて，商業・製造業・手工業従事者比率において街区間に大きな相違は見られない。イースト街区の商業・製造業・手工業従事者比率は 45.6％と際立って高く，いずれの範疇にも属さない人口は，53.5％と最低値を示している。この街区住民の大部分が貧しい労働者・職人であり，労働力率も高かったことがこうした傾向を生んだものと考えられる[192]。

全国の教区から集めた結果をロンドンのセンサス実施中央本部がどの程度正確に集計していたのか，次にこの点を検討しておかなければならない。内務省に集められた集計結果が整理され，集計表が議会の承認を得て，議会資料（Parliamentary Papers）のセンサス報告書として印刷・公刊されたリーズ教区に関する結果と，この人口調査明細書を比較・照合し，この点を確認してみよう。1801 年議会資料のリーズ教区に関する数値は，450 頁に掲載されているが，両者を仔細に比較すると，いくつかの不一致があることに気づく。まず，リーズの人口調査明細書に記載されている街区の名称中，カークゲイト街区は，議会資料ではミドル・カークゲイト街区となっている[193]。さらに，この街区の職

業欄中,「農・商工いずれの範疇にも属さない人口数」が,内務省の集計に基づいて公刊された議会資料では 2,604 であるのに対して,リーズの人口調査明細書総計表では 1,604 である[194]。人口調査明細書総計表の「農・商工いずれの範疇にも属さない人口数」の合計 18,396 は,この 1,604 をもって計算され,他の欄の合計値と整合していない。この不一致は,明らかにリーズの人口調査明細書総計表作成時の転記ミスである。カークゲイト街区に関する調査結果を記入したそれぞれの頁にある数値の累計,および末尾に設けられているそれぞれの頁の集計表の総計は,ともに議会資料の数値と一致し,2,604 である。

少なくともリーズ教区に関する限り,センサス実施中央本部が教区から集めた調査結果の総計表をそのまま転記したのではないことだけは確かである。リーズの人口調査明細書総計表と議会資料の数値の不整合は,あるいは,中央集査に至るまでのいずれかの段階で施された検査・照合と修正の結果であるのかもしれない。中間の段階にせよ,センサス実施中央本部によるものにせよ,各教区で作成された人口調査明細書そのものに立ち入って,検査・照合が行われ,修正が施され,その結果が公刊されたという事実は 1801 年第 1 回センサスの統計的信頼性を担保するものであろう。

近代の国民国家は,「何のために」,大量の人的・物的資源を動員し,多くの時間を割いて人口に関する情報を収集しようとしたのであろうか。18 世紀中期および 19 世紀初頭のイギリスを事例として,国民の基本的な属性である人口を公的機関が計上するという営為の意味を探ろうとした以上の分析から,とりあえず次のようにいうことができるであろう。まず,統治に不可欠の条件である国内の秩序維持と国防のための軍事的配慮が少なからぬ意味を持ったという点はこれを否定することができない。18 世紀中期の人口調査実施の試みに関する限り,植民地の経営を含めた国力の秤量のための情報収集の意図が根底にあったことはほぼ誤りないところであろう。また,19 世紀初頭の第 1 回人口センサス実施の背後に,短期的な物価騰貴と生活水準の低下,人口と物的資源とのバランスの危うさと民生の不安定に対する懸念があったことも確かである。短期的な視点から 18 世紀半ばと 19 世紀初頭の人口センサス実施の意図を要約すれば,当時の国際的な環境の下でイギリスが解決を迫られていた緊急の課題解決のために,民勢に関する正確かつ詳細な情報の収集が目指されていた

3 1841・1851年近代センサスの成立

1) 1841年センサスの設計——*History of the Census of 1841*

　新設の身分登録本署が，1834年改正救貧法の管轄単位（Union）を登録単位として踏襲し，最初に手がけた1841年センサスは，1801年における第1回以降の初期センサスと次のような点で基本的に異なっていた。最も重要な点は，特定時点における人口現象のスナップ・ショットである人口静態統計収集のための調査方法である。すなわち，1801年の第1回センサスから1831年の第4回センサスまで10年ごとに実施された人口調査では，調査票への書き込みはセンサス調査員がこれを行った。この意味で，これらセンサスは当該調査対象者以外の者が記入する他計（他記）主義原則に基づく調査である。他方，1841年の第5回センサス以降は，原則として，当該の世帯主，あるいはそれを補助する世帯構成員が調査票へ書き込みを行う自計（自記）主義原則に移行したのである。いずれの方法がより正確な世帯人口の属性の記録を保証するのか，この問題はにわかには断じがたい。

　センサス調査に関する当時の人々の認識，世帯調査票に記入する世帯主がどの程度「記入手引書」の内容を理解していたのか，識字率の水準などによって，申告内容の信憑性は違ってくる。しかし，記載内容に関して，世帯主あるいはその補助者と調査員による二重の確認・照合という過程を経るという意味において，自計主義原則に基づく1841年センサス以降の情報の信憑性が相対的に高いといえるかもしれない。1841年以降のセンサスを通常「近代センサス」と呼ぶ理由は，以前のそれとは違って，世帯を構成する個人の様々な人口属性を調査対象とした点，それに伴って採用された自計主義に基づく調査であったからである。もちろん，人口センサスの場合，表式調査ではなく，個票調査であった。個票調査の場合，自計式か他計式か，調査区の設定・調査単位・調査員の選任などが重要である[195]。

　センサス型調査の特色について，佐藤正広は次のように述べている。「他の

統計調査と比して極めて特徴的なのは，これがある国家が支配する領域にいるすべての住民を調査対象とする点にある。いいかえるなら，このタイプの調査を成功させるには，国家は，どのような方法であれ，その支配領域にいる住民すべてを何らかのかたちで組織し，その事業に協力させなければならない。そのために，どのような制度設計をし，住民の中のどのような部分に，いかなる論理で働きかけることを通じて大方の住民の協力を取り付けるかが問題となる。つまり，人口センサスの実施過程を調べることは，その国家による住民把握の方法ないし論理と，その実効性について調べることでもある」[196]。

　1801年から1831年までの4回のセンサス実施責任機関が，国務大臣（Office of the Principal Secretary of State）であり，調査員による聞き取り調査（他計主義）の集計に基づくものであったのに対して，1841年以降のそれは以下の諸点で新しい試みであった。すなわち，個人の様々な属性を初めて調査対象とした点，印刷された世帯調査票（個票：householder's schedule）をあらかじめ世帯主に配布し，記入させ，後日回収するという自計主義を採用した点，調査員・身分登録吏員・身分登録監督官・ロンドンのセンサス実施中央本部のそれぞれの段階で必要な検査を施したうえで中央本部が最終的な集計編成を行う中央集査を導入した点である[197]。イギリスにおいて，センサスの集計結果が議会資料として公刊されているのは，次のような理由からである。すなわち，調査実施と集計，結果の公表が根拠法によって義務づけられ，内務省所管のセンサス実施中央本部によって最終的に集計された結果が議会において承認された後に，議会資料として印刷・公表されなければならなかったからである[198]。大ブリテン島（イングランド・ウェールズ・スコットランド）のセンサスは，1801年の第1回以降10年ごとに1931年まで実施され，1941年に一時中断した後，1951年に再開された。スコットランドのセンサスは，出生・結婚・死亡などの動態統計調査実施機関として1855年に設立された「スコットランド身分登録本署」（Registrar General for Scotland）が，民事身分登録とともにセンサスを実施する機関となり，その結果は1861年センサス以降，独立した議会資料として公刊されるようになった[199]。

　リックマンも死の直前までその制度化に深く関わった，近代センサスの嚆矢ともいうべき1841年センサスの成立過程を，初代身分登録本署長官となった

設計者であるリスターの調査報告書から追ってみよう[200]。リスターによるセンサスの設計は，1840年6月27日に行われ，政府に提議された。以下の書簡は，根拠法案準備のためにリスターから政府顧問D. ベシューンに宛てられたものである。内容を要約すれば，次の通りである。

「イングランド・ウェールズ全域はすでに2,193の「登録官地区」(Registrars' Districts) に分割され，登録官 (Registrar) と調査員の責務・職階が記載されている。調査の方法としては，中央集査が勧められている。地方当局の責務は，準備と正確な調査記録の輸送に限定するべきであり，調査記録の集計作業・集約・分類・調整は，一つの統一された体制 (one uniform system) の下で，一人の人間あるいは一つの部局によって実施されるべきである。また，中央当局には，内務大臣の了承の下に，調査結果の最終的な集計のみならず，センサス実施に関する詳細の予備調整実施権と記入要領説明書 (instructions) 発行権を付与すべきである」。

「調査人口は，現在人口，常住人口のどちらがよいか。世帯調査票への記入方法は被調査人口〔に任せるの〕ではなく，他計主義が望ましい。施設人口については，施設の責任者に委ねるべきである。1841年センサス根拠法に基づいて，身分登録本署首席職員 (Chief Clerk) のT. マン氏によって事前調査 (Preliminary Inquiries)・予備センサス (Trial Census)・予備調査 (Trial Enumerations) が実施されることになった〔表2-6・表2-7参照〕。事前調査の目的は，様々な地域，多様な条件下で，一人の人間が一日に調査を実施する場合，何人の調査員が必要か，調査員地区に配布する記入要領説明書の発行について登録本署内に設けられた「センサス実施中央本部」(Commissioners for taking an account of the Population in Great Britain) に概数を報告することであった。予備センサス実施の際に用いる印刷された世帯調査票 (forms) と記入要領説明書が，以下の場所の地区登録監督官宛てに送付された」。

「予備調査に使用する世帯調査票の年齢記載は，「過去最近の誕生日における年齢」(at their last birthday) とすべきである。1歳未満の場合には，「嬰児」(Inf あるいは Infant) と記入すべきである。職業欄には，年齢を問わず，金銭を稼得する職業，すなわち家族の世帯内の義務を超えた仕事に雇用されている場合にその職業を記入することが望ましい。成人の場合には，親方・職人・徒弟の

第 2 章　人口静態統計制度の展開　139

表 2-6　予備センサス実施地域（1841 年）

ウェストミンスター	人口高密度地域
バーミンガム	工業地域
リーズ	工業地域
ワイト島	平均的人口密度地域
ワイコム	平均的人口密度地域
マフンシャス（Machynlleth）	低人口密度農村
トゥルーロ（Truro）	錫鉱山地域

出所）National Archives, RG 27/1, *History of the Census of 1841*, p. 13 より作成。

表 2-7　予備センサス実施地域の人口規模および調査時間・距離（1841 年）

予備センサス実施地区登録官地区	家屋数	人口数	調査時間	移動距離
ウェストミンスター	47	430	8.5	0.25 マイル
バーミンガム	55	253	8.5	記載なし
リーズ	152	636	10.0	記載なし
ワイト島（1）	120	689	8.0	記載なし
ワイト島（2）	85	226	8.5	4 マイル
ワイコム	-	-	-	記録紛失
マフンシャス（Machynlleth）	38	200	10.0	12.75 マイル
トゥルーロ（Truro）	78	426	7.5	記載なし

出所）National Archives, RG 27/1, *History of the Census of 1841*, p. 17 より作成。

別，未熟練労働者の場合には労働の種類を記入することが望ましい。予備センサスは，1840 年 9 月 28 日に実施された。予備センサスの結果は以下の通りである。センサス実施中央本部の最初の公式の仕事は，登録官に彼らの管轄区域を構成する調査員地区の区割りを知らせる回状を送付すること，および地区登録監督官に登録官が分割した調査員地区の区割りの点検と修正を指示する回状を送付することであった」。

「調査員として任命される者の資質は，知的で，活動的であること，読み書き能力に優れていること，ある程度数学の知識があり，調査作業に支障が出るような身体的障害を持たず，虚弱ではない 18 歳以上 65 歳以下の男子である。また，節度があり，几帳面で，尊敬されており，礼儀正しく，居住地の住民の善意に応えられる者を任命すべきである。さらに，調査員は担当地域のことを

表 2-8 センサス調査員の報酬（1841 年）

調査居住家屋数	50 戸以下	調査人数	300 人以下	10 シリング
	50～60		300～360	11 シリング
	60～70		360～420	12 シリング
	⋮		⋮	⋮
	150～160		900～960	1 ポンド 1 シリング

出所）National Archives, RG 27/1, *History of the Census of 1841*, p. 34 より作成。

よく知り，同じ職業に従事し続けている者がよい。センサス実施中央本部は，以下の調査員報酬表を大蔵委員会委員の承認を得るべく送付した。昨年秋に実施された予備センサスの結果，調査員は一日に 100 戸以上の家屋を訪問することができることが判明した。センサス実施中央本部は，救貧費から支払われる調査員の報酬に関して正確な額を提示することはできないが，イングランド・ウェールズの調査員数は 3 万人以上であり，平均的な報酬の額は一人当たり 1 ポンドを少し下回ることになるであろう（表 2-8 参照）。調査居住家屋が 10 軒増えるごとに，そして調査人数が 60 人増えるごとに報酬が 1 シリング増加する。地区登録監督官数は，618 名である」。

「教区登録簿に記録された 10 年ごとの洗礼・結婚・埋葬の報告を命じられた聖職者担当教区数は，約 1 万 2000 であった。調査員転写冊子（enumerators' books）の出生地に関する調査項目の一つ目は，「同州出生か否か」，二番目のそれは，「スコットランド，アイルランド，あるいは外国で出生したか否か」を記入するものである。改正 1841 年センサス法（An Act to amend the Acts of the last Session for taking Account of the population, 4 & 5 Victoriae, c. 7 [6th *April* 1841]）第 5 条に規定されているように，世帯調査票はセンサス実施の前の週に各家屋住民に留置し，住民は調査員が調査員転写冊子に転記しなければならない項目を前もって世帯調査票に記入することができる。調査員は，必要項目が記入された世帯調査票をセンサス当日に収集し，記入済み世帯調査票を後に自身の調査員転写冊子に転記しなければならない。世帯調査票は，標準サイズの 1 枚の紙である。1 頁目には，世帯主が記入しなければならない 40 行からなる表，2 頁目には記入要領があり，範例が付されている[201]。世帯調査票の 2 頁目には，以下のような記入要領の記載がある。すなわち，氏名＝家族の最後の名前の前に，／を入れ，その他の名前を加える。同じ家族の一員であるが，住居ではな

く，馬小屋・別棟に居住している者は記入せず，「別棟居住者」の箇所に記入する」。

「15歳以上の者については，5歳刻みの数字のどこかに入れるか，最も低い年齢を記入するだけでよい。年齢が15歳から20歳未満の間にある者については15歳，20歳から25歳未満の間にある者については20歳と記入すること。ただし，正確な年齢を記入したい者は記入しても構わない。15歳未満の者の年齢欄には，年齢を1歳刻みで記入し，1歳未満の者については，月数を記入しなければならない。雇用あるいは独立については，〔以下の通り定める。〕同居し両親を助けているが徒弟奉公をせず，賃金を受け取っていない妻・息子・娘は記入せず，召使い（家事使用人）は，仕事の種類を特定せず，男女を特定して使用人と記入しなければならない。職人・徒弟はその通り，業種とともに記入しなければならない。工場・製造業に雇用されている者については，絹・綿・羊毛・麻などの素材と職種を記入し，鉱山勤務者は，石炭・鉄・銅・その他を特定して記入しなければならない。無職であるが自身の資力で生活する男子・寡婦・独身女性は，「働かずに生活する者」（independent）と記入する。計上されている場所の州で出生した者はYes，そうでない者はNoと記入する。スコットランドもしくはアイルランドで出生した者はスコットランドもしくはアイルランド，外国で出生したが英国民ではない者は「外国人」（Foreigner），英国民，植民地で出生した者は，前の欄にNoと記入する」。

「イングランド・ウェールズにおける印刷世帯調査票の配布数は，3,689,200枚であった。登録官は，世帯調査票と調査員転写冊子が届いた直後に，担当地区のすべての調査員に個別に，あるいは一か所に集めて，調査担当の地域の境界，調査方法を説明しなければならない。登録官は自身の登録地区内の調査地区の調査員が未定であること，当該地区の貧民監督・治安官・十分の一税徴収官・十人組長（Tithing men ; Headboroughs）・その他の治安関係者・救貧法教区連合（Union）の係官の氏名とすでに調査員として任命されているか否かをセンサス実施中央本部に報告しなければならない。登録官は，担当地区のすべての家屋の占有者，家屋がいくつかの階・部屋に分かれている場合には，それぞれの階・部屋の占有者のもとに，世帯調査票を配布させるよう取りはからわなければならない。登録官は，6月12日から25日までの間に調査員転写冊子を

受け取らなければならない。施設人口の場合には、施設の長から記入済み調査票を受け取らなければならない。登録官は、7月1日以前に調査員から受け取ったすべての調査員転写冊子と、施設長から受け取った調査票を、地区登録監督官に送付しなければならない」。

「調査員は、世帯調査票が完全に、また正確に記入されていることを確信した場合には、調査員転写冊子には氏名のみを記入し、その他の詳細は帰宅した後に転写しても構わない。調査員は収集した世帯調査票をすべて持ち帰らなければならない。必要事項が記入された世帯調査票を受け取ることができない場合には、必ず家屋の住人に必要な質問を行い、回答された事項を調査員転写冊子に記入しなければならない。質問と回答が遅滞なく行われ、迷惑にならないように、家屋の主人ないし女主人、あるいは家族の長から面接する許可を礼儀正しく得て、彼らから情報を得なければならない。調査員は、ホテル・宿屋(Inns)・居酒屋・下宿屋(lodging houses)・その他宿泊施設の所有者に対して、自身の宿泊施設に6月6日夜に滞在しているすべての者の人数・性別・その他彼らについて知りうることをすべて報告しなければならないと伝える。調査員は、6月14日までに調査員転写冊子の最後の頁にある宣誓に署名し、収集したすべての世帯調査票とともに登録官に送付しなければならない。登録官は、調査員から受け取った調査員転写冊子が正しく、完全に記入されているか否かを検査し、調査員に証明書を渡し、調査員はそれをもって、大蔵委員会が承認した報酬を受け取る」。

「センサス実施中央本部は、125の首都圏の登録官に回状を送り、調査員に警察官が同行し、センサス実施を補佐することが必要か否かを問い合わせた。125の首都圏のうち15のみ必要と回答した。しかし、センサス実施中央本部は、マンチェスター・バーミンガム・リヴァプール(Liverpool)・ブリストル(Bristol)、その他2、3の地方都市が警察官の同行を望んでいたことに鑑み、内務省に対して、警察委員会が首都圏の警察にそれを指示する権利を与えるよう手配した。センサス実施の諸目的達成のために国教会の聖職者の協力と支援が必要である。彼らの協力と支援は、より重要な宗教的責務と矛盾しない。われわれが述べている仕事は世俗的な性格を有するものであるが、公共の福祉にとって重要であり、法が要求する情報は完全に、そして正確に提供されるべき

である。主教管区の主教の介入と影響力によって，主教管区聖職者の貴重な支援が得られるよう要請する。改正救貧法で成立したイングランド・ウェールズのすべての貧民監督・治安官・十分の一税徴収官・十人組長・その他の治安関係者・救貧法教区連合の係官は，改正 1841 年センサス法に定められたように，センサス実施中央本部の要請があれば，調査員とならなければならない」。

以上のように，リスターによる 1841 年センサスの設計は，詳細な事前調査に基づいた克明なものであった。

2) 1841 年センサスの実施——自計主義か他計主義か

詳細な手続きを起案し，センサス統計の正確性を高めるための方策を練ったこの計画を参考にして，最初の近代統計である 1841 年センサスは実施の運びとなる。なかでも調査実施機関が苦心したのは，1841 年センサスをもって初めてイングランド・ウェールズの住民個人の人口学的属性を調査対象とする点であった。さらに，調査項目の記録を担当するのは誰かという問題である。自計主義に基づく調査方式（訪問留置自計法，すなわち，調査員が調査の一定期間以前に被調査世帯を訪れ，調査票を世帯に預け，世帯主あるいはそれに準ずる世帯構成員が調査票に必要項目を記入する調査方法）は，1840 年法の改正法（4 Victoria, April 6, 1841, c. 7）に基づいて採用されるに至った。1840 年 7 月 10 日付け登録本署初代長官リスターの政府顧問ベシューン宛て書簡では，前述のように，リスターは自計主義には反対である旨を述べている。理由は，世帯調査票を配布された住民の大部分は，おそらく必要事項を全く記入しないか，間違って記入するであろうからというものであった。ベシューンに法案作成を依頼したリスターの意向は，調査方法に関する限りとりあえずは功を奏していたかに見える。確かに 1840 年 8 月 10 日に制定された 1841 年センサス根拠法第 5 条には，「調査員は登録官の指示に従い，調査担当地区のすべての家屋を訪問し，6 月 30 日水曜日現在その家屋に実際に居住しているすべての者の氏名・性別・年齢・職業を個票に書き込まなければならない」とあり，調査方法として，訪問留置自計法は盛り込まれていない。

再び，1841 年センサスの設計に関するリスターの提言を聞いてみよう。1841 年 4 月 6 日に制定された「改正 1841 年センサス法」の第 5 条および第 6

条は,「イングランド・ウェールズの登録官およびスコットランドの校長・その他は1841年6月7日以前の1週間以内に世帯調査票を各家屋に配布し,各家屋占有者は世帯調査票に必要事項を書き込み,署名しなければならない。調査員はセンサス実施日に調査対象家屋を訪問し,その家屋の占有者が記入・署名した世帯調査票を収集し,世帯調査票の記入事項を調査員転写冊子(their general account of the population, 別の場所では,his schedule book と記されている)に転記しなければならないと規定している[202]」。

「改正1841年センサス法」制定後センサスが実施された1841年6月7日までの期間に,調査方法の周知徹底を目的に,「登録官への調査実施説明書」(Instructions to Registrar)および「調査員への調査実施説明書」(Instructions to Enumerators)が配布された[203]。「調査員への調査実施説明書」には,世帯調査票記入時の調査員と世帯主との関係について次のような記述がある。「調査員は,被調査世帯主から世帯調査票(Householder's Schedule Paper)を受け取り,正しく記入されていることを確認した上で,時間に迫られていない場合には,各家屋の住人に関する詳細をすべてその場で調査員転写冊子に(in his Schedule Book on the spot)転記しなければならない。調査員は,世帯調査票が完全に,また正確に記入されていることを確信した場合には,調査員転写冊子には氏名のみを記入し,その他の詳細は帰宅した後に転写しても構わない。調査員は収集した世帯調査票をすべて持ち帰らなければならない。必要事項が記入された世帯調査票を受け取ることができない場合には,必ず家屋の住人に必要な質問を行い,回答された事項を調査員転写冊子に記入しなければならない。質問と回答が遅滞なく行われ,迷惑にならないように,家屋の主人ないし女主人,あるいは家族の長から面接許可を礼儀正しく得て,彼らから情報を得なければならない」。

工業化による急激な人口増加を経験した地域においては,教育機会の減少と質の低下によって,識字率は一般的に他の地域よりも低く,労働者世帯の調査では世帯調査票への記入に際して,調査員の補助が必要であった。この点に関しては,19世紀における一般的な識字率が問題となる。とりあえず,識字率の一指標として結婚登録簿に自署することができた結婚当事者の比率を見てみよう。1830〜37年のヨークシャーの都市リーズ教区における946件の教区結

婚登録簿の識字率は男子 66.6％，女子 36.2％ である。主として農村教区からなる同州のノース・ライディング地方では男子 73.8％，女子 71.4％ である。1881 年のイングランド・ウェールズにおける民事結婚登録簿から算出した識字率は男子 87％，女子 82％ である[204]。

　1841 年・1851 年センサス実施時の都市および農村，熟練労働者と未熟練労働者の識字率も紹介しておこう。D. ヴィンセントによれば，1839〜54 年のイングランドにおける 10 都市および農村登録区の識字率は以下の通りである。熟練労働者の場合，結婚当事者と 2 人の立会人すべてが自署した件数は，総件数 1,294 の 27.7％，花婿と 2 人の立会人が自署した件数は 10.1％，花婿と 1 人の立会人が自署した件数は 8.8％，花婿のみが自署した件数は 6.2％，4 人とも自署しなかった件数は 13.8％ である。未熟練労働者については，結婚当事者と 2 人の立会人すべてが自署した件数は総件数 817 の 7.5％，花婿と 2 人の立会人が自署した件数の比率は 5.4％，花婿と 1 人の立会人が自署した比率は 4.3％，花婿のみが自署した件数は 4.9％，4 人とも自署しなかった件数は 25.0％ である[205]。10 年後の 1851 年センサスでは，調査員による記入事項の点検と訂正が制度化されるようになったが，1841 年センサスでは，施設がいかに小規模であっても，正確にその責務を果たすだけの能力を責任者は持ち合わせていると考えられた。したがって，施設責任者にあらかじめ調査票を配布しておき，記入させ，調査員は施設建造物の名称と施設の種類のみを記入し，登録官が調査結果を収集することが提言されている。

　1840 年 8 月制定のセンサス根拠法案において，他計主義が採用されたにもかかわらず，翌 1841 年 4 月 6 日の改正センサス根拠法において，調査方法に変更が加えられ，訪問留置自計法が採用されるに至った詳しい経緯は不明である。公文書館所蔵の登録本署書簡集，あるいは *History of the Census* には，身分登録本署長官リスターが自計主義に同意した事実は見出されない。調査員が担当地区の各家屋にあらかじめ配布する調査用紙は，世帯調査票＝ householder's schedule あるいは householder's schedule paper，それを回収した調査員がその場で（on the spot）転写した調査用紙を綴じた冊子は調査員転写冊子＝ schedule book（通常，史料としてわれわれが利用している enumerators' books）と呼ばれている。必要事項を正確に記入した世帯調査票を回収できない場合，調査員は

世帯主に対して，必要な質問を行い，回答を調査員転写冊子に書き込む。施設人口に関しては，管理者に依頼して調査票を見せてもらい，調査結果を調査員転写冊子に転写するのである。

各世帯にあらかじめ配布された世帯調査票（個票）に世帯構成員全員の人口属性を自ら記入して後日調査員に提出させるという訪問留置自計法を初めて導入した1841年センサスは，実施後にいくつか課題を残すことになった。動態統計・静態統計の収集・計算・分析・公表の任に当たる身分登録本署は，次回1851年センサス実施までの10年間に問題点を整理し，追加専門職員雇用のための予算措置を含めて改善策を大蔵委員会に提言している[206]。長官のグレアムは，1848年5月4日に大略次のような書簡を大蔵委員会に送っている。「センサス実施中央本部によって1841年に公刊された人口統計は，郡（Hundreds）・サセックス州の大郡（Rapes）・ケント州の大郡（Lathes）ごとにまとめられているため，全国を新しく救貧法教区連合に従って分割した大登録区（Registration Districts）の出生・死亡・結婚と比較することができなかった。前回のセンサスを有益なものとするためには，登録監督官地区（Superintendent Registrars Districts），あるいは救貧法教区連合および教区・町・小村などの下位登録単位ごとに調査すべきである。そして，次回1851年センサスに際しては，過去5回のセンサスの一覧表と1851年センサスにおける調査項目の概要を付すべきである」。

なお，1847年3月22日にグレアムが庶民院の要請に対して回答した各地区登録監督官区域の総数は，621である[207]。1857年3月31日〜58年3月31日におけるイングランド・ウェールズの登録監督官区域の総数は，689である。出生・死亡・結婚の認証謄本発給手数料は一件当たり2ペンスであり，区域の人口規模によってまちまちである。最高はランカシャー（Lancashire），リヴァプール登録監督官区域の192ポンド19シリング4ペンス，最低はコーンウォールのシリ・アイランド（Scilly Islands）の1ポンド10ペンスであった[208]。

グレアムはさらに続けて，次のように要望している。「これらの作業を担当する者として，10人の臨時職員の雇用が認められたが，センサス報告書に関して彼らが今まで実行してきた作業は，近々中に公刊されるイングランド・ウェールズのすべての場所における死亡率を計算する際に必要不可欠であった。

また，1851年センサスにおいて，迅速に結果を出す方法を探るべきであり，そのために1851年センサス実施の時期まで若干名の職員を引き続き雇用すべきである。しかし，本署内統計部局の現在の力量では，この追加的なセンサス報告書作成業務は実行不可能である。現在，統計部局は新しく編成されたセンサス統計の計算，死亡率計算のための各地域における7年間の死亡数抽出，死因別年齢別死亡率の計算，出生・死亡・結婚数の集計値算出，議会に提出する年報に掲載する各種統計の作表，都市部における四半期の死亡率・首都圏の週死亡率の計算に忙殺されており，これらの作業はW.ファー氏とその監督下の職員によってきわめて信頼すべき方法で完了されつつある。4人の有能な職員を引き続き雇用し，作業に当たらせれば，1851年センサスではロンドン事務所の経費は1841年のアデルフィ通り（Adelphi Terrace）の経費2万8000ポンドを下回ることは確実である。1841年センサスの際には，センサス実施中央本部委員が業務に習熟しない100名近くの人間を抱えざるをえなかったが，彼らを指導し，監督する職員がいなかったため作業が難渋した。2000万人近くの人口数・出身地・性・年齢・職業・家屋数をそれぞれ抽出する作業を監督し，誤りを訂正する有能な職員が必要である。今回1841年センサスを再点検したが，誤りのない州はないほどであった」[209]。

グレアムの1847年における大蔵委員会委員への書簡には，次のような同趣旨の提言がある。すなわち，「1841年のイングランド・ウェールズ，スコットランドのセンサス実施にかかった総経費は，104,883ポンド10シリングであり，このうち2万8000ポンド以上はロンドンのセンサス事務局の費用であった。次回1851年センサスに際しては，提案している集計値計算書式を採用すれば，少なくとも年に300ポンドが3年間節約可能である」。こうした身分登録本署と大蔵委員会委員とのやりとりには，19世紀行政革命の内実が示されている。国家と国家を構成する行政機関との間で，双方向的な情報・要望の交換，実施のための試行錯誤が繰り返され，行政機構・近代官僚制機構の合理化・効率化が進められていた実態が浮き彫りにされている。19世紀30年代から50年代にかけて顕著となったイギリスの行政国家（administrative state）の形成過程を見ることができる[210]。

新設の省庁の一つとして，予算獲得に腐心していた身分登録本署は，W.

ファーが統計データを公衆衛生運動の支援にあえて利用するという戦略に成功することによって，次第に大蔵委員会委員の信用を獲得し，人件費の増額を実現させた。身分登録本署内に統計部局が設置され，医学統計を供給するという機能が強化されるにつれて，大蔵委員会委員からの予算配分によって，統計部局の人員は 1840 年から 1866 年までの間に 4 名から 16 名に増加したのである。ファーは，登録地域間の死亡率の格差を地域の公衆衛生施策の成否と結びつけ，1848 年の「公衆衛生法」において，死亡率が全国平均の対千比 23 を超える地域では「地方公衆衛生委員会」設置を義務づけることもありうるという潮流に棹さしたのである[211]。

しかしながら，1841 年センサスが実施に移されるまでにはさらに紆余曲折があった。1841 年センサス実施直前の 1840 年 12 月 23 日に身分登録本署長官リスターは，大蔵委員会委員に宛てて「急遽決定された身分登録本署の動態統計と静態統計実施業務の兼務に対して，記録保存所としての本部の物理的な制約・統計業務に携わる人員の不足に鑑みて，本部の拡張と人員の増加を強く要求する。センサスに関する業務は，身分登録本署の従来の業務と絡み合っているために，直近の場所を確保しない限り，センサス記録が分散保管されてしまう。現状のままでは従来から保管されている教区登録簿以外の登録簿・その他の記録に加えて，記録がいっそう増加し，記録保存のための空間は 6 年以内に埋め尽くされてしまうであろう」と述べている[212]。根拠法制定後，日をおかずに改正案が上程され，委員会付託後修正され，それに基づき 1841 年 4 月 6 日に制定され，改正 1841 年センサス根拠法がようやく成立し，実施に移されることになったのである[213]。

3) 1851 年センサス

1841 年センサスの 10 年後に，年齢・出生地に関する記載方式，その他に関する問題点が是正され，以後の近代センサスの雛形となった 1851 年センサスが実施することになる。重要なことは，身分登録本署長官グレアムの主導によって，センサス実施単位のコード化，1834 年改正救貧法登録地域のセンサス実施地域への厳密な適用をはじめとして，新たな登録単位の設置に基づいて全国人口静態統計の正確性向上のための合理化が実現したことである。たとえ

ば，1801 年センサスから 1841 年センサスにおいて採用されていた教区の上位地域単位である郡（hundred）・州（ancient county）に代わって，登録小区域（registration subdistrict）・登録区域（registration district）・登録州（registration county）が登場することになる[214]。1841 年以降新たに加わった調査項目は，世帯主との続柄・配偶関係・正確な年齢である。こうして 1851 年センサスは，19 世紀センサスのモデルとなり，より詳細な近代の調査票のさきがけとなった。以下はその根拠法である[215]。

1851 年センサス根拠法（1850 年）

第 1 条　対象はイングランドとスコットランドである。

第 2 条　実施責任機関は，調査員が用いる個票（forms）と記入要領説明書（instructions）を作成する首席国務卿の一人（One of Her Majesty's Principal Secretaries of State）と，個票・記入要領説明書を調査員に配布する登録本署長官である。首席国務卿が負担する費用は，議会が目的費用として支出する。

第 3 条　調査区割りは以下の通りである。イングランドの大登録区（Registration Districts）は調査地区（Enumeration Districts）に分割される。首席国務卿は，イングランドの出生・死亡登録官（Registrar of Births and Deaths）に記入要領説明書を送付する。登録官は記入要領説明書に従って，大登録区を地区登録監督官と登録本署長官の意向を勘案しつつ速やかに調査地区に分割する。

第 4 条　調査員の選出方法は以下の通りである。イングランドの登録官は，人口調査を実施するにふさわしい人物の氏名と居所の一覧表を地区登録監督官に送付する。登録本署長官の同意を得た上で，地区登録監督官によって，調査員が任命される。登録官は，地区登録監督官の同意を得て，調査員に調査地域を割り当て，個票と記入要領説明書を配布する。さらに，調査員が調査要領を完全に理解したか否かを確認する。

第 5 条　調査手続きの詳細は以下の通りである。1851 年 3 月 31 日月曜日に，調査員は登録官の指示に従い，調査担当地区のすべての家屋を訪問し，3 月 30 日日曜日現在その家屋に実際に居住しているすべての者の氏名・

性別・年齢・職業を書き込む。外国人の場合は別記する。また，居住家屋・建設中の非居住家屋・非居住家屋数を計上する。貧民を抱える教区・庶民院議員選出資格を持つ都市・特権都市・特別教会領はその旨を記入する。調査員は調査結果に署名し，調査が厳密に，良心的に実施され，真正なものであることを認めた宣誓書を登録官に送付する[216]。

第6条　調査結果を受け取った登録官は，記入要領説明書の指示通りに調査が実施されたか否かを検査する。誤りが発見された場合には，補正を施した上で，地区登録監督官に送付する。

第7条　調査結果を受け取った地区登録監督官は，登録官が業務を正当に遂行したか否かを調査し，誤りがあれば訂正して1851年6月1日までに首席国務卿の便に供するよう登録本署長官宛てに送付する。

第8条　首席国務卿は，調査結果の集計を作成させ，1851年6月1日から12か月以内に集計結果を印刷させ，議会両院に提出する。議会が会期中でない場合には，14日以内に提出する。

第9条・第10条・第11条・第12条　スコットランドの場合，実施責任機関は各州長官（Sheriff）・市長（Provost）であり，調査員は校長・その他である。校長・その他によって個票に記入された人口調査結果は，1851年6月1日以前に首席国務卿の便に供するために登録本署長官宛てに送付され，首席国務卿は1851年6月1日から12か月以内に集計結果を印刷させ，議会両院に提出する。議会が会期中でない場合には14日以内に提出する。

第13条　世帯調査票（Schedules）は，居住家屋の占有者によって記入されなければならない。イングランド・ウェールズ，スコットランドの登録官・校長・その他は，1851年3月29日土曜日までの週に，世帯調査票を担当地区の各居住家屋に配達し，それに占有者が記入する。居住家屋が複数の階あるいは部屋からなり，別々の個人あるいは家族によって占有されている場合には，それぞれの階・部屋の占有者によって記入されるべきである。調査員は，翌週の月曜日に世帯調査票を集める。記入者は世帯調査票に署名し，調査員に渡す。世帯調査票の受け取りを拒んだ者，あるいは記入を怠った者，あるいは提出を拒んだ者，故意に虚偽の

記入を行った者，虚偽の署名をした者は，5ポンド以下2ポンド以上の科料を科せられる。

第14条　イングランド・ウェールズ，スコットランドの調査員は，1851年3月31日月曜日に各家屋を訪問して，配達されていた世帯調査票の誤りを訂正し，それに必要事項を記入して完成させ，その複写を作成し，担当地区の調査人口数および調査人口に含まれなかった人口を集計する。

第15条　登録本署長官が指定した公的施設・慈善団体の長は，調査員として人口数・その他を調査する。

第16条　イングランド・ウェールズにおける登録官の資格については以下の通りである。すべての教区・町・その他の場所の貧民監督官および治安官（Constables），十人組長，その他の治安担当官（other Peace Officers），および改正救貧法に基づいて形成された救貧法教区連合の貧民救済員（Relieving Officers）は，首席国務卿の一人から命令された場合には，自身の所属する場所において，調査員として活動しなければならない。調査員としての業務に対しては，報酬を受け取る権利がある。彼らが調査員として活動することを忌避したり，故意にその業務を怠ったりした場合には，5ポンド以上10ポンド以下の科料を科せられる。

第17条　首席国務卿は，1851年3月30日日曜日晩に旅行中であったり，船舶に乗船中であったり，調査員・校長・その他が調査した時期に不在であった者の報告書を入手し，集計表に記入しなければならない。

第18条　調査関係者の報酬に関する規定は以下の通りである。首席国務卿は調査員・登録官・地区登録監督官およびイングランドでこの法が規定する業務に携わった者の報酬表を作成させ，1851年3月1日までに大蔵委員会委員の了承をえた上で議会両院に提出しなければならない。

第19条　イングランドの地区登録監督官管轄地区の救貧官（Guardians of the Poor），ないし救貧官がいない場合には救貧監督官が，自身の管理する基金から報酬表に従って，地区登録監督官に報酬金を支払わなければならない。そして，地区登録監督官は登録官に，登録官は調査員に報酬を支払わなければならない。領収書は，救貧官に送付されるべきである。教区に含まれない場所あるいは救貧監督官がいない場所では，地方税

(County and Borough Rates）徴収官が救貧監督官として，救貧法教区連合救貧官に，また救貧法教区連合区域にない場合には地区登録監督官に，地方税から報酬を支払うべきである。

第20条　各地区登録監督官は，自身および登録官・調査員・その他の人々が業務の報酬として受領した報酬金額を1か月以内に登録本署長官に報告しなければならない。

第21条　教区・救貧官・救貧監督官，州・地方（Ridings）・分割区（Divisions）・特権都市の財務担当者によって支払われた報酬金は，議会の決定に従って大蔵委員会委員によって，それぞれの部署に返却される。

第22条　〔スコットランドにおいてセンサス業務に携わった人々に対する報酬に関する規定〕

第23条　イングランドの地区登録監督官・登録官・調査員，スコットランドの校長・その他のセンサス業務懈怠に対する科料は，2ポンド以上5ポンド以下である。

第24条　首席国務卿・登録本署長官・調査員・校長・その他が調査・報告書作成をよりよく実行するために，調査員・校長・その他は，記入要領説明書が指示するすべての質問を実施する権限を与えられる。回答を拒否する者・虚偽の回答をする者に対する科料は，20シリング以上5ポンド以下である。

第25条　〔科料の取り消し・返却に関する規定〕

第26条　〔法文解釈〕

第27条　〔会期中における法の改正および撤回について〕

　他のヨーロッパ諸国に遅れて19世紀初年にようやく世俗当局による人口静態統計調査の実施にこぎ着けたイギリスでは，その後約半世紀間にわたる試行錯誤の結果，社会統計の一つとしての人口統計の純化が着実に進展した。特に，個人の人口学的属性の全数調査を実施するという最初の試みは，1841年センサスの設計に携わったリスターの努力によって，とりあえず成功を収めたということができる。初期ヴィクトリア朝における工業化・都市化の急速な展開に伴う社会問題の噴出と社会改革の必要性に対する関心，統計作成への衝動もそ

の背後にあったのかもしれない。

　しかし，人口動態統計実施の世俗責任機関として1836年に設立された身分登録本署が，人口静態統計作成をも兼務して実施した最初の試みである1841年センサスには残された課題が少なくなかった。調査地域の区割り，調査実施方法，集計，結果公表をはじめとして，正確な社会統計としてのセンサスが満たさなければならない条件の整備は，続く1851年センサスを待たなければならなかったのである。

4) 1851年センサス世帯調査票 (householder's schedule)

　1851年センサスの世帯調査票そのものは1904年に廃棄されている[217]。理由は不明であるが，廃棄をまぬがれて唯一残存している世帯調査票は，ウェールズのデンビーシャー (Denbighshire)，ランディルノグ小地区 (Llandyrnog Subdistrict) に関する434葉からなる記録である[218]。ランディルノグ小地区は，以下の教区，すなわち，Llangynhafal (114戸) (houses)，Llandyrnog (144戸)，Llangwyfan (58戸)，Aberchwiler (Aberwheeler township in Bodfari parish) (110戸) から構成され，合計426戸からなっている[219]。

　この史料を用いて，センサス実施の具体的な姿を再現してみよう。次に掲げるいくつかの写真[220]からわかるように，本来の個票である世帯調査票は，一頁15行に1世帯のみの構成員について記入したものであり，ほとんどの場合，残余の行は余白となる。調査員転写冊子のように，調査員が一頁20行ないし25行に複数の世帯の人口属性を頁全体に詰めて転写したものではない。また，世帯調査票には「上記はこの家族の構成員に関する真実の記録である」旨の文言が印刷されており，各頁末に証人（多くの場合，世帯主）の署名が付されている。世帯主が不識字の場合には，×印が記入されている。同姓同名の証人が複数見出されること，証人の署名と世帯構成員の記入欄の筆跡が異なっている場合があることからすると，調査員が記入した例もあったのかもしれない。世帯主あるいは世帯構成員のうち識字能力のある者が記入した世帯調査票には，写真2-3にあるように，記載内容が時として記入手引きとは異なる場合があった。たとえば，年齢記入欄には義理の息子以外には年齢の他に生年月日が記入されているが，本来これらは不必要である。また，5行目の世帯主との続柄欄

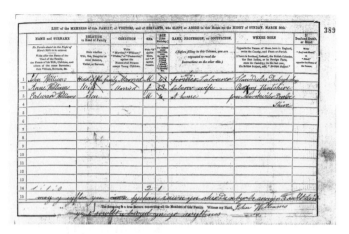

写真 2-2 ウェールズ，デンビーシャー・ランディルノグ小地区世帯調査票（householder's schedules）（1851年）(1)

出所）National Archives, Census Householder's Schedules, Llandyrnog, Denbighshire, Wales, HO 107/2505.

に「妻」と記入されているが，本来は「娘」と記入されるべきであった。6行目のマーガレット・グリフィス（Margaret Griffith）の続柄は，「訪問者」ではなく，「家事使用人・家政婦」と記入されるべきであったと思われる。また，写真2-2の389葉最下段欄外には，ウェールズ語で以下の書き込みがあるが，これまた記入手引きの指示を外れたものである。すなわち，「may y cyfloc yn fychan iawn yn shir Dinbych may o 3 swllt hud yn 5 swllt a bwyd yn yr wythnos」（デンビーシャーでは，賃金がきわめて低く，週に3シリングから5シリングと食糧〔が支払われる〕だけである）[221]とある。

このように，個々の世帯主が世帯調査票に記入した内容は，記載様式を規定した手引き通りのものとは限らず，往々にして不統一があった。したがって，調査員による冊子への転写は，手引き通りの記入，標準的な記入様式に従った記録を担保するフィルターの役割を担ったものと解釈することができる[222]。個々の世帯主，あるいは世帯構成員のうち，不識字ではなく，署名可能な者が記入した「世帯調査票」から「調査員転写冊子」への転写の目的は，自身の担当地域の調査結果が指示通りに標準化されたものであることを調査員が上位の

LIST of the MEMBERS of this FAMILY, of VISITORS, and of SERVANTS, who SLEPT or ABODE in this House on the NIGHT of SUNDAY, MARCH 30th.

	NAME and SURNAME	RELATION to Head of Family	CONDITION	SEX	AGE (Last Birthday)	RANK, PROFESSION, or OCCUPATION	WHERE BORN	If Deaf-and-Dumb, or Blind
1	Thomas Davies	Head of Family	Married	M		Labourer	Denbighshire	
2	Elizabeth Davies	Wife	Married	F			Denbighshire	
3	Davies	Son	Unmarried	M		Collier	Denbighshire	
4	Robert Jones	Son in Law	Married	M	25	Labourer	Denbighshire	
5	Dorothy Jones	Wife	Married	F			Denbighshire	
6	Margaret Griffith	Visitor	Unmarried	F		Servant	Flint Shire	
15				3	3			

The foregoing is a true Return, concerning all the Members of this Family.　Witness my Hand, Thomas Davies

PUBLIC RECORD OFFICE　Ref.: HO 107/2505　109277

Please note that this copy is supplied subject to the Public Record Office's terms and conditions and that your use of it may be subject to copyright restrictions. Further information is given in the 'Terms and Conditions of supply of Public Records' leaflet displayed at and available from the Reprographic Ordering counter.

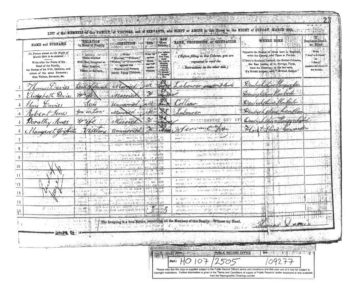

写真 2-3　ウェールズ，デンビーシャー・ランディルノグ小地区世帯調査票（householder's schedules）（1851 年）(2)

出所）National Archives, Census Householder's Schedules, Llandyrnog, Denbighshire, Wales, HO 107/2505.

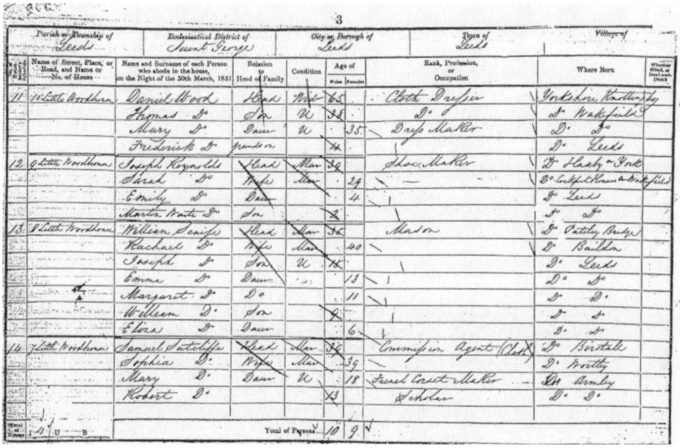

3

Parish or Township of Leeds　Ecclesiastical District of Saint George　City or Borough of Leeds　Town of Leeds　Village of

No. of Householder's Schedule	Name of Street, Place, or Road, and Name or No. of House	Name and Surname of each Person who abode in the house, on the Night of the 30th March, 1851	Relation to Head of Family	Condition	Age of Males	Age of Females	Rank, Profession, or Occupation	Where Born	Whether Blind, or Deaf-and-Dumb
11	Little Woodhouse	Daniel Wood	Head	Wid	65		Cloth Dresser	Yorkshire	
		Thomas Do	Son	U			Do	Do Wakefield	
		Mary Do	Dau	U		35	Dress Maker	Do Do	
		Frederick Do	Grandson					Do Leeds	
12	Little Woodhouse	Joseph Reynolds	Head	Mar	39		Shoe Maker	Do	
		Sarah Do	Wife	Mar		29		Do	
		Emily Do	Dau			4		Do Leeds	
		Martin Waite Do	Son		2			Do Do	
13	Little Woodhouse	William Scaife	Head	Mar			Mason	Do	
		Rachael Do	Wife	Mar		40		Do Baildon	
		Joseph Do	Son	U				Do Leeds	
		Emma Do	Dau			13		Do Do	
		Margaret Do	Do			11		Do Do	
		William Do	Son					Do Do	
		Eliza Do	Daur			6		Do Do	
14	Little Woodhouse	Samuel Sutcliffe	Head	Mar			Commission Agent (Cloth)	Do Birstall	
		Sophia Do	Wife	Mar		39		Do	
		Mary Do	Daur	U		18	Fancy Cloth Maker	Do Armley	
		Robert Do	Do				Scholar	Do Do	
Total of Houses	4　U　B			Total of Persons	10	9			

写真 2-4　リーズのセンサス調査員転写冊子（enumerators' books）（1851 年）

出所）National Archives, Census Enumerators' Books, Leeds, HO 107/2321.

登録監督官に対して示すことであったと思われる。そう考えると，センサス調査員転写冊子記載内容の信憑性を担保するものは，結局，世帯主の知識水準や調査員の誠実さということになるであろう。なお，1851 年センサス実施に際して，ウェールズ語の「記入要領」と書式[223]が採用されたが，それが実際にどの程度利用されたのか，どの地域で利用されたのかについては情報がない[224]。センサス個票と呼ばれる現在利用可能な史料は，この世帯調査票を調査員が転写した冊子状の調査員転写冊子である。例示したのは，リーズの調査員転写冊子である（写真 2-4）。

5）センサス実施費用

1841 年以降センサス実施業務も引き継いだ身分登録本署の年間経常支出総額は，10 年ごとのセンサス実施費用を別にして，以下のように推移している。1841 年 28,841 ポンド，1842 年 52,451 ポンド，1843 年 46,134 ポンド，1850 年 39,851 ポンド，1851 年 40,824 ポンド，1852 年 39,149 ポンドであった。年金局・外務省・大蔵省・会計検査院などをはじめとする合計 25 省庁（Civil Departments）の経費総計（1841 年 518,940 ポンド，1842 年 498,551 ポンド，1843 年 524,773 ポンド）に占める比率は，それぞれ 5.6％，10.5％，8.8％であった[225]。他方，19 世紀中葉以降については，合計 28 省庁の総経費（1850 年 616,887 ポンド，1851 年 627,157 ポンド，1852 年 667,244 ポンド）に対する比率はそれぞれ 6.5％，6.5％，5.9％であった[226]。身分登録本署設置直後の 1840 年には，旧来の有力省庁である大蔵省（Treasury），外務省，年金省，会計検査院はそれぞれ省庁総予算 411,783 ポンドの 11％，14.0％，13.8％，10.5％が配分されていたが，身分登録本署予算は全体の 5.2％を占めるにすぎなかった。第 5 回センサスが実施された翌年 1842 年には，省庁総予算の 10.5％が割り当てられ，1851 年には，他の省庁の予算配分額（大蔵省の 9.0％，年金省の 15.7％，外務省の 11.5％，会計検査院の 7.9％）と比較すると予算配分比率における他省庁との格差は縮小する傾向があった。しかし，少なくとも 19 世紀 40 年代と比較すると，世紀中葉以降，身分登録本署への予算配分比率は他の省庁と比べて低下していることがわかる。

最後に，国家にとってセンサスの実施はどの程度の負担を強いる事業であっ

表 2-9 センサス実施経費・予算および決算額（イングランド・ウェールズ，1851 年）

予算額	
郵送費を除く総費用予算	100,000
郵送費	36,000
	136,000

決算額	
センサス実施中央本部経費および調査従事者報酬	93,132　1　2
郵送費	32,355　9　11
	125,487　11　1
差額	10,512　8　11

出所）BPP, House of Commons, 1854 (442) *Census* (1841 and 1851), p. 4 (336) より作成。
注）単位は予算額（ポンド）・決算額（ポンド・シリング・ペンス）

たのか，1851 年のセンサス実施費用と国家予算（Supplies）を比較して，センサス実施費用の比率を算出しておこう[227]。1841 年から 1871 年までの 4 回のセンサス実施に要した総経費・人員，調査人口当たりの経費を表 2-9 に示しておいた。1851 年のセンサス実施に要する費用の予算請求額は，郵送費を除く諸経費 100,000 ポンド，郵送費 36,000 ポンド，計 136,000 ポンドであった[228]。身分登録本署長官グレアムによれば，1861 年センサスの総費用は，およそ 10 万 5000 ポンドであった[229]。実際にかかった費用は，センサス実施中央本部経費 33,062 ポンド 4 ペンス，調査員，登録官，監督官の人件費 60,070 ポンド 10 ペンス，郵送費 32,355 ポンド 9 シリング 11 ペンス，計 125,487 ポンド 11 シリング 1 ペンスであった。1841 年から 1871 年までのセンサス実施には，おおむね 3 万 3000 から 3 万 5000 の人員を要している。表 2-10 に示したように，1871 年センサスはこのうちでも多数の要員，合計 35,428 人を投入して実施された。

実施経費の内容を，郵送費を除く身分登録本署（センサス実施中央本部）経費・調査実施要員人件費別に見てみよう。1871 年センサス実施費用が前回センサスの 95,719 ポンド強から 119,977 ポンド強へ 24,258 ポンド増加した主な原因は，この 10 年間にイングランド・ウェールズの総人口が 30 年間で最大の

表 2-10　センサス実施要員数（イングランド・ウェールズ，1841〜71 年）

年	地区登録監督官	登録官	調査員	計
1841	622	2,184	32,353	35,159
1851	624	2,190	30,610	33,424
1861	631	2,191	31,144	33,966
1871	627	2,196	32,605	35,428

出所）BPP, House of Commons, *Census*, 1854 (442), 1863 (544), 1875 (377) より作成。

表 2-11　センサス実施経費（イングランド・ウェールズ・スコットランド，1841〜71 年）

年	センサス実施中央本部経費	地区登録監督官	登録官	調査員	計
1841	28,400 6 3	5,059 15	18,371 8	34,896 9 5	86,727 18 8
1851	33,062 4	3,999 8	13,972 13 1	42,097 19 9	93,132 1 2
1861	28,805 9 9	4,732 7 2	16,426 6 10	45,755 12 4	95,719 16 1
1871	41,674 9 9	5,470 8 1	18,904 6	53,928 15	119,977 18 10

出所）BPP, House of Commons, *Census*, 1854 (442), 1863 (544), 1875 (377) より作成。
注）単位はポンド・シリング・ペンス。

伸び率を示し，20,066,224 から 22,712,266 へ 2,646,042 も増加したからである（表 2-11 参照）。イングランド・ウェールズを対象としたセンサスにおいて，調査された総人口と調査人口千人当たりの経費を示したのが表 2-12 である。調査人口一人当たり 1.3 ペンスの費用を要したことになる。

　センサス実施費用は，八分類からなる「行政事務費」（Civil Services）から支出され，公共事業，公務員俸給，教育・科学・芸術，植民地・海外事業，退職金・慈善費，その他と並んで，「第七分類」（Class VII）「特別・臨時費」（Special and Temporary Objects）の一費目に計上されている。「特別・臨時費」は，十分の一税徴収費・教会委員会経費・その他からなっている[230]。1851 年度歳出（supply）の要求項目，「行政事務費」の「人口センサス実施経費」を見ると，1851 年度では 130,000 ポンド，1852 年度では 40,200 ポンドであった[231]。他方，1851 年度の「特別・臨時費」の総計は 197,662 ポンド[232]であり，第七分類中「人口センサス実施経費」は最も高い比率，65.8 ％（実際に掛かった経費である計 125,487 ポンド 11 シリング 1 ペンスの比率は，63.5 ％）を占めている。1851 年

表 2-12　調査対象総人口と調査人口千人当たりセンサス実施経費（イングランド・ウェールズ，1841～71 年）

年	調査対象総人口	調査人口千人当たりセンサス実施経費**
1841	15,914,148	5　9
1851	17,927,609	5　4
1861	20,066,224*	4　15　5
1871	22,712,266*	5　5　7.75

出所）BPP, House of Commons, *Census*, 1854 (442), 1863 (544), 1875 (377) より作成。
注）＊チャネル諸島とマン島を除く。＊＊単位はポンド・シリング・ペンス。

の「行政事務費」の総計 3,948,102 ポンド[233]に対する比率は 3.3％（実際に掛かった経費である計 125,487 ポンド 11 シリング 1 ペンスの比率は 3.2％）であった。

歳出総額のうち固定負債（Funded Debt）・一時借入金（Unfunded Debt）・王室費・年金・その他を除く歳出，すなわちセンサス経費が計上される「行政事務費」・歳入関連省庁経費（Revenue Departments）・陸軍経費・海軍経費を合計した 1851 年度の歳出（supply）合計は，19,746,941 ポンド[234]であり，その中でセンサス実施費用は 0.64％を占めていた。固定負債・一時借入金・王室費・年金・その他を含めた 1851 年度の中央政府支出総計は，54,938,534 ポンド[235]であり，センサス実施費用が占める割合は対年比で 2.3 であった。1851 年以後のセンサス実施経費（イングランド・ウェールズの人口千人当たり）は，表 2-12 が示す通り，1851 年 5 ポンド 4 シリング，1861 年 4 ポンド 15 シリング 5 ペンス，1871 年 5 ポンド 5 シリング 7.75 ペンスであり，漸減傾向にある[236]。「飢餓の 40 年代」（Hungry Forties）を乗り切った後の 19 世紀中葉のイギリス経済の成熟期，1851 年におけるセンサスの実施は国庫に対してそれほど大きな負担を強いる事業ではなくなっていたということができる。

絶えず発生する出生・結婚・死亡という人口現象と，一時点における国民の総数およびその構成という，民勢に関する情報をそれぞれの時代の統治機構が

どのように収集し，管理し，利用してきたかを主として制度的側面から追究してきたあと，われわれが取り組むべき次の課題は，内外の歴史人口学研究によって明らかにされてきた近世・近代イギリスにおける人口動態・静態統計の具体的内容を紹介し，その含意を探ることである。

　現在もなお研究者の興味を引いて止まない経済史・社会史・歴史人口学上の争点，たとえば，18世紀後半における人口急増の原因は何であったのか，人口増加をもたらした要因として，出生率の上昇，死亡率の低下のいずれがより重要であったのか，人口増加と産業革命とはどのような内的関連の下にあったのか，こうした争点に対して，これまで蓄積されてきた歴史人口学の成果はどのような貢献をなしうるのであろうか。あるいは，ヨーロッパに固有といわれた結婚慣習・家族形態は，経済発展とどのような関わりがあったのか。人口移動の具体的なあり方，原因・規模・都市化との関連を考察するに際して，歴史人口学の研究成果は確固とした素材を提供しうるのか。以下，こうした問題を念頭に置いて，現在までに到達した成果と残された課題を俯瞰してみよう。

第Ⅱ部

イギリス歴史人口学の世界

第3章

出生から結婚まで

　自律的な研究領域として登場して以来，ほぼ半世紀間にわたって蓄積されてきたイギリス歴史人口学研究の成果を概観し，近世および近代イギリスの人口に関して，何が解明されたのか，今後追究されるべき課題とは何かを概観し，第III部における具体的分析の手がかりをえることが第II部の目的である。本章では，まず，イギリスにおける歴史人口学研究を終始牽引してきた「ケンブリッジ人口・社会構造史研究グループ」（ケンブリッジ・グループ）によって開発された，1541年以降330年間のイングランドの人口総数と年齢構成を復元する方法を検討する。そして，第I部で検討した教区登録簿とセンサス集計値からえられる情報を用いた遡及推計法の論理と，算出された諸結果の含意を詳述する。次いで，教区登録簿の情報を加工して人口動態統計を算出する家族復元法の詳細と限界を吟味し，正確な情報を提供する26教区にこの方法を適用してケンブリッジ・グループが算出した人口動態統計，特に出生力の動向について，新たに発見された事実の意味を考察する。

　また，人口再生産の始点である結婚と家族の形態がユーラシア大陸の西部と東部では大きく異なり，人口と社会経済的条件との関わりに相違をもたらした結果，二つの地域の間に経済発展の格差が生じたとする従来の見解に対して，最近では様々な角度から批判が加えられている。定説が説くヨーロッパ型結婚慣習の特質から導き出される資源と人口との均衡の態様に対する実証的・理論的反論のいくつかを紹介し，今後の研究を展望することが本章のもう一つの課題である。

1 出生力の動向と産業革命期の人口増加

1）人口統計諸史料の所蔵

　最初に，イギリス歴史人口学研究にとっては欠かすことのできない第一次史料のうち，現在，ディジタル方式で所蔵されているものについてのみ簡単に紹介しておきたい。主要な歴史人口学史料である静態統計（1801年以降のセンサス）と動態統計（1837年以降の世俗身分登録記録），関連する史料のかなりの部分はエセックス大学「英国歴史人口学史料収集本部」の「UK Data Archive (AHDS)」オンライン歴史人口史料検索サイト（OHPR The Online Historical Population Reports）に収録されている（http://www.histpop.org）。閲覧可能な史料について簡単に紹介しておこう。このデータベースは，「センサス」(Census)・「身分登録本署長官年次報告書」(Registrar General)・「国立公文書館所蔵センサス調査員転写冊子」(National Archives, Enumerators' Books)・「国立公文書館所蔵センサス関連その他史料」(National Archives, Census - Other)・「国立公文書館所蔵身分登録本署関連史料」(National Archives, Registration)・「国立公文書館所蔵センサス・身分登録単位地図」(National Archives, Maps)・「解説」(Essays)・「人口調査関連法令集」(Legislation)・「参考文献」(Bibliography) の9項目からなっている。

　「センサス」の項目には，イングランド・ウェールズ・スコットランド（1801～51年，1871～1901年，1921年），イングランド・ウェールズ（1841年，1861～1931年），イングランド（1896年：ロンドン地方行政区），アイルランド（1821～1911年，1946年），スコットランド（1841～1931年），ウェールズ（1891～1931年），北アイルランド（1926年，1937年）の公刊センサス統計が網羅されている。「身分登録本署長官年次報告書」は，公刊された長官年次報告書を収録したものである。イングランドに関しては，補遺（Supplement）を含めて，1837～38年の第1回年次報告書から1920年の第83回報告書まで，スコットランドに関しては，1855年の第1回報告書から1919年の第65回までの報告書をすべて閲覧することができる。北アイルランドについては，1927年の第60回報告書が収録されている。「国立公文書館所蔵センサス調査員転写冊子」

に含まれるのは，1831年センサス実施時に教区聖職者が提出を義務づけられた1821年以降1830年までの洗礼・埋葬・結婚件数を記入する書式例，センサス調査員が各世帯から収集した世帯調査票（householder's schedules）を転写した冊子（enumerators' books）を1841～91年のセンサスごとにいくつか例示したもの，その他関連史料である。

「国立公文書館所蔵センサス関連その他史料」には，先に詳しく見た，初代身分登録本署長官リスターが1840年に設計した1841年センサス実施に関する情報を編纂した冊子（History of the Census of 1841: the Registrar General's plan for taking the first Census by the Office with layout of forms and instructions）および1841～1901年の各センサスにおいて使用された世帯調査票の書式，身分登録本署センサス実施委員会から全国の調査員（enumerators）・登録官（registrars）・地区登録監督官（superintendent registrars）に宛てた登録指示書，センサス統計議会報告書に記載される職業分類基準が収録されている。

「国立公文書館所蔵身分登録本署関連史料」は，身分登録本署の出生・死亡・結婚登録活動に関わる合計10種類の史料集成である。1837～1924年の登録検査官（inspectors of registration）による身分登録本署への復命書，1870年のイングランド南西部ランディ島（Lundy Island）の出生登録簿，1831年・1841年センサスの設計を主導した統計学者リックマンおよび子息の書簡集・その他が収録されている。さらに，身分登録本署から管理監督官庁である大蔵省宛ての1842年の書簡，1895～1919年の身分登録本署職務分担に関する大蔵省の書類，1920～26年における保健省（Ministry of Health）から大蔵省宛ての身分登録本署組織に関する書簡，1882年の身分登録本署管理に関する大蔵省文書を閲覧することができる。また，1896～1901年における登録単位区割り・その他に関する身分登録本署と地方統治委員会（Local Government Board）との連絡書類，1836～1926年の救貧委員会（Board of Guardians）および地区登録監督官から身分登録本署に宛てた登録単位区割りに関する書状，1906～39年における新旧地区登録監督官・登録官の交替表が含まれている。

「国立公文書館所蔵センサス・身分登録単位地図」は，1861年センサス実施に使用されたいくつかの地域の調査区割り地図，同じく1871年センサス実施に用いられたいくつかの州の英国陸地測量部地図，1891年センサス実施に使

用されたいくつかの地方と都市の大登録区地図，1921年センサスの大登録区地図からなっている。「解説」は，センサス研究者である E. ヒッグズと M. ウラードによるセンサスおよび世俗身分登録に関する 10 篇の解説を含んでいる。「人口調査関連法令集」には，イングランド・ウェールズ・スコットランドを対象とした 1801〜31 年に至る 4 回のセンサス実施根拠法，アイルランドを対象とする 1812・1815・1822・1831 年の各センサス実施根拠法，世俗身分登録制度の根拠法である 1836 年結婚登録法，同年の出生・死亡・結婚登録法の本文および別表が収録されている。「参考文献」には，2011 年までに刊行されたセンサス・教区登録簿・世俗身分登録，その他イギリス歴史人口学関連の主要な雑誌論文・著書が収録されている。

2) ケンブリッジ・グループの遡及推計

現在まで明らかにされてきたイギリス歴史人口学研究の成果のうち，まず「ケンブリッジ人口社会構造史研究グループ」(Cambridge Group of the Study of Population and Social Structure) が，1981 年に公刊した『イングランドの人口史，1541〜1871 年，一つの復元』(*The Population History of England, 1541-1871, A Reconstruction*) の成果を解説しておかなければならない[1]。同グループのリグリーとスコッフィールドは，1981 年にアメリカの計量経済学者 R. リーおよびグループの一員である統計学者の J. オッペンの協力を得て，近世・近代イングランドを対象とした歴史人口学研究の集大成ともいうべき大著を公刊した。1964 年に社会科学研究財団の一単位として設立されて以来，このグループは歴史人口学研究に資する史料の収集と分析に精力的に取り組み，すでに少なからぬ数のモノグラフを刊行している。この著書は，前工業化時代のイングランド人口史にとって最も重要な史料の一つである教区登録簿の集計値と 1871 年センサスの集計値に基づいて，イングランドの各年の総人口を復元・推計する試みを詳述したものである。

イギリスの歴史人口学は，少なくとも 1801 年の第一回センサス実施以前を対象とする限り，重大な問題を抱えていた。最終目的である出生率・結婚率・死亡率などの人口動態統計算出のための除数，すなわち，総人口 (population at risk) をいかに正確に推計するかという問題である。この著書の最大の収穫を

要約すれば，次のようになるであろう。すなわち，入手可能なイングランド各地の合計 404 の，英国国教徒を対象とする教区登録簿に記録された洗礼・結婚・埋葬の集計値から，出生・結婚・死亡の全国集計値を算出し，これを用いて，1541 年以降 5 年ごとにイングランドの総人口と人口年齢構成を推計したことである。

　本文 484 頁，本文補遺・推計方法の詳しい解説を含む統計付録 255 頁，詳細な文献目録 16 頁，217 の図，110 の表からなるこの大部の著作で展開されている論理と観察事実の意味を検討してみよう。この著書の第 I 部は，「教区登録簿から全国人口の動態統計へ」，第 II 部は，「イングランドの人口史」である。第 I 部は，多くのアマチュア史家の協力を得て集計された，マンマスシャー，ロンドンを除くイングランド各地の 404 教区（教区総数 10,141 の約 4％）の洗礼・結婚・埋葬の月別集計値に，様々な補正を施し，イングランドの出生・結婚・死亡総数を推計するプロセスを詳述したものである。まず，基礎データとして利用される 404 教区が無作為抽出標本でないことから生じる偏りをチェックするために，地理的・社会経済的条件，人口規模，その他に関して，無作為抽出標本との比較が行われる。そして，1811 年センサスの人口規模によって加重値がつけられ，最初の補正が行われる。次いで，404 教区とロンドンの人口比が 1811 年センサスを用いて導出され，補正後の 404 教区の洗礼・結婚・埋葬件数の 22.82 倍が全国集計値（ロンドン，マンマスシャーを除く）を算出するうえで最も妥当な係数であることが明らかにされる。人口移動率がきわめて高く，大規模な人口を抱えるロンドンの洗礼・結婚・埋葬を推計することは困難であるが，著者たちはこの課題を，死亡表，残存するロンドン市内数教区の教区登録簿を利用することによって解決している。さらに，非国教徒の占める比率，洗礼の遅れから生じる出生との乖離，その他考えられる過少登録の要因について，各種の補正が加えられ，1539 年から 1836 年の身分登録法制定に至るまでのほぼ 300 年間の出生・結婚・死亡の全国集計値が得られることになる。

　教区登録簿に記録された洗礼・結婚・埋葬がどの程度，実際の出生・結婚・死亡を反映しているかを測る一つの方法は，非国教徒の比率を探ることである。これに加えて，宗派を問わず行われていた無式婚姻の比率を推計することである。第一の点については，18 世紀初頭におけるプロテスタント諸派の対人口

比を推計した M. R. ワッツの数字が一つの目安となる。彼によれば，18世紀初頭のイングランド・ウェールズにおける諸派の総数と推計総人口との比率はイングランドで 6.21 %（338,120 / 5,441,670），ウェールズで 5.74 %（17,770 / 309,750）である[2]。

　第 II 部の中心課題は，周到な手続きを経て推計された出生・結婚・死亡総数の長期のシリーズに，従来の「伝統的」な方法および新しく開発された方法を適用して，各種の動態統計を算出し，長期および短期について，人口とその他の変数，特に経済変数との関係を探ることである。新たに開発された総人口・年齢構成推計の方法である「過去への推計」あるいは「遡及推計」（back projection）の原理をごく簡単に述べておこう。二時点間の総人口の差は，出生と死亡の差および純移動によって説明される。したがって，特定時点の人口総数・年齢構成・その時点までの出生数・死亡数，さらに死亡および純移動の年齢構成が判明すれば，将来人口推計の論理を逆転し，過去に投影することによって，過去の人口総数・年齢構成のシリーズを推計することが可能である。19 世紀のセンサスのうち，5 歳階級別年齢構成の正確な情報を含み，かつこの方法による推計結果を検証することができるセンサスをそれ以前に持つようなセンサス，すなわち，1871 年センサスを起点とし，その総人口・年齢構成，1871 年以前の 5 年間の出生数・死亡数・死亡および純移動の年齢分布を用いることによって，5 年以前（1866 年）の総人口と年齢構成を復元（reconstruction）することができる。また，同様の作業を繰り返すことによって，1541 年に至るまで 5 年ごとの総人口と年齢構成を復元することができる。

　当初人口の総数・年齢構成，それに至る毎年の出生数・死亡数は既知であるが，死亡および純移動の年齢分布は何らかのモデルを利用しなければならない。著者たちは，W. ファーの作成した第 3 生命表およびプリンストン・モデル生命表（Princeton model North Life Table）が，当時のイングランド人口のそれに最も妥当するものとして，これを用いて死亡の年齢分布を算出している。純移動に関しては，経験的知識に基づいた年齢分布の既成モデルを利用することは不可能であり，理論的な推計値が用いられている。

　「遡及推計」の基本的原理は，リーがすでに 1974 年に『人口研究』（*Population Studies*）に「逆投影法」（inverse projection）として発表したものと同一であ

る。ただし，「逆投影法」の場合には，当初人口は過去の一時点の推計人口であり，それを起点として現在に向かって投影するものであったのに加え，純移動が全くない閉鎖人口を前提していた。また，洗礼＝出生，埋葬＝死亡とされ，補正は施されていない[3]。したがって，「遡及推計」は，リーの「逆投影法」の原理を応用し，既知の当初人口を起点として投影の方向を逆転したものである。また，「逆投影法」の前提であった洗礼＝出生，埋葬＝死亡という仮定を，前述のような入念な補正によって改良し，さらに閉鎖人口という前提を，純移動とその年齢分布を導入することによって解決しようとしたものといえる。

「遡及推計」によって明らかにされた事実のうち，長期変動について注目すべき局面をいくつか挙げておこう。まず，総人口については，年増加率の長期変動の諸相が示された。たとえば，16世紀中期以降の1世紀間における人口増加率は，かつて考えられていたよりもかなり高いことが明らかとなった。人口増加率においてイングランドがエリザベス朝を凌駕するのは，ようやく1786年以降のことであり，この事実はいくつかの点で少なからぬ意味を持っている。たとえば，人口急増と産業革命・工業化とをあまりに楽観的に，無媒介に結びつけて考えるのは適切ではないということである[4]。年齢構成については，従属人口比（被扶養人口比）の変動とその歴史的意味が特に興味深い。17世紀中期からほぼ1世紀の間，従属人口比は低下し続け，300年間で最も低い水準にあった。この時期の生産年齢人口は，16世紀中期以降，あるいは19世紀初頭の人口急増期に比べて，より少ない従属人口を養えばよかったわけであり，産業革命に先立つ1世紀間のこのような年齢構成のあり方は工業化の始動にプラスに作用したと考えられる[5]。

「遡及推計」によって算出された総人口，あるいは出生率・死亡率などの人口指数の妥当性を検証するために，いく通りかのシミュレーションが試みられ，総人口・純移動・粗出生率に関して，それぞれ元のシリーズとの間にどの程度の偏差が生じるかが検討されている。出生数・死亡数を変える6通りのシミュレーションでは，総人口に関しては，偏差は最高で5％，粗出生率についても，偏差は平均して2％以下であり，きわめて小さい[6]。

18世紀後半以降の加速度的な人口増加に出生率・死亡率のいずれの変化がより大きく貢献したかという研究史上周知の論争に対して，著者たちはどのよ

うな答えを用意しているであろうか。2世代にわたって研究者を魅了し続けてきたこの課題は，単に人口統計学上の重要課題であるばかりではない。産業革命・工業化との関連においても解明されるべき論点であり，社会経済史の領域においても大きな意味を持つ研究課題である。この点を詳しく見てみよう[7]。

安定人口における世代交替率を示す純再生産率（NRR : net reproduction rate）は，平均妊娠年齢を$\overline{m}$，平均妊娠年齢まで生き残る確率をpとすれば，NRR $=p(\overline{m})\cdot$GRR（総再生産率 : gross reproduction rate）で表される。他方，安定人口の年増加率rは，平均世代間隔をtとすれば，$r=\log_e$NRR$/t$で表される。この場合，$t=\overline{m}-\sigma^2\times\log$ GRR$/2\overline{m}$であり，σ^2は出産率函数$m(a)$の分散であって，A. J. コールによれば固定的な値 50 をとる。

tは$\overline{m}$および GRR の変化に伴って変化するが，単純化のために$\overline{m}=32$とし，tを不変（$t=31.5$）と仮定してみよう。次に上の変数のうち，死亡率の指数である平均妊娠年齢までの生残率$p(\overline{m})$を，「遡及推計」によって算出される死亡率の数値，すなわち出生時平均余命（e_0）に変換しなければならない。これは適当なモデル生命表（female model North Princeton Life Table）を当てはめることによって可能となる。こうして，「遡及推計」によって算出された出生率（GRR）および死亡率（e_0）と人口増加の年率（r）の関係式，$r=\log_e p(\overline{m})$ (e_0)・GRR$/t$ が得られる。ところで，人口増加の年率を決定する GRR と e_0 の多様な組み合わせのうち，出生率も死亡率もともに高い水準（したがって，GRR が高く，e_0 が低い）にある高圧型人口（high pressure population）と双方が相対的に低い低圧型人口（low pressure population）の二つの人口を仮に想定し，それぞれの人口における出生率および死亡率の変化が，人口増加率の変化（たとえば，実際にそうであったように，18世紀初頭の年増加率 0 ％から 19 世紀初頭の 1.5 ％への上昇）にいかなる影響を与えるかを考えてみよう。

高圧型人口の死亡率を$p(\overline{m})=0.48$（$e_0\fallingdotseq32.5$）とすると，人口増加が全くない状態（$r=0$）に見合う出生率の水準は，GRR$=2.1$である。この状態から出生率の変化のみによって年率 1.5 ％の増加率を達成するためには，出生率は GRR$=3.4$ へ，すなわち，1.3 ポイント増加しなければならない。他方，低圧型人口の死亡率を$p(\overline{m})=0.64$（$e_0\fallingdotseq45.0$）とすると，$r=0$ に見合う出生率は GRR$=1.6$ である。この人口の場合，死亡率に変化がなく，出生率の上昇だけ

で人口増加率 1.5％ を達成するためには，出生率は GRR＝2.5 へ，0.9 ポイントだけ上昇すればよいことになる。逆に 0％ から 1.5％ への人口増加率の上昇が，死亡率の低下のみによって達成されると仮定してみた場合はどうであろうか。高圧型人口の出生率を GRR＝3.4 とすると，$r=0$ の場合，$p(\overline{m})=0.29$ ($e_0 ≒ 20.0$) となる。この人口が 1.5％ の年増加率を達成するためには，死亡率は $p(\overline{m})=0.47$ ($e_0 ≒ 32.3$) へ，つまり出生時平均余命が 12.3 年だけ延長すればよいことになる。他方，低圧型人口の出生率を GRR＝2.5 とすると，$r=0$ の場合，死亡率は $p(\overline{m})=0.40$ ($e_0 ≒ 27.0$) であり，$r=1.5$ の場合には，死亡率は $p(\overline{m})=0.64$ ($e_0 ≒ 45.0$) となる。すなわち，低圧型人口の場合，年率 1.5％ の人口増加率を達成するためには，出生時平均余命は 18 年延長しなければならないことになる。近世および近代イングランドの人口が，現在の発展途上国の一部あるいは往時のアイルランドのような高出生・高死亡を特色とする高圧型人口ではなく，出生率も死亡率もともに低い低圧型人口であったことを想起すれば，18世紀後半以降におけるイングランド人口の加速度的増加が，主として何に起因するものであったかは自ずと明らかであろう。

　人口増加率に大きな影響を与える出生率は，結婚年齢・結婚出産率・有配偶率・非嫡出率・平均妊娠年齢によって決定される。これらの要因の変化がそれぞれどの程度の比率で，出生率，そして人口増加率の変化に寄与するかという興味深い問題に対しても著者たちは，最も寄与率が高い要因は結婚年齢であり，有配偶率がこれに続くことを明らかにしている[8]。近世・近代イングランドの人口変動が，結局のところ，結婚に関わる指標の変化によってかなりの程度説明されうるという事実は，この時代のイングランドが北西ヨーロッパに固有の結婚慣習（単婚小家族形態が支配的であり，結婚＝新しい家族形成は，独立した住居と経済的自立を前提し，したがって結婚が経済変数の動きに敏感に反応する）を持つ社会であったとする立場に立てば，経済史にとっても少なからぬ意味を持つといわなければならない。こうしてわれわれは，歴史人口学と経済史とを架橋する一つの有力な拠り所を与えられたことになる。

　第 II 部の後半部分は，短期（0～1 年）における人口と経済変数（特に実質賃金）およびその他の変数（気温・降雨量）との相関の分析に当てられている。また，人口動態統計の長期変動を経済史の文脈で捉えた場合，果たしてどのよ

うな事実が観察されるかが検討されている。短期変動については，出生・結婚・死亡の季節変動の意味が考察され，次いで，粗出生率・結婚率・粗死亡率の変化の相互連関，それぞれのシリーズと実質賃金のそれとの関係が分析されている。結婚率・出生率と実質賃金との間にはかなり強い相関が認められるのに対して，死亡率は自律的な要因によって変動し，経済システムにとっては外生的なものであることが明らかにされている。また，出生率・死亡率の説明変数として，従来，気温の変化はそれほど重要視されてこなかったが，リーの分析によって，かなり大きな意味を持つことが指摘されている[9]。人口指標の長期波動と経済変数との関連にしても，著者たちは多くの示唆に富む指摘（たとえば，実質賃金→結婚率→出産率の周期の相互連関など）を行っている。

『イングランドの人口史，1541～1871年，一つの復元』の著しい特色の一つは，前工業化時代のイングランドの人口規模・人口変動の決定要因として，死亡率よりも出生率を重視している点であろう。北西ヨーロッパ社会に固有の「出生力の社会的コントロール」という著者たちの年来の持論が，結論において，従来よりもいっそう体系化された形で提示されている。これを要約すれば次のようになるであろう。前工業化時代のイングランドでは，「予防的抑制」(preventive check) の古典的形態である晩婚のために，出生率の水準は低く，出生率の絶対水準が高い「アジア的」な高圧型人口の均衡点をかなり下回るところで人口と資源が均衡し，実質賃金もそれだけ高い水準を保っていた。加えて，イングランドを含む北西ヨーロッパでは，結婚年齢と有配偶率が経済的環境の変化に敏感に反応し，出生率の水準を周囲の状況に応じて弾力的に変化させるメカニズムが働いていた。こうして，結婚年齢の絶対水準と結婚の弾力性は相乗効果を伴って，前工業化時代のイングランドの人口を「最適規模」に近いところに落ち着かせる傾向があったというのである[10]。

すでにフリンも指摘しているように，もちろん，この著書に問題がないわけではない。なかでも，核心部分の一つである遡及推計法に関しては，いくつかの難点がある。たとえば，固定的な「純移動の年齢分布」を全期間を通じて適用している点は，議論の余地があるであろう。また，人口と経済との相互連関についても，著者たちは基本的には，経済変動が人口変動を規定するという立場を取っているかに見えるが，その立場は必ずしも一貫しているわけではな

い[11]。飢饉とインフルエンザをはじめとする感染症が流行した16世紀後半における死亡率・結婚率・出生力の推計に関して，遡及推計法および後述する家族復元法から算出した数値の妥当性に批判的な見解があることも指摘しておかなければならない[12]。しかしながら，この著書において用いられた各種の厳密な推計方法，推計のプロセスで払われた細心の注意と数多くの興味深い観察事実の重みは，こうした欠陥を補ってなお余りあるものであって，この著書全体を通じて感じられる著者たちの歴史分析に対する基本的な姿勢は印象的である。

上述の遡及推計から明らかになったイングランドの人口諸指標，特に18世紀のそれのうち重要と思われるものを表3-1にまとめておいた。出生・死亡・移動とその結果である人口規模・増加率の変動を簡単に見ておこう。表に示すように，イングランドの推計総人口は，1701年の521.1万から1801年の867.1万へ1世紀間に約1.7倍に増加している。この間，年平均人口増加率（compound annual growth rate）は18世紀80年代初頭の0.62％から1786年の1.08％へと上昇し，以後，19世紀前半を通じて，1.01〜1.54％の高水準で推移している。最も単純な出生力の指標である総人口と出生数の比率である粗出生率（crude birth rate）の変動を見ると，年平均増加率の動向と同様に18世紀80年代初頭の対千比34.86から1791年の37.17へと上昇し，19世紀20年代まで40前後の水準を保っている。

人口が自らの数を置き換えてゆく指標である再生産率のうち，妊娠可能年齢までの死亡がゼロと仮定した場合に生まれる平均生存女児の数で表した総生産率は，18世紀中期の2.34人から1791年に2.77人へほぼ18％上昇している[13]。年齢別出生率と死亡率を勘案した純再生産率（NRR）も19世紀初年には1.5強に上昇している。さらに，以下で詳述する1997年の同グループによる家族復元分析の成果から判明するが，出生率の指標として通常用いられている合計有配偶出生率（既婚女性が一生に産む子供の平均数）もまた18世紀の最末期に7.51（1775〜99年），19世紀前半に7.67（1800〜24年）と，17世紀あるいは18世紀前半に比べて着実に上昇している[14]。18世紀後半から19世紀初頭に至る期間のイギリスにおける出生力の内容をもう少し立ち入って見てみると，この時期を通じて結婚開始から子供を産む能力が失われるまでの期間における受胎能力は高かったと結論づけられる。しかし，こうした高水準の潜在的な受胎能

表 3-1　イングランドにおける人口諸指標（1701～1801 年）

年	総人口（千人）	年平均増加率	純移動数	出生時平均余命	総再生産率	純再生産率	安定人口増加率	粗出生率	粗死亡率	自然増加率	粗結婚率	従属人口比率
1701	5,211	0.47	5,251	38.47	2.32	1.31	0.83	32.06	26.39	5.66	7.72	740
1706	5,334	0.18	5,317	38.50	2.07	1.16	0.45	28.48	25.67	2.81	7.05	754
1711	5,382	0.17	5,432	36.89	2.09	1.12	0.34	29.47	26.77	2.71	8.03	741
1716	5,428	0.27	5,533	35.75	2.19	1.13	0.38	31.65	27.91	3.74	8.21	716
1721	5,503	0.36	5,621	35.49	2.22	1.13	0.39	32.80	28.21	4.60	9.01	676
1726	5,602	−0.68	5,461	25.34	2.05	0.74	−0.95	31.16	36.99	−5.83	9.00	689
1731	5,414	0.67	5,318	36.34	2.3	1.20	0.58	35.13	27.46	7.67	9.16	647
1736	5,599	0.44	5,262	35.26	2.28	1.16	0.46	33.79	28.47	5.32	7.99	671
1741	5,723	0.20	5,169	34.27	2.18	1.08	0.24	31.71	28.78	2.94	8.15	689
1746	5,782	0.48	5,060	36.47	2.30	1.21	0.62	32.68	27.02	5.65	8.11	723
1751	5,922	0.75	5,145	39.77	2.37	1.37	0.99	32.97	24.61	8.36	8.05	714
1756	6,149	0.52	5,331	38.12	2.27	1.26	0.75	31.87	25.82	6.05	8.50	727
1761	6,310	0.43	5,426	35.77	2.34	1.21	0.61	33.48	28.29	5.19	8.88	749
1766	6,449	0.53	5,486	36.19	2.33	1.23	0.68	33.88	27.69	6.18	8.79	754
1771	6,623	0.86	5,754	39.09	2.38	1.36	1.01	34.90	25.47	9.43	8.48	736
1776	6,913	0.83	6,363	37.74	2.44	1.35	0.99	35.76	26.57	9.19	8.67	756
1781	7,206	0.62	6,027	35.81	2.40	1.26	0.76	34.86	27.81	7.04	8.57	776
1786	7,434	1.08	6,650	38.97	2.56	1.46	1.25	36.89	25.23	11.66	8.56	767
1791	7,846	1.02	7,197	37.92	2.60	1.45	1.22	37.17	26.07	11.1	8.38	762
1796	8,256	0.98	7,389	38.93	2.49	1.42	1.15	35.51	24.82	10.69	8.19	782
1801	8,671	1.25	8,746	40.02	2.64	1.54	1.43	37.60	24.08	13.52	8.90	798

出所) E. A. Wrigley and R. S. Schofield, *The Population History of England 1541-1871 A Reconstruction*, London, 1981, p. 529 より作成。

力は，母乳哺育の慣習と授乳期間の長さのために高い出生力へと結びつかなかったと考えられる。このことは，ヨーロッパの中でも，母乳哺育の慣習のなかったドイツ，バヴァリア地方における出生力と比べると明らかである[15]。18世紀後半に限らず，イギリスの出生力の特色として指摘できるのは，地域・社会経済的条件の相違の影響を受けることが少なく，同質的であったことである。

3）ケンブリッジ・グループの家族復元法

　1万1000余のイングランド全教区の中から，図3-1に示す教区の登録簿を抽出し，家族復元法を適用して1580～1837年の動態統計，出生・結婚・死亡に関する詳細な人口指標を算出した成果を以下に紹介しておこう[16]。イングランド全域の人口指標を代表し，家族復元法を適用しうるとケンブリッジ・グ

図 3-1 イングランドの家族復元教区

ループが判断した教区数は 26 にすぎない。代表性を担保する指標として同グループが採用した基準は，住民の職業分布と約 250 年間の洗礼・結婚・埋葬登録数の変動の二つである。26 教区における雇用と登録数変動の傾向がイングランド全体のそれに同調するものであれば，抽出された教区はイングランド全教区の無作為抽出標本であるとみなして差し支えないであろう[17]。教区の職業分布に関する情報をえるための記録としては，大まかな年齢別職業の情報を含み，家族復元分析結果と時期的に重なり合う 1831 年センサスが最適である。1831 年センサスに記録された 26 教区の総人口は 87,693 であり，イングランド総人口の 0.67％ [18] にすぎない。しかし，少なくとも成人男子の職業に関する限り，一時点とはいえ 1831 年センサスから得られるイングランド全体と 26 教区の分布は相似しているという事実が検出された。

404 教区の洗礼・結婚・埋葬に様々な修正を施し，補正後の 404 教区の洗礼・結婚・埋葬件数の 22.82 倍が最も妥当な出生・結婚・死亡の全国集計値

（ロンドン，マンマスシャーを除く）算出の係数であることを明らかにしたあと，遡及推計法によって，1541〜1871年のイングランド総人口を推計した同グループの試みについてはすでに詳述した。1580年から1840年に至る260年間における26教区の洗礼・結婚・埋葬の変動と修正後の全国404教区のそれらを比較した結果，いずれにおいても両者の間に大幅な乖離がないことが判明し，したがって，職業分布の相似性とともに，復元された教区における人口動態統計は，それら以外の全国の教区における人口諸指標だけでなく，イングランド全体の出生力・死亡率・結婚性向（nuptiality）の特色を反映していると結論することが可能となったのである[19]。

記載内容の信憑性が最も高い「汚染を免れた」（clean sheet）26の教区登録簿から算出された前工業化期，いわゆる「長期の18世紀」（1675〜1825年）におけるイングランド人口の特質を紹介するに先立って，ここで家族復元法そのものについて簡単に説明しておかなければならない。最初に史料であるイギリスの教区登録簿の特徴を指摘しておきたい。同時代のフランスの教区登録簿は，記録事項が詳細であるばかりでなく，きわめて保存状態が良好である。加えて，教区民の姓名が多様であり，出生・結婚・埋葬の特定家族への帰属が容易である。さらに，イギリスと比較して，国内人口移動が低位であることも人口動態事象の特定家族への帰属を容易にする。これに対して，イギリスの場合，姓名の多様性はフランスと比べて少ないために，特定家族への帰属はフランスほど容易ではない。教区登録簿を用いた最初の本格的な人口研究は，1907年にO. K. ローラーによって行われた18世紀ドイツのデュルラッハに関する研究であり，イギリスの家族復元作業よりも容易であったと思われる[20]。さらに，第1章で詳しく述べたように，イギリスの教区登録簿の保存状態は決して良好とはいえず，記載内容も詳細さに欠けている[21]。北欧スウェーデンの教区登録簿である「家庭内試問記録簿」（husförhörslängder）のような，教理試問制度に基づいて年齢（出生日）・出生教区・死亡・結婚・移出入・読み書き能力などの詳細な情報を提供するパネル・データと比較すれば，イギリスの教区登録簿に含まれる個人の属性に関する情報はきわめて少ない[22]。したがって，イギリスの教区登録簿を用いて家族復元分析を行う際には，史料が持つこうした欠点をあらかじめ承知しておかなければならない。

洗礼に関しては，次のような情報が得られる場合がある。すなわち，出生日時，嫡出・非嫡出，父親職業などである。結婚の場合には，未・既婚の別，出身教区，結婚認証形式，当事者署名，証人などである。埋葬については，被埋葬者の世帯主との続柄，死亡日時，死亡年齢，死因などである。イギリスでは，前述のように 1538 年にクロムウェルの首長命令によって全国約 1 万 1000 の教区に，フランスでは 1539 年のヴィレール＝コトレ（Villers-Cotterêts）の勅令によって全国約 4 万の小教区に関して，登録が義務づけられるようになった。ただし，フランスの場合，信頼するに足る小教区帳簿が登録されるようになるのはかなり遅く，実際には 1637 年以降であるといわれている。家族復元法との関連でいえば，イギリスの教区登録簿には次のような問題がある。記載不備・保存の杜撰さ・種々の要因による破損・散逸などのごく一般的な史料としての問題点の他に，最大の難問は教区登録簿が記録を残す時期を通じて，人口移動率が非常に高く，復元される家族・個人の標本数が少なくなるという点である。加えて，登録の対象とされたのは英国国教会信徒であって，非国教徒（カトリック・ユダヤ教徒，その他の非国教徒：Nonconformists；Dissenters）の洗礼・結婚・埋葬は，原則として，通常の教区登録簿には登録されていない。また，イギリスの場合，一般的に他のヨーロッパ諸国に比べて，出生から洗礼までの時間が長く，平均して 30 日の間隔があった。出生・洗礼間隔の長さは，洗礼前に死亡した嬰児が洗礼記録および埋葬記録から脱漏する原因となる。

　良質の教区登録簿を用いる場合，家族復元分析法はわれわれに前工業化期の人口，特に結婚性向と出生力に関して，きわめて詳細かつ正確な指標を提供する。しかし，前述のように，家族復元法の根幹に関わるいくつかの問題点があり，この方法の適用に当たっては周到な信頼性の検証が不可欠である。教区登録簿の記録の信憑性（教区登録簿が実際の出生・結婚・死亡をどの程度忠実に記録しているか）の検証方法として，主なものを以下に挙げておく。最も有効な方法として考えられるのは，すでに解説したケンブリッジ・グループが開発した「遡及推計」の結果を利用する方法である。この推計結果を復元されるべき教区の洗礼・結婚・埋葬に適用し，予想傾向数値からの乖離の程度および過少登録の補正率から，個々の教区登録簿の信憑性を検出しようとするものである。一応の目安として，洗礼および埋葬の必要補正率が 5％ 以下の場合に，家族

復元法の適用が妥当であると考えられている。

　次に，教区登録簿が国教徒だけを登録対象としている点については，個々の教区について，国教徒と非国教徒の比率，特に，その時間的変化を直接測定する方法はない。しかし，事後的にではあるが，19世紀初頭の家族復元分析の結果（乳幼児死亡率・出生力・初婚年齢など）と，宗派にかかわりなくすべての国民を対象とした身分登録本署長官年次報告書に記録された指標，あるいは1851年センサスから計算した指標を比較し，家族復元分析結果の正確性と代表性を評価することができる。それぞれ対応する人口諸指標において，両者に有意な差が検証されなければ，国教徒の人口学的行動様式が特異ではなく，全体を代表するものであると考えてもよいであろうし，当該教区が全国のそれとは隔たった人口学的行動様式を示す場所ではなかったことが裏付けられるであろう。

　教区住民の姓名・居住地区・地番・世帯主との続柄・性別・年齢・配偶関係・職業（身分）・出生教区・その他を記録した1851年センサスの調査員転写冊子を用いて，姓名・年齢・出生教区に関する情報から，当該教区の洗礼に関する過小登録を検出する方法がある。1851年センサスに記録されている個人の中から，教区で出生したと記録されている者をすべて拾い上げ，それぞれ年齢数だけ遡って当該教区の登録簿の洗礼簿の中から，該当する洗礼記録を見つけ出す方法である。センサスに記録された当該個人の洗礼記録が教区登録簿に見当たらない場合には，脱漏と考えられる。この方法によって，教区登録簿の史料としての信憑性の一部（洗礼記録の正確性）を検証することができる[23]。

　洗礼の遅れから生じる問題点，すなわち，洗礼前に死亡した嬰児の洗礼簿および埋葬簿からの脱漏がどの程度のものであるのかについては，出生日時を併記した18世紀後半の洗礼簿から算出した出生－洗礼間隔によって，ある程度推量することが可能である。一般に，16世紀においては，いずれの教区でも洗礼は出生の直後に行われたが，その後次第に出生－洗礼間隔は広がる傾向を見せ，18世紀の末期から19世紀初頭に最も長期化（平均して30日）したとされている。平均間隔あるいは出生－洗礼間隔のばらつきの程度を示す4分位偏差に関しては，教区による偏差が著しいという事実が重要である。出生－洗礼間隔に関して，もう一点だけ付け加えておけば，いくつかの教区について，家

族復元法を適用して算出した乳児死亡者（1年未満死亡者）と1年以上生存した幼児の出生‐洗礼間隔を比較した場合，乳児期のうちに死亡した者については，その出生‐洗礼間隔が，1年以上生存した者よりもかなり短いという結果を得ることができる。出生時に虚弱であり，死亡する可能性が高いと両親が判断した嬰児に関しては，両親はその洗礼を早める傾向があったものと想像することができる[24]。いずれにせよ，出生‐洗礼間隔ができるだけ短く，そのばらつきの程度が低く，可能ならば乳児死亡者の出生‐洗礼間隔が相対的に短いことが判明している教区を家族復元分析の対象教区として選ぶべきである。

少なくとも17世紀の末期までは，洗礼以前に死亡した嬰児も埋葬簿には登録され，多くの場合，両親の姓名および受洗前に死亡した旨が記録されている。そうした場合，出生率および死亡率の過小評価を防ぐために，埋葬日時と同日で暫定出生（暫定洗礼：dummy births）を付け加え，特定の家族に帰属させるという方法が採られている。この暫定出生が最も多い時期は17世紀後半（1630～79年）であり，洗礼総数の5％，最も低い時期は1813～37年であり，洗礼総数の0.6％である[25]。

最も良質の教区登録簿でさえ，そこから引き出しうる情報は個人のライフ・サイクルのたかだか三つの節目に関するもの――しかも，それらがすべてそろうのは，同一教区で一生を終えた者についてのみ――にすぎない。さらに，出生力・死亡率・結婚性向などの人口指標算出に必要な特定時点の教区総人口（population at risk），あるいは年齢構成はもとより，家族に関する情報もこの史料は与えてくれない。この点で，教区登録簿は，たとえば，家族単位の情報・毎年の在籍総人口・年齢・移出などに関する豊富な情報を提供し，人口動態統計と静態統計の双方をえやすい村単位の一年ごとのセンサスともいうべきわが国近世の宗門人別帳とは基本的に性格の異なる史料である。したがって，教区登録簿を人口動態統計算出の素材として用いる場合には，特殊な加工（基本的な手順は，名寄せによる同一諸個人の照合・連結）を施さなければならない。特定個人の洗礼・結婚・埋葬というばらばらな情報を追跡し，結合・照合して特定の家族に帰属させ，家族を復元（reconstitute）しなければならないのである。この種の復元作業の手順を洗練し，システム化したものが「家族復元法」である。ごく簡単にその手順を述べれば，以下の通りである。なお，フランスとイ

ギリスの家族復元台帳（写真 3-1 および写真 3-2）を示しておいた。

I　洗礼・結婚・埋葬カードの作成——対象教区の個人の洗礼・結婚・埋葬に関する情報をすべてそれぞれ規格化したカード（slips）に移す。

II　カードの分類——それぞれのカードを姓のアルファベット順に分類し，同一姓のカードについては，年代順に分類する。

III　家族復元作業(1)——(a) II で分類した結婚カードの情報を，その順序で家族復元台帳（Family Reconstituion Forms：FRFs 家族復元作業の最終目標である家族に関する情報はすべてこの FRFs に記入される）の相当欄に記入する。(b) FRFs と同一の姓の洗礼カードの中から，この夫婦（家族）の子供の洗礼カードを探し出し，この家族に帰属させ，年月日を記入する。同様のことを埋葬についても行う。(c) 教区登録簿に結婚の記録のない家族（他所で結婚後，移入・居住し，子供の洗礼・埋葬記録のある家族）の子供の洗礼・埋葬カードから，この家族の FRFs を追加作成し，(b) と同様の作業を行う。

IV　家族復元作業(2)——(a) 教区で結婚した夫婦の FRFs の夫の姓と同姓の洗礼カードの中から同一人の洗礼を割り出し，夫の洗礼日時を FRFs に記入し，妻（旧姓）についても同様の作業を行い，夫婦の結婚年齢算出に必要な情報を復元する。(b) (a) と同様の作業を埋葬についても行い，結婚終了日を確定する。

V　FRFs から人口諸指標を算出する——最終的な FRFs の情報から，平均結婚年齢，平均結婚継続期間，初・再婚間隔，平均家族規模，完結家族（completed families; completed marriages）の年齢別有配偶出生力（age-specific marital fertility），出生間隔，年齢別受胎能力（fecundability），妊孕力（fecundity），乳幼児・成人死亡率，内因性・外因性乳児死亡率（endogenous and exogenous mortality），妊産婦死亡率（maternal mortality），新生児・早期新生児・新生児後死亡率（neo-natal, early neo-natal, post neo-natal mortality），年齢別平均余命などの人口諸指標を算出する。

家族復元法は，対象教区において 200 年あるいは 300 年にわたって生活した個人の延べ数だけ特定個人の名寄せを行い，(1) 洗礼→結婚　(2) 結婚→結婚

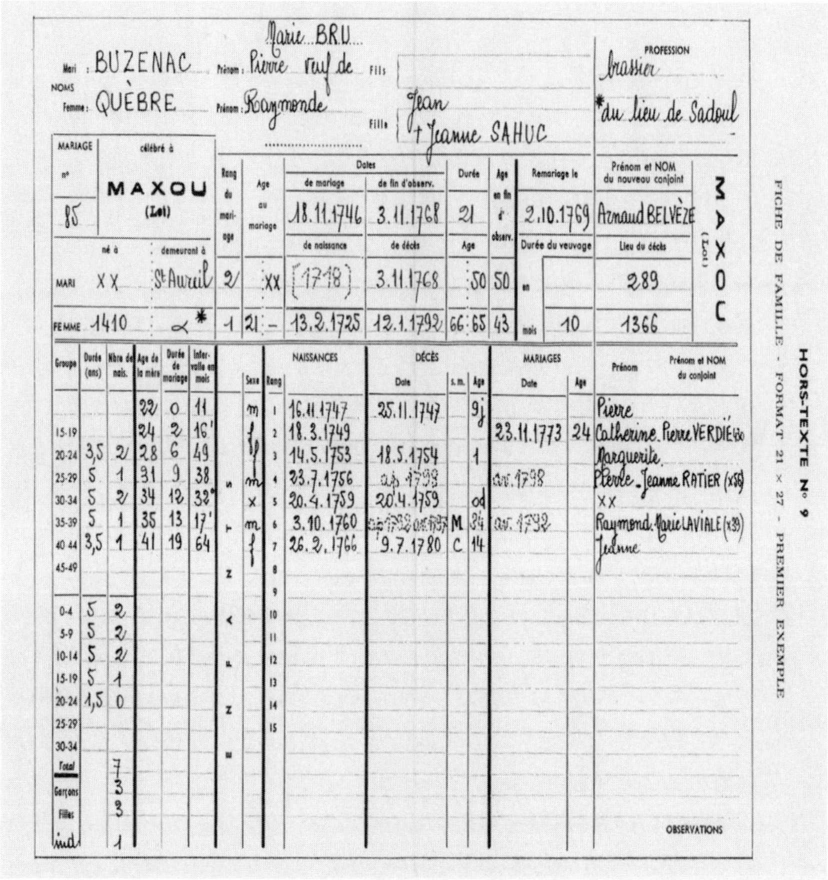

Mari : BUZENAC　Prénom : Pierre veuf de Marie BRU　Fils
NOMS
Femme : QUÈBRE　Prénom : Raymonde　Fille : Jean + Jeanne SAHUC
PROFESSION : brassier
*du lieu de Sadoul

MARIAGE n°	célébré à	Rang du mariage	Age au mariage	Dates de mariage	Dates de fin d'observ.	Durée	Age en fin d'observ.	Remariage le	Prénom et NOM du nouveau conjoint
85	MAXOU (Lot)			18.11.1746	3.11.1768	21		2.10.1769	Arnaud BELVÈZE
	né à / demeurant à			de naissance	de décès	Age		Durée du veuvage	Lieu du décès
MARI	XX / St Aureil	2	XX	[1718]	3.11.1768	50	50	en	289
FEMME	1410 / ∝ *	1	21 –	13.2.1725	12.1.1792	66 : 65	43	mois 10	1366

MAXOU (Lot)

Groupe	Durée (ans)	Nbre de nais.	Age de la mère	Durée de mariage	Intervalle en mois	ENFANTS Sexe	Rang	NAISSANCES	DÉCÈS Date	s.m.	Age	MARIAGES Date	Age	Prénom	Prénom et NOM du conjoint
			22	0	11	m	1	16.11.1747	25.11.1747		9j			Pierre	
15-19			24	2	16'	f	2	18.3.1749				23.11.1773	24	Catherine	Pierre VERDIÉ (x30)
20-24	3,5	2	28	6	49	f	3	14.5.1753	18.5.1754		1			Marguerite	
25-29	5	1	31	9	38	m	4	23.7.1756	ap. 1798			av. 1798		Pierre	Jeanne RATIER (x56)
30-34	5	2	34	12	32"	x	5	20.4.1759	20.4.1759		od			XX	
35-39	5	1	35	13	17'	m	6	3.10.1760	ap. 1792 av. 1797	M	34	av. 1792		Raymond	Marie LAVIALE (x39)
40-44	3,5	1	41	19	64	f	7	26.2.1766	9.7.1780	C	14			Jeanne	
45-49							8								
							9								
0-4	5	2					10								
5-9	5	2					11								
10-14	5	2					12								
15-19	5	1					13								
20-24	1,5	0					14								
25-29							15								
30-34															
Total		7													
Garçons		3													
Filles		3													
ind.		1													

OBSERVATIONS

FICHE DE FAMILLE - FORMAT 21 × 27 - PREMIER EXEMPLE
HORS-TEXTE N° 9

写真 3-1　フランスの家族復元台帳

出所）M. Fleury et L. Henry, *Nouveau Manuel de Dépouillement et D'exploitation de L'état Civil Ancien*, Paris, INED, 1965. Hors-Texte No. 9. Fiche de Famille.

(3) 結婚→埋葬　(4) 洗礼→埋葬　(5) 洗礼→結婚（子供の洗礼を特定家族に帰属させる）という結合・照合・同定を繰り返す作業である。また，正確な個人の識別・同定を保証するために，たとえば，次のような論理的・生理学的前提条件の確認が必要である[26]。

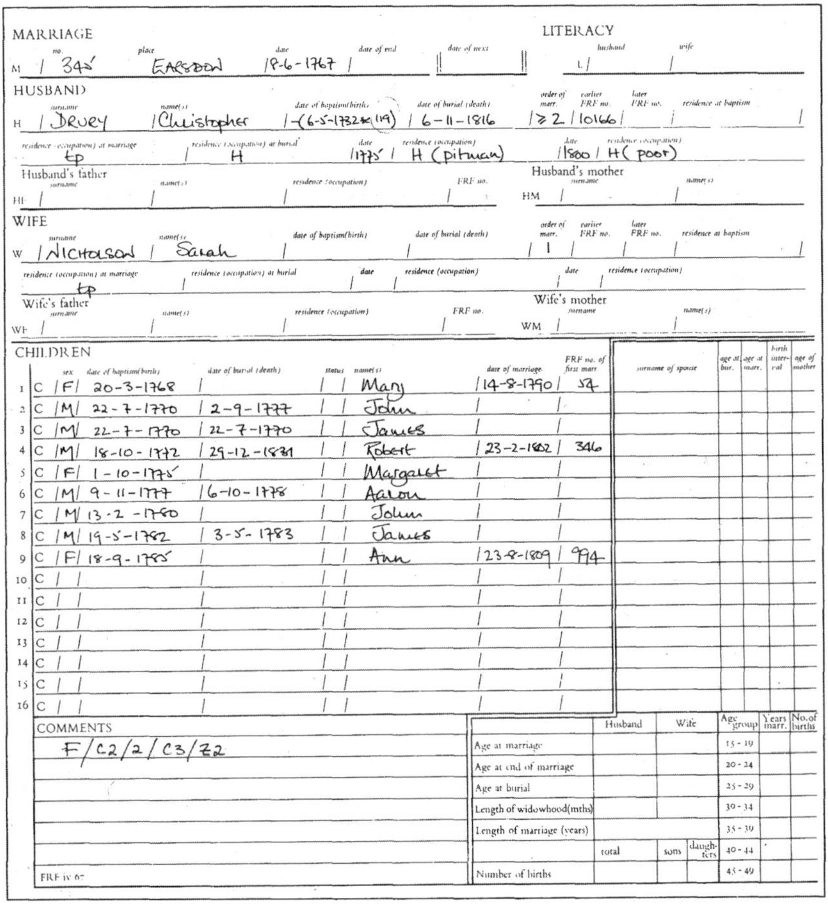

MARRIAGE — no. 345 — place EARSDON — date 18-6-1767 — date of end — date of next

LITERACY — L — husband — wife

HUSBAND — surname DRUEY — name(s) Christopher — date of baptism(birth) -(6-5-1732 est (119)) — date of burial (death) 6-11-1816 — order of marr. ≥2 — earlier FRF no. 10166 — later FRF no. — residence at baptism

residence (occupation) at marriage tp — residence (occupation) at burial H — date 1775 — residence (occupation) H (pitman) — date 1800 — residence (occupation) H (poor)

Husband's father — surname — name(s) — residence (occupation) — FRF no.

Husband's mother — surname — name(s)

WIFE — surname NICHOLSON — name(s) Sarah — date of baptism(birth) — date of burial (death) — order of marr. 1 — earlier FRF no. — later FRF no. — residence at baptism

residence (occupation) at marriage tp — residence (occupation) at burial — date — residence (occupation) — date — residence (occupation)

Wife's father — surname — name(s) — residence (occupation) — FRF no.

Wife's mother — surname — name(s)

CHILDREN

		sex	date of baptism(birth)	date of burial (death)	status	name(s)	date of marriage	FRF no. of first marr	surname of spouse	age at bur.	age at marr.	birth interval	age of mother
1	C	F	20-3-1768			Mary	14-8-1790	54					
2	C	M	22-7-1770	2-9-1777		John							
3	C	M	22-7-1770	22-7-1770		James							
4	C	M	18-10-1772	29-12-1831		Robert	23-2-1802	346					
5	C	F	1-10-1775			Margaret							
6	C	M	9-11-1777	6-10-1778		Aaron							
7	C	M	13-2-1780			John							
8	C	M	19-5-1782	3-5-1783		James							
9	C	F	18-9-1785			Ann	23-8-1809	994					
10	C												
11	C												
12	C												
13	C												
14	C												
15	C												
16	C												

COMMENTS

F/C2/2/C3/Z2

	Husband	Wife
Age at marriage		
Age at end of marriage		
Age at burial		
Length of widowhood(mths)		
Length of marriage (years)		
	total / sons / daughters	
Number of births		

Age group	Years marr.	No. of births
15-19		
20-24		
25-29		
30-34		
35-39		
40-44		
45-49		

FRF iv 67

写真 3-2　イギリスの家族復元台帳

出所）E. A. Wrigley et al., *Family Reconstitution*, 1997, p. 566.

(1) 初婚年齢は 15 歳以上 60 歳以下である。ただし，再婚，再々婚の場合には，年齢の上限はない。

(2) 子供の出生は，結婚後 35 年未満に限られる。

(3) 女性の有効再生産期間は，15～50 歳である。

(4) 父親の死後に生まれた子供の場合，出生日は父親の死後 300 日以内であ

る。父親の死亡日時が不明の場合，結婚終了日時は子供の出生前122日である。
(5) 2人の子供の洗礼間隔は，30日未満（双生児）か，184日以上，出生間隔の場合には，270日以上（ただし，死産の場合には184日以上）であり，12年を超えることはない。
(6) 最長の寿命は，105年である。

家族復元台帳作成に至る作業は，少なくとも上述の26教区に関する限り，手作業であったが，それ以降の作業，すなわち最終段階(V)の人口諸指標算出のプロセスは，ケンブリッジ・グループが開発したプログラムによって，計算機の利用が可能となり，時間と労力が大幅に節減されるとともに，おそらくは人口統計の正確さが一段と向上した。家族復元法は，住民調査・センサス型史料を欠く時期に関して，年齢別・性別の人口諸指標を算出する方法として威力を発揮する方法であるといわれている。しかし，これらの「率」計算はそれほど簡単ではない。たとえば，年齢別死亡率算出に際して，除数・非除数として用いる人口が，特定時点に実際に居住していたかどうかを決定する基準をどのようにして見出すか，つまり，特定時点の家族あるいは個人の在籍を確認する一定の基準を定めておかなければならない。出生後の時間が短く，当該個人が居住している可能性が高い乳幼児死亡率はともかく，成人死亡率計算に際して，居住の有無を確認する基準を作成することはきわめて困難である。

4) 家族復元分析結果の信頼性

家族復元分析の諸結果は，果たしてどの程度正確なものなのであろうか。乳幼児死亡率を例にとって，検討してみよう。前述の通り，出生後まもなく死亡した嬰児，特に洗礼以前に死亡した嬰児の記録は，教区登録簿から脱漏する可能性が高い。教区登録簿の信憑性あるいはそれを用いて算出した乳児死亡率の正確性は，家族復元分析の有効性を考える際にとりわけ重要である。世俗身分登録制度の導入時点（1836/37年）に至るまで，正確な記載を行っていた8教区の復元結果（1825～37年の乳幼児死亡率）と，身分登録本署長官年次報告（1841, 42, 45, 46年）に記録されたそれぞれの教区が所在する登録地域（registration districts) の乳幼児死亡率を比較すると，興味深い事実が判明する。8教区平均の1か月未満死亡率は，対千比40であり，対応する登録地域の平均は，対千比49であった。また，1か月（8教区平均15：登録地域平均17），2か月（9：11），3〜5か月（23：25），6〜11か月（38：37）であり，乳児死亡率は，118：132であった。さらに，幼児死亡率についても，1〜4歳（8教区平均76：登録地域平均96），5〜9歳（29：35），10〜14歳（26：24）であった[27]。8教区の乳児死亡率が，全体として所管登録地域のそれよりも高めに出ているのは，前者が嫡出子だけの数値であるのに対して，後者が非嫡出子を含む数値だからである。

平均ではなく，個々の教区と対応する所管登録地域を比較しても，両者の間に有意な差を見出すことはできない。いずれにせよ，家族復元法によって算出した乳幼児死亡率と，教区が所在する世俗身分登録所管地域の同時期のそれとの間に強い近似性があるという事実は，家族復元分析結果の信頼性を裏づけるものである。

次に，乳児死亡率に関して，家族復元分析結果の整合性を内在的に検討してみよう。この方法は，家族復元法によって算出した出生間隔を，(1)直前に生まれた子供（兄あるいは姉）の死亡が1年未満であることが判明しているもの，(2)1年を越えて生存したことが判明しているもの，(3)いずれとも判明しないものの三つに分類し，それぞれの出生間隔の分布を比較するものである。(1)の場合，前の子供が1年未満で死亡して母乳哺育が中断され，前の子供が1年以上生存した場合よりも早く妊娠する可能性が高くなるから，出生間隔は(2)の場合よりも短くなるはずである。

(3)前の子供の生死が判明しない場合，原因は子供の出生後1年の時点で家族が教区から移出していたか，あるいは当該教区の埋葬記録がその子供の埋葬を記録しなかったかのいずれかである。前者の場合，すべての子供が教区に1年間居住し，その後家族とともに他教区に移住したとすれば，出生間隔の分布は，(2)と同じになるはずである。他方，後者の場合には，出生間隔は(1)のそれと(2)のそれとが合成されたものとなる。家族復元分析による出生間隔の分布を1600〜1749年と1750〜1837年について示したものが図3-2である。前の子供が1年未満で死亡し，母乳哺育が中断された(1)の出生間隔が最も短く，そのピークが(2)および(3)のそれを圧していることがわかる。母乳哺育中断が

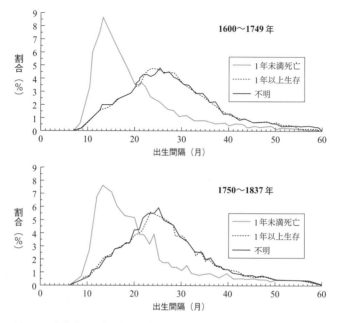

図 3-2　家族復元分析結果の整合性（イングランドの出生間隔，1600〜1837 年）

次の妊娠時期に与える影響がはっきりと示されている。この事実自体，教区登録簿の記録の信憑性とそれを用いて算出した乳児死亡率の正確性を裏づけている。興味深いのは，(2) と (3) の関係である。いずれの時期においても，頂点と形状において，両者は酷似している。1600〜1749 年における平均出生間隔は，(2) が 30.46 か月であるのに対して，(3) は 30.45 か月であり，1750〜1837 年では，それぞれ 29.14 か月，29.23 か月である。分布の形状についても，コルモゴロフ－スミルノフ（KS）の適合度検定（1600〜1749 年：KS＝0.4046，1750〜1837 年：0.4603）によって，両者を異なった母集団から抽出した人口であるとする理由はないことがわかる。(3) の中には，埋葬記録が前の子供の埋葬を記録しなかった標本も含まれてはいたであろうが，それもきわめて少なかったことがわかる。いうまでもなく，この事実も埋葬簿の脱漏率の低さと算出された乳児死亡率の信頼度の高さを裏づけるものであろう[28]。

以上のような登録内容の厳密な検証を経て復元されたイングランドの26教区の家族復元分析の成果を紹介する前に，ケンブリッジ・グループによる家族復元分析以前に同じ方法で家族を復元した試みの一部をごく簡単に紹介しておきたい。リグリーを中心とするケンブリッジ・グループが，デヴォンシャー（Devonshire）のコリトン（Colyton）教区の家族復元分析[29]に基づいて，最初に前工業化時代のイギリス農村の人口に関して，人為的家族制限の存在を示唆する証拠と考えた数値を発表する30年ほど前に，家族復元分析を試みたのはドーセット州（Dorsetshire）クライストチャーチ（Christchurch）の地方公衆衛生責任者であったC. C. モリルである。彼は正確な記録が長期間継続しているイングランド南東部ノーフォーク州のノース・エルムハム（Elmham）教区とサマセット（Somerset）州のウェッドモア（Wedmore）教区の教区登録簿を用いて，家族復元を試みている[30]。モリルが復元した2教区の16世紀後半から17世紀における男子平均初婚年齢は27歳強であり，ケンブリッジ・グループが復元した26教区のそれときわめて近い[31]。女子については，両者の差は0〜1.1歳である[32]。モリルが算出した平均乳児死亡率は，対千比178，157であった。他方，ケンブリッジ・グループによる16世紀末期のイングランド26教区のそれは170.7，17世紀前半のそれは153.3であり，モリルの数値は26教区の平均値から大幅にかけ離れているとはいえない[33]。なお，最近における家族復元分析の動向については，G. ニュートンによる解説がある[34]。また，同じ著者がロンドンの教区登録簿を用いて，都市人口の家族復元分析と，移動・教区教会の地理的境界の変更，対象人口の変動の問題を解決する方法を検討している[35]。最も新しい家族復元分析の試みであろう。

5）家族復元分析による出生力の動向

次に，26教区の家族復元分析のうち，出生力についていくつか顕著な事実を紹介しておきたい。近代のヨーロッパにおける出生力を考える場合，18世紀末期に至るまで，ほぼヨーロッパ全域で「自然出生力」（natural fertility）が支配的であったという事実は重要である。フランスの歴史人口学者アンリによって提起された「自然出生力」とは，子供の出生数・家族規模によって制御されない出生力という意味である[36]。近代後期・現代には見られない「自然出生

表 3-2 イングランドの有配偶出生力（女子の結婚継続期間累計：‰, 1660～1819 年）

年次	年齢						
	15～19	20～24	25～29	30～34	35～39	40～44	45～49
1660～1709 (1)		329.1	334.6	297.7	228.6	110.0	23.6
1770～1819 (2)		367.1	353.5	292.4	245.5	145.0	18.9
(3) = (2) / (1)		1.115	1.056	0.982	1.074	1.318	0.801
(1660～1709 年)							
女性の結婚年齢	315.8						
15～19		329.1	305.5	273.1	205.7	80.2	5.6
20～24		436.1	342.3	290.1	218.4	94.8	8.2
25～29			395.0	311.5	230.0	102.0	22.3
30～34				387.7	250.9	144.3	32.2
35～39					300.7	127.6	42.0
40～44						144.0	58.1
45～49							
(1770～1819 年)							
15～19	507.9	367.1	300.0	287.6	216.4	137.9	12.6
20～24		449.8	371.3	283.4	248.2	143.4	17.6
25～29			438.8	309.4	145.5	135.5	17.9
30～34				441.4	263.4	139.2	25.6
35～39					315.9	212.4	19.1
40～44						158.6	30.8
45～49							24.3

出所）E. A. Wrigley, 'Explaining the Rise in Marital Fertility in England in the Long Eighteenth Century', *Econ. Hist. Rev.*, Vol. 51, No. 3, 1998, p. 455, Table 7 より作成。

力」が支配的な場合，出生力の水準は結婚年齢・有配偶率・性交頻度・結婚継続期間・非嫡出子率などによって決定される。また，授乳期間・乳児死亡率・環境に左右される不妊率にも大きな影響を受ける。ヨーロッパにおける出生力の特質として考慮すべき第 2 の点は，非嫡出子率・婚外子率の低さである。イングランドの場合，16 世紀から 19 世紀半ばまで最大でも非嫡出子は 6.06 %，スウェーデンやフィンランドでは 18 世紀に 3 %，フランス，イタリア，スペインでは 1 % に近かった[37]。非嫡出子率の低さは出生力決定における結婚の重要性を高めるものである。

表 3-2 が示すように，前工業化期および工業化期における女性の結婚年齢別有配偶出生率の分布は，7 階級別年齢区分のうち，4 階級において，産業革命

期の合計有配偶出生率が前工業化期のそれを上回っていることを示している。産業革命期（1770〜1819年）の出生率の高さと人口増加について，興味深い要因を暗示している。17・18世紀における結婚年齢別の出生力推計値は，イングランドの場合，初婚年齢20歳の女子の出生数が7.390，初婚年齢25歳のそれが5.355であったのに対して，フランドルのそれは9.590，7.120，ドイツ（8.700，6.465），イタリア（8.500，6.350），フランス（8.440，6.130），スウェーデン（7.725，5.435）であった[38]。同じヨーロッパでも出生力の差が著しい。合計有配偶出生率の水準は，妊娠出生率，結婚直後の妊孕力（entry fecundity），女性の妊孕能力が失われるまでの期間における妊孕力（subsequent fecundity）によって決定される。18世紀中期以降のイングランドにおける合計有配偶出生率の変化にとって最も重要な変数は，結婚から妊孕能力喪失までの期間における妊孕力水準の変化であった。18世紀後半から19世紀初頭における年齢別有配偶出生率は，比較的高年齢（35〜39歳および40〜44歳）の女性の間で相対的に高くなっている。また，有配偶出生率を決定する3つの変数のいずれも地域・社会経済的条件の相違の影響をこうむっていない。結婚性向だけではなく，前工業化期のイングランドは結婚後の妊娠行動においてもきわめて同質的であった。

18世紀後半から19世紀初頭のイングランドにおける出生力の上昇を結婚性向の変化から簡潔に説明した試みとして，12教区の家族復元分析の結果に基づいてリグリーが算出したモデルを紹介しておこう（表3-3参照）[39]。出生力の水準が結婚年齢・有配偶率・非嫡出子率・婚前妊娠率などの結婚性向の水準によって決まるとした場合，これらの要因の変化が最終的に出生力にどのような影響を与えるかを試算したものである。出生力を構成する三つの指標，すなわち，女子年齢別女児出生率の合計で示される総再生産率（GRR），女児の死亡率を考慮した場合の平均生存女児数で示される純再生産率（NRR），年齢別出生率・死亡率・年齢構成を一定とした場合に生じる安定人口の増加率，あるいは真性自然増加率（intrinsic growth rate：IGR）に対して，それぞれの結婚性向の変動がどのような変化をもたらすかを見たものである。表に示すように，(1)欄は人口停滞期の17世紀後半における女性の初婚年齢を26.5歳と仮定し，再生産期間終了まで夫婦が生存した場合に夫婦に生まれた子供の数，合計有配偶出生率を示している。Iは17世紀後半の結婚性向と出生力，IIは出生力が最も

表 3-3　イングランドにおける 17 世紀後半と 19 世紀初頭の結婚性向と安定人口増加率

	(1) TMFR (1)	(2) TMFR (2)	(3) 生涯独身率	(4) 非嫡出子率	(5) GRR	(6) NRR	(7) IGR
I （17 世紀後半）	4.42	4.42	3.76	3.81	1.86	1.00	0.0000
II （19 世紀初頭）	4.42	5.50	5.12	5.44	2.65	1.46	0.0126
I （17 世紀後半）	100	100	100	100	100	100	
II （19 世紀初頭）	100	124	136	143	143	146	

出所）E. A. Wrigley, 'Marriage, Fertility and Population Growth in Eighteenth-Century England' in *Marriage and Society, Studies in the Social History of Marriage*, ed. by R. B. Outhwaite, New York, St. Martin's Press, 1981, pp. 167-171 より作成.

注）TMFR (1)：結婚年齢 26.5 歳の場合の合計有配偶出生率　TMFR (2)：結婚年齢 23.5 歳の場合の合計有配偶出生率.

高い水準に達した 19 世紀初頭のそれに相当するものである.

(2)欄は, モデル II において結婚年齢が 23.5 歳に下がるが, モデル I においては不変である場合の合計有配偶出生率, (3)欄はモデル I における女性の生涯独身率を 15％, モデル II のそれを 7％ とした場合の合計有配偶出生率, (4)欄はモデル I の非嫡出子率を 1.5％, モデル II のそれを 6.0％ とした場合の合計有配偶出生率を示したものである. (5)欄の総再生産率は出生性比を 105, (6)欄の純再生産率はモデル I・モデル II ともにプリンストン・モデル生命表 (Princeton model north) の女子生命表の level 8（出生時平均余命 37.5 歳）に基づくものである. この試算の含意は, 17 世紀後半から 19 世紀初頭に至る期間におけるイングランドの加速度的な人口増加率のほぼ 75％ は, 結婚年齢・有配偶率・非嫡出子率・婚前妊娠率などの結婚性向の変化による出生力の変化によって説明可能であるということである.

前工業化期イングランドの出生力水準に関する最近の研究成果のうち, 注目すべきものとして, 出生間隔から推計する受胎能力・妊孕力, および両者によって決定される有配偶出生率に関する情報がある. この時期を通じて, 結婚開始期, およびその後女性の妊孕能力が失われるまで, 受胎能力は相対的に高い水準で推移した. 病気や低位の栄養摂取水準に起因する生理機能の損傷, あるいは性交頻度の低下の程度が弱かったせいであろう. また, 流産・自然妊娠中絶があったとしても, 頻繁には見られなかったものと思われる. しかし, こうした高水準の受胎能力は, 母乳哺育の普及と授乳期間の長さのために, 高い

妊孕出生力 (fecund fertility) には結びつかなかった。母乳哺育がイングランド人口の出生力を相対的に低めたという事実は，こうした慣習がなかったヨーロッパの他地域のそれと比較するとはっきりする。たとえば，J. E. ノーデルが家族復元分析を行ったドイツ，バヴァリア地方の3教区の年齢標準化出生率指数（ハッテライト指数：Ig）は，1700〜49年に 0.89，1750〜99年に 0.99 であるのに対して，イングランドの13教区のそれは，それぞれ 0.674, 0.667 であった[40]。

一般的な意味における出生力と経済変数との関係については，イギリスの事例が興味深い。リグリーとスコッフィールドは，近代のイングランドにおける経済変数と人口，特に出生率との長期的関係には，結婚性向（結婚と有配偶率）の変動を媒介に正の相関が存在したと主張している。実質賃金と出生力の変動の時間差（20〜40年）については少なからぬ数の歴史人口学者や経済史家が疑問を呈しているが，生活水準の指標である実質賃金の上昇は結婚年齢の低下と有配偶率の上昇を通じて出生力（総再生産率）を上昇させるという[41]。こうした関係が成立するための条件は，ヨーロッパ，特にイングランドに固有の結婚制度・家族形態であった。ヨーロッパ全体を見ると，死亡率を除いて，結婚性向・出生力において地域・社会経済的な条件・時期に関してほぼ同質的なイングランドと，ドイツ・フランスのように同質性が見られず，偏差の多い地域がある。特にフランスにおいては地域間の出生力の相違は顕著であり，北東部フランスの出生力は南西部のそれよりも 23％ 高かった。他方，イングランドの場合，最高値を示す教区の出生力は最低値を示す教区のそれよりも 16％ 高かっただけである[42]。

2 ヨーロッパに固有の結婚・家族形態

1) マルサス，ヘイナル，ケンブリッジ・グループ説とその批判

ヨーロッパにおける結婚，家族・世帯形成が人口増加率を決定する重要な変数であることに早くから注目したのはマルサスである。マルサスによれば，結婚年齢，妊娠可能年齢にある女性の有配偶率，あるいは50歳までの生涯独身

率の変化を通じて出生率や人口増加率が制御されることになる。人類学者のA. マクファーレンがこの点に注目し,「マルサス的結婚制度」(The Malthusian Marriage System) として, イングランドに関する限り人口変動を促す変数のうち, 結婚が人口増加率を決定する重要な変数であったと指摘している[43]。マクファーレンの「マルサス的結婚制度」の含意は, 次のようなものである。すなわち, マルサスが人口原理の分析を進める際に前提していた結婚制度は, 当時の非ヨーロッパ社会のそれとは違って, 多かれ少なかれ両性の自由意思に基づいて結婚の時期と相手を選択し, 夫と妻の立場が比較的平等な一夫一婦制であったという。また, 当時のヨーロッパでは, 子供の出生数や家族規模によって人為的にコントロールされない「自然出生力」が支配的であり, 結婚年齢と妊娠可能年齢にある女性の有配偶率の変化が出生力や人口増加率に大きな影響を与えていた。

　マルサスは人口増加率について次のように述べている。「家族の扶養にともなう諸困難の予見が, 人口の自然増加にたいする予防的制限 (preventive check) として作用し, 下層諸階級のあるものから, 子どもたちに適当な食糧と注意とをあたえる能力をうしなわせている現実の困難は, 積極的制限 (positive check) として作用する」。そして,「予防的制限は, イングランドの全社会階層にわたってある程度作用しているとおもわれる」[44]。しかし, 最近の研究では, マルサス的な視点およびそれに準ずる仮説への批判・修正が進むとともに, ヨーロッパにおける出生・結婚・死亡に関して新しい事実が発見されている。「マルサス的結婚制度」とそこから派生する出生・人口再生産および死亡に関する影響力の強い諸仮説に対する最も厳しい批判と修正は, ヨーロッパとアジアの歴史人口学者によって1994年に設立された「ユーラシア人口・家族史研究計画」(EAP: Eurasian Population and Family History Project) が現在までに公刊した3冊の研究成果に見ることができるが, これについては後述するとして, 最初にこれまでの批判を簡単に紹介しておきたい。

　たとえば, 18世紀後半から19世紀前半の南部スウェーデンにおける社会階層別出生力格差, 食糧品価格・経済変動と出生制御についての分析[45], 19世紀の東部ベルギー農村における結婚年齢, 社会階層・職業による年齢別合計特殊出生率格差の検討, 出生間隔に関するイヴェント・ヒストリー (event history）に基づく分析（生存分析）がある[46]。あるいは，19世紀イタリアにおける地域別の静態平均初婚年齢（SMAM）・合計特殊出生率（女性が一生に産む子供の平均数）・家族形態・家族規模・世帯主職業別の偏差，都市と農村の出生力の相違をはじめ，前工業化時代における人口再生産のあり方を検討した論稿がある[47]。いずれもヨーロッパ各地における出生力水準決定要因における多様性を明らかにしている[48]。

　近世・近代のイギリス，あるいは広く北西ヨーロッパにおける「マルサス的結婚制度」の存在を前提として，J. ヘイナルの「ヨーロッパ型結婚慣習」（European Marriage Pattern）仮説が登場した。イギリスの人口学者・統計学者・数学者であるヘイナルが，1965年に「大まかにいって，レニングラードからトリエステを結ぶ線から西に位置するヨーロッパの全域に「ヨーロッパ型結婚慣習」が広がっていた」[49]と述べ，前工業化期の北西ヨーロッパにおいては単婚小家族（conjugal family）が支配的であったと主張するまで，人口学者や歴史家は前工業化社会における大家族制度（合同・複合家族：joint family, 直系家族：stem family）の存在を疑わず，単婚小家族制度は近代化の過程で生まれたものであると考えていた。さらに，ケンブリッジ・グループのP. ラスレットとR. ウォールが，住民調査史料に基づいて，16世紀から19世紀に至る期間の使用人・奉公人（servants）を含む平均世帯規模が小規模（平均4.75人）であることを実証し[50]，E. A. ハンメルとともにヨーロッパに固有の家族・世帯の類型を提示して以来，前工業化期北西ヨーロッパの家族・世帯制度が大家族制度ではなかったとする見解が通説として定着した[51]。

　ヘイナルはその後自説を展開し，前工業化時代には2種類の世帯形成システムがあり，一つはフィンランドを除くスカンディナヴィア諸国・イギリス・低地地方・ドイツ語圏・北フランスに支配的な北西ヨーロッパ型であり，他はそれ以外の地域に見られるものであるとした。使用人・奉公人を含む単婚（単純・単独）小家族世帯の形成に共通の特徴は，男女ともに晩婚（男子の平均初婚年齢は26歳，女子のそれは23歳を超える）という点である。この類型では，結婚後に夫婦が世帯の経済的維持に責任を持ち，夫が世帯主となる。また，多くの場合，人々は結婚以前に他の世帯に使用人・奉公人として入り，結婚のための資金を蓄える[52]。

これ以外の地域に見られる世帯形成システム（たとえば，互いに親族関係にある複数の夫婦からなる合同・複合世帯）の特徴は早婚であり，男子は平均26歳以下，女子は21歳以下で結婚する。新婚の夫婦は生計に責任を持つことなく，上位の世代の夫婦が家計の責任を持つ世帯，あるいは寡婦・寡夫など，上位の世代の人々（無配偶）が世帯主である世帯の一員となる。そして，通常は新婚の妻が夫の世帯に入るのである。こうした複数の数世代の夫婦からなる世帯は，いずれ分家して別の世帯を形成するが，その場合でも新たに形成された世帯は，多くの場合，複数の夫婦単位からなる合同・複合家族である[53]。ヘイナルによる結婚年齢の高さと皆婚（universal marriage）の欠如を特徴とする「ヨーロッパ型結婚慣習」の定式化は，結婚と経済発展の関わりについての理論的説明に関して重要な影響を与えた。ヘイナルは，核家族形態は少なくとも1500年以降に支配的となったとしている。結婚年齢の高さ，短距離人口移動，新婚当事者が自身の家計の責任を負うといった予測は，イギリス社会を理解するための重要な含意を持っていた。拡大家族あるいは血縁関係が相対的に弱かったという事実は，前工業化期イギリス社会の個人主義的，非血縁的集団性（collectivity）に焦点を当てることになった[54]。

　ヘイナル，ケンブリッジ・グループを中心に提唱されてきたヨーロッパ近代家族の固有性に関する仮説に対しては，その現実への妥当性や類型の論理的な整合性に関して，家族社会学者・歴史家・歴史人口学者から批判が相次いだ。E. トッドは北西ヨーロッパにおいても家族制度はそれほど単純ではなく，少なからぬ地域に合同・複合家族，直系家族の分布が見られるとしている。彼はまた，財産分与・相続制度，世帯内における上位の世代および同世代との関係を考慮に入れ，ヨーロッパにおける家族制度を絶対核家族（*Nucléaire absolu*）・平等主義核家族（*Nucléaire égalitaire*）・直系家族（*La famille Souche*）・共同体核家族（*Communautaire*）に分類し直している[55]。

　その後，トッドは新著『家族システムの起源』において，特定時点の固定的な類型ではなく，家族制度の歴史的可変性を強調した。ヨーロッパの基本的家族形態である単婚小家族形態は例外的に近代まで生き残ったのであるとしたうえで，この事実が持っている社会的・経済的な含意について強く主張している。この新著では，家族形態の発展サイクル，内発性と導入形態，相続，複合世帯

における父方居住・母方居住・双居居住の別（近接世帯間の関係）を考慮し，この問題に関する従来の仮説が提示するよりもはるかに複雑な現実の家族制度の解明に迫っている[56]。たとえば，アイルランドの直系家族形態には，結婚しても配偶者と同居せず生家に留まるという出生居住結婚（mariage natolocal）と近接居住（父方居住・母方居住）が同時に存在するという複雑な制度が存在していた[57]。

　人類学者のJ. グーディはこうした結婚類型概念に対して，地理的分布・発生時期，その他の点で少なからぬ問題点があることを指摘し，ヘイナルによる類型があまりに他の地域の家族制度との相違を強調しすぎていると批判している[58]。グーディが参考にしたのは，スペインにおけるイスラム教徒の社会構造に見られる東洋的・西洋的要素に関するP. ギシャールの研究である。ギシャールによれば，親子関係（filiation），世帯・夫婦関係（Couple conjugal），血縁関係（Groupe de parente），結婚（Alliances matrimoniales），女性の地位（Situation feminine），名誉の観念（Conception de l'honneur）に関して，東洋的な構造と西洋的なそれとの間にはヘイナルの想定とは異なる類型が看取されるという[59]。

　G. W. スキナーも，ヘイナルやラスレットが定式化した類型の曖昧さを批判して，家族形態に関する定義を厳密なものにすべきであると主張し，単婚小家族（夫／父親，妻／母，子供，子供のいない夫婦，母と子供，父と子供）を家族を構成する基本的な要素として特定時点における家族の構造を分類（単婚小家族，直系家族，合同・複合家族）すべきであるとしている。さらに，家族形態（特定時点における特定家族の構造を類型化したもの）と家族制度（家族の周期・発展過程を類型化したもの）を区別すべきであるとも述べている[60]。バルカン諸国，たとえばブルガリアおよびユーゴスラヴィアにおけるザドルーガ家族形態（Zadruga family system）が支配的な地域においてのみ家族構造の大きな相違が見出されるものの，世帯・家族構造の点で東西ヨーロッパに通説がいうような明確な相違は見出せないとする最近の批判もある。この見解によれば，ザドルーガ制度を持たないチェコスロヴァキア，ハンガリー，ポーランドでは西ヨーロッパ型の拡大家族，単婚小家族形態とそれほど違った家族形態を見出すことはできないという[61]。ヘイナルが半世紀近く前に定式化したいわゆる「ヨーロッパ型結婚慣習」の実態はそれほど単純なものではないことが明らかになり

つつある[62]。

　一例を挙げれば，イングランド国内においても，単婚小家族形態とは異なった形態の家族が近世・近代に存在したという研究がある。イングランド南西部コーンウォール州の錫鉱山地域では，少なくとも 16～18 世紀に「拡大家族」(extended-family units)，「多核家族」(multiple-family households) 形態が支配的であったとする指摘がある。1588～96 年のある記録によれば，世帯の半数は 2～3 の夫婦単位を含んでいた。また，17 世紀の課税記録は，10 人の構成員からなる世帯が平均の 2 倍を占めていたことを示し，複数の既婚子を同居させる大規模な複合家族 (joint family system：合同家族) 制度，あるいは世帯主の未婚兄弟・姉妹，祖父ないし祖母を同居させる拡大家族制度が 16 世紀から 18 世紀のコーンウォール州西部に存在したことを示唆しているという。

　著者 D. H. カラムは次のように述べている。「この地域では，セント・ジャスト復活祭記録あるいは宗旨確認宣誓報告書・炉税報告書・コンプトン・センサスなどの調査，教区登録簿の集計分析に基づく人口推計値から判断して，大規模・合同・拡大家族形態をこの時期に一般的であったものとして見出せる。1589 年のセント・ジャスト復活祭記録に記録されている世帯のほぼ半分は，2 あるいは 3 組の夫婦を含んでいた。明らかに，非核家族形態を持つ大規模な世帯がコーンウォールのその他の場所にも存在したであろう」[63]。原因として，カラムはこの地域の環境要因，すなわち，花崗岩からなる地質ゆえの樹木の少なさと分散定住を挙げている。また，経済的要因としては，錫鉱山業の労働力需要と世帯内における子供の養育の特殊なあり方を挙げている。錫鉱山業においては，雇用労働力に依存することなく，世帯構成員の技術と能力に依存することが可能であるという事情が拡大家族形態の形成と維持を促したとしている[64]。さらに，「この地域では家族構造はきわめて柔軟性に富み，核家族が子供の結婚を機に拡大家族になるかもしれなかった」とも指摘している[65]。

　この点は，トッドも同様の見解を表明している。トッドによれば，「すべてが核家族的であったわけではなく，周辺地域には複合的な形態 (fomes complexes) が存続して」いた。それが分布する地域としては，北西部（カンバーランド・ウェストモアランド），ダービーシャー，スタッフォードシャー，ウォリックシャー，そして先にふれたコーンウォールを挙げ，ケルト外辺 (Celtic

表3-4　ヨーロッパにおける結婚類型

		結婚年齢	
		高	低
生涯独身率	高	北欧諸国：スウェーデン，ノルウェー，フィンランド，デンマーク 中欧：オーストリア，ドイツ，スイス，オランダ，ベルギー（19世紀） 外辺地域：アイルランド	イタリア ベルギー（20世紀） フランス ポルトガル（中間的地域） スペイン（1890〜1914年のみ） イングランド・ウェールズ フィンランド（幾分）
	低	スペイン（1890年以前および第一次大戦後） ギリシャ（男子結婚年齢） ポルトガル（中間的地域）	東欧 ギリシャ（一部） ポーランド ハンガリー チェコスロヴァキア ブルガリア，ルーマニア バルト海諸国

出所）P. Flora, F. Kraus and F. Rothenbacher, 'Introduction' in *The Societies of Europe, The European Population, 1850-1945*, ed. by P. Flora, F. Kraus and F. Rothenbacher, 2002, p. 34 より作成。

fringe）と呼ばれる地域であると指摘している[66]。結局，純粋な核家族地帯は南部のケント州を除くイングランド東部のみということになる[67]。イングランドの他の地域とは異なったこうした家族形態の存在の要因として，B. ディーコンは，「植物の生育に不適な花崗岩性の平野ゆえに建築資材や調理に必要な燃料が不足していたこと，子供の養育に関する規模の経済，錫製造，農業」を挙げている[68]。経済組織が世帯の形態に影響を与えているという事態は，北欧のスウェーデンにおいても看取することができる[69]。

ヨーロッパの結婚慣習・家族形態に関する近年の修正の一例を表3-4に挙げておいた。大部の人口統計を収録した『ヨーロッパの人口 1850〜1945年』の編者の一人は，ヨーロッパにおける生涯独身率と結婚年齢の組み合わせの時間的・地域的偏差は複雑であり，ヘイナルの仮説は，あくまでも近世・近代のヨーロッパと非ヨーロッパ地域における家族形態・結婚慣習に関する大まかな類型と考えるべきであるとしている[70]。イングランド・ウェールズにおける家族形態に関しても，ケンブリッジ・グループ内部から修正を示唆する見解が表明されている。グループ内で主として家族史を専攻するウォール自身が，すでに1980年代にその妥当性に関して留保条件を付している。また，ウォールは

ハンメル／ラスレット方式の妥当性に関する地域的・時期的偏差を強調している[71]。

先に触れた「ユーラシア人口・家族史研究計画」が目指すのは，従来の仮説が定式化したヨーロッパとアジアにおける結婚慣習・世帯形成システム・家族制度に関する以下のような単純な二分法を再検討することである。すなわち，晩婚／早婚，高い生涯独身率／皆婚，結婚後における独立世帯の形成／両親世帯との共住，個人の意思決定による結婚／共同体関係の優先，女子および子供の相対的独立／強力な父権，結婚を媒介として物質的資源と人口とのバランスを達成し，高い生活水準を享受するシステム／早婚・皆婚の結果生じる高い結婚出生力を死亡率の変動を通じて調整することによって，資源と人口とのバランスを実現し，低い生活水準に留まらざるをえないシステム，といった二項対立的な類型化である[72]。課題達成のために採用された方法と史料は次のようなものである。長期間継続して情報が入手可能な特定の地域という観察単位から算出される人口学的・社会経済的諸指標に，世帯内の諸事情，たとえば兄弟姉妹・両親・同居親族および子供の生死をはじめ，個人および家族史に生起した出来事という変数を加えたイヴェント・ヒストリーを適用し，それぞれの変数が人口学的行動に与える影響を分析する方法である。

イヴェント・ヒストリー分析を採用することによって，それぞれの社会が持っている結婚に関する観念・人口再生産への見通しを探ることができる。個別の観察単位の社会経済的階層と世帯構成という変数の導入は，結婚性向に影響を与える多様な局面の分析を可能にする。初婚の時期に影響を与えるとされる経済的諸要因を多変量解析によって分析することによって，マルサスのいう結婚準備資金貯蓄説（実質賃金仮説）を再検討し，社会階層を問わず機能していたと考えられる子供と両親からの資金援助というモデルを構築することができる。結婚後の夫婦の居住形態，独立居住（neolocal）・夫方居住（virilocal）・妻方居住（uxorilocal）の分析は，息子と娘の結婚時期と順序を特定し，世帯の社会経済的階層・両親の権威・兄弟の位置との関係を鮮明にすることを可能にする。また，人口再生産の観点からすれば，初婚年齢よりも第一子出産時期を特定することが重要である。加えて，初婚と生涯独身率のみならず，再婚の条件と時期を分析することによって，経済的条件および個人と家族を取り巻く環境

の影響を探ることができると主張するのである[73]。

　この計画による成果のうち，たとえば，ヨーロッパ，アジアともに，物質的諸条件が男子の結婚性向に大きな影響力を発揮するという傾向は一部通説を裏づけるものである[74]。また，観察単位の社会経済的階層・世帯構成・地域の経済的および人口学的な状況がヨーロッパ，アジアを問わず，初婚・再婚の機会に影響を与えていたことが明らかにされた[75]。しかし，その他多くの変数が従来の仮説を必ずしも支持しないという事実も指摘されている。ユーラシア大陸に位置するヨーロッパとアジアとの間に，結婚という人口行動において，相違と同一性が併存し，それぞれの内部にも偏差が存在していたという事実発見は重要である。比較分析の意味を厳密に検討し，同種の史料と統計モデル，同一の統計的手法を用いて，スウェーデン・ベルギー・イタリア・日本・中国における特定の地域共同体を対象として，家族制度が異なるユーラシア大陸の諸地域を分析したこの試みは，現時点では最も先端的な方法であり，印象深い成果を提供しているといえるであろう。残念ながら，イギリスの事例は含まれていないが，前近代における結婚行動に関してマルサス，ヘイナル，ケンブリッジ・グループなどが定式化した仮説をある点では覆す画期的な試みである。初婚・再婚の時期，有配偶率，生涯独身率を決定する変数のうち，ヨーロッパとアジアに共通する説明力の強い変数は何か，あるいは地域内および地域間の相違がいかなるものかを探るこの試みの結果，前近代における結婚という人口学的行動様式について新たな知見が加わったのである。

　北西ヨーロッパ型の結婚慣習・世帯形成システムについて，もう一点付け加えておこう。このシステムの下では全体として人口は資源との関係においてより好ましい規模に落ち着く傾向があるが，その結婚慣習・世帯形成・家族形態（単婚小家族）は，「固有の過酷さ」（nuclear hardship）をともなっていたとラスレットは主張する。単身者，特に老人や非家族世帯に属する人々は，貧困・病気に陥った場合に複合世帯地域の人々が享受するであろう家族・世帯・親族の保護・援助に多くを期待することはできなかったというのである。北西ヨーロッパ型システムの下では，社会的弱者の保護は，個々の家族・世帯・親族といった私的なもの以外の外部の集団的機構・共同体（教区・村・その他）に頼らざるをえなかった。北西ヨーロッパ型の結婚慣習・世帯形成システム・家族

形態が円滑に機能するためには、固有の福祉制度が必要であったとされる。たとえば、教区救貧制度が17～18世紀の北西ヨーロッパで大きな意味を持ってくるのもこうした文脈の中で捉えれば理解できるという[76]。

単婚小家族制度にともなう「固有の過酷さ」については、次のような修正が施され、18世紀後半のイングランドにおいて社会的弱者に対する保護・援助の実態は次のようなものであったという指摘がある。世帯を別にする独立した子供が、年老いた寡婦・寡夫あるいは身体障害者である両親を援助するという例は少なくなかった。たとえば、18世紀後半のイングランドにおいて、独立して他所に住む複数の息子が年老いた親を支援した例がある。独立した18歳の息子が寡婦である母親に軽い仕事を依頼して、その見返りに彼の所得の5％に当たる金銭的な支援を行った例もある。彼女は救貧法による援助に加えて、複数の息子たちから援助を受けていた[77]。

救貧法による援助、雇用者あるいは以前の雇用者による年金などの援助もまた、ある場合には支援となったであろう。しかし、こうした外部からの援助は同じ世帯に同居するか否かを問わず、家族成員・親族によって行われる援助をあくまでも補助するものにすぎなかった[78]。独立した子供たち、姪あるいはその娘が、一人住まいの年老いた寡婦の生活費の一部を現金・食糧・家賃の補助という形で援助するという例もあった。20世紀初頭に既婚の息子たちが、救貧法による院外救貧援助金を受給している寡婦の母親のために、救貧官（Poor Law Guardians）に対して、6ペンス、あるいは1シリングを支払ったという例もある[79]。私的な支援と公的救済・慈善による援助との比率については、F. イーデンが1796年のウィルトシャー（Wiltshire）の一村落について行った分析、あるいは1894年にイングランドとウェールズにおける総計9,125名の老齢貧民の状況を解明したC. ブースの調査が、いずれも私的援助の重要性と「固有の過酷さ」の修正を示唆している[80]。

2）近世・近代イギリスの結婚

マルサス的結婚制度と関連して、他地域、たとえば近世日本における結婚の意味と実態との相違を検討することが重要である。この点に関する最近の文献において紹介されている徳川期日本における離婚・再婚率の高さとヨーロッパ、

表 3-5 イングランドの結婚年齢（1610〜1837 年）

年	初婚・初婚		初婚・寡婦		寡夫・初婚		寡夫・寡婦	
	男	女	男	女	男	女	男	女
1610〜24	27.6	25.5	28.5	37.8	39.1	28.2	43.5	38.1
1625〜49	27.3	25.5	29.0	37.8	39.8	29.1	43.4	40.5
1650〜74	27.6	25.8	28.3	37.4	39.4	29.4	46.3	42.6
1675〜99	27.5	26.0	30.1	39.9	39.5	29.6	45.2	40.2
1700〜24	27.3	26.1	29.0	35.4	39.9	29.7	45.4	42.5
1725〜49	26.7	25.3	28.1	36.1	39.7	28.6	46.4	42.8
1750〜74	26.0	24.6	29.4	34.2	39.3	28.1	47.0	41.7
1775〜99	25.6	24.1	31.3	34.5	39.5	28.8	46.3	40.3
1800〜24	25.3	23.8	28.4	34.2	40.0	29.8	46.4	43.2
1825〜37	24.8	23.3	30.4	35.7	38.1	27.8	51.7	39.5

出所) E. A. Wrigley et al., *Family Reconstitution*, 1997, p. 149 より作成。

特にイギリスにおけるそれとの相違は，初婚の動機と定義の違いを考慮してもなお興味深い[81]。表 3-5 に示すように，ケンブリッジ・グループによるイングランド各地の家族復元分析から算出された 1610〜1837 年の結婚コーホート男子 14,686 人，女子 17,308 人のうち，男子再婚率は 13.5 %，女子再婚率は 5.0 %であった[82]。今後，イングランドの再婚率とほぼ同時期の日本におけるそれとを比較し，その歴史的意味を考察することが必要であろう[83]。

様々な批判があるとはいえ，イギリスにおける結婚性向に関して指摘しておかなければならないのは，上で詳しく見たいわゆる「ヨーロッパ型結婚慣習」を持つとされた他のヨーロッパ諸国と同様に，男女ともに初婚年齢がアジア・その他の地域と比べてかなり高かったという事実である。近代イギリスにおける結婚に関するいくつかの指標を簡単に紹介しておこう。初婚・再婚を含めて 17 世紀初頭から 19 世紀前半に至る間の結婚年齢を示した表 3-5 から明らかなように，少なくとも 19 世紀前半に至るまで，男性は 26〜28 歳で結婚し，女性も 18 世紀前半以降にかなり大幅な初婚年齢の低下を経験するまで，26 歳前後にならなければ結婚しなかった。18 世紀半ば以降の初婚年齢の急激な低下（男女平均で 3 歳低下）の原因については，経済的環境の変化をはじめとして種々考えられるが，今後の研究の進展を待たなければならない。年齢別の再婚までの期間（月数）や扶養子供数別の再婚までの期間などについては，次のよ

うな情報を得ることができる。1580～1837年を通じて，寡夫の再婚までの期間は平均29.0か月，寡婦の場合は43.7か月であり，ともに時期が新しくなるにつれて期間の延長が顕著である。年齢別に寡夫・寡婦の再婚までの期間を見ると，寡夫の場合には，配偶者を失った年齢による差はほとんどない。

　他方，寡婦の場合には，高齢で寡婦になった女性ほど早く再婚する傾向が見られる。全期間を通じて，30歳以下（平均49.4か月），30～39歳（44.1か月），40～49歳（39.5か月），50歳以上（22.2か月）である。10歳以下の扶養子供数別に再婚までの月数を見ると，寡夫の場合にはほとんど差は見られないが，寡婦では扶養子供数が少なくなればなるほど再婚までの期間が短くなるという傾向が，はっきりとしている。また，扶養子供数が同じ場合，年齢の高い寡婦ほど再婚までの期間が短くなるという傾向が見られる[84]。興味深いのは，結婚年齢の低下が妊孕力の高い年齢の内部で起こったという事実であり，これによって，出産力全体を大きく（20％）押し上げたということである。その意味で，いわゆる長期の18世紀（1675～1825年）におけるイングランドの人口急増は，女性の初婚年齢の大幅な低下とそれに伴う出産力水準の上昇，そして，それを引き上げた有配偶出産力の上昇にその多くを負っていると考えられる。

　結婚に関わる指標のうち，有配偶率については生涯独身率（イングランドの場合40～44歳，その他の地域については45～49歳の人口に占める未婚者の割合）を見てみよう。17世紀を通じて独身率（男女）は20％以上の高い水準を維持し，18世紀中に7～8％に低下した後，19世紀前半に再び上昇して10％強となっている。少なくともイングランドに関する限り，17～18世紀を通じて平均して15％近くの男女が結婚を経験せず生涯を終えたことになる。他方，東ヨーロッパの独身率を見ると，45～49歳の年齢階層中，未婚者は男性で7.9％，女性で2.7％ときわめて低く，西ヨーロッパにおける同時代の独身率の40％（男性），18％（女性）にすぎない。同じ時期のヨーロッパ以外の地域の独身率はまちまちであるが，1920～50年代のアジア，アフリカのいくつかの地域のそれを見る限り，同じ年齢階層の独身率は平均して男性3.7％，女性2.1％であって，1900年前後の東ヨーロッパのそれに近いものであったことがわかる[85]。

　一般的にいえば，結婚年齢と生涯独身率がともに高い西部および北部ヨーロッパの結婚慣習については，出生力との関連において，結婚外の出生（非嫡

出子率・婚外子率）が問題となるであろう。1750年以前のイングランドの非嫡出子率は2.6％，スカンディナヴィア3.8％，フランス2.9％，ドイツ2.5％，スペイン5.4％である。1740〜90年では，イングランド4.3％，スカンディナヴィア2.5％，フランス4.1％，ドイツ3.9％，スペイン5.1％である。マルサスが活躍した1780〜1820年では，イングランド5.9％，スカンディナヴィア6.8％，フランス4.7％，ドイツ11.9％，スペイン6.5％である[86]。1780〜1820年のドイツを除いて7％以下であり，これらの地域においては結婚外の出生がそれほど大きな意味を持っていたとは考えにくい。イングランドについては，平均初婚年齢と非嫡出子率は逆の相関を示し，結婚年齢が高い時期には非嫡出子率は低く，結婚年齢が低下した時期には逆に非嫡出子率は上昇している[87]。

もともと出生力・死亡率水準の低い低圧型人口を持つイングランドにおいては，少なくとも16世紀中期から19世紀後半に至るまで，結婚期間中の出生力（年齢別有配偶出生率・合計有配偶出生率）は，人為的出生抑制の影響をこうむらず，他地域の自然出生力と比べてもかなり低い水準で固定化し，ほとんど変化を見ずに推移した。このことは，出生力の変化，したがって人口の規模・年々の増加率が，特に女性の結婚の時期と結婚する人口の比率によって，ほとんど決定されることを意味した。近代イングランドの人口変動は，結局のところ，結婚に関わる指標の変化によってかなりの程度説明されうるのである。

第4章

移動, そして生の終着点へ
――近代における人口の流動性と死亡――

　人口現象を構成する出生・結婚・死亡・移動のうち, 人口移動（人の動き）は他の要因と比べて史料にその足跡を残すことが少なかった。人口流動性に関する情報の入手は, 統計作成当局にとって重要度が相対的に低く, その上調査方法が複雑であり, 情報収集費用も高くなる傾向があったからである。移動する個人や家族の動向を逐次追跡して記録することは, スコットランドの救貧史料が直前の居所の届出を義務づけた例を除けば, きわめて稀であった。あるいは, イギリスの場合, 調査を担当する世俗当局の関心が, 他のヨーロッパ諸国ほど人口移動と流動性に向けられていなかったことも史料の精度や残存の程度を左右する要因であった。近世・近代の人口移動に関する研究がその他の要因の分析ほどはかばかしく進んでいない理由の一端は, こうした史料上の制約と調査実施当局の関心のあり方によるものである。

　しかし, 19世紀においては, 少なくとも国内移動に関する限り, イギリス人はヨーロッパ中で最も流動的な人々であったといわれており, これに先立つ時期からすでにイギリスの人口はきわめて流動的であった。たとえば, 男女ともに, そして都市と農村を問わず, 17世紀後半から18世紀前半にかけてイギリス人のほぼ3分の2は生涯に一度は移動を経験していたとさえいわれている。加えて, 大英帝国の宗主国として, 海外への人口移動は近世・近代のイギリスにおける人口の流動性を高めていた。この章では, 主として史料上の制約から生じた人口移動研究の相対的遅れを取り戻そうとする研究者の試みを, 最初に国内人口移動を対象として解説し, 次いで19世紀における海外移民の動向と植民地からの人口移入に関する研究動向を追ってみたい。

また，近世・近代における死亡率の水準と時系列変化に関する最近の研究動向を辿り，乳幼児・成人死亡率と人口現象を構成する他の要因との相互関係を考察することもこの章の目的である。もともと人口動態統計作成の責任機関として19世紀前半に設立された身分登録本署が最も力を注いだのは，死亡率の具体的内容を究明することであった。都市化の急展開によってもたらされた環境悪化が住民の健康にどのような影響を及ぼすかについて，統治機構は可能な限り詳細な情報を収集する必要に迫られていたのである。この章では，都市化と死亡率との関係についてもこれまで明らかにされた成果を紹介する。

1　人口移動

1) 国内人口移動研究の潮流 (地域間人口移動)

　最初に，イギリスの国内人口移動に関するほぼ半世紀間の研究潮流を大摑みに見ておきたい。イギリスにおける人口移動研究の「古典学派」ともいうべきE. G. レイヴェンシュタイン，A. レッドフォード，A. K. ケアンクロスが，センサスの集計量に基づいてイングランドの国内人口移動の実態を解明しようとした際，彼らはともにイングランド南部の農業地帯から北部の工業地帯への大量の人口移動を想定していたように思われる[1]。しかし，彼らがそれぞれ明示的にであれ暗黙のうちにであれ前提していた南部イングランドから北部イングランドへの長距離人口移動を否定するような事実を，彼ら自身が多数発見するに至っている。近代イギリスの人口移動は，比較的狭い範囲内の近距離移動が大勢を占めていたのである[2]。これら3人のパイオニアの後を受けて，1960年代以降に進められた近代イギリスの国内人口移動の研究は，新たな史料の発掘と分析手法の精緻化，対象地域の拡大といった点で以前の状況を一変させるものであった[3]。

　とりわけ，産業革命の舞台の一つとなったランカシャーのプレストン (Preston) に関する M. アンダーソンの研究は，社会学的接近方法を用いて，工業都市の社会的結合の実態，親族の占める位置を1851年センサス調査員転写冊子を史料として詳細に分析したものである。彼の研究は，都市の共住集団におけ

る親族同居の意味，定着世帯と移入世帯の親族共住の比較をはじめとして，ヴィクトリア朝初期の都市形成に関してその後に展開した同種の研究の出発点となった[4]。また，同じく主として 1851 年センサスの調査員転写冊子を用いて中世以来の司教都市ヨーク（York）における住民の階層別人口諸指標を検出した A. アームストロングの研究も人口移動研究に少なからぬ貢献をしている[5]。あるいは，問屋制家内工業が展開する農村教区，ベッドフォードシャー（Bedfordshire），カーディントン（Cardington）の 1782 年における住民調査から詳細な年齢別人口移動を復元したスコッフィールドの分析も，人口移動の具体的な実態，農村人口の流動性に関して貴重な情報を提供するものである[6]。

　特定地域の地理的・社会経済的環境と人口移動との関連に焦点を絞ったおびただしい個別研究が 1960 年代以降に蓄積されてきたが，あえていえば，この間，研究の大きな枠組の構築・分析視角の転換という点ではこの領域の研究が大幅に進展したということはできない。その意味で，1970 年代後半までの人口移動の研究史を回顧した E. G. グリッグが述べているように，いくつかの優れた例外を除くと，レイヴェンシュタイン・レッドフォード・ケアンクロスという 3 人のパイオニアの研究は，近代イギリスの国内人口移動に関する最も包括的な研究としての地位を今なお失っていない。皮肉なことに，人口移動が重要な役割を果たしたと考えられる都市化と工業化の急展開の時期，18 世紀後半から 19 世紀前半に関する人口移動研究は，近世あるいは 19 世紀後半に関する人口移動研究に比べて立ち後れているのである[7]。

　ここで近代イギリスの国内人口移動に関して，今後実り多い成果が期待できそうないくつかの潮流に注目しておきたい。まず，一般的な状況として次のような事実を指摘しておかなければならない。すでに詳述したように，イギリス歴史人口学研究の集大成であった 1981 年刊行のリグリーとスコッフィールドの大著『イングランドの人口史，1540〜1870 年，一つの復元』の最大の課題は，300 年間にわたるイングランド総人口の可能な限り正確な復元であった。したがって，人口移動や都市人口の解明は，本格的にはなされなかった[8]。この点に関して，未解決の課題が多く残されたことは否定できない。他方，これまた詳しく紹介したように，教区登録簿を用いた成果である『家族復元分析によるイングランドの人口史 1580〜1837 年』は，イギリス各地の 26 教区の定

着人口に関する詳細な人口指標から過去に生きた人々の行動様式，特に結婚・出生に関わるそれを復元することを目的とするものであった。したがって，移動する人間の行動様式については当然わずかしかふれられていない[9]。1980年代初頭以降，歴史人口学の次の標的として人口移動や死亡，疾病が注目され始めたのはこの学問領域の発展の流れとしてごく自然なことであった。

　近年の人口移動研究のうち注目すべきものの一つとして，移住人口の都市への具体的な入り方の分析が挙げられる。特にこうした研究動向は，近世都市に関して顕著である。都市におけるよそ者の受容，移住者の都市への同化・統合の過程を，時代とともにその重要性が変化する窓口の分析を通じて，具体的に明らかにしようとするものである[10]。都市移住者は，奉公（徒弟・家事使用人：servants）を通じて都市居住者の世帯に入り込むのか，結婚を契機に都市において家族・世帯形成を行うのか，それとも都市に居住する親族を利用して，住居・食糧・仕事・借金・その他を確保するのであろうか。ウェールズ・スコットランド・アイルランド出身者たちは，カルヴァン派の宗教的亡命者ユグノー（Huguenot）やユダヤ人，その他の外国人と同じように，固有の文化や宗教を共有する集住地域を形成したのであろうか[11]。都市移住に際して，人々は「渡り職人」（tramping artisans）がそうしたであろうように，居酒屋に居合わせた同業者や旅人宿（houses of call）で仕事と住宅に関する情報を手に入れたのであろうか。

　問題意識そのものは決して新しくはないが，移住民の都市への具体的な入り方と関連して，移動の動機・都市における雇用の動向に関する情報の流れの経路や，移住民の都市への吸引のメカニズムに関する分析も今後深められなければならない。特に都市における労働市場・雇用関係形成の具体的なあり方については不明な点が多く，実証の深化が最も求められている領域である。この点については，実り多い成果が期待できる領域として，形成期の労働組合資料を用いる労働力移動の研究がある。E. J. ホブズボウムの古典的労作によって知られる，近代労働組合の前身ともいうべき職能団体（trade society）が提供する移動補助制度の研究は[12]，近年精緻さをまし，19世紀イギリスの労働力移動に関する詳細な情報をわれわれに提供しつつある。19世紀初頭以来イギリス全土に形成された各種の職能団体は，正規の組合員の雇用を促進する手段とし

て，全国に散らばる支部への紹介の労を取り，旅費を支給し，宿泊の便を提供した。職を求める正規の組合員は，支部が所在する都市の居酒屋や旅人宿のリストと旅行許可証（travelling certificate）を与えられる。支部に到着し，旅行許可証を提示した職人は，雇用の有無を知らされる。その地に適当な雇用が見当たらず，さらに旅を続けなければならない場合には，食事と1パイントのビール，一夜の宿，そして前回旅費支給以来の日数と旅行距離に応じた旅行補助金を与えられるのである[13]。

雇用機会を求めて全国の支部を転々とする職人の足取りを蒸気機関製造工組合（Steam Engine Makers' Society）の旅費支給帳簿などを用いて克明に分析し，19世紀イギリスの熟練労働者の移動回数と移動の規模を復元した最近の研究によれば，1835年から1846年までの期間に，平均して正規の組合員のうちの1割が職探しのための移動（Tramping）を経験し，移動距離の平均は129.4マイルであった。特に不況が深刻になった「飢餓の40年代」には，職探しの旅費（Tramping Money）を支給された職工は組合員の24.1％に上り，彼らは平均して200から300マイルの距離を移動したのである[14]。もちろん，標本の偏り（標本が正規の組合員である熟練労働者であること），移動者率・回数・距離などが景気変動による雇用機会の多寡に強く制約される点，あるいは職探しのための旅費援助という制度がもつ移動促進効果という固有の状況を考慮に入れる必要がある。また，当時の職人たちは雇用機会を求める場合，こうした正規の支援制度のネットワークに依存するだけでなく，親族や友人といった非公式の互助制度の恩恵に与ってもいた。しかし，職能団体の資料から復元されたこれら熟練職人の移動の特徴，たとえば，移動頻度の多さ（移動歴のある職人のうち38％が2回から3回の移動を経験し，12％が4回から6回の移動を経験している），移動距離の長さ，若年層における移動率の高さ，ある種の循環移動（最初に組合に入会した場所への回帰）[15]などは，19世紀におけるイギリスの労働力移動の一局面を信頼すべき正確な史料で実証したものとして貴重である。

同郷クラブなどの都市における任意団体・慈善協会・信仰を同じくする宗派が移住者を援助することも稀ではなかった。とりあえずは簡易宿泊所（common lodging house）に止宿し，数年，場合によっては2世代を費やして都市への定着の足がかりを徐々に確保するという方法は，農村から都市へ流入した，と

りたてて技術をもたない人々にとってはむしろありきたりのものであった。あるいは，近隣の農村から都市に流入した年若い人々，特に女性は，家事使用人・その他の労働者を斡旋する雇い人紹介所（register offices）を通じて都市に入り込むことができたかもしれない[16]。移住者の受け入れ方，彼らの都市への同化の具体的な姿をおそらくは今後発掘されるであろう新しい史料を用いて解明しようとするこうした試みは，近い将来実り多い成果を挙げるであろう。その他，18世紀における救貧史料から移動する貧民の動向を追った研究については，中野忠の近世・近代ロンドンに関する一連の人口移動研究が重要である。移入が都市人口の趨勢を決定的に左右するロンドンの人口移動に関しては，すでに序章で触れたフィンレーによる包括的な研究がある。全国から流入する徒弟・奉公人の地理的分布，移入人口がロンドン人口の年齢別・性別構成に与える影響，16世紀後半におけるヨーロッパ大陸からの宗教的亡命者の大量の流入，16世紀末期から17世紀初頭の感染症による超過死亡確定との関係をはじめとして，首都ロンドンの人口移動に関する研究課題が網羅されている[17]。

最近におけるイギリス近代人口移動史研究の著しい傾向の一つとして，信頼できる個人の生活史記録を系統的に，可能な限り多数収集し，彼らの移動歴を復元するランカスター大学の歴史地理学者たちによる試みを挙げておかなければならない。先祖の伝記・自叙伝・家族史・家系記録，あるいは聞き取り調査（oral history）の結果を用いる個人の移動歴の追跡調査が，この時代の人口移動研究の通説を覆すような興味深い事実を次々に提供しつつある。一時点におけるセンサス原簿の出生地記録，あるいは徒弟奉公契約書・救貧法関係史料・定住許可証（settlement certificates）・前述の職能団体会計簿・遺言書・商工人名録・課税記録・日記・聞き取り調査記録といった特定の社会集団の移動を記録した史料が持つ限界を克服する試みとして，注目すべきものである[18]。

2）都市人口の流動性

都市内部における住民の頻繁な転居という現象は，かつてはそれほど関心が払われなかったが，救貧税賦課記録・センサス調査員転写冊子・選挙人名簿・その他を用いて解明しようとするいくつかの注目すべき試みがある。実際，19世紀前半の都市内部における人口の流動性は予想以上に高く，たとえば，選挙

人名簿から19世紀30年代のシュルースベリー (Shrewsbury)・ノーサンプトン (Northampton)・ブリストルの3都市の都市内転居を検出したJ. A. フィリップスの分析によれば，わずか1年の間にそれぞれ14.5％, 18.8％, 20.4％の住民がその居所を変えている[19]。また，19世紀半ばのヨークシャーの工業都市リーズに関するD. ウォードの分析によって，男子世帯主の3分の2は1841～51年に転居し，死亡を含めた人々の交替率 (turn-over rate) は50％を超えていたことが明らかにされている。都市内の転居はきわめて近距離で行なわれ，4分の1マイル（約400メートル）以下の移動が36％，それ以上が30％を占めていた[20]。

同じ都市リーズにおけるアイルランド人の都市内移動に関するT. ディロンの研究も，同一の町内 (streets) にある家屋への転居を含む短距離移動が稀ではなかったことを明らかにしている[21]。また，19世紀後半のリヴァプールでは，12％が同じ町内で転居し，30％が4分の1マイル以下，70％が1マイル以下の移動を経験している[22]。先にふれたプレストンに関するアンダーソンの研究も親族の近住という事実を検出している。たとえば，新たに世帯を形成した子供夫婦は両親の居所から平均260ヤード（約230メートル）の場所に住む傾向があったという[23]。居住期間がきわめて短く，移動距離も予想外に短いという19世紀イギリスの都市内移動の特色は，この時代の都市住民の職業の変更・結婚・年齢・家屋の選択によってもたらされたものであり，社会経済的階層・年齢・出身地（都市出身者か移入者か）によっても異なっていた[24]。

近代ヨーロッパ都市における人口の流動性をきわめて克明に復元したものとして，スウェーデンにおける世帯の試験記録簿 (husförhörslängder) を用いた19世紀中期のヴァステナ (Vadstena) に関する研究がある。出生地・居所を詳細に記録したこの史料や通常の教区登録簿から復元した数十例の個人の移動歴を見ると，この都市の住民は数年きざみで移動を繰り返し，生涯に数度にわたって居所を変えていることがわかる。多くの場合，移動は農村から都市へという一方向の単純なものではなく，農村から都市，都市から農村へという循環的なものであった。また，特に狭い都市の内部で頻繁に転居を繰り返すことはこの時代の人々にとってはごく普通のことであり，47人の復元データによれば彼らは平均して生涯に4回の転居を経験している。出生後20歳まで近隣の農村

に居住し,他の都市へ移住して5年間を過ごし,その後25歳から70歳の後半まで居住したヴァステナで17回の転居を経験した下層労働者の例や,転居12回の職人,15回の手工業親方,14回あるいは12回の労働者の移転歴はわれわれの常識を覆すものである[25]。

近代都市内部におけるこうした頻繁な,きわめて近距離の人口移動は,この時代の都市における住宅市場の実態,あるいは転居に対する当時の人々の意識のあり方という問題にわれわれを導く。実際,この種の研究が共通して指摘しているように,所得や資産において低位にある階層ほど交替率が高かったという事実は次のようなことを意味している。すなわち,持家所有者である中流階級以上の人々にとって,転居は重大事であったであろうが,借家住まいの大部分の都市勤労者層にとっては,転居は今日われわれが考えているほど大きな意味を持っていなかったのかもしれない[26]。転居費用の高低が階層別転居の相違を説明する重要な要因であった。週単位の貸借契約が基本であったこの時代の住宅市場の実態が今後解明されるべきであろう。

これと関連して,今後検討すべき問題として,目まぐるしい都市内の人口移動が都市の各種の部分共同体＝下位体系(隣人・友人・職場・余暇仲間など),社会的結合のあり方に与える影響を挙げておかなければならない。すでにアンダーソンも指摘しているように,高い移動率によってもたらされる移ろいやすい人間関係・隣人関係の脆弱性を補う,互恵的な依存関係の拠り所として,親族が重要な位置を占めていたと考えることも可能であろう[27]。あるいは,社会経済的階層・職業による移動率に顕著な差があるということがさらに細かく実証されれば,階層別の部分共同体の性格の解明という課題が当然出てくるであろう。近代イギリス都市における住民,特に下層都市居住者の社会的結合の分析を今後深めて行く必要がある。

人口移動・都市化研究の潮流として,最後に次のような視角があることを指摘しておきたい。現在の第三世界の多くの国で見られる驚くべき都市人口の増加・農村からの大量の人口流入という現象と,18世紀末期から19世紀におけるヨーロッパの工業化・経済社会の近代化に随伴する都市化との関係をどのように説明するのか,両者における都市化の意味の違いを検討しようとする立場である。一般的には,農業生産性の上昇,雇用や賃金の平準化,産業構造の高

度化による第二次・第三次部門の拡大,都市的生活様式の普及と形式的合理主義の浸透といった積極的な局面の展開と結びつけて考えられる欧米の都市化と,一人当たり所得の低位・貧困と人口増加の悪循環に悩む第三世界の都市化は,ともに都市人口比率の上昇,都市人口の急増を含む社会現象として現れるが,両者はその過程で類似した局面を共有するのか,別物であるのか,これらの問題をどのように整合的に説明するのかを問う立場である[28]。現代社会との接点の一つを提供する問題意識として評価すべきであろう。

3) 最近における国内人口移動研究（イングランドの事例）

　1970年代以前においてもイギリスにおける国内人口移動研究の蓄積は厚く,文字通り枚挙にいとまがない。しかし,移動に関する情報が豊富で正確なヨーロッパ大陸諸国,特にドイツにおいては主としてセンサス個票を史料とする年齢別・性別・職業別移出入を分析した詳細な地域間移動・階層間移動の研究が前世期後半から着実に進められているが,大陸諸国とは違って,イギリスにおける研究状況は史料の制約上はかばかしいとはいえない。近代の人口移動研究には欠かせないセンサス調査員転写冊子に含まれる情報量が少ないからである。他方,こうした史料上の制約を補う人口移動研究が,1980年代以降相次いで刊行された。以下,代表的な著書3冊を取り上げて18～20世紀イギリスの人口移動に関する研究動向の一端を探ってみたい[29]。

　先に簡単に触れたランカスター大学の歴史地理学者C. G. プーリーとJ. ターンバルの研究は,信頼できる個人の生活史（居住記録）を可能な限り多数収集し,移動歴（居住地変更歴）を復元する方法を採用したものである。かつてケンブリッジ・グループが全国のアマチュア史家の協力を仰いだように,この著者たちも全国の学術団体に呼びかけて調査用紙を家族史・家系研究者に配布し,1750年から1930年に出生した人々の生活史記録の提供を依頼した。移動に関する調査項目は,移動日時・年齢・配偶関係・出発地・移動先・同伴者・移動理由・移動支援の有無・住宅保有形態・職業・仕事場所・典拠などである。回収された標本数は17,161,記載不備などの理由で除外した回答用紙を除く標本数（個人）は16,091,彼らがその生涯に経験した移動の延べ回数は73,864回であった。個人の生活史および補助史料として伝記・自叙伝・日記・聞き取り調

査を用いる方法を採用したのは，センサス調査員転写冊子の出生地記録・徒弟奉公契約書・救貧法関係史料・職能組合資料・遺言書・商工人名録・選挙人名簿をはじめとして，研究者がこれまで利用してきた史料の持つ限界を著者たちが強く意識してきたからである。特に，移動年齢が確定できず，移動理由・動機，移動と生活周期との関連，地域間の循環的人口移動の性格と規模の解明が困難であるという近代イギリスの人口移動研究が持つ史料的制約を可能な限り克服しようとした結果であった。

18世紀中期以降のスウェーデン，1840年以降のベルギー，1850年代以降のオランダ，19世紀中期以降のドイツでは，個人・家族の転出・転入に関する詳細な情報を記録した人口登録簿が利用可能であり，正確な人口移動指標が算出されつつある[30]。残念ながら，イギリスにはこのような史料は存在しない。しかし，各地の家族史・家系史研究者から寄せられた200年間の個人に関わる生活史記録は，ヨーロッパ大陸の研究者が利用しうる史料に匹敵する情報を提供するものである。もとより，この種の記録が持つ標本の偏りは避けられない。1801～1951年センサスとの比較によって，アイルランドを除く出生地域・居住地域，居住地域の性格（農村か都市か）と規模，主要な地方都市間の分布において，標本は全国人口をよく代表するものであることが判明したが，性別・年齢・配偶関係・職業・社会的地位に関して，全国人口との乖離が検出されている。たとえば，男系・子供を持つ既婚者・高年齢者・小都市および農村居住者・上位の職業・熟練労働者などの比重が高いという傾向である。この点は，結果を解釈する際に十分留意すべきであろう。

復元された移動歴の分析から判明する事実の中には，通説を裏づけるものも多数あった。たとえば，全期間を通じて短距離移動（1キロメートル未満が24.5～43.7％，平均移動距離は33.7～38.4キロメートル）が優位を占め，ロンドンの吸引力が強く，上位の社会階層・熟練技術者に見られる移動年齢の高さと相対的な長距離移動，移動動機（雇用・結婚・家族の事情・住宅，配偶者の死や病気，離婚，破産といった生活上の危機）における雇用機会と結婚の優位などである。18世紀半ばからの1世紀間においては，移動動機のうち雇用機会は48％，結婚は26％を占めている。興味深いのは，移動理由のうち，雇用と結婚の比率が時期を経るにしたがって減少し，代わって住宅取得・家族の事情（扶養・

被扶養に関わる親族との同居，あるいは近住など)・生活上の危機の割合が増加し，動機が多様化していることである。

　他方，通説に挑戦する事実も少なくない。たとえば，移動における家族集団の重要性である。全期間を通じて，個人の移動がほぼ2割を占めるにすぎないのに対して，子供を伴った単婚小家族の移動は全期間を通じて，6〜7割に達している。これに拡大家族の移動を加えれば，8割近くの移動が家族単位で行われたことになる。個人の移動の場合，移動距離は平均して50キロメートル前後であり，家族単位の移動（30キロメートル前後）と比べて長くなる傾向があった。理由の如何を問わず，移動の意思決定に家族構成員の利害が反映しているという事実が示唆されている。移動の内容に関して，男女間にほとんど差がないという事実も従来の見解，特にイギリス人口移動研究の草分けであるレイヴェンシュタインの移動仮説に修正を迫るものである。通説が強調する農村から都市への移動，大規模定住地への不可逆的な移動という近代人口移動の際立った特徴に関しても，分析結果は大幅な修正を促している。18世紀中期からごく最近に至るまで，最も一般的な移動の形態は，同じ農村・都市内部の転居と同規模定住地間の移動であり，こうした移動が全体の3分の2を占めている。規模の大きな都市への移動は全期間を通じて17.6％にすぎなかった。他方，人口の少ない地域への移動も前者とほぼ同率であった。これまたレイヴェンシュタインの人口移動仮説に挑戦するものである[31]。また，1970年代に始まったとされる都市縮小現象（counterurbanization）は，すでに18世紀に芽生え始めていた。19世紀後半には大規模都市への移動と小規模都市への移動が拮抗し，1920年には大規模定住地からの脱出と都市縮小が優勢になっていたのである[32]。

　農村から都市への移動は決してこの時代の人口移動の典型ではなく，都市内部の転居，同規模定住地・農村間の循環的な移動，小規模定住地への流出といった複雑な移動の形態が一般的であった。こうした事実の含意は，19世紀中期以降顕著になる都市成長に人口の自然増加がかなり重要な役割を果たしたのではないかということである。この時代の都市化がもっぱら外部からの人口移入によって可能となったという従来からある根強い見解や，人口移動を近代化・工業化と関連させて捉え，前工業化社会における移動性向の低さ，農村人

口の固定性，農村から都市への不可逆的な移動と工業化・都市化の発展というシナリオを描く W. ゼリンスキーに代表されるような伝統的な思考枠組みに対する批判として受け止めるべきであろう[33]。また，主として日記・伝記・自叙伝の分析から，多くの場合，移動が不安や受け入れ先との軋轢・摩擦を和らげる家族・姻戚・友人・同郷者などの支援体制の下で行われ，組織化され，制御されたものであったという事実が検出されている。

プーリーとターンブルが再三指摘しているように，彼らの分析で明らかになった最も重要な事実は，少なくともイングランドとウェールズに関する限り，人口移動の動機・移動距離・回数・方向・年齢・配偶関係・移動先における居住期間・その他移動のプロファイルに関して，地域あるいは時期による相違がほとんど検出されないということである。18世紀半ばからの2世紀間にイングランドとウェールズの人口移動が示したこうした均質性は，先に紹介したケンブリッジ・グループの家族復元分析に見られる同様の傾向，すなわち出生・結婚および部分的には死亡に関する指標の地域的・時期的な同質性という事実を考え併せると興味深い。おそらくは，この時代の社会経済的発展・地理的条件・環境・その他における偏差にもかかわらず，人口移動を制御する過程は，アイルランドの馬鈴薯飢饉，あるいはスコットランド高地（Highlands）における急激な社会経済的変化といった特殊な状況を除いて，生活周期上で起こる出来事の中で家族・個人が下す意思決定に強く影響され，地域の諸条件に左右される余地が少なかったからであろう。あるいは，交通・運輸・情報伝達手段の発展，人々の思考・行動様式・家族形態などの相対的な同一性が，近代初期という比較的早い時期にイングランドとウェールズにおける経済・社会・文化の均質性をもたらしたのかもしれない。また，市場の展開の程度も関わりがあったのかもしれない。いずれにせよ，時間・空間・階層などの相違を超えて，移動過程の普遍性・安定性が検出されたという事実は，人口移動が決して異常な，非日常的な出来事ではなく，人生のある時期にほとんどの人々が経験するごくありふれた出来事であったということを意味しているように思われる。

4）スコットランド高地から低地へ

上に述べた趨勢から外れるスコットランド高地における人口移動の特異な性

格について，高地ゲール語（Gaelic）地域から低地（Lowlands）都市への人口移動に伴う文化変容の過程を分析したC. W. J. ウィザーズの著書に移ろう。地形的に平坦で，それほど変化に富むことのないイングランドと比べて，高地と低地という対照的な環境に二分されているスコットランドでは，近代以降の国内人口移動は，基本的に両地域間，特に高地から低地への人口流出を軸に展開した。古代ケルト族に発するスコットランド・ゲール語は，もともとほぼ高地全域，特に西北部と島嶼に残る固有の言語であった。スコットランドの人口移動は，国内移動といっても，多くの場合，言語というきわめて重要な文化現象の変化を伴うものであって，他の地域におけるそれとは次元の異なる複雑な問題をはらんでいたのである。スコットランド人口の約14〜15％を占める高地地域の内部では，西北部を中心に成立した小規模小作制（crofting system）によって経営される地域と，当初は古い耕地制度と共同体農業に依存し，主として大麦とオート麦を生産する東南部の農業地帯（farming Highlands）という，異なった農業制度を持つ二地域が併存していた。それぞれの地域は，18・19世紀を通じて，人口増加率・低地への移動時期と規模において，固有の軌跡を描いている。しかし，いずれの地域も人口と資源の不均衡を調整する手段として，低地都市への人口移動に依存した点で変わりはない。高地から低地への人口移動が恒常化した背景に，経済発展・都市化の進展度・賃金・雇用・物価水準の格差があったことはいうまでもない。

　19世紀に顕著になる永住型移動に先立って，17世紀後半以降，一時的・季節的な人口移動，特に西北部の小規模小作制地域から低地都市（建設労働・女性の家事奉公），低地農業地域（収穫作業），あるいは沿岸の漁業地域（鰊漁）へ向かう人口の流れがあった。この種の移動は，両地域の経済を円滑に機能させるために以前から埋め込まれていたシステムであり，多くの場合，短期間（平均6週間）の滞在と帰郷を繰り返しながら，高地地域内部の村から小規模都市へ，次いで大規模な都市，最終的に低地の都市への定着を経験する段階的な移動を内容とするものであった。こうした移動の特徴は，救貧補助金支給の条件として，以前の滞留先の記入を義務づけたスコットランド救貧法史料から判明する。一時的・季節的であっても，移動は組織化され，構造化されていた。収穫労働のための移動が，時には高地の地主と低地の借地農業経営者との間で結

ばれる契約に基づいて組織化されることもあったのである。

　一時的な危機に直面した場合でも移動が十分に制御されていたという事実は，注目に値する。たとえば，馬鈴薯生産の比重を高めつつあった高地，特に西北部農村を襲った1830・40年の飢饉に際して，鉄道会社と契約して数千人の移動を組織し指示したのは，高地の地主・「スコットランド自由教会」・「困窮高地住民救済基金中央委員会」であった。グラズゴウ（Glasgow）やエディンバラ（Edinburgh）のような大規模な都市では，到着した貧しい高地人を支援する高地地方移入者支援友愛協会（Highland Strangers Friend Society）やケルト族支援施療院（Celtic Dispensary）といった救済協会（benevolent societies）のネットワークもすでに形成されていた。ウィザーズは，低地都市における支援体制と高地人の強い絆の存在が，一時的・季節的な移動を経験した人々を永住型移動に向かわせたのではないかと推測している。

　1800年から1860年の間に，季節的移動は別として，約25万人が高地から移出し，その大部分はグラズゴウ・エディンバラ・パース（Perth）・アバディーン（Aberdeen）・ダンディー（Dundee）・スターリング（Stirling）・ペイズリー（Paisley）など，9つの低地都市に定着した。センサス調査員転写冊子・救貧法関連史料の他，補助史料として埋葬簿，救貧院収容者・警察官・大学在籍者名簿を用いて復元した移住者の都市への定着の仕方に関して興味深いのは，高地の特定地域から市内の特定教区・地域への移住が多かったという事実である。都市への永住型移動は無秩序・不規則に行われたのではなく，地縁・親族・姻戚といった絆が重要なはたらきをする形でなされたことが暗示されている。段階的な移動，永住型移動に先立つ一時的・季節的移動の存在を考えると都市への到着年齢を確定することは困難であるが，他の史料から推量して，19世紀前半までは独身の若年層，後半からは家族の移動が相対的に多かったといえそうである。

　低地都市に移住した高地人の精神的な拠り所は，ゲール教会（Gaelic Chapels）であった。著者ウィザーズの最大の関心は，ある時期まで移住者社会の統合に求心力を発揮したゲール教会や，移住高地人を支援した各種の世俗団体・救済協会が，実際には複雑な利害の対立を内包する組織であり，低地都市における高地出身者社会が決して一様ではなかったという事実を明らかにすることであ

る。もともと低地都市におけるゲール教会は、低地地方ですでに一定の地歩を築き何らかの形で移住者支援団体と関わりを持っていた高地出身の有力者が、ゲール語を使用する中層以下の高地出身者のために、彼らの好む言語で聖書を読み、祈りを捧げることができる場を提供することを目的に建設された。

　彼らの目的は、様々な階層からなる高地出身移住者をともかくも一堂に集め、精神的に監督・制御することであった。同時に、皮肉にも、教会に集う人々にゲール語ではなく英語の使用を奨励することによって、高地出身者を英国化し、スコットランド低地という地域社会の中で、自身の影響力を維持し、強化することをねらったのである。ゲール語使用による高地移住者社会の帰属意識の涵養は、当初から教会建設に尽力した有力者の念頭にはなかった。礼拝所におけるゲール語の使用は、もっぱら祈りと説教に限られ、宗教言語としてのゲール語の使用は奨励されたが、教会を離れた世俗生活、特に職業生活においてはゲール語は英語よりも下位にある言語とみなされ、その使用はむしろ不利を招くとして、敬遠され、廃れていった。他方、高地人支援のための慈善団体もまた、英語習得を通じて社会的な上昇を遂げる方法を教育する機関であり、ゲール語の維持と普及を通じた高地人の帰属意識の形成を目的とはしていなかったのである。

　低地都市における高地出身者社会が均質的ではなかったことは銘記すべきである。特に、経済的な不平等は歴然としていた。ゲール語で行われる教会行事に参加するには、席料（seat rent）の支払いと礼拝にふさわしい服装の着用が必要であった。都市に居住する高地人社会の分裂をいっそう助長したのは、席料の支払いが困難であり、またその意志もなく、ふさわしい服装を着用することもできなかった貧しい階層が、次第に教会を離れ、家庭と近隣の友人という狭い範囲の関係（当時の教会関係者によって「高地人の家庭偶像崇拝」〔Highland Home Heathenism〕と呼ばれた）に閉じ込もるようになり、かつては曲がりなりにもゲール教会が持っていた求心力が弱まり、高地人移住者社会の精神的な支柱が失われつつあったという事実である。

　都市に居住するようになった高地人の文化は、社会層・階級・出身地・出身地域の制度・都市における居住地域・ゲール語使用か否かといった多様な要因の組み合わせからなるものであった。特に、低地都市に居住する高地出身者と

ゲール語使用を単純に等置するべきではない。高地・低地間の人口移動は，一時的・季節的移動に端的に現れているように，双方向的・循環的なものであった。高地人の移住者が低地都市において形成した移住者文化は，スコットランドを構成する二つの対照的な地域の文化の混合物であって，高地から一方的に移植されたものではない。また，こうして形成された混淆文化自体も時を経るうちに変質を余儀なくされた。その意味で，低地都市で形成された移住者文化は，多様性に富み，移ろいやすいものであった。実際，低地都市における高地人のアイデンティティは単一のものではなかったのである。低地都市における高地人の一体化と帰属意識の形成にゲール語とゲール教会が果たした積極的な役割については，かつて大方の研究者が前提とし，ウィザーズ自身も疑うことがなかった。しかし，ウィザーズは本書において，移住者社会の性格と併せて，この点にかなり大幅な修正を加えている。行論はいささか晦渋であるが，同書を公刊するに当たってウィザーズが最も留意した論点の一つであり，今後，研究者の間で論議を呼ぶものと思われる。

5）アイルランド人口の離散

　最後に，イングランドとウェールズとは著しく異なる人口移動を経験したもう一つの地域，アイルランドに関して D. M. マクレイルドが編纂した，11 の論文からなる著書を紹介しておこう。前世紀 90 年代のポストモダン学派を含めて，最近のアイルランド人移民研究は，移民社会の経済的・政治的・宗教的・文化的多様性，自己確認・帰属意識（ethnic identity）の形成過程，受け入れ地への適応，比較史的分析（イギリス各地のアイルランド人移民社会相互およびその他の地域〔特にアメリカ〕との比較研究）の必要性を提唱している（マクレイルドによる序文）。しかし，人口離散（Diaspora）とイギリスの特定地域への定着の理由，アイルランド移民に対するイギリス人社会の見方とその変容，同化あるいは民族的帰属意識の保持の程度をはじめとして，積み残した課題は少なくない。女性，中産階級，プロテスタント，犯罪・売春，支援ネットワークの分析も十分とはいえない（第 1 章：R. スミスによる最近のアイルランド移民史研究の回顧と展望）。

　最終目的地アメリカへの中継地点としての性格を失わなかったとはいえ，19

世紀40年代の馬鈴薯飢饉に際して約50万人，50年代には85万人という大量の人口を受け入れたリヴァプールに関する分析が本書の中では最も多く，4編を数える。大規模な移民集団をめぐる諸問題が研究者の知的好奇心をかき立てるからであろう。第2章は，編者マクレイルドがニューヨーク（New York）とリヴァプールのアイルランド人移民社会を比較し，両者における政治制度の違いがアメリカでは政治的な成功をもたらし，イギリスではアイルランド人の政治的進出を困難にした事情を分析したものである。第5章で J. ベルチャムが採用した方法もまた比較史である。アメリカにおけるアイルランド人社会だけでなく，ウェールズ人社会との比較を通じて，リヴァプールのアイルランド人居住地区における民族的帰属意識の形成過程を検討したこの論文では，ジャーナリスト・法律家・医者・聖職者・貿易商人といった中産階級が果たした役割が強調されている。

　アイルランド人信者が圧倒的な部分を占めるカトリックに対するリヴァプール住民の反応から，反カトリシズムとアイルランド人に対する民族的偏見・反感の発生との関連を探った S. ジリーの論文（第6章）で興味深いのは，貧しいアイルランド農民の日曜礼拝という慣習が定着したのは馬鈴薯飢饉以後であって，飢饉はアイルランド宗教史の分水嶺であったという指摘である。同じくリヴァプールにおけるカトリックを扱った M. ケニア・フォースナーの論文（第7章）は，市内のカトリック教区を拠点とする慈善団体（他の慈善団体とは違って，貧困層が拠金・事業運営・受給のいずれにも大きな位置を占める）の活動と女性との関わりを分析したものである。

　リヴァプールと並んで多数のアイルランド人移民を受け入れたマンチェスターにおける移民居住地区成立の背景と彼らの娯楽・社会観・大衆意識・政治的プロテスト・帰属意識をセンサス調査員転写冊子・地方新聞・民間伝承の俗謡（broadside ballad）から分析したのが，M. バスティードの印象的な論文（第4章）である。この論文では，集住という居住形態が彼らを取り巻く過酷な環境に対する防衛機構として，また新たに移住してくるアイルランド人移民に一時的な住居・雇用を提供する受け入れ場所として，さらにカトリック教会を中心とする精神的・物質的な共同生活の基地としての機能を持っていたことが指摘されている。F. ニールの論文（第3章）は，通常は記載されることが少ないア

イルランドの出身州 (county) 名を記録した 1851 年センサス調査員転写冊子を使って，ニューキャッスル (Newcastle) におけるアイルランド人居住形態の特色を分析したものである。特定の州の出身者が市内の特定地域に集住するという事実に基づいて，移住における地縁・血縁・姻戚の重要性と連鎖移動 (chain migration) の可能性が示唆されている。

残る 4 編の論文は，20 世紀におけるアイルランド人移民をめぐる諸問題を検討したものである。うち 2 編は政治的状況 (母国アイルランドの自治を支援するイギリスとアメリカの政治団体の 20 世紀初頭における動向を分析した A. オデイによる第 9 章および第二次大戦以前における英国政府のアイルランド人移民対策を取り扱った E. デラニーによる第 10 章) の論文である。他の 2 編は，先に著書を紹介したプーリーによる見事な小品 (第 8 章：1930 年代に北アイルランドのロンドンデリー〔Londonderry〕から単身でロンドンに移住した年若いプロテスタント女性が綴った克明な日記と聞き取り調査を史料として，その生涯を復元し，帰属意識のあり方を探ったもの) と，同じくロンドンを拠点に創造的な音楽活動を展開するアイルランド人移民の第 2 世代 (1980 年代に「まがい物のアイルランド人」〔Plastic Paddy〕と蔑まれた) の自己確認を取り扱った S. キャンベルの論文 (第 11 章) である。キャンベルはこの論文で，第 2 世代がイギリス社会に全面的に同化したとする単純な同化説を批判し，受け入れ地であるイギリス社会に対して，彼らが能動的な文化の送り手として積極的に働きかけてゆく過程を分析すべきであると主張している。

近代ヨーロッパ人口移動研究の最近の潮流を回顧し，課題を展望した J. H. ジャクソン・ジュニアと L. P. モックが述べているように，人口移動研究にも歴史の他の領域と同様に修正史観の波が確実に押し寄せている。研究者の関心は，経験主義的な人口地理学的分析，機械論的・数量的な接近方法から，個人と社会の双方に影響を与える社会的・文化的な過程としての移動の分析に移りつつある。移動が持っている社会的・文化的な意味を重視すべきであるとする見解が徐々に浸透してきているようにも見える。人間の動機とその社会的結果を，たとえば，近代社会の発展という，より大きな変化と関連させて分析すれば，実り多い成果が期待できるというのである[34]。

プーリーとターンバルの研究に用いられた史料の性格と収集の方法はともか

く，ここで取り上げた3冊の著書はいずれも，特に目新しい分析方法を開発し，かつて利用されたことがなかった全く新しい種類の史料を発掘・駆使した研究の成果というわけではない。プーリーとターンバルの研究は，ある種イヴェント・ヒストリーを想起させる方法によっているが，明示的にそうした方法を活用してはいない。史料と方法において，三者はともに「伝統的」・「正統的」な研究である。率直にいって，近代イギリスを対象とする限り，人口移動研究が今後飛躍的に前進する可能性はそれほど高いとはいえないであろう。分析方法が多分に史料の性格に影響されるとすれば，ヨーロッパ大陸の研究状況とは違った制約をイギリスの研究者は負っているのである。しかしながら，紹介した3つの研究は，史料的にははなはだ制約の多い近代イギリスを対象にしているにもかかわらず，近年のヨーロッパ人口移動研究が提起しつつある諸問題を正面から受け止め，これに応えようとしているのである。その意味で，ここで紹介した3冊の著書は，いずれも今後のイギリス人口移動史研究の動向を左右する重要な研究であることは確かである。

6）海外人口移動

ここで目を転じて，海外への出移民と海外からイギリスへの移民について簡単に見ておこう。19世紀を通じて植民地・その他への一大移民供給源であったイギリスの海外移民史研究には分厚い蓄積がある。イギリスから海外への移民，海外諸地域・アイルランドからの移入民の動勢については，議会報告書に次のような詳細な公式記録がある。イングランド・ウェールズからの海外移出（Emigration）・スコットランドからの海外移出，イングランド・ウェールズへの移入者（Immigration），アイルランドからの移入者，南米へのキリスト教布教を目的に1844年に創設された「パタゴニア布教協会」（Patagonian Missionary Society），移民政策・移民局の活動に関する情報である。このうち，イギリスからの海外移民については，1821年以降1900年までの期間に計176冊の議会報告書が刊行されている。

最も早い時期の移民統計記録としては，1830年の議会報告書に1820年以降連合王国から英領植民地・西インド諸島・南アフリカ・オーストラリアへの移民総数が記録されている[35]。以後，移民に関する議会報告書から，以下のよう

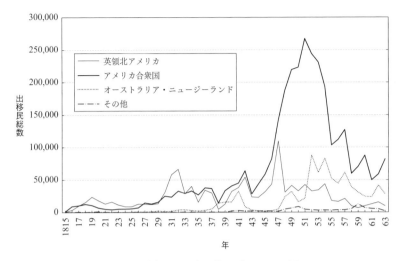

図 4-1　連合王国の海外移民（1815〜63年）

な情報を得ることができる。アメリカ合衆国・英領北アメリカ・オーストラリア・カナダ・ニュージーランド・西インド諸島・モーリシャス・バーミューダ・南アフリカ・ブラジル・アルゼンチンなどへの移民に関する議会委員会議事録，法案，移民局と現地植民地当局との往復書簡，輸送船舶，渡航費を支弁されてオーストラリアのニュー・サウス・ウェールズへ移出する奨励移民（emigration on bounty），救貧法に基づく貧民の移民，児童移民，アフリカ西海岸・インド・中国から西インド諸島・モーリシャスへの移民などに関するものである。1863年の議会報告書には，図4-1に示すように，1815年以降1863年までのアメリカ合衆国・英領北アメリカ・オーストラリア・南アフリカ・その他への移民数の記録がある[36]。1868〜69年の報告書には1847〜67年の移民数，年平均移民数，1857・1867年における職業・性・移出先別移民に関する記録が掲載されている[37]。1877年以降1900年までの報告書には，毎年の移出・移入人口統計が記録されている。イギリスへの移民については，西ヨーロッパ・東ヨーロッパ諸国からの月別移民数が1887年以降の議会報告書17冊に収録されている。

　議会報告書に記録された移民統計数値そのものの正確性はともかく，少な

表 4-1　海外移民*の職業と移出先（1857 年）

成年男子
(人)

職　業	アメリカ合衆国	英領北アメリカ	オーストラリア**	その他
未熟練労働者	4,248	1,396	4,061	2
借地農業経営者	2,121	452	1,655	3
商業・専門職	1,715	87	819	17
鉱夫・石工	979	105	2,083	118
大工・指物師	571	161	692	16
事務職	342	52	342	5
商店主・倉庫業	238	38	315	-
仕立工	227	46	94	-
紡績・織布工	206	4	178	-
農業労働者・庭師・荷馬車業	156	100	2,574	1
その他	1,280	314	3,378	52
計	12,083	2,755	16,191	214

成年女子

	アメリカ合衆国	英領北アメリカ	オーストラリア**	その他
家内・農事使用人, 看護婦	579	82	2,789	9
上流婦人・家庭教師	8	-	40	-
帽子・衣服製造, 針子	25	10	94	1
女子店員	-	2	3	-
商業・専門職	45	4	20	-
未婚女子	1,642	109	867	1
計	2,299	207	3,813	11

出所）BPP, House of Commons, 1868-69 (397), L487, Emigration, p. 4 より作成。
注）*イングランド・ウェールズ出身者　**オーストラリア・ニュージーランド・その他近海諸島。

とも公式記録を見る限り，19 世紀イギリスの海外移民に関して，次のような趨勢を読み取ることができる。19 世紀初頭，20 年代における英領植民地・西インド諸島・南アフリカ・オーストラリアへの移民数は平均して年 13,526 人であり，英領植民地への出移民が全体の 75.5～86.4 ％ を占めていた[38]。図 4-1 に示したように，1880 年代の移民最盛期に至るまでに，1840 年代後半から 50 年代にかけて，アメリカ合衆国・英領北アメリカ・オーストラリア・ニュージーランドへの移民数が増加している。特に 1851 年前後におけるアメリカ合衆国への移民数の急増が顕著である。1850 年代におけるイングランド・ウェールズ出身出移民の成人男女別移出先，職業・身分構成を示した表 4-1 が示すように，成人男子に関しては，いずれの移出先についても未熟練労働者が

表 4-2　出身地別海外移民数（1857 年）

出身地	英領植民地	アメリカ合衆国	その他
イングランド・ウェールズ	44,363	33,966	231
スコットランド	10,670	5,490	93
アイルランド	20,078	66,060	100
計	75,111	105,516	424

出所）BPP, House of Commons, 1868-69 (397), L487, *Emigration*, p. 2 より作成。

最も多い。移出先によって順位に多少の相違はあるが，借地農業経営者（farmers），商業・専門職，鉱夫・石工がこれに続いている。成人女子については，いずれの移出先についても，家内・農事奉公人および看護婦が多数を占めている。同じ時期の出身地別出移民を示した表 4-2 からは，英領植民地に向かった移民のうち，最も多数を占めたのはイングランド・ウェールズ出身者であり，アメリカ合衆国への移民数が最も多かったのはアイルランド出身者であったことがわかる。

　これら基礎的な公式記録はもとより，その他の豊富な史料分析に基づく 19 世紀の移民研究としては，ベインズの著作が標準的な文献である[39]。ベインズは，『成熟経済時代における人口移動』の中で，19 世紀後半におけるイングランド・ウェールズからの約 225 万人に上るヨーロッパ以外の地域への移民について，次のように結論している。この時期に移民の約半数が母国に帰還していたという事態は，ヨーロッパの他の場所では見られなかった。移民の出身地は，多くの場合，大小の都市であり，農村出身者は 3 分の 1 を占めるにすぎなかった[40]。1880 年代に最盛期を迎えた海外移住は，上述の国内移動とは動機・社会階層において異なっていた。また，移動の型は連鎖移動であり，先発移住者からの豊富な情報が移出を決定する重要な契機であった。移民の供給源はロンドン・西部ミッドランド・南部ウェールズ・ランカシャーであり，1890 年代のアメリカ合衆国・カナダ・オーストラリアにおける経済的拡大が彼らを引き付けた重要な要因であったとしている[41]。

　ヨーロッパを対象とした海外移民史に関する概説書『ヨーロッパからの移民』において，ベインズは分析対象をイギリスからヨーロッパ全体に広げ，前著の分析枠組みに基づいて，母国への帰還の程度・移住先への同化過程・移民

の型・移住者出身地の地域的分布をはじめ，19世紀・20世紀初頭，特に第一次大戦までの移民最盛期における人口移動の実態を分析している。最近の海外移民研究としては，帝国形成という文脈で連合王国から世界各地に移出したイングランド出身者だけでなく，それに劣らず帝国形成に寄与したスコットランド・ウェールズ・アイルランド出身者の1600年以降の足跡を追ったE. リチャーズの研究がある[42]。また，1834年改正救貧法の下で，イングランド東南部ノーフォークの貧しい人々の北米への移民を取り扱ったG. ハウウェルズの論稿は，特定地域からの集団移民の実態を知る上で重要な文献である[43]。

他方，海外からイギリスへの移入民に関する研究は，出移民史研究と比べると多いとはいえない。1980年代から活発になったイギリスへの移民史研究の中でも，移民が伝統的・保守的な社会に同化してゆく過程で生じる差別・偏見・よそ者嫌悪感情と民族意識の問題を終始追究しているP. パナイの一連の業績は，この分野における包括的な研究である[44]。特に，『英国への移民史』は，アフリカ・アジア・アイルランド・ユダヤ人のイギリス社会への移入が，文化の諸側面，たとえば，食慣習・芸術・衣裳・スポーツの分野に与え続けた影響について総合的に分析した大部の著作である。また，近世・近代におけるイギリスへの人口移入を，国内の歴史人口学的・経済史的な動向，ヨーロッパ大陸からの宗教的亡命者に対する対応，人口増加あるいは減少の是非を論じた「人口論争」との関連，移民政策をめぐるトーリーとウィッグの対立，外国人を受け入れる側の心理的な葛藤の分析を通じて明らかにした注目すべき著作として，D. スタットのそれがある[45]。この著書では，特に1709年の数か月間にイギリス政府の援助でアメリカ大陸への移民を希望してドイツのライン川両岸からロンドンに到着した多数の貧しい人々（いわゆるPalatine Migration）の動向が詳述されている[46]。

19世紀中期以降，海外からの移民を受け入れたイギリスの地域社会がどのような変貌を遂げたかを分析したL. タビリの分析も簡単に紹介しておこう[47]。この著書は，イングランド北東部の工業・漁業都市，ニューキャッスル近郊のサウス・シールズ（South Shields）へのヨーロッパ諸国および植民地からの人口移入が現地イギリス住民社会に与えた多様な影響を分析したものである。イギリスの海外移民分析とは異なった，受け入れ側としてのイギリス社会の変容を

追った興味深い研究である。1841年から1901年までに流入した人口は,都市人口の0.6〜1.6％を占め,全国平均をつねに上回っていた[48]。1841〜1939年のほぼ1世紀間には17の植民地からの移民が移民全体の20〜30％を占め,文字通り世界規模の構成員からなる地域社会が形成された[49]。また,18世紀中葉から1921年までの期間にマンチェスターへ移入したアイルランド人の抵抗・適応・同化の過程を追った研究として,先にも紹介したM. バスティードの著作がある[50]。

　ヨーロッパ全体を視野に入れて,最近における国際人口移動研究の動向を探ってみると大略次のような傾向が見出される。諸国家併存体制(states system)の下にあったヨーロッパ大陸では,国境を越える「国際」人口移動はそれほど稀な現象ではなかった。こうした意味における「国際」人口移動は,通常時には経済的な動機に促された労働移動として,戦時あるいは宗教紛争の時期には政治的・宗教的な亡命という形で,近世以降大規模に行われていた[51]。最近における本来の国際人口移動研究の注目すべき傾向は,労働力の需給関係を重視する従来の経済的解釈を超えて,文明史を視野に入れた,世界規模における人口移動研究への分析枠組みの転換である[52]。ヨーロッパからの移民が活発に行われるようになったのは,16・17世紀,特に17世紀以降であり,その多くは植民地への人口移動であった。19世紀および20世紀初頭におけるヨーロッパの国境を越える労働力移動と海外への移民,および20世紀以降の他地域からヨーロッパへの人口流入と移民政策の動向を追った最近の研究成果のうち重要なものは,ドイツにおける人口移動研究に指導的役割を果たしているK. J. バーデによる『ヨーロッパの形成』シリーズの一篇であろう。この著書には19世紀および20世紀初頭における各国の国内人口移動と国境を越える人口移動,さらに海外への移民に関する優れた研究史の整理がある[53]。

　近世以降における強制(奴隷・囚人・受刑者・年季奉公人・契約労働者)・任意(到着地において他人のために働く義務を負わない移民)[54]を含むあらゆる種類の世界規模の人口移動に関する最近の研究動向を展望したJ. ルカッセンによれば,世界規模の人口移動研究を2008年以降大きく前進させた要因として次のようなものが考えられる。第1は,近年におけるグローバル・ヒストリーの隆盛である。この要因は従来支配的であった西欧中心主義的歴史観の転換をもた

らし,大西洋のみならずインド洋と太平洋周辺地域への関心と比較人口移動研究に対する刺激となった[55]。実際,19世紀半ばから第二次大戦終了直前までのアジア・アフリカ・環太平洋地域・南米における本格的な移民研究はなされていない。およそ6000万人にも上る環大西洋移民に関する研究史と比較すると,同じ時期の北部アジア(満洲・シベリア・中央アジア・日本)と東南アジア(インド洋・南太平洋アジア)における4500万から5000万人に上る移民の研究は未開拓であるといってよい[56]。

　最近における人口移動研究の進展に寄与した第2の契機は,ジェンダー研究の展開である。ルカッセンによれば,男性と女性の移動パターンの相違と世帯という微視的な視点からする性による役割分担,世帯内に留まる者と離れる者との関係をジェンダー研究が明らかにしたことが大きな役割を果たした。特に,世界規模における歴史的分析がこうした傾向に拍車をかけたのである。最後に,労働移動に関するグローバル・ヒストリーの進展である。この潮流は,市民・政治的な強制による移動・労働力の調達に対する国家や社会構造の影響を分析するために,国家を超えた地球規模の分析視角と比較分析を導入し,従来の研究枠組みを大きく変化させたのである。この転換は,新たな分析手法の導入と時間枠の変化を促す。人類学はもとより遺伝子学・発生学・化学・生物学・地球化学・気候学・歴史言語学・考古学の成果も積極的に導入すべきであるというのである。ルカッセンによれば,移民・移動の概念,時間的な広がり,分析に用いる史料に関する従来の観念の転換が急務であるという。また,こうした潮流は,従来人口移動分析において支配的であった「自由」か「非自由」かという二分法からの脱却に資するところが大きかった。D. エルティスが述べるように,ほぼすべての移動は任意と強制という二面性を持っていたのである[57]。

　移動に関する分析視角の転換を強く主張するD. ヘーダーも,国内における短距離移動であれ海外移民であれ,地理的な距離は相対的なものであるとしている[58]。ヘーダーは,人口移動,特に移民をシステムとしてとらえ,階級・性・民族性を考慮しつつ分析しなければならないと主張する。彼によれば1970年代までの移動研究には多くの限界があったという。移動を都市化と工業化の局面にのみ限定する傾向,移出と移入を分断して考えがちであること,大西洋を渡るヨーロッパからの移民,特にアメリカへの移動を過度に重要視し

第 4 章　移動，そして生の終着点へ　227

てきたこと，移動研究における女性の役割の無視，非白人の移動を軽視してきたこと，強制された移動（アフリカからの男女の奴隷）と「自由」な移動（南北アメリカへの白人の移民）との分離，中国人移民をプランテーションへの苦力のそれにのみ限定してきたこと，世界の大部分の社会は基本的には移動とは相容れない定着的な社会であると考えていたことなどである。こうした彼の考え方は，生誕から今日に至るまでの人類の長期にわたる文明史の枠組みの中に人口移動を位置づけようとする大胆な問題提起である[59]。

2　乳幼児死亡・成人死亡と平均余命

　最後に人口現象の終着点である死亡に関する研究動向を簡単に見ておこう。19世紀以前の死亡に関する研究については，近世以降のイングランド南部，エセックス・ケント・サセックスの3州における疾病と死亡を地理学的観点から考察し，自然環境，気象との関わりを詳細に分析したM. ドブソンによる包括的な研究をまず挙げておかなければならない[60]。18・19世紀における死亡率の動向については，現在までのところ，ケンブリッジ・グループの推計値が最も信頼度が高い。死亡率の単純な指標である，総人口と死亡数の比率すなわち粗死亡率（crude death rate）は，イングランドとウェールズにおいては18世紀80年代初頭の対千比27.9から低下し始め，1796年には26.7，1806年には24.7，1831年には22.0に低下している。死亡率の内容をさらに細かく見ると，乳児・幼児・成人死亡率がそれぞれ独自の動きを示したことがわかる。表4-3に示したように，同時代の他のヨーロッパ諸国と比べた場合，母乳哺育の慣習によって，もともと低水準にあったイギリスの乳児死亡率は，1725〜49年の対千比207.4（男子），172.3（女子）から1750〜74年の172.9（男子），151.8（女子）へ，さらに1775〜99年の165.9（男子），146.0（女子），1800〜24年の146.4（男子），124.5（女子）へと着実に低下し続けている[61]。逆に男女合計の成人死亡率は，18世紀の80・90年代には上昇している。たとえば，25〜29歳の年齢階層の1750〜59年における死亡率は対千比39.0であったが，1790〜99年には72.8へ，30〜34歳の年齢階層では48.2から59.8へ上昇している。

表 4-3 イングランドの死亡率（1580～1809 年）

A. 男女別乳幼児死亡率（対千比）

年次	$_1q_0$ 男	$_1q_0$ 女	$_4q_1$ 男	$_4q_1$ 女	$_5q_5$ 男	$_5q_5$ 女	$_5q_{10}$ 男	$_5q_{10}$ 女	$_{10}q_5$ 男	$_{10}q_5$ 女
1580～99	174.9	163.0	87.0	81.2	49.3	43.2	18.1	19.7	66.6	62.1
1600～24	162.6	141.7	76.9	86.1	39.2	32.9	20.3	25.3	58.7	57.3
1625～49	148.8	132.0	103.3	95.8	47.5	48.4	28.6	25.4	74.8	72.6
1650～74	160.9	141.9	114.4	106.9	46.0	55.7	26.7	25.6	71.4	79.9
1675～99	195.0	160.6	107.8	107.0	46.0	45.7	26.9	28.0	71.7	72.3
1700～24	195.0	182.7	110.3	105.2	47.7	45.1	24.2	30.0	70.7	73.8
1725～49	207.4	172.3	121.3	121.0	53.9	46.4	29.4	27.0	81.7	72.2
1750～74	172.9	151.8	100.5	114.5	41.9	40.3	26.4	25.0	67.3	64.3
1775～99	165.9	146.0	106.0	108.2	33.7	37.1	20.2	26.5	53.2	62.6
1800～24	146.4	124.5	97.0	100.3	23.6	27.8	19.6	20.6	42.7	47.8
1825～37	151.3	136.3	98.4	98.9	37.7	30.8	23.2	46.5	60.1	75.9

B. 成人死亡率（男女，対千比）・年齢別平均余命（年）

年齢	1640～49	1650～59	1660～69	1670～79	1680～89	1690～99	1700～09	1710～19	1720～29
25～29	79.1	65.1	54.0	87.3	94.1	82.3	46.8	53.9	59.5
30～34	72.5	54.4	84.2	89.8	109.2	65.2	101.1	54.7	57.4
35～39	109.1	99.4	81.7	87.4	109.7	84.7	111.2	73.2	96.7
40～44	107.0	86.8	91.5	85.8	92.9	95.0	91.6	100.4	79.4
45～49	105.7	120.7	108.8	101.6	138.1	100.2	100.9	94.1	110.3
50～54	155.3	143.0	140.5	109.3	164.5	127.2	90.2	135.7	140.8
55～59	222.4	192.4	188.2	191.2	230.1	152.2	169.7	140.4	221.3
60～64	146.6	242.9	236.5	218.7	285.7	203.7	185.0	207.6	239.8
65～69	334.4	280.0	293.2	272.5	297.3	242.1	275.5	326.8	311.1
70～74	389.7	464.5	414.8	399.8	488.1	335.6	317.4	346.2	513.5
75～79	554.7	546.0	455.1	426.7	590.2	457.8	544.4	432.9	542.1
80～84	500.0	622.0	646.5	639.7	728.7	605.6	595.4	508.5	704.8

（年齢別平均余命）

	1640～49	1650～59	1660～69	1670～79	1680～89	1690～99	1700～09	1710～19	1720～29
e_{25}	30.2	31.2	31.6	31.1	27.8	32.3	32.0	33.3	31.4
$_{20}e_{25}$	16.9	17.4	17.4	16.8	16.3	17.1	17.1	17.7	17.5
$_{20}e_{45}$	14.9	14.8	15.1	15.4	14.2	15.6	15.8	15.6	15.0
$_{20}e_{65}$	8.9	9.1	9.3	9.8	8.5	10.4	9.9	9.5	8.5

年齢	1730～39	1740～49	1750～59	1760～69	1770～79	1780～89	1790～99	1800～09
25～29	45.6	47.9	39.0	56.8	58.9	53.6	72.8	40.1
30～34	69.7	56.8	48.2	68.6	62.0	43.3	59.8	42.5
35～39	59.3	70.8	54.7	68.0	70.7	61.5	62.2	56.6
40～44	75.0	72.9	78.1	89.7	57.5	84.1	42.6	56.7
45～49	107.5	97.0	75.1	89.3	88.8	121.4	81.0	78.3
50～54	97.1	99.0	106.5	107.8	104.6	115.5	96.6	75.8
55～59	168.0	175.2	119.6	134.0	126.6	161.2	95.8	107.1
60～64	200.5	216.0	171.6	179.4	143.5	215.3	163.7	159.3
65～69	298.4	235.7	224.2	227.0	236.1	235.0	266.8	237.2

70〜74	359.0	336.8	341.1	327.8	365.1	377.1	426.1	417.3
75〜79	474.6	463.5	436.3	398.3	434.3	532.9	496.8	335.5
80〜84	625.1	469.7	544.4	642.9	548.1	604.3	596.3	709.1

（年齢別平均余命）								
e_{25}	33.8	34.5	36.6	34.4	35.3	33.9	35.2	37.3
$_{20}e_{25}$	17.8	17.8	18.1	17.5	17.6	17.9	17.5	18.2
$_{20}e_{45}$	15.6	15.8	16.4	16.1	16.2	15.3	16.5	16.7
$_{20}e_{65}$	9.4	10.5	10.6	10.7	10.4	10.0	9.5	10.1

C. 出生時平均余命（男女合計，年）

1600〜09	37.5	1670〜79 年	36.3	1740〜49 年	37.3
1610〜19	40.1	1680〜89	31.3	1750〜59	42.1
1620〜29	40.2	1690〜99	38.7	1760〜69	39.0
1630〜39	37.8	1700〜09	37.3	1770〜79	39.4
1640〜49	36.4	1710〜19	35.8	1780〜89	39.2
1650〜59	36.9	1720〜29	35.2	1790〜99	41.7
1660〜69	36.5	1730〜39	36.6	1800〜09	44.8

出所）E. A. Wrigley et al., *Family Reconstitution*, pp. 290, 295-296 より作成。
注）ある年の死亡率がその後も変わらないと仮定した上で，年齢別死亡率・平均余命を計算して示したものを一般に生命表（life table），各歳別ではなく，特定年齢層別に示したものを簡易生命表と呼ぶ。表のA.「男女別乳幼児死亡率」にある $_nq_x$ は，x 歳の者が $x+n$ に達せずに死亡する確率，すなわち，x 歳以上 $x+n$ 歳未満の年齢階層の死亡確率を表している。たとえば，$_1q_0$ は，0歳以上1歳未満の死亡率（乳児死亡率）を示している。表B.「成人死亡率・年齢別平均余命」における $_ne_x$ は，x 歳の者が $x+n$ 未満に達するまで生存する年数の平均を表し，x 歳における平均余命を示している。たとえば，$_{20}q_{25}$ は，25〜44 歳の年齢集団の 25 歳における平均余命を示している。表C.「出生時平均余命」（一般には平均寿命と呼ばれる）は，0歳児が将来生存できる年数の平均を示し，e_0 で表される。

　この結果，合成された死亡率の指標である出生時平均余命（平均寿命）は，1766 年の 36.2 歳（男女合計）から 1771 年の 39.1 歳へ大幅な延長を経験したが，以後 19 世紀初年に 40 歳を超えるまで目立った変化を示していない。出生率と死亡率の差である自然増加率（crude rate of natural increase）は，18 世紀 80 年代初頭の対千比 7.04 から 80 年代中期の 11.66 へと大幅な増加を経験した後，1821 年（16.49）まで上昇し続けた。18 世紀末期から 19 世紀初頭までの総人口の増加は，すでに詳しく見たように，出生率の上昇によって相当程度説明されるであろう。しかし，死亡率は出生力や結婚性向と違って，地理的・社会経済的諸条件，人口規模，都市化の進展度をはじめとする環境要因の影響を受けやすく，イギリス全体の俯瞰図を描くことは容易ではない。

　集計分析が推計しうる死亡率は，モデル生命表を用いた出生時平均余命，あるいは粗死亡率などである。現在の人口，あるいはせいぜい近い過去における

人口の死亡率を反映するにすぎないモデル生命表に基づいて，遠い過去の死亡率を推計する方法は必ずしも妥当であるとはいえない。詳細な年齢別死亡率の水準とその時間的変化をそのものとして明らかにすることができる家族復元法は，前工業化期イングランドの死亡率の動向を分析する方法として，よりふさわしいものである。表4-3には，16世紀後半から19世紀初頭までのイングランドにおける乳幼児死亡率・成人死亡率・年齢別平均余命・出生時平均余命も示してある。ケンブリッジ・グループによる家族復元分析の結果によれば，教区登録制度導入以降，世俗身分登録制度採用に至るまでの300年間に，乳児・幼児・成人死亡率はそれぞれ独自な動きを見せている。成人死亡率，たとえば，25～29歳の死亡率は1690～99年に対千比82.3であったが，1750～59年には39.0に顕著に低下している。他方，乳幼児死亡率は高水準で推移し続けた。1700～24年の乳児死亡率は，対千比195.1であり，1725～49年には196.4に上昇している。他の諸国のそれと比較すると，1580年から1837年までのイングランドの乳児死亡率は，対千比146.4（男子），136.3（女子）から207.4（男子），182.7（女子）の範囲[62]にあり，18世紀後半の他のヨーロッパ諸国，たとえばフランス（273）・スウェーデン（200）・デンマーク（191）・ロシア（モスクワ）（334）のそれと比べるとかなり低いことがわかる[63]。同じ時期の5～10歳の幼児死亡率も，それぞれ対千比72.2（男子），77.1（女子）であった。

　この結果，劇的ともいえる成人死亡率の改善は，出生時平均余命の上昇をもたらしていない。1700～09年の出生時平均余命は，37.3歳，1740～1749年のそれも同じく37.3歳であった。しかし，世紀後半になると，成人死亡率は世紀前半のような顕著な低下を示さず，むしろ上昇している。他方，乳幼児死亡率は，この間着実に低下し，出生時平均余命の延長をもたらしている。乳幼児死亡率をさらに細かく分けて考察すると，事態はいっそう複雑となり，それぞれの関係は錯綜したものとなる。また，死亡率の場合，結婚性向や出生力と違って，教区ごとの偏差を無視することはできない。地理的・社会経済的諸条件・人口規模などの環境要因は，死亡の動向に少なからぬ影響を持ったのである。いずれにせよ，いわゆる長期の18世紀にイングランドが経験した実質所得・産業および職業構造の変化，都市化の進展・市場経済の発展，これにともなう対人接触機会の増加傾向などの社会経済的な要因の変化，あるいは病原菌

の毒性の強さ・人体の免疫力の変化など，多様な要因の組み合わせの変化が死亡率の動向を決定したといえるであろう。ここで注意を要するのは，同じく感染症に対する免疫といっても，2つの種類があることである。一つは獲得免疫・後天免疫（acquired immunity）であり，他は抗ウイルス免疫（antiviral immunity）である。前者は，感染症因子・抗原に接触した結果得られる免疫であり，後者はウイルス感染によって得られる免疫である。この点は，治癒率と死亡率を考える場合，考慮に入れておかなければならない。

　19世紀半ば以降の都市化の進展は，移動はもとより出生・結婚・死亡の変化を通じてヨーロッパの人口に大きな影響を与えた。移動を別とすれば，都市化に最も敏感に反応したのは死亡率である。一例を挙げれば，19世紀半ばに都市人口とその他の人口の比率が拮抗するようになったイングランドでは，実質賃金の上昇にもかかわらず，急速な都市化による居住環境の悪化，対人接触機会の増加などが死亡率（特に乳児死亡率）の上昇，出生時平均余命の短縮をもたらしている[64]。19世紀後半以降におけるイギリスの都市化が死亡率に与えた影響については，S. シュレター，G. ムーニーによるロンドンおよび大小地方都市の出生時平均余命の総合的研究が都市化と死亡率の関係を明らかにしている[65]。17世紀後半から19世紀初頭における首都ロンドンにおける死亡率については，J. ランダースが正確な年齢を記載したクウェーカー教徒の埋葬簿，その他の住民については死亡表などから復元している[66]。

　人口に与える都市化の影響については，出生力（合計特殊出生率）と幼児死亡率との相関を含めて，1837年以降の登録本署長官年次報告書を史料として，イングランド・ウェールズ全域および地域別の結婚・家族制限・死亡の動態統計，特に都市化の人口学的含意を分析した包括的なウッズの分析がある[67]。さらに，死亡率に関する最近の研究成果のうち注目すべきものとして，同じ著者によって刊行された，出生と死亡の両側面に関わる「胎児死亡」（fetal death）の研究を挙げておかなければならない。この著書は，出産と胎児死亡に関する総合的な研究である。先進工業国と発展途上国における乳児死亡率・死産率・妊産婦死亡率・産褥期死亡の歴史的な趨勢の比較は従来の歴史人口学においては未開拓の分野であった。この著書には医学史とも深く関わる17世紀以降のイギリスの助産術と胎児死亡に関する興味深い分析も含まれている[68]。なお，

主として19世紀以降における飢饉と死亡の諸局面に関してなされた，アイルランド・インド・フィンランド・アフリカ・ロシア・ギリシャ・日本の国際比較も，最近における死亡率研究を充実させている[69]。

第Ⅲ部

近代イギリスにおける生と死

第5章

出生・結婚,老年と終末期

　ここまで,近代イギリスの歴史人口学研究において利用される主要な史料,動態統計記録としての教区登録簿および静態統計記録としてのセンサスが置かれた歴史的文脈とそれによる限界を一通り概観し,内外の研究動向を俯瞰してきた。残された課題はそれらを利用して特定の問題解明に取り組むことである。この章の目的は,生の出発点である出産の実態を,リーズの外科医兼産科医であり,リーズ篤志総合病院を創立しその主任外科医 (senior surgeon) を務めた W. ヘイが 1759～1807 年に記録した産科症例 (cases in midwifery) の検討を通じて明らかにすることである[1]。次いで,生き残った人々が成長し,結婚し,家族を形成する過程を 19 世紀後半の製鉄工業都市ミドルズブラにおける移動人口と定着人口のそれぞれについて考察する。最後に,厳しい労働を経験し,生の果てに行き着いた救貧院において,入所者を待ち受けていた疾病と家族関係の変化を分析する。人口の大部分を占める庶民・労働者階級の人々の一生を出生から死亡に至るライフ・サイクルの流れの中で復元する試みである。

1　産科医の症例記録から見た出産

1) 18 世紀後半の出産と出生力

　最初に出産について見ておこう。人口現象の出発点である出産の歴史の具体的な解明は十分なされているとはいえない。考えうる理由の一つは,18 世紀

後半および 19 世紀初頭におけるイギリス医療制度の歴史的なあり方である。医療の過渡期であり，専門化，専門医制度の整備は不十分であった。加えて，産科学（obstetrics）に対する既成の医学界，内科学・外科学界からの蔑視，医師と助産婦との競争などが，専門職としての産科医の確立を妨げていた[2]。18 世紀に急増した慈善原則に基づく篤志病院（voluntary hospitals）による組織的な医療行為とその機構の分析はある程度行われているが，医師の医療行為，特に産科の領域における詳細な分析は十分には行われていない。

18 世紀後半においては，医師による診療記録（カルテ：Karte）の作成は制度化されていなかった。したがって，出産に関する診療の実態の解明は，少数の医師，あるいは助産婦・師が残した治療記録（case notes；case histories），治療手引き書，あるいは産院（lying-in hospitals）記録による以外はない。他方，18 世紀の出産に関して注目すべきは，助産夫（*accoucheurs*）と呼ばれる男性の助産師が登場したことである。多くは未熟練の助産婦とは違って，彼らは鉗子（forceps）・鉤状鉗子（crochet）のような新しい手術用具を用いた専門の助産師であった[3]。彼らはまた，母乳哺育を推奨し，襁褓を使用しないように助言するなど，今日から見ても有益な育児法を推薦している。当時出産時に多かった産褥熱について言及した開明的な医学者であったウィリアム・ハンター（W. Hunter）は，従来の 4・5 日経過後の育児ではなく，1 日後の育児を推奨し，授乳熱（milk fever）を減少させたといわれている[4]。

18 世紀後半になると医学教育，外科学教育の充実によって以前よりも助産術が向上し，多くの場合，男性を含む助産師が最初の手当てを行っていたが，彼らによる出産現場の記録は少ない[5]。この節で分析の対象とする外科医・内科医ヘイの産科治療記録は，その意味で重要な史料である。ただし，ヘイの治療記録は，助産師・夫，出産の場に集まる近隣の人々の手にあまった症例，多くの場合，胎位異常，特に逆子（breech born；breech delivery），あるいは娩出困難な出産を取り扱ったものであることに留意する必要がある。リーズ市長を二度務め，高度な医学知識を備えた，当時としては一流の外科医・内科医でもあったヘイ[6]による治療は，緊急を要する困難な出産を対象とするものが多かった[7]。

自然であれ，異常であれ，労働者階級のそれはもとより中産階級以上の階層

に属する女性の分娩の多くは,助産師を介してそれぞれの家庭,あるいは産院で行われていた。大部分の分娩をめぐる状況は記録されないままであったに違いない[8]。この症例記録は,自然・異常を問わず,現在と比較して格段にリスクの高かった当時の家庭における出産がどのような状況の下で行われたのか,妊産婦死亡率,死産・流産・出産時の外傷による新生児の死亡,母親か胎児の生命のいずれが優先されたのか,助産師・産科医に対する妊産婦の感情,妊産婦の精神的ストレス,出産に対する産科医の姿勢,18世紀後半のイギリスにおける産科医療技術水準をはじめとして,生命の出発点としての出産をめぐる具体的な情報を提供するという意味で貴重な史料である[9]。

史料は,リーズ大学ブラザトン図書館特別収蔵文書である[10]。ヘイは当時の地方医師の多くがそうであったように,外科医・外科医兼薬剤師・内科医 (surgeon, surgeon-apothecary, physician) としての訓練を経た後に産科の医療を行うに至った産科医[11]であり,産科症例記録の他に407症例を含む詳細な内科・外科症例記録も残している[12]。このうち外科症例記録を図解入りで解説した『実践外科診察録』を1805年に刊行している[13]。産科症例記録は半世紀間という長期にわたる臨床記録であり,この間,1794年10月・1795年9月,その他の時期に息子も父の治療を補助している[14]。症例記録にある延べ480(同一症例に複数の診療記録が残されている例を含めれば490)の症例から,死産・流産・産褥熱死・母親出血死,出産順位,母親と胎児の位置を示す胎位・定位 (presentation),治療方法・投薬などを分析し,18世紀後半・19世紀初頭の工業都市における産科治療の実態・出生力の水準・出生をめぐるリスクを具体的に解明することが本節の目的である。

ヘイによる症例記録の史料解釈については,同時代におけるその他の症例記録に関する分析が有益である。助産師の症例記録の解題と「長い18世紀」における助産技術・妊産婦死亡率・死産・胎児死亡・男性助産師出現の医学史的な意味についての詳しい分析が参考になる。この著書では最初に助産婦・患者に関する基本的な事実が解説され,1550〜2000年の長期にわたる妊産婦死亡率(出生対千比)の時系列変化[15],乳児死亡率との関連,死産率,症例記録に関する簡単な叙述がある[16]。次いで,「症例記録を読む」(Reading case notes)[17]において,記録の作成過程とその内容が検討されている。サマセットの助産婦

であった S. ストーンの生い立ち，略歴，生育環境と助産活動の紹介に加えて，男性助産師であり教育者でもあった W. スメリーの経歴と助産活動に関する詳しい解説が続いている[18]。著者たちの主題は，「新しい産科学」の内容の解明であり，18 世紀に登場した新しい産科医療技術の発展が患者に与えた影響を症例記録の分析を通じて明らかにしようとしたものである[19]。

　すでに詳述したように，現時点における歴史人口学の研究水準に照らせば，18 世紀後半から 19 世紀初頭のイギリスは主として出生率の上昇による人口急増を経験していた。18 世紀後半における出生力の動向については，とりあえず次の指標を挙げておこう。たとえば，ヘイが症例記録を残した 18 世紀後半には，合計特殊出生率はほぼ 4.5 から着実に上昇し，1820 年に最高値約 5.75 に達している。他方，死亡率（出生時平均余命）は，1751 年以降 1801 年までの期間に，34.23（1761 年）から 38.17（1776 年）の間で推移し，顕著な低下を示していない[20]。年齢別合計有配偶出生率も，18 世紀の後半には，20〜49 歳の女性で 7.49，15〜49 歳で 10.13 であり，18 世紀前半に比べれば上昇している。特に若年層の合計有配偶出生率が高く，15〜19 歳では 507（女性の結婚継続期間累計対千比），20〜24 歳で 421 であり，他の時期よりも高くなっている[21]。

　この時期の出生力の特質についてもう一点だけ付け加えておこう。すでに第 3 章において詳しく説明したように，妊娠し，子供を産む能力，すなわち妊孕力（fecundity）の内容がこの時期に変化し，その結果として有配偶出生率を上昇させている。有配偶出生率の水準を決定する 3 つの要因，妊孕出生力・結婚直後の妊孕力・結婚から妊孕能力喪失までの期間における妊孕力のうち，ヘイが産科症例記録を残した 18 世紀後半においては，主として第 3 の要因の変化が出生率の上昇に寄与したのである。前掲表 3-2 に示したように，18 世紀後半から 19 世紀半ばには，他の時期に比べて有配偶出生率が比較的高年齢（35〜39 歳および 40〜44 歳）の女性の間で高くなっている[22]。後述するように，ヘイの症例研究の分析でも出産順位が高い出産の比率が相対的に多いことが判明している。

2) ウィリアム・ヘイの産科症例記録

　ヘイの産科症例記録は，こうした出生力上昇の内容を具体的に示す史料である。症例の大部分は，往診年月日・時刻，妊産婦・夫氏名，居所，出産順位，妊産婦年齢，助産師あるいは事前に他の医師の診察を受けている場合には，助産師・他の医師による往診前の分娩に関する情報，次いで分娩の具体的な状況，治療方法を記録している。たとえば，胎位，産褥熱による母子の生死，母親の分娩時外傷，胎児の動き，胎位転換，臍帯の動き，胎盤脱落の有無，分娩を補助する手術と手術用具（たとえば鉗子，あるいは鉤針鉗子），母体保護を目的とした胎児頭蓋開口（open the head; head opened），妊産婦に対する鎮痛薬・下剤の投与，瀉血・分娩後の母体の状況，死産あるいは出生後の生死などである。症例を記録する目的は，ヘイ自身による産科症例研究の素材・病状の記憶，その備忘録といった側面が強く，実験および薬効と治療効果に関する試行錯誤の記録である[23]。18 世紀前半においてすでに産科医の症例記録はほぼ同様の形式をとって公表されている。たとえば，ギファード（W. Giffard, 1734），チャップマン（E. Chapman, 1735），ドウクス（T. Dawkes, 1736），あるいは前述のストーンが残した助産婦への啓蒙書（1737）がそれである[24]。ヘイは詳細な症例記録の手稿を基に，「子宮外妊娠」・「膀胱破裂」に関する症例記録を当時の医学誌に寄稿し，血液に関する著書も公刊している[25]。

　妊婦の夫の職業はほとんど記載されていない。例外的に理髪師・織布工・食肉業者・仕立業者・庭師・軍曹が記録されている。他の史料を用いて夫の職業を特定した J. M. ロイドによれば，食料品商・時計製造業者・製靴業者・かご製造業者・ガラス職人・仕立業者・質屋・煙草販売業者・食肉業者・製陶業者・宿屋・法律家・商人・印刷業者・銀行家・蹄鉄工・石炭業者・農業労働者・毛織物仕上業者・麻織物業者などの配偶者が診察対象者であった[26]。多くは労働者階級の上層，手工業者・商店主・各種製造業者をはじめとする「中位の階層」（middling-sort）の配偶者であったと思われる。患者の地域分布は，リーズ市街地・周辺の郊外集落および近隣の農村である。妊産婦の半数近くは「妻」とされており，4 割弱は「夫人」（Mrs.）という呼称を与えられている。しかし，明確な意図の下に「妻」と「夫人」を区別していたとは思われない。ジェントリの妻，貴婦人（Lady）と称されている例もあり，中産階級はもとよ

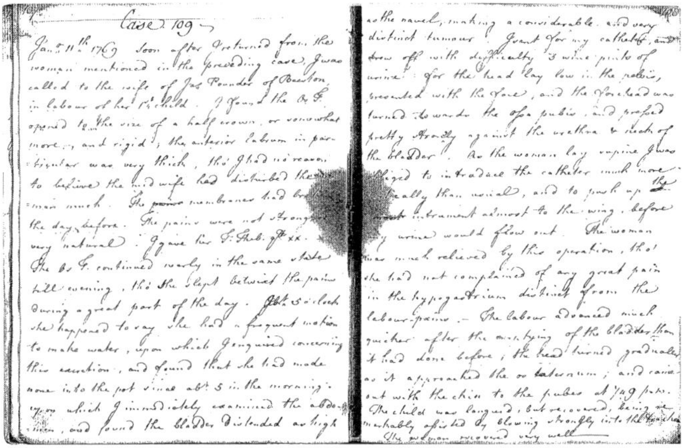

第5章　出生・結婚，老年と終末期　239

写真 5-1　ウィリアム・ヘイの産科症例記録（自然分娩）症例番号 109

出所）University of Leeds, Brotherton Library Special Collection, Notebooks of case histories in obstetrics, MS 199/1/1/1, Cases in Midwifery, No. 109.

り上層階級に属する階層も含まれていた。

　他方，ヘイは 1762 年に 1 年間リーズ救貧院の主治医（medical attendant）として登録されており[27]，救貧院収容者の分娩を記録したものが 2 例（症例番号 196・453），貧民監督官（overseers of the poor）の要請による往診が 1 件（症例番号 141），リーズ篤志総合病院（The General Infirmary）の要請による往診が 1 件（症例番号 140），その他「貧しい女性」（poor women）と記録されている例が 30 件ある。多数ではないが，救貧対象者も含まれていたのである[28]。とりあえず，自然（正常）分娩の例（写真 5-1 参照）を挙げておこう。症例全体を見ると，胎位や母子の生死とは関わりなく，自然娩出陣痛，自然胎盤脱落・娩出によって出産が終了したものを自然分娩（natural labour or delivery），産科医としてのヘイ，助手あるいは応援を依頼した他の外科医・産科医が何らかの娩出補助あるいは手術を施した分娩を異常分娩（preternatural labour）と記録していたように見受けられる。しかし，自然分娩と分類されているものの中には羊膜切開・胎盤剝離手術などの手術を施した例も含まれており，必ずしも基準が明確であるとはいえない。延べ 490 例のうち，自然分娩と記録されている症例は 138 件で全体の 28.2％，異常分娩は 34 件（6.9％）である。残りの大部分については自

然・異常のいずれとも記載されていない。本書巻末に統計付録として掲げた全症例をまとめて示した表では，個々の症例記録・索引に「自然分娩」，「異常分娩」と明記されているものについてのみその旨を記してある。

症例番号 109（MS 199/1/1/2, pp. 107-108）（自然分娩）

　1769年1月11日に前掲の症例で言及した婦人の家から帰宅した直後に，私はビーストン在住ジェイムズ・パウンズの妻の初産に往診を依頼された。子宮口（Os Tincae）は半クラウン貨大，あるいはもう少し広めに開いていたが，固かった。私が来るまでに助産師が余計なことをしたとは思わないが，特に子宮口の前縁はきわめて厚かった。羊膜は前日に破れていた。陣痛は強くもなく，ごく自然であるともいえなかった。私は彼女に阿片剤テバイン（T：Theb:）20クウォーターを投与した。彼女は陣痛の間1日の大半を寝て過ごしていたが，子宮口は夕方までほぼ同じ状態を継続した。午後5時頃，彼女が頻繁に尿意をもよおすと言い出したので，問い質すと，朝5時頃から排尿をしていないことがわかった。ただちに腹部を診察したところ膀胱が臍の辺りまで膨張し，かなり大きな，はっきりとそれとわかる腫瘤をなしていた。尿道カテーテルを持ってこさせ，苦労の末，3パイントを排尿した。胎児の頭部が骨盤の奥にあり，胎位が顔位であり，額が恥骨の方向に向いていて尿道と膀胱をかなり強く圧迫していたからである。彼女があおむけに横たわっていたので，尿道カテーテルをいつもよりずっと垂直に差し込まなければならなかったし，尿が排出されるまでカテーテルをほとんど羽根部分まで持ち上げていなければならなかった。陣痛以外に下腹部にひどい痛みを訴えることはなかったが，この操作で彼女は非常に楽になった。膀胱を空にしたあと，分娩は以前よりも急速に進んだ。外尿道口（Os externum）に近づくにつれて胎児の頭部はゆっくりと回転した。そして，午後9時15分に顎を陰部に付けた状態で娩出した。新生児は虚弱であったが，気管に呼気を強く吹き込む処置によって目立って回復した。

　母親は申し分なく回復した。

　自然分娩をもう一例紹介しておこう。この分娩は同一人の以前の初産が胎位異常（足位：footling）であり，羊膜を人為的に破らなければならなかったため

今回の出産もそうではないかとの懸念をヘイは持ったが，胎位は正常であり，自然陣痛によるものであった。

症例番号 176（MS 199/1/1/4, pp. 1-2）（自然分娩）

　1775 年 5 月 27 日早朝に，チャペル・アラトン在住トマス・プレストンの妻の 2 回目の出産に往診を依頼された。子宮口は大きく開かれていることがわかった。陣痛は規則的であったが，5 分あるいは 6 分間隔で起こり，強いものではなかった。ぴんと張った羊膜を通して，胎児の体のどの部分も感じ取ることはできなかった。私はこの症例は異常胎位ではないかと疑った。母親の以前の出産（症例 157 を参照）がそうであったため，余計にそう思えたのであった。そこで，あえて羊膜を破らずに分娩を継続させようと決めた。子宮口は広がっており，胎児を引き出すには十分であったが，圧迫する力が強い可能性があり，分娩が遅れる懸念があった。圧力が強くなり，長引けば胎児の生命に危険が及ぶであろう。私は就寝した。翌朝 7 時と 8 時の間に起床した時には大きな変化はなかった。午前中，陣痛があるたびに羊膜を通して胎児の両足が動いているのがわかった。午後 3 時 15 分に羊膜が破れた。子宮口は数時間前から完全に開いていたと思われる。臍帯はただちに外尿道口の外部に出てきたが，脈動していた。胎児の下肢と臀部は自然に出てくると思われた。臀部が産道に現れたとき，私は胎児の腹部を母親の仙骨の方向へ動かした。胎児の両腕を引き出した時には，臍帯の脈動は全く知覚できなかった。そこで，母親の生命を守るために可能な限り早く分娩させようとした。その結果，新生児は生きたまま娩出した。胎児の右腕を引き出す時に胎児の鎖骨を折ってしまったと私は思った。しかし，よくあることだが，この処置は新生児にわずかしか，あるいは全く損害を与えないので，もう一度調べた結果，この判断が正確ではないことがわかった。胎盤はかなり残っているようであったが，指で触診すると小さな球状の塊であり，子宮から脱落していると判断された。子宮底を圧迫すると胎盤はうまく出てきたし，後陣痛は非常に軽かった。脈拍は以前よりも落ち着いた。出血もなく，母親は驚くほどの回復力を見せた。

　次に異常分娩の例を見ておこう。胎位異常と死産を伴うこの出産では，母親

も分娩後死亡している。なお，ここでいう死産は，現在の一般的な基準である妊娠満 28 週以降の後期胎児死亡という条件を満たしたものとは限らない。ここでは，分娩中に胎児の生命の印である臍帯の脈動，あるいは娩出後胎児に搏動や呼吸が感知できないとヘイが判断した胎児死亡を死産とした。

症例番号 170（MS 199/1/1/3, pp. 159-160）（死産）

1774 年 12 月 18 日にロスウェル在住ウィリアム・バルマーの妻の出産に往診を頼まれた。胎児の右腕が母親の体外に脱出して垂れ下がり，膨張していた。前腕の半分近くが外尿道口の外に出ていた。羊膜は 1 日半前から破れていた。陣痛は規則的であった。子宮の収縮がきつく，胎児の分娩は困難であった。手術中に胎児の大腿部の 1 つは骨折した。胎児は死亡しており，出産前に死亡していたように思われる。腕を子宮に挿入して胎児を触診したところ，臍帯に脈動を感じることができず，胎児のどの部分も動いていることを感じることができなかったからである。普通そうであるように，胎位転換を行ったときに手で触れたため胎盤はただちに出てきた。母親は体が非常に弱かったが，手術後はかろうじて健康であった。私は彼女に阿片剤テバイン (thebaine) 20 グラムを投与した。12 月 20 日には彼女は相変わらずきわめて健康であり，規則的に後陣痛を経験していたが，陣痛は幾分強まった。脈拍が少し早くなった。便通はなかった。私は少量の阿片を含む水薬を処方した。22 日の早朝に彼女の夫が来訪し，彼女の調子がきわめて悪く，食べたものをすべて嘔吐し，子宮が膨満していると告げた。彼女は夫が帰宅する前に亡くなった。

その後，彼女をしばしば訪問していた隣人の一人から彼女の産褥排泄物は強い悪臭を放っていたことを知ったが，隣人はそのことを 12 月 20 日には私に告げなかった。彼女は私が彼女のもとを去った後に嘔吐し始め，子宮の痛みが次第に強くなり，それがずっと勢いを増して続いていたのであった。

流産（miscarriage）は明記されていないものを含めて 33 件記録されており，全症例数の 6.7％ を占める。早期胎児死亡（early foetal mortality＝妊娠後満 20 週未満死亡，わが国では 24 週未満死亡）を一般的に流産と呼んでいるが，症例記録ではこの定義通りの分娩の結果か否かは明らかではない。また，早産（premature delivery＝妊娠後 24 週以降 37 週未満)²⁹⁾ についても同様に厳密な定義に則って記録されているわけではない。早産と思われる例は 3 件である。堕胎 (abortion) との区別も曖昧である。以下は，明確に流産と記載されている症例の一つである。

症例番号 394（MS 199/1/1/8, pp. 149-150）（流産）

　1796 年 10 月 30 日にエベネザー通りのコクソン夫人を往診した。彼女は 6 か月の子を流産した。以前にも彼女の流産に立ち会ったが，このときには出血がひどかった。今回の出血はそれほどでもなく，彼女はわずかばかりであったが，陣痛を感じていた。夜 9 時と 10 時の間に彼女は出産したが，胎児は死亡していた。胎児の出産後，胎盤が子宮に留まるのを阻止しようと思ったので，胎児の娩出を半時間ほど遅らせた。そして，胎児がきわめてゆっくりと出てくるに委せた。しかし，一度でも陣痛があれば，抑えていても胎児は娩出したであろう。胎児の出産直後に調べてみたが，胎盤は完全に脱落して膣内にあった。彼女は快癒した。

　分娩中に妊産婦が産褥熱に罹患した例を挙げておこう。産褥熱による死亡は 18・19 世紀の妊産婦および胎児・新生児死亡において高い比率を占めていた。産褥熱は，母親の感染症に対する抵抗力が妊娠・分娩後に失われ，分娩中の外傷から生殖器が細菌（*Streptococcus pyogenes*）におかされ，腹膜炎状の症状を呈する感染症である³⁰⁾。分娩に携わる医師・助産師・看護師が丹毒（erysipelas）に罹患している場合に妊産婦に感染することが多いといわれている³¹⁾。消毒をしていない手指・手術具・着衣・寝台・寝具の汚染が原因で産科医・助産師を介して感染したといわれる産褥熱による母子の死亡が，この時代の分娩を危険の多い人口学的営為としていたのである。1950 年代以降の抗生物質導入以前においては，妊産婦と新生児の双方にとってきわめて危険な感染症であった³²⁾。18・19 世紀における妊産婦の死因のうち第 1 位を占めたのが産褥熱，第 2 位は出産に伴う大量出血，次いで妊娠中毒症であった³³⁾。『女性の権利の擁護』（*A Vindication of the Rights of Woman*）の作者であり，社会思想家であったメアリー・ウルストンクラフト（M. Wollstonecraft）も 1797 年にロンドンにおいて 38 歳でこの病に倒れている³⁴⁾。この出産で生き残った娘は後に詩人のシェ

リー（P. B. Shelley）と結婚し，小説『フランケンシュタイン』を著したメアリー・シェリーである。

産褥熱は1770年代から19世紀半ばまでロンドン・その他の地方都市・ヨーロッパ各地の都市あるいは産院で流行した[35]。この時期の産褥熱と丹毒の流行は，全国的流行（パンデミック）と呼びうるほど広範囲に拡大したものであった[36]。1790年代後半のリーズにおけるヘイの症例記録には，多くの産褥熱罹患妊産婦の例が記載されている。また，1809・1810・1811・1812年にも大規模な流行が報告されている[37]。1809年11月から1812年冬までのリーズにおける産褥熱の大規模な流行については，ヘイの息子ウィリアムによる30例の症例記録を含む症状・治療法をまとめた著書がある。都市および周辺地域に広がった産褥熱流行の実態が，1789年から1792年に大規模な流行を経験したアバディーンとの比較，患者の階層，妊産婦の分娩の状態，丹毒流行との関連，瀉血と下剤投与の有効性の検討とともに豊富な症例で説明されている[38]。この著書に掲載されている症例記録によれば，息子ウィリアムによる治療対象26件中，母親が死亡した例は6件（23.1％）であり，父ヘイの治療の結果は以下に示すように，1790年代後半におけるそれよりも幾分か改善している[39]。

1759〜1807年の症例記録において産褥熱は，puerperal convulsions, fever, mania, fits あるいは単に痙攣（convulsions）と記されている。合計37件，全症例の7.6％を占める。このうち，母子ともに生き残った例は21件（産褥熱罹患妊産婦合計の56.8％），母親が生き残り，子供が死亡した例は8件（21.6％），母親が死亡し，子供が生き残った例が5件（13.5％）である。母子ともに死亡した例，母親が死亡し，子供の生死が不明な例，母子ともに生死が不明な例がそれぞれ1件ずつ記録されている[40]。後述するように，18世紀後半から19世紀前半にかけて妊産婦死亡のうち高い割合を占めたのは産褥熱を死因とするそれであり，出生対千比で1を下回ることはなかった[41]。特に15〜25歳の若年層において産褥熱による死亡は顕著に見られ，女子人口対千比による妊産婦死亡率の4割を超えている。以下で紹介する症例番号208では母子双方の死亡が記録されている。

症例番号 208（MS 199/1/1/4, pp. 104-105）（産褥熱）

　1776年5月9日木曜日に，ハンスレット在住ピーター・アクロイドの妻を往診した。彼女は5番目の子供を宿し，妊娠8か月目であった。分娩は産褥熱による痙攣中に始まった。聞き取りの結果，以下のことがわかった。前週，彼女は気分が悪く，落ち着かなかったようであるが，特に身体の不調を訴えることはなかった。5日の日曜日に，胎児が動くため腹部に痛みを感じると訴えた。痛みがひどく，胎児が飛び出してしまうのではないかと友人に告げた。月曜日の晩に彼女は頭痛を訴え，痙攣が始まるまで続いた。水曜日の昼に彼女は震えに見舞われ，うわごとをいい始め，午後4時頃になると痙攣して，意識を失った。痙攣は，陣痛に伴う震えのような間隔で夜通し続いた。私が往診に行ったとき，彼女は震えながら泣き叫び，陣痛の際に見られるような緊張で体がこわばらせていた。診察の結果，子宮口は人差し指が入るだけしか開いていなかった。午前11時頃に調べてみると，痙攣が圧力となって子宮口が開くということはなかった。しかし，私は助産師の介護が必要であると思った。脈拍は88であった。痙攣が始まってから彼女は何も飲み込むことができず，意識清明期がなく，流動食を与えるためのわれわれの努力をすべて拒んでいた。彼女には7日の月曜日から便通がなかった。

　私は彼女から1リットルほど瀉血した。瀉血後，私が彼女の家にいる間は少し落ち着いたようであった。下剤を浣腸し，もし飲めるならば水薬の下剤を与えるよう処方した。こうした場合，通常観察されるように，私が膣を検査したときには彼女は苦痛を訴えることもなく，陣痛を感じることもなかった。私が10日の午前11時に訪れたちょうどその時に，彼女が死亡しているのを知った。それまで彼女はずっと意識がなく，同じような痙攣を繰り返していた。その朝4時に彼女は衰弱した子供を出産し，子供は産声を上げたあと亡くなった。彼女は水薬の下剤を全く飲まなかった。便通があったのは浣腸によるものであった。結局，瀉血では持続的な治療効果は期待できなかった。

　最後に医師としてのヘイが，母親か胎児の生命のいずれを優先すべきかという問題に直面した例を挙げておこう。症例番号226（MS 199/1/1/4, pp. 147-149）

は,母子いずれかの生命を救う目的で彼が帝王切開(caesarian operation ; section)手術に踏み切るかどうか逡巡した末に中止した経緯を回顧したものである。母親の骨盤が狭く,恥骨と仙骨の間隔が2インチときわめて狭いため,「子供を開口部から引き出すことが可能かどうか心配であった。臍帯が骨盤の中で活発に脈動しているのを見ると,ともかく子供は生きていた。<u>間違いなく生きている子供</u>の命を救うために母親の生命を犠牲にしてまで帝王切開手術を行うべきかどうか,慎重に考慮すべきであると思った」(I was afraid that the child could not be extracted thro' this orifice ; and it was now alive (the funis being in the pelvis with a brisk pulsation). I thought it deserved to be maturely considered, whether the danger of the mother was so great as to warrant the Caesarian operation to save the child, which was <u>certainly</u> living)。(下線原文)

3) 出産の実態

　ヘイの産科症例記録の分析から,18世紀後半における工業都市の出生力についてどのようなことがいえるであろうか。すでに指摘したように,産科医の診療を受けずに出産を経験した妊産婦の数は多数に上ったはずであり,ここではその経験を考察の対象とすることはできない。症例が対象とした妊産婦に限っていえば,平均出産順位から合計特殊出生率に相当する出生力の大まかな水準を得ることができる。延べ490の症例のうち出産順位が記載されているのは計295件である。このうち,同一の妊産婦が複数回診療を受けている35件については,時期的に最も新しい出産順位をその妊産婦の出産順位とすると,合計260件の出産順位特定可能な標本を得ることができる。さらに,たとえば「2〜3人,3〜4人出産」のように,経産数が範囲で記載されている10件については順位が低い数値を出産順位として計算すると,平均出産順位は3.72となる。

　この症例記録に登場した特定の妊産婦が産科医ヘイの診療を受けることなく,それぞれの家庭で分娩したこともあったはずである。症例記録の終期である1807年を越えて出産した例も計算対象とすることはできない。また,助産師だけでなく産科医の治療を受ける確率は経産婦よりも初産の場合に高くなる可能性があり,出産順位1の頻度が相対的に多くなるという傾向も否定できない。

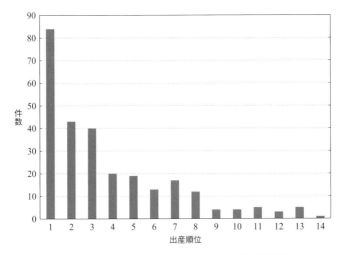

図 5-1 ウィリアム・ヘイ産科症例記録（出産順位）

こうしたいくつかの限界を考慮すると平均出産順位 3.72 は，合計特殊出生率に相当する数値の最低値を示すものであると考えられる。分析の対象として取り上げた母集団に関する限り，合計特殊出生率に相当する出生力の水準は 3.72 人以上ということになるであろう。出産順位の分布を示した図 5-1 からわかるように，14 を最高として，3 以上の出産順位が全体の 53.0％ を占めている。高位の出産順位，たとえば 4・5・7・8・11・13 位の頻度が高い[42]。

母親の年齢が記録されている件数 75 から概数および重複件数を除外した出産時の母親の平均年齢は，30.9 歳である。分布は表 5-1 の示す通りである。初産の年齢が高い理由は不明であるが，高齢の初産は難産になる傾向が強く，産科医の治療を必要としたせいかもしれない。分娩態様については，胎位のうち最も多い異常胎位は足位で，46 件（全症例件数の 9.4％）に上る。次いで，左右腕先進位の 37 件（7.6％），殿位（逆子：breech）の 33 件（6.7％），肩甲位（shoulder）の 12 件（2.4％），顔位（face）の 7 件（1.4％），その他の 44 件（9.0％）の順となっている。自然胎位である頭位（cephalic）・頭頂位・泉門位（fontanell, parietal, vertex）は 311 件（63.5％）である。分娩に当たって事前に助産師の介助を受けたと記録された妊産婦は，少なくとも 81 件で全体の 16.5％ を占

表 5-1 ウィリアム・ヘイ産科症例記録（出産順位別母親平均年齢）

出産順位	母親平均年齢
1	29.2
2	25.1
3	26.6
4	32.5
5	32.0
6	39.0
7	-
8	46.0
9	-
10	-
11	36.0

出所）University of Leeds, Brotherton Special Collection, Notebooks of case histories in obstetrics, MS 199/1/1/1-10, Cases in Midwifery, 1759-1807 より作成。

表 5-2 ウィリアム・ヘイ産科症例記録（胎児・新生児の死因）

死因	件数	％
死産	52	33.3
胎児頭蓋開口	39*	25.0
流産	33	21.2
早産	3	1.9
新生児死亡	29	18.6
計	156	100.0

出所）University of Leeds, Brotherton Special Collection, Notebooks of case histories in obstetrics, MS 199/1/1/1-10, Cases in Midwifery, 1759-1807 より作成。

注）＊胎児頭蓋開口手術計は 45 件であるが，そのうち 6 件は死産児頭部の切開である。

めている[43]。ヘイの往診の大部分は，妊産婦本人・夫・近隣の住民・他の医師の要請によるものであった[44]。

　分娩促進と母体保護を目的としてヘイが施した手術のうち最も多いのは，分娩後に自然胎盤脱落がないために人為的に胎盤を剥離する手術であり，合計 90 件（延べ全症例件数の 18.4 ％）を数える。次いで多いのは，羊膜切開 39 件（8.0 ％），当時産褥熱治療に有効と考えられていた瀉血（bleeding）26 件（5.3 ％）である。分娩を促進するために鉗子を用いた例は 74 件（15.1 ％），鎮痛剤テバインなどの阿片剤の投与が 94 件（19.2 ％）に上っている。

　分娩に伴う母親と子供の死亡について見てみよう。ヘイの症例記録に記載された延べ 490 件の症例のうち，生存出産は延べ 334 件（68.2 ％）で，残り 156 件（31.8 ％）は何らかの死因によって胎児のうちに，そして分娩後に死亡した例である。妊娠・出産後に生き残ることができた胎児は，7 割以下であった。分娩中，あるいは分娩後に母親が死亡した件数は，55 件（妊産婦実数計 436 の対千比 126）である。少なくともヘイの産科症例記録に登場した妊産婦に関する限り，生の出発点としての出産という人口学的営為は 13 ％近くの死亡リス

クを伴っていたのである。母親の死因のうち最も多いのは、分娩中および分娩前後の大量出血であり、12件（21.8％）を数える。次いで多いのは産褥熱による死亡であり、7件（12.7％）、残りは産褥熱以外の感染症およびその他の疾患である。他方、156件の胎児および新生児死亡の内訳は表5-2が示す通りである。胎児頭蓋開口手術とは、母体保護を目的として、生存・死亡にかかわらず胎児の頭部を切開して娩出を容易にする手術である。胎児死亡のうち最も多いのは死産であり、死因全体の3割以上を占めている。

　新生児死亡は生存出生後の産褥熱感染、母親の骨盤狭窄、大量出血、あるいは頸部臍帯巻き付きによる窒息死、先天性弱質・虚弱・その他分娩時の器官損傷および産褥熱以外の感染症を含む疾病を原因とするものである。出生直後の乳児を待ち受けていた危険については、先天性疾患死からうかがうことができる。1858年から1920年までのイングランド・ウェールズの未熟児出産、先天性弱質、奇形、肺拡張不全（atelectasis）およびその他の分娩時傷害による死亡を含む乳児死亡を見ると、出生直後の乳児の死亡確率はこの間平均して出生対千比20.3である[45]。さらに、先天性疾患から免れていた乳児も出生後の環境が課す様々な危険にさらされていた。図5-2は、19世紀初頭からほぼ1世紀間のイングランド・ウェールズ、繊維工業都市リーズと製鉄工業都市ミドルズブラの乳児死亡率を示したものである[46]。都市の乳児死亡率は19世紀70年代末期を除いて全国平均を大幅に上回っている。リーズの1847〜84年における乳児死亡率が対千比平均198であるのに対して、同時期のイングランド・ウェールズのそれは151、ミドルズブラの1876〜1920年における乳児死亡率が161であるのに対して、イングランド・ウェールズのそれは132である。主として、都市の環境悪化と過密による感染症に対する曝露機会の増加によるものであろう。

　ヘイが症例記録を残した18世紀後半から19世紀初頭におけるリーズの乳児死亡の構成を、詳細な死亡日齢を記録した教区埋葬登録簿から見てみよう[47]。母胎の状況と出生後の外的環境が乳児死亡に与える影響を識別する経験則をいち早く開発したわが国乳児死亡研究の泰斗である丸山博のアルファ・インデックス（α index：乳児死亡率〔数〕／新生児＝出生後28日未満児死亡率〔数〕）[48]を用いて、リーズにおける18世紀末期から19世紀初頭の乳児死亡に対する外部環

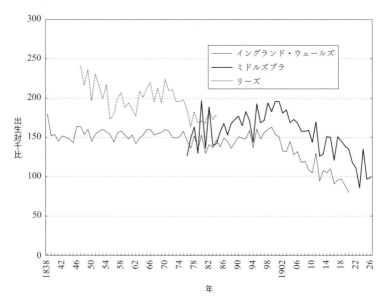

図 5-2 イングランド・ウェールズとリーズ, ミドルズブラの乳児死亡率 (1838〜1926 年)

境の影響を見た表 5-3 は, 都市化・工業化の進展による環境悪化が出生後 28 日以降 1 歳未満の乳児に少なからぬ影響を与えていることを示している。18 世紀 80 年代以降 10 年ごとのアルファ・インデックスは都市部では 3.54 から着実に上昇し続け, 19 世紀 30 年代には 5.81 に達している。他方, 農業人口の比率が高い 4 つの郊外集落における 1813〜39 年のそれが平均して 4.37 であるのに対して, 1810〜38 年の都市部における平均は 5.06 である。また, 都市部に見られたような継続的な上昇という明確な規則性は郊外集落には見られない。

乳児死亡に対する新生児死亡比率の相対的低下, 新生児後乳児死亡 (生後 4 週以後 1 年未満死亡) 比率の上昇は, 母胎における先天性疾患・分娩時の傷害よりも, 出生後 28 日以降の哺育状況・母親からの感染症伝染・都市における居住環境の劣化がもたらす経口感染症, あるいは呼吸器疾患への曝露機会の増加などの外的環境が乳児に過酷に襲いかかっていたことを示している。19 世紀後半のイングランド・ウェールズにおける乳児の死因構成を特定した表 5-4

表 5-3　リーズにおける乳児死亡の構成（1780〜1838 年）

都市部

年	乳児死亡数	新生児死亡数	α index
1780〜89	1,087	307	3.54
1790〜99	1,781	416	4.28
1800〜09	1,886	412	4.58
1810〜19	1,876	409	4.59
1820〜29	3,143	658	4.78
1830〜38	3,319	571	5.81
1780〜1838	13,092	2,773	4.72

郊外地区 *

年	乳児死亡数	新生児死亡数	α index
1813〜19	128	31	4.13
1820〜29	262	52	5.04
1830〜39	257	65	3.95
1813〜39	647	148	4.37

出所）*Burial Registers of Leeds Parish and Chapelries*, West Yorkshire Archive Service, Leeds District Archives より作成。

注）＊ Chapel Allerton, Farnley, Headingley, Potter Newton.

表 5-4　イングランド・ウェールズの死因別乳児死亡率（出生対千比，1855〜75 年）

	先天性弱質・早産	痙攣	下痢	気管支炎	肺炎	百日咳	天然痘	その他	乳児死亡計
平均死亡率	39.5	28.1	15.4	10.8	11.1	6.1	1.3	40.7	153
死亡割合（％）	25.8	18.4	10.1	7.0	7.3	4.0	0.8	26.6	100.0

出所）BPP, House of Commons, 1877 (433), pp. 4-18 より作成。

によれば，出生直後の死亡確率が高い先天性弱質・早産による死亡率が出生対千比平均 39.5 で死因中最も高いが，気管支炎・肺炎・百日咳などの呼吸器疾患が平均 28，産褥熱を含む痙攣（convulsions）が平均 28.1，伝染性消化器疾患を含む多様な原因による下痢（diarrhea）が 15.4，天然痘が 1.3 でこれに続き，その他の死因が平均 40.7 であったことがわかる。死因割合は，先天性弱質・早産が，平均して全体の 26 ％ 弱，痙攣 18.4 ％，呼吸器疾患 18.3 ％，下痢 10.1 ％，天然痘 0.8 ％，その他 26.6 ％ である[49]。

　ヘイの記録とほぼ同時代の，他の産院あるいは救貧院における出産に伴う母

表 5-5 分娩に伴う母子の生死（1750〜1921 年）

	妊産婦数	出生総数	死　産*	生存出産	母親死亡*
ヘイ産科症例記録（1759〜1807 年）	436	490	52(106)	334	55(126)
ロンドン産院（1750〜99 年）	25,782	26,089	1,055(40)	25,034	391(15)
ダブリン産院（1757〜1844 年）	55,998	57,042	3,157(55)	53,885	599(11)
ウェストミンスター施療院（1774〜1828 年）	15,015	15,334	406(26)	14,928	29(2)
ロンドン東部王立産院（1828〜61 年）	61,139	61,837	2,235(36)	59,602	259(4)
リヴァプール産院（1842〜45 年）	339	341	18(53)	323	1(3)
ロンドン大学病院（1842〜44 年）	467	470	19(41)	451	3(6)
リヴァプール救貧院（1868〜70 年）	1,416	1,445	195(135)	1,250	6(4)
救貧院（全国）（1871〜80 年）	87,726	88,696	162(2)	−	765(9)
グラズゴウ産科病院（1897 年）		2,343	209(89)		
エディンバラ王立産科病院（1921 年）		9,028	432(48)		

出所）University of Leeds, Brotherton Special Collection, Notebooks of case histories in obstetrics, MS 199/1/1/1-10, Cases in Midwifery, 1759-1807；R. Woods, *Death before Birth, Fetal Health and Mortality in Historical Perspective*, Oxford, p. 92 より作成。
注）＊括弧内は対千比。

子の死亡リスクを比較したのが表 5-5 である。ヘイが記録した地方都市リーズにおいて分娩に伴う母親死亡率がその他の都市のそれよりも格段に高い理由は，以下の通りであると考えられる[50]。その他の都市の出産には，産科医の治療・手術を必要とする困難な分娩だけではなく，特に問題のない通常の出産も含まれていたと推測される。また，その他の都市における産院や救貧院の妊産婦の標本は，同一妊産婦が数回にわたって分娩した件数，すなわち延べ件数である可能性がある一方，ヘイの記録の妊産婦数は複数回出産した同一妊産婦を除いた実数の標本である。死産率についても，ヘイの症例記録では出生対千比は 106 であり，リヴァプール救貧院の 135 を除いて，他の場所におけるそれよりもかなり高い。これもまた，ヘイの記録に含まれる標本が産科医の緊急診療を要する危険の多い出産に偏っていることが大きな原因であろう。

次に分娩時の母親の死亡について簡単に見ておこう。図 5-3 は，イングランドとウェールズにおける産褥熱痙攣・その他の疾病による妊産婦死亡率の長期の水準を出生対千比で示したものである。1847〜1920 年の産褥熱，その他分娩時傷害による母親の死亡リスクは平均して出生対千比 4.6 であった。19 世紀中期には，出生 1,000 人に対して，母親は産褥熱で 1.5 人，その他分娩時の疾病で 4.5 人，合計 6 人が死亡している[51]。分娩に伴う危険については，同じ時

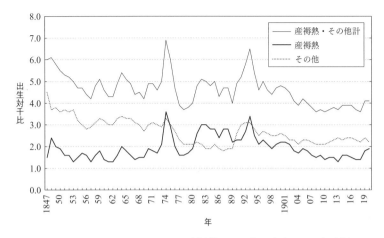

図 5-3 イングランド・ウェールズの産褥熱・その他の疾病による妊産婦死亡率 (1847〜1920年)

表 5-6 イングランド・ウェールズにおける年齢別産褥熱・その他妊産婦死亡率（妊産婦数対千比，1848〜67年）

| | 1848〜54年 | | | 1855〜67年 | | |
年　齢	分娩時疾病	産褥熱	妊産婦死亡率	分娩時疾病	産褥熱	妊産婦死亡率
15〜25	3.91	2.77	6.68	3.78	2.66	6.44
25〜35	2.77	1.48	4.25	2.48	1.38	3.86
35〜45	4.79	1.54	6.33	4.18	1.41	5.59
45〜55	7.20	1.63	8.83	5.39	1.39	6.78
15〜55	3.58	1.73	5.31	3.22	1.61	4.83

出所) *Thirtieth Annual Report of the Registrar-General of Births, Deaths, and Marriages in England* (Abstracts of 1867), pp. 242-244 より作成。

期の年齢別妊産婦死亡率（女子人口対千比）の動向からもうかがうことができる。産褥熱の他，分娩時の母親は多くの危険を覚悟しなければならなかったが，たとえば1848〜54年においては，特に15〜25歳の若年層女子人口の妊産婦死亡のうち4割強は，産褥熱によるものであった。さらに，推計妊産婦総数に対する年齢別妊産婦死亡率を見ると，表 5-6 に示すように産褥熱による死亡確率は同じく15〜25歳の若年層の妊産婦で最も高く，1848〜54年には妊産婦数対千比で2.77，1855〜67年には2.66であった。他方，産褥熱以外の分娩時の疾

病による死亡率は，中・高年齢の妊産婦において高くなっている[52]。流産・前置胎盤（placenta previa）・白股腫（alba dolens）・大量出血をはじめとする分娩時疾病と産褥熱のリスクを考慮すると，19世紀初頭における出産が母親にとって危険の多い営為であったことが理解できるであろう。

　乳幼児死亡率・生残率を勘案した有効（実効）出生力（effective fertility）は18世紀後半・19世紀前半のイギリスにおいては他の時期に比べて高い水準にあり，その結果として急速な人口増加がもたらされた。明らかに両者のバランスは出生に有利に働いていたといいうる。すでに見てきたように，ヘイの症例記録からもこの時期における出生力の高さの一端を垣間見ることができた。他方，この時期には産褥熱をはじめとして出産に伴う死亡リスクも他の時期と比べてきわめて高かった。実際，出産という営為は胎児の生命だけではなく，母体の生命にも関わる危険に満ちたものであった。生の出発点としての出産をめぐる母子の死亡確率の水準を考慮すると，この時期における出生率は，原因は何であれ，まれに見る高さを維持していたといえるであろう。

2　19世紀工業都市における結婚・世帯形成と人口再生産

1）19世紀後半の製鉄工業都市における結婚

　前節で触れたように，18世紀後半から19世紀初頭のイギリスは，高い出生力によって急速な人口増加を経験した。都市を中心とした高い死亡率にもかかわらず生き残った人口が，その後結婚し再生産してゆく過程を，19世紀後半の製鉄工業都市ミドルズブラを対象として，結婚・世帯形成・世帯の特質・人口再生産に焦点を合わせて考察することが本節の課題である。利用する史料は，1851・1861・1871・1881年のセンサス調査員転写冊子である。あわせて，単年度のセンサス個票の分析では不十分な領域，たとえば移入入・定着人口の動向を解明するために開発されたセンサス個票連結分析法（record linkage）を用いて，19世紀半における工業都市住民の結婚に関わる営為を歴史人口学的側面から復元してみたい。この分析方法については，すでに前著においてその特色と限界を詳しく指摘しておいた。ここではごく簡単に紹介するにとどめたい。

第 5 章　出生・結婚，老年と終末期　255

表 5-7　ミドルズブラの人口（1851〜81 年）

年	ミドルズブラ都市部	隣接郊外教区リンソープ
1851	7,409	−
1861	17,799	710
1871	28,401	11,030
1881	36,464	20,116

出所）National Archives, Census Enumerators Books, HO 107/2383 (1851); Census Enumerators Books, RG 9/3685-3689 (1861); Census Enumerators Books, RG10/4889-4895 (1871); Census Enumerators Books, RG11/4852 (1881)（History Data Service）より作成。

個人の正確な属性（居住地番号・姓名・世帯主との続柄・配偶関係・性別・年齢・職業・出生教区・身体障害の有無）を最初に記録した 1851 年以降のセンサス調査員転写冊子と 10 年後のセンサス調査員転写冊子をすべて入力し，コード化して，個人・世帯の名寄せを行い，10 年間の個人・世帯の行動を追跡調査するこの方法は，一時点のセンサス個票の分析がもつ限界を克服する手段として開発されたものである[53]。

　この節では，とりあえず各年次の静態統計を用いて，都市人口全体の特質を解明するとともに，1851〜61 年・1861〜71 年の 10 年間にこの都市に流入した個人・家族，引き続き居住していたと思われる個人・家族をできる限り正確に同定し，キングストン大学地方史研究センターの方法に基づいて，それぞれの人口学的属性を検討する[54]。この節で分析対象とする 1851 年から 1881 年までの都市部ミドルズブラおよび 1861 年から分離独立登録単位となった隣接郊外教区リンソープ（Linthorpe）における人口は表 5-7 の通りである[55]。最初に，各年次における都市人口全体の結婚性向を見ておこう。静態統計から結婚年齢を推計する方法として，静態平均初婚年齢（SMAM：singulate mean age at marriage）がある[56]。静態平均初婚年齢は，人口動態統計ではなくセンサス・その他の静態統計調査から得られる年齢別未婚率を用いて推計される指標である（表 5-8 参照）。算出される平均初婚年齢は実際に結婚した時点における結婚年齢ではなく，未婚・既婚人口の間に死亡率・移動率に関して相違がないという前提の下に推計される指標である[57]。幾分非現実的な仮定に基づく指標であるが，他の統計を欠く場合あるいは大規模な人口を対象とする場合に初婚年齢の

表 5-8　ミドルズブラにおける年齢別未婚率（1851〜81 年）

男子

年齢	1851 年	1861 年	1871 年	1881 年
15〜19	98.9	99.4	99.2	99.6
20〜24	73.2	75.0	78.5	80.4
25〜29	36.6	37.9	48.7	45.1
30〜34	20.6	21.5	31.5	29.1
35〜39	11.9	14.2	21.4	20.3
40〜44	15.2	9.9	21.5	20.3
45〜49	9.6	12.0	12.6	14.5
50〜54	8.5	8.2	14.5	13.6

女子

年齢	1851 年	1861 年	1871 年	1881 年
15〜19	93.1	91.9	92.4	95.7
20〜24	45.4	41.2	41.8	53.0
25〜29	19.5	18.4	16.1	19.1
30〜34	11.0	13.2	8.2	10.9
35〜39	9.0	9.2	5.8	7.5
40〜44	3.8	11.7	4.2	3.6
45〜49	6.2	11.8	3.3	3.2
50〜54	6.7	11.7	3.7	3.0

出所）National Archives, Census Enumerators Books, HO 107/2383 (1851); Census Enumerators Books, RG 9/3685-3689 (1861); Census Enumerators Books, RG10/4889-4895 (1871); Census Enumerators Books, RG11/4852 (1881)（History Data Service）より作成。

表 5-9　ミドルズブラにおける静態平均初婚年齢（SMAM）（1851〜81 年）

	1851 年	1861 年	1871 年	1881 年
男子静態平均初婚年齢	26.1	26.1	27.6	27.3
女子静態平均初婚年齢	22.6	21.5	22.6	23.8

時系列・地域間偏差を見るにあたっては有効な指標の一つである[58]。1851 年から 1881 年までのミドルズブラにおける静態平均初婚年齢を推計した結果は表 5-9 に示す通りである。女子の平均初婚年齢は，1861 年にやや低下したあと，1871 年から 1881 年にかけて 1.2 歳上昇している。男子のそれも 1861 年以降 1871 年に 1.5 歳上昇し，1881 年にもほぼ同じ水準に留まっている。いずれも大幅な変動ではないが，男女の静態平均初婚年齢について，以下の点を指摘できる。すなわち，この結果は動態統計による特定時点の初婚年齢を示すものではないことに留意し，さらにこの間生涯独身率に変化がないと仮定した場合，19 世紀後半の 30 年間にミドルズブラでは男女の初婚年齢が上昇しつつあり，男女ともに晩婚化が進んだということができる。

　19 世紀後半におけるミドルズブラの結婚年齢の変化は，出生力にどのような影響を及ぼしたであろうか。この点を詳しく見るために，出生力の変動を左右する女子の年齢別有配偶率を見ておこう。静態平均初婚年齢が 21.5 歳から

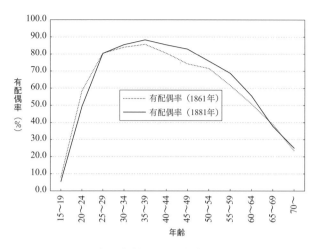

図 5-4　ミドルズブラの年齢別有配偶率（1861 年・1881 年, 女子）

23.8 歳へ 2.3 歳上昇した 1861 年と 1881 年の女子の有配偶率を比較したものが図 5-4 である[59]。1881 年においては，中高年齢層である 30〜34 歳以降の有配偶率は 1861 年のそれを上回っているが，15〜19 歳・20〜24 歳・25〜29 歳の若年層の有配偶率は 1861 年のそれを下回っている。一般的に妊孕力が高いとされる若年層の有配偶率の相対的な高さは，1861 年における出生力水準の高さを示唆している。次に，静態統計から算出可能な出生力水準を示す指標として，全年齢の母親一人当たり零歳児数を見ておこう。それぞれのセンサス実施時点における出産数に最も近い数値である母親一人当たりの零歳児数を示したものが表 5-10 である。出生力水準とともに各時期における母親の年齢構成（年齢別有配偶率）も一人当たり零歳児数に影響を与えるが，1881 年のそれが他の時期よりもかなり少なかったことは明らかである。

　静態統計から比較的簡単に算出可能な出生力の指標の一つとして，母親一人当たりの年齢別平均同居生残子数を見てみよう。もちろん，この指標は動態統計から得られる実際の出生力を示すものではない。同居する零歳児を含む生残子の数であり，時系列変化を議論する場合には，乳幼児死亡率・出生間隔・子供が親元を離れる年齢の変化を考慮する必要がある。しかし，出生力の目安の一つとして有効であろう。図 5-5 は，1861 年と 1881 年における母親一人当た

表 5-10　ミドルズブラの母親（全年齢）一人当たり零歳児数（1851〜81年）

年	零歳児数	母親数計	母親一人当たり平均零歳児数
1851	248	1,231	0.2015
1861	624	3,030	0.2059
1871	919	4,585	0.2004
1881	1,032	5,782	0.1785
平均	2,823	14,628	0.1929

出所）National Archives, Census Enumerators Books, HO 107/2383 (1851); Census Enumerators Books, RG 9/3685-3689 (1861); Census Enumerators Books, RG10/4889-4895 (1871); Census Enumerators Books, RG11/4852 (1881) (History Data Service) より作成．

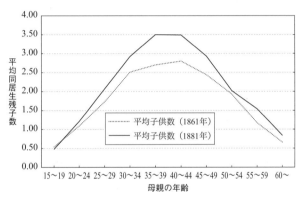

図 5-5　ミドルズブラの母親の年齢別平均同居生残子数（1861年・1881年）

りの年齢別平均同居生残子数を比較したものである[60]．最も若い年齢階層である15〜19歳を除いて，1881年の同居生残子数は1861年のそれを上回っている．両者の差は母親の年齢が30〜34歳を超えると大きくなり，特に35〜39歳，40〜44歳において顕著である．1861年から1881年にかけて，ミドルズブラでは男女の平均初婚年齢は上昇し，全体としての出生力は低下する一方，中高年齢層女子の有配偶率と生残子数は増加した．こうした現象を矛盾なく説明することが可能な要因として考えられるのは，1881年に先立つ20年間における乳幼児死亡率の低下による生残率の改善，あるいは子供の別居年齢の変化であろ

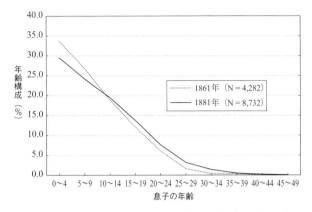

図 5-6　ミドルズブラの世帯内同居息子年齢構成（1861 年・1881 年）

う。

　人口再生産の核となる家族・世帯についてもう少し詳しく見ておこう。図 5-6 は，1861 年と 1881 年の年齢別世帯内同居息子数を示したものである[61]。製鉄工業を主軸とするこの都市の労働力は，主として外部からの移入労働者と，徒弟制度の消滅以後に父親から技術を修得し，その下で間接的に雇用される若年男子からなっていた。この間を通じて，0～4 歳の息子の比率は出生力の低下を反映して 1881 年に 29.5 ％ に減少している。他方，世帯内に留まって父親の労働力として家計を補助する 15～19 歳以上の息子の年齢別比率は，1861 年には 20.6 ％ であったのに対して，1881 年には 26.8 ％ である。離家せず，親元に留まる息子の比率は増加している。すでに第 3 章において詳述したように，19 世紀のイギリスの大部分の場所では，新たな世帯形成は両親との別居を前提とするヨーロッパ型結婚慣習の下で行われていた。親元を離れる年齢の相対的な上昇は，1881 年における男子初婚年齢の 26.1 歳から 27.3 歳への上昇と表 5-11 に示すような有配偶率の低下と

表 5-11　ミドルズブラにおける男子年齢別有配偶率（1861 年・1881 年）

年　齢	1861 年	1881 年
15～19	0.6	0.4
20～24	25.0	19.6
25～29	62.1	54.9
30～34	78.5	70.9
35～39	85.8	79.7
40～44	90.1	79.7
45～49	88.0	85.5
50～54	91.8	86.4

出所）National Archives, Census Enumerators Books, RG 9/3685-3689 (1861); Census Enumerators Books, RG11/4852 (1881) (History Data Service) より作成。

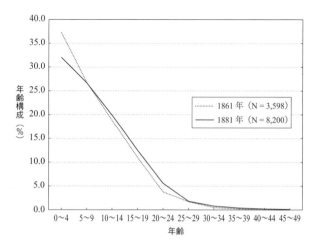

図 5-7 ミドルズブラの世帯内同居娘年齢構成（1861年・1881年）

いう現象と符合する。

　同様に 1851〜81 年の期間について同居する娘の年齢分布を見ると，1881 年には 0〜4 歳の娘の比率が 32％ であり，最も低い。また，15〜19 歳・20〜24 歳の若年層について，離家せず同居する娘の比率を見ると，1881 年（12.5％・5.6％）が最も高い。1861 年の同居する娘の年齢構成を 1881 年のそれと比較した図 5-7 からわかるように，平均初婚年齢が 21.5 歳から 23.8 歳に上昇し，若年層における有配偶率が低下した 1881 年には，世帯形成の遅れが進行しつつあったのである[62]。結婚年齢と有配偶率を含む結婚性向，出生力変化の構造は複雑である。この都市が主として依存する製鉄工業の動向，雇用と所得の水準，都市人口の年齢構成と性比，住宅をはじめとする生活環境，世帯規模や子供の扶養と生活水準に関する都市住民の観念の変化，あるいはその他の要因が背後にあったのか，明確に特定することは簡単ではない[63]。

　次に，都市人口の構成をセンサス個票連結分析法を用いて移入・定着人口に分類し，それぞれの特質を検討しておこう。この方法によって算出される女子の年齢別有配偶率は，当該女子の観察期間中における結婚にともなう姓の変化が個人の同定を困難にする可能性があるため，ここでは利用しない。図 5-8 お

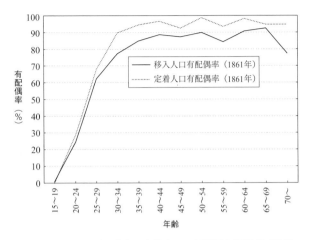

図 5-8 ミドルズブラ移入・定着人口の年齢別有配偶率(男子, 1851〜61 年)

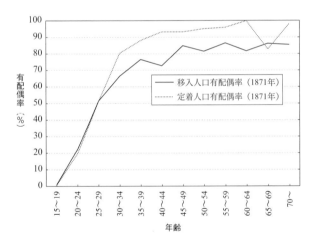

図 5-9 ミドルズブラ移入・定着人口の年齢別有配偶率(男子, 1861〜71 年)

よび図 5-9 は,1851 年あるいは 1861 年以降のある時点に市内に移入した男子人口,1851〜61 年と 1861〜71 年のそれぞれ 10 年間に引き続き市内に居住していた男子人口の 1861 年および 1871 年における有配偶率を,センサス個票連

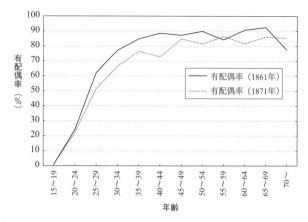

図 5-10 ミドルズブラ移入人口の年齢別有配偶率（男子，1851〜61 年・1861〜71 年）

結分析法によって算出し比較したものである[64]。いずれの期間においてもほぼすべての年齢階層で，移入人口の有配偶率は定着人口のそれを下回っている。男子人口に関する限り，顕著な移動性向の一つは，既婚家族の移入よりも未婚者の単身移入が多かったということである。この事実は，19 世紀後半における出生力や人口規模・増加率に少なからぬ影響を与えたはずである。

同じく男子移入人口と定着人口のそれぞれについて，年齢別有配偶率の時系列変化を比較したものが図 5-10 および図 5-11 である[65]。1851〜61 年・1861〜71 年にミドルズブラに移入した男子人口と引き続き居住していた男子定着人口を対象として，年齢別有配偶率を比較したものである。年齢は前者が 1861 年，後者が 1871 年のそれである。高年齢層（55〜59 歳・70 歳以上）を除いて，1861〜71 年の男子移入人口の有配偶率は低い。1861〜71 年の男子移入人口は，10 年以前の移入集団に比べてもほぼすべての年齢階層にわたって未婚者の割合が高かったのである。後期における無配偶男子移入者の相対的な多さの原因の一つは，この都市の主要産業である製鉄工業における労働市場の動向，特に男子若年労働力に対する需要の増加であろう。他方，同じく高年齢層（55〜59 歳・60〜64 歳・70 歳以上）を除いて，1861〜71 年の男子定着人口の有配偶率も図 5-11 が示すように 1851〜61 年のそれを下回っている。少なくとも，

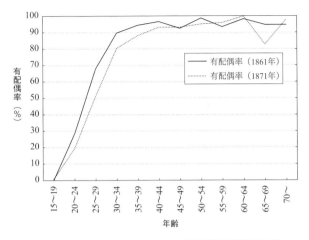

図 5-11 ミドルズブラ定着人口の年齢別有配偶率(男子,1851〜61 年・1861〜71 年)

男子人口に関する限り,移入人口も定着人口もこの都市の人口再生産に対する貢献は後期になるにつれて相対的に減少しつつあったと考えられる。

2) 19 世紀後半における製鉄工業都市の世帯

　世帯の構造を詳しく見てみよう。世帯内における親族同居の有無を基準としてヨーロッパ近代家族の形態を分類したハンメル/ラスレットにしたがって,19 世紀後半におけるミドルズブラの家族形態を見たものが表 5-12 である[66]。この都市全体の 1861 年と 1881 年における家族形態は,単独世帯 (solitary; singleton) の比率が後期に幾分上昇しているほかは際だった変化はない。両時期ともに夫婦と子供からなる単婚小家族(単純家族)が全体の 8 割近くを占めている。世帯主と姻戚・親族関係のない構成員からなる非家族世帯 (no-family households),無配偶の親族を含む拡大家族,複数の単婚小家族からなる多核家族の比率はいずれも目立った変化を示していない。

　他方,この間移入した人口,たとえばアイルランド出身者とそれ以外の集団の家族形態には無視しえない相違がある。表 5-13 は,都市人口をアイルランド出身世帯主とその他の世帯主に分類し,それぞれの家族形態を示したもので

表 5-12 ミドルズブラの家族形態（1861年・1881年）

家族形態	1861年		1881年	
	世帯数	%	世帯数	%
単独世帯	64	1.8	172	2.5
非家族世帯	126	3.6	247	3.6
単純家族	2,684	77.3	5,290	77.7
拡大家族	540	15.6	971	14.3
多核家族	58	1.7	131	1.9
世帯数計	3,472	100.0	6,811	100.0

出所）National Archives, Census Enumerators Books, RG 9/3685-3689 (1861)；Census Enumerators Books, RG11/4852 (1881)（History Data Service）より作成。

表 5-13 アイルランド出身世帯主とその他世帯主の家族形態（1861年・1881年）

家族形態	1861年				1881年			
	アイルランド出身者		その他		アイルランド出身者		その他	
	件数	%	件数	%	件数	%	件数	%
単独世帯	6	1.2	58	1.9	16	2.6	156	2.5
非家族世帯	12	2.4	114	3.9	27	4.3	220	3.6
単純家族	406	79.9	2,273	76.8	507	81.4	4,783	77.3
拡大家族	81	15.9	459	15.5	67	10.7	904	14.6
多核家族	3	0.6	55	1.9	6	1.0	125	2.0
世帯数計	508	100.0	2,959	100.0	623	100.0	6,188	100.0

出所）National Archives, Census Enumerators Books, RG 9/3685-3689 (1861)；Census Enumerators Books, RG11/4852 (1881)（History Data Service）より作成。

ある。いずれの時期にもアイルランド出身者の世帯では単婚小家族が他の集団よりも多く，1881年には80％以上を占めている。多核家族の比率は，アイルランド出身者の世帯ではその他の世帯よりも低い。特定の家族形態に対する文化的・社会的志向によってもたらされたものか，移住に伴う経済的費用，居住家屋の狭隘さによるものか判然としない。次に，世帯主の平均年齢と世帯規模について検討してみよう。表 5-14 に示したのは，それぞれの集団における世帯主の平均年齢と平均世帯規模である。算出した世帯規模は，単婚小家族の場合も家事使用人（servants）・間借り人（lodgers）・下宿人（boarders）・訪問者（visitors）などを含む同居人総数（houseful）である。アイルランド出身世帯主

第5章 出生・結婚，老年と終末期　265

表5-14　ミドルズブラの世帯主平均年齢と平均世帯規模（1861年・1881年）

家族形態	1861年				1881年			
	アイルランド出身者		その他		アイルランド出身者		その他	
	平均年齢	世帯規模	平均年齢	世帯規模	平均年齢	世帯規模	平均年齢	世帯規模
単独世帯	43.3	1.0	44.8	1.0	57.4	1.0	50.2	1.0
非家族世帯	35.3	4.4	44.3	3.5	43.7	3.6	45.2	3.4
単純家族	36.5	5.2	38.2	4.9	43.1	5.5	40.0	5.0
拡大家族	37.9	7.4	40.4	6.3	44.7	6.4	50.5	5.9
多核家族	35.0	7.7	45.9	7.3	40.7	7.7	49.9	7.6
平均	36.8	5.5	39.0	5.0	43.6	5.4	42.1	5.0

出所）National Archives, Census Enumerators Books, RG 9/3685-3689 (1861)；Census Enumerators Books, RG11/4852 (1881)（History Data Service）より作成。

表5-15　ミドルズブラの全世帯主平均年齢（1851～81年）

年	ミドルズブラ都市部		リンソープ（隣接郊外教区）	
	平均年齢	世帯数	平均年齢	世帯数
1851	39.8	1,501	-	-
1861	38.7	3,474	42.9	139
1871	40.4	5,321	37.5	2,050
1881	42.3	6,811	40.4	3,642

出所）National Archives, Census Enumerators Books, HO 107/2383 (1851)；Census Enumerators Books, RG 9/3685-3689 (1861)；Census Enumerators Books, RG10/4889-4895 (1871)；Census Enumerators Books, RG11/4852 (1881)（History Data Service）より作成。

の1861年における平均年齢は，家族形態に関わりなくその他の集団よりも低いが，世帯規模は大きい。こうした傾向は，特に非家族世帯と拡大家族において著しい。他方，1881年においては，アイルランド出身者とその他集団を問わず，単独世帯主の平均年齢は1861年のそれよりも大幅に高くなっている。一人住まいの人口の老齢化が進んでいる。アイルランド出身単独世帯主の平均年齢は60歳に近い。複数の単婚小家族からなる多核家族の世帯主の年齢差は1881年にはほぼ10歳近くに上っている。表5-15は，家族形態を問わず，全世帯主の平均年齢を1851年から1881年まで見たものである。都市部においては世帯主の平均年齢は上昇し，隣接郊外教区においてはいくぶん低下している。どのような家族形態をとるにせよ，19世紀末期には都市部への移入人口，特

表 5-16 ミドルズブラの男女別世帯主平均年齢と女性世帯主比率（1851～81 年）

年	男性世帯主		女性世帯主		女性世帯主比率（%）
	件数	平均年齢	件数	平均年齢	
1851	1,266	39.3	235	42.9	15.7
1861	3,153	37.9	319	46.7	9.2
1871	4,788	39.6	533	47.5	10.0
1881	6,021	41.3	790	50.1	11.6

出所）National Archives, Census Enumerators Books, HO 107/2383 (1851); Census Enumerators Books, RG 9/3685-3689 (1861); Census Enumerators Books, RG10/4889-4895 (1871); Census Enumerators Books, RG11/4852 (1881) (History Data Service) より作成。

に若年層の移入が減少しつつあったという事実の反映であろう。徐々にではあるが，都市人口の高齢化が進行中であった。

これと関連して女性の世帯主についても見ておこう。家庭崩壊（family breakdown; marital separation）と女性世帯主に関して，J. ハンフリーズは 1787～1865 年における女性世帯主の比率を紹介している。1787～1815 年においては 9.7％，1821～40 年では 7.2％，1846～65 年では 5.95％，全期間では 9.2％である[67]。表 5-16 は 1851～81 年におけるミドルズブラの男女世帯主の平均年齢，女性世帯主の比率を示したものである。全期間を通じて女性世帯主の平均年齢は，男性のそれを大幅に上回り，一貫して上昇し続けている。また，この都市の女性世帯主の比率はハンフリーズの数値よりも高い。表 5-17 は，女性世帯主の配偶関係を示したものである。寡婦の比率が最も高く，時間を追って上昇している。既婚の女性世帯主の多くは，センサス実施時に本来の世帯主である夫が，たとえば水夫を生業とするために不在であり，名義上世帯主と登録されたものが多い。しかし，夫の逃亡によって事実上家庭が崩壊した例も含まれるであろう。いずれにせよ，この都市では 19 世紀末期には，夫の死亡・逃亡，あるいは離婚・夫婦別居などによって，主たる男子稼得者を欠く世帯が増加し，寡婦を中心として，女性世帯主の高齢化が進んでいると見ることができる。家族形態を問わず，また世帯主であると否とに関わりなく，すべての寡夫・寡婦の件数と平均年齢は表 5-18 に示す通りである。寡夫・寡婦ともに平均年齢は次第に上昇しつつあった。寡夫・寡婦世帯主の件数および男子世帯主総数・女子世

表 5-17 ミドルズブラにおける女性世帯主の配偶関係（1851～81年）

	1851年		1861年		1871年		1881年	
	件数	%	件数	%	件数	%	件数	%
寡婦	115	48.9	223	69.9	377	70.7	608	77.0
既婚	109	46.4	68	21.3	118	22.1	122	15.5
未婚	10	4.3	24	7.5	26	4.9	47	5.9
不明	1	0.4	4	1.3	12	2.3	13	1.6
計	235	100.0	319	100.0	533	100.0	790	100.0

出所）National Archives, Census Enumerators Books, HO 107/2383 (1851); Census Enumerators Books, RG 9/3685-3689 (1861); Census Enumerators Books, RG10/4889-4895 (1871); Census Enumerators Books, RG11/4852 (1881)（History Data Service）より作成。

表 5-18 ミドルズブラの寡夫・寡婦平均年齢（1851～81年）

年	寡夫		寡婦	
	件数	平均年齢	件数	平均年齢
1851	80	48.2	164	53.2
1861	234	49.8	377	54.4
1871	205	49.3	422	54.3
1881	464	52.2	942	54.7

出所）National Archives, Census Enumerators Books, HO 107/2383 (1851); Census Enumerators Books, RG 9/3685-3689 (1861); Census Enumerators Books, RG10/4889-4895 (1871); Census Enumerators Books, RG11/4852 (1881)（History Data Service）より作成。

帯主総計に対するそれぞれの比率と平均年齢も示しておいた（表 5-19 参照）。男子世帯主総計に対する寡夫世帯主の比率は 19 世紀を通じて 1.8～3.6％の範囲にあるが，女子世帯主の圧倒的部分，45.5～77.0％は寡婦世帯主で占められていた。

19 世紀後半の製鉄工業都市ミドルズブラにおける世帯構造の特質の一つとして，単独世帯の増加と高齢化についてはすでに指摘しておいた。最後に，単独世帯の性格について検討しておこう。1861 年と 1881 年の男女別単独世帯件数・単独世帯比率・世帯主の平均年齢を示した表 5-20 から，次の諸点が明ら

表 5-19 ミドルズブラの寡夫・寡婦世帯主比率と平均年齢（1851〜81 年）

年	寡夫世帯主			寡婦世帯主		
	件数	寡夫世帯主率（%）*	平均年齢	件数	寡婦世帯主率（%）*	平均年齢
1851	46	3.6	49.6	107	45.5	50.5
1861	91	2.9	50.6	218	68.3	50.7
1871	88	1.8	49.3	223	41.8	49.5
1881	198	3.3	53.3	608	77.0	53.1

出所）National Archives, Census Enumerators Books, HO 107/2383 (1851)；Census Enumerators Books, RG 9/3685-3689 (1861)；Census Enumerators Books, RG10/4889-4895 (1871)；Census Enumerators Books, RG11/4852 (1881)（History Data Service）より作成．
注）＊男性世帯主総計・女性世帯主総計に対する比率．

表 5-20 ミドルズブラの単独世帯数・単独世帯比率と世帯主平均年齢（1861 年・1881 年）

	1861 年			1881 年		
	件数	単独世帯比率(%)	平均年齢	件数	単独世帯比率(%)	平均年齢
男子	46（71.9）	1.5	42.8	86（50.0）	1.4	47.1
女子	18（28.1）	5.6	49.4	86（50.0）	10.9	54.6
計	64（100.0）	1.8	44.7	172（100.0）	2.5	50.8

出所）National Archives, Census Enumerators Books, RG 9/3685-3689 (1861)；Census Enumerators Books, RG11/4852 (1881)（History Data Service）より作成．
注）「件数」の括弧内は割合（%）．

かになった．まず，全体として世帯総数に対する単独世帯比率は 1.4 倍に増加しているが，男子のそれが低下傾向にあるのに対して，女子単独世帯比率の増加が著しいこと，単独世帯主の平均年齢，特に女子のそれが 49.4 歳から 54.6 歳へ上昇し，高齢化が進んでいることがわかる．1861 年における単独世帯主の性別が男子 71.9％，女子 28.1％であったのに対して，1881 年には男女同率となっている．前期における全人口に対する一人暮らしの人口の割合（対千比）は男子 4.8，女子 2.2 であったが，後期においてはそれぞれ 4.5，4.9 と女子の比率が 2 倍以上に増加している．

　単独世帯主の高齢化を示す指標として 65 歳以上人口の比率を見ると，表 5-21 が示す通りである．女性の平均寿命の長さと夫との死別・離別確率の高さ，子供のいない夫婦，親元からの子供の独立を考慮すれば，女性単独世帯の割合の高さはある意味では当然である．しかし，19 世紀 80 年代以降のミドル

表 5-21　ミドルズブラにおける単独世帯主の高齢化（1861 年・1881 年）

	1861 年	1881 年
	65 歳以上単独世帯主数	65 歳以上単独世帯主数
男子	5　(10.9)	10　(11.6)
女子	4　(22.2)	26　(30.2)
計	9　(14.1)	36　(20.9)

出所）National Archives, Census Enumerators Books, RG 9/3685-3689 (1861)；Census Enumerators Books, RG11/4852 (1881) (History Data Service) より作成。
注）括弧内は割合 (%)。

ズブラにおける女性単独世帯比率の高さと高齢化は注目すべき現象の一つである。高齢化が急速に進んだ現在のわが国において，65 歳以上の単独世帯の占める割合が 2010 年度には全体として 16.9 ％，男子の場合 11.1 ％，女子の場合 20.3 ％ であるのに対して，ほぼ 1 世紀半以前のこの都市では，それぞれ 20.9 ％，11.6 ％，30.2 ％ であった[68]。女子単独世帯の増加と世帯主の老齢化という事態の進展が著しい。この間における社会経済的・文化的諸条件の変化が，晩婚・未婚・離婚の増加をもたらしたと考えられる。

3　救貧院の歴史人口学――貧困・疾病と家族関係

1）19 世紀後半におけるイギリスの救貧制度

　結婚・家族形成を経て，育児と厳しい労働の末に終末期を迎えつつあった人々のうち，貧困・疾病・失業・その他の理由によって労働不能に陥り，自身では世帯を維持・継続することが不可能となった人々の実態を歴史人口学的視点から検討することがこの節の課題である。まず，19 世紀におけるイギリス救貧制度についてごく簡単に見ておこう。1834 年の改正救貧法の施行以降，救貧のあり方について様々な問題が山積していた。たとえば，失業による正当な救貧対象者と勤労意欲のない貧困者との判別の困難さ，居住あるいは非居住貧民の取り扱い，改正救貧法では廃止された院外救済制の北部イングランドに

表 5-22 イングランド・ウェールズの貧民数および一人当たり医療補助費（1846～61年）

年	推計総人口	医療補助費（ポンド）	貧民数			対総人口比（％）	一人当たり医療補助費*
			院内	院外	計		
1846	16,851,000		171,149	967,244	1,138,393	8.4 **	
1847	17,076,000	226,499		1,244,554	1,471,053	10.8 **	
1849	17,534,000	211,181	133,513	955,146	1,088,659	6.2	2.89
1850	17,765,000	227,171	123,004	855,696	1,008,700	5.7	3.06
1851	17,927,609	209,993	114,367	826,948	941,315	5.3	2.81
1852	18,205,000	214,050	111,326	804,352	915,675	5.0	2.79
1853	18,402,000	215,054	110,148	776,214	886,362	4.8	2.80
1854	18,617,000	230,777	111,635	752,982	864,617	4.6	2.96
1855	18,840,000	231,682	121,400	776,286	897,686	4.8	2.95
1856	19,043,000	231,872	124,879	792,205	917,084	4.8	2.86
1857	19,207,000	231,623	122,845	762,165	885,010	4.6	2.85
1858	19,444,000	230,597	122,613	786,273	908,886	4.7	2.84
1859	19,578,000	233,124	121,232	744,214	865,446	4.4	2.85
1860	19,837,000	236,339	113,507	731,126	844,633	4.3	2.85
1861	20,061,725						

出所）BPP, House of Commons, Vol. 25, *Poor Relief, Reports from Committees* : Ten Vols., 5, Vol. IX, 1861, App. No. 1, p. 41 ; *Fourteenth Report of the Poor Law Commissioners* : 1848, p. 1 より作成。

注）＊総人口一人当たり医療費負担額（ペンス）＊＊1841年センサス総人口に対する比率。

における残存をはじめとして、社会立法とその結果との乖離・齟齬が深刻な問題として浮上していた。こうした問題の解決を目的に従来の救貧行政のあり方を総括する試みとして、1861年に大規模な調査が実施された。1861年特別委員会の報告[69]を素材に19世紀中期における社会立法とその実態を概観してみたい（表5-22参照）。

この調査によれば、1849年以降、イングランド・ウェールズの総人口、医療補助費、幼児を含む院内・院外貧民数、対総人口比、貧民一人当たり医療費は次の通りである。1860年における貧民総計844,633人中、院外救済者数は731,126（86.6％）、院内救済者数は113,507（13.4％）であった[70]。同じ時期の救貧費徴収総額・支出総額・医療費補助総額は、たとえば1841年にはそれぞれ6,351,828ポンド、4,760,929ポンド、15,405,419ポンドであり、19世紀半ば以降、院内・院外貧民の数とイングランド・ウェールズの総人口に対する比率は着実に減少し、人口一人当たり医療費負担額も2.79～3.06ペンスと安定している。しかし、この間平均して総人口の4.3～6.2％という無視しえない割合

表 5-23　イングランドとウェールズにおける院内・院外救貧対象者（1841 年）

対象者種類	居住者		非居住者		合　計		
	成人	乳幼児	成人	乳幼児	成人	乳幼児	総計
第 1 類	52,478	71,407	8,234	9,965	60,712	81,372	142,084
第 2 類	38,699	98,633	7,514	20,388	46,213	119,021	165,234
第 3 類	227,397		41,019		268,416		268,416
計	318,574	170,040	56,767	30,353	375,341	200,393	575,734

出所）*Eighth Annual Report of the Poor Law Commissioners of England and Wales*, 1842, pp. 622-623, 631, 634 より作成.
注）第 1 類：労働可能な貧民＝子供を持つ既婚男子・寡夫，子供を持たない既婚男子・寡夫，非嫡出子を持つ独身女子，夫に捨てられた子供を持たない女子，その他労働可能な女子，有配偶女子.
　　第 2 類：16 歳未満の子供を持ち，夫に捨てられたか，夫が流刑された寡婦あるいは妻.
　　第 3 類：老齢，あるいは虚弱で，労働不可能な者.

の人々が一度は救貧補助を受けていたのである。1841 年の 577 教区連合における貧民総計 1,072,978 人中，労働可能な成人総数 285,090 人のうち，院内救済対象者 54,021 人（19.0％）に対し，院外救済対象者は 231,069 人で 81％を占めている。子供を含むその他労働可能な成人以外の貧民の総計は，787,888 人であった。このうち院内救済対象者は 105,097 人であり，13.3％を占めている。他方，院外救済対象者は 682,791 人であり，その他貧民総計の 86.7％を占めている[71]。また，1841 年の 578 救貧教区連合における院外救貧対象者のうち，出身教区内と教区外に居住する者の割合は表 5-23 に示す通りである。1841 年における子供を含む院外救済対象の貧民総計 575,734 人のうち，出身教区に居住する者の比率は 84.9％（＝488,614/575,734），出身教区外に居住する者の比率は 15.1％（＝87,120/575,734）である[72]。19 世紀半ばに院外で救済された貧民の 15％は自身の出身教区を離れ，他教区に居住して生活し，失業・低所得以外の他の理由，すなわち疾病・事故・虚弱・老齢を理由に，自活不可能となり，救貧費による救済を余儀なくされていたのである。

　1842 年の「第 8 回救貧法委員（Poor Law Commissioners）年次報告書」における新規の「救貧院規則」その他のうち重要と思われる項目を以下に列挙しておこう[73]。

救貧院一般規則

第1項　救貧院への入所手続きは以下の通りである。
1. 書記が証明し，救貧委員が認めた書面あるいは印刷された命令書による許可
2. 救貧担当係 (relieving officer)，あるいは教区貧民監督官 (overseer of the poor) による暫定書面，あるいは印刷された命令書による許可
3. 突然，あるいは緊急の必要性がある場合，上述の命令書なしに，救貧院長 (master)，院長不在ないし執務不能の場合には，女性の救貧院長 (matron) の許可。入所に際して呈示する命令書の日付が6日以上前である場合には，入所することはできない。

第3項　正式の命令書なしに，暫定命令書，あるいは救貧院長の許可によって入所した貧民は，次回の救貧委員会において，救貧院に引き続き入所可能か否かが諮られ，正当と認められた場合には，正式の命令が発せられる。

第4項　貧民が入所する場合，特別に設けられた「待機棟」(receiving ward) と呼ばれる一角に入り，救貧院所属の医事関係者の検査が済むまで滞在する。

第5項　検査の結果，医事関係者によって当該入所者が肉体的・精神的に病んでいると判断された場合には，入所者は病棟，あるいは医事関係者が指示する棟に入る。

第6項　医事関係者によって病気ではないと判断された場合には，当該貧民はそれぞれふさわしい等級の棟に入所する。

第7項　「待機棟」から移動する前に入所者は体を洗い，救貧院制服を着用する。ただし，この規定は臨時保護を受ける者 (casual poor)，放浪者 (wayfarer)，浮浪者 (vagrants) には適用されない。

第9項　貧民の等級
　　第1等級：年齢，その他による虚弱男子
　　第2等級：労働可能な成人および15歳以上の青年
　　第3等級：7歳以上15歳未満の男子
　　第4等級：年齢，その他による虚弱女子

第 5 等級：労働可能な女子および 15 歳以上の女子

第 6 等級：7 歳以上 15 歳未満の女子

第 7 等級：7 歳未満の幼児

入所者は等級に従って，それぞれの棟に入居し，互いに交わることは禁止される。

第 16 項　救貧院長は，入所者の起床・就寝時間を決定し，救貧院内の仕事を定めることができる。

第 21 項　それぞれの等級の貧民は能力に応じて働き続けなければならない。そして，その労働に対して，報酬を得てはならない[74]。

第 23 項　入所者は，救貧院長に退所に関する相当の理由を申告すれば退所することができる。もし労働可能な入所者が家族を伴って入所しているのであれば，救貧委員が認めなかった場合を除いて，家族もまた退所可能である[75]。

　救貧委員は，10 歳以上の少年少女に関しては，第 9 項で定めた等級とは異なる等級を定めてもよい。ただし，その旨を議事録に記入すること。

　救貧委員は，別々の救貧院に入所している家族が時に応じて面会することを許可することができる。

　救貧院長によって入所を許可された臨時保護を受ける者，放浪者，浮浪者は，「浮浪者棟」，あるいは他の棟とは別置された棟に滞在し，救貧委員が指示する通りに食事を支給され，労働しなければならない。この指示は救貧法委員（PLC：Poor Law Commissioner）の同意を得なければならない。

院外救貧労働〔についての規則〕

救貧院ではなく，院外で救貧法による援助を受けている労働可能な男子に対する救貧の少なくとも半分は，食糧・衣類・その他の生活必需品の支給によらなければならない。当該貧民が賃金，その他の報酬を得て雇用されている間は，救貧法教区連合委員・その他係官・教区貧民監督官から救貧援助を受けてはならない。救貧援助を受ける場合には，救貧法教区連合委員の定める

ところに従って労働しなければならない[76]。

第3項 救貧法教区連合委員は，PLCの指示に従い，貧民労働監督官（Superintendent of Pauper Labour）およびその助手を任命しなければならない[77]。イングランドとウェールズの1841年における院内救貧対象者総計は159,118人，院外救貧対象者は913,860人，合計1,072,978人である。それぞれ，14.8％，85.2％を占める。1831年センサスによる総人口の9％を占めている[78]。

救貧院に収容されている貧民の種類については，「救貧法委員第一次年次報告」に次のような分類がある[79]。

1　老齢あるいは虚弱男子（Aged or infirm men）
2　労働可能な男子および13歳を超える若者（Able-bodied men, and youths above 13）
3　若者および7歳以上13歳未満の少年（Youths and boys above seven years old and under 13）
4　老齢あるいは虚弱女子（Aged or infirm women）
5　労働可能女子および16歳以上の女子（Able-bodied women, and girls above 16）
6　7歳以上16歳未満の女子（Girls above seven years of age and under 16）
7　7歳未満の子供（Children under seven years of age）

ここで1834年改正救貧法の歴史的意味をあらためて考えておかなければならない。まず，救貧行政を「救貧法委員」（PLC）という新規の中央権力の下に置き，全国的・統一的・強制的な制度としたことである[80]。新規の国家機関の創出ではなく，長い歴史を持つ既存の機構の再編成であった。新たに形成された行政単位は，救貧委員会によって運営される「救貧法教区連合」（Poor Law Unions）である。各救貧法教区連合は，労働可能な者とその家族を収容する救貧院を設置することとされた。この救貧院のみが彼らに救済を与える施設とされたのである。しかし，院外救貧も一定の条件の下では存続した。運営資金は各教区が教区連合に加盟するまでの3年間は，従来通り，それぞれの教区

の救貧税から支出された。院外救済の対象となる労働可能な者とその家族に対する救済の具体的な方法については，救貧法委員会の裁量に任された。

改正救貧法の施行以降，1841，1844，1848，1849，1850，1851年といくたびか救貧法の改正があったが，そのうち最も重要な位置を占めるのは1847年の「救貧法委員会法」[81]である。この法によって，統括機関がPLCから「救貧法委員会」（PLB：Poor Law Board）に代わり，議会に対して従来よりも直接的に責任を負うこととなった。次いで，1871年の「地方統治委員会法」（Local Government Board Act）によって，「救貧法委員会」が地方統治委員会に代わり，公衆衛生を含む幅広い責任を担うこととなった。そして，救貧委員会は，1930年の「地方統治法」によって事実上廃止された[82]。

近代イギリス社会福祉制度の根幹をなす救貧制度は，1834年の改正救貧法制定とそれに続く諸改革によって新しい局面を迎えた。深刻な社会問題であった貧困を「救貧法委員」という中央機関の統制の下に置き，救貧院（workhouse）制度を発足させることによって，効率的な救貧行政の実現を目指したのである。しかし，公的支援を仰がざるをえない人口は，19世紀後半を通じて，総人口の4～6％を下回ることはなかった。貧困の現実は，度重なる政策の変更という試行錯誤によって容易に改善されるほど単純なものではなかった。19世紀・20世紀初頭には，経済構造の変化・景気変動・救貧当局の既得権益擁護が，生活の基盤を揺るがされ，救貧の対象となる人口を増加させていたのである。救貧の対象となった人々の具体像を歴史人口学的側面から分析することが次の課題となる。

2）1881年センサス記録から見たミドルズブラ救貧院の入所者

ここでは前項で対象とした都市ミドルズブラの救貧院における1881年の被収容者について見たあと，1907～09年の新規入所者の属性を救貧院入所台帳（admission registers）を用いて詳しく追ってみたい[83]。従来，ストックトン救貧連合に含まれていたミドルズブラでは，製鉄工業を中心とする重化学工業の急速な発展と人口増加にともなって，周辺12教区を管轄地域とする独立した救貧院が1875年に新設された[84]。当初計画によれば，新設の救貧院は726名まで収容することが可能であった[85]。1948年に救貧院としての機能を停止し，

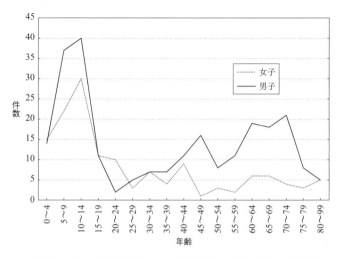

図 5-12 ミドルズブラ救貧院被収容者年齢別・性別分布（1881 年）

1974 年まで地域の老齢者養護施設として存続したミドルズブラ救貧法教区連合救貧院（Middlesbrough Union Workhouse）には，救貧法に基づいて，貧困・疾病・失業などによって自立不可能な男女とその家族が収容され，彼らは施設が提供する食料・衣料・暖房・一部労働の対価として受け取る報酬で当面の生活を保障されていた。また，救貧院には児童のための学校，病棟・精神障害者（lunacy）治療棟が設置されていた[86]。この間，経済変動と雇用の変化によって被収容者数は増減を繰り返し，73 年の歴史において最大の被収容者数は 1912 年の 965 名，最小は 1918 年の 360 名であった[87]。

図 5-12 は，1881 年センサス調査員転写冊子に記録されたミドルズブラ救貧法教区連合救貧院被収容者の年齢別・性別分布を示したものである[88]。院長夫妻，2 名の息子，10 名の職員のほか合計 381 名の男女が収容されている。被収容者のうち男子は 240 名（被収容者の 63％），女子は 141 名（37％）であった。男子被収容者のうち，大部分が被収容者の子供であると考えられる 0～14 歳の乳幼児・若年層は 91 名（男子被収容者の 37.9％），女子は 67 名（47.5％）である[89]。女子被収容者の半数近くは，収容されている既婚者・寡夫・寡婦の子供たちであった。成人男子数は 45～49 歳で一つの山を迎え，70～74 歳の高齢者

第 5 章　出生・結婚，老年と終末期　277

表 5-24　ミドルズブラ救貧院被収容者配偶関係（1881 年）

	男　子	女　子
既婚	14 （ 5.8）	16 （ 11.3）
未婚	157 （ 65.4）	94 （ 66.7）
寡夫・寡婦	69 （ 28.8）	31 （ 22.0）
計	240 （100.0）	141 （100.0）

出所）National Archives, Census Enumerator's Books, RG11/4852 (1881) (History Data Service) より作成。
注）括弧内は割合（%）。

が最多である。成人女子については，15～19 歳・20～24 歳の若年層の多さが目立っている。被収容者のうち，69 名（男子被収容者総計の 28.8 %）は寡夫，31 名（女子被収容者の 22.0 %）は寡婦であり，平均年齢はそれぞれ 63.1 歳，61.9 歳である。前節で触れたように，この都市全体で 19 世紀半ばから女性世帯主の比率は増加傾向にあり，女性世帯主のうち寡婦の占める比率は 1881 年には 77 % に上っている。1881 年センサス調査員転写冊子から算出したこの都市全体の寡夫・寡婦の平均年齢はそれぞれ 52.2 歳（464 人），54.7 歳（942 人）であり，救貧院に収容されている寡夫・寡婦はいずれも平均を大幅に上回る高齢者であった。

　被収容者の配偶関係を示した表 5-24 からわかるように，未婚者が男女とも 65 % 以上，次いで寡夫・寡婦が 28.8 %，22.0 % を占めている。既婚者は女子に多い[90]。被収容者の職業・身分の分布は表 5-25 に示す通りである。男子被収容者のうち最も高い比率を占めるのは学童（scholars）の 85 名（男子被収容者の 35.4 %）である。職業が記録されている男子のうち最も多いのは，製鉄・造船・その他工業に従事する 61 名（男子被収容者の 25.4 %）の未熟練労働者（labourers）である。女子では家政婦（general servants；housekeepers）が最も多く，35 名（女子被収容者の 24.8 %）である。これに続くのは，男子では攪錬鉄工をはじめ製鉄・造船・機械工業などの熟練・半熟練工で，16 名（6.7 %），女子では雑役婦（charwomen）5 名（3.6 %）である。女子被収容者のうちで最も多いのは，男子の場合と同じく，学童であり，61 名（女子被収容者の 43.3 %）を数え

表 5-25　ミドルズブラ救貧院被収容者職業・身分（1881 年）

男　子		女　子	
未熟練労働者	61 (25.4)	家政婦	35 (24.8)
熟練・半熟練労働者	16 (6.7)	雑役婦	5 (3.6)
船員	7 (2.9)	看護婦	4 (2.8)
製靴工	5 (2.1)	綿織物織布工	2 (1.4)
仕立て業者	4 (1.7)	学童	61 (43.3)
学童	85 (35.4)	児童	9 (6.4)
児童	9 (3.8)	その他	25 (17.7)
その他	53 (22.0)		
計	240 (100.0)		141 (100.0)

出所) National Archives, Census Enumerator's Books, RG11/4852 (1881) (History Data Service) より作成。
注) 括弧内は割合（%）。

る。

　男子被収容者のうち 48 名（男子被収容者の 20.0 %）がアイルランドからの移入者である。移入先のイングランドにおいてアイルランド出身の両親から生まれた第二世代以降の出生地はイングランドと記録されたから，実際にはアイルランド出身者の比率はさらに高かったであろう。男子被収容者のうち，40 名（男子被収容者の 16.7 %）はミドルズブラ出身である。移入者のうちアイルランドに次いで多いのは隣接都市であるストックトン出身者であり，18 名（男子被収容者の 7.5 %），次いでスコットランド出身者が 5 名（男子被収容者の 2.1 %）を数える。男子被収容者の圧倒的部分（83.3 %）は移入者である。女子の出生地で最も高い比率を占めるのはミドルズブラの 26 名（女子被収容者の 18.4 %），次いでアイルランドの 11 名（7.8 %），ストックトンの 10 名（7.1 %），スコットランドの 8 名（5.7 %）である。女子の場合にも，81.6 % は移入者であった。女子被収容者のうち 10 名は視覚・聴覚・肢体・知的・その他の障害者であり，男子のうち 2 名は視覚障害者，3 名は知的障害者である。

　次章で詳しく検討するように，1881 年センサス実施から 7 年後の 1888 年にこの都市は深刻な呼吸器感染症の流行に見舞われた。詳細な被害状況調査の結果，救貧院被収容者の罹患率・致死率・死亡率が救貧院外の地域住民のそれを大幅に上回ることが明らかにされた[91]。この調査によれば，1888 年 1 月 1 日

表 5-26　ミドルズブラ救貧院被収容者数（1888 年）

1888 年 1 月 1 日			1888 年 4 月 1 日		
年齢	男子	女子	年齢	男子	女子
0〜1 歳	(33)		0〜1 歳	(26)	
2〜16 歳	144	142	2〜16 歳	129	135
17 歳以上	306	149	17 歳以上	275	148
計		(774)	計		(713)

出所）BPP, House of Commons, *Eighteenth Annual Report of the Local Government Board, 1888-89. Supplement containing the report of the Medical Officer for 1888*, p. 251 より作成。

および同年 4 月 1 日における被収容者数は表 5-26 に示す通りである。院長からの聞き取り調査に当たった医師のバラード（Dr. Ballard）は，1888 年 6 月末日までの 1 年間の平均被収容者数は 697 名（16 歳未満 395 名，16 歳以上 302 名，1888 年 7 月 7 日現在では 16 歳以上男子 214 名，女子 120 名）と報告している[92]。1881 年センサスの時点と比較すると被収容者数がほぼ 2 倍に増加していること，被収容者の増減が著しく，短期間に変動していたことがわかる。

3）ミドルズブラ救貧院入所記録の分析——人口学的属性

　以下で分析する製鉄工業都市ミドルズブラの救貧院入所記録には，入所日時・入所者姓名・職業・身分・宗派・生年・支給食事等級（diet class or dietary class）・入所以前の居所・入所指令者・救貧院内受け入れ先・最も近い親族（nearest relatives）との続柄・近親者の姓名および住所・入所直前の居所が記録されている。残存する救貧院史料のうち，最も近い親族の続柄・氏名・住所が記入されたものは稀少であるという。これらの情報を用いて，入所者の家族・世帯・係累との関係，その他の人口属性を復元してみたい。

　まず，入所者全体の属性について見てみよう。図 5-13 は，特定時点における救貧院在籍者ではなく，1907 年 12 月 19 日から 1909 年 3 月 5 日までに入所台帳に登録された新規入所者の年齢別・性別分布を示したものである。男子延べ入所者数は 2,464，女子入所者は 674，性別不明者が 6 である。別の史料によれば，数年後の 1912 年における在籍者数は 965 名であった[93]。新規入所者全体の男女比は，男子 78.5％ に対して女子 21.5％ である。後に例示するよう

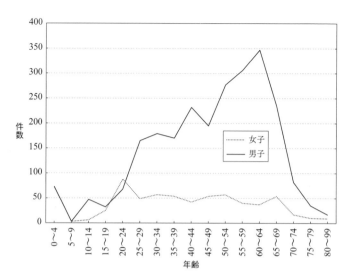

図 5-13　ミドルズブラ救貧院新規入所者年齢別・性別分布（1907〜09年)*

注）＊同一人複数回入所事例を含む。

に，同一人が複数回入退所を繰り返す例もあるが，それを含めて男子入所者延べ総数は女子の 3.65 倍であった。

　男子入所者は年齢を経るにつれて漸増し，40〜44 歳の壮年期で一つの山を迎え，60〜64 歳で最多の 347 名に達する。高齢という肉体的条件，疾病による労働不能者が大部分を占めていたものと思われる。男子入所者と比較すると女子入所者の年齢分布は全体としてなだらかであるが，20〜24 歳の若年層で最多の 88 名を数えている。後述するように，この年齢集団に属する女子のうち 66 名（女子入所者の 75 %）は未婚の家政婦（single servants）である。20〜24 歳の女子総数 88 名のうち，30 名（34.1 %）は救貧院内病棟（hospital）および精神障害者治療棟への収容者である。多数の若年層女子が救貧院に入所せざるをえなかった理由をこの史料から詳らかにすることはできないが，肉体的・精神的疾患によって失職した家政婦の最後の拠り所が救貧院の医療施設であったのかもしれない。

　入所者の職業・身分についてはどうであろうか。表 5-27 に示すように，男

表 5-27　ミドルズブラ救貧院新規入所者職業・身分（1907〜09 年）

男　子		女　子	
未熟練労働者	1,716	家政婦	142
攪錬鉄工	83	未熟練労働者	5
水夫	41	行商人	6
鋳型工	26	庭師	1
指物師	26	指物師	1
火夫	25	妻	250
鍛造工	24	寡婦	179
鋲打ち工	17	子供	86
機械取り付け工	14	その他	4
針金工	13		
製靴工	12		
塗装工	12		
打鉄工	11		
仕立屋	10		
子供	127		
その他	307		
計	2,464	計	674

出所）Middlesbrough Workhouse Admission Book, 1907-1910, Teesside Archives, PU/M 2/1 より作成．

子の圧倒的多数，1,716 名は製鉄・造船・港湾・その他重化学工業に従事する未熟練労働者である．男子入所者総計 2,464 名の 70％弱を占めている．製鉄工業に従事する熟練労働者のうち最も多いのは，攪錬鉄工（puddler）の 83 名，次いで多いのは，鋳型工（moulder）26 名，鍛造工（blacksmith）24 名である．海港であるため，攪錬鉄工に次いで多数を占めるのは 41 名の船員であり，製鉄工業以外の職種としては最も多い．男子子供数は 127 名であり，男子入所者全体の 5.2％を占めている．このうち 10 名は救貧院内で生まれた乳児である．

　職業が記録されている女子については，未婚の家政婦が最も多く，142 名（女子入所者の 21％）を数える．職業が特定されず，身分のみが記入されている女子入所者のうち，入所者・院外の配偶者を含めて，最も多いのは妻の 249 名であり，平均年齢は 42.0 歳である．妻に次いで多いのは，寡婦の 180 名であり，女子入所者の 26.5％を占めている．平均年齢は 57.7 歳である．すでに前節において指摘しておいたように，この都市では 19 世紀末期には女子世帯

表 5-28　ミドルズブラ救貧院新規入所者＊食事等級（1907〜09 年）

男　子		女　子	
食事等級 1（労働可能成人）	1,758（56.0）	食事等級 3（成人女子）	483（15.4）
食事等級 2（老齢者 60 歳以上）	630（20.1）	食事等級 4（老齢者 60 歳以上）	114（ 3.6）
食事等級 7（乳幼児）	69（ 2.2）	食事等級 7（乳幼児）	72（ 2.3）
不明	8（ 0.3）	不明	4（ 0.1）
計	2,465（78.6）	計	673（21.4）

出所）Middlesbrough Workhouse Admission Book, 1907-1910, Teesside Archives, PU/M 2/1 より作成。
注）括弧内は割合（％）。＊食事等級不明者 13 名および性別不明者 6 名を除く。

主の割合は 12 ％近くに上り，そのうち寡婦の比率が 1881 年には 77.0 ％に上っている。また，単独世帯は 1881 年には女子世帯主の 11 ％を占めるようになり，平均年齢は 54.6 歳となっていた。65 歳以上の女子単独世帯主は 1881 年には 30 ％を超えるほどになっており，単独世帯のうち寡婦の占める比率の増加と高齢化が進んでいる。主要な稼得者の喪失の結果，救貧院に入所する寡婦が増加したと考えられる。

　表 5-28 は支給食事等級別・男女別に収容者を分類したものである。支給食事等級は，救貧院への入所後直ちに決定される支給食糧の等級である。一般的には，労働可能な成人男子あるいは実際に労働をしている男子・女子，労働不能の男女・老齢者・その他，年齢別の男女に従って，支給される食糧の等級が定められていた。等級は食事の質・種類ではなく，主として量によるものであり，時期・場所によって，一律ではなかった[94]。男子入所者の半数以上（56.1 ％）が労働可能な成人男子であり，60 歳以上の老齢男子（20.1 ％）がこれに続いている。女子については，成人女子が 15.4 ％を占め，60 歳以上の老齢女子は 3.6 ％である。

　次に，救貧院内の受け入れ先を見てみよう。この時期に入所が記録された者 3,144 名中，救貧院内の受け入れ先が記録されていない 964 名を除く 2,180 名のうち，最多の 829 名（38.0 ％）が待機棟に入所している。待機棟とは，救貧院に入所を希望する者が自身の置かれている状況に関して面接を受けた後，所属医療関係者による検査を受けるまで男女別々に収容される施設である。公式の入所は，次回の救貧委員会（Guardians' meeting）によって決定される[95]。これに次いで多いのは，病棟（hospital）の 711 名（32.6 ％）である。入所に際して

指定される救貧院内の施設の一つである病棟は，単に疾病の治療のみならず，困窮者のための収容施設・食糧や子供の教育を施し，老齢・慢性虚弱によって生活能力を奪われた者に対して，保護区域を提供する場所でもあった[96]。設立当初，最大120名の患者を収容可能な救貧院内の病棟[97]でどのような治療が行われていたのかは不明である。

しかし，先に分析したリーズの著名な外科医兼産科医であり，リーズ篤志総合病院の創立者である W. ヘイが，すでに18世紀末期に救貧院の主治医であったという事実を考慮すると，ミドルズブラにおいてもノース・オームズビー病院（North Ormesby Hospital），あるいはノース・ライディング篤志病院（North Riding Infirmary），その他の医療機関の医師が派遣されていた可能性があり，相当の治療が施されていたように思われる[98]。1878年に年俸90ポンドで任命された初代の救貧院付内科医・外科医は優れた医師であったといわれている[99]。後述する1888年の「ミドルズブラ型桿菌性胸膜肺炎」流行時には，救貧院の被収容者だけではなく，外部の患者も多数，救貧院内の病棟で治療を受けている[100]。したがって，院内の病棟への登録は必ずしも救貧院への収容を意味していなかった[101]。通常の病棟とは別に精神障害者治療棟へ入所した者が78名（3.6%）記録されている。このうち12名は警察の指令で入所している。肉体的・精神的に病んだ人々が収容者のうち高い割合を占めていることがわかる。次いで多いのは，救貧院本来の施設である宿舎・作業所（house）への入所者であり，528名（24.2%）を数える。なお，受け入れ先が記録されていない収容者964名の大部分が宿舎・作業所へ入所したとすれば，本来の救貧院入所者は47.5%を占める。その他，学校に受け入れられた者が11名，院外救貧の代わりに報酬を得て働く労働可能な男子が収容される区画である試験場（test house）への入所者が12名いる[102]。

入所者の年齢を職業別に見てみると，収容者の多数を占める未熟練労働者の年齢分布を示した図5-14aからわかるように，合計1,612名中，55～59歳の労働者が最も多く，239名を数える。他方，熟練労働者である攪錬鉄工の年齢分布（図5-14b）を見ると，未熟練労働者のそれとは明らかに異なっている。最も多数を占めるのは60～64歳の年齢階層である。救貧院新規入所者の職業別年齢分布に大きな相違が存在する要因の一つとして，次のようなことが考えら

284　第 III 部　近代イギリスにおける生と死

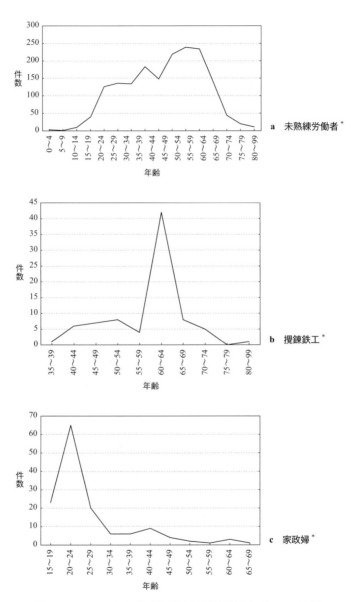

図 5-14　ミドルズブラ救貧院新規入所者年齢分布（1907〜09 年）

注）＊同一人複数回入所事例を含む。

れる。熟練労働者，たとえば攪錬鉄工の年齢が60〜64歳に集中するのに対して，技術を習得していない未熟練労働者の年齢分布が比較的なだらかなのは，おそらく熟練労働者の場合，技術力が通用しなくなる時点から急速に就労機会が減少し，経済的に困窮する結果，救貧院への入所を希望するからであろう。他方，未熟練労働者の場合には，肉体的な衰えだけが失職の危機の尺度であり，それも徐々に訪れるからであろう。職業が記載された女子入所者のうち，20〜24歳の未婚の家政婦が最も高い比率を占めている（図5-14c参照）。すでに述べたように，大部分が病棟への入所者であり，肺結核治療のためであったのかもしれない[103]。

4）ミドルズブラ救貧院入所記録の分析——家族関係

表5-29は，入所者が申告した最も近い親族を支給食事等級別に分けて示したものである。成人男子収容者延べ1,758名中，同じ救貧院に収容されている者も含めて，近親者を持つと答えた者のうち最も多数を占める近親者は，妻（12％）である。次いで多いのは姉妹（9.9％），兄弟（9.4％）である。22％の収容者に近親者はおらず，記録していない者を加えると，ほぼ半数は身寄りのない収容者で占められている。老齢の男子収容者630名のうち，最も近い親族のいない者，あるいは記録のない者が45％を占めている。近親者がいる者のうち，最も多いのは息子の14.0％，次いで妻の10.0％，兄弟・姉妹が8.0％，娘が8.7％である。老齢男子被収容者のうち，最も近い関係にある者として，親族ではないが，友人が4.6％を占めている。老齢女子の場合も同様に，友人が5.3％という高い割合を占めている。成人女子被収容者のうち，近親者のいない者の比率は低く，5.6％であり，「記入なし」を加えても26.1％である。夫の比率が最も高く，23％を占めている。他方，父親・母親がそれぞれ，12.2％，7.9％であり，特に父親の占める比率が高い。息子・娘は12.6％を占め，成人男子と比較するとかなり高い割合を占めている。60歳以上の老齢女子の場合，「近親者なし」と「記入なし」の比率は最も低く，13.2％にすぎない。夫の比率は15％弱であり，男子の配偶者（妻）の占める比率を上回っている。老齢女子の最も近い親族のうち，高い割合を示すのは息子（27.2％）と娘（24.5％）である。老齢女子の救貧院入所者と娘との関係の深さについては，

表 5-29　ミドルズブラ救貧院新規入所者の近親者（支給食事等級別，1907〜09 年）

近親者	成人男子	%	老齢男子	%	成人女子	%	老齢女子	%	乳幼児	%
父親	97	5.5	0	0.0	59	12.2	0	0.0	5	3.4
母親	83	4.7	0	0.0	38	7.9	0	0.0	9	6.1
配偶者（妻・夫）	208	11.8	64	10.1	111	23.0	17	14.9	0	0.0
兄弟	166	9.4	26	4.1	14	2.9	0	0.0	0	0.0
姉妹	173	9.9	30	4.8	36	7.5	1	0.9	0	0.0
息子	28	1.6	87	13.8	30	6.2	31	27.2	0	0.0
娘	26	1.5	55	8.7	31	6.4	28	24.5	0	0.0
甥	4	0.2	10	1.6	0	0.0	2	1.7	0	0.0
姪	8	0.5	10	1.6	1	0.2	0	0.0	0	0.0
叔父	3	0.2	1	0.2	0	0.0	1	0.9	0	0.0
叔母	9	0.5	0	0.0	6	1.2	0	0.0	1	0.7
従兄弟・従姉妹	10	0.6	7	1.1	3	0.6	3	2.6	0	0.0
孫	0	0.0	1	0.2	0	0.0	5	4.4	0	0.0
友人	32	1.8	29	4.6	9	1.9	6	5.3	0	0.0
近親者なし	377	21.5	198	31.4	27	5.6	6	5.3	1	0.7
記入なし	471	26.8	86	13.7	99	20.5	9	7.9	129	87.7
その他	63	3.5	26	4.1	19	3.9	5	4.4	2	1.4
計	1,758	100.0	630	100.0	483	100.0	114	100.0	147	100.0

出所）Middlesbrough Workhouse Admission Book, 1907-1910, Teesside Archives, PU/M 2/1 より作成。

すでにウォールが興味深い指摘を行っている[104]。

　入所者と，ともに世帯を構成する配偶者との関係が，救貧院入所をきっかけにどのように変化したのか，この点を詳しく見ておかなければならない。最も近い親族を，妻あるいは夫と申告した者の入所時のそれぞれの配偶者との関係を示したのが表 5-30 である。入所時まで妻と同居していた男子入所者 188 名（68.6％）と比較すると，夫と同居していた女子入所者の比率は 35.9％であり，きわめて低い。配偶者も救貧院作業所に入所あるいは病棟に入院している事例および配偶者が刑務所収監中の事例を除いた場合の配偶者との入所前同居率は，男子入所者が 80.7％，女子入所者は 59.3％である。その差は大きいといわなければならない。また，夫との入所前別居率および夫の居所不明率，夫が収監中である比率のいずれにおいても女子入所者の方が高い。女子入所者の入所前の配偶者との結びつきは，男子入所者よりも希薄であったといえるであろう。

　表 5-31 は，配偶者以外を近親者と申告した入所者の，入所前の近親者との同居・別居率を，主な近親者について男女別に見たものである。例示した近親

表 5-30 ミドルズブラ救貧院新規入所者の配偶者との関係（1907〜09 年）

近親者との関係	妻	夫
入所時まで同居	188 (68.6)	51 (35.9)
別居	45 (16.4)	35 (24.6)
救貧院作業棟	28 (10.2)	15 (10.6)
救貧院病院	10 (3.6)	6 (4.2)
刑務所	1 (0.4)	10 (7.0)
住所不明	2 (0.7)	25 (17.6)
計	274 (100.0)	142 (100.0)

出所) Middlesbrough Workhouse Admission Book, 1907-1910, Teesside Archives, PU/M 2/1 より作成。
注) 括弧内は割合（%）。

表 5-31 ミドルズブラ救貧院新規入所者の近親者との関係（1907〜09 年）

近親者	男子			女子			計
	同居	別居	計	同居	別居	計	
姉妹	81 (40.1)*	121 (59.9)*	202 (100.0)	21 (53.8)*	18 (46.2)*	39 (100.0)	241
兄弟	63 (32.8)	129 (67.2)	192 (100.0)	6 (50.0)	6 (50.0)	12 (100.0)	204
息子	56 (48.7)	59 (51.3)	115 (100.0)	29 (46.8)	33 (53.2)	62 (100.0)	177
娘	49 (59.8)	33 (40.2)	82 (100.0)	37 (62.7)	22 (37.3)	59 (100.0)	141
父親	54 (53.5)	47 (46.5)	101 (100.0)	24 (42.9)	32 (57.1)	56 (100.0)	157
母親	58 (64.4)	32 (35.6)	90 (100.0)	21 (50.0)	21 (50.0)	42 (100.0)	132
友人	45 (73.8)	16 (26.2)	61 (100.0)	7 (46.7)	8 (53.3)	15 (100.0)	76
計	406 (48.2)	437 (51.8)	843 (100.0)	145 (50.9)	140 (49.1)	285 (100.0)	1,128

出所) Middlesbrough Workhouse Admission Book, 1907-1910, Teesside Archives, PU/M 2/1 より作成。
注) ＊括弧内は男女別同居・別居割合（%）。

者に関する限り，際だった相違は見られないが，全体として女子入所者の同居率は男子のそれを幾分か上回っている。男女とも娘と同居していた入所者が多い。また，母親あるいは父親と同居していた男子入所者の割合は女子のそれを上回っている。近親者ではないが，友人と同居していた男子入所者の比率は女子のそれと比べて格段に高い。家族という絆を失った男子が多かったのであろう。彼らの平均年齢は，56.5 歳である。

記録されている入所者の5つの個人属性，姓・名・職業・宗旨・出生年を用いて同一人と特定した入所者の中には，1〜2 年という短期間に入退所を繰り

表 5-32 ミドルズブラ救貧院簡易宿泊所出身者の近親者（1907～09 年）

近親者	件数	%
なし	170	55.7
兄弟	28	9.2
姉妹	26	8.5
息子	18	5.9
妻	12	3.9
父	9	3.0
母	8	2.6
娘	4	1.3
その他	30	9.9
計	305	100.0

出所）Middlesbrough Workhouse Admission Book, 1907-1910, Teesside Archives, PU/M 2/1 より作成。

返す者が少なからずいたことがわかる。たとえば，1907 年 12 月 30 日に入所した 31 歳の未熟練労働者でカトリック教徒であった T. ヴァンスは，1909 年 1 月 26 日までのほぼ 2 年間に 24 回入所している。入所名簿に記録された入所の間隔は，平均して 1 週間から 20 日である。きわめて短期間に入退所を繰り返していたのであろう。救貧院入所の際の収容場所は，本来の宿舎・作業所が 12 回，待機棟が 4 回，病棟が 1 回である。このヴァンスには近親者はいない。また，入所前の居所についても記録がない。おそらく，定まった住所はなく，入退所を繰り返していたのであろう。ヴァンス以外の複数回入所者も，多くの場合，入所前の居所の記録がないか，後述する簡易宿泊所を直前の住所としている。救貧院への入所の季節分布を見ると，1・2 月が最も多く，31.6 ％ の収容者がこの期間に集中して入所している。これに 11・12 月を加えれば，全体の半数近く，47.7 ％ が入所している。冬季に多数の収容者が入所している理由は，寒さあるいは雇用機会の多寡と関係があるのであろうか。事実，1886 年 12 月の被収容者総数は，813 名であった[105]。

新規入所者のその他の属性も簡単に見ておこう。入所者を宗派別で見ると，最も多数を占めるのは英国国教徒の 1,723 名 (54.8 ％)，次いでカトリックの 1,241 名 (39.5 ％) がこれに続いている。カトリック教徒が高い比率を占めるのは，製鉄工業で働く多数のアイルランド出身未熟練・熟練労働者のせいであろう。男女ともカトリック教徒の高齢者が多数を占めている。その他の宗派はそれぞれわずかであり，ウェズリー派を含むメソジスト派が 103 名 (3.3 ％)，長老派 20 名，バプティスト派 13 名，その他である。

救貧院へ入所する直前の住所については，特定の地番への集中が見られる。たとえば，フェリー・ロード 1 番地 (1 Ferry Road) を入所直前の居所と申告した入所者は，89 名を数える。そのほとんどは男子である。単身者を多数宿泊させる簡易宿泊所（共同宿泊所）であろう。表 5-32 は，14 か所の簡易宿泊所

と思われる場所から入所した305名の家族関係を示したものである。「近親者なし」と申告した者が最も多く，簡易宿泊所出身者全体の55.7％を占めている。簡易宿泊所出身者を含めた全入所者中「近親者なし」と申告した者の比率19.3％と比較した場合，その割合がきわめて高いことがわかる。配偶者を持つ者は少なく，4％弱にすぎない。最も近い親族と申告された妻12名のうち，4名は救貧院，1名は近郊の精神障害者治療施設，7名は市内の別の場所で生活していた。簡易宿泊所出身入所者は大部分が単身者であり，共同宿泊所で生活する労働者であった。平均年齢は51.1歳であり，男子入所者全体2,464名のそれは47.6歳であった。簡易宿泊所出身入所者は高齢者であり，入所以前に家族的紐帯から切り離された集団であった。なお，明確に「近親者なし」(nil)と申告していないが，近親者の記入がない入所者の総計は796名である。大部分は近親者を持たない入所者であると考えられるが，そのうち5名は子供1人を，10名は子供2人を，7名は子供3人を，1名は子供5名をそれぞれ元の居所に残して入所している。

　すでに指摘したように，19世紀後半にはイングランド・ウェールズ総人口の4.3〜6.2％が院内・院外を問わず，何らかの形で救貧の対象となっていた。とりわけこの節で取り上げたミドルズブラは，製鉄工業という景気変動の影響を受けやすく，被雇用者が失業の危機にさらされやすい産業にもっぱら依存していた。製鉄工業は，マンチェスター，リーズなどで展開した繊維工業とは異なり，女子の雇用機会がきわめて少ない産業である。若年層の雇用機会も繊維工業地域に比べると限られていた。成人男子熟練労働者はもとより未熟練労働者の名目賃金は他産業・他地域よりもかなり高かったが，主たる稼得者が失業中の家族所得は相対的に低くならざるをえなかった。また，生活の基盤が脆弱な移住者を多く抱えるこの地域には，潜在的な家庭崩壊の可能性と家族に代わる公的扶助の必要性が高かったといえるであろう。救貧院入所記録を通して見た入所者の家族関係は多様である。貧困・疾病・失業・その他の理由によって入所を余儀なくされた男女は，それまで享受していた安定的な家族関係を断ち切られ，困難な環境に身を置いて生活していたのである。次章では，生の終着点である死を人々がどのように迎えたのかを見ることにしよう。

第6章

19世紀工業都市の疾病と死亡
――工業化・都市化と環境破壊――

　すでによく知られているように，18世紀後半から19世紀前半にかけて，イギリスは他国に先駆けて工業化・産業革命を経験し，一人当たり実質所得と生活水準の上昇を達成した。そして，十分な時間をかけて経済的福利の向上を実現した。それが可能であったのは，18世紀前半という早い時期における農業の生産性の上昇と農業からの労働力の放出，同時に進行した急速な人口増加とその都市集中，潤沢な労働力の供給を背景に，工業化を推し進めることが可能であったからである。他方，イギリスはこうした経済的福利の実現とは必ずしも両立しえない深刻な問題を抱えることになる。イギリスの都市化・工業化が資源や環境の合理的な制御の下に進展したわけではなく，国家干渉・介入とはかけ離れたところで展開したという歴史的事実が19世紀のイギリスに環境問題の噴出という難問を突き付けたのである。

　工業化の急速な展開とそれに伴う社会問題の噴出を経験した19世紀半ばのイギリスでは，統治機構による対応策の一つとして，地方自治，人口動態・静態登録制度，教育，救貧，工場労働，公衆衛生，警察制度，法律など，多岐にわたる領域を対象とする「行政革命」が進行した。しかし，都市化・工業化にともなって生起する諸問題に対処するために国家が変質するという「19世紀行政革命」が進行したにもかかわらず，様々な社会的・経済的・制度的な変化と軋みを国家が可能な限り効果的に解決するという課題の達成は19世紀末期・20世紀にまで持ち越されることになる。急速な都市化・工業化がもたらした環境負荷の高度化と健康被害の増大，公衆衛生問題も積み残された重要な課題の一つであった。

1　都市と農村の死亡率

1）分析視角と史料

　19世紀後半におけるイギリスの都市化・工業化の進展に伴う疾病と死亡の具体的な内容を見てゆくことにしよう。まず19世紀のイギリスを対象としてこの課題に接近する場合の具体的な分析視角を提示し，利用可能な史料について簡単に紹介したい。

　いうまでもなく，都市化が人口に与える影響を考える場合，都市内の人口密度の上昇と居住環境，居住密度の変化による感染症曝露機会（exposure）の増加，さらに感染症に限らず都市的な生活環境が健康に与える影響を検討することが不可欠である。この点について，最初に興味深いデータを一つ紹介したい。一般的に人口密度が死亡率をどの程度説明しうるかを検証するために，1881～90年および1891～1900年のイングランドとウェールズの人口密度（一平方マイル当たり人口数）と標準化死亡率との単純回帰分析を試みた[1]。その結果は，図6-1の通りである。二つの時期ともに，人口密度と標準化死亡率の間には，1％水準で統計的に有意な正の相関が見出される。対象人口もイングランドとウェールズの総人口であり，少なくとも19世紀後半のイングランド・ウェールズに関する限り，都市化の程度を左右する人口密度が死亡率の説明変数の一つとして重要であったことが暗示されている。

　居住環境については，家屋の質，家屋内人口密度はもとより，生活の場を取り巻く一般的な衛生環境，すなわち，上下水道・街路・側溝・排泄設備・大気汚染・立地条件に加え，住民の衛生知識の水準・医療設備の充実度も考慮に入れなければならない。さらに，病原菌毒性・感染力の時系列的な変化も重要な因子である。こうした条件に加えて，歴史人口学的な視点から都市化・工業化を環境との関連で検討する際に忘れてはならない側面として，労働環境の変化が人口に与える影響がある。もちろん，産業革命期以降に旧来の小規模経営や手工業的な労働環境が一気に消滅し，工場制度が全面的にそれに代わったわけではない。しかし，集中作業場で働く人口の比率が着実に増加したことも明らかである。特に18世紀末期から19世紀を通じてイギリスの経済発展を牽引し

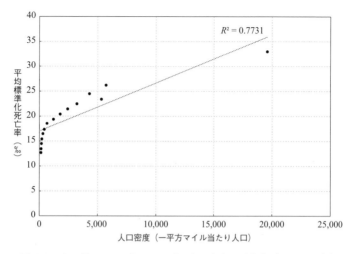

図 6-1　イングランド・ウェールズの人口密度と死亡率（1881〜91 年）

た繊維産業や製鉄工業などの主導部門においては，工業都市における労働環境が人口に少なからぬ影響を与えたことは疑いえない。集中作業場という労働の場における結核をはじめとする感染症への曝露機会の増加，製造品の素材が健康に与える影響，労働災害の多発も新たな労働環境によってもたらされたのである。深刻な感染症であった肺結核に関しては，たとえば，繊維工業都市リーズの 1867 年における死因別死亡登録簿（Death Registers by Disease）は，男女ともに 20〜29・30〜39 歳の年齢階層において死亡割合が最も高いことを示している[2]。この原因の一つは，成人人口の併存疾患（co-morbidity）率の高さである。たとえば，肺結核に罹患するとインフルエンザや肺炎を併発するリスクが高くなり，それに伴って死亡割合も高くなる傾向がある[3]。

　19 世紀のイギリスを対象として，こうした視点から接近する場合に用いることが可能な歴史人口学史料として，1801 年の第 1 回センサス以降の人口中央集査記録，すなわち，議会報告書として印刷・公刊されたセンサス集計値（abstracts），「19 世紀行政革命」渦中の 1837 年以降に動態統計を作成・公刊する責任機関として設立された身分登録本署が刊行する長官年次報告書，各都市の保健所長公衆衛生報告書[4]などがある。また，一般には印刷・公刊されるこ

とが少ない史料，たとえば，各教区の洗礼・結婚・埋葬を記録した教区登録簿，1841年以降個人の人口学的属性を記録したセンサス調査員転写冊子がある。さらに，19世紀後半以降に各都市当局が自主的に作成するようになった記録，たとえば，非常に詳細な，分・時間単位の死亡年齢・死産を記録した共同墓地埋葬登録（cemetery registers）がある。この史料は教区登録簿のように英国国教徒だけではなく，すべての宗派の被埋葬者について，氏名・死亡場所・救貧院収容者か否か・宗派を記録したものである[5]。また別の都市当局が死因別に性別・職業・年齢・居住地域を記録して作成した死因別死亡登録も用いることができる[6]。

労働環境と疾病・死亡については，病院記録が興味深い情報を提供している。18世紀後半以来，慈善原則に基づいてイギリス各地の都市に設立された篤志病院の入・退院名簿，症例記録・篤志病院年次報告書などから，われわれはこの時代の工業都市において勤労階級がどのような労働環境の下で生活の糧を得ていたのか，その環境が彼らの健康にどのような影響を及ぼしていたのかを知ることができる。この点については，すでに公刊した拙著の当該箇所に委ねたい[7]。また，身分登録本署長官年次報告書，あるいはセンサス集計報告書・調査員転写冊子の職業調査も労働環境について貴重な情報を提供している。

2）都市化と死亡秩序

最初に，工業化・都市化が一応完了した19世紀後半のイングランド・ウェールズにおける死亡秩序を概観しておきたい。まず，基本的な事実として，ごく一般的な死亡率の指標である粗死亡率（総人口に対する死亡数の対千比；普通死亡率）の時系列変化を見ると，農村の死亡率が19世紀後半を通じて，対千比20の水準で推移しているのに対して，都市の粗死亡率は1854年前後の27を最高に，農村のそれを上回り，その差は19世紀の80年代になるまで縮小していないという事実を指摘しておきたい。この期間を通じて，都市の死亡率は農村のほぼ1.2倍強の高さにあった[8]。工業化・都市化の帰結として，この時期までに，それぞれ異なった環境の下で生活する住民の死亡率に少なからぬ格差が生じていたことに注意する必要がある（表6-1参照）。大部分が工業都市からなる人口10万人以上の大規模都市（特別市：County Boroughs），それ以

表 6-1 イングランド・ウェールズの都市と農村の粗死亡率（1851〜98年）

	イングランド・ウェールズ	都 市	農 村	都市／農村
1851〜60	22.2	24.7	19.9	124.1
1861〜70	22.5	24.8	19.7	125.9
1871〜80	21.4	23.1	19.0	122.0
1881〜90	19.1	20.3	17.3	117.3
1891〜98	18.2	19.0	16.7	113.8

出所）*Sixty-First Annual Report of the Registrar-General of Births, Deaths, and Marriages in England.* (Abstracts of 1898), p. cxix, Tables 29 & 30 より作成。

外の小規模都市，農村，ロンドンの簡易生命表諸指標，すなわち，年齢別平均余命・年齢別死亡率・年齢別生残率の比較を行い，都市化・工業化の進展の過程でそれぞれの環境における死亡秩序にどの程度の相違が生じていたのかを見てみよう。大規模都市の年齢別平均余命が最も下位にあり，次いで小規模都市，農村の順で平均余命が上昇していることがわかる。三者の格差は，乳幼児期に著しい（図6-2）[9]。

大規模都市・小規模都市・農村の年齢別死亡率（図6-3）を見ると大規模都市，小規模都市，農村の順で死亡率が下がっている。年齢別生残率曲線についても三者の間の関係は変わらない（図6-4）。男女ともに農村が最も上位に位置し，次いで小規模都市がこれに続き，大規模都市は最下位である。生きにくさの程度を示す指標ともいうべき生残率曲線において，大規模都市の乳児および5歳児までの男子の生残率の低下が著しいことに注目しておきたい[10]。この点はイングランド・ウェールズの都市と農村における0〜5歳までの乳幼児の死亡率および生残率を示した図6-5からも明らかである。特に大規模都市と農村のそれを比較するとその差は明白である。たとえば，出生後1年間の生残率は，大規模都市においては出生児総数の85％，農村ではほぼ90％であった。出生後2年間の生残率は大規模都市においては81％，農村では87％，出生後5年間のそれは大規模都市が78％であるのに対して，農村は86％である[11]。農村の生残率および平均余命を100とした場合の大規模都市・小規模都市・首都ロンドンの対農村比を見ると，大規模工業都市は最下位，小規模都市が最上位，ロンドンはその中間に位置している[12]。農村の生残率・平均余命を基準にした

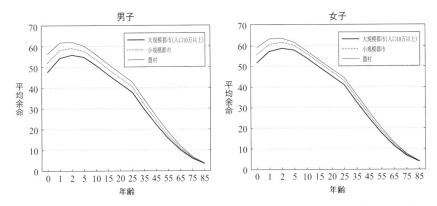

図 6-2　イングランド・ウェールズ（都市と農村）の年齢別平均余命（1911年・1912年）

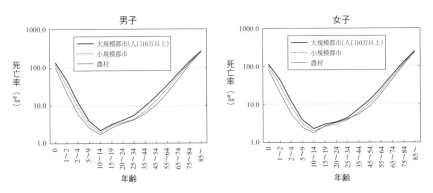

図 6-3　イングランド・ウェールズ（都市と農村）の年齢別死亡率（1911年・1912年）

場合にも，大規模都市の男子乳幼児の生残率・平均余命の低さが目立っている。ロンドンの平均余命・死亡率・生残率などの死亡秩序が大規模都市よりも良好である理由は，地方工業都市と比較した場合，首都ロンドンの物理的・社会的基盤への投資の範囲と量が豊富であり，富裕な階層が相対的に多いという事実によるものではないかと考えられる。

　以上見てきた都市と農村における死亡秩序の特色をまとめたものが表6-2である。全国平均値・ロンドン・大規模都市・小規模都市・農村に分類した場合，大規模都市においては，男女それぞれ出生対千比140，114と乳児死亡率がと

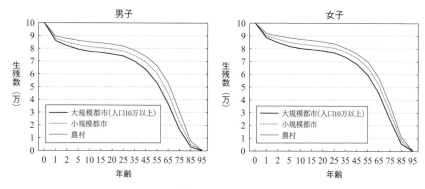

図 6-4　イングランド・ウェールズ（都市と農村）の年齢別生残率（1911年・1912年）

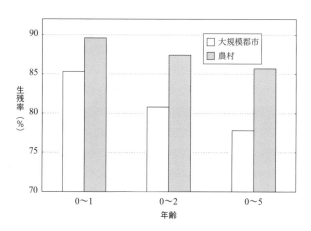

図 6-5　イングランド・ウェールズにおける都市と農村の有効（実効）出生力（0〜5歳生残率，1911年）

もに最も高く，出生時平均余命（平均寿命）も男子47.53歳，女子51.71歳と最も低い。イギリスの場合，工業中心地は北部に多く，北部の工業中心地域ほど男女を問わず乳児死亡率は高く，出生時平均余命は低くなっている[13]。農村との格差が著しい乳児死亡率を詳しく見ると，大規模工業都市の乳児死亡に占める新生児死亡（出生後4週間未満）の比率は，ロンドンに次いで低く，農村の新生児死亡比率を8ポイント下回っている。都市の乳児死亡において，新生児後死亡（4週間以降1年未満死亡）の占める割合が相対的に大きかったという

第6章 19世紀工業都市の疾病と死亡　297

表6-2　イングランド・ウェールズの都市化・工業化と死亡率（1911年・1912年）

	乳児死亡率（出生対千比）		出生時平均余命	
	男子	女子	男子	女子
ロンドン	120	101	49.48	54.49
大規模都市（人口10万以上）				
北部	145	119	45.77	49.93
中部	140	113	48.97	52.86
南部	111	89	52.76	57.90
ウェールズ	134	114	48.79	51.55
計	140	114	47.53	51.71
小規模都市	123	100	51.92	55.67
農村	103	81	56.30	59.21
イングランド・ウェールズ				
北部	139	114	47.95	51.58
中部	118	94	53.30	56.94
南部	97*	78*	55.89*	60.17*
ウェールズ	133	108	50.94	53.32
計	124	101	51.14	55.00

出所）*Supplement to the Seventy-Fifth Annual Report of the Registrar-General of Births, Deaths and Marriages in England and Wales*, 1920, pp. 2, 6, 34, 42 より作成。
注）＊ロンドンを除く。

　事実は，アルファ・インデックスの値（大規模都市＝3.4，農村＝2.7）に示されているように，環境の影響を強く受ける外因性要因が大規模都市では農村におけるよりも強く働いていたことを示唆している。また，大規模都市の死因別乳児死亡における感染症の割合が5.5％と最も低く，先天性弱質による死亡率もロンドンに次いで低いことに注目しておきたい（表6-3参照）[14]。

　大規模都市における乳児死亡率の高さは紛れもない事実であるが，他方，1歳から5歳までの幼児死亡率も高かったという事実は興味深い。特に，この傾向は農村のそれと比較するとはっきりする。すでに見たように1911年における大規模都市の乳児死亡率（146.88‰）は，農村のそれ（103.50‰）の1.42倍であった。他方，幼児死亡率，たとえば1～2歳のそれは大規模都市53.23‰，農村24.89‰であり，大規模都市の幼児は農村の幼児の2.14倍の死亡リスクを甘受しなければならなかった。また，2～5歳の死亡率は大規模都市12.36‰，

表 6-3 イングランド・ウェールズにおける都市と農村の乳児死亡率と死因構成（1911 年）

新生児死亡率（‰）

地域	新生児死亡率	新生児後死亡率	乳児死亡率	α index *
ロンドン	35.93（27.7%）**	93.86	129.79	3.6
大規模都市	43.69（29.7%）	103.19	146.88	3.4
小規模都市	40.72（31.2%）	89.88	130.60	3.2
農村	38.79（37.5%）	64.71	103.50	2.7

新生児死因別死亡率（‰）

	感染症	結核性疾患	下痢	先天性弱質	その他
ロンドン	0.12	0.05	1.69	25.96	8.11
大規模都市	0.13	0.05	2.09	31.49	9.93
小規模都市	0.13	0.07	2.02	30.28	8.22
農村	0.19	0.03	1.19	29.14	8.24

乳児死亡死因割合（%）

	感染症	結核性疾患	下痢	先天性弱質	その他
ロンドン	7.1	3.2	30.6	30.0	30.1
大規模都市	5.5	2.9	28.8	30.2	32.6
小規模都市	5.9	3.0	29.0	31.9	30.2
農村	6.0	2.7	21.0	37.2	33.2

（出所）*Seventy-Fourth Annual Report of the Registrar General of Births, Deaths, and Marriages in England and Wales* (1911), pp. 94-95 より作成。
（注）＊乳児死亡率／新生児死亡率　＊＊乳児死亡に占める比率
新生児死亡率：生後 4 週＝28 日未満死亡
新生児後死亡率：4 週間以降 1 年未満死亡
感染症：天然痘・麻疹・猩紅熱・百日咳・ジフテリア＋偽膜性咽頭炎（croup）・水疱瘡
先天性弱質：先天性奇形・未熟児（早産）・先天性弱質・先天性無気肺（atelectasis）・その他先天性疾患

農村 6.28‰であり，大規模都市の幼児は農村で出生した子供の 2 倍近い死亡リスクにさらされていた。都市と農村の死亡率の格差は，出生後 1 年間を生き延びた子供にとっていっそう広がる傾向にあり，都市の幼児はより過酷な経験をせざるをえなかったのである。注目すべきは，乳児死亡を含めた 5 歳までの死亡率の時系列変化である。都市化の加速が始まる 19 世紀 50 年代に大規模都市および小規模都市の乳幼児死亡率が急上昇しているのに対して，農村のそれ

表6-4 イングランド・ウェールズにおける都市と農村の出生力（1911年）

	粗出生率（‰）	総出生率	有配偶嫡出総出生率
ロンドン	24.72	91.9	198.6
大規模都市	25.41	98.9	195.2
小規模都市	24.26	96.3	192.3
農村	22.89	102.7	203.5
イングランド・ウェールズ	24.37	97.8	196.2

出所）*Seventy-Fourth Annual Report of the Registrar-General of Births, Deaths, and Marriages in England and Wales* (1911), p. xxxvii より作成。
注）総出生率：15～45歳女子千人当たり出生数
　　有配偶嫡出総出生率：15～45歳有配偶女子千人当たり嫡出子出生数

はほとんど変化していない[15]。すでに見たように，繊維工業都市リーズ，製鉄工業都市ミドルズブラおよびイングランド・ウェールズの乳児死亡率は，19世紀の50年代においては，いずれも低下傾向にある。おそらく大規模都市における19世紀半ばの乳幼児死亡率の上昇は，1歳から5歳児までの幼児死亡率の上昇によってかなりの程度説明できるであろう。

　この時期の都市の出生力の動向についても簡単に見ておこう（表6-4参照）。1911年の都市と農村における出生率を比較すると，粗出生率（総人口当たり出生数対千比）・総出生率（15～45歳女子人口千人当たり出生数）・有配偶嫡出総出生率（15～45歳有配偶女子人口千人当たり嫡出子出生数）のうち，粗出生率において大規模都市（25.41‰）は農村（22.89‰）を上回っているが，特殊出生率である総出生率（大規模都市98.9：農村102.7）と有配偶嫡出総出生率（大規模都市195.2：農村203.5）ではわずかながら農村が大規模都市を上回っている[16]。都市と農村における再生産可能年齢女子人口の分布，有配偶率の相違に起因するものであろう。すでに見た，都市と農村における乳幼児死亡率・生残率を勘案した有効（実効）出生力（effective fertility）を比較すると，1年未満の乳児の生残率は大規模都市で出生数の85.3％，農村89.6％，0～2歳の生残率は大規模都市80.8％，農村87.4％，0～5歳のそれはそれぞれ77.8％，85.7％であった。出生後5年間の生残率において，都市と農村との間には，8ポイント近くの差があり，年齢が上がるにつれて都市と農村の有効出生力の格差が大きくな

る傾向が見出される。出生力水準において都市と農村に大差はなかったとしても、乳幼児の生残率を勘案した有効出生力に関する限り、都市は農村と比較して明らかに劣位にあったということができる。5歳以上の幼児および成人人口についても、すでに同年のイングランド・ウェールズの年齢別死亡率について指摘したように、20歳から34歳の女子年齢階層で都市と農村の死亡率は拮抗しているが、それ以外の年齢階層では男女とも都市の死亡率は農村のそれを上回っている。死亡率が高いにもかかわらず、急速な人口増加を経験する工業都市への人口の補填・供給源として、農村は重要な役割を担っていたのである。

今まで見てきたように、都市化・工業化がイギリスの人口に与えた影響は、何よりも大規模工業都市の死亡率を高めたということに要約することができる。それでは、なぜ、大規模工業都市の死亡秩序が悪化したのか。いうまでもなく、大部分は、集住・人口密集・居住条件の悪化による感染症への曝露機会の増加と都市環境の悪化によってもたらされたものである。動態統計を管轄する身分登録本署の1837～38年の長官年次報告書第1巻がそれを端的に物語っている。イングランド・ウェールズにおける都市と農村の死因別死亡率を見ると、死亡率の高い死因のうち、感染症による死亡率と死亡割合において、都市は農村を大きく引き離している。非感染症の中で呼吸器疾患による死亡率が都市においてより高かったという事実も、都市環境の悪化を反映しているであろう[17]。事実、19世紀80年代の感染症による死因別死亡率を都市と農村で比較してみても、都市における感染症死亡率の高さはいっそう明確に確認される（表6-5参照）[18]。ただし、都市化の進展がもたらす負の局面（ディスアメニティ、アーバン・ペナルティ）を象徴する高い死亡率の実態は次のようなものであった。すなわち、都市においては、感染症が高死亡率の最大の原因であることは紛れもない事実である。しかし、高い死亡率の内容を仔細に検討すると、感染症による死亡リスクはともかくも乳児期を生き延びた幼児以降の人口においてより高かったのである。

都市化による環境条件の悪化は、乳児のみならず、幼児以上の人口の死亡リスクをも高めた。母乳哺育の場合には特にそうであるが、相対的に免疫力が強かったと思われる乳児期を生き抜いた子供でも、幼児期は都市化の進展による環境悪化の影響をより強く受け、生きにくい環境の下で生活せざるをえない状

表 6-5 都市と農村の感染症死亡率（1881〜90 年平均，人口百万人当たり）

	天然痘（痘瘡）	麻疹	猩紅熱	ジフテリア	百日咳	熱	下痢	乳児死亡率（‰）
イングランド・ウェールズ	45	440	334	163	450	235	659	142
28 大規模都市	88	626	403	190	612	262	890	162
50 小規模都市	27	496	387	100	419	266	727	153
都市（78 都市）	74	595	399	168	566	263	851	160
農村	24	329	286	159	366	216	520	122

出所）*Supplement to the Fifty-Fifth Annual Report of the Registrar-General of Births, Deaths, and Marriages in England*, Part I, 1895, p. xlviii, Table S より作成。

況に追い込まれていた。このことはすでに指摘した大規模都市における 5 歳児までの生残率のより急速な低下に示されている。その意味で，都市化と環境悪化は，あえていえば，幼児期以降の人口に過酷に作用したのではないであろうか。都市化・工業化を経験した後，都市の死亡秩序が悪化し，その死亡リスクが農村と比較して明らかに高くなった背景には，感染症への曝露機会の増加があったことは明白であるが，その感染症の流行の具体的な内容については，もう少し詳しく吟味しなければならない。

2 人口集積・過密と感染症の流行

1）労働条件と死亡率

次に，都市化・工業化に伴う労働環境の変化が人口に与える影響について見てゆきたい。まず，都市工業と農業に雇用される労働者の年齢別死亡率を比べてみよう。1851 年の身分登録本署長官年次報告書は 20 歳以上のすべての職種の男子について，年齢別の死亡率を記録している。19 世紀中葉の農村における労働環境を的確に示すものとして，イングランド・ウェールズの総有業人口のうち最も高い比率（15.4％）を占める農業労働者の年齢別死亡率を，また都市における労働環境を示すものとして，労働力の性比が高い製鉄工業および紡毛毛織物工業労働者のそれを取り上げて比較してみた（図 6-6 参照）[19]。20 歳

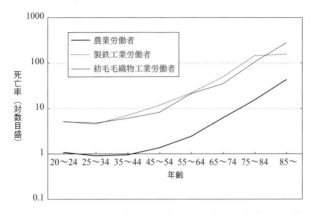

図 6-6　イングランド・ウェールズにおける男子工業労働者と農業労働者の年齢別死亡率（‰, 1851年）

以上の男子労働力の割合は製鉄工業（74.2％），紡毛毛織物工業（45.0％），農業（76.1％）である。大半を占める 20 歳以上の男子労働力に関する限り，いずれの都市工業労働者の死亡率もすべての年齢階層にわたって，農業労働者のそれを上回っている。労働環境の悪化は都市においてより著しかったと考えられる。

19 世紀末期（1890〜92 年）に実際に労働に従事していた 15 歳以上のすべての男子有業人口の年齢別死亡率を工業地域，農業地域，イングランド・ウェールズ全体に分けて示した図 6-7 からわかるように，工業地域における死亡率はすべての年齢階層において最も高い[20]。また，この時期に死亡割合が高かった疾病として，死亡割合が 15.3％ の感染症である肺結核，11.1％ の気管支炎，9.1％ の肺炎などの呼吸器疾患を取り上げて，同じく工業地帯と農業地帯における 15 歳以上の男子有業人口の年齢別・死因別死亡率を見ると，いずれの死因に関しても，工業地域，イングランド・ウェールズ，農業地帯の順で死亡率が高かったことがわかる（図 6-8 および図 6-9 参照）[21]。居住環境の寄与率も考慮すべきであるが，労働における死亡リスクは総じて工業生産の場で高かったといえるであろう。

最後に，19 世紀イングランド都市の疾病と死亡を考える際に象徴的な事例として，世紀末期の 10 年間に製鉄工業都市ミドルズブラを襲った三度にわたる深刻な感染症の流行を詳しく検討し，19 世紀初頭以来，他の都市とは比べ

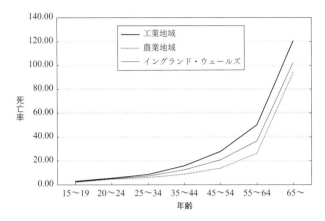

図 6-7　イングランド・ウェールズにおける工業地域と農業地域の年齢別死亡率（男子有業人口対千比，1890～92 年）

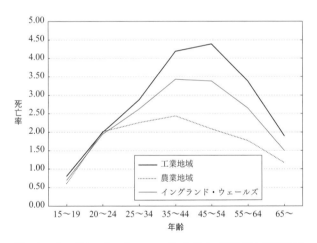

図 6-8　イングランド・ウェールズにおける工業地域と農業地域の年齢別・死因別（肺結核）死亡率（男子有業人口対千比，1890～92 年）

ようもないほど急速な人口集積を経験した北東部イングランドの重化学工業都市を素材に病と死の問題を考えてみたい。この問題を考える場合，伝染経路（transmission mode）・免疫・年齢別の抵抗力，感染力，予防あるいは拡散防止法

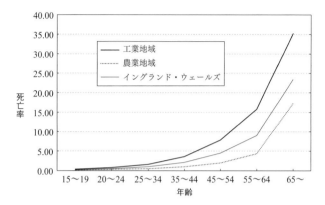

図 6-9 イングランド・ウェールズにおける工業地域と農業地域の年齢別・死因別（肺炎・気管支炎）死亡率（男子有業人口対千比，1890〜92 年）

を含めた病原菌の基本的な病理学的性格を理解することが重要である。最近における進化生物学（evolutionary biology）的観点からする解釈の一例を挙げておこう。ヨーロッパ，特にイギリスにおける感染症と死亡率の歴史的変化を辿った R. ダヴェンポートによれば，最初にミドルズブラを襲った伝染性肺炎を別として，全国的には腸チフスと天然痘はともに 1750〜1870 年に高い死亡率をもたらすほどの勢いを失っていた。両者の推計感染力指数（estimates of infectiousness）は，1870〜1940 年に高死亡率をもたらす勢いを失った麻疹・猩紅熱・百日咳・ジフテリアなどの小児に多い感染症よりも低かった。腸チフスの致死率は 50〜97 ‰，天然痘のそれは 100〜300 ‰であった。腸チフスはサルモネラ菌を病原菌とする水系感染症であり，天然痘は空気あるいは滲出物を介して伝染するウイルスを病原体とする感染症である。腸チフスの場合は汚染水浄化あるいは患者隔離，天然痘の場合は種痘・検疫・隔離が予防・拡散防止策となる[22]。

経済発展と実質所得上昇による栄養摂取水準と病原菌に対する抵抗力の向上，公衆衛生と医療・治療方法の改良が死亡率の低下をもたらしたとする従来からの説明が実証困難であると仮定すると，進化生物学の観点からすれば，歴史的事実としての死亡率の低下傾向を整合的に説明するためには，病原菌の強度の

時系列的な変化を考慮に入れなければならないであろう[23]。水系感染症である腸チフスやコレラはきわめて高い死亡率をもたらす感染症であり，節足動物を伝染経路とするペスト・チフス・マラリア・黄熱病と同等の高い病原菌毒性を持つといわれている。

　他方，宿主（ヒト）を必要とせずに引き続き生存し，宿主を「待っている」(sit and wait) 病原菌によって発症する天然痘は，結核・ポリオ・インフルエンザと同じく，病原菌の毒性の点では腸チフスやコレラよりも下位にある。また，少なくとも 20 世紀初頭に関する限り，イギリスにおいて流行した天然痘はさらに毒性が弱まっていたといわれている[24]。これよりも毒性の弱い感染症は，中間宿主を経由せずに直接ヒトとヒトの間で伝染する麻疹・百日咳・猩紅熱・ジフテリア・水痘・風疹である。これらの感染症は，伝染を維持するためにかえって感染力は強くなるが，宿主であるヒトにそれほど致命的な打撃を与えることはない。その結果，犠牲となるのは主に低年齢層，つまり小児ということになる[25]。

　急成長を遂げる工業都市は，高い人口移動率がもたらす細菌と宿主であるヒトおよび物資の激しい往来により，病原菌導入率が高いだけではなく，内部に人口密集地域を多く抱え，対人・対物接触機会，感染症への曝露機会も多かった。以下で分析するミドルズブラの事例は，こうした急成長する工業都市における環境悪化と疾病・死亡の関連を探るうえで，恰好の素材を提供するものである。高環境負荷地域の代表的な事例として，持続可能な工業化あるいは経済発展と環境との関連を考える際にもきわめて示唆的である。問題の性格と規模は異なるものの，単に 19 世紀後半のイギリスの一工業都市の経験を超えて，現代の環境悪化と開発との関連を考える際にも参考になるであろう。三度にわたる感染症流行後の 1913 年におけるミドルズブラの概観を示した地図を見ると，19 世紀後半，特に 1870 年代以降，ティーズ川南部に急速に居住空間が拡大し，石炭輸送手段として延伸したストックトン・ダーリントン鉄道の南には，旧市街地からあふれ出る形で居住地域の拡大が見られる（図 6-10 参照）。1914 年の推計人口は，107,993[26] であり，三度の感染症流行の時期と疾病は以下の通りである。

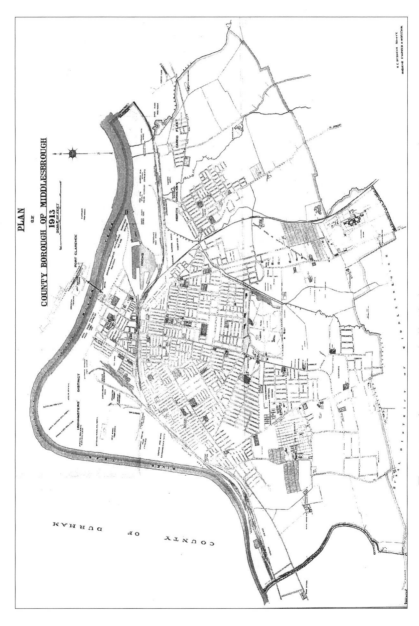

図6-10 1913年のミドルズブラ特別市（County Borough of Middlesbrough）

1　1888 年：「ミドルズブラ型桿菌性胸膜肺炎」（*Middlesbrough pleuropneumonia bacillus*）

2　1890〜91 年：腸チフス（enteric fever；typhoid fever）（*Salmonella enterica；Salmonella typhi*）

3　1898 年：天然痘（small pox）（*Poxvirus variolae；variola major*）

19 世紀の 30 年代という新しい時期に重化学工業を中心に急速な工業化を達成し，大規模な労働力移入によって他に類を見ないほど急激な人口集積を経験したミドルズブラでは，住民は短期的な繁栄を享受することはできたが，持続可能な都市生活に必要な基盤整備と社会資本の充実からは疎外されていた。過酷な労働条件と生活環境の劣化は，19 世紀末期に度重なる感染症の蔓延として現れたのである。一般的な病原菌強度の時系列的変化にもかかわらず，個々の都市の産業構造や生活環境の違いによって，感染症流行の頻度と範囲は一様ではなかった。19 世紀末期にこの都市が経験した状況は，同時代のイギリスにおける都市環境と公衆衛生の実態を反映する縮図であった。

2）「ミドルズブラ型桿菌性胸膜肺炎」

1888 年にこの都市は劇症の肺炎の大流行に見舞われた。この肺炎が通常の肺炎と異なる点は，感染症であること，死亡率が 4.12 ‰ときわめて高いこと，罹患者・死亡者ともに 15 歳以上の男子に偏り，15 歳以上の罹患性比（女子罹患者数 100 に対する男子罹患者数の割合）が 3.5，死亡性比（女子死亡数 100 に対する男子死亡数の割合）が 3.3 に上ったことであった（表 6-6・表 6-7・表 6-8 参照）[27]。この特異な呼吸器疾患について，病名の特定と治療は困難を極めた。1888 年には 369 名が罹患している。毎年冬期に，ミドルズブラの風土病（endemic diseases）のように，病名を確定することができないこの感染症による犠牲者が多数出ていた。通常の肺炎でもなく[28]，ましてや結核でもなく，病理学者の見解も一致していなかった。銑鉄のアジアへの輸出港でもあることから，エルシニア属ペスト（*Yersinia pestis*）であるとさえ疑われた。あるいは，伝染性大腸菌（*Bacillus coli communis*），エルシニア・シュードツベルクローシス（仮性結核：*Yersinia pseudotuberculosis*）の一種であるとの説も出たが，結局，病理

表 6-6 ミドルズブラの肺炎死亡率（1880～88 年）

1888 年（ミドルズブラ型桿菌性胸膜肺炎流行期 4 週間）

年　齢	推計人口	肺炎死亡数	年齢別肺炎死亡率（‰）
0～14	27,893	20	0.72
15～44	32,306	117	3.62
45～64	7,699	115	14.94
65～	1,357	33	24.32
計	69,255	285	4.12

1880～87 年（平常年）

年　齢	1881 年人口*	年平均肺炎死亡数	年齢別肺炎死亡率（‰）
0～14	22,528	17.6	0.78
15～44	26,092	20.5	0.79
45～64	6,214	16.8	2.70
65～	1,100	5.1	4.64
計	55,934	59.9	1.07

出所）DR. Ballard's Interim Report to the Local Government Board on an Inquiry at Middlesbrough and its neighbourhood, as to an Epidemic of so called "Pneumonia", but which was in fact a specific "Pleuro-pneumonic Fever", 1889, p. 3 より作成。
注）＊ 1881 年センサス人口。

学者によって「ミドルズブラ型桿菌性胸膜肺炎」（*Middlesbrough pleuropneumonia bacillus*）という病名が与えられた[29]。この感染症罹患者は，すべて救貧院内の病棟で治療された[30]。

　先に紹介した共同墓地埋葬登録から以下の諸点が明らかとなる。この感染症肺炎が主な原因であると考えられる死亡数は，1888 年の 2 月から上昇し始め，7 月末に落ち着いた。流行期の 24 週における死亡数総計は，925 名であり，月平均死亡数は 154.2 名であった。前年 1887 年同期の死亡数と比較すると，45.2％の超過死亡を記録している。翌 1889 年同期と比べると超過死亡率は 26.7％である。同じ史料を用いて，流行期・前年・翌年の年齢別死亡割合を比較すると，流行期には乳幼児・青年期を通じて平常年からの超過死亡は見られない（図6-11）。乳児の死亡分布における平常年との相違を詳しく見るために，周産期死亡：死産＋早期新生児死亡（生後 1 週間未満死亡），後期新生児死亡：生後 1 週以後 4 週未満死亡，新生児後乳児死亡：生後 4 週以後 1 年未満死亡に分けて観察すると，いずれも平常年からの超過死亡は見られない。前年・翌年にお

表 6-7　ミドルズブラ型桿菌性胸膜肺炎（年齢別・性別致死率*，1888 年）

罹患者数

	0〜14 歳	15〜44 歳	45〜64 歳	65 歳〜	15 歳以上	全年齢
男子	123	263	88	18	369（77.7）	492（72.1）**
女子	84	58	36	12	106（22.3）	190（27.9）
計	207	321	124	30	475（100.0）	682（100.0）

死亡者数

	0〜14 歳	15〜44 歳	45〜64 歳	65 歳〜	15 歳以上	全年齢
男子	13	55	37	5	97（77.0）	110（76.9）**
女子	4	12	9	8	29（23.0）	33（23.1）
計	17	67	46	13	126（100.0）	143（100.0）

致死率（‰）

	0〜14 歳	15〜44 歳	45〜64 歳	65 歳〜	15 歳以上	全年齢
男子	106	209	420	278	263	224
女子	48	207	250	667	274	174
計	82（170）***	209（121）	371（211）	433（750）	265（196）	210（184）

出所）BPP, House of Commons, *Eighteenth annual report of the Local Government Board, 1888-89. Supplement containing the report of the Medical Officer for 1888*, p. 274, Table IX より作成。
注）＊11 人の医師による報告　＊＊男女比　＊＊＊流行期前（1887 年 11 月 1 日〜88 年 1 月 28 日）の致死率。

ける年齢別死亡割合からの乖離が現れるのは，25〜29 歳の年齢階層である（図 6-12 参照）。別の公的調査から算出した性別・年齢別死亡割合も同様の傾向を示している（図 6-13 参照）。流行期（2 月初旬から 7 月末まで）と年齢別性比が大幅に変わることがない前年同期・翌年同期の年齢別死亡性比を示した図 6-14 からも二つの男子年齢層が多大な犠牲を強いられたことがわかる[31]。流行期の死亡性比は，25〜34 歳（369），45〜54 歳（447）であった。

　前年同期のそれが 112, 130，翌年同期のそれが 86, 160 であったことを考慮すると，これらの年齢階層の男子にとって，死亡率がきわめて高かったことは明白である。罹患率・死亡率の性比が高いというこの疾病の特質は，救貧院においても顕著であった。1888 年の救貧院における 16 歳以上の男子被収容者の罹患者数が 11 名（同年齢層の男子被収容者数 275 名の 4％）であるのに対して，女子のそれは 2％であった[32]。毎年この時期に半ば常在化した特異なこの感染

表 6-8 ミドルズブラ型桿菌性胸膜肺炎（年齢別推計死亡率・罹患率, 1888 年）

死亡数

	全年齢死亡数	推計死亡率(‰)	死亡性比	15歳以上死亡数	推計死亡率(‰)	死亡性比
ミドルズブラ桿菌性胸膜肺炎（1888年流行時）						
男子	232		81.4 (80.0)**	217		81.9 (79.2)***
女子	53		18.6 (20.0)	48		18.1 (20.8)
計	285	4.12	4.38	265	6.41	4.52
肺炎（1880～87年平均）						
男子	39.7		66.2	30.6		72.3
女子	20.2		33.8	11.7		27.7
計	59.9		1.97	40.3		2.62

年齢別推計死亡率（男女計死亡数 / 推計人口数, ‰）

0～14	15～44	45～64	65～	15歳以上	全年齢
0.72	3.62	14.94	24.32	6.41	4.12

年齢別推計罹患率*（男女計罹患者数 / 推計人口数, ‰）

0～14	15～44	45～64	65～	15歳以上	全年齢
10.8	16.3	34.3	53.4	20.8	16.7

出所）BPP, House of Commons, *Eighteenth annual report of the Local Government Board, 1888-89. Supplement containing the report of the Medical Officer for 1888*, pp. 177-178, 180, 183-184, 186, 191, 200 より作成.

注）＊ミドルズブラ登録単位地域（Registration Districts＝Middlesbrough Borough, Ormesby, Normanby, Eston）計　＊＊1891年センサス人口全年齢性比調整済　＊＊＊1891年センサス人口15歳以上人口性比調整済．

症は，男子労働力に大幅に依存するミドルズブラの製鉄工業にとって，大きな痛手であった[33]。2年後にこの都市を襲った消化器系疾患である腸チフスも罹患率と死亡率において，若年層（男子・女子ともに15～19歳の年齢階層でそれぞれ 19.0 ‰，16.6 ‰）で最高値を示したが，この都市が全面的に依存する製鉄工業の主力労働力である男子の年齢階層よりも低い年齢層が犠牲になっている。

　病原菌の実体はともかく，この特異な感染症の伝染経路については，家屋内における直接の対人・対物接触の他に，製鉄現場から排出される鉱滓の粉塵あるいは保菌者の唾液・排泄物が家庭用排水設備・汚物溜などを経由して蔓延したとする医療関係者の証言がある。急速な工業化・都市化がもたらした生活環境の劣化を主因とする指摘である。調査に当たった医師バラードによれば，ミドルズブラにおける基盤整備の遅れ，特に下水・排水施設の欠陥がこの伝染

第 6 章　19 世紀工業都市の疾病と死亡　311

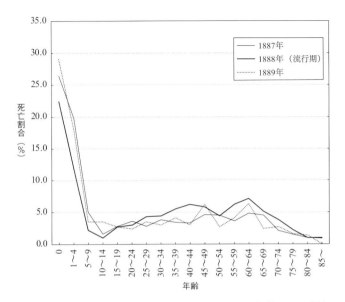

図 6-11　ミドルズブラ型桿菌性胸膜肺炎流行時の年齢別死亡割合
（1887～89 年）

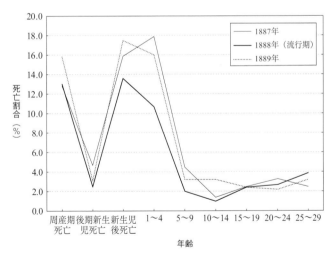

図 6-12　ミドルズブラ型桿菌性胸膜肺炎流行時の乳幼児年齢別死亡割合（1887～89 年）

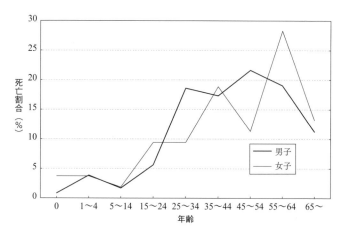

図 6-13　ミドルズブラ型桿菌性胸膜肺炎年齢別死亡割合（1888 年）

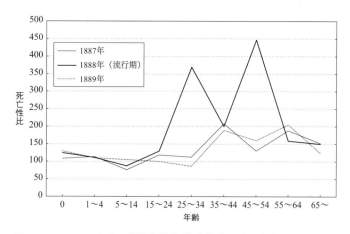

図 6-14　ミドルズブラ型桿菌性胸膜肺炎流行時の年齢別死亡性比（1887〜89 年）

性肺炎蔓延の主因であるという[34]。深刻な事例として彼が挙げるのは救貧院の状況である。1888 年のミドルズブラ型桿菌性胸膜肺炎流行時の被収容者の罹患者率・致死率を見ると、2 歳から 16 歳までの幼児・若年層の罹患率は 64.3 ‰、17 歳以上の成年・中年・老年のそれは 33.1 ‰ であった。後者の年齢層の致死率は 714 ‰ に上っている（表 6-9 参照）[35]。同時期の救貧院以外の場所にお

第6章 19世紀工業都市の疾病と死亡　313

表6-9　救貧院被収容者の「ミドルズブラ型桿菌性胸膜肺炎」罹患率・治癒率・致死率（1888年）

年　齢	被収容者数	罹患者 （罹患率, ‰）	治癒者 （治癒率, ‰）	死亡者 （致死率, ‰）
0～1	26	-	-	-
2～16	264	17 (64.4)*	17 (1000.0)	0
17～	423	14 (33.1)	4 (285.7)	10 (714.3)
計	713	31 (43.5)	21 (677.4)	10 (322.6)

出所）BPP, House of Commons, *Eighteenth annual report of the Local Government Board, 1888-89. Supplement containing the report of the Medical Officer for 1888*, pp. 245, 274-276 より作成。

表6-10　救貧院と外部の「ミドルズブラ型桿菌性胸膜肺炎」罹患率・致死率・死亡率（1888年）

	罹患率（‰）	致死率（‰）	死亡率（‰）
救貧院	43.5	323	14.0
ミドルズブラ全域	16.7	210	4.1

出所）BPP, House of Commons, *Eighteenth annual report of the Local Government Board, 1888-89. Supplement containing the report of the Medical Officer for 1888*, pp. 177-178, 180, 183-184, 186, 191, 200, 274 より作成。

ける全年齢罹患率・致死率・死亡率と比較すると，排水施設の不備が目立つ救貧院における被収容者の劣位が明らかである（表6-10参照）。被収容者の病原菌に対する抵抗力も関係しているかもしれない。

3) 腸チフス

　ミドルズブラ型桿菌性胸膜肺炎流行の2年後にこの都市は再び大規模な感染症の流行に見舞われた。腸チフスである。糞便を経由して水あるいは食品に付着する腸チフス菌によって発症する消化器系感染症（水系伝染病）である腸チフスは，19世紀のイギリスにおいてはありふれた疾病であり，地域を問わずたびたび流行していた。しかし，全国の腸チフス死亡率とミドルズブラのそれを比較すると，1874～75年・1890～91年にミドルズブラと周辺地域を襲った腸チフスの流行は，例外的に大規模であり，死亡率も格段に高いものであった。（図6-15参照）[36]。もともと腸チフスの死亡性比は高く，全国平均値を見ても男

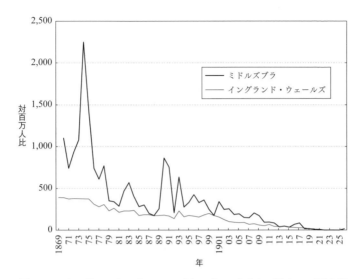

図 6-15 イングランド・ウェールズとミドルズブラの腸チフス死亡率（1869～1926 年）

表 6-11 イングランド・ウェールズの腸チフス年齢別死亡性比（1871～1910 年）

	全年齢*	0～4	5～9	10～14	15～19	20～24	25～34	35～44	45～54	55～64	65～74	75～
1871～80	102	98	84	78	86	129	111	108	119	117	133	139
1881～90	117	102	90	85	107	144	139	122	130	136	133	129
1891～1900	134	106	90	88	120	169	159	147	149	152	161	150
1901～10	147	107	88	88	137	181	184	165	155	160	138	170
1901～10 (都市)	149	109	91	86	140	187	184	165	156	159	129	227
1901～10 (農村)	127	90	69	86	116	114	155	165	160	160	171	129

出所）*Supplement to the Seventy-Fifth Annual Report of the Registrar General of Births, Deaths and Marriages in England and Wales*, Pt. II, Registration Summary Tables, 1901-10, 1919, p. lx より作成。
(注) ＊年齢標準化死亡性比。

子の死亡数が女子のそれを上回っているが，とりわけ都市部において 20～24 歳・25～34 歳の年齢階層の死亡性比が高くなっている（表 6-11 参照）[37]。

同じく共同墓地埋葬登録から死亡の季節分布を見ると，1890 年の秋と翌年の冬の 2 回に亘ってミドルズブラはこの感染症が主原因と思われる超過死亡を経験している。死亡の年齢分布については，前年および翌年の同時期と比較し

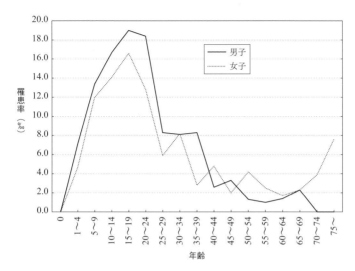

図 6-16　ミドルズブラにおける年齢別腸チフス罹患率（1890〜91 年）

た場合の超過死亡は，前回のミドルズブラ型桿菌性胸膜肺炎よりも若年層に顕著に見られる。しかし，若年層といっても乳幼児ではなく，15〜19 歳の年齢階層で超過死亡がはっきりと現れている。乳児期の死亡分布を前回と同じく周産期死亡・後期新生児死亡・新生児後乳児死亡に分けて見ると，いずれも平常年よりも死亡割合は低い。すでにこの時期には，乳児死亡の構成について詳しく見ると，感染症の場合においても，周産期死亡・後期新生児死亡・新生児後乳児死亡という低年齢よりも高い年齢の乳児の死亡が多かったとされている[38]。流行の翌年実施された詳細な調査によれば，腸チフス罹患者の年齢分布は，男女とも 15〜19 歳の青年期で最も高い（図 6-16 参照）。この流行に先立つ 1881 年以降 10 年間のミドルズブラの腸チフス死亡率も 15〜19 歳の年齢層で最も高い[39]。

　1890〜91 年のミドルズブラ都市部における腸チフス罹患者総数は男女計 717 名，罹患率は 9.49 ‰，致死率は 300 ‰ であった（表 6-12 参照）。この腸チフス流行の原因と範囲に関する念入りな調査が，地方公衆衛生責任者（medical officer of health）の指示に基づいて医師 F. W. バリーによってただちに実施され，結果が 2 年後の 1893 年に中央の地方行政担当部局である地方行政局（Local

表 6-12　ミドルズブラにおける腸チフス罹患率・死亡率・致死率（全年齢，1884〜95 年）

年	推計人口	罹患者	死亡者	罹患率 (‰)	死亡率 (‰)	致死率 (‰)
1884	62,031	126	25	2.0	0.40	198
1885	64,279	50	18	0.8	0.28	360
1886	66,527	103	20	1.5	0.30	194
1887	68,775	87	14	1.2	0.20	161
1888	71,022	82	12	1.1	0.17	146
1889	73,269	90	19	1.2	0.26	211
1890	75,516	625	65	8.2	0.86	104
1891	75,532*	397	56	5.3	0.74	141
1892	76,876	61	16	0.8	0.21	262
1893	80,300	235	49	2.9	0.61	208
1894	83,399	218	22	2.6	0.26	100
1895	84,962	239	28	2.8	0.32	117

出所）Dr. R. Bruce Low's Report to the Local Government Board upon the continued Prevalence of Enteric Fever in the County Borough of Middlesbrough and upon Sanitary Administration by the Town Council, London, Printed for HMSO by Eyre and Spottiswoode, 1896, p. 3 より作成。
注）＊センサス人口。

Government Board）に報告された[40]。流行が広域にわたり，被害が甚大であったため，地方行政機構による調査を中央が要請したのである。最初の流行が，北東部イングランドを東西に横切り，北海に注ぐティーズ川の洪水直後に起こったことから，その主な原因がティーズ川のチフス菌による水質汚染であることは大方の予想するところであった。詳細な調査によって，ティーズ川流域の 10 のセンサス・動態統計登録地域のうち，大規模な都市的定住地を含むミドルズブラ・ストックトン・ダーリントンの 3 つの登録地域が罹患率と死亡率において他の 7 地域を圧していることが判明した（表 6-13 参照）。その相違は数十倍に及ぶものであった[41]。結局，飲料水・家庭用水をティーズ川から取水する地域と別の河川から取水する地域の間に，罹患率において 23 倍，死亡率において 6 倍強と大幅な差があることが明らかとなり，次いで流行地域の住宅の質，上下水道・排泄設備，汚物処理・汚水の排水方法・設備に関する調査が実施された。1890〜91 年にイングランド北東部のティーズ川流域を襲った腸チフスの最初の発生が，河川の水質汚染という環境破壊によってもたらされたという事実があらためて確認された。チフス菌に汚染されたティーズ川に上下水を依存する地域の被害の程度は，住宅数の大小，地域内における住宅地の分散

表 6-13 ティーズ川流域登録単位地域と腸チフス流行（1890～91 年）

登録単位地域	人口	居住家屋数	腸チフス罹患率* (‰)	腸チフス死亡率** (‰)
ダーリントン	49,512	9,584 (5.17)***	4.12	0.69
ストックトン	81,251	14,601 (5.56)	5.08	1.05
ミドルズブラ	121,213	21,469 (5.65)	5.94	1.27
ティーズデール	20,963	4,248 (4.93)	0.24	0.05
オークランド	88,998	17,321 (5.14)	0.54	0.50
ハートリプール	66,667	11,228 (5.94)	0.54	0.36
ノースアラトン	10,992	2,459 (4.47)	0.09	0.09
ストークスリー	11,119	2,442 (4.55)	0.45	0.09
ギズバラ	39,986	8,039 (4.97)	0.80	0.27
リッチモンド	12,335	2,583 (4.78)	0.16	0.16

出所) BPP, House of Commons, *Public Health, Twenty-First Annual Report of the Local Government Board, 1891-92, Supplement in Continuation of the Report of the Medical Officer for 1891*, pp. 6, 8-9 より作成。
注) 人口：1891 年センサス
　　* 1890 年 9 月 7 日～10 月 18 日＋1890 年 12 月 28 日～91 年 2 月 7 日　** 1891 年 6 月 27 日までの 13 か月　*** 一居住家屋当たり人口数。

度を示した図 6-17 からわかるように，都市化の進展と都市内部における居住環境の悪化，住宅の密集に比例して高まったとみなされた。人口急増に伴う地価の高騰による住宅，特に多数の住民を収容する労働者用住宅の質の低下，上下水道・排泄設備といった都市基盤整備の遅れが流域諸都市の高い腸チフス罹患率と死亡率を生み出したとされたのである[42]。

　中央から派遣された調査担当者であるバリー氏が公衆衛生専門家としての立場で，良心的にティーズ川流域の腸チフス流行の原因と被害状況を調査し，議会報告書として公表した点については疑う余地はないであろう。しかし，このティーズ川から取水し，住民に飲料水を給水して腸チフス患者を多数発生させたと考えられるダーリントン市営水道が，報告書において民営のストックトン・ミドルズブラ水道会社（Stockton and Middlesbrough Water Board）ほど言及されていない点は注目される。また，1890～91 年のティーズ川流域における腸チフス流行期のダーリントンの被害状況は，ミドルズブラやストックトンのそれとは明らかに異なっている。たとえば，腸チフス罹患率は，北東部三大工業都市中，ミドルズブラが 5.94‰，ストックトンが 5.08‰であったのに対して，ダーリントンのそれは最低値 4.12‰を示している。腸チフス死亡率も最低の

図 6-17　ティーズ川流域地域と腸チフス流行地域（1890～91年）

0.69 ‰であった[43]。一家屋当たり居住人口密度においても 3 都市中ダーリントンは最も低く，住民は相対的にゆとりのある住環境の中で生活していたと思われる[44]。

　1890～91年にティーズ川流域各地を襲った腸チフス流行の原因と被害状況に関する中央の公式見解ともいうべき 1893 年のバリー報告書に対しては，地方から強い反論が寄せられている。バリー報告書において，チフス菌に汚染されたティーズ川から取水した水をミドルズブラとストックトンの住民に給水し，汚染源と名指しされたストックトン・ミドルズブラ水道会社の最高責任者であった D. D. ウィルソンは，地域水道会社責任者として詳細な統計的調査に基づいて，この地域の例外的な腸チフス大流行の原因について次のように述べている。「地域の事情に不案内なバリー報告書には，いくつもの誤解がある。広範な地域に及ぶ腸チフス流行の最大の原因は，チフス菌に汚染された上水道の飲用というよりも，住宅・街路・下水施設・排泄物処理をはじめとする両都市の公衆衛生・都市基盤整備のあり方と環境悪化である」[45]。

ウィルソンは，たとえ腸チフス菌が水中に混入したとしても，病原菌が水中で増殖し，そのまま残留するとは考えられないとも言明している。加えて，水道会社の水処理に要する時間の短さを考慮すれば，長期間にわたって病原菌が飲料水を汚染し，腸チフス菌を拡散させたと考えることは合理的ではないとも述べている。もちろん，彼は病理学者ではない。しかし，感染症の流行を左右する諸条件に関する情報，たとえば特定地域への給水状況，居住条件，下水・排水設備，ティーズ川流域の地理・地形・気候に関する豊富な情報をウィルソンは持ち合わせていたのである[46]。もともとミドルズブラの市参事会員であり，1876年と1877年に市長を務め，地元の事情を知悉していたウィルソンは，調査の意図と方法，その結果を地域の有力紙である『北部の声』（Northern Echo）に13回にわたって公表している[47]。

19世紀には，医学水準の低位を主な理由として，疾病分類法が頻繁に変更されている。統計上で他の熱病と区別される以前においては，腸チフス（enteric fever）は，猩紅熱（scarlet fever；scarlatina）を除く発疹チフス（typhus），持続熱・稽留熱（continued fever），弛張熱（remittent fever）とともに熱病として分類されていた。しかし，1870年から1890年におけるミドルズブラの感染症死亡統計によれば，熱病と診断された799件の疾病のうち，腸チフスは708件で，全体の88.6％，発疹チフスは38件で4.8％，単純熱病（simple fever）は53件で6.6％であった[48]。この数値が示すように，熱病と診断された疾病のうち大部分を占めるのは腸チフスであったと思われる。中央の公式見解に対する地方の反論は，当時注目を集めたようである[49]。ティーズ川流域における腸チフスの2度目の大流行から1年後に，ウィルソンは，首都ロンドンにおける上水道供給と感染症との関連を討議する王立調査委員会において証言する機会を与えられ，バリー調査報告書に対する批判を展開している。この委員会には報告書を作成した当のバリーも証人として出席し，証言と反批判の機会を与えられている[50]。

巨大都市ロンドンに飲料水・工業用水を給水する水道会社と上水道の現状を調査する王立委員会がティーズ川流域における腸チフス流行に関心を示したのは，次のような理由からであった。まず，汚染源とされた場所と上水道の取水地との距離が17マイルと長かった点である。さらに，水道施設では取水した

表 6-14　地域別「熱病」(fever) 致死率 (1890 年)

届出強制地域	罹患者数	死亡者数	任意届出地域	罹患者数	死亡者数
ダーリントン	100	4	オークランド	22	
ストックトン	207	31	シルドン	1	29
ハートリプール	60	21	スピニムア	16	
ミドルズブラ	273	29	セッジフィールド	9	5
ソーナビー	82	26	ノースアラトン	1	2
ノーマンビー	26		ストークスリー	1	1
		6	ブロトン・スケルトン	10	
エストン	43				9
カークリーサム	4	0	ロフタス	2	
リッチモンド	6	0	ギズバラ（農村部）	5	0
			オームズビー	37	10
計	801	117 (146.1)*		104	56 (538.5)*

出所）*Enteric Fever in the Tees Valley, observations on Dr. Barry's report*, by Wilson, D. D., Middlesbrough, The Printing and Publishing Co. 1893, Vol. 3, table 2 より作成。
注）＊致死率（‰）。「熱病」（本文説明を参照）の大部分は腸チフス。

水が濾過・浄化されていたという点である。これら二つの点で，ティーズ川流域における腸チフス流行と地域の給水制度が，首都ロンドンのテムズ川を取水源とする上水道の浄水技術・給水事業の内容を検討する際に参考になると庶民院が判断したからであった[51]。王立委員会における証言とウィルソンが刊行した全4巻からなる詳細な調査報告書から，彼の批判点を要約すれば，以下の通りである[52]。すなわち，ティーズ川から取水するストックトン・ミドルズブラ水道会社が配水している地域の被害が大きく算出されるのは，当該地域が感染症届出強制地域であり，任意である地域よりも罹患者が多くなるからである（表6-14参照）。実際には，死亡率における両者の差はほとんどない（表6-15参照）。高罹患率地域と低罹患率地域との差は，下水施設の相違と符合する。また，ティーズ川から取水している地域は主として都市部であり，そうでない地域は農村部である。したがって，バリー報告書にある32か所の「衛生管理地区」(sanitary districts) を，取水源ではなく，都市部と農村部に分けて分析すれば，都市部の罹患率は農村部のそれの4ないし5倍となる。都市的な生活環境，たとえば，公共下水装置 (common sewerage)，住民の密集居住が農村の生

表 6-15　取水源と「熱病」死亡率（1890 年）

取水源（ティーズ川）

	人口（1891 年）	「熱病」死亡数*	「熱病」死亡率**
ダーリントン	49,512	4	0.08 ‰
ストックトン	61,692	31	0.50
ミドルズブラ	76,293	29	0.38
ノーマンビー	9,128	6	0.30
エストン	10,698		
カークリーサム	4,209	0	0.00
計	211,532	70	0.33

取水源（ティーズ川以外）

	人口（1891 年）	「熱病」死亡数*	「熱病」死亡率*
オークランド	88,998	29	0.33 ‰
ハートリプール	66,667	21	0.31
スケルトン・その他	28,723	9	0.31
セッジフィールド	19,559	5	0.26
計	203,947	64	0.31

出所）*Enteric Fever in the Tees Valley*, Vol. 3, table 3 より作成．死亡率については修正．
注）＊ 1890 年の fever（連続熱・猩紅熱を除く熱病）死亡数総計　＊＊ 1890 年 1 月 1 日～9 月 30 日までの「fever」による死亡者数 / 1891 年センサス人口．

活環境よりも明らかに疾病の温床として浮かび上がってくる，とするものであった[53]。

　図 6-18 は，腸チフス流行時の 1890 年におけるストックトン・ミドルズブラ水道会社の上水道施設である．ティーズ川から 4 基の蒸気機関（75 馬力高圧平衡ビーム蒸気機関，100・150 馬力複式ビーム蒸気機関，50 馬力水平蒸気機関）によって取水された水は 11 基の濾過装置（filters）に蓄えられ，使用される蒸気機関は 2 基の貯水装置で冷却される．濾過装置は 150 フィート（1 フィートは約 0.305 メートル）×130 フィートのそれが 3 基，120 フィート×120 フィートのそれが 4 基，100 フィート×65 フィートのそれが 4 基である．濾過された水は，2 基の沈殿槽（depositing tanks）に蓄えられ，さらに浄化される．浄化後の水はそれぞれ約 630 万，640 万ガロンの貯水槽（storage tanks）2 基に蓄えられ，各地域に配水される[54]。

　同年のミドルズブラ市街地における下水装置を示したのが，図 6-19 である．

322　第III部　近代イギリスにおける生と死

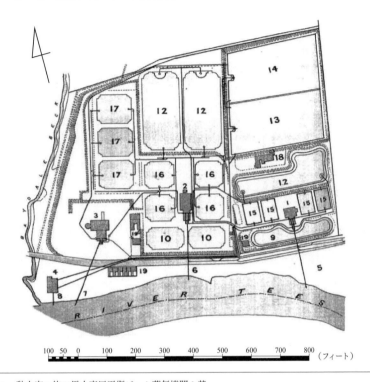

```
 1  動力室：約75馬力高圧平衡ビーム蒸気機関2基
 2  約100馬力複式ビーム蒸気機関2基
 3  約150馬力複式ビーム蒸気機関2基
 4  約50馬力水平蒸気機関1基
 5～8  ティーズ川から吸水装置1～4への取水管
 9, 10  吸水装置1, 2用エンジン冷却池
11  重量検査台
12  沈殿槽3基
13, 14  貯水槽2基（6,395,340ガロン，6,460,800ガロン）
15  濾過装置4基（100×65フィート，総面積26,000平方フィート）⎫
16  濾過装置4基（120×120フィート，総面積57,600平方フィート）⎬ 142,100平方フィート
17  濾過装置3基（150×130フィート，総面積58,500平方フィート）⎭
18  火夫室
19  作業員小屋
```

図 6-18　ストックトン・ミドルズブラ水道会社の上水道施設（1890年）

第 6 章　19 世紀工業都市の疾病と死亡　323

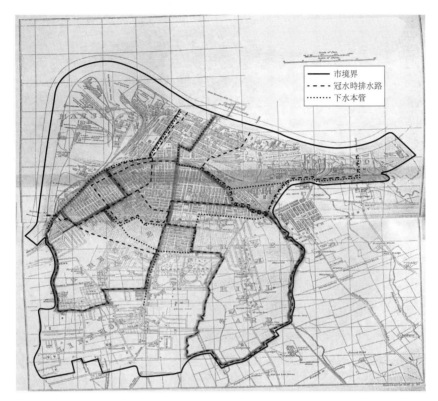

図 6-19　ミドルズブラの下水・冠水時排水路（1890 年）

居住地域を縫って配置された下水本管（main sewers：点線）および冠水時排水路（storm overflows：破線）が示されている。市街地から 5 本の排水路と下水本管が直接ティーズ川に流れ込んでいる。屋外排泄設備から直接に、あるいは汚物溜を介して地面にあふれた腸チフス菌、その他の水系感染症病原菌に汚染された水がティーズ川へ流入しているのである。いずれの管路にも浄水施設は見当たらない。街路上にあふれた汚染水が、下水本管はもとより冠水時排水路をも経由して、直接河川に流入していたと考えられる[55]。排泄設備に関しては、ダーリントンにおける水洗式便所の普及度は高く、1890 年には 28.8％ を占めている。他方、ミドルズブラにおいてはこの時点では水洗式排泄設備は皆無で

あった。66.7％は可動式便槽（ashpans；pan closets）であり，汚物処理に伴う病原菌への曝露機会は相対的に多かったのである。住宅そのものの質もダーリントンはミドルズブラやストックトンと比較すると良好であった。地方税賦課の際に査定される固定資産（家屋）価値を見ると，ダーリントンの下層家屋比率は 70.0％，ミドルズブラは 78.2％，ストックトンは 72.7％であった[56]。相対的な意味においてではあるが，これらの衛生環境を勘案すると，ダーリントンが感染症の流行に対して有利な立場にあったことは疑いない。中央の調査によって汚染源と認定されたティーズ川から同じく取水していた公営の水道局から給水されていたダーリントン住民の腸チフス被害が比較的軽微であったという事実は，この都市の衛生環境の相対的な良好さから説明する方がより合理的であろう。

　腸チフス菌に冒されたティーズ川から取水するストックトン・ミドルズブラ水道会社の配水が腸チフス流行の元凶であるとする中央の調査結果の公平さに対する疑問点はほかにもある。たとえば，ストックトンにおける腸チフスの伝染経路を実地に赴いて調査した前述のウィルソンによれば，汚物溜め（ashpit）を共有する隣接家屋が相次いで腸チフスに罹患する可能性は高かったが，隣接家屋に罹患者が見出されない例も少なくなかった。また，隣接家屋間の罹患の時間的な間隔は想像以上に長かった[57]。もし，流行の主因がティーズ川によって運ばれる腸チフス菌であったとすれば，同じ飲料水を給水されていた場所の住民の間にこうした伝染状況が見られたのは不自然であると考えられる。さらに，中央調査委員自身が報告書に記載しているように，有資格であったと考えられる複数の水質検査機関が，流行直後のティーズ川の水質に特段の汚染は見出せなかったとする検査結果を提出していたという事実は，どのように説明されるべきなのであろうか[58]。

　1890～91 年に北東部イングランドを襲った例外的に激しい感染症流行とその後における中央と地方の対応の背後には，公共財としての上水道の供給をめぐる原理的な利害の対立・相克があったと考えられる。すなわち，上水道経営を公的なものにするべきであるとする中央と，私的な企業に委ねるべきであるとする勢力が，地方利害を基盤にして対立したという構図が背後にあったと考えられるのである。現在問題となっているような上下水道民営化（コンセッ

表 6-16 ロンドンおよび北東部諸地域における腸チフス死亡者数季節変動（1890年）

登録地区	第1四半期	第2四半期	第3四半期	第4四半期	年合計
ロンドン	115	95	175	277	662
ミドルズブラ	27	19	25	58	129 (1.06)
ストックトン	16	3	12	31	62 (0.76)
ダーリントン	-	-	7	16	23 (0.46)
ティーズデール	-	1	-	1	2 (0.10)
オークランド	14	6	9	20	49 (0.55)
ハートリプール	3	6	12	4	25 (0.37)
ノースアラトン	2	-	-	-	2 (0.18)
ストークスリー	1	-	-	1	2 (0.18)
ギスバラ	2	2	5	3	12 (0.30)
リッチモンド	-	2	2	2	2 (0.16)
セッジフィールド	1	1	3	-	5

出所）*Enteric Fever in the Tees Valley, 1890-91, observations on Dr. Barry's report*, by Wilson, D. D., Vol. 3, Table 13 より作成。

注）「年合計」の括弧内は死亡率（‰）。

ション：concession）とは逆の方向の是非が議論されたのである[59]。1890年代初期に水道企業の経理を調査した議会調査委員会の報告書が水道事業の国家統制を強く勧告した背景には，公共財としての上水道の供給をめぐって，公と私，中央と地方の原理的な利害の相反があったのではないか。

19世紀中期のコレラ菌汚染飲料水の供給を契機として，膨大な人口を抱える首都ロンドンにおける上水道の実態調査と改良が，当時大きな問題となっていた。急速な人口膨張を経験した首都ロンドンの水道事業の主体をめぐって，議会において議論が繰り広げられていたのである。公共財としての飲料水供給を国家が規制すべきか，18世紀以来の伝統に基づいて9つの民営水道会社にその運営を委ねるべきか，ロンドン市民の飲料水の取水源をどこにするか，水道料金決定のあり方などについて，議論が進行中であった。北東部ティーズ川流域の例外的な腸チフス流行期の1890〜91年には，ロンドンにおいても多数の罹患者と死亡者が出ている。表6-16が示すように，ロンドンにおいても1890年第4四半期を中心として腸チフスによる死者が多数に上っている[60]。また，主要工業都市の腸チフス死亡率季節分布を示した図6-20からも，第4四半期への死亡の相対的集中は明らかである[61]。地方都市ミドルズブラにおけ

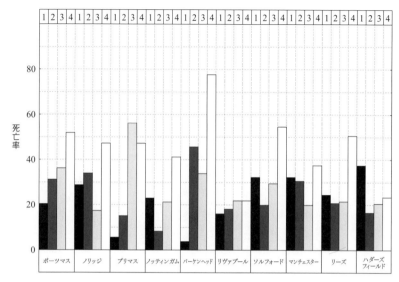

図 6-20　主要工業都市における腸チフス死亡率の季節変動（1890 年）

注）死亡率は対十万人比。1〜4 の数字は第 1〜第 4 四半期。

る腸チフス流行の元凶が，地方水道会社による汚染水の配水だけではなかったことの間接的な証左である。

　首都ロンドン市当局者あるいはウェストミンスターの議会にとっても，この時期の腸チフス流行は他人事ではなかったはずである。たまたま時期を同じくしてイングランド北東部に流行した感染症の原因を，取水源の汚染と浄水技術の不備と断定したバリー報告書の内容は，中央の注目を引き，議会調査委員会への召喚と証言の機会を当事者であるストックトン・ミドルズブラ水道会社の責任者ウィルソンに与えたのである（図 6-21 参照）。議会調査委員会委員と証人の多岐にわたる詳細な問答から判断する限り，上水道供給への公的統制・民営事業主の責任をはじめとして，当時焦眉の課題であった都市における公衆衛生のあり方が問われていたことがわかる。

　いうまでもなく，感染症拡大の程度と範囲を決定する環境因子は，病原体の種類，空気・接触・上下水などを媒介とする水系感染などの感染経路の相違によって多様であり，決して単純ではない。居住形態と住居内人口密度について

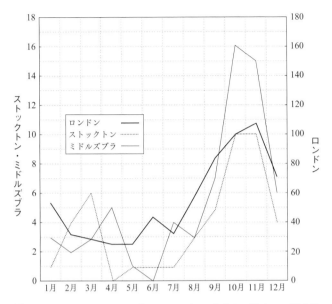

図 6-21　ロンドン・ストックトン・ミドルズブラの腸チフス発生件数月別分布（1890 年）

は，とりあえず対人・対物接触機会の多寡を示す二つの基本的な指標を挙げておこう。一つは，単位面積当たりの人口数であり，もう一つは一家屋当たりの居住人口数である。1890〜91 年におけるティーズ川流域の腸チフス流行地域のうち，罹患率（対千比 5.94）と死亡率（対千比 1.27）が最も高かったミドルズブラの単位面積当たり人口密度は，一エーカー当たり 5.41 人，一住宅当たり居住人口数は 5.65 人であった。他方，同じくティーズ川流域の腸チフス感染地域のうち，罹患率（0.09‰）が最低値を示し，死亡率（0.09‰）も最低値に近い値を示したノースアラトン（Northallerton）では，単位面積当たり人口密度は 0.16 人，一住宅当たり居住人口密度は 4.47 人であった[62]。

　状況をさらに具体的に見るために，被害が甚大であった地域の中心都市，ミドルズブラ・ストックトン・ダーリントンの居住環境と感染症流行との関連を詳しく検討しておこう。ストックトンの 10 の都市街区における腸チフス発生家屋比率と家屋の等級との関連を示した数値を見ると，地方税徴収のための住

表 6-17 ミドルズブラの腸チフス流行と居住環境（1890～91 年）

街　区	査定家屋数	下層家屋*	一戸当たり平均居住者数	患者発生家屋(%)	罹患率(‰)
サウス	1,591	73.3 %	-	3.9	6.89
ウェスト	2,856	75.8	5.4	2.6	5.52
ミドル	3,412	62.6	5.4	2.9	5.75
ノースイースト	2,159	83.5 ⎫ 89.4	5.9	2.9	4.71
ノースウェスト	3,948	92.6 ⎭		3.8	7.37
計	13,966	78.2		3.2	6.05

出所）BPP, House of Commons, *Public Health, Twenty-First Annual Report of the Local Government Board, 1891-92, Supplement in Continuation of the Report of the Medical Officer for 1891*, pp. 20, 26; *County Borough of Middlesbrough, Housing of the Working Classes, Middlesbrough*, 1903, p. 18 より作成。
注）＊査定額：5 ポンド未満もしくは 5 ポンド以上 10 ポンド未満。

　宅査定額が 5 ポンド未満と最も低いかそれに準ずる最下層・準最下層住宅が，それぞれの街区家屋総計に占める比率と，腸チフス発生家屋数比率との間に，正の相関が見られる[63]。水系感染症である腸チフスの発生と拡大は居住環境という要因によって少なからぬ影響を受けていたことがわかる。ミドルズブラについても同様の傾向が見出される。表 6-17 のノースウェスト街区の例が示すように，患者発生家屋の比率および罹患率が高い街区ほど最下層・準最下層の住宅の占める比率が高かったのである[64]。

　ミドルズブラ型桿菌性胸膜肺炎流行時の 1888 年から腸チフス流行までの 2 年間にミドルズブラの住宅は 2,017 戸増加したが，大半は査定額が最低の 5 ポンド以下の住宅であった[65]。それを上回る住宅はその割合が減少し，住宅事情の悪化が露骨となっている。腸チフス流行時に査定額 10 ポンド未満の下層住宅が 9 割近い比率を占めたノースウェスト街区の患者発生家屋比率は市内で 2 番目に高く，腸チフス罹患率は 7.37 ‰ と，市内で最も高かった。また，ノースイースト街区を含めると住宅一戸当たり居住人口は 5.9 人であり，市内で最も高い。腸チフス流行地域の北東部イングランドにおける三大商工業都市，ミドルズブラ・ストックトン・ダーリントンとその他の地域の 1891 年における住宅居住人口密度を見ると，都市に関する限り，いずれも急激な人口集積を経験し，一戸（tenement）当たり居住人口密度の増大・感染症罹患率の悪化を共有している。ミドルズブラの居住人口密度の分布が最も高い比率を示すのは，

一戸当たり4名であり，全体の16.8％を占めている。ストックトンの場合も一戸当たり4名が最も多く，16.3％を占めている。三大商工業都市のうち，ダーリントンでは，一戸当たり人口数の分布において，最も高い比率を示すのは3名であり，全戸数の17.5％を占めている[66]。三都市のうち最も被害の大きかったミドルズブラの腸チフス流行時における居住人口密度からは，同年に刊行された英国陸地測量部地図（Ordnance Survey Map）が描いている住宅の過密状態が，誇張ではないことが理解できる[67]。

他方，同じくティーズ川を取水源として，腸チフス菌に汚染されてはいたが，三大都市と比較して，罹患率0.45‰・死亡率0.09‰と被害の程度が少なかったストークスリー（Stokesley）の居住人口密度とミドルズブラのそれを比較すると，ストークスリーにおける居住人口密度は明らかにミドルズブラよりも低いことがわかる。前者の居住人口密度分布で最も高い比率を示すのは，一戸当たり2名であり，全体の19.9％，それに続くのは一戸当たり1名で18.0％である[68]。さらに，感染症流行の程度は，住宅の質・居住人口密度はもとより上下水道，特に排泄設備，汚物処理，汚水の排水方法・設備を含む公衆衛生水準に大きく左右されていた。腸チフスが流行した1890年と1898年のミドルズブラにおける排泄設備は，腸チフスが猖獗をきわめた1890年当時にはその圧倒的な部分は室内で使用する可動式便槽（便器）であった。その他は，屋外にある灰・土砂散布式の排泄設備であった。水洗式が導入されたのは腸チフス大流行後であって，1898年にようやく1,300戸に設置された。しかし，この時期にも排泄設備全体の11％を占めるにすぎなかった（表6-18参照）[69]。病原菌に対する曝露機会はこうした環境ではきわめて多く，住民は，感染症，特に水・食料を媒介とする水系感染症である腸チフスの流行には無抵抗であった（表6-19参照）。

ダーリントン・ミドルズブラ・ストックトンにおける排泄設備の状況を比較し，居住環境の中でも排泄設備のあり方が重要な意味を持っていた点を確認しておこう。すでに表6-18で見たように，1890年におけるミドルズブラの排泄手段のうち，最も高い比率を占めるのは便器であり，全体の66.7％を占めている。この段階ではまだ水洗式排泄設備は設置されていない。他方，ダーリントンの事例では，すでに水洗施設は2,277戸に設置され，全体の28.7％を占

表 6-18　ミドルズブラの排泄設備（1890 年・1898 年）

1890 年

可動式便槽（pan closets）	7,831
屋外便所（単一灰溜）（privies with single ashpits）	741
土砂散布式屋外便所（二槽式）（middens common to two privies）	2,847
土砂散布式屋外便所（三槽式）（middens common to three privies）	330
計	11,749

1898 年

可動式便槽（dry ash-pan closets）	8,502
土砂散布式屋外便所（midden privies）	3,274
水洗式便所（water closets）	1,296
計	13,072

出所）BPP, House of Commons, *Public Health, Twenty-First Annual Report of the Local Government Board, 1891-92, Supplement in Continuation of the Report of the Medical Officer for 1891*, p. 34 ; C. V. Dingle, 'The Story of the Middlesbrough Small-Pox Epidemic and Some of Its Lessons', *Public Health*, Vol. 11, 1899, p. 174 より作成。

表 6-19　ミドルズブラの排泄設備と腸チフス罹患率（1890～96 年）

年	腸チフス罹患者数	排泄施設		
		可動式便槽	屋外便所	水洗式便所
1891*	79	47	32	—
1892	61	49	9	3
1893	235	147	83	5
1894	218	146	65	7
1895	239	155	80	4
1896	112	59	51	2
計	944	603 (63.9 %)	320 (33.9 %)	21 (2.2 %)

	家屋数（1896 年）	腸チフス罹患者数	一家屋当たり罹患者割合（%）
可動式便槽	8,502	603	7.09
屋外便所	3,274	320	9.77
水洗式便所	1,296	21	1.62
計	13,072	944	7.22

出所）*Dr. R. Bruce Low's Report to the Local Government Board upon the continued Prevalence of Enteric Fever in the County Borough of Middlesbrough and upon Sanitary Administration by the Town Council*, London, HMSO, 1896, p. 13 より作成。

注）＊ 6 か月間罹患者数。

表 6-20　ダーリントンの腸チフス流行と居住環境（1890/91 年）

腸チフス罹患率と患者発生家屋の査定額

街　区	査定家屋数	5 ポンド未満＋5 ポンド～10 ポンド (%)	患者発生家屋比率 (%)	罹患率 (‰)
ノース	1,865	88.5	1.1	2.04
ノースイースト	858	68.8	1.9	3.79
サウス	1,121	65.6	1.9	3.93
イースト	1,386	82.3	3.1	7.81
ウェスト	1,268	42.6	2.6	5.55
セントラル	1,344	66.6	2.9	5.36
計	7,842	70.9	2.1	4.57

ダーリントンにおける腸チフス罹患率と排泄設備

街　区	水洗式	屋　外 無蓋	屋　外 有蓋	可動式便槽	屋外排泄設備比率 (%)	患者発生家屋比率 (%)	罹患率 (‰)
ノース	294	1,293	247	4	83.8	1.1	2.04
ノースイースト	228	454	48	50	64.4	1.9	3.79
サウス	323	651	122	51	67.4	1.9	3.93
イースト	120	981	170	38	87.9	3.1	7.81
ウェスト	863	675	119	9	47.7	2.6	5.55
セントラル	449	621	108	3	61.7	2.9	5.36
計	2,277	4,675	814	155	69.3	2.1	4.57

出所）BPP, House of Commons, *Public Health, Twenty-First Annual Report of the Local Government Board, 1891-92, Supplement in Continuation of the Report of the Medical Officer for 1891*, pp. 22, 33 より作成。

めている（表6-20参照）。ミドルズブラで一般的であった便器はダーリントンでは155戸のみに設置され，全体の2.0％を占めるにすぎなくなっている。排泄設備に関する限り，ダーリントンはミドルズブラあるいはストックトンよりもかなり整備されていた（表6-21参照）。しかし，表6-20に示したように，屋外の，しかも無蓋の排泄設備の比率が最も高い街区が，腸チフス発生家屋比率と罹患率において他の街区を引き離しているという事実にかわりはない[70]。

腸チフスが他の「熱病」とは区別して分類されるようになったのは1829年であった。病原菌の発見と治療用ワクチンの集団接種によって，予防に見通しがついたのはようやく1896年のことである[71]。予防法が開発される以前の1890～91年における腸チフス流行時，ミドルズブラ都市当局が取りえた対策はいうまでもなく，曝露機会の最小化であった[72]。具体的には，患者隔離，塵

表 6-21　イングランド北東部 3 都市における居住条件・排泄設備と腸チフス（1890～91 年）

居住条件

	下層住宅 (%)	患者発生家屋数 (%)	腸チフス罹患率 (‰)	腸チフス死亡率 (‰)
ミドルズブラ	78.2	3.2	5.94	1.27
ストックトン	72.7	3.6	5.08	1.05
ダーリントン	70.9	2.1	4.12	0.69

排泄設備

	水洗式	可動式便槽	屋外 無蓋	屋外 有蓋	計
ミドルズブラ	0 (0.0 %)	7,831 (66.7 %)	3,177 (27.0 %)	741 (6.3 %)	11,749 (100.0 %)
ダーリントン	2,277 (28.8 %)	155 (2.0 %)	4,675 (59.0 %)	814 (10.3 %)	7,921 (100.0 %)

出所）BPP, House of Commons, *Public Health, Twenty-First Annual Report of the Local Government Board, 1891-92, Supplement in Continuation of the Report of the Medical Officer for 1891*, pp. 22, 33-4；C. V. Dingle, 'The Story of the Middlesbrough Small-Pox Epidemic and Some of Its Lessons', *Public Health*, Vol. 11, 1899, p. 174 より作成。

芥・下水・排泄物の適切な処理，手・着衣の頻繁な洗浄の励行などといった，衛生法の啓蒙しかなかったのである。この点に関して，市の対応を知る手掛かりになるのは，表 6-22 に示した腸チフス・猩紅熱，ジフテリア・偽膜性咽頭炎（membranous croup）の罹患率・死亡率・致死率と，それぞれの患者隔離率，すなわち感染症患者の隔離病院への入院比率である。1891～95 年の 5 年間に腸チフス罹患者の 32.7 ％ が隔離病院に収容され，治療を受けている。1890 年以前には腸チフスよりも死亡率が高く，小児が罹患しやすい猩紅熱の患者隔離比率は，1891～95 年の 5 年間に 47.4 ％ であった[73]。19 世紀後半の他の地域における同様の数値は入手困難であり，直接比較することはできない。しかし，この時期に取りうる有効な方策の一つとして考えられる曝露機会の減少については，この都市は，ある程度の成功を収めているといってよいのではないであろうか。

表 6-22 ミドルズブラの感染症罹患率・死亡率・致死率（‰）と隔離病院収容率（1890～95年）

腸チフス

年	推計人口	罹患者数	隔離病院収容患者数	死亡者数	罹患率	死亡率	致死率
1890	75,516	625	-	65	8.2	0.86	104
1891	75,532**	397	77 (19.4)*	56	5.3	0.74	141
1892	76,876	61	32 (52.5)	16	0.8	0.21	262
1893	80,300	235	84 (35.7)	49	2.9	0.61	208
1894	83,399	218	78 (35.8)	22	2.6	0.26	100
1895	84,962	239	105 (43.9)	28	2.8	0.33	117
1891～95			376 (32.7)				

猩紅熱

年	推計人口	罹患者数	隔離病院収容患者数	死亡者数	罹患率	死亡率	致死率
1890	75,516	238	-	-	3.2	-	-
1891	75,532**	259	69 (26.6)	20	3.4	0.26	77
1892	76,876	91	38 (41.8)	3	1.2	0.04	33
1893	80,300	440	121 (27.5)	5	5.5	0.06	11
1894	83,399	135	73 (54.1)	3	1.6	0.04	22
1895	84,962	1,032	627 (60.8)	35	12.1	0.41	34
1891～95			928 (47.4)				

ジフテリア・偽膜性咽頭炎

年	推計人口	罹患者数	隔離病院収容患者数	死亡者数	罹患率	死亡率	致死率
1890	75,516	27	-	-	0.4	-	-
1891	75,532**	38	1 (6.9)	19	0.5	0.25	500
1892	76,876	23	-	5	0.3	0.07	217
1893	80,300	33	1 (3.0)	12	0.4	0.15	364
1894	83,399	36	-	13	0.4	0.16	361
1895	84,962	27	1 (3.7)	9	0.3	0.11	333
1891～95			3 (1.9)				

出所）Dr. R. Bruce Low's Report to the Local Government Board upon the continued Prevalence of Enteric Fever in the County Borough of Middlesbrough and upon Sanitary Administration by the Town Council, London, HMSO, 1896, pp. 3, 17, 21 より作成。
注）＊括弧内は隔離病院収容率（%）　＊＊センサス人口。

4）天然痘

19世紀後半にミドルズブラを襲った最後の深刻な感染症は，天然痘である。牛痘接種による天然痘予防・治療法の母国であるイギリスでは，1796年にE.ジェンナーが種痘による獲得免疫法を開発したものの，その後，痘苗の質・接

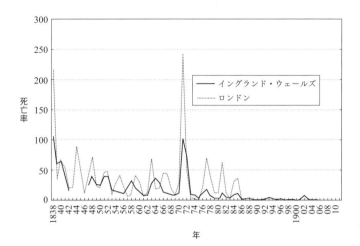

図 6-22 イングランド・ウェールズとロンドンの天然痘死亡率（対人口十万人比，1838～1911 年）

種技術の未熟さ・接種後処置の不完全さなどの理由で，種痘の効果は低い状態のまま据え置かれていた。1886 年にはジェンナーによる牛痘接種発祥の地であるグロスター市で種痘反対運動が繰り広げられている[74]。また，国家による強制種痘に対する反発が強く，1896 年には「全国反種痘同盟」(National Anti-Vaccination League) が結成され，20 世紀前半に至っても天然痘予防策は効を奏していない。19 世紀のイングランドおよびロンドンの例を見る限り，種痘の普及によって天然痘死亡率が激減したということはなかった（図 6-22 参照）。種痘を受けた者と未種痘者の死亡率にも歴然とした差があったとはいえない（図 6-23 参照）[75]。

天然痘は人類が根絶に成功した唯一の感染症であり，伝染力は比較的低い[76]。19 世紀末期における死亡率は 2.26 ‰，致死率 143 ‰であり，伝染性肺炎や腸チフスによるそれよりも低い。ミドルズブラでは 1875 年以来，連続的に流行が繰り返され，1887 年には罹患者 176 名，1893 年には 120 名の患者が報告され，1898 年に流行の頂点を経験することになる[77]。1898 年の天然痘が主原因と思われる死亡数は，前 2 回の感染症分析に用いた共同墓地埋葬登録から季節分布を見ると，流行時・前年・翌年の死亡の季節分布は，2 月から急上昇し，

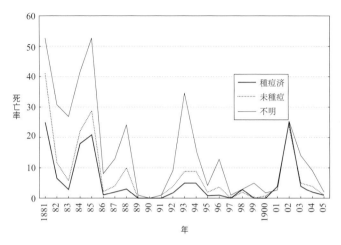

図 6-23 イングランド・ウェールズの種痘・未種痘別天然痘死亡率
（対人口百万人比，1881〜1905 年）

高い死亡率は 4 月まで継続したことがわかる。この間の月平均死亡数は，185.0 人であった。前年 1897 年同期の月平均死亡数は，120.3 人，翌 1899 年同期のそれは 133.7 人であった。前年比では 54％，翌年比では 38％ の超過死亡を記録している。前 2 回の感染症と同様，死亡年齢分布において，乳児期ではなく幼児期以降の超過死亡が目立っている[78]。

天然痘発生直後から救貧法委員（Guardians）による種痘状況調査（Vaccination Census）が開始され，推計総人口の 78％ に当たる在宅人口 69,525 人に対して訪問による聞き取り調査が実施された。表 6-23 が示すように，調査人口の 98％，68,217 人が少なくとも一度の種痘接種を経験し，一度も接種を受けなかった者は 2％ 弱であったことが判明している。種痘接種を経験していない者の半数は，生後 3 か月から 14 歳までの乳幼児であった。2 度目の接種を受けた者は，調査人口の 20％ 強の 14,163 名であり，うち 28％，4,015 名は既往であった。種痘済人口・未種痘人口のそれぞれに対する罹患率は，種痘済 17.8‰，未種痘 151.6‰ であり，種痘を受けなかった者の罹患率は種痘済人口の 8 倍を超えている。

1898 年のミドルズブラにおける天然痘流行時の市当局による推定総人口は，

表 6-23 ミドルズブラにおける天然痘種痘率（種痘状況調査による，1898 年 3 月現在）

推計総人口（1898 年）	89,246
調査人口数（救貧法施行委員）	69,525
種痘済	68,217（98.1 %）
未種痘（全年齢）	1,306（ 1.9 %）
（3 か月～14 歳）	653（ 0.9 %）
再種痘	14,163（20.4 %）（うち 4,015 人既往）
天然痘既往患者総計	3,211
天然痘罹患者数（1898 年 3 月 4 日現在）	804
罹患率　種痘済	1,213/68,217 = 17.8‰
未種痘	198/1,306 = 151.6‰
種痘実施状況　開業医による接種	7,349（天然痘流行時以降）
公的機関による接種	6,570（天然痘流行時以降）

出所）*Middlesbrough Borough Clerk's Department, Printed Minutes, Town Council, for 1897-1898*, Teesside Archives, CB/M/C 1/58, p. 351；'The Middlesbrough Epidemic of Small-Pox and Its Lessons', *The British Medical Journal*, April, 9, 1898, pp. 961-962 より作成。

表 6-24　ミドルズブラの年齢別天然痘致死率（‰，1898 年）

年　齢	患者計	種痘済			未種痘		
		罹患者数	死亡者数	致死率	罹患者数	死亡者数	致死率
1 歳未満	10	3	0	0.0	7	5	714.3
1～5 歳	25	7	0	0.0	18	8	444.4
5～10 歳	72	35	0	0.0	37	16	432.4
10～15 歳	141	120	2	16.7	21	4	190.5
15～25 歳	477	435	22	50.6	42	16	381.0
25～60 歳	679	607	81	133.4	72	45	625.0
60 歳以上	7	6	3	500.0	1	0	0.0
計	1,411	1,213	108	89.0	198	94	474.7

出所）*Annual Report of the Medical Officer of Health and the Chief Sanitary Inspector, for the Year ending the 31st December, 1898, including the Final report on the SMALL-POX EPIDEMIC of 1897 and 1898*, Middlesbrough, 1899, p. 39 より作成。

89,246 であり，罹患者数は 1,411 名（男子 807 名，女子 604 名），死亡者数は 202 名であり，推計総人口に対する罹患率は 15.8 ‰，死亡率は 2.26 ‰，致死率は 143 ‰である[79]。年齢別に見ると，表 6-24 が示すように，10 歳以下の罹患者 107 名のうち，45 名は種痘を受けており，62 名が種痘を受けていない。

第 6 章　19 世紀工業都市の疾病と死亡　337

表 6-25　ミドルズブラとグロスターの年齢別天然痘罹患者割合（1898 年 2 月現在）

	10 歳未満				10 歳以上			
	未種痘		種痘済		未種痘		種痘済	
	罹患者数	%	罹患者数	%	罹患者数	%	罹患者数	%
ミドルズブラ	36	5.2	29	4.2	69	10.1	552	80.5
グロスター	680	34.4	26	1.3	88	4.5	1,182	59.8

出所）'The Middlesbrough Epidemic of Small-Pox and Its Lessons', *The British Medical Journal*, April, 9, 1898, p. 962 より作成。

　種痘を受けた 45 人に死亡者はなく，未種痘の 62 名中 29 名が死亡している。未種痘者の致死率は，467.7 ‰ である。ワクチン接種がきわめて有効であった証左である。ただし，表からも明らかなように年齢別致死率と種痘済・未種痘の組み合わせを見ると，種痘を受けた者の致死率は年齢とともに上昇する傾向がある。10 歳以下の種痘経験者では死者は報告されていないが，年齢が上昇するにつれて致死率が上昇し，10 歳以上の罹患者の致死率は 92.5 ‰ であった[80]。このことは，第 1 回目の種痘の予防効果は時間がたつにつれて薄れてゆくこと，再種痘のみが予防効果を更新する手立てであることを物語っている[81]。再種痘率が高かったグロスターにおける 10 歳以上人口の天然痘罹患者割合 59.8 % と，再種痘率が低かったミドルズブラの 80.5 % という高い罹患者割合を比較した表 6-25 からも，こうした事実は明らかである[82]。

　未種痘者については事態は非常に異なっている。すでに表 6-24 で見たように，ミドルズブラにおける乳児の致死率は標本数は少ないものの 700 ‰ を超えており，全年齢のそれは 474.7 ‰ であった。他方，種痘者の全年齢致死率は 89.0 ‰ であり，未種痘者は種痘者の 5 倍強の致死率を覚悟しなければならなかった。グロスターとミドルズブラの年齢別天然痘致死率を示した表 6-26 から以下のような事実，すなわちグロスターの場合には，種痘を経験していない 10 歳未満の子供の割合が 42.0 % であるのに対して，ミドルズブラのそれは 5.2 % にすぎないことがわかる。他方，ミドルズブラの 10 歳以上の種痘済罹患者（乳幼児期に接種）の割合は 80.5 % である。グロスターの天然痘流行は未種痘の 10 歳未満人口において，ミドルズブラのそれは乳児期に接種した際に獲得した免疫力を失った 10 歳以上の幼児および成人において，より激しかっ

表 6-26 ミドルズブラとグロスターの年齢別天然痘致死率（‰, 1896年・1898年）

ミドルズブラ（1898年）

年　齢	患者計	種痘済			未種痘		
		罹患者数	死亡者数	致死率	罹患者数	死亡者数	致死率
0〜5歳	18	5	1	200	13	6	462
5〜10歳	47	24	0	0	23	9	391
10〜15歳	69	58	2	34	11	2	182
15〜20歳	108	97	2	21	11	4	364
20〜60歳	438	394	42	107	44	27	614
60歳以上	6	3	1	333	3	1	333
計	686	581	48	83	105	49	467

グロスター（1896年）

年　齢	患者計	種痘済			未種痘		
		罹患者数	死亡者数	致死率	罹患者数	死亡者数	致死率
0〜5歳	127	0	0	0	127	70	551
5〜10歳	167	6	0	0	161	58	360
10〜15歳	57	41	1	24	16	4	250
15〜20歳	48	40	1	25	8	6	750
20〜60歳	276	270	27	100	6	2	333
60歳以上	11	11	3	273	0	0	0
計	686	368	32	87	318	140	440

出所）*Two Lessons of the Middlesbrough Epidemic of Small Pox*, F. T. Bond, Gloucester, 5th April, 1898, p. 6 ; *The Times*, 15th April, 1898 より作成．

たのである[83]。未種痘・種痘済患者の年齢別致死率を示した表 6-26 は，ミドルズブラにおける若年層種痘済患者の致死率の高さを確認している。

1898年の天然痘流行に対して，都市当局は予防法も治療法も確立していなかった肺炎と腸チフスという前 2 回の感染症の場合とは異なり，種痘と患者隔離が感染拡大を阻止する方法であることを十分理解し，積極的にそれに取り組んだように見える。市議会の指示によって，1万5000部のチラシが配布され，種痘が奨励された。また，未種痘児童の両親へ書状が送られ，種痘の徹底と罹患児童の登校禁止が実施されている[84]。19世紀後半において，すでに「ミドルズブラはワクチン接種が徹底している都市である（thoroughly well vaccinated town）」といわれていた[85]。実際には 20 世紀初頭にこの都市は反種痘運動の拠

点の一つとなり，乳児種痘接種率は全国平均をかなり下回っていたという史料[86]もあるが，問題は種痘の効果を継続させるための再種痘の実施が後れをとり，被害の拡大を阻止しえなかったことである[87]。ただし，再種痘に関して，都市当局は種痘管轄区（Vaccination Districts）を新たに設定し，医療関係者による再接種効果に関する意見表明・10歳以上の幼児に対する無料再接種・公共種痘所の設置・医療関係者の種痘実施日など，住民に対する啓蒙活動や広報紙の配布を通じて，拡散防止策の周知徹底を図っている[88]。

隔離施設の設営についても，地方新聞（Northern Weekly Gazette）による実態調査と報告をはじめ，都市当局は短期間のうちに市議会議員・都市衛生委員会（Sanitary Committee）・地方公衆衛生責任者・宗教関係者などの意向に基づいて，伝染病病院（Sanatorium）の臨時病院への転用と新たな隔離施設建設を決定し，設備建設のための資金と建設に必要な人的資源の調達に努めている。この中には，市街地を所有する「ミドルズブラ土地開発会社」（The Owners of the Middlesbrough Estate）への4棟の仮設病棟の建設要請も含まれている。同時に，罹患届出の徹底を住民に要請し，地方公衆衛生係官の戸別訪問と調査に基づいて，患者の仮設病院への入院を奨励している。

その結果，総経費約2万ポンドを費やして，最終的に850病床，消毒室，洗浄室，医師・看護師宿泊施設，食堂，礼拝施設などを含む隔離病院施設が建設されている（図6-24参照）。治療に当たった病院職員は，医師3名・看護師42名・病棟助手14名・運搬人3名・雑役夫9名・種痘接種助手10名であった[89]。住民からの寄付金300ポンドや衣類・食糧の寄付も寄せられている[90]。この施設は，1875年設立の熱病専門隔離病院であるウェストレイン病院（West Lane Hospital），1892年から1917年までティーズ川に係留された感染症患者収容病院船に次ぐ隔離病院であった[91]。次いで，この都市では1905年に天然痘患者治療専門病院として，ヘムリントン病院（Hemlington Hospital）が建設されている[92]。少なくとも1925年の大流行以降には，硫黄と5％のフォルマリンによる衣類・病床等の消毒，罹患者・接触者の隔離，接触者居所変更の追跡調査など，感染拡大阻止の方策が取られている[93]。

19世紀末期における天然痘流行という緊急事態に対して，住民・都市当局・地方行政機関・宗教関係者は可能な限り感染の拡大を抑え，患者の回復のため

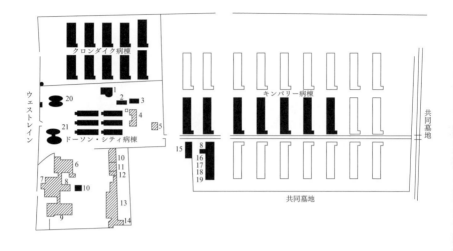

1	常駐医師棟	9	看護師食堂・事務室	16	洗浄室
2	倉庫管理人棟	10	使用人（servants）食堂	17	洗濯場
3	食堂（1）	10（ママ）	洗浄室（Wash-house）	18	男子寝室
4	隔離地区	11	洗濯場（Laundry）	19	倉庫
5	消毒室	12	雑役夫寝室	20	患者用天幕
6	看護師食堂・事務室	13	患者受け入れ地区	21	礼拝用天幕
7	管理棟	14	遺体安置所		
8	食堂（2）	15	退院室		

図 6-24　ミドルズブラの天然痘患者仮設隔離病棟平面図（1898 年）

の措置を講じたが，残念ながら，天然痘の流行を終焉させることはできなかった。流行は 1904 年に一時中断していたが，1921〜25 年にかけてミドルズブラは再び天然痘の大規模な流行に見舞われたのである[94]。5 年間の患者累計 1,749 名中，種痘済の患者は 312 名であり，罹患者の 17.8％を占めている[95]。1925 年の 9 か月間にヘムリントン天然痘病院に収容された男子 446 名，女子 434 名，計 880 人の患者のうち，乳児期接種者は 136 名（15.5％）を数えるのみであった[96]。

　19 世紀末期の工業都市における感染症流行の事例の検討から，次のようなことがいえるであろう。製鉄業という単一産業に過度に特化し，急激な工業化を進めた結果として，住宅をはじめ，上下水道あるいは教育や文化を含む社会

表 6-27　ミドルズブラ三大感染症の罹患率・死亡率・致死率
(‰, 全年齢)

感染症名	罹患率	死亡率	致死率
ミドルズブラ型桿菌性胸膜肺炎（1888 年）	16.7	4.12	210
腸チフス（1890〜91 年）	9.5	2.80	296
天然痘（1898 年）	15.8	2.26	143

出所）本文参照。

　資本，都市の基盤整備への投資を怠ったこの都市は，表 6-27 にあるような高い罹患率・死亡率・致死率を持つ感染症流行のたびごとに，都市経済を支える労働力のかなりの部分を失うという高価な代償を支払わなければならなかったのである。グラズゴウの新聞が伝えるように，「ミドルズブラに発生した天然痘は，市当局のあらゆる努力にもかかわらず，次々に新しい罹患者を増やし続け，きわめて危険である。そして，この町の経済は打ち続く忌まわしい病気の流行のせいでおそろしいほどの被害を受けている」[97]。商業取引の途絶はこの都市の経済に想像以上の打撃を与えたのである[98]。

　こうした事態は，多かれ少なかれ，他の工業都市でも見られたに違いない。しかもなお，19 世紀イギリスの工業都市では人口の急成長は止まなかった。都市の出生率についてはほとんど触れることができなかったが，実際には従来考えられている以上に都市の出生率が高かったとしても，多様な雇用機会と高い貨幣賃金に引き寄せられた人口が継続的に流入し，失われた人的資源を補ってなお余りある人口の流入が続いたのである。しかし，ミドルズブラに関する限り，たび重なる感染症の流行によって失われた成人人口が旧に復すことは困難であった。図 6-25 は，感染症流行以前の人口の年齢構成とその後の構成をセンサスを用いて比較したものである。この都市が全面的に依存する製鉄工業の主力労働力を構成する 25 歳から 44 歳の人口比率は，感染症流行以後に低下している[99]。

　都市の個性を考慮すると，都市住民の階層構成および都市基盤産業の性格によって，感染症の流行が都市に与える影響は多様である。住民の階層構成については，特に「小商人政治」（ショポクラシー：shopocracy）が与える影響を無視することはできない。1850 年以降の製鉄工業の急伸長期にこの新興都市に流

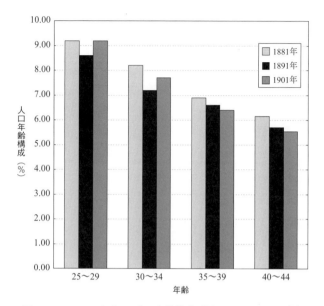

図 6-25　ミドルズブラの人口年齢構成（男子，1881～1901 年）

入した人口の中核は，労働者はもとより，小規模小売業者・宿泊業者・娯楽業者などの中小商人（shop keepers）であった。彼らの政治的な行動様式は，「ショポクラシー」と呼ばれる小商人特有のものであった。市会に代表を送ったこれらの階層の都市共同体に関する意識は，中産階級のそれとは異なるものであった。あえていえば，ミドルズブラの「小商人政治」こそ，この都市の環境・基盤整備の遅れをもたらした元凶であった。彼らは政治的には保守的であり，地方税・市税の負担を嫌い，その増額を極端に忌避しようとした。その結果として，都市環境の悲しむべき未整備が生じたのである。もちろん，こうした傾向はミドルズブラに固有のものではない。19 世紀半ばのマンチェスター・バーミンガム・リーズ・シェフィールドでさえ，下層中産階級の都市生活環境を改善するための地方税支払いを厭う「小商人政治」の手に落ちたといわれている。都市化がもたらす諸問題に対する彼らの取り組みは，保守的であり，硬直的であった[100]。

「19 世紀行政革命」の進展を阻害した一因は，他ならぬ地方のエゴイズムで

あった。地方固有の伝統主義が有利に働く局面もあったであろうが，少なくとも公衆衛生に関する限り，中央による改革の試みがその実を十分に挙げることはなかった。実際，ミドルズブラの初代市長 H. ボルコウが掲げた都市環境改善策の柱である公衆衛生の改善，特に排泄設備の改良を目的とした水洗便所の導入策は，地方公益事業のコストを可能な限り低く抑えようとする市議会議員たちの行動によって十分な成果を上げえなかった[101]。彼らは，市当局による公共財への投資が地方税の増徴に繋がることをおそれたのである。19世紀半ばの主要な工業都市であるマンチェスター・バーミンガム・リーズ・シェフィールドと比較して，中産階級の形成が際立って遅れていたミドルズブラにおいては，都市環境改善に対する「小商人政治」の抵抗はより強かったであろう。

　他方，基盤産業である製鉄工業・その他重化学工業の労働力の年齢分布と性比については，以下の事実を指摘しておかなければならない。繊維工業における労働力の年齢別・性別構成とは対照的に，主力労働力は20歳以上の男子であり，労働力の性比も高かった。不幸なことに，19世紀末期にこの都市が経験した疾病は，罹患率や死亡率の性比が高く，成人男子により過酷に襲いかかったのである。こうした感染症の罹患率・死亡性比の偏りは，この都市の経済的基盤と持続的発展を揺るがす芳しくない要因であったということができる。

　この章で分析した事例の含意を述べれば，次のようになるであろう。工業化を推進することによって，経済的福利の向上を目指しつつある発展途上の国々の中には，持続的な経済的福利の向上・健全な生活の質の維持と環境悪化や資源の乱費・枯渇の防止という，両立させることが必ずしも容易ではない課題の解決を現に模索中の国も少なくない。その意味で，これまで検討してきた「都市化・工業化と環境」という問題はなお，今日的な意義を失っていないのである。

終　章

近代イギリス史研究と歴史人口学

　人文・社会諸科学，殊に歴史研究の場合には，いうまでもなく実験が不可能である以上，研究成果の客観性・科学性を保証するものは，次のような研究者の心的態度の中にしか存在しえない。すなわち，史実に誠実に向かい合い，冷徹に直視する学問的営為の中にしかありえないのである。分析方法の違いはあったとしても，研究者のそうした意味における緊張と知的廉直さだけが客観性・科学性を担保するのである。こうした基本的前提のもとに，さらに立ち入って客観性と科学性に関連していえば，科学性の一端を担う数量化によって，歴史研究に普遍性と一般性，検証可能性，客観的な比較可能性を持ち込むことに成功した歴史人口学の成立は，近年における社会科学の歴史において顕著な画期をなしているといってよいであろう。

　現在，歴史人口学は学際的研究の一つの典型として，各国において社会史・経済史・医学史・家族史・女性史・子供と老齢者の歴史研究などに多大な影響を与え続けている。序章でも述べた通り，2016年には，約半世紀以前に事実上自律的な領域として確立した歴史人口学研究のこれまでの成果を回顧したアンソロジー『歴史人口学の世界史――学際研究の半世紀』[1]が刊行され，イギリスに関する限り，解決すべき諸課題はほぼ達成されたとさえいわれている。しかし，イギリスの学界においてこれまで重要視されてきた出生力研究は別として，残された課題は少なくない。本書は，史料・統計制度・疾病・死亡・移動などに関して新たに発見した事実をイギリス・日本・その他地域の歴史人口学研究者に発信し，歴史人口学研究の充実に寄与することを目指したものである。

　本書では，まず人口動態統計記録の前身ともいうべき教区登録簿が，当初か

ら単に身分登録だけではなく，物的財産・人的財産相続，不動産取引に際して必要な身分同定手段としての機能も併せ持つきわめて重要な史料であったという事実を明らかにした。さらに，それぞれの時期の統治機構が教区登録制度の整備を通じて，国民の身分・人口の属性と所有権を保障する情報を同時に収集し，中央の管理下におくことによって，国家形成を進めてゆくという文脈でイギリス固有の統計制度を跡づけた。歴史人口学研究史料が持つ多様性・重層性を考慮すべきであるとの立場に基づくものである。次いで，人口静態統計制度の生成過程を追い，さまざまな試行錯誤の末にセンサス実施に漕ぎ着けた軌跡を辿り，最初のセンサス個票（戸口調査原票）の分析を通じて，繊維工業都市リーズの1801年における人口諸指標を算出した。さらに，調査対象の世帯主，あるいはそれを補助する世帯構成員が調査票へ書き込みを行う自計（自記）主義原則が採用され，人口静態統計の正確性が高まる契機となった，1841年・1851年のいわゆる近代センサスの成立事情と実施機構の整備過程を，従来利用されることが少なかった史料を用いて具体的に検討した。第I部の最後では，センサスが国家にどの程度の負担を強いる事業であったのか，実施費用と国家予算の比率を推計し，国家による情報収集にかかる費用の一例を提示した。

　第II部の課題は，人口現象を構成する出生・結婚・死亡・移動の正確な統計を算出する方法と，現在まで内外の研究で明らかにされた成果を俯瞰することであった。今日われわれが利用する近代的な人口動態統計および静態統計を提供する統計制度が確立する以前に生起した人口現象を復元し，可能な限り正確な人口統計を作成する方法とその結果を詳述した。人口再生産の観点からきわめて重要な意味を持つ結婚・世帯形成については，これまで影響力が強かった仮説をめぐって展開した議論と，最新の方法によって算出した結果に基づいて厳しい批判を提示した研究成果を整理し，現時点までに提出された結婚に関する有力な仮説を紹介した。

　第III部においては，個人の一生に生起した人口現象を出産，結婚と世帯形成，人口再生産，老齢化，疾病，死亡という局面で再構成した。それぞれの局面の展開を第一次史料を用いて分析し，統計数値の背後に潜む人口学的営みの内実を明らかにしたのである。特に終末期の疾病と死亡に関しては，利用されることがなかった年齢別・死因別死亡登録[2]，共同墓地埋葬登録[3]，親族関係

終　章　近代イギリス史研究と歴史人口学　347

を記録した救貧院被収容者登録簿[4]を用いて，工業都市における疾病と死亡[5]，家族関係の変化，地方都市の公衆衛生の実態を解明した。第6章ではまた，19世紀後半に北東部の重化学工業都市が経験したたび重なる感染症流行，特に1890〜91年の腸チフス流行と，地方の上水道会社による配水をめぐって露呈した公衆衛生問題に関する中央と地方の利害の対立・相克を明らかにした[6]。急激な都市化・工業化にともなって生起する諸問題に対処するために国家が変質するという「19世紀行政革命」の具体的な内容を再検討したのである。

　本書で詳しく検討してきた歴史人口学の性格・史料・方法，今日までの成果および新しい史料と視角に基づく近代イギリス史の解釈は，これまでの内外における近代イギリス史研究にとってどのような意味を持っているであろうか。そして，近代イギリス史研究における歴史人口学的接近が今後取り組むべき課題とはどのようなものであろうか。人口現象は，自然環境・疾病・技術水準・経済発展・医学，あるいは思想・宗教・価値体系・法・慣習・土地所有・家族形態・相続制度などの文化的・政治的・社会的・経済的諸要因との間で複雑な相互関係を結びつつ，その総体的結果としてわれわれの前に姿を現している。序章で指摘したように，歴史人口学は社会を構成する基層が人口と家族であるという立場に立って，人口と家族の動向が社会・経済・政治・文化などの諸側面に作用し，後者の変化がまた人口・家族に影響を与えるという相互作用を歴史的に解明することを目的としている。いずれの方向においても，迂回的な経路を辿るにせよ，両者の関係は緊密かつ複雑である。近代イギリス史研究をいっそう深化させるためには，従来のわが国における近代イギリス史研究がそれほど重視してこなかったこうした側面にも今後光を当てることが是非とも必要となってくるであろう。

　同時期のアジアと比べた場合，ヨーロッパ，なかでもイギリスの人口は地域間の偏差が相対的に少ない同質的なシステムの下にあった。他方，人口諸指標の地域差が相対的に顕著なフランスやドイツのような国もある。また，同じく18世紀，19世紀に人口増加を経験したとはいえ，ロシアやアイルランドとイングランド，スウェーデンにはそれぞれ固有の人口システムが存在していた。前者が高死亡率，結婚年齢の低さと有配偶率の高さ，高出生率という特質を持つ「高圧型人口システム」の下で人口増加を経験したのに対して，後者は低死

亡率，結婚年齢の相対的な高さと有配偶率の低さ，低出生率によって特徴づけられる「低圧型人口システム」の下で人口増加を経験したのである。

いずれの地域においても，出生・結婚・死亡・移動という人口内部の諸要因間には独自の相互作用が存在していた。われわれは，他の社会現象とは異なったこうした人口現象固有の性格にも目を向けなければならない。それぞれの局面の精緻な分析と全体としての相互規定関係の解明が，歴史人口学研究の今後の大きな課題となるであろう。イギリスの人口の特質である均質性・「低圧型人口システム」・人口諸要因間の相互作用の固有性の解明が，他分野の近代史研究に果たす役割は少なくない。とりわけ，他国に先駆けて産業革命を経験したイギリスにおいて，18世紀後半から19世紀前半にかけて，人口とその他の諸要因との間にどのような相互作用が存在し，最初の工業国家が誕生したのか。出生力・死亡率・人口規模・増加率・年齢構成・移動性向などの固有性は，労働市場・労働力化率・労働生産性・賃金・技術にいかなる影響を与えて人口と物質的資源との好ましい循環をもたらしたのか。他分野の成果と突き合わせることによって，より確実な歴史像を構築することができるであろう。都市人口をめぐる諸問題，特に19世紀30年代以降の都市化の急速な進展が，人口変動にどのような影を落としたのかを精緻に分析することも必要であろう。都市の死亡率と出生力，人口移動，公衆衛生問題をはじめとして，特定の環境の下で生活する人々の一生を復元する試みに取り組まなければならない。

これまで蓄積されてきた歴史人口学研究の成果をどのように受けとめ，近代イギリス史研究を充実させるべきであろうか。確かなことは，歴史人口学研究の蓄積がテューダー朝からヴィクトリア朝中期の英国史像を構築する際の一つの堅固な拠り所・素材を提供したということである。今後のわれわれの課題は，それぞれの近代英国史像構築に際して，提供された貴重な素材をいかに効果的に使いこなすかということであろう。歴史人口学研究がこれまで明らかにしてきた多くの刺激的な観察事実が，他の分野の歴史家，経済史・社会史研究者，医学史研究者などの興味をかき立て，それぞれの領域で個別分析を深化させるきっかけとなるであろうことも確かである。

注

序章　歴史人口学とはなにか
1) L. Henry, *Manuel de Démographie Historique*, Genève-Paris, Librairie Droz, 1967, p. ix.
2) L. Chevalier, 'Pour une histoire de la population', *Population*, Vol. 1, No. 2, 1946, p. 246.
3) たとえば，黒須里美・高橋美由紀・長岡篤「「ザビエルデータ」から復元する移動ヒストリー——近世庶民の人口移動研究資料」麗澤大学大学院言語教育研究科論集『言語と文明』第 15 巻（2017 年 3 月）139 頁。
4) T. H. Hollingsworth, 'A Demographic Study of the British Ducal Families', *Population Studies*, Vol. XI, 1957, pp. 4-26. 後に大幅に修正を加え，*Population in History, Essays in Historical Demography*, ed. by D. V. Glass and. D. E. C. Eversley, London, Edward Arnold, 1965, pp. 354-378 に収録。
5) T. H. Hollingsworth, 'The Demography of the British Peerage', *Population Studies*, Vol. 18, No. 2, Supplement (Nov., 1964) pp. 1-108.
6) T. H. Hollingsworth, *Historical Demography*, London, Hodder & Stoughton, 1969, pp. 42-61, 139-196, 297-319.
7) R. Finlay, *Population and Metropolis, The Demography of London 1580-1650*, Cambridge, Cambridge University Press (CUP), 1981, pp. 70-82.
8) *Ibid.*, pp. 83-150.
9) R. Finlay, 'Gateways to Death ? London Child Mortality Experience, 1570-1653', *Annales de démographie historique*, 1978, pp. 105-134.
10) *Ibid.*, pp. 114, 133.
11) *Ibid.*, pp. 83-94.
12) P. M. Kitson, 'A History of the Historical Demography of England and Wales' in *A Global History of Historical Demography : Half a Century of Interdisciplinarity*, ed. by Antoinette Fauve-Chamoux, Ioan Bolovan and Sølvi Sogner, Bern, Peter Lang Pub. Inc., 2016, pp. 240-241.

第 1 章　人口動態統計記録の系譜
1) *Statutes of the Realm*, Act of Supremacy, An Acte concerning the Kynges Highnes to be supreme heed of the Churche of Englande & to have authoryte to reforme & redress all errours heresyes & abuses yn the same (26 Henry VIII, c. 1).
2) M. Everett, *The Rise of Thomas Cromwell, Power and Politics in the Reign of Henry VIII*, New Haven and London, Yale University Press, 2015, p. 26.
3) *Historical Dictionary of Tudor England, 1485-1608*, ed. by R. H. Fritze, New York, Greenwood

Press, 1991, pp. 131-133, 560-562.
4) *Statutes of the Realm*, An Acte extynguysshing the auctoryte of the Busshop of Rome (28 Henry VIII, c. 10).
5) Injunctions given by the Authority of the Kings Highness to the Clergy of this Realm, National Archives, SP 6/6, f. 12 ; J. S. Burn, *Registrum Ecclesiae Parochialis, The History of Parish Registers in England*, 2nd edn., London, John Russell Smith, 1862, p. 6.
6) *State Papers*, National Archives, SP 6/3 f. 1 ; J. C. Cox, *The Parish Registers of England*, London, Methen, 1910, pp. 2-3. なお，教区登録簿の歴史を簡潔に跡づけた文献として，R. Finlay, *Parish Registers : An Introduction*, Historical Geography Research Series, No. 7, London, Institute of British Geographers, Historical Geography Research Group, 1981, pp. 6-11 ; また，邦文文献として，小松芳喬「イギリス人口史史料としての教区記録簿」社会経済史学会編『経済史における人口──社会経済史学会第37回大会報告』慶應通信，1969年，145-165頁を参照。
7) *Tudor Royal Proclamations*, Vol. 1, *The Early Tudors (1485-1553)*, ed. by P. L. Hughes and F. L. James, London and New Haven, Yale University Press, 1964, No. 287, pp. 393-403 ; J. S. Burn, *op. cit.*, pp. 18-19.
8) ヨーロッパとアジア，特に日本の戸籍・住民登録・国民（国籍）・個人情報登録制度との制度上の相違については，遠藤正敬『戸籍と無戸籍──「日本人」の輪郭』人文書院，2017年，27-31頁；遠藤正敬『戸籍と国籍の近現代史──民族・血統・日本人』明石書店，2013年，65-68頁参照。日本聖公会では diocese を「教区」，parish を「教会」と呼んでいる。八代崇は聖職者としての専門の立場から，parish registers に「教会区教籍簿」という訳を当てている（八代崇『イングランド宗教改革史研究』聖公会出版，1993年，200頁）。また，二宮宏之はフランスの教区登録簿（registres paroissiaux）を「聖堂区戸籍簿」（二宮宏之『フランス アンシアン・レジーム論──社会的結合・権力秩序・叛乱』岩波書店，2007年，43頁），中野忠は，「教区籍」（中野忠「定住法関連資料と18世紀イギリス農村社会」『早稲田大学社会科学総合研究』第5巻第1号〔2004年7月〕，143-160頁，特に146-148頁）と呼んでいる。これらはいずれも教区登録簿の特質を表しているが，本書では parish を「教区」，parish registers を「教区登録簿」と訳しておく。
9) *State Papers*, National Archives, SP 6/6, f. 12, Folio 38, LP ref XI, 377.
10) W. E. Tate, *The Parish Chest, A Study of the Records of Parochial Administration in England*, 3rd edn., Cambridge, CUP, 1969, p. 44.
11) British Parliamentary Papers (BPP), *Report from the Select Committee on Parochial Registration (Select Committee on Parochial Registration) : with the Minutes of Evidence, and Appendix*, 1833 (669) XIV, p. 505.
12) J. C. Cox, *op. cit.*, pp. 4-5 ; *Select Committee on Parochial Regsitration*, p. 33.
13) British Library, Cotton Library, Cleopatra E. VI, Folios 226-227.
14) G. R. Elton, *Policy and Police, The Enforcement of the Reformation in the Age of Thomas Cromwell*, Cambridge, CUP, 1971, p. 217.

15) *State Papers*, National Archives, SP 6/6, The King's Injunctions for monasteries and houses of religion, Folio 32, LP ref VIII, 76 (3).
16) *State Papers*, National Archives, SP 6/6, f. 12, Folio 38, LP ref XI, 377.
17) British Library, Cotton Library, Cleopatra E. VI, Folios 226-227.
18) *State Papers*, National Archives, J. P. Sussex, SP 11/5 f. 50-51 ; State Papers Domestic, Henry VIII, Vol. XIV, Pt. I, No. 295. *Letters and Papers, Foreign and Domestic, of the Reign of Henry VIII*, Vol. XIV, Pt. I, London, HMSO, 1894, p. 116 ; National Archives, SP 1/143, foilo 81, Date : 15 Feb 1539.
19) *State Papers*, National Archives, SP 1/150, ff. 151-152 ; State Papers Domestic, Henry VIII, Vol. XIV, Pt. I, No. 815 ; *Letters and Papers, Foreign and Domestic, of the Reign of Henry VIII*, Vol. XIV, Pt., I, London, HMSO, 1894, p. 385.
20) *The Bill for a Treasure house in every Shire for kepyng of the Records*, Parliamentary Archives, Manuscript Journals of the House of Commons, HC/CL/JO/1/1 ; *Journals of the House of Commons*, Vol. 1, p. 1.
21) *Tudor Royal Proclamations*, Vol. 1, *The Early Tudors (1485-1553)*, ed. by P. L. Hughes and F. L. James, London and New Haven, Yale University Press, 1964, No. 287, pp. 393-403 ; J. S. Burn, *op. cit.*, pp. 18-19.
22) *Select Committee on Parochial Registration*, p. 33.
23) The Bill for an Office of a Regestere, to kepe the churche books for Weddyng, Chrytenyng & Burying (Parliamenary Archives, Houses of Parliament) ; The Bill to send transcripts of registers to each diocesan centre and for parchment copies to registers, *Journals of the House of Commons*, Vol. 1, p. 68 ; C. Cox, *op. cit.*, p. 5.
24) *The Diocesan Population Returns for 1563 and 1603*, ed. by A. Dyer and D. M. Palliser, published for The British Academy by Oxford University Press, Oxford, Oxford University Press (OUP), 2005, p. xxii.
25) J. C. Cox, *op. cit.*, p. 5.
26) J. S. Burn, *op. cit.*, pp. 20-21.
27) *Journal of the House of Commons*, Vol. 1, pp. 105-106.
28) British Library, Lansdowne Manuscripts, Num 64, 30, ff. 82-.
29) G. R. Elton, *Reform and Renewal, Thomas Cromwell and the Common Weal*, Cambridge, CUP, 1973, pp. 148-149；安元稔「中世末期エクセタア市のステイプル裁判所記録再考」イギリス中世史研究会編『中世イングランドの社会と国家』山川出版社，1994年，279-314頁参照。
30) 未成年者・夫の保護の下にある女性に関わる不動産の内容の可視化・透明性の実現が不動産購入者にもたらす便益については，A. Yarranton, *England's Improvement by Sea and Land*, The Second Part, London, T. Parkhurst, 1698, pp. 26-30を参照。また，債務証書（商人法上の誓約捺印金銭債務証書・交易法上の誓約捺印金銭債務証書：Statutes）・誓約証書（Recognizance）・判決の結果確定した債務（judgements）の登録が土地取引の円滑化を促進するという提言についてはA. Yarranton, *op. cit.*, pp. 32-33を参照。

31) *The Diocesan Population Returns for 1563 and 1603*, pp. xix–xxiii.
32) J. Strype, *Annals of the Reformation and Establishment of Religion, and Other Various Occurrences in the Church of England, during Queen Elizabeth's Happy Reign* : New Edition, Vol. IV, Oxford, Clarendon Press, 1826, p. 63.
33) A. M. Burke, *Key to the Ancient Parish Registers of England and Wales*, London, The Sackville Press, Ltd., 1908, pp. 12–13.
34) *The Compton Census of 1676 : a critical edition*, ed. by A. Whiteman, Records of Social and Economic History, New Series, Vol. X, Oxford, OUP, 1986, p. lx.
35) *The Diocesan Population Returns for 1563 and 1603*, p. xxii.
36) W. E. Tate, *op. cit.*, p. 51.
37) *Captulasive Constitutiones Ecclesiasticea, per Archiepiscopum, Episcopos, & reliquum Clerum Cantuariensis Provinciae, in Synodo inchoata Londini 25 die mensis Octob. Anno Domini 1597. Regnique serenissimae in Christo Principis*, DOMINEA ELIZABETHEA.
38) A. Sparrow, *A Collection of Articles, Injunctions, Canons, Orders, Ordinances, and Constitutions Ecclesiastical, with other Publick Records of the Church of England, chiefly in the Times of K. Edward VI, Q. Elizabeth, K. James, and K. Charles I.*, London, Blanch Pawlet at the Bible, 1684, pp. 256–257 ; *Calendar of Patent Rolls*, 40 Elizabeth I (1597–1598) Pt. 1, C66/1477–1492, ed. by C. Smith, H. Watt, S. R. Neal and C. Leighton, 2009, p. 66, No. 410. この文書の読解に関して，佐賀大学経済学部教授，都築彰氏のお世話になった。記して御礼申し上げる。
39) R. Finlay, *Parish Registers*, pp. 6–7.
40) J. S. Burn, *op. cit.*, pp. 24–25.
41) The Cecil Papers in Hatfield House, CP 109/49 [1604].
42) *Calendar of State Papers, Domestic Series, of the Reign of James I. 1611–1618, preserved in the State Paper Department of Her Majesty's Public Record Office*. Vol. LXIX, Statement of the advantages that would be derived to common law and policy, from keeping a general registry in London of all births, marriages, and deaths (1611–18?) London, HMSO, 1858, p. 133.
43) *State Papers*, National Archives, SP 14/69 ff. 62–68, Folio 63. この文書解読に関して，ダラム大学歴史学部ナタリー・ミアーズ博士（Dr. Natalie A. Mears）のお世話になった。記して御礼申し上げる。
44) *Statutes of the Realm*, Act of Appeals, An Acte that the Appeles in suche Cases as have ben used to be pursued to the See of Rome shall not be from hensforth had ne used but wythin this Realme (24 Henry VIII, c. 12).
45) M. Foucault, *Sécurité, Territoire, Population*, Cours au College de France, 1977–78, Haute Etudes, Paris, Gallimard/Seul, 2004, p. 321（高桑和巳訳『安全・領土・人口（コレージュ・ド・フランス講義 1977–1978 年度 VII）』筑摩書房，2007 年，389 頁）.
46) *Gentleman's Magazine*, November, 1753.
47) 包摂する領域は都市であるが，食料供給を含めた 18 世紀パリの都市統治（ポリス）と警視総監を頂点として進められた住民に関する情報の中央集中の試みについては，松

本礼子「一八世紀パリにおける街区の把握と可視化——ポリス文書の分析から」森宜人・石井健編著『地域と歴史学——その担い手と実践』晃洋書房，2017年12月，134-139頁が参考になる。

48) J. F. Melon, *Essai politique sur le commerce*, Nouvelle Edition, 出版地・出版社不明, 1736, pp. 4-7, 318-357（米田昇平・後藤浩子訳『商業についての政治的試論』京都大学学術出版会，2015年，4-6, 196-215頁）。
49) J. S. Mill, *Considerations on Representative Government*, Second Edition, London, Parker, Son, and Bourn, 1861, p. 290.
50) *The Diocesan Population Returns for 1563 and 1603*, p. lxi.
51) *Acts and Ordinances of the Interregnum 1642-1660*, ed. by C. H. Firth and R. S. Rait, London, Professional Books Ltd., Vol. I, repr., 1982, p. 583.
52) *Ibid.*, Vol. II, pp. 715-718.
53) W. E. Tate, *op. cit.*, p. 82.
54) *Acts and Ordinances of the Interregnum, 1642-1660*, Vol. II, p. 1139.
55) R. Finlay, *Parish Registers*, p. 10.
56) *Journals of the House of Commons*, Vol. III, pp. 715-716.
57) *Acts and Ordinances of the Interregnum, 1642-1660*, Vol. I, p. 583.
58) *Ibid.*, Vol. I, pp. 599-601.
59) *Ibid.*, Vol. II, p. 716.
60) *Ibid.*, Vol. II, p. 1139.
61) *The Statute of the Realm*, 18 & 19 Car. II, c. 4 ; 30 Car. II, c. 3 ; 32 Car. II, c. 1.
62) *The Statutes of the Realm*, 5 & 6 Gul. & Mar., c. 21.
63) *The Statutes of the Realm*, An Act for granting to his Majesty certaine rate and duties upon Marriages Births and Burials and upon Batchelors and Widowers for the terme of Five yeares for carrying on the Warr against France with Vigour, 6 and 7 William and Mary, c. 6.
64) J. Brewer, *The Sinews of Power, War, Money, and the English State, 1688-1783*, London, Unwin Hyman, 1989, pp. 150-151, 154（大久保圭子訳『財政＝軍事国家の衝撃——戦争・カネ・イギリス国家 1688〜1783』名古屋大学出版会，157, 160頁）。
65) E. A. Wrigley and R. S. Schofield, *The Population History of England, 1541-1871 A Reconstruction*, London, Edward Arnold, 1981, p. 29.
66) *The Statutes at Large*, 26 Geo. II, c. 33.
67) *Hansard's Parliamentary Debates*, Vol. XXXI, 1836, cols. 372-374.
68) *The Statutes at Large*, 23 Geo. III, c. 67.
69) *The Statutes at Large*, 25 Geo. III, c. 75.
70) D. V. Glass, *Numbering the People, The Eighteenth-century Population Controversy and the Development of Census and Vital Statistics in Britain*, Farnborough, C. H. Health Ltd., 1973, p. 118.
71) *The Statutes at Large*, 34 Geo. III, c. 11.
72) *A Bill for Obliging all Parishes in this Kingdom to keep proper Registers of Births, Deaths, and*

Marriages ; and for Raising therefrom a Fund towards the Support of the Hospital for the Maintenance and Education of Exposed and Deserted young Children, British Parliamentary Papers (BPP), House of Commons, Sessional Papers of the Eighteenth Century, 1758, Vol. 11, George II, Bills, 1757-1760, pp. 1-16 ; *Journal of the House of Commons*, Vol. XXVIII, pp. 123, 141, 244, 265, 272, 309.

73) *Journal of the House of Commons*, Vol. XXVIII, p. 123.
74) *The Statutes of the Realm*, Wales and Berwick Act, 1746, 20 Geo. II, c. 42.
75) *The Gentleman's Magazine*, Vol. LXXI, 1801, Pt. II, p. 1090.
76) *A Bill, with the Amendments, for Taking and Registering an annual Account of the Total Number of People, and the total Number of Marriages, Births, and Deaths ; and also the total Number of Poor receiving Alms from every Parish, and extraparochial Place, in Great Britain*, British Museum, K. Great Britain-George III 357d. 10 (40) State Paper Room, p. 3. なお，この法案に反対する側に，手数料取得という現実的な権益から排除されることを懸念した聖界勢力があったという点については，S. J. Thompson, *Census-Taking, Political Economy and State Formation in Britain, c.1790-1840*, Unpublished Ph. D. thesis, Cambridge University, 2010, pp. 30, 32.
77) ロンドン市の教区書記組合による死亡表記録の改善と死因・疾病の登録に関する強い関心については，S. J. Thompson, *op. cit.*, p. 22.
78) *Considerations on the Bill for Obliging all Parishes in this Kingdom to keep proper Registers of Births, Deaths, and Marriages : and for Raising therefrom a Fund towards the Support of the Hospital for Maintenance and Education of Exposed and Deserted Young Children. In a letter to a Member of Parliament, from one of his Electors in the Borough of* (中略), London, M. Cooper, June 15, 1759, pp. 1-37.
79) 二宮宏之『フランス アンシアン・レジーム論──社会的結合・権力秩序・叛乱』岩波書店，2007年，43頁。また，教区登録簿の教区籍としての側面については，中野忠の興味深い指摘がある（「定住法関連資料と18世紀イギリス農村社会」『早稲田大学社会科学総合研究』第5巻第1号〔2004年7月〕, 143-160頁）。
80) J. S. Taylor, 'The Impact of Pauper Settlement 1691-1834', *Past and Present*, No. 73, 1976, pp. 42-74 ; K. D. M. Snell, 'Settlement, Poor Law and the Rural Historian', *Rural History*, Vol. 3, No. 2, 1992, pp. 145-147.
81) M. K. McIntosh, *Poor Relief in England, 1350-1600*, Cambridge, CUP, 2012, pp. 273-298.
82) この点に関しては，特にK. D. M. Snell, *Parish and Belonging : Community, Identity and Welfare in England and Wales, 1700-1950*, Cambridge, CUP, 2006, pp. 109-110, 457-458を参照。1758年法案提出と同年に「不動産権設定・不動産譲渡・不動産遺言・その他土地に対する負担〔譲渡抵当等〕証書の公的登録に関する法案」が上程されていることも偶然ではない。BPP, House of Commons, Sessional Papers of the Eighteenth Century, Vol. 11, George II, Bills 1758-1760, pp. 1-19.
83) J. T. Krause, 'The Changing Adequacy of English Registration, 1690-1837' in *Population in History, Essays in Historical Demography*, ed. by D. V. Glass and D. E. C. Eversley, 1965,

p. 386.
84) E. A. Wrigley and R. S. Schofield, *The Population History of England, 1541-1871*, pp. 143, 561.
85) J. Boulton and R. Davenport, 'Few Deaths before Baptism : Clerical Policy, Private Baptism and the Registration of Births in Georgian Westminster : a Paradox Resolved', *Local Population Studies*, No. 94, Spring, 2015, pp. 28-47.
86) M. Yasumoto, *Industrialisation, Urbanisation and Demographic Change in England*, Nagoya, University of Nagoya Press, 1994, pp. 6-7 ; C. Galley, *The Demography of Early Modern Towns : York in the Sixteenth and Seventeenth Centuries*, Liverpool, Liverpool University Press, 1998, pp. 176-177.
87) A bill [as amended by the committee] for the better regulating and preserving parish and other registers of births, baptisms, marriages, and burials ; and for establishing general repositories for all such registers, in England, BPP, House of Commons, 1810-11 (247) ; A bill [as amended by the committee] for the better regulating and preserving parish and other registers of births, baptisms, marriages, and burials, in England, BPP, House of Commons, 1812 (131) ; A bill [as amended on re-commitment] for the better regulating and preserving parish and other registers of births, baptisms, marriages, and burials, in England, BPP, House of Commons, 1812 (183) ; A bill [as amended on second re-commitment] for the better regulating and preserving parish and other registers of births, baptisms, marriages, and burials, in England, BPP, House of Commons, 1812 (228) : A bill [with the amendments made by the Lords] intituled, an act for the better regulating and preserving parish and other registers of births, baptisms, marriages, and burials, in England, BPP, House of Commons, 1812 (363).
88) *The Statutes of the United Kingdom of Great Britain and Ireland*, 52 George III, c. 146.
89) E. A. Wrigley, *The Early English Censuses*, published for the British Academy by Oxford University Press, Oxford, OUP, 2011, pp. xv, 30.
90) *Hansard's Parliamentary Debates*, Vol. XVI, 1833, Cols. 1213-1214.
91) *Journals of the House of Commons*, Vol. 67, 23th July, pp. 549-550.
92) R. S. Schofield and B. M. Berry, 'Age at Baptism in Pre-industrial England', *Population Studies*, Vol. 25, No. 3, 1971, p. 457 ; M. Yasumoto, *Industrialisation, Urbanisation and Demographic Change in England*, pp. 6-7.
93) E. A. Wrigley and R. S. Schofield, *The Population History of England, 1541-1871*, p. 135.
94) G. M. Burrows, *Strictures on the Uses and Defects of Parish Registers, and Bills of Mortality, in reference to Marriages, Births, Baptisms, Diseases, Casualties, and Burials ; to the Probabilities of the Expectancy of Life ; and to the Ascertaining of the Progress of Population : with Suggestions for Improving and Extending the System of Parochial Registers*, London, J. Mallett, 1818, pp. 1-82.
95) *Ibid.*, pp. 34-37.
96) *Ibid.*, p. 36, footnote.
97) *Ibid.*, pp. 63-64, 66-72.

98) An Act for registering Births, Deaths, and Marriages in *England*, 6 & 7 William IV, c. 86.
99) An Act for Marriages in *England*, 6 & 7 William IV, c. 85.
100) An Act to explain and amend Two Acts passed in the last Session of Parliament, for Marriages, and for registering Births, Deaths, and Marriages, in *England*, 1 Victoriae, c. 22, Sec. I-XXXVI.
101) BPP, House of Commons, *Copy of the first report made to His Majesty by the commissioners appointed to inquire into the law of England respecting real property*, 1829 (263).
102) *Select Committee on Parochial Registration*, pp. 1-188 (505-692).
103) M. Nissel, *People Count, A History of the General Register Office*, 2nd impr., London, HMSO, 1989, pp. 12-24.
104) *The First Annual Report of the Registrar-General of Births, Deaths, and Marriages in England*, 1839, pp. 2-4.
105) *Ibid.*, p. 11.
106) *Ibid.*, pp. 12-16.
107) *Ibid.*, p. 27.
108) *Halsbury's Laws of England*, 4th ed., London, Butterworths, Vol. 39, 1982, pp. 497-560.
109) *Halsbury's Laws of England*, 2nd ed., London, Butterworths, Vol. 33, 1954, pp. 632-635.
110) *Halsbury's Laws of England*, 2nd ed., London, Butterworths, Vol. 39, 1982, pp. 500-505.
111) M. Nissel, *op. cit.*, p. 28.
112) *The Statutes of the United Kingdom of Great Britain and Ireland*, 6 & 7 William IV, c. 85.
113) *The Law Reports*, Vol. IX, 1874, 37 & 38 Vict., c. 88.
114) L. Bradley, *A Glosary for Local Population Studies*, Local Population Studies Supplement, Matlock, Local Population Studies, 1971, p. 62 ; R. Lee, 'The Development of Population History ('Historical Demography') in Great Britain from the Late Nineteenth Century to the Early 1960s', *Historical Social Research*, Vol. 31, No. 4, 2006, p. 39.
115) 'Access to General Register Office Records', *Local Population Studies Magazine and Newsletter*, No. 3, 1969, pp. 4-5.
116) *Select Committee on Parochial Registration*, pp. 65, 67-68, 78-79 *et passim*.
117) D. V. Glass, *Numbering the People*, p. 119.
118) BPP, House of Commons, *Census of Great Britain, 1851, religious worship* (England and Wales), Rep., 1852-53 [1690] LXXXIX.
119) *Select Committee on Parochial Registration*, pp. 65, 67, 78 *et passim* ; *The Story of the General Register Office and Its Origins from 1538 to 1937*, London, HMSO, 1937, p. 19.
120) *The Statutes at Large*, Roman Catholic Relief Act, 10 Geo IV, c. 7.
121) *The Statutes of the United Kingdom of Great Britain and Ireland*, 6 & 7 William IV, c. 85.
122) *Select Committee on Parochial Registration*, pp. 9, 11, 139.
123) E. Chadwick, *Report to Her Majesty's Principal Secretary of State for the Home Department, from the Poor Law Commissioners, on an Inquiry into the Sanitary Condition of the Labouring Population of Great Britain*, BPP 1842 (HL-), Vol. XXVI, p. 369 ; *Report on the Sanitary*

注（第 1 章） 357

      Condition of the Labouring Population of Gt. Britain by Edwin Chadwick, 1842, ed. by M. W. Flinn, Edinburgh, Edinburgh University Press, 1965, pp. 1-73.
124) *The First Annual Report of the Registrar-General*, pp. 28-58, 86-166.
125) *Report on the Sanitary Condition of the Labouring Population of Gt. Britain by Edwin Chadwick, 1842*, ed. by M. W. Flinn, pp. 16-26.
126) D. V. Glass, *Numbering the People*, pp. 120-126.
127) *Select Committee on Parochial Regsitartion*, pp. 59-63.
128) E. Higgs, 'The Annual Report of the Registrar General, 1839-1920 : A Textual History' in *The Road to Medical Statistics*, ed. by E. Magnello and A. Hardy, *Clio Medica* 67 (The Wellcome Series in the History of Medicine), Amsterdam and New York, Brill, 2002, p. 59.
129) *Hansard's Parliamentary Debates*, Vol. XXXV, 1836, col. 82.
130) *Hansard's Parliamentary Debates*, Vol. XXXV, 1836, cols. 82-83.
131) J. B. Brebner, 'Laissez Faire and State Intervention in Nineteenth-Century Britain', *The Journal of Economic History*, Vol. 8, Supplement, 1948, p. 72.
132) *Ibid.*, pp. 72-73.
133) G. R. Elton, *England under the Tudors*, 2nd ed., London, Methen, 1974, pp. 160-192.
134) D. Roberts, 'Tory Paternalism and Social Reform in Early Victorian England', *The American Historical Review*, Vol. LXIII, No. 2, 1958, pp. 333-334 ; D. Roberts, 'Jeremy Bentham and the Victorian Administrative State', *Victorian Studies*, Vol. 11, No. 3, 1959, pp. 195, 206 ; *Select Committee on Parochial Registration*, pp. 90-91.
135) O. MacDonagh, 'The Nineteenth-Century Revolution in Government : A Reappraisal', *The Historical Journal*, Vol. 1, No. 1, 1958, p. 57 ; 19 世紀行政革命を取り扱った邦文文献として，村岡健次『ヴィクトリア時代の政治と社会』ミネルヴァ書房，1980 年，248-255 頁；金子勝「産業革命期における教区制度の動揺——イギリス近代国家の世俗化と統治原理の転換」『社会科学研究』第 35 巻第 6 号，1984 年，148-151 頁参照。
136) K. Levitan, *A Cultural History of the British Census, Envisioning the Multitude in the Nineteenth Century*, New York, Palgrave Macmillan, 2011, p. 25.
137) S. J. Thompson, *op. cit.*, pp. 160, 180-182.
138) An Act to explain and amend Two Acts passed in the last Session of Parliament, for Marriages, and for registering Births, Deaths, and Marriages, in *England*, 1 Victoriae, c. 22, Sec. I-XXXVI.
139) An Act for the Amendment and better administration of the Laws relating to the Poor in England and Wales, 4 & 5 William IV, c. 76.
140) *First Annual Report of the Registrar-General*, p. 10.
141) *Ibid.*, pp. 11, 77.
142) An Act to amend the Law relating to the Registration of Births and Deaths in England, and to consolidate the Law respecting the Registration of Births and Deaths at Sea, *Law Reports*, The Public General Statutes, Thirty-Seventh and Thirty-Eighth Years of the Reign of Her Majesty Queen Victoria, 1874, c. 88.

143) D. Roberts, *Victorian Origins of the British Welfare State*, New Haven, Yale University Press, 1960, p. 50.
144) National Archives, RG29/1, Outward, 1836-1863, p. 236. この史料の閲覧に関して，東京外国語大学教授佐藤正広氏のお世話になった。記して御礼申し上げる。
145) *Report on the General Register Office*, 20th July, 1855, p. 8 in National Archives, RG29/5, Inward, 1836-1863, between p. 385 and p. 386.
146) National Archives, RG29/1, Outward 1836-1863, pp. 236-237.
147) この点に関しては，National Archives, RG27/1, *History of the Census of 1841 : the Registrar General's plan for taking the first Census by the Office with layout of forms and instructions*, 1841, pp. 73-74 を参照。
148) *The Westminster Review*, July, 1834, pp. 214-221.
149) 遺言書の史料としての特質，含まれる情報については，高橋基泰『イギリス検認遺言書の研究』東京経済情報出版，2016 年，4-11 頁を参照。
150) D. Roberts, *Victorian Origins of the British Welfare State*, p. 78.
151) *Ibid.*, p. 100.
152) *The Times*, March 12th 1834.
153) *Fiftieth Annual Report of the Registrar General of Births, Deaths, and Marriages in England* (1887), p. xix. なお，1837 年から身分登録本署長官年次報告書に記録された動態記録が最初の 5 年間に関する限り，正確ではなかった点については，T. Griffith, *Population Problems of the Age of Malthus*, Cambridge, CUP, 1926, pp. 15-16 を参照。
154) *First Annual Report of the Registrar General*, p. 4.
155) An Act for taking an Account of the Population of *Great Britain*, 3 & 4 Victoriae, c. 99, Section II.
156) National Archives, RG29/1, Outward 1836-1863, List of Clerks in the General Register Office, pp. 168-169.
157) National Archives, RG29/1, Outward 1836-1863, pp. 163-165.
158) この点については，Great Britain, Poor Law Commissioners for England and Wales, Vols. 1-7 ; *History of the Census of 1841*, pp. 2, 3, 40 参照。また，1841 年センサス実施に関する提言としては，ヨーロッパ各国のセンサス実施の状況とイギリスに適用する場合の注意点などを検討する「連合王国における 1841 年センサスの最良の方法を検討する委員会」（The Committee appointed to consider the best mode of taking the Census of the United Kingdom in 1841）の報告書，Anon, 'Report to the Council of the Statistical Society of London, from the Committee appointed to consider the best mode of taking the Census of United Kingdom in 1841', *Journal of the Statistical Society of London*, Vol. 3, No. 1, Apr., 1840, pp. 72-102 がある。
159) *The Statutes of the United Kingdom of Great Britain and Ireland*, An Act for taking an Account of the Population of Great Britain, 3 & 4 Victoriae, c. 99.
160) E. Higgs, 'The Annual Report of the Registrar General, 1839-1920 : A Textual History', pp. 57, 69.

161) National Archives, RG29/1, Outward ; RG29/5, Inward, RG29/17, The Registrar General's Private Letter Book, p. 7.
162) National Archives, RG29/17, Registrar General's Private Letter Book, p. 41.
163) E. Higgs, 'The Annual Report of the Registrar General, 1839-1920 : A Textual History', pp. 64-65, 71.
164) *Ibid.*, p. 66.
165) National Archives, RG29/5, Inward 1836-1863, pp. 229-230.
166) National Archives, RG29/5, Inward 1836-1863, p. 268.
167) National Archives, RG29/1, Outward 1836-1863, p. 236.
168) E. Higgs, 'The Annual Report of the Registrar General, 1839-1920 : A Textual History', p. 58.
169) National Archives, RG29/1, Outward 1836-1863, pp. 236-237.
170) National Archives, RG29/1, Outward 1836-1863, pp. 564-565.
171) National Archives, Inspectors' Reports, RG 61/18 and 26.
172) National Archives, Inspectors' Reports, RG 61/26.
173) National Archives, Inspectors' Reports, RG 61/26 ; National Archives, Inspectors' Reports, RG 61/18.
174) National Archives, RG29/1, Outward 1836-1863, pp. 555-556 ; RG29/5, Inward 1836-1863, p. 427.
175) National Archives, RG29/1, Outward 1836-1863, pp. 555-556.
176) National Archives, RG29/5, Inward 1836-1863, p. 427.
177) National Archives, RG29/1, Outward, inserted between p. 614 and p. 615.
178) E. Higgs, 'The Annual Report of the Registrar General, 1839-1920 : A Textual History', p. 68.

第2章　人口静態統計制度の展開

1) E. Higgs, *Life, Death and Statistics, Civil Registration, Censuses and the Work of the General Regsiter Office, 1836-1952*, A Local Population Studies Supplement, Hatfield, Local Population Studies, 2004, p. ix.
2) 坂巻清「歴史学についての断章」『立正大学人文科学研究所年報別冊』第 18 号，2012 年，8 頁．
3) M. Foucault, *La volonté de savoir*, *Histoire de la sexualité* 1, Paris, Gallimard, 1976, p. 184（渡辺守章訳『知への意志』『性の歴史』I，新潮社，1986 年，177 頁）．
4) *Ibid.*, pp. 180, 183 ; 前掲訳書 173，176 頁。
5) A. Giddens, *The Nation-State and Violence, Volume Two of A Contemporary Critique of Historical Materialism*, Cambridge, Polity Press, 1985, pp. 178-180, 184（松尾精文・小幡正敏訳『国民国家と暴力』而立書房，1999 年，206，208-209，213 頁）．
6) たとえば，18 世紀におけるスウェーデンの人口統計は，フーコーのいう「生に対する権力」の出現としての性格を持つものであるとする見解がある．石原俊時「「人口表」から「スウェーデン統計概観」へ——「統計」に見る国家と社会の相互関係」『北ヨー

ロッパ研究』(北ヨーロッパ学会) 第 2 号, 2006 年, 19-20 頁参照。
7) E. Higgs, *Life, Death and Statistics*, p. vii.
8) 阪上孝『近代的統治の誕生――人口・世論・家族』岩波書店, 1999 年, 1-3, 43-51 頁。
9) P. Hudson, *History by Numbers, An Introduction to Quantitative Approaches*, London, Arnold, 2000, p. 32.
10) I. Hacking, *The Taming of Chance*, Cambridge, CUP, 1990, p. 2 (石原英樹・重田園江訳『偶然を飼いならす――統計学と第二次科学革命』木鐸社, 2003 年, 5 頁).
11) *Ibid.*, pp. 2-3 (前掲訳書 5 頁).
12) *Ibid.*, pp. 6-7 (前掲訳書 10 頁).
13) I. B. Cohen, *The Triumph of Numbers, How Counting Shaped Modern Life*, New York, W. W. Norton Co., 2005, p. 95 (寺嶋英志訳『数が世界を作った――数と統計の楽しい教室』青土社, 2007 年, 114 頁).
14) *Ibid.*, pp. 166-167 (前掲訳書 198-199 頁).
15) B. Anderson, *Imagined Communities, Reflections on the Origin and Spread of Nationalism*, Revised Edition, London and New York, Verso, 1991, pp. 163-164 (白石さや・白石隆訳『増補 想像の共同体――ナショナリズムの起源と流行』NTT 出版, 1997/2002 年, 274-275 頁。ただし, 本書の訳は筆者による)。
16) *Ibid.*, pp. 168-169 (前掲訳書 281 頁).
17) *Ibid.*, p. 184 (前掲訳書 299 頁).
18) K. Levitan, *op. cit.*, pp. 3, 10, 42.
19) 佐藤正広『国勢調査と日本近代』一橋大学経済研究叢書 51, 岩波書店, 2002 年, 83-236 頁。
20) R. Pressat, *The Dictionary of Demography*, ed. by C. Wilson, Oxford, Blackwell, 1985, p. 27 ; なお, イギリスにおけるセンサスの系譜およびその刊行形態について詳しくは, 安元稔・山本千映「英国議会資料(センサス)映像化をめぐる諸問題」『地域研究』Vol. 7, No. 1, 2005 年, 171-183 頁参照。
21) R. Pressat, *op. cit.*, pp. 26-28.
22) T. Arkell, 'An Examination of the Poll Taxes of the Later Seventeenth Century, the Marrigae Duty Act and Gregory King' in *Surveying the People, The Interpretation and Use of Document Sources for the Study of Population in the Later Seventeenth Century*, Local Population Studies Supplement, ed. by K. Schurer and T. Arkell, Oxford, Leopard's Head Press Ltd., 1992, pp. 130-167.
23) *The Compton Census of 1676, A Critical Edition*, p. lxxii.
24) *The Diocesan Population Returns for 1563 and 1603*, p. xxiii.
25) *Ibid.*, p. xxv.
26) *Ibid.*, pp. lxxviii-lxxix.
27) *Ibid.*, p. xxv.
28) *Ibid.*, p. xxvi.
29) *Ibid.*, pp. xxvii, xxxi.

注（第2章） 361

30) *Ibid.*, pp. xxxiv-xxxv.
31) *Ibid.*, pp. xxxv-xl.
32) P. Laslett and R. Wall, *Household and Family in Past Time*, Cambridge, CUP, 1972, pp. 125-158.
33) *The Diocesan Population Returns for 1563 and 1603*, p. l.
34) *Ibid.*, p. lxix.
35) *Ibid.*, pp. liv-lvi.
36) *Ibid.*, pp. lvii-lviii.
37) *The State of the Church in the Reigns of Elizabeth and James I as Illustrated by Documents relating to The Diocese of Lincoln*, Vol. I, ed. by C. W. Foster, The Lincoln Record Society, Vol. 23, 1926, pp. 248-249 ; *The Diocesan Population Returns for 1563 and 1603*, pp. lxxx-lxxxi.
38) *The Compton Census of 1676, A Critical Edition*, p. lx.
39) *The Diocesan Population Returns for 1563 and 1603*, p. lxiii.
40) *Ibid.*, p. lix.
41) *Ibid.*, pp. lxxxii-lxxxv.
42) A. Whiteman, 'The Protestation Returns of 1641-1642 : Pt. I, The General Organisation', *Local Population Studies*, No. 55, Autumn, 1995, p. 17.
43) *Diocesan Population Returns for 1563 and 1603*, pp. lxvi-lxvii.
44) *Ibid.*, pp. lxix-lxxi.
45) E. A. Wrigley and R. S. Schofield, *The Population History of England 1541-1871*, p. 569.
46) E. A. Wrigley, R. S. Davies, J. E. Oeppen, and R. S. Schofield, *English Population History from Family Reconstitution 1580-1837* (E. A. Wrigley et al., *Family Reconstitution*), Cambridge, CUP, 1997, p. 614 ; *Diocesan Population Returns for 1563 and 1603*, pp. lxix-lxxi, lxxii.
47) *The Compton Census of 1676, A Critical Edition*, p. lxi.
48) A. Whiteman, 'The Protestation Returns of 1641-1642 : Pt. I, The General Organisation', p. 15.
49) *Journal of the House of Commons*, Vol. 2, 1640-1642, p. 389.
50) *Ibid.*, p. 389 ; A. Whiteman, 'The Protestation Returns of 1641-1642 : Pt. I, The General Organisation', p. 15.
51) A. Whiteman and V. Russell, 'The Protestation Returns, 1641-1642 : Pt. II, Partial Census or Snapshot? Some Evidence from Penwith Hundred, Cornwall', *Local Population Studies*, No. 56, Spring, 1996, pp. 22-23.
52) A. Whiteman, 'The Protestation Returns of 1641-1642 : Pt. I, The General Organisation', p. 17.
53) *Ibid.*, p. 18 ; A. Whiteman and V. Russell, *op. cit.*, pp. 19-21.
54) A. Whiteman, 'The Protestation Returns of 1641-1642 : Pt. I, The General Organisation', pp. 19-20.
55) A. Whiteman and V. Russell, *op. cit.*, p. 23.
56) A. Whiteman, 'The Protestation Returns of 1641-1642 : Pt. I, The General Organisation',

p. 21 ; A. Whiteman and V. Russell, *op. cit.*, p. 17 ; *The Compton Census of 1676, A Critical Edition*, p. lxi.
57) *The Compton Census of 1676, A Critical Edition*, pp. lxi-lxii.
58) A. Whiteman and V. Russell, *op. cit.*, pp. 27-28 ; *The Compton Census of 1676, A Critical Edition*, pp. 76-73 *et passim*.
59) T. Arkell, 'Printed Instructions for Administering the Hearth Tax' in *Surveying the People*, p. 38.
60) *Ibid.*, pp. 38, 40, 54.
61) T. Arkell, 'Multiplying Factors for Estimating Population Totals from the Hearth Tax', *Local Population Studies*, No. 28, Spring, 1982, p. 52.
62) *The Compton Census of 1676, A Critical Edition*, pp. xxiv-v.
63) *Ibid.*, pp. xxiv-v.
64) *Ibid.*, pp. li-liv.
65) *Ibid.*, pp. xxiv-v, lxxvi.
66) *Ibid.*, pp. xxix-xxi.
67) *Ibid.*, pp. xlv-xlvii, lvi-lvii.
68) *Ibid.*, pp. xxxii-xxxiii.
69) *Ibid.*, p. xlvii.
70) A. Whiteman, 'The Compton Census of 1676' in *Surveying the People*, p. 89.
71) *Ibid.*, p. 85.
72) T. Arkell, 'An Examination of the Poll Taxes of the Later Seventeenth Century, the Marriage Duty Act and Gregory King' in *Surveying the People*, pp. 142-177.
73) *The Compton Census of 1676, A Critical Edition*, pp. lvii-lxxvi.
74) E. A. Wrigley and R. S. Schofield, *The Population History of England 1541-1871*, pp. 33-37.
75) A. Whiteman, 'The Compton Census of 1676', p. 88.
76) *The Compton Census of 1676, A Critical Edition*, p. xliii.
77) *Ibid.*, p. xliv. ノッティンガム州クレイワースとクックノウ教区のコンプトン・センサス実施時と1688年における教区司祭による詳細な住民調査については, P. Laslett and J. Harrison, 'Clayworth and Cogenhoe' in *Historical Essays 1600-1750 presented to David Ogg*, London, Adam & Charles Black, 1963, pp. 182-184 を参照。
78) *The Compton Census of 1676, A Critical Edition*, p. lxxx.
79) P. Pett, *The Happy Future State of England*, London, 出版社不明, 1688, p. 118.
80) E. A. Wrigley et al., *Family Reconstitution*, p. 614.
81) 石原俊時「スウェーデンにおける人口統計の生成——教区簿冊と人口表」安元稔編著『近代統計制度の国際比較——ヨーロッパとアジアにおける社会統計の成立と展開』日本経済評論社, 2007年, 44頁。
82) 人口論争については, S. J. Thompson, *op. cit.*, pp. 34-40 ; K. Levitan, *op. cit.*, p. 17 ; R. Lee, *op. cit.*, p. 38.
83) P. M. Kitson, *op. cit.*, p. 232 ; R. Lee, *op. cit.*, p. 38.

84) P. M. Kitson, *op. cit.*, p. 233.
85) E. Higgs, *Life, Death and Statistics*, p. 216.
86) E. Higgs, 'A Cuckoo in the Nest? The Origins of Civil Registration and the State Medical Statistics in England and Wales', *Continuity and Change*, Vol. 11, No. 1, 1996, p. 120.
87) R. Pressat, *The Dictionary of Demography*, pp. 26-28.
88) 安元稔「初期ヴィクトリア朝イングランド工業都市の人口と家族」『徳川社会からの展望——発展・構造・国際関係』速水融他編、同文舘出版、1989年、128-130頁。
89) *History of the Census of 1841*, pp. 1-142.
90) *A Bill, with the Amendments, for Taking and Registering an annual Account of the Total Number of People, and the total Number of Marriages, Births, and Deaths ; and also the total Number of Poor receiving Alms from every Parish, and extraparochial Place, in Great Britain*, pp. 1-29.
91) *Ibid.*, p. 2.
92) *Ibid.*, p. 2.
93) *Ibid.*, p. 6.
94) *Ibid.*, p. 20.
95) *Ibid.*, p. 2.
96) *Hansard's The Parliamentary History of England*, Vol. XIV, 1813, Debate in the Commons on the Bill for Registering the Number of the People, cols. 1333-1334.
97) *A Bill, with the Amendments, for Taking and Registering an annual Account of the Total Number of People, and the total Number of Marriages, Births, and Deaths ; and also the total Number of Poor receiving Alms from every Parish, and extraparochial Place, in Great Britain*, pp. 12-17.
98) *Ibid.*, pp. 3-4.
99) *Ibid.*, p. 4.
100) *Ibid.*, p. 25.
101) 石原俊時「スウェーデンにおける人口統計の生成——教区簿冊と人口表」『近代統計制度の国際比較——ヨーロッパとアジアにおける社会統計の成立と展開』26-32頁参照。
102) K. Levitan, *op. cit.*, p. 16.
103) *A Bill, with the Amendments, for Taking and Registering an annual Account of the Total Number of People, and the total Number of Marriages, Births, and Deaths ; and also the total Number of Poor receiving Alms from every Parish, and extraparochial Place, in Great Britain*, p. 29.
104) 安元稔「イギリスにおける教区登録制度と民事登録制度——歴史的素描」『戸籍と身分登録』比較家族史学会監修、利谷信義・鎌田浩・平松紘編、早稲田大学出版部、1996年、268頁。
105) *Hansard's The Parliamentary History of England*, Vol. XIV, 1813, Debate in the Commons on the Bill for Registering the Number of the People, cols. 1317-1365 ; *The Gentleman's Magazine, and Historical Chronicle*, Vol. XXIII, London, E. Cave, 1753, November, pp. 499-500 ; 18世紀初頭における国家による私的財産の保護の試みについては、たとえば、J. Mokyr, *The Enlightened Economy, An Economic History of Britain 1700-1850*, New Haven and London, Yale University Press, 2009, p. 25を参照。

106) *A Bill, with the Amendments, for Taking and Registering an annual Account of the Total Number of People, and the total Number of Marriages, Births, and Deaths ; and also the total Number of Poor receiving Alms from every Parish, and extraparochial Place, in Great Britain*, p. 19.
107) *Hansard's The Parliamentary History of England*, Vol. XIV, Debate in the Commons on the Bill for Registering the Number of the People, cols. 1317-1318.
108) *Ibid.*, cols. 1350, 1362.
109) J. Mokyr, *op. cit.*, p. 25.
110) *Journals of the House of Commons*, 1750-1754, Vol. XXVI, pp. 102, 897-898.
111) *Hansard's The Parliamentary History of England*, Vol. XIV, 1813, Debate in the Commons on the Bill for Registering the Number of the People, cols. 1350-1351.
112) *Ibid.*, cols. 1317, 1350-1351 ; J. Brewer, *The Sinews of Power*, p. 54（前掲訳書，64-65 頁）.
113) *Hansard's The Parliamentary History of England*, Vol. XIV, 1813, Debate in the Commons on the Bill for Registering the Number of the People, cols. 1324, 1357-1358, 1362-1363. センサスの実施目的がこのように多様であり，人口調査は統治の不可欠の土台であるという主張は，すでに古く16世紀のフランスでなされている。この点については，阪上孝前掲書，18頁参照。
114) *Hansard's The Parliamentary History of England*, Vol. XIV, A. D. 1747-1753, Debate in the Commons on the Bill for Registering the Number of the People, cols. 1323, 1342, 1347-1348.
115) *Ibid.*, cols. 1325, 1344.
116) *Ibid.*, col. 1326.
117) *Ibid.*, col. 1347.
118) *Ibid.*, col. 1348.
119) *Ibid.*, col. 1349.
120) *Ibid.*, col. 1342.
121) *Ibid.*, col. 1319.
122) *Ibid.*, cols. 1319-1320, 1325.
123) *Ibid.*, cols. 1321, 1323-1324.
124) *Ibid.*, cols. 1333-1334, 1345-1346, 1352.
125) *The Gentleman's Magazine, and Historical Chronicle*, Vol. XXIII, London, E. Cave, 1753, December, p. 549.
126) *A Bill, with the Amendments, for Taking and Registering an annual Account of the Total Number of People, and the total Number of Marriages, Births, and Deaths ; and also the total Number of Poor receiving Alms from every Parish, and extraparochial Place, in Great Britain*, pp. 1, 19 ; *Hansard's The Parliamentary History of England*, Vol. XIV, 1813, Debate in the Commons on the Bill for Registering the Number of the People, cols. 1317-1318, 1322. ; E. Higgs, *Life, Death and Statistics*, pp. 8-10 ; E. Higgs, 'A Cuckoo in the Nest? ', pp. 118-120.
127) *Hansard's The Parliamentary History of England*, Vol. XIV, 1813, Debate in the Commons on the Bill for Registering the Number of the People, col. 1325.
128) E. Higgs, *Life, Death and Statistics*, p. 14.

129) *Hansard's The Parliamentary History of England from the Earliest Period to the Year 1803*, Vol. XV, A. D. 1753-1765, cols. 1-5, 19, 28, 43, 53, 66; E. A. Wrigley and R. S. Schofield, *The Population History of England 1541-1871*, p. 29; 安元稔「イギリスにおける教区登録制度と民事登録制度——歴史的素描」246-247 頁。

130) *The Statutes at Large*, 26 George II, c. 33; *Hansard's The Parliamentary History of England*, Vol. XXXI, 1836, cols. 372-374.

131) この点については, S. J. Thompson, *op. cit.*, p. 26 を参照。

132) *The Statutes at Large, An Act for the better preventing of Clandestine Marriages*, 26 George II, c. 33; *Hansard's The Parliamentary History of England*, Vol. XV, cols. 43, 66. なお,「無式婚姻禁止法」の意図の一つであったと思われる結婚登録簿の「許容性のある証拠」としての証拠能力の強化に関しては, B. Outhwaite, *Clandestine Marriage in England, 1500-1850*, London, Hambledon Press, 1995, pp. 87, 95 を参照。

133) *The Gentleman's Magazine, and Historical Chronicle*, Vol. XXIII, London, E. Cave, 1753, September, p. 453; 安元稔「イギリスにおける教区登録制度と民事登録制度——歴史的素描」247 頁。

134) *A Bill, with the Amendments, for Taking and Registering an annual Account of the Total Number of People, and the total Number of Marriages, Births, and Deaths; and also the total Number of Poor receiving Alms from every Parish, and extraparochial Place, in Great Britain*, p. 4.

135) *Hansard's The Parliamentary History of England*, Vol. XIV, 1813, Debate in the Commons on the Bill for Registering the Number of the People, cols. 1325, 1330, 1334, 1339, 1349, 1358, 1365.

136) *Ibid.*, col. 1320.

137) *Ibid.*, cols. 1343-1344, 1349.

138) *Ibid.*, cols. 1352-1353.

139) D. V. Glass, *Numbering the People*, p. 20; *Hansard's The Parliamentary History of England*, Vol. XIV, col. 1365; *Supplement to the Gentleman's Magazine, for the Year 1753*, p. 597-599.

140) *An Act for obliging Overseers of the Poor to make Returns, upon Oath, to certain Questions specified therein, relative to the State of the Poor, Statutes at Large*, 26 George III, c. 56.

141) J. Rickman, 'Thoughts on the Utility and Facility of Ascertaining the Population on England', *The Commercial and Agricultural Magazine*, Vol. 2, 1800, pp. 391-399.

142) E. Higgs, *John Rickman, 1771-1840* (http://www.histpop.org.).

143) E. A. Wrigley, 'Marriage, Fertility and Population Growth in Eighteenth-Century England' in *Marriage and Society, Studies in the Social History of Marriage*, ed. by R. B. Outhwaite, New York, St. Martin's Press, p. 138.

144) P. M. Kitson, *op. cit.*, p. 233.

145) F. W. Flinn, *British Population Growth 1700-1850*, London, Macmillan, 1970, p. 20.

146) リックマンの総人口推計方法とその修正については, E. A. Wrigley, *The Early English Censuses*, pp. 15-17, 99-121.

147) 第 1 回センサス成立の事情は, Sessional Papers における *Bill for Ascertaining the Popula-*

tion of Great Britain, Bill [as amended by the Committee] for Ascertaining the population of Great Britain, 19 and 20th November, 1800, Journals of the House of Commons, Vol. 55, 19th November 31st December, 1800 および前掲のリックマンの論文を検討することによってはっきりする。

148) *Journal of the House of Commons*, 1800, pp. 872, 874, *et passim*.
149) *Bill for taking an Account of the Population of Great Britain, and of the Increase or Diminution thereof, Journals of the House of Commons*, Vol. 56. この間の事情については，リックマンの書簡集をまとめた O. Williams, *Lamb's Friend the Census Taker, Life and Letters of John Rickman*, London, Constable and Co. Ltd., 1912 に詳しい解説がある。
150) この点に関しては，A. J. Taylor, 'The Taking of the Census, 1801-1951', *British Medical Journal*, Vol. 1, April 7, 1951, pp. 715-720 に簡単な解説がある。
151) W. Rickman, *Biographical Memoir of John Rickman, Esq., F.R.S. &c. &c.*, London, Privately published, 1841, p. 10.
152) *Ibid.*, p. 12.
153) *Ibid.*, pp. 12-13.
154) *Ibid.*, p. 14
155) *Ibid.*, p. 15.
156) *Ibid.*, pp. 15-16.
157) *Ibid.*, p. 16.
158) *Ibid.*, pp. 16-17.
159) *Ibid.*, p. 17.
160) *Ibid.*, p. 18.
161) 1841 年以降の「近代センサス」の統計思想と実施方法の詳細については，とりわけ National Archives, RG 27/1, *History of the Census of 1841* の分析によらなければならない。また，1841 年センサスの成立に関しては，山本千映「ヴィクトリアン・センサス——1841 年センサスの成立」(『近代統計制度の国際比較——ヨーロッパとアジアにおける社会統計の成立と展開』141-177 頁) を参照。
162) *Statutes at Large*, 41 George III, c. 15. なお，1801 年センサスにふれた邦文文献として，金子治平『近代統計形成過程の研究——日英の国勢調査と作物統計』法律文化社，1998 年，13-23 頁参照。
163) *Statutes at Large*, 41 George III, c. 15.
164) 1801～51 年のセンサスにおける陸海軍人・民兵・商船船員・年少者の脱漏率については，E. A. Wrigley, *The Early English Censuses*, pp. 18, 79-98 参照。
165) *Statutes at Large*, 41 George III, c. 15, p. 780.
166) *Ibid.*, pp. 777-780.
167) *Ibid.*, pp. 781-784.
168) *Hansard's The Parliamentary History of England*, Vol. XXXV, 1800-1801, cols. 598-601.
169) *Ibid.*, cols. 598-601.
170) *Ibid.*, col. 598.

注（第 2 章）

171) K. D. M. Snell, *Annals of the Labouring Poor, Social Change and Agrarian England, 1660-1900*, Cambridge, CUP, 1985, pp. 89, 208, 250.

172) *Hansard's The Parliamentary History of England*, Vol. XXXII, 1795, cols. 235-242；*Hansard's The Parliamentary History of England*, Vol. XXXV, cols. 777-854, 1004-1007, 1495-1505；*Reports from committees of the House of Commons*：Vol. 9, *Reports on the High Prices of Provisions*, 1795-1796, pp. 45-63, 1800-1801, 87-159. 1800～01 年の食糧供給の危機に関しては，たとえば J. Mokyr, *op. cit.*, p. 195；G. Clark, *The Price History of English Agriculture, 209-1914*, G. Clark, University of California, Davis, gclark@ucdavis.edu, October 9, 2003.

173) G. Clark, *op. cit.*, Table 4 より作成。

174) J. Mokyr, *op. cit.*, p. 474.

175) *Hansard's The Parliamentary History of England*, Vol. XXXV, 1800-1801, cols. 405-430, 601-651, 1051-1203.

176) *Ibid.*, cols. 610-616. フランス革命戦争中のセンサス，特に 1801 年センサスが，効率的な統治，財政収入増加，徴兵のために不可欠であり，同時に人口増加と繁栄の確証を得ることによって戦時の物価騰貴と課税強化に対する国内の不満を和らげるためにも必要であるとされた点については，たとえば，P. Hudson, *History by Numbers*, p. 31 参照。

177) E. A. Wrigley and R. S. Schofield, *The Population History of England 1541-1871*, pp. 404, 412；E. A. Wrigley, *Poverty, Progress, and Population*, Cambridge, CUP, 2004, p. 206；E. A. Wrigley, *Continuity, Chance and Change, The Character of the Industrial Revolution in England*, Cambridge, CUP, 1988, pp. 66-67；E. A. Wrigley, *People, Cities and Wealth, The Transformation of Traditional Society*, Oxford, Blackwell, 1987, p. 237. 小麦・小麦粉の輸出入，国内産商品価格指数，消費者物価指数，生計費については，B. R. Mitchell, *British Historical Statistics*, Cambridge, CUP, 1988, pp. 221, 720-721, 737, 770；P. H. Lindert and J. G. Williamson, 'English Workers' Living Standards during the Industrial Revolution, A New Look', *Econ. Hist. Rev.*, 2nd Ser., Vol. XXXVI, No. 1, 1983, p. 11；P. H. Lindert and J. G. Williamson, 'English Workers' Real Wages: Reply to Crafts', *Journal of Economic History*, Vol. XLV, No. 1, 1985, p. 148. 生計費のうち，括弧内の数字は修正値（1851 年基準）。

178) K. D. M. Snell, 'English Rural Societies and Geographical Marital Endogamy, 1700-1837', *Econ. Hist. Rev.*, Vol. LV, No. 2, 2002, p. 287.

179) この点に関するアボットの見解については，S. J. Thompson, *op. cit.*, pp. 46-47 参照。

180) E. A. Wrigley, *People, Cities and Wealth*, p. 238.

181) K. Levitan, *op. cit.*, p. 17；議会による情報収集に基づく国家形成とセンサス実施推進運動については，S. J. Thompson, *op. cit.*, p. 159.

182) E. A. Wrigley, *Continuity, Chance and Change*, pp. 66-67；E. A. Wrigley and R. S. Schofield, *The Population History of England 1541-1871*, pp. 442, 475. センサス実施直後の 1801 年 7 月 14 日に，4 つの州を除く 6 月 26 日現在の集計結果の速報が『タイムズ』誌上に公表されている。*The Times*, July 14, 1801, p. 3, Issue 5158, Col. B.

183) E. A. Wrigley and R. S. Schofield, *The Population History of England 1541-1871*, p. 408；

E. A. Wrigley, *People, Cities and Wealth*, pp. 239-240.

184) West Yorkshire Archive Service, Leeds District Archives, Leeds Township Census Enumerators' Returns 1801, LCA, LPC 104.

185) *Statutes at Large, An Act for taking an Account of the Population of Great Britain, and of the Increase or Diminution thereof*, 41 George III, c. 15.

186) 安元稔『イギリスの人口と経済発展——歴史人口学的接近』ミネルヴァ書房, 1982年, 339-341頁; M. Yasumoto, *Industrialisation, Urbanisation and Demographic Change in England*, pp. 86-91; 安元稔「産業革命期イギリス工業都市の疾病——リーズ篤志総合病院入退院台帳(一八一五——一八一七年)の分析」『社会経済史学』第59巻第1号, 1993年, 123頁。

187) West Yorkshire Archive Service, Leeds District Archives, Leeds Township Census Enumerators' Returns 1801, LCA, LPC 104.

188) *Ibid.* 2nd of North East Division, folio 24.

189) *Ibid.*, Millhill Division, folio 28.

190) M. Yasumoto, *Industrialisation, Urbanisation and Demographic Change in England*, p. 87.

191) *Ibid.*, p. 87.

192) *Ibid.*, pp. 168-187.

193) BPP, House of Commons, *Abstract, presented to the House of Commons, of the Answers and Returns made to the Population Act of 41st Geo.III, 1801*, p. 450.

194) West Yorkshire Archive Service, Leeds District Archives, Leeds Township Census Enumerators' Returns 1801, LCA, LPC 104; BPP, House of Commons, *Abstract, presented to the House of Commons, of the Answers and Returns made to the Population Act of 41st Geo.III, 1801*, p. 450.

195) この点に関しては, 情報史の観点から1801～41年センサスの世帯調査票デザインの変遷を探ったP. Stiff, P. Dobraszczyk and M. Esbester, 'Designing and Gathering Information : Perspectives on Nineteenth-Century Forms' in *Information History in the Modern World, Histories of the Information Age*, ed. by T. Weller, 2011, Basingstoke, Palgrave Macmillan, pp. 57-88; R. Wall, M. Woollard and B. Moring, *Census Schdules and Listings, 1801-1831 : An Introduction and Guide*, Colchester, Department of History, University of Essex, Research Tools, No. 2, 2004 and 2012, pp. 2-12 を参照。

196) 佐藤正広『帝国日本と統計調査——統治初期台湾の専門家集団』岩波書店, 2012年, 197頁。

197) *History of the Census of 1841*, pp. 1-96.

198) The Statutes of the United Kingdom of Great Britain and Ireland, *An Act for registering Births, Deaths, and Marriages in England*, 6 &7 Gulielmi IV, c. 86, Sect. VI, *'and every such annual General Abstract shall be laid before Parliament within one Month after Receipt thereof, or after the Meeting of Parliament'* ; *Guides to Official Sources, No.2, Census Report of Great Britain 1801-1931*, 1951, London, HMSO, p. 3.

199) *Guide to Census Reports, Great Britain 1801-1966*, London, HMSO, 1977, pp. 13-23.

200) *History of the Census of 1841.*
201) *Ibid.*, p. 56.
202) *Ibid.*, pp. 36-37, 70.
203) *Ibid.*, pp. 63-73.
204) *Supplement to the Forty-Fifth Annual Report of the Registrar General of Births, Deaths, and Marriages in England, 1885*; *Forty-fourth Annual Report of the Registrar General of Births, Deaths, and Marriages in England* (Abstracts of 1881), 1883; M. Yasumoto, *The Rise of a Victorian Ironopolis, Middlesbrough and Regional Industrialization*, Woodbridge, Boydell & Brewer, 2011, p. 68; M. Yasumoto, *Industrialisation, Urbanisation and Demographic Change in England*, pp. 74-75; 安元稔『製鉄工業都市の誕生――ヴィクトリア朝における都市社会の勃興と地域工業化』名古屋大学出版会, 2009 年, 169 頁。
205) D. Vincent, *Literacy and Popular Culture, England 1750-1914*, Cambridge, CUP, 1989, pp. 281-285.
206) National Archives, RG29/1, pp. 299-302.
207) BPP, House of Commons, *Superintendent Registrars' Districts, Return to an Order of the Honourable The House of Commons. dated 22 March 1847*, 1847 (648), pp. 2-5.
208) BPP, House of Commons, 1859 Session 1 (14) *Superintendent registrars. Return of the amount of fees and other emoluments*, pp. 2-11.
209) National Archives, RG29/1, Outward, pp. 286-287.
210) D. Roberts, *Victorian Origins of the British Welfare State*, pp. 99, 100-101, 309.
211) E. Higgs, 'The Annual Report of the Registrar General, 1839-1920, A Textual History', p. 59.
212) National Archives, RG29/1, pp. 93-94.
213) *A Bill To amend the Acts (An Act for taking an Account of the Population of Great Britain and An Act for taking an Account of the Population in Ireland) of the last Session for taking Account of the Population* [26th *March* 1841].
214) E. A. Wrigley, *The Early English Censuses*, pp. xvi, 5, 59-60.
215) *An Act for taking account of the Population of Great Britain*, [5th *August* 1850], 13 & 14 Victoriae, c. 53, Sec. I-XXVII.
216) 1801〜51 年のセンサス実施期日の変化については, E. A. Wrigley, *The Early English Censuses*, p. 26.
217) R. Lawton, *The Census and Social Structure, an Interpretative Guide to 19th Century Censuses for England and Wales*, London, Frank Cass, 1978, p. 16.
218) National Archives, Census Householder's Schedules, Llandyrnog, Denbighshire, Wales, 1851, HO 107/2505.
219) W. T. R. Pryce, 'Manuscript Census Records for Denbighshire in the Nineteenth Century', *Transactions of the Denbighshire Historical Society*, Vol. 22, 1973, pp. 196-197.
220) 写真 2-2・2-3：National Archives, Census Householder's Schedules, Llandyrnog, Denbighshire, Wales, 1851, HO 107/2505. 写真 2-4：National Archives, HO 107/2321, Leeds.
221) R. M. & G. A. Benwell, 'The 1851 Census in the Llandyrnog Sub-District', *Denbighshire*

Historical Society Transactions, Vol. 27, 1978, p. 202.
222) R. M. & G. A. Benwell, 'Interpreting the Census Returns for Rural Anglesey and Llyn', *Anglesey Antiquarian Society and Field Club Transactions*, 1973, pp. 111-129 with 7 tables from the household schedules ; R. M. & G. A. Benwell, 'The 1851 Census in the Llandyrnog Sub-District', *Denbighshire Historical Society Transactions*, Vol. 27, 1978, pp. 201-202 ; R. M. & G. A. Benwell, 'The Llandyrnog Householder's schedules for the 1851 Census', *Local Population Studies*, Vol. 28, 1982, p. 90.
223) BPP, House of Commons, *Forms and Instructions, 1851 Census* [1339], pp. 7-8.
224) W. T. R. Pryce, 'Manuscript Census Records for Denbighshire in the Nineteenth Century', pp. 170-171.
225) BPP, House of Commons, 1843 (494), *Public income and expenditure*, p. 6.
226) BPP, House of Commons, 1852 (485), *Public income and expenditure*, p. 6.
227) BPP, House of Commons, 1841 Session 2 (42), *Population payment*. A bill to provide for payment of the persons employed in taking an account of the population in England : BPP, House of Commons, 1854 (442) *Census* (1841 and 1851). Returns of the expenses incurred in taking the census of Great Britain in 1841 and in 1851, showing the number of persons enumerated, the heads of information comprised in the inquiry, and the cost per 1,000 of the population. Return showing the Expense of the Census of Great Britain in 1851, incurred at the Central Office (exclusive of Potage), and the Sums paid to several Classes of Local Officers, and the Number of each Class employed in enumerating the Population in England and Wales ; and the Expense incurred at the Central Office (exclusive of Postage), and of the Sums paid to the Local Officers in taking the Census of 1841). BPP, House of Commons, 1875 (377) *Census* (expenses). Returns of the expenses incurred in taking the census of England and Wales in 1871, in the form of Parliamentary Paper, no. 544, of session 1863, continuing the comparisons of former charges on account of the census in 1841, 1851, and 1861 : similar return for Scotland ; and, similar return for Ireland, p. 2.
228) BPP, House of Commons, 1854 (442) *Census* (1841 and 1851), p. 4 (336).
229) K. Levitan, *op. cit.*, p. 40.
230) BPP, House of Commons, 1852 (485) *Public Income and Expenditure*, p. 11.
231) BPP, House of commons, 1854 (262) *Supply*, p. 13 (719).
232) BPP, House of Commons, 1854 (262) *Supply*, p. 15 (721).
233) BPP, House of Commons, 1854 (262) *Supply*, pp. 3 (709), 15 (721) ; *The Parliamentary Debates, House of Commons*, 30th July, 1855, Vol. 139, col. 1538 ; なお, 1854年における「行政事務費」の予算額は, 6,644,781 ポンド, 1855 年は 6,556,963 ポンド, 1853 年は 4,802,184 ポンドであった。
234) BPP, House of Commons, *Supply, Account of the sums voted in supply in each year from 1835 to 1853*, BPP, House of commons, 1854 (262), *Supply*, p. 3.
235) BPP, House of Commons, *Public income and expenditure. An account of the public income and expenditure of the United Kingdom, for three years, ended 5 January 1850, 1851, and 1852*,

1852 (485), p. 3.
236) K. Levitan, *op. cit*., p. 37.

第3章　出生から結婚まで

1) E. A. Wrigley and R. S. Schofield, *The Population History of England, 1541-1871*；安元稔「リグリー・スコッフィールド『イングランドの人口史，1541-1871 年，一つの復元』に寄せて」『経済研究』（一橋大学）第 34 巻第 4 号，1983 年，360-363 頁参照．
2) M. R. Watts, *The Dissenters, from the Reformation to the French Revolution*, Oxford, OUP, 1978, p. 270. なお，17 世紀後半における非国教徒に関しては，A. Whiteman, 'The Compton Census of 1676' in *Surveying the People*, pp. 91-96 を参照．
3) R. Lee, 'Estimating Series of Vital Rates and Age Structures from Baptism and Burials : A New Technique, with Applications to Pre-industrial England', *Population Studies*, Vol. 28, No. 3, 1974, pp. 495-512 ; J. Oeppen, 'Back Projection and Inverse Projection : Members of a Wider Class of Constrained Projection Models', *Population Studies*, Vol. 47, No. 2 (July, 1993), pp. 245-267.
4) E. A. Wrigley and R. S. Schofield, *The Population History of England, 1541-1871*, p. 188.
5) *Ibid*., p. 449.
6) *Ibid*., pp. 269-284.
7) *Ibid*., pp. 236-248
8) *Ibid*., pp. 265-269.
9) *Ibid*., p. 369.
10) *Ibid*., pp. 459-490.
11) M. W. Flinn, 'The Population History of England, 1541-1871', *Econ. Hist. Rev*, 2nd ser., Vol. XXXV, No. 3, 1982, pp. 451-455.
12) *The Diocesan Population Returns for 1563 and 1603*, pp. xliii-xlvi.
13) E. A. Wrigley and R. S. Schofield, *The Population History of England, 1541-1871*, p. 529.
14) E. A. Wrigley et al., *Family Reconstitution*, p. 355.
15) J. E. Knodel, *Demographic Behavior in the Past, A Study of Fourteen German Village Populations in the Eighteenth and Nineteenth Centuries*, Cambridge, CUP, 1988, p. 250 ; E. A. Wrigley et al., *Family Reconstitution*, p. 503.
16) E. A. Wrigley et al., *Family Reconstitution*；安元稔「家族復元法」『人口大事典』培風館，2003 年，431-437 頁参照．家族復元教区の地理的分布（図 3-1）は，E. A. Wrigley et al., *Family Reconstitution*, p. 31 参照．
17) E. A. Wrigley et al., *Family Reconstitution*, p. 41.
18) *Ibid*., p. 43.
19) *Ibid*., pp. 57-72.
20) R. Lee, *op. cit*., p. 53.
21) D. V. Glass, 'Preface' in The Demography of the British Peerage, *Population Studies*, Vol. 18, No. 2, Supplement, Nov., 1964, p. ii ; イギリスにおける歴史人口学研究史料の制約につ

いては，R. Lee, *op. cit.*, p. 36 を参照。

22) スウェーデンにおける人口統計史料について詳しくは，石原俊時「スウェーデンにおける人口統計の生成——教区簿冊と人口表」『近代統計制度の国際比較——ヨーロッパとアジアにおける社会統計の成立と展開』1-51 頁参照。

23) M. Yasumoto, 'How Accurate is the Methley Baptismal Registration?', *Local Population Studies*, No. 35, 1985, pp. 19-24 ; 安元稔『イギリスの人口と経済発展』15-20 頁 ; M. Yasumoto, *Industrialisation, Urbanisation and Demographic Change in England*, pp. 2-6.

24) 安元稔『イギリスの人口と経済発展』21 頁 ; M. Yasumoto, *Industrialisation, Urbanisation and Demographic Change in England*, p. 7.

25) E. A. Wrigley et al., *Family Reconstitution*, p. 113.

26) *Ibid.*, pp. 574-577.

27) *Ibid.*, pp. 216-217, 219-225, 231-235, 259-260.

28) *Ibid.*, pp. 103-106. 図 3-2 は，p. 104 参照。

29) E. A. Wrigley, 'Family Limitation in Pre-industrial England', *Econ. Hist. Rev.*, 2nd ser., 19, 1966, pp. 82-109.

30) C. C. Morrell, 'Tudor Marriage and Infantile Mortality', *The Journal of State Medicine : A Journal of Preventive Medicine, Royal Institute of Public Health*, Vol. 43, 1935, pp. 173-181.

31) *Ibid.*, p. 179.

32) *Ibid.*, p. 179.

33) *Ibid.*, p. 180 ; E. A. Wrigley et al., *Family Reconstitution*, p. 226.

34) G. Newton, 'Recent Developments in Making Family Reconstitution', *Local Polulation Studies*, No. 87, Autumn 2011, pp. 84-89.

35) G. Newton, 'Family Reconstitution in an Urban Context : Some Observations and Methods', *Cambridge Working Papers in Economic and Social History*, No. 12, July 2011 ; minor revisions January 2013, pp. 3-34.

36) L. Henry, 'Some Data on Natural Fertility', *Eugenics Quarterly*, Vol. 8, 1961, pp. 238-246 (木下太志訳「自然出生力とは何か」速水融編『歴史人口学と家族史』藤原書店, 2003 年, 218-234 頁).

37) E. A. Wrigley et al., *Family Reconstitution*, p. 224 ; M. Livi Bacci, *The Population of Europe : A History*, Oxford, Blackwell, 2000, pp. 107-108.

38) M. Livi Bacci, *op. cit.*, p. 110.

39) E. A. Wrigley, 'Marriage, Fertility and Population Growth in Eighteenth-Century England' in *Marriage and Society, Studies in the Social History of Marriage*, pp. 167-171.

40) J. E. Knodel, *Demographic Behavior in the Past, A Study of Fourteen German Village Populations in the Eighteenth and Nineteenth Centuries*, p. 250.

41) E. A. Wrigley and R. S. Schofield, *The Population History of England, 1541-1871*, pp. 417-443.

42) J. E. Knodel, *op. cit.*, p. 250 ; E. A. Wrigley et al., *Family Reconstitution*, pp. 503, 554-555 ; M. Livi Bacci, *op. cit.*, pp. 96, 111.

43) A. Macfarlane, *Marriage and Love in England, Modes of Reproduction 1300-1840*, Oxford, B. Blackwell, 1986, pp. 20-48(北本正章訳『再生産の歴史人類学』勁草書房, 1999年, 2-56頁).
44) T. R. Maltus, *Essay on the Principle of Population*, London, J. Johnson, 1798, p. 63(永井義雄訳『人口論』中央公論社, 1973年, 50頁).
45) T. Bengtsson and M. Dribe, 'Agency, Social Class, and Fertility in Southern Sweden, 1766 to 1865' in N. O. Tsuya, Wang Feng, G. Alter, J. Z. Lee et al., *Prudence and Pressure, Reproduction and Human Agency in Europe and Asia, 1700-1900*, Cambridge, Massachusetts and London, The MIT Press, 2010, pp. 159-194.
46) G. Alter, M. Neven and M. Oris, 'Economic Change and Differential Fertility in Rural Eastern Belgium, 1812 to 1875' in *Prudence and Pressure*, pp. 195-216.
47) M. Breschi, R. Derosas, M. Manfredini and R. Rettaroli, 'Patterns of Reproductive Behavior in Preindustrial Italy : Casalguidi, 1819 to 1859, and Venice, 1850 to 1869' in *Prudence and Pressure*, pp. 217-248.
48) なお, ヨーロッパ以外の地域, たとえば近世日本における結婚制度については, 特に地域性を強調した溝口常俊「近世屋久島における世帯構成と「夫問い(ツマドイ)婚」」『徳川日本の家族と地域性――歴史人口学との対話』落合恵美子編著, ミネルヴァ書房, 2015年所収, 155-186頁;中島満大「西南海村の人口・結婚・婚外出生」同書所収, 187-216頁, 木下太志「近代化初期における日本の地域性」同書所収, 396-397頁がある.
49) J. Hajnal, 'European Marriage Patterns in Perspective' in *Population in History, Essays in Historical Demography*, p. 101(木下太志訳「ヨーロッパ型結婚形態の起源」速水融編『歴史人口学と家族史』350頁).
50) P. Laslett, 'Mean Household Size in England since the Sixteenth Century' in *Household and Family in Past Time*, pp. 125-158 ; R. Wall, 'Mean Household Size in England from Printed Sources' in *Household and Family in Past Time*, pp. 159-203.
51) E. A. Hammel and P. Laslett, 'Comparing Household Structure over Time and between Cultures', *Comparative Studies in Society and History*, Vol. 16, No. 1, 1974, pp. 73-109(落合恵美子訳「世帯構造とは何か」速水融編『歴史人口学と家族史』303-348頁).
52) イギリスにおける近世・近代の結婚・家族形成については, A. Kussmaul, *A General View of the Rural Economy of England, 1538-1840*, Cambridge, CUP, 1990, pp. 141-142を参照.
53) J. Hajnal, 'Two Kinds of Preindustrial Household Formation System', *Population and Development Review*, Vol. 8, No. 3, 1982, pp. 449-494(浜野潔訳「前工業化期における二つの世帯形成システム」速水融編『歴史人口学と家族史』415-477頁).
54) P. M. Kitson, *op. cit.*, pp. 238-239.
55) E. Todd, *Linvention de L'Europe*, Paris : les Editions du Seuil, 1990, pp. 29-67(石崎晴己・東松秀雄訳『新ヨーロッパ大全』I, 1992年, 藤原書店, 40-87頁).
56) E. Todd, *L'origine des systèmes familiaux*, Tome 1, L'EURASIE, Paris, Éditions Gillimard,

2011, pp. 308-309（片桐友紀子他訳『家族システムの起源』I, ユーラシア下，藤原書店，2016 年，426-427 頁）.
57) *Ibid.*, p. 398（前掲訳書 541-542 頁）.
58) J. Goody, *The Development of the Family and Marriage in Europe*, Cambridge, CUP, 1983, pp. 8-9 ; J. Goody, 'Comparing Family Systems in Europe and Asia : Are There Different Sets of Rules ?', *Population and Development Review*, Vol. 22, No. 1, 1996, pp. 1-20.
59) P. Guichard, *Structures sociales « orientales » et « occidentales » dans l'Espagne musulmane*, Paris, Mouton (E. H. E. S. S., Civilisation et sociétés), 1977, p. 19.
60) G. W. Skinner, 'Family Systems and Demographic Processes' in *Anthropological Demography, Toward a New Synthesis*, ed. by D. I. Kertzer and T. Fricke, Chicago and London, University of Chicago Press, 1997, pp. 53-95.
61) *The Societies of Europe, The European Population 1850-1945, A Series of Historical Data Handbooks on the Development of Europe from the Nineteenth to the End of the Twentieth Century*, ed. by P. Flora, F. Kraus and F. Rothenbacher, Basingstoke, Palgrave Macmillan, 2002, pp. v-846.
62) 最も新しい「ヨーロッパ型結婚慣習」に関する論文として，E. A. Wrigley, 'European Marriage Patterns and Their Implications : John Hajnal's Essay and Historical Demography during the Last Half-Century' in *Population, Welfare and Economic Change in Britain 1290-1834*, ed. by C. Briggs, P. M. Kitson and S. J. Thompson, Woodbridge, Boydell & Brewer, 2014, pp. 15-41 を参照。なお，ミッテラウアーのいうヨーロッパ家族の中世以来の固有性については，M. Mitterauer, *Why Europe, The Medieval Origins of Its Special Path*, translated by Gerald Chapple, Chicago and London, University Chicago Press, 2010, Chapter 3, 'The Conjugal Family and Bilateral Kinship : Social Flexibility through Looser Ties of Descent', pp. 58-98 を参照。
63) D. H. Cullum, *Society and Economy in West Cornwall C1588-1750*, Unpublished Ph. D. thesis, University of Exeter, 1993, Vol. II, p. 288.
64) *Ibid.*, p. 290.
65) *Ibid.*, p. 292. なお，19 世紀末期から 20 世紀初頭における家族規模の決定要因については，E. Garret, A. Reid, K. Schurer and S. Szreter, *Changing Family Size in England and Wales, Place, Class and Demography, 1891-1911*, Cambridge, CUP, 2001, pp. 24-470 を参照。
66) E. Todd, *L'origine des systèmes familiaux*, Tome 1. L'EURASIE, p. 401（前掲訳書 546 頁）.
67) *Ibid.*, p. 401（前掲訳書 543 頁）.
68) B. Deacon, *The Cornish Family, The Roots of Our Future*, with S. Schwartz and D. Horman, Fowey, Cornwall Edition, 2004, pp. 37-38.
69) E. Todd, *L'origine des systèmes familiaux*, Tome 1. L'EURASIE, p. 394（前掲訳書 537 頁）.
70) P. Flora, F. Kraus and F. Rothenbacher, 'Introduction' in *The Societies of Europe, The European Popluation, 1850-1945*, p. 34.
71) R. Wall, 'Limitations on the Role of British Households as an Economic Units' in *Finding 'Ie' in Western Society : Historical Empirical Study for the Parallelling and Contrasting between*

Japan and Europe, ed. By M. Takahashi, *Ehime University Economic Study Series*, 17, 2013, pp. 163-197.

72) C. L. Lundh and S. Kurosu, 'Similarities and Differences in Pre-modern Eurasian Marriage' in C. Lundh, S. Kurosu et al., *Similarity in Differences, Marriage in Europe and Asia, 1700-1900*, Cambridge Massachusetts and London, The MIT Press, 2014, p. 439.

73) C. Lundh and S. Kurosu, 'Challeging the East-West Binary' in C. Lundh, S. Kurosu et al., *Similarity in Differences*, pp. 8, 18-20.

74) T. Bengtsson, in collaboration with M. Oris, M. Manfredini, C. Campbell, and S. Kurosu, 'The Influence of Economic Factors on First Marrgiage in Historical Europe and Asia' in *Similarity in Differences*, pp. 140-167.

75) C. Lundh and S. Kurosu, 'Challeging the East-West Binary' in *Similarity in Differences*, p. 8 ; S. Kurosu, C. Lundh and M. Breschi, in collaboration with C. Campbell, M. Manfredini and G. Alter, 'Remarriage, Gender, and Rural Households : A Comparative Analysis of Widows and Widowers in Europe and Asia' in *Similarity in Differences*, pp. 177-186, 190-203.

76) P. Laslett, 'Family, Kinship and Collectivity as Systems of Support in Preindustrial Europe : a Consideration of the "Nuclear-hardship" Hypothesis', *Continuity and Change*, Vol. 3, pt. 2, 1988, pp. 153-170；安元稔「一七〜一八世紀ヨーロッパの人口変動」『歴史における自然』（シリーズ世界史への問い1）柴田三千雄他編，岩波書店，1989年，51頁。

77) R. Wall, 'Limitations on the Role of British Households as an Economic Units', pp. 172-173.

78) *Ibid.*, p. 192,

79) *Ibid.*, p. 173；このような親族による公的救済の費用償還・費用分担については，大沢真理『イギリス社会政策史――救貧法と福祉国家』東京大学出版会，1986年，31-35頁参照。

80) F. Eden, *The State of the Poor*, Vol. III, 1797, London, J. Danis, for B. & J. White, pp. 796-798 ; C. Booth, *The Aged Poor in England and Wales*, London and New York, Macmillan and Co., 1894, pp. 339-352.

81) 黒須里美・津谷典子・浜野潔「徳川期後半における初婚パターンの地域差」46-48頁；黒須里美「婿取り婚と嫁入り婚――東北農村における女子の結婚とライフコース」72-74頁（黒須里美編著『歴史人口学からみた結婚・離婚・再婚』麗澤大学出版会，2012年，所収）。

82) E. A. Wrigley et al., *Family Reconstitution*, p. 149.

83) Wrigley and Schofield, *The Population History of England, 1541-1871* の成果に依りつつ，イギリスにおける結婚の特質について議論した論文として，R. Schofield, 'English Marriage Patterns Revisited', *Journal of Family History*, Vol. 10, 1985, pp. 2-20 がある。生涯独身率，結婚年齢と経済的条件（実質賃金）との関わりに関する指摘を参照。

84) E. A. Wrigley et al., *Family Reconstitution*, pp. 171-182.

85) J. Hajnal, 'European Marriage Patterns in Perspective', p. 104.

86) M. W. Flinn, *The European Demographic System, 1500-1820*, Baltimore, Johns Hopkins University Press, pp. 118-120 ; E. A. Wrigley et al., *Family Reconstitution*, p. 224 ; M. Livi

Bacci, *op. cit.*, pp. 107-108；安元稔「一七〜一八世紀ヨーロッパの人口変動」48 頁。
87) P. Laslett, and K. Oosterveen, 'Long-term Trends in Bastardy', *Population Studies*, Vol. 27, 1973, pp. 276-280.

第 4 章　移動，そして生の終着点へ

1) E. G. Ravenstein, 'The Laws of Migration', *Journal of the Royal Statistical Society*, Vol. XLVIII, 1885, pp. 173-175, 187-188, 198-199 ; E. G. Ravenstein, 'The Laws of Migration, Second Paper', *Journal of the Royal Statistical Society*, Vol. LII, 1889, pp. 246-247, 286-289 ; A. Redford, *Labour Migration in England 1800-1850*, Manchester, Manchester University Press, 2nd edn., 1964, pp. 62-80, 97-149 ; A. K. Cairncross, 'Internal Migration in Victorian England', *The Manchester School of Economic and Social Studies*, Vol. 17, 1949, pp. 78-79 ; A. K. Cairncross, *Home and Foreign Investment 1870-1913*, *Studies in Capital Accumulation*, Cambridge, CUP, 1953, pp. 65-83.

2) P. Deane and W. A. Cole, *British Economic Growth 1688-1959*, Cambridge, CUP, 1967, 2nd edn., pp. 9-11. この点を整理したものとして，S. Nicholas and P. Shergold, 'Internal Migration in England, 1818-1839', *Journal of Historical Geography*, Vol. 13, No. 2, 1987, pp. 155-158 を参照。また，イギリスにおける 18・19 世紀の人口移動の特徴，特に近距離移動の優位については，C. G. Pooley and J. Turnbull, 'Migration and Mobility in Great Britain from the Eighteenth to the Nineteenth Centuries', *Local Population Studies*, No. 57, Autumn, 1996, p. 55 ; C. G. Pooley and S. D'Cruize, 'Migration and Urbanization in North-west England circa 1760-1830', *Social History*, Vol. 19, No. 3, 1994, p. 348 ; C. G. Pooley and J. Turnbull, 'Migration Trends in British Rural Areas from the 18th to the 20th Centuries', *International Journal of Population Geography*, Vol. 2, 1996, p. 230.

3) P. B. Grigg, 'E. G. Ravenstein and the "Laws of Migration"', *Journal of Historical Geography*, Vol. 3, No. 1, 1977, pp. 44-54. 19 世紀イギリス人口移動研究の問題点を整理し，今後の課題を展望したものとして，C. G. Pooley and I. D. Whyte, 'Introduction, Approach to the Study of Migration and Social Change' in *Migrants, Emigrants and Immigrants, A Social History of Migration*, ed. by C. G. Pooley and I. D. Whyte, London, Routledge, 1991, pp. 1-15 ; 安元稔「センサス個票から見た近代イギリスの人口移動——一八五一年のリーズ」『近代移行期の家族と歴史』速水融編，ミネルヴァ書房，2002 年，161-203 頁を参照。1960 年代までの国内人口移動の研究動向については，R. Lee, *op. cit.*, pp. 51-52 参照。

4) M. Anderson, *Family Structure in Nineteenth Century Lancashire*, Cambridge, CUP, 1971, pp. 79-98, 136-161.

5) A. Armstrong, *Stability and Change in an English County Town : A Social Study of York 1801-51*, Cambridge, CUP, 1974, pp. 77-107 *et passim*.

6) R. S. Schofield, 'Age-specific Mobility in an Eighteenth Century Rural English Parish', *Annales de démographie historique*, 1970, pp. 264-274.

7) D. B. Grigg, *op. cit.*, p. 54 ; C. G. Pooley and S. D'Cruze, *op. cit.*, p. 339.

8) E. A. Wrigley and R. S. Schofield, *The Population History of England, 1541-1871*, pp.

269-284, 463-466, 527-535, *et passim*.

9) E. A. Wrigley et al., *Family Reconstitution*, pp. 16, 20, 515-544 *et passim*; E. A. Wrigley and R. S. Schofield, 'English Population History from Family Reconstitution: Summary Results 1600-1799', *Population Studies*, Vol. 37, 1983, pp. 157-184（山本千映訳「家族復元法によるイングランド人口史」速水融編『歴史人口学と家族史』235-276 頁). 家族復元分析の結果を人口移動分析に応用したものとして, D. Souden, 'Movers and Stayers in Family Reconstitution Populations', *Local Population Studies*, No. 33, 1984, pp. 11-28 を参照. なお, 家族復元分析における人口移動の問題点については, J. Lucassen and L. Lucassen, 'Migration, Migration History, History: Old Paradigms and New Perspectives' in *Migration, Migration History, History: Old Paradigms and New Perspectives*, ed. by J. Lucassen and L. Lucassen, Bern, Peter Lang, 1997, p. 34.

10) この点に関しては, 主として近世都市を対象とするものではあるが, P. クラークの次の論稿を参照. P. Clark, 'Migrants in the City: The Process of Social Adaptation in English Towns 1500-1800' in *Migration and Society in Early Modern England*, ed. by P. Clark and D. Souden, London, Hutchinson 1987, pp. 267-291; P. Clark, 'The Reception of Migrants in English Towns in the Early Modern Period' in *Immigration et Société Urbaine en Europe Occidentale XVIe-XXe Siècles*, ed. by E. Francois, Paris, Éditions Recherche sur les Civilisations, 1985, pp. 53-63; K. Schurer, 'The Role of the Family in the Process of Migration' in *Migrants, Emigrants and Immigrants, A Social History of Migration*, pp. 106-142.

11) 1871 年センサス原簿を用いて, 19 世紀後半のリヴァプールにおけるアイルランド・ウェールズ・スコットランドからの移住者の居住地域を取り扱った興味深い研究として, C. G. Pooley, 'The Residential Segregation of Migrant Communities in Mid-Victorian Liverpool', *Trans. of the Institute of British Geographers*, New Series, Vol. 2, No. 3, 1977, pp. 368-380; 同じく, 19 世紀後半におけるウェールズ地方からイングランド諸都市への人口移動の特徴を分析したものとして, C. G. Pooley, 'The Longitudinal Study of Welsh Migration to English Towns in the Nineteenth Century' in *Migrants, Emigrants and Immigrants, A Social History of Migration*, pp. 149-170; C. G. Pooley, 'Welsh Migration to England in the Mid-Nineteenth Century', *Journal of Historical Geography*, Vol. 9, No. 3, 1983, pp. 298-303 等がある.「馬鈴薯飢饉」(Potato Famine) 以後のアイルランド人のイングランド諸都市への移入の形態, 都市内の居住地区の形成, イギリス人住民との軋轢, 差別について包括的に取り扱ったものとして, M. A. G. OTuathaigh, 'The Irish in Nineteenth Century Britain: Problems of Integration', *Trans. of the Royal Historical Society*, 5th ser., Vol. 31, 1981, pp. 149-173. イギリス地方都市におけるアイルランド人移住民については, とりあえず, C. Richardson, 'Irish Settlement in Mid-Nineteenth Century Bradford', *Yorkshire Bulletin of Economic and Social Research*, Vol. 20, 1968, pp. 40-57; T. Dillon, 'The Irish in Leeds, 1851-1861', *The Pub. of the Thoresby Soc.*, Vol. LIV, Pt. 1, No. 119, 1973, pp. 1-28.

12) E. J. Hobsbawm, *Labouring Men, Studies in the History of Labour*, London, Weidenfeld and Nicolson, 1967, pp. 34-63（鈴木幹久・永井義雄訳『イギリス労働史研究』ミネルヴァ

書房，1968 年，31-58 頁). この時代の都市における労働市場の実態について簡単にふれたものとして，たとえば，M. Anderson, 'Urban Migration in Victorian Britain : Problems of Assimilation?' in *Immigration et Société Urbaine en Europe Occidentale XVIe–XXe Siècles*, p. 87 を参照．

13) H. R. Southall, 'Mobility, Artisan Community and Popular Politics in Early Niniteenth-Century England' in *Urbanizing Britain, Essays on Class and Community in the Nineteenth Century*, ed. by G. Kearns and C. W. J. Withers, Cambridge, CUP, 1991, p. 105.

14) H. R. Southhall, 'The Tramping Artisan Revisits : Labour Mobility and Economic Distress in Early Victorian England', *Econ. Hist. Rev.*, Vol. XLV, No. 2, 1991, pp. 281-283.

15) *Ibid.*, pp. 286-287. 職能団体を含む聖俗の公式的な団体ではなく，地縁・血縁・友人といった非公式の紐帯が移動において大きな意味をもっていたという点については，L. P. Moch, 'The European Perspective : Changing Conditions and Multiple Migrations, 1750-1914' in *European Migrants, Global and Local Perspectives*, ed. by D. Hoerder and L. P. Moch, Boston, Northeastern University Press, 1996, p. 132 ; C. G. Pooley and S. D'Cruze, *op. cit.*, p. 351 を参照．19 世紀後半の北東部イングランドにおける機械工職能団体の支援による移動については，M. Yasumoto, *The Rise of a Victorian Ironopolis, Middlesbrough and Regional Industrialization*, pp. 137-146 ; 安元稔『製鉄工業都市の誕生——ヴィクトリア朝における都市社会の勃興と地域工業化』213-225 頁参照．

16) P. Clark, 'Migrants in the City : The Process of Social Adaptation in English Towns 1500-1800' in *Migration and Society in Early Modern England*, pp. 283-285 ; P. Clark and D. Souden, 'Introduction' in *Migration and Society in Early Modern England*, p. 35.

17) R. Finlay, *Population and Metropolis, the Demography of London, 1580-1650*, pp. 15, 64-69, 126-130 ; 18 世紀における救貧史料から移動する貧民の動向を追った研究については，中野忠「移動する貧民たち——18 世紀ロンドンの救貧資料から」『地域間の歴史世界・移動・衝突・融合』鈴木健夫編，早稲田大学出版部，2008 年，60-97 頁参照．また，中野忠「イギリス近世都市における移動，役職，地域社会——ロンドンの事例から」『早稲田社会科学総合研究』第 10 巻第 3 号，2010 年 3 月，1-22 頁も参照．

18) C. G. Pooley and J. Turnbull, 'Migration and Mobility in Great Britain from the Eighteenth to the Nineteenth Centuries', pp. 50-54, 64-65 ; C. G. Pooley, 'Counterurbanization : The Nineteenth Century Origins of a Late-Twentieth Century Phenomenon', *Area*, Vol. 28, No. 4, 1996, pp. 515, 520-523.

19) J. A. Phillips, 'Working and Moving in Early-Nineteenth-century Provincial Towns' in *Work in Towns 850-1850*, ed. by P. J. Corfield and D. Keene, Leicester, Leicester University Press, 1990, p. 194.

20) D. Ward, 'Environs and Neighbours in the "Two Nations", Residential Differentiation in Mid-Nineteenth-century Leeds', *Journal of Historical Geography*, Vol. 6, No. 2, 1980, pp. 146-147, 157.

21) T. Dillon, *op. cit.*, pp. 10-11.

22) R. Dennis, *English Industrial Cities of the Nineteenth Century, A Social Geography*, Cambridge,

CUP, 1984, p. 261.
23) M. Anderson, *Family Structure in Nineteenth Century Lancashire*, pp. 58-61.
24) R. Dennis, *op. cit.*, p. 262.
25) J. Langton and G. Hoppe, 'Urbanization, Social Structure and Population Circulation in Pre-industrial Times : Flows of People through Vadstena (Sweden) in the Mid-Nineteenth Century' in *Work in Towns 850-1850*, pp. 148-151.
26) R. Dennis, *op. cit.*, p. 251.
27) M. Anderson, *Family Structure in Nineteenth Century Lancashire*, pp. 153-154, 167-168.
28) こうした論点を簡単に整理したものとして，とりあえず，J. Langton and G. Hoppe, *op. cit.*, pp. 139-141 を参照。
29) C. G. Pooley and J. Turnbull, *Migration and Mobility in Britain since the Eighteenth Century*, London, 1998, University of London Press ; C. W. J. Withers, *Urban Highlanders, Highland-Lowland Migration and Urban Gaelic Culture, 1700-1900*, East Hinton, Tuckwell Press, 1998 ; *The Great Famine and Beyond, Irish Migrants in Britain in the Nineteenth and Twentieth Centuries*, ed. by D. M. MacRaild, Dublin, Irish Academic Press, 2000.
30) J. H. Jackson, Jr., *Migration and Urbanization in the Ruhr Valley 1821-1914*, New Jersey, Humanity Press International, 1997, pp. 347-357.
31) E. G. Ravenstein, 'The Laws of Migration', pp. 173-175 : E. G. Ravenstein, 'The Laws of Migration, Second Paper', pp. 246-247, 286-289.
32) C. G. Pooley, 'Counterurbanization : The Nineteenth Century Origins of a Late-Twentieth Century Phenomenon', pp. 515, 520-523.
33) W. Zelinsky, 'The Hypothesis of the Mobility Transition', *Geographical Review*, Vol. 61, 1971, pp. 219-249.
34) J. H. Jackson, Jr. and L. P. Moch, 'Migration and the Social History of Modern Europe' in *European Migrants : Global and Local Perspectives*, ed. by D. Hoerder and L. P. Moch, Boston, Northeastern University Press, 1996, pp. 52-64.
35) BPP, House of Commons, *Emigration*, 1830 (650), *Return of the number of persons who have emigrated from the United Kingdom to any of the colonies of Great Britain, in each year since 1820 ; distinguishing the colonies to which they have emigrated, and the number of males, females, adults and children*, p. 435.
36) BPP, House of Commons, *Emigration*, 1863 (430), *Emigration, Returns for the Years 1860, 1861, 1862, and the First Six Months of 1863, showing the Number of Emigrants who left the United Kingdom for the United States, British North America, the several Colonies of Australia, South Africa, and other Places respectively ; distinguishing, as far as practicable, the Native Country of Emigrants*, p. 21.
37) BPP, House of Commons, *Emigration*, 1868-69 (397), *Emigration, Returs of the Number of Emigrants, Natives of Great Britain or Ireland, who have left the United Kingdom for the British Colonies, or the United States of America, during the Ten Years ending December 1857, and also during the Ten Years ending December 1867*, pp. 488-490.

38) BPP, House of Commons, *Emigration*, 1830 (650), p. 435.
39) D. Baines, *Migration in a Mature Economy : Emigration and Internal Migration in England and Wales, 1861-1900*, Cambridge, CUP, 1985 ; D. Baines, *Emigration from Europe, 1815-1930 / Prepared for the Economic History Society*, Cambridge, CUP, 1995.
40) D. Baines, *Migration in a Mature Economy*, p. 281.
41) *Ibid*., p. 280.
42) E. Richards, *Britannia's Children, Emigration from England, Scotland, Wales and Ireland since 1600*, London and New York, Hambledon and London, 2004, pp. 117-149, 151-173, 175-205.
43) G. Howells, 'Emigration and New Poor Law : The Norfolk Emigration Fever of 1836', *Rural History*, Vol., 11, 2000, pp. 145-164.
44) P. Panayi, *Immigration, Ethnicity and Racism in Britain, 1815-1945*, Manchester, Manchester University Press, 1994 ; *German Immigrants in Britain during the Nineteenth Century, 1815-1914*, Oxford, Berg Publishers, 1995 ; *An Immigration History of Britain, Multicultural Racism Since 1800*, Harlow, Pearson Education Ltd., 2010.
45) D. Statt, *Foreigners and Englishmen, The Controversy over Immigration and Population, 1660-1760*, Newark, University of Delaware Press, 1995.
46) *Ibid*., pp. 121-165.
47) L. Tabili *Global Migrants, Local Culture : Natives and Newcomers in Provincial England. 1841-1939*, London, Palgrave Macmillan, 2011.
48) *Ibid*., p. 40.
49) *Ibid*., p. 77.
50) M. Busteed, *The Irish in Manchester c. 1750-1921 : Resistance, Adaptation and Identity*, Manchester, Manchester University Press, 2015.
51) M. Livi Bacci, *op. cit*., pp. 1-17, 91-125.「諸国家併存体制」については, E. L. Jones, *The European Miracle, Environments, Economies and Geopolitics in the History of Europe and Asia*, Cambridge, CUP, 1981, pp. 100-130（安元稔・脇村孝平訳『ヨーロッパの奇跡――環境・経済・地政の比較史』名古屋大学出版会，2004年，122-143頁).
52) D. Eltis, 'Free and Coerced Migration from the Old World to the New' in *Coerced and Free Migration, Global Perspective*, ed. by D. Eltis, Stanford, Stanford University Press, 2002, pp. 40, 48-49, 59.
53) K. J. Bade, *Migration in European History*, Oxford, Blackwell, 2003, pp. 53-164.
54) D. Eltis, *op. cit*., p. 61.
55) J. Lucassen, L. Lucassen and P. Manning (eds.), *Migration History in World History ; Multidisciplinary Approaches*, Leiden and Boston, Brill, 2010, pp. 1-35.
56) *Ibid*., pp. 12-14.
57) D. Eltis, *op. cit*., pp. 40, 48-49, 59.
58) D. Hoerder, *Cultures in Contact, World Migrations in the Second Millennium*, Durham and London, Duke University Press, 2002, p. 14
59) C. Harzig and D. Hoerder with D. Gabaccia, *What is Migration History*, Cambridge, Polity

60) M. Dobson, *Contours of Death and Disease in Early Modern England*, Cambridge, CUP, 1997, pp. 81-539.
61) E. A. Wrigley et al., *Family Reconstitution*, p. 296.
62) *Ibid.*, p. 296.
63) M. Livi Bacchi, *op. cit.*, p. 113.
64) E. A. Wrigley and R. S. Schofield, *Population History of England, 1541-1871*, pp. 414-415, 475.
65) S. Szreter, *Health and Wealth, Studies in History and Policy*, New York, University of Rochester Press, 2005, pp. 165-200 ; G. Mooney, 'Stillbirths and Measurement of Urban Infant Mortality Rates, c. 1890-1930', *Local Population Studies*, Vol. 53, 1994, pp. 42-52.
66) J. Landers, *Death and the Metropolis, Studies in the Demographic History of London 1670-1830*, Cambridge, CUP, 1993, pp. 127-195.
67) R. Woods, *The Demography of Victorian England and Wales*, Cambridge, CUP, 2000, pp. 360-380.
68) R. Woods, *Death before Birth : Fetal Health and Mortality in Historical Perspective*, Oxford, OUP, 2009, pp. 56-101.
69) G. Alter and M. Oris, 'Mortality and Economic Stress : Individual and Household Responses in a Nineteenth-century Belgian Village' in *Population and Economy from Hunger to Modern Economic Growth*, ed. by T. Bengtsson and O. Saito, Oxford, OUP, 2000, pp. 335-370 ; *Famine Demography, Perspective from the Past and Present*, ed. by T. Dyson, and C. Ó Gráda, Oxford, OUP, 2002, pp. 1-259 ; K. A. Lynch, 'Infant Mortality, Child Neglect, and Child Abandonment in European History : A Comparative Analysis' in *Population and Economy from Hunger to Modern Economic Growth*, pp. 133-164 ; D. S. Reher and J. A. O. Osona, 'Malthus Revisited : Exploring Medium-Range Interactions between Economic and Demographic Forces in Historic Europe' in *Population and Economy from Hunger to Modern Economic Growth*, pp. 183-212 ; R. S. Schofield, 'Short-run and Secular Demographic Response to Fluctuations in the Standard of Living in England, 1540-1834' in *Population and Economy from Hunger to Modern Economic Growth*, pp. 49-71.

第5章 出生・結婚,老年と終末期

1) J. M. Lloyd, *The Casebooks of William Hey F.R.S. (1736-1819) : An Analysis of a Provincial Surgical and Midwifery Practice*, Unpublished Ph. D. thesis, University of Leeds, 2005, pp. 2, 81, 90 ; W. G. Rimmer, 'William Hey of Leeds, Surgeon (1736-1819) : A Reappraisal', *Leeds Philosophical and Literacy Society*, 1961, pp. 201-202.
2) I. Louden, *Death in Childbirth, An International Study of Maternal Care and Maternal Mortality 1800-1950*, Oxford, OUP, 1992, pp. 166-178.
3) 18世紀前半における助産婦の水準については,R. Woods, *Death before Birth, Fetal Health and Mortality in Historical Perspective*, pp. 111-119 ; I. Louden, *Death in Childbirth*,

pp. 166-171 ; J. M. Lloyd, *op. cit.*, p. 75.
4） I. Loudon, *The Tragedy of Childbed Fever*, Oxford, OUP, 2000, p. 23 ; J. Mokyr, *op. cit.*, p. 248.
5） I. Louden, 'The Nature of Provincial Medical Practice in Eighteenth-Century England', *Medical History*, Vol. 29, 1985, pp. 30-32.
6） S. T. Anning, *The History of Medicine in Leeds*, Leeds, W. S. Maney & Son Ltd., 1980, pp. 161-162 ; I. Louden, 'The Nature of Provincial Medical Practice in Eighteenth-Century England', p. 2.
7） W. G. Rimmer, *op. cit.*, pp. 200, 204.
8） I. Louden, *Death in Childbirth*, pp. 170-171.
9） J. M. Lloyd, *op. cit.*, pp. 31, 33.
10） University of Leeds, Brotherton Special Collection, Notebooks of case histories in obstetrics, MS 199/1/1/1-10, 1759-1807.
11） W. G. Rimmer, *op. cit.*, pp. 192-198 ; I. Louden, 'The Nature of Provincial Medical Practice in Eighteenth-Century England', pp. 7-8.
12） University of Leeds, Brotherton Special Collection, Notebooks of medical and surgicat case histories, MS 199/1/1/2-12, 1763-1809 : J. M. Lloyd, *op. cit.*, pp. 27-31.
13） W. Hey, *Practical Observations in Surgery, illustrated with cases and plates*, Philadelphia, James Humphreys, 1805 ; S. T. Anning, *The History of Medicine in Leeds*, p. 162.
14） J. M. Lloyd, *op. cit.*, p. 118.
15） R. Woods and C. Galley, *Mrs Stone & Dr Smellie : Eighteenth-century Midwives and Their Patients*, Liverpool, Liverpool University Press, 2014, p. 22.
16） *Ibid.*, pp. 9-42.
17） *Ibid.*, pp. 43-66.
18） *Ibid.*, pp. 67-102, 158-195.
19） *Ibid.*, pp. 234-313.
20） R. Woods, *The Demography of Victorian England and Wales*, p. 6.
21） E. A. Wrigley et al., *Family Reconstitution*, p. 450, Table 7. 37 ; 安元稔『イギリスの人口と経済発展――歴史人口学的接近』248-252 頁 ; M. Yasumoto, 'Industrialization and Demographic Change in a Yorkshire Parish', *Local Population Studies*, No. 27, 1981, pp. 10-25 ; M. Yasumoto, *Industrialisation, Urbanisation and Demographic Change in England*, pp. 40-43.
22） E. A. Wrigley, 'Explaining the Rise in Marital Fertility in England in the "Long Eighteenth Century"', *Econ. Hist. Rev.*, Vol. 51, No. 3, 1998, p. 455, Table 7 ; E. A. Wrigley et al., *Family Reconstitution*, p. 393.
23） W. Hey, *Practical Observations*, pp. iv-v.
24） R. Woods, *Death before Birth, Fetal Health and Mortality in Historical Perspective*, pp. 109-119.
25） 'An Extract of a Letter from Mr. William Hey, Surgeon at Leeds, to Dr. William Hunter, with an Account of an extra-urine Foetus', *Medical Observations and Inquiries*, Vol. III, 1766, pp.

341-355 ; 'An Account of a Rupture of the Bladder from a suppression of urine in a pregnant Woman, by Mr. Hey, Surgeon at Leeds, communicated by W. Hunter, M. D. F. R. S', *Medical Observations and Inquiries*, Vol. IV, 1768, pp. 58-68 ; W. Hey, *Observations on the Blood*, London, Y. Wallis, 1779.

26) J. M. Lloyd, *op. cit.*, p. 87.
27) S. T. Anning, *The History of Medicine in Leeds*, p. 159.
28) 産科医による出産と社会階層については，J. M. Lloyd, *op. cit.*, pp. 33, 85, 119 ; I. Louden, *Death in Childbirth*, pp. 177-178 を参照。
29) R. Pressat, *The Dictionary of Demography*, pp. 39, 83-84.
30) I. Louden, *Death in Childbirth*, pp. 50-52, 70 ; I. Louden, *The Tragedy of Childbed Fever*, pp. 7-8, 11, 41. 19世紀初頭における「産褥熱」をめぐる議論については，小川眞里子『病原菌と国家——ヴィクトリア時代の衛生・科学・政治』名古屋大学出版会，2016年，109-120頁を参照。
31) I. Louden, *Death in Childbirth*, pp. 70-77 ; I. Louden, *The Tragedy of Childbed Fever*, pp. 11-12, 44-49.
32) I. Louden, *The Tragedy of Childbed Fever*, p. 8.
33) *Ibid.*, p. 6.
34) *Ibid.*, p. 2.
35) *Ibid.*, pp. 35-57.
36) *Ibid.*, p. 41.
37) *Ibid.*, pp. 37-38, 41-42.
38) W. Hey, *A Treatise on the Puerperal Fever, illustrated by cases, which occurred in Leeds and its vicinity in the years 1809-1812*, Philadelphia, M. Carey & Son, 1817, pp. ix, 27, 31-33, 35-37, 50-158, 203-234.
39) *Ibid.*, pp. 50-158.
40) 詳細は J. M. Lloyd, *op. cit.*, pp. 252-268 参照。ほぼ同時代のアバディーンにおける産褥熱流行期の母親快癒率・死亡率については，I. Loudon, *The Tragedy of Childbed Fever*, p. 29 を参照。
41) I. Louden, *The Tragedy of Childbed Fever*, p. 6.
42) Notebooks of case histories in obstetrics, MS 199/1/1/1-10 より作成。
43) 19世紀前半・中期における助産師による出産の割合については，I. Louden, *Death in Childbirth*, pp. 175-177 参照。
44) J. M. Lloyd, *op. cit.*, p. 33.
45) *Annual Reports of the Registrar General of Births, Deaths, and Marriages in England and Wales*, 1881, 1891, 1901, 1911, 1920. 先天性弱質・奇形および未熟児死亡，新生児の肺の拡張不全（atelectasis）およびその他の出産時の傷害による死亡を含む。図は *Annual Report and Vital and Mortality Statistics for the Year 1926*, Middlesbrough, Teesside Archives, CB/M/H 11, pp. 76-77 ; *Annual Reports of the Registrar General of Births, Deaths, and Marriages in England and Wales*, 1881, 1891, 1901, 1911, 1920 より作成。

46) BPP, House of Commons, 1880 (76), *Mortality*, p. 2 ; *Ibid.*, 1888 (371) *Mortality*, p. 2 ; *Ibid.*, 1880 (392), *Deaths*, p. 3 ; *Ibid.*, 1888 (372), p. 2 ; *Annual Reports of the Registrar General of England and Wales*, Vol. 1, 1839 - Vol. 83, 1920 ; Middlesbrough Borough Clerk's Department, Printed Minutes, Town Council, Teesside Archives 1886-1887, CB/M/C 1/47, p. 105 ; Linthorpe Road Cemetery, Ayresome Gardens, Burial Registers, 4th Sept. 1854-19th Dec., 1899, Teesside Archives, PR/ACK ; BPP, House of Commons, 1880 (76), *Mortality*, p. 2 ; *Ibid.*, 1888 (371) *Mortality* , p. 2 ; *Ibid.*, 1880 (392), *Deaths*, p. 3 ; *Ibid.*, 1888 (372), p. 2 より作成。

47) Burial Registers of Leeds Parish and Chapelries, West Yorkshire Archive Service, Leeds District Archives より算出。M. Yasumoto, *Industrialisation, Urbanisation and Demographic Change in England*, p. 102 ; 安元稔「産業革命期イギリスの人口と疾病」『人口・疫病・災害』(講座文明と環境 第7巻), 速水融・町田洋編, 朝倉書店, 1995年, 143頁。

48) 丸山博「乳児死亡の強度を示す統計値に就いて」第二回人口問題全国協議会報告書(人口問題研究会) 1939年, 892-905頁；丸山博「乳児死亡の質的指標について」『日本統計学会年報』第9年, 1940年, 131-143頁。

49) BPP, House of Commons, 1877 (433), *Vaccination, mortality, Return relating to births and deaths in England and Wales, vaccination, small pox, &c.*, pp. 4-18.

50) ダブリン産院における1781〜1868年の妊産婦死亡率は対千比13.9である。I. Loudon, *The Tragedy of Childbed Fever*, pp. 67-68.

51) *Forty-Fourth Annual Report of the Registrar-General of Births, Deaths, and Marriages in England* (Abstracts of 1881), p. xc. ; *Annual Reports of the Registrar General of Births, Deaths, and Marriages in England* (Abstracts of 1881, 1891, 1901, 1911, 1920). 産褥熱・その他妊産婦死因の詳細は, 以下の通りである。puerperal Septicemia, puerperal septic intoxication, puerperal pyemia, phlegmasia Alba Dolens, puerperal fever (not otherwise defined), abortion, miscarriage, puerperal mania, puerperal convultions, placenta previa, flooding, other accidents of pregnancy and childbirth.

52) *Thirtieth Annual Report of the Registrar-General of Births, Deaths, and Marriages in England* (Abstracts of 1867), pp. 242-244.

53) 安元稔『製鉄工業都市の誕生──ヴィクトリア朝における都市社会の勃興と地域工業化』173-192頁 ; M. Yasumoto, *The Rise of a Victorian Ironopolis, Middlesbrough and Regional Industrialization*, pp. 71-98.

54) P. Tilley and C. French, 'Record Linkage for Nineteenth Century Census Returns : Automatic or Computer-aided', *History and Computing*, Vol. 9, 1997, pp. 122-132.

55) National Archives, Census Enumerators Books, HO 107/2383 (1851) ; Census Enumerators Books, RG 9/3685-3689 (1861) ; Census Enumerators Books, RG10/4889-4895 (1871) ; Census Enumerators Books, RG11/4852 (1881) (History Data Service).

56) R. Pressat, *The Dictionary of Demography*, pp. 208-209 ; J. Hajnal, 'Age at Marriage and Proportions Marrying', *Population Studies*, Vol. 7, No. 2, Nov., 1953, pp. 112, 126-129.

57) J. Hajnal, 'Age at Marriage and Proportions Marrying', pp. 112, 126-129.

58) 19世紀における出生力低下と関連して，1881年・1921年センサス個票から北部イングランド，ヨークシャーの三つの都市，リーズ・ブラッドフォード (Bradford)・ミドルズブラにおける静態平均初婚年齢を算出し，その意味を探ったものとして，P. D. Atkinson, *Cultural Causes of the Nineteenth Century Fertility Decline : A Study of Three Yorkshire Town's*, Unpublished Ph. D. thesis, University of Leeds, 2010 がある。
59) National Archives, Census Enumerators' Books, RG 9/3685-3689 (1861), National Archives, Census Enumerators' Books, RG 11/4852 (1881) (History Data Service) より作成。
60) National Archives, Census Enumerators' Books, RG 9/3685-3689 (1861), National Archives, Census Enumerators' Books, RG 11/4852 (1881) (History Data Service) より作成。
61) National Archives, Census Enumerators' Books, RG 9/3685-3689 (1861), National Archives, Census Enumerators' Books, RG 11/4852 (1881) (History Data Service) より作成。
62) National Archives, Census Enumerators' Books, RG 9/3685-3689 (1861), National Archives, Census Enumerators' Books, RG 11/4852 (1881) (History Data Service) より作成。
63) P. D. Atkinson, 'Family Size and Expectations about Housing in the Later Nineteenth Century : Three Yorkshire Towns', *Local Population Studies*, No. 87, Autumn, 2011, pp. 13-28.
64) National Archives, Census Enumerators' Books, HO 107/2383 (1851), National Archives, Census Enumerators' Books, RG 9/3685-3689 (1861), National Archives, Census Enumerators' Books, RG10/4889-4895 (1871) より作成。
65) National Archives, Census Enumerators' Books, HO 107/2383 (1851), National Archives, Census Enumerators' Books, RG 9/3685-3689 (1861), National Archives, Census Enumerators' Books, RG10/4889-4895 (1871) より作成。
66) E. A. Hammel and P. Laslett, *op. cit.*, pp. 73-109.
67) J. Humphries, 'Female-headed Households in Early Industrial Britain : The Vanguard of the Proletariat?', *Labour History Review*, Vol. 63, 1998, p. 58.
68) 内閣府，平成29年版高齢社会白書（全体版），第2節　高齢者の姿と取り巻く環境の現状と動向（1）1「高齢者の家族と世帯」図1-2, 1-3。
69) BPP, House of Commons, *Poor Law, Report form the Select Committee on Poor Relief*, 1864 (349), pp. 3-48.
70) BPP, House of Commons, Vol. 25, *Poor Relief, Reports from Committees* : Ten Vols., 5, Vol. IX, 1861, App. No. 1, p. 41 ; *Fourteenth Report of the Poor Law Commissioners*, 1848, p. 1.
71) *Eighth Annual Report of the Poor Law Commissioners of England and Wales*, 1842, p. 11.
72) *Ibid.*, pp. 622-623, 631, 634.
73) *Ibid.*, pp. 79-99.
74) *Ibid.*, p. 83.
75) *Ibid.*, p. 83.
76) *Ibid.*, pp. 175-176.
77) *Ibid.*, p. 176.
78) *Ibid.*, pp. 611, 614.
79) *The First Annual Report of the Poor Law Commissioners for England and Wales*, London,

1835, p. 60.
80) *The Statutes at Large*, An Act for the Amendment and better Administration of the Laws relating to the Poor in England and Wales, 4 & 5 William IV, c. 76, Sections 1-110.; D. Roberts, *Victorian Origins of the British Welfare State*, p. 67.
81) 通称 Poor Law Board Act, An Act for the Administration of the Laws for the Relief of the Poor in England, 10 & 11 Victoriae, c. 109.
82) P. Higginbotham, *The Workhouse Encyclopedia*, 2012, Stroud, The History Press, pp. 209-213.
83) Middlesbrough Workhouse Admission Book, 1907-1910, Teesside Archives, PU/M 2/1.
84) J. J. Turner, *Guisborough, Middlesbrough and Stockton Poor Law Union Workhouses 1837-c.1930 : An Introduction*, Leeds, University of Leeds, Department of Adult and Continuing Education, 1984, p. 11.
85) *Ibid.*, p. 12.
86) *Ibid.*, p. 20.
87) *Ibid.*, pp. 15-18.
88) National Archives, Census Enumerators, Books, RG11/4852 (1881)（History Data Service）より作成。
89) 1851 年のハートフォードシャー救貧院被収容者の年齢別・性別構成については，N. Goose, 'Workhouse Populations in the Mid-Nineteenth Century : The Case of Hertfordshire', *Local Population Studies*, Vol. 62, 1999, pp. 54-57.
90) ハートフォードシャー救貧院における被収容者のほぼ同様の配偶関係については，N. Goose, *op. cit.*, pp. 62-64 を参照。
91) BPP, House of Commons, *Eighteenth annual report of the Local Government Board, 1888-89. Supplement containing the report of the Medical Officer for 1888*, p. 251.
92) *Ibid.*, p. 245.
93) J. J. Turner, *op. cit.*, p. 17. 図 5-13 は Middlesbrough Workhouse Admission Book, 1907-1910 より作成。
94) P. Higginbotham, *op. cit.*, pp. 78-80.
95) *Eighth Annual Report of the Poor Law Commissioners*, 1842, pp. 79-80；P. Higginbotham, *op. cit.*, p. 96.
96) P. Higginbotham, *op. cit.*, p. 122.
97) J. J. Turner, *op. cit.*, p. 12.
98) *Eighteenth Annual Report of the Local Government Board, 1888-89, Supplement containing the Report of the Medical Office for 1888*, 1889［c. 5813-I］, p. 248.
99) J. J. Turner, *op. cit*, p. 13.
100) *Eighteenth Annual Report of the Local Government Board, 1888-89, Supplement containing the Report of the Medical Office for 1888*, 1889［c. 5813-I］, pp. 244, 246-247.
101) *Ibid.*, p. 250.
102) 1888 年に設立された，主として採石などの単純労働を行う場としての検査室（test house）については，J. J. Turner, *op. cit.*, pp. 13, 16-17 を参照。

注（第6章）　387

103）　図 5-14a～14c は，Middlesbrough Workhouse Admission Book, 1907-1910, Teesside Archives, PU/M 2/1 より作成。
104）　R. Wall, 'Limitations on the role of British Households as an economic units', p. 191.
105）　J. J. Turner, *op. cit.*, p. 13.

第6章　19世紀工業都市の疾病と死亡

1 ）　*Supplement to the Fifty-Fifth Annual Report of the Registrar-General*, 1895, Pt. I, p. xlvii, Table R ; *Supplement to the Sixty-Fifth Annual Report of the Registrar-General*, 1907, Pt. I, p. lxix, Table S. 相関係数：$R=0.8794$, $R^2=0.7734$, p 値（0.0000），t 値（6.6610），人口密度（一平方マイル当たり人口），平均標準化（年齢・性）死亡率（対千比）。
2 ）　Leeds Death Register by Disease, West Yorkshire Archive Service, LLD8/1/6/1/1.
3 ）　R. Davenport, 'The First Stage of the Mortality Transition in England : A Perspective from Evolutionary Biology', Centre for Competitive Advantage in the Global Economy (CAGE), working paper, University of Warwick, 2015, pp. 11-12. 後に詳しく検討するように，1888年にミドルズブラを襲った伝染性肺炎と麻疹・インフルエンザなど，他の感染症との併発疾患については，V. A. Brown, *Public Health Issues and General Practice in the Area of Middlesbrough, 1880-1980*, Unpublished Ph. D. thesis, Durham University, 2012, p. 87 を参照。
4 ）　*Annual Reports of the Medical Officers of Health to the Local Government Boards*.
5 ）　Linthorpe Road Cemetery, Ayresome Gardens, Burial Registers, 4th Sept. 1854-19th Dec. 1899, Teesside Archives, PR/ACK.
6 ）　先に利用した Leeds Death Register by Disease, West Yorkshire Archive Service, LLD8/1/6/1/1.
7 ）　安元稔『製鉄工業都市の誕生――ヴィクトリア朝における都市社会の勃興と地域工業化』283-328 頁。M. Yasumoto, *The Rise of a Victorian Ironopolis, Middlesbrough and Regional Industrialization*, pp. 157-187.
8 ）　*Sixty-First Annual Report of the Register-General of Births, Deaths, and Marriages in England* (Abstracts of 1898), p. cxix, Tables 29 & 30.
9 ）　*Supplement to the Seventy-Fifth Annual Report of the Registrar General of Births, Deaths, and Marriage in England and Wales*, 1920, pp. 34, 42.
10）　*Ibid.*, pp. 10, 18. 生残数はそれぞれ出生十万人当たり。1911・12 年死亡率基準。
11）　*Seventy-Fourth Annual Report of the Registrar-General of Births, Deaths, and Marriages in England and Wales* (1911), p. xxxvii, Table XXVI.
12）　*Supplement to the Seventy-Fifth Annual Report of the Registrar-General of Births, Deaths and Marriages in England and Wales. Part II, Abridged Life Tables.*, 1920, pp. 10, 18；この点に関しては，S. Szreter & G. Mooney, 'Urbanization, Mortality, and the Standard of Living Debate : New Estimates of Expectation of Life at Birth in Nineteenth-Century British Cities', *Econ. Hist. Rev.*, Vol. LI, 1, 1998, p. 88 参照。
13）　*Supplement to the Seventy-Fifth Annual Report of the Registrar-General of Births, Deaths and Marriages in England and Wales*, 1920, pp. 2, 6, 34, 42.

14) *Seventy-Fourth Annual Report of the Registrar General of Births, Deaths, and Marriages in England and Wales* (1911), pp. 94-95.
15) R. Davenport, *op. cit.*, p. 5 ; R. Wood, *The Demography of Victorian England and Wales*, pp. 365, 369.
16) *Seventy-Fourth Annual Report of the Registrar-General of Births, Deaths, and Marriages in England and Wales* (1911), p. xxxvii.
17) *First Annual Report of the Registrar General*, pp. 110-111.
18) *Supplement to the Fifty-Fifth Annual Report of the Registrar-General of Births, Deaths, and Marriages in England*, Part I, 1895, p. xlviii, Table S.
19) *Fourteenth Annual Report of the Registrar General of Births, Deaths and Marriages in England*, 1855, pp. 142, 144-146 ; BPP, House of Commons, *Census Great Britain*, Vol. 8, *Ages, Civil Conditions, Occupations and Birthplaces*, Vol. I, pp. ccxxiii-ccxxvi ; *Fourteenth Annual Report of the Registrar General of Births, Deaths and Marriages in England*, 1855, pp. 142, 144-146 ; BPP, House of Commons, *Census Great Britain*, 1851, Vol. 8, *Ages, Civil Conditions, Occupations and Birthplaces*, Vol. I, pp. ccxxiii-ccxxvi, Accounts and Papers : Forty-Seven Vol. (32-Pt I), *Population. Ages, Civil Conditions, Occupations*, &c., Session 4 Nov. 1852 -20 Aug. 1853, Vol. LXXXVIII, Pt. I, pp. ccxxii-ccxxvii. 19世紀の製鉄工業都市における疾病と死亡率に関しては, M. Yasumoto, 'Medical Care for Industrial Accidents in a Late 19th Century British Voluntary Hospital : Self Help, Patronage, or Contributory Assurance?', *Michael*, Vol. 3, 2006, pp. 135-156 を参照。
20) *Supplement to the Fifty-Fifth Annual Report of the Registrar-General of Births, Deaths, and Marriages in England*, Pt. II, pp. 3-6.
21) *Ibid.*, pp. 3-6.
22) R. Davenport, *op. cit.*, pp. 19, 34-37 ; 感染症の伝播力と致死率については, 斎藤修「人口転換論を再考する——とくに死亡率低下局面をめぐって」『日本学士院紀要』第七十三巻第1号, 平成三十年十月十一日, 8-13 頁参照。
23) R. Davenport, *op. cit.*, pp. 4-6, 14.
24) W. L. Tullis, *Smallpox in Middlesbrough 1875-1925, With Original Observations on the Present Epidemic*, Unpublished Ph. D. thesis, University of St. Andrews, 1926, p. 58.
25) R. Davenport, *op. cit.*, p. 14.
26) 人口数は, ミドルズブラ自治体当局の調査および推計値である。*Annual Report and Vital and Mortality Statistics for the Year 1926*, p. 77. 1913 年の地図は, W. L. Tullis, *op. cit.*, Map facing p. 68 による。
27) BPP, House of Commons, *Eighteenth annual report of the Local Government Board, 1888-89, Supplement containing the report of the Medical Officer for 1888*, pp. 177-178, 180, 183-184, 186, 191, 200, 251-252, 274, Table IX ; *DR. Ballard's Interim Report to the Local Government Board on an Inquiry at Middlesbrough and its neighbourhood, as to an Epidemic of so called "Pneumonia", but which was in fact a specific "Pleuro-pneumonic Fever"*, London, HMSO by Eyre and Spottiswoode 1889, p. 3.

28) BPP, House of Commons, *Eighteenth annual report of the Local Government Board, 1888-89, Supplement containing the report of the Medical Officer for 1888*, pp. 163, 328-335.
29) G. Stout, 'The 1888 Pneumonia in Middlesbrough', *Journal of the Royal Society of Medicine*, Vol. 73, Sept., 1980, pp. 664-668 ; V. A. Brown, *op. cit.*, p. 54.
30) BPP, House of Commons, *Eighteenth annual report of the Local Government Board, 1888-89, Supplement containing the report of the Medical Officer for 1888*, p. 252.
31) 図 6-11・6-12・6-13・6-14 は、以下の史料より作成。Linthorpe Road Cemetery, Ayresome Gardens, Burial Registers, 4th Sept. 1854-19th Dec., 1899 ; BPP, House of Commons, *Eighteenth annual report of the Local Government Board, 1888-89, Supplement containing the report of the Medical Officer for 1888*, pp. 177-178, 180, 183-184, 186, 191, 200, 269-270, Table VI, p. 274, Table IX ; V. A. Brown, *op. cit.*, p. 66.
32) BPP, House of Commons, *Eighteenth annual report of the Local Government Board, 1888-89, Supplement containing the report of the Medical Officer for 1888*, pp. 245, 273.
33) V. A. Brown, *op. cit.*, p. 57.
34) BPP, House of Commons, *Eighteenth annual report of the Local Government Board, 1888-89, Supplement containing the report of the Medical Officer for 1888*, pp. 234-235, 254-259 ; V. A. Brown, *op. cit.*, pp. 16-17, 60-61.
35) BPP, House of Commons, *Eighteenth annual report of the Local Government Board, 1888-89, Supplement containing the report of the Medical Officer for 1888*, pp. 274-276.
36) *Enteric Fever in the Tees Valley, 1890-91, Observations on Dr. Barry's Report*, by Wilson, D. D., Vol. 3, Table 6 ; *Annual Report and Vital and Mortality Statistics for the Year 1926*, pp. 76-77 ; *Annual Reports of the Registrar General of Births, Deaths, and Marriages in England and Wales*, 1881, 1891, 1901, 1911, and 1920 ; F. B. Smith, *The People's Health 1830-1910*, London, Croom Helm, 1979, pp. 244-245.
37) *Supplement to the Seventy-Fifth Annual Report of the Registrar General of Births, Deaths and Marriages in England and Wales*, Pt. II, Registration Summary Tables, 1901-10, London, HMSO, 1919, p. lx.
38) Linthorpe Road Cemetery, Ayresome Gardens, Burial Registers, 4th Sept. 1854-19th Dec., 1899 ; R. Davenport, *op. cit.*, p. 4.
39) 図 6-16 は以下の史料より作成。BPP, House of Commons, *Public Health, Twenty-First Annual Report of the Local Government Board, 1891-92, Supplement in Continuation of the report of the Medical Officer for 1891*, pp. 19, 64-106 ; BPP, House of Commons, *Census 1891, 1891, Census England and Wales, Ages, Marital Condition, Occupations, Birthplaces and Infirmities*, p. 407. 1881～90 年における罹患率と死亡率は、*Supplement to the Fifty-Fifth Annual Report of the Registrar General of Births, Deaths, and Marriages in England*, Part I, 1895, p. 631 も参照して作成。
40) BPP, House of Commons, *Public Health, Twenty-First Annual Report of the Local Government Board, 1891-92, Supplement in Continuation of the Report of the Medical Officer for 1891*.
41) *Ibid.*, pp. 6, 8-9.

42) *Ibid.*, pp. 45, 49. 図 6-17 は同書 Map II facing p. 9 より作成。
43) *Ibid.*, pp. 6, 8-9
44) BPP, House of Commons, *Census 1891, Population. Registration areas and sanitary districts, England and Wales*, Vol. II, 1891, pp. 934, 1,026, 1,030.
45) *Enteric Fever in the Tees Valley, Observations on Dr. Barry's Report*, by Wilson, D. D., pp. 9-30. ウィルソンと中央から派遣された調査団の見解の相違と論争については、V. A. Brown, *op. cit.*, pp. 68-73 ; F. B. Smith, *op. cit.*, pp. 245-246.
46) BPP, House of Commons, *Royal Commission on Metropolitan Water Supply, Report of the Royal Commission appointed to inquire into the Water Supply of the Metropolis*, 1893, Minutes of Evidence, q. 13370, q. 13442-13435, pp. 515, 517.
47) *Ibid.*, q. 13255, q. 13369, pp. 510, 515 ; たとえば、D. D. Wilson, Notes on the Recent Typhoid Epidemic, I, Introduction, *Northern Echo*, 1891, Oct., 29.
48) *Enteric Fever in the Tees Valley, Observations on Dr. Barry's Report*, by Wilson, D. D., Vol. 3, Table 7.
49) BPP, House of Commons, *Royal Commission on Metropolitan Water Supply, Report of the Royal Commission appointed to inquire into the Water Supply of the Metropolis*, 1893, Minutes of Evidence, q. 5109, p. 184.
50) *Ibid.*, q. 13880-14254, pp. 536-555.
51) *Ibid.*, q. 12807, pp. 490-491.
52) BPP, House of Commons, *Royal Commission on Metropolitan Water Supply, Report of the Royal Commission appointed to inquire into the Water Supply of the Metropolis*, 1893, Urban Areas, Water Supply [c. -7172], pp. 65-66 ; Minutes of Evidence, pp. 510-536 ; *Royal Commission on Metropolitan Water Suppy. Appendices to Minuites of Evidence taken before the Royal Commission on Metropolitan Water Suppy*, 1893 [C. -7172. -II], pp. 495-504 ; *Northern Echo*, 1891-1900 ; *Enteric Fever in the Tees Valley, 1890-9 : observations on Dr. Barry's report*, by Wilson, D. D., 4 vols.
53) BPP, House of Commons, *Royal Commission on Metropolitan Water Supply*, pp. 65-66.
54) BPP, House of Commons, *Public Health, Twenty-First Annual Report of the Local Government Board, 1891-92, Supplement in Continuation of the Report of the Medical Officer for 1891*, Map XXXI facing p. 50.
55) *Dr. R. Bruce Low's Report to the Local Government Board upon the continued Prevalence of Enteric Fever in the County Borough of Middlesbrough and upon Sanitary administration by the Town Council*, London, HMSO by Eyre and Spottiswoode, 1896, Map next to p. 22.
56) BPP, House of Commons, *Public Health, Twenty-First Annual Report of the Local Government Board, 1891-92, Supplement in Continuation of the Report of the Medical Officer for 1891*, pp. 22, 33-34 ; C. V. Dingle, 'The Story of the Middlesbrough Small-Pox Epidemic and Some of Its Lessons', *Public Health*, Vol. 11, 1899, p. 174.
57) *Enteric Fever in the Tees Valley, 1890-91, observations on Dr. Barry's report*, by Wilson, D. D., Vol. 3, Tables 26, 27.

注（第 6 章）　391

58) BPP, House of Commons, *Public Health, Twenty-First Annual Report of the Local Government Board, 1891-92, Supplement in Continuation of the Report of the Medical Officer for 1891*, pp. 123-124.
59) 水道事業をめぐる公営・民営問題については，たとえば山本哲三・佐藤祐弥編著『上下水道事業，再構築と産業化』中央経済社，2018 年，85-122 頁参照。
60) *Enteric Fever in the Tees Valley, 1890-91, observations on Dr. Barry's report, by Wilson, D. D.*, Vol. 3, Table 13. 同じく図 6-21 は，*Enteric Fever in the Tees Valley*, Vol. 4, Diagram 6 より作成。
61) *Ibid.*, Vol. 4, Diagram 2 より作成。
62) BPP, House of Commons, *Public Health, Twenty-First Annual Report of the Local Government Board, 1891-92, Supplement in Continuation of the Report of the Medical Officer for 1891*, pp. 6, 8-9.
63) *Ibid.*, pp. 20, 24.
64) *Ibid.*, pp. 20, 26; *County Borough of Middlesbrough, Housing of the Working Classes, Middlesbrough*, 1903, p. 18
65) BPP, House of Commons, *Eighteenth annual report of the Local Government Board, 1888-89. Supplement containing the report of the Medical Officer for 1888*, p. 170; BPP, House of Commons, *Public Health, Twenty-First Annual Report of the Local Government Board, 1891-92, Supplement in Continuation of the Report of the Medical Officer for 1891*, p. 26.
66) BPP, House of Commons, *Census 1891, Population. Registration areas and sanitary districts, England and Wales*. Vol. II, 1891, pp. 934, 1026, 1030.
67) Middlesbrough in 1892 (OS Map: Central Middlesbrough, Yorkshire, Sheet 6. 14a).
68) BPP, House of Commons, *Census 1891, Population. Registration areas and sanitary districts, England and Wales*. Vol. II, 1891, pp. 934, 941.
69) BPP, House of Commons, *Public Health, Twenty-First Annual Report of the Local Government Board, 1891-92, Supplement in Continuation of the Report of the Medical Officer for 1891*, p. 34; C. V. Dingle, 'The Story of the Middlesbrough Small-Pox Epidemic and Some of Its Lessons', p. 174.
70) BPP, House of Commons, *Public Health, Twenty-First Annual Report of the Local Government Board, 1891-92, Supplement in Continuation of the Report of the Medical Officer for 1891*, pp. 22, 33-4; C. V. Dingle, *op. cit.*, p. 174.
71) W. H. McNeill, *Plagues and Peoples*, Oxford, Basil Blackwell, 1976, p. 279（佐々木昭夫訳『疫病と世界史』新潮社，1985 年，249 頁）。
72) R. Davenport, *op. cit.*, p. 11.
73) *Dr. R. Bruce Low's Report to the Local Government Board upon the Continued Prevalence of Enteric Fever in the County Borough of Middlesbrough and upon Sanitary Administration by the Town Council*, pp. 3, 17, 21.
74) W. L. Tullis, *op. cit.*, p. 8.
75) 図 6-22・6-23 は，以下の史料から作成。*Final Report of the Royal Commission appointed*

to inquire into the subject of Vaccination, London, HMSO by Eyre & Spottiswoode, 1896, p. 32 ; Sixty-Second Annual Report of the Registrar-General, 1901, p. l xxi ; Seventy-Fourth Annual Report of the Registrar-General, 1911, p. 46.
76) R. Davenport, op. cit., pp. 20, 34.
77) W. L. Tullis, op. cit., pp. 4-11.
78) Linthorpe Road Cemetery, Ayresome Garden, Burial Registers, Teesside Archives, PR/ACK.
79) Middlesbrough Board of Guardians, Teesside Archives, PU/M/1/12, 1898, p. 223 ; Middlesbrough Borough Clerk's Department, Printed Minutes, Town Council, for 1897-1898, Teesside Archives, CB/M/C 1/58, p. 351 ; 'The Middlesbrough Epidemic of Small-Pox and Its Lessons', The British Medical Journal, April, 9, 1898, pp. 961-962.
80) Annual Report of the Medical Officer of Health and the Chief Sanitary Inspector, for the Year ending the 31st December, 1898, including the Final report on the SMALL-POX EPIDEMIC of 1897 and 1898, Middlesbrough, 1899, p. 39.
81) W. L. Tullis, op. cit., pp. 6, 25.
82) 'The Middlesbrough Epidemic of Small-Pox and Its Lessons', p. 962.
83) Ibid., p. 962.
84) W. L. Tullis, op. cit., pp. 17-19.
85) 'The Middlesbrough Epidemic of Small-pox and Its Lessons', p. 961.
86) W. L. Tullis, op. cit., Chart between p. 60 and p. 61.
87) G. Williams, Angel of Death : The Story of Smallpox, London, Palgrave Macmillan, 2010, pp. 309, 325.
88) Middlesbrough Board of Guardians, Teesside Archives, PU/M/1/12, 1898, pp. 204-206, 313-316 ; W. L. Tullis, op. cit., p. 9.
89) W. L. Tullis, op. cit., pp. 19, 25 ; 図 6-24 は, The Story of the Small Pox Epidemic in Middlesbrough, Middlesbrough, 1898, The Northern Weekly Gazette, pp. 16-17, 28 より作成。
90) The Story of the Small Pox Epidemic in Middlesbrough, pp. 5-28 ; G. Williams, op. cit., pp. 309-312.
91) W. L. Tullis, op. cit., p. 12.
92) Ibid., p. 27.
93) Ibid., p. 39.
94) Ibid., Chart between p. 7 and p. 8.
95) Ibid., Chart A between p. 37 and p. 38.
96) Ibid., p. 61.
97) The Glasgow Herald, March 25, 1898.
98) G. Williams, op. cit., pp. 312-313.
99) BPP, House of Commons, Census of England and Wales, 1881-1901 ; V. A. Brown, op. cit., p. 57.
100) P. Thane, 'Government and Society in England and Wales, 1750-1914' in The Cambridge Social History of Britain 1750-1950, Vol. 3, ed. by F. M. L. Thompson, Cambridge, CUP,

1990, p. 23 ; T. J. Nossiter, *Influence, Opinion and Political Idioms in Reformed England, Case Studies from the North-east 1832-74*, Brighton, Harvester Press, 1975, pp. 144-145 ; T. J. Nossiter, *The Role of the Shopocracy in the Nineteenth-century North East, 1832-66*, Leeds, Department of Social Studies, Leeds University, 出版年不明, pp. 1-14 ; A. Day, 'A Spirit of Improvement : Improvement Commissioners, Board of Health and Central-local Relations in Portsea' in *Urban Governance, Britain and Beyond since 1750*, ed. by R. Morris and R. H. Trainor, London, Ashgate Publishers, 2000, pp. 105, 111.

101) R. Gott, *Henry Bolckow : Founder of Teesside*, Middlesbrough, R. Gott, 1968, p. 68. 同時代におけるミドルズブラの公衆衛生に関するブキャナンの報告書にも，環境悪化の是正策と条例遵守が不徹底であり，改善策が進捗していないという言説がある。*Dr. Buchanan' Report on the Sanitary State of Middlesbrough-on-Tees : visited June 1871*, London, Printed at The Foreign office by T. Harrison, 1871, pp. 6-7.

終章　近代イギリス史研究と歴史人口学

1) *A Global History of Historical Demography : Half a Century of Interdisciplinarity*；安元稔「新刊短評」*A Global History of Historical Demography : Half a Century of Interdisciplinarity*『人口学研究』第 53 号（第 40 巻第 1 号），2017 年，95-96 頁。
2) Leeds Death Register by Disease, West Yorkshire Archive Service, LLD8/1/6/1/1.
3) Linthorpe Road Cemetery, Ayresome Gardens, Burial Registers, Teesside Archives, PR/ACK.
4) Middlesbrough Workhouse Admission Book, 1907-1910, Teesside Archives, PU/M 2/1.
5) 安元稔「工業化・都市化と環境破壊――19 世紀イングランド工業都市の疾病と死亡率」『人口学研究』第 51 巻（第 38 巻第 1 号），2015 年，88 頁；安元稔「19 世紀イギリス工業都市の疾病と死亡――都市化・工業化と環境」『比較都市史研究』第 36 巻第 1 号，2017 年，4-5 頁。
6) D. D. Wilson, 'Notes on the Recent Typhoid Epidemic, I, Introduction', *Northern Echo*, 1891, Oct., 29 ; BPP, House of Commons, *Royal Commission on Metropolitan Water Supply, Report of the Royal Commission appointed to inquire into the Water Supply of the Metropolis*, 1893, Minutes of Evidence, q. 13255, q. 13369, pp. 510, 515.

付　録

1　史料原文

1）ヘンリー八世国王回状（一部）（1538 年 12 月）(British Library, Cotton Library, Cleopatra E.VI, ff. 226〜227)

30. H. 8.　　　　1538 Decembr
December
'He acted

　　　HENRY. H　　By the King

TRUSTY and well-beloved, we greet you well. And whereas we, chiefly and principally regarding and tendering the quiet, rest, prosperity and tranquillity of our nobles and commons, and their conservation no less than our own, directed lately our letters unto you, and other justices of our peace throughout this our realm, containing our admonition and gentle warning, to have such special regard to the duties of your offices, according to the trust we have reposed in you, that not only for the importance it is both unto us and our commonwealth, ye should see our dignity of supremacy of our church (wherewith it hath pleased Almighty God, by his most certain and undoubted word, to endow and adorn our authority and crown imperial of this our realm) to be set forth, and impressed in all our subjects' hearts and minds ;
（中略）
For where as we have ordayned by our sayd Iniunctions for thavoidyng of sundry strives processes and contencons rising vpon aege, lyneall descents, title of inheritance, legitimacon or bastardie, and for knowlege whither any person is our subiect borne or no also for sundry other causes, that the names of all children christened from henceforth with ther byrth, ther fathers and mothers names, and lykewise all maryags and buryalls with the time and date thereof should be regestred from time to time in a booke in every parishe church safely and

surely to be kept. They have bruted and blowen abrode most falsely and vntrewly, that we do intend to make some new exaccions, at all christenyngs weddings and buriall s. The which in nowise we ever meanyd or thought vpon. alledging for to fortefy and color there false and manyfest lyes that therein we go about to take away the liberties of our realme ;

2)「身分登録本署」設置提案書 (1611〜18 年)

I. The Churche book the Record called the Register is necessary and commodious (National Archives, State Papers, SP 14/69, f. 63)

1 For the true certificat of the byrthe Marriage and deathe of all persons
2 For the age of all Inheritors especyally his Majesty's Wardes
3 For the exact deriveinge of pettigrees
4 For the discoverye of Illegittimacye in byrthes
5 For the Conveying of vagrant persons to the places of their Nativities

But forasmuch as these bookes are very negligentlye kept in many places, for thoughe the Incombents some of them have care to keepe the bookes duringe their owne tyme, yet are they for the most part, carelesse of those that were before them, albeit their dependeth matters of very greate weight and importance vppon the carefull keepeing of them : besides most of them are very farr distant from London wher all his Majestys Highe Courts of Record bothe of the civill and common lawes are executed, and by them all greate causes of controversie are decided, and ther alsoe every of those princypell Courts hath his sewerall office of Record, beinge the aptest place for all such matters./

It were therfor very necessarie : That an office of generall Registrie being advisorye to them all were erected in or neare London, from whence vppon all occasions intelligence may be had which all expedicon for all purposes in the nature therof, which by the fittnesse of the place beinge reduced in to one head wilbe farr more benificiall Videlicet.

Civill Law

1 To prove the deathe of Testators & their Testaments
2 Legittimacy of heires & their ages
3 Contracts of Matrimony Lawfull or vnlawfull
4 Issue of Noblemen & gentlemen in Heraldrie

Common Law

1. To prove the age of his Majesty's wards & soe of all Inheritors which deceases Marriages etcetera whervppon dependethe reliefe, primer seison, Liverie, or outer le maine, disparagement tender of marriage, refusal, value of the Marriage single or double as the case requirethe.
2. For the tryall and discoverie of Infancie & coverture, by reason wherof Gifts, Graunts, demises, releases, confirmations, Bargaynes & Sales, ffeoffments, ffynes & Recoveryes are vtterly defeated & annihillated, to the preiudice of purchasers.
3. Thirdly age and marriage in cases of dower, Tenants by curtesie, Bastardie, Gardein in Socage by the common law & by custome or Gablekynde.
4. For the decease of all patentees, Sheriffes Bayliffes, pensionaryes and all other his Majesty's officers & accomptants.
5. For the deathe of Tenants for lyfe in dower by the curtesie with remaynder or remaynders over in case they be desseised, the deseisor discontinues or levies a ffyne and ffiwe yeares passe before any entrye, clayme or action be brought./
6. To prove the deathe of Incombents in cases of Laps, by reason wherof title to present may be devolved to the king, the bishop of the diocese or metropolitane as the case stands.
7. The deathe of persons & Vicars, prebends deanes Byshops and other eccesyasticall persons is necessarie to be knowne, for the benifitt of the king in seisinge the temporalties, of patrons to present in their turnes, to avoyde the danger of Lapses, of the lessees Grauntees of such spirituall persons agaynst their successors.
8. For the strict & due performance of conditions, covenants, provisoes, Limitations on obligations, Gifts, Graunts, ffeoffments, ffynes Recoveryes etcetera. To be perimpleshed, Vest and Attache vppon deathe, Marriage or at a certayne age, accordinge to the tenor & purport of any such obligacons, Recognisances, Statutes, Gifts Graunts, demises, Releases, confirmacons ffeoffments ffynes recoveryes etcetera. And for the avoydinge of many Sutes, and dangers that may growe, and have growen for want of the certyne knowledge therof.
9. To prove the consideracons of bloud in cases of vses to be waysed outof the Estates of the covenantor, & not by transmutation of estate.
10. For all Threasurers & Tellers etcetera that paye pensions from the k. for lyfe, & are abused by false certificats, by this they shall certaynelye know when the patentee to whome an Annuitie is graunted shall decease.
11. Generally greate ease of labours & charges to all subiects in bothe lawes to prove sodenly & safely the byrthe, Marriage or deathe of any which is often tymes chargeable to prove, by reason of the greate distance of the place, & cannot be proved. Viva Voce.

Policie
For the good of the State & Common wealthe.

1. In tyme of plentie :
   It may easelye be knowne how much corne and grayne may be transeported outof the land for the benifitt therof.
2. In tyme of dearthe & scarcitie :
   It may liekewise be knowne how much corne may suffice, to make necessarie provision for the people within the Land.
3. In tyme of warr.
   To know how many fitt & serviceable men of xvj yeares of age xxiii, wherby existe on may be made accordingly in cases eyther defensive or offensive.

Plesure & Contentment
Att all tymes a greate pleasure & satisfaction to his Majestie, to all Noblemen and men of sort, To know how many soules their be in the kyngdome of all ages and sexes.

A benifitt that his kingdome shall have above all the kyngdomes that have bene read or heard of, to know at all tymes, the certayne number of people that are therin.

II. Proposal for a grant of the general registrarship of all christening, marraiges, and burials within the realm (National Archives, State Papers, SP 14/69, f. 66)

Itt is further to be vnderstood that this office is prayed for Foure especiall causes : That is to say. for the honor of God and the Kyng : The certainty of the place of the Regester generalle office, the certainty of the record, and the general good of the subiect. For if in the change of Ministers, Curate, churchwardens, or Registers of any Dioces the recorde shyuld be abused Imbeselled or purloyned or any name falcely rectified to the preiudice of the Kinge or subiect as often they are the fault would easely be disscerned by the register generall his recorde and thereby bee righted and corrected and the offenders punnished/

Last of all for the great good which the King and his subiecte shall receaue by allowance of this Regester generall the particular subiect shall pay but onely xviiid all his life long/.

III. An Abstract of a proiect to be presented to his Majestie (National Archives, SP 14/69, f. 67)

An Abstract of a proiect to be presented to his Majestie : for reformation which discovereth the Negligence and willfull abuses of the Ministers, of this Realme of England and Wailes which abuses tendeth to the greate preiudice, of his Majestie : and subiecte as by the particuler appeareth

In which this is first a recitall of a commendable order, which the Bishopps and Deanes of this Realme haue vsed to make knowne to the Ministers, and Churchwardens, in their severall visitacons, for the Regestring of all persons names which should be borne, Christned Married and Buried, within this Land, in a Regester booke of parchment, And that their shuld be from visitation to visitation a true transcript of all such names, presented by the churchwardens, to the Register of every Dioces in England Wailes /

Secondly it is shewed how and wherein, this order is most corruptly and negligently broken, and abused by the Ministers, and the reason of such abuse and negligence. /

Thirdly, the losse and hinderance, which cometh to the King and subiecte, by tolleration of this abuse. /

Fourthly, what danger and hinderance may come, if this abuse be not called in question and reformed. /

Fifthly, there is shewed what course vunder correction, is fitt to be observed in registring, all such names, by which many Imminent dangers may be which providence prevented

Then it is manifested, that by overmuch credit, given by officers in authority ; To falce and corrupte certifficates made, by Minsiters (in this case) Adultrie, ffornication, and incests, haue bene eftsoones vnwillingly maintained, and tolerated, to the generall hurte, of the King and his Subiecte, As by the said proiect, more plainely appeareth. /

And whereas the Ministers, were not heretofore, sworne ; But orderly admonished, to Register suche names, carefullie in the church Regester, according to their discretions, It now appeareth that such liberty, hath engendered such evill uvse in them ; That it weare very necessary, that from henceforth they might be sworne, to performe their dewties herein ; And also that they may make readie, against everie visitacon, a paire of indented transcripte of all such regestred names, fairely written in parchment, and to deliver the same to the churchwardens to be presented by them to the Regester of every Dioces, att everie theire visitacons ; In such manner as in the said proiect is prescribed./

Itt is now desired that the Ministers and churchwardens of everie parish of England and Wailes, may att everie Marriage and Christenning haue power by his Majesties authority to require collect and take to his Majesties vse, for everie name of the parties themselves Married ; vjd and of the parente or freinde of every Childe Cristened, vjd : and of the executors administrators. Alies or best desposed freinde of svch as be buried likewise vjd, And that all such monies might be att. everie visitacon duly delivered in by the churchwardens, to the Regesters of every Dioces./
And that such Regesters should yerely accompte for the same, att London att such time and place, and to such persons and vse as shalbe appoynted.
Provided alwayes that where their is such dishability, whereby the person looseth his dutyes, that in such case nothing shalbe required, but a true register kept ex officio.
Lastlie it is praied that the peticones may have a graunt thereof ; As farmer patent, To be his Majestie Regester generall, for xxj : yeres onely for this cause, paying to his Majestie rent per Annum, and that he might hold and keepe an office thereof, in or neere the Citty of London, And to have the allowance of a Seale, whereby authentake certiffcates may be made out yf needs require for evidence to all Juditiall persons on the subiecte behalfs, And that for the saide rent and regestring all transcripte names formerly spoken of that peticoner may receaue, and take yerely to his vse, all such monies as is to be collected as aforesaid, And ijs for every certifficate to be made & sealed, And that the Bishopps Registers may pay in the collected mony att London, to the Regester generall according to the purport of the sayd proiect./

Reasons whie this office should be graunted according to the purport of the proiect

First by this graunt, his Majestie shall prevent, all deceipte of falce certefying, and regestring christeninge and marriages which haue bene vsed to the dishoner of God and to the great increase of wickedness and vyce./

Also his Majestie at his pleasure may in a daies warning yf every yeare haue a certifficate and view, of the names of all persons which shalbe borne Christened Married and buried, within England and Wailes, of the Regester generall att one place certaine, without further travell or chardge, whereby the increase or decrease of subiecte may be the better decerned, whereas otherwise it cannot be soe

Also his Majestie by this meanes shall haue perfitt notice of all reconsiled Recusante and Recusante children, which are Christened in abscure and remoted places, by Romish preiste. persons very dangerous to the state./

And by this meanes also shalbe discouered all lewd persons, whoe haue children in Bastardie, that for want of due regestring are ofte tymes murderously made away, and the offendours escaped without punishment./

And whereas the names of such as haue bene Christened Marryed and Buried, haue in tymes past beene either unregestred or Corruptly regestred, without the Ministers oathe, to the great preiudice of the King and his subiecte. They shall one the Contrary haue all such names duly and truly regestred, one the oath of the Minister, and churchwardens which record wilbe so authenticke from the Regester genneral, that their wilbe no cause of exception or charge of proofs, by further witnes to the subiect, and will also be a good meanes to take away the deceipt in falce pleading, of Nonage which hath beene and is often vsed to defeate his Majesties subiecte of their just & dew debte./

Itt is also to be noted, that by this graunt, there will no preiudice grow to the Bishopps Deanes, or their officials, for they shall haue paid them at every their visitacons, for their counterpart of their transcript Certified viijd, which hath beene accustomably paid them, And they shall also haue iiijd in the pound, now Or allowanc of all such mony as shallbe by them received, in their severall dioces, besides the making out of Certifficate att their pleasure

IV. Abstract of a Proposal for establishing a general registry office in London (National Archives, State Papers, SP 14/69, f. 68)

A proiect vpon the clergie of England

Whereas manye sutes, controversyes, & inconvenyence haue heretofore daylye rysen, & fallen outt throughe the negligence, or corruption commonlye vsed by the moste parte of mynysters, paryshe clerks, & churche wardens within theire severall paryshes for want of due, & trwe entrynge, & registrynge of everye Christringe, marriage, & buryall which have chaunced within theire severall paryshes, to the greate preiudyce, & hyndraunce nott onlye of his Majestie & others his highnes progenitors kyngs, & quenes of this kyngdome, butt alsoe of the moste parte of his majesties & theire lovynge Subiects (as manye suffycyent, & true reasons, & examples readye to be shewed shalbe made apparent) /.

which sute Controversyes, & inconvenience are nott lykelye hereafter to decrease, & be amended (except somme good Course & meanes therefore maye be provyded) /.

That therefore in respect of the good servyce heretofore att sundrye tymes, & place performed by his majestie wylbe pleased by his highness lettres patente to graunte, & appoynt hym durynge his lyffe, or otherwyse durynge suche tyme as to his as his majestie shallbe thought meete to be generall Register of all christening maryage, & buryalls which shall happen hereafter to be within this Realme, accordynge to suche a plott, or proiect thereof, & vppon suche grownde, & reasons touchinge the same, as are sett downe, & readye to be shewed (yfe the same shall appeare, & be founde to be trwe, & reasonable to his highness, & to his honourable counsell) /. With suche fees, & allowance therefore (as in the sayd plott, or proiect, are lykewyse sett downe, & reqwyred) or otherwyse to be Comptrolled, & altered as to his majestie shallbe thought meete /.

In consyderacon of which sayd graunte, & outt of the benefytt thereby yerelye arysynge, his majesties sayed patentee wyllbe Contented, & wyll geue securytye to aunswere, & paye vnto a certeyne number of his highness captaynes, & other Offycers of the feiled which haue latelye shwed her late majestie or his highness in Irelande, or elleswhere wantynge means suffycyent to maynteyne theym, & beynge assigned threvunto by his highness, or his hohourable councell yerelie pencons durynge theire lyves, or for suche tymes as otherwyse shallbe thought meete by his majestie (viz) to 40 tie captaynes. 50 £./per annum the peece, to 40tie Leiftenaunte. 30 £./per annum. the peece. & to 40tie Auncyentes 20 £./per annum the peece /. And soe styll, as anye of theym shall die, an other (of the qvalytye of the person or beinge deade) from tyme to tyme forever, to be supplyed, & appoynted to his place by his majestie or by anye six of the lords of his honourable priwye Counsell to receyve the lyke pencon, vppon Certyfycate, or other suffycyent knowledge had of the desert of the partye in anye of his highness warres /.

3) ウィリアム・ヘイ「産科症例記録」(1769 年)

Case 109 (MS 199/1/1/2, pp. 107-108)

Janr 11th 1769 Soon after I returned from the woman mentioned in the preceding case, I was called to the wife of Jas Pounds of Beeston, in labour of her 1st child. I found the Os. T. opened to the size of a half crown, or somewhat more, and rigid ; the anterior labrum in particular was very thick, tho' I had no reason to believe the midwife had disturbed the woman much. The membranes had broken the day before. The pains were not strong or very natural. I gave her T : Theb : quarters xx.

The Os T. continued nearly in the same state till evening, tho' she slept betwixt the pains during a great part of the day. Abt 5 o'clock she happened to say she had a frequent motion to make water, upon which I enquired concerning this excretion, and found that she had made none into the pot since abt 5 in the morning upon which I immediately examined the abdomen, and found the bladder distended as high as the navel, making a considerable and very distinct tumour. I sent for my catheter, and drew off with difficulty 3 wine pints of urine : for the head lay low in the pelvis, presented with the face, and the forehead was turned towards the ossa pubis, and pressed pretty strongly against the urethra & neck of the bladder. As the woman lay supine I was obliged to introduce the catheter much more vertically than usual, and to push up the instrument almost to the wing, before any urine would flow out. The woman was much relieved by this operation, tho' she had not complained of any great pain in hypogastrium distinct from the labour pains. The labour advanced much quicker after the emptying of the bladder than it had done before ; the head turned gradually as it approached the os externum ; and came out with the chin to the pubes at 1/4 9 p. m.

The child was languid, but recovered, being remarkably assisted by blowing strongly into the trachea.

The woman recovered very well.

2 統計付録——ウィリアム・ヘイ産科症例記録（1759〜1807年）

症例番号	年	月	母親氏名	居所	母親年齢	出産順位	分娩態様	胎位	分娩前後の母子状態	助産師	治療・その他
1	1759	5	John Crowther 妻	Pudsey				殿位(逆子)			
2	1759	5	Weincup 妻	Holbeck				肩甲位			
3	1759	6	Joseph Spawton 妻	Hunslet				胎盤位	死産(8か月)・分娩時大量出血		
4	1759	8	貧しい婦人	Pudsey					母親死亡・流産(4か月)		
5	1759	8	Joseph Fowler 妻	Pudsey		2		肩甲位			
6	1759	8	Thomas Dawson 妻					顔位			
7	1759	9	William Oldridge 妻	Bank		1			頭部狭窄		
8	1759	11	George Broden 妻	Pudsey		5	自然		骨盤狭窄・新生児死亡		既出産児5名すべて死亡
9	1759	12	J. W. 妻	Mabgate			異常	肘位	新生児口部裂傷		
10	1760	1	W. W. 妻				自然	殿位			
11	1760	1	John Swithenbank 妻	Pudsey				泉門位・臍帯脱出			
12	1760	2	Vyse 夫人	Beeston		2	自然				
13	1760	2	O 夫人				自然		早産(8か月)		
14	1760	2	Isaac Wood 妻	Marshlane					骨盤狭窄	○	胎児頭蓋開口
15	1760	3	Willim Leo 妻	near Keswick	26	1		頭頂位			鉗子使用
16	1760	4	John Crowther 妻	Pudsey		9		泉門位			
17	1760	6	Furly 夫人	Kippax			自然				
18	1760	7	Aaron Atkinson 妻	Hemby		4		肩甲位	母親死亡		
19	1760	8	Joseph Smith 妻	Farnley				肩甲位			
20	1760	8	Thomas Dodgson 妻				自然				
21	1760	8	Ellis 夫人	Morley			自然				2・3回流産(7年前出産)
22	1760	10	Samuel Hutchinson 妻	Pudsey		2		肩甲位	子宮萎縮		
23	1760	10	W Farrer 妻	Pudsey				足位	流産(7か月)・胎盤子宮口部付着	○	
24	1760	12	Thomas Wilson 妻			3	異常	臍帯脱出	母親死亡・分娩時大量出血		
25	1761	2	Cadman 夫人					殿位	流産(6か月)		
26	1761	2	William Kiffield 妻	Lower-Whortley			異常	臍帯脱出・腕先進位			
27	1761	4	Thomas Lodge 妻			3			母親死亡・骨盤狭窄・子宮裂傷		
28	1761	4	Joseph Handley 妻	Holbeck				殿位		○	数人出産
29	1761	5	John Hardisty 妻	Millhill		3		頭頂位	双胎		胎盤2個
30	1762	5	Anthony Wilkinson 妻					殿位	新生児腿部損傷		
31	1762	5	John Cock 妻	near the new Mills				臍帯脱出・足位・腕先進位・頭位	骨盤湾曲・分娩時新生児死亡		数人出産(前回死産)
32	1761	1	David Hall 妻	Quarry-hill				殿位	骨盤湾曲		胎位転換
33	1761	7	Richard Browne 妻	Newsome-Green		13			新生児奇形		平均出生間隔2年
34	1761	7	Thomas Gill 妻			1			長期分娩		
35	1761	9	Raynes 夫人	Hunslet lane				頭頂位(1)・足位(2)	双胎		胎盤1個

症例番号	年	月	母親氏名	居 所	母親年齢	出産順位	分娩態様	胎 位	分娩前後の母子状態	助産師	治療・その他
36	1761	10	John Askwith 妻	Hunslet		5		殿位			
37	1762	2	William Barnett 妻			4〜5			難産・骨盤狭窄		
38	1762	9	Isaac Wood 妻	Marshlane		5		頭頂位	骨盤狭窄		胎児頭蓋開口・胎位転換・既出産児4名すべて死産
39	1762	10	James Reasbeck 妻	Hunslet lane		3			分娩時大量出血		Duros 法適用
40	1763	2	Samuel Saxton 妻	Querryhill		7			骨盤狭窄		胎児頭蓋開口・5人目・6人目死産・出生間隔平均2年・結婚年齢24歳
41	1763	2	Thomas Knowles 妻	Tong	32	3		肩甲位	骨盤狭窄	○	胎位転換
42	1763	12	Isaac Wood 妻	Marshlane		6		頭位	骨盤狭窄		胎位転換
43	1763	12	John Dixon 妻	Holbeck		8	異常	臍帯脱出・腕先進位		○	
44	1764	1	Lawrence Dickinson 妻			1	自然		会陰部裂傷		
45	1763	5	Thomas Abbot 妻				異常		母親死亡・分娩時大量出血		
46	1764	1	U 夫人			2	自然				
47	1764	3	?（D 氏の患者）		36歳前後	1		頭頂位	難産・新生児肺気腫		
48	1764	3	John Parker 妻	Marshlane head		10		泉門位		○	
49	1764	3	A. H.（若い婦人）			1		殿位	母親死亡(4か月後)		
50	1764	4	Daniel Smith 妻	near Moothall	28歳前後	2	異常		分娩時大量出血・胎盤子宮口部付着		
51	1764	5	Michael Coates 妻	Quarry hill	19	2		頭頂位	難産		
52	1764	5	Joseph Wilkinson 妻	Kirkgate		1		殿位	会陰部裂傷		
53	1764	8	R. W. 妻						胎児顎部恥骨固着		胎位転換
54	1764	9	Bingham 夫人					殿位			
55	1764	9	?（S 氏の患者）	Huddersfield					分娩時大量出血・胎盤子宮口部付着		
56	1764	9	Joseph Gernet 妻	Quarry hill					難産	○	鉗子使用
57	1764	9	Boasbeck 夫人	Hunsletlane	37	1		殿位			
58	1764	10	Robert Read 妻	near the Fire-engine	23	2		足位			
59	1764	10	Mr. Miller 妻	Pudsey	39	1			母親死亡・産褥熱		
60	1764	11	Herbert Grand 妻			3	自然		胎盤子宮口部付着		
61	1764	12	William Johnson 妻	the Bank					流産(3か月)		
62	1765	1	George Dixon 妻	Boarlane		12			分娩時大量出血		
63	1765	2	James Bennet 妻	Pudsey		3	異常	腕先進位・臍帯脱出			前2回長時間自然分娩
64	1765	6	Isaac Wood 妻	Marshlane		7		頭頂位	骨盤狭窄		胎児頭蓋開口
65	1765	5	Joseph Hardisty 妻			8		腕先進位・臍帯脱出	骨盤狭窄		胎位転換
66	1765	7	Joseph Dobson 妻	Woodlesford	35	1			難産	○	胎児頭蓋開口
67	1765	7	婦人2名	Holbeck				肩甲位	2例		経産婦
68	1765	8	Scott 夫人	Whortley		10	自然		分娩後出血		
69	1765	12	Anthony Brooke 妻	Hunslet	中年				母親死亡(分娩時子宮破裂)		3〜4児出産
70	1765	12	William Garfoth 妻	Morley		6		顔位	胎児顎部鼠径部固着	○	

付　録　405

71	1765	12	若い婦人		25	1	自然	頭頂位	会陰部裂傷	
72	1766	1	William Fotherby 妻	Parklane					流産(2か月)	
73	1766	3	John Blakie 妻	Tenters					流産(4か月)・10週間大量出血	
74	1765		latter endThomas Brown 妻	Parklane		2		子宮外妊娠		瀉血
75	1766	5	Richard Burton 妻	Chapel-allerton	45	13			難産・骨盤狭窄	胎児頭蓋開口
76	1766	7	Isaac Wood 妻	Marshlane		8	自然		分娩時大量出血・骨盤狭窄	
77	1766	5	Thackerey 夫人	Chapeltown		2		殿位		
78	1766	6	Mr. James Ellis 妻		30	5		臍帯損傷(1)足位(2)	双胎	
79	1766	7	James Lucas 妻		40	4	自然		軽度骨盤狭窄	
80	1766	12	John Parker 妻		36	11		足位		
81	1766	9	Joseph Hall 妻	near Pudsey-hough	31	5			新生児後頭部腫瘍	胎児頭蓋開口
82	1766	9	上流婦人(a gentle woman)			2	自然			鉗子使用
83	1766	夏	?					足位	流産(5か月)、大量出血、膀胱・膣穿孔	
84	1767	1	Dunderdale 夫人	Woodhouse-carr	27	3		殿位		
85	1767	1	James Harrison 妻	Chapel-Allerton		5		足位・臍帯脱出(2)	双胎	○
86	1767	3	John Myers 妻			7			死産	
87	1767	3	Joseph Hardcastle 妻	Armley		4		足位	水頭症	鉤状鉗子使用
88	1767	4	John Bencraft 妻	near Hunslet-hall	23	3	異常	肩甲位	母親死亡・死産	○
89	1767	5	Joseph Atkinson 妻	Pudsey		2		殿位	死産・異常出血	○
90	1767	6	Scott 夫人	Whortley					死産・異常出血・母親産褥熱痙攣	胎児頭蓋開口・瀉血・鉗子使用
91	1767	8	?	Middleton Wood	23	1			子宮内反症	○
92	1767	8	J 夫人		26	1	自然		会陰部裂傷	
93	1767	9	George Dixon 妻	Boarlane		13			流産(6か月)	胎盤剥離手術
94	1767	11	William Dean 妻	Pudsey	46	8			難産	胎児頭蓋開口・瀉血・鉗子使用
95	1767	12	James Upton 妻			1			難産・長時間分娩	
96	1768	1	Thomas Gilyard 妻		39	6	自然			骨盤湾曲
97	1768	1	John Atkinson 妻		25	2	自然		長時間分娩・会陰部裂傷	○	鉗子使用
98	1768	2	J 夫人			2	自然		分娩後出血	臍帯首巻き付き
99	1768	3	Wallis 夫人		35歳前後	1		殿位		胎盤剥離手術
100	1768	3	B. J. 妻			7			母親死亡・骨盤狭窄	胎児頭蓋開口・鎮痛用阿片剤投与、鉤・鉤針・鋏使用
101	1768	3	William Gill 妻	Swillington		7		胎盤位	母親死亡・分娩後出血	○
102	1768	5	Joseph Singleton 妻	Holbeck moor		2	異常	左腕・臍帯先進位		
103	1768	6	John Hastley 妻	Quarry hill					双胎・産褥熱痙攣	○	下剤投与
104	1768	7	Thomas Hind 妻		35	5		殿位	骨盤狭窄・骨盤湾曲	○
105	1768	10	Joseph Webster 妻		24	1	異常	臍帯脱出・左腕先進位		○
106	1768	10	James Walker 妻			7	自然		長時間分娩	○	鉗子使用

症例番号	年	月	母親氏名	居所	母親年齢	出産順位	分娩態様	胎位	分娩前後の母子状態	助産師	治療・その他
107	1768	10	George Dixon 妻	Boarlane		14		殿位			胎盤剝離手術
108	1769	1	William Kirshaw 妻	Hunslet Carr		7	異常	左腕先進位	新生児死亡	○	
109	1769	1	James Pounder	Beeston		1	自然			○	尿道カテーテル排尿
110	1769	2	Edward Hargrave 妻	Holbeck moor		3		殿位		○	
111	1769	2	Richard Richardson 妻			7		足位			
112	1769	3	Jonathan Midgley 妻								胎児頭蓋開口・骨盤湾曲・鉤状鉗子使用
113	1769	4	Robert Fletcher 妻	Woodlesford	30歳以上	1	自然				胎盤剝離手術・鎮痛用阿片剤投与
114	1769	6	Samuel Needham 妻			2		足位		○	
115	1769	6	William Atkinson 妻	Halton	27	1			難産	○	鉗子使用
116	1769	10	貧しい婦人			5			大量出血	○	Duros 法適用
117	1769	11	C 夫人	Armley			自然	頭頂位			胎盤剝離手術
118	1769	11	J 夫人			2	自然				胎盤剝離手術・鎮痛用阿片剤投与
119	1769	12	William Furth 妻	Hunslet		3	異常	肩甲位	新生児死亡	○	
120	1770	1	James Word 妻			2〜3		胎盤位	大量出血		鎮痛用阿片施薬
121	1770	2	William Furth 妻	Beeston hill	40歳前後	3	自然		死産・新生児頭部腫瘍・骨盤狭窄		既出産 2 児死産(7〜8か月)
122	1770	3	貧しい婦人			8	異常	左肩先進位		○	
123	1770	9	Stansfield 夫人			4	自然	左腕先進位	大量出血		鎮痛用阿片投与
124	1770	9	John Blackburn 妻	Thorner		1	自然		胎盤脱落後出血	○	鎮痛用阿片投与
125	1770	10	貧しい婦人					胎盤位・足位			
126	1771	2	貧しい家屋居住の若い婦人		20歳前後				産褥熱痙攣		瀉血・下剤・浣腸により快癒
127	1771	3	Fieldshaw 夫人			4			産褥熱		下剤投与により快癒
128	1771	5	Wilkinson 夫人	Osmundthorp	36	1	自然		長時間分娩		鉗子使用・胎盤剝離手術
129	1771	5	Benjamin Boyle 妻			1			長時間分娩		鎮痛用阿片投与
130	1771	7	Joseph Procter 妻	Woodlesford		7			骨盤狭窄・死産	○	胎児頭蓋開口
131	1771	7	James Smithies 妻	Bank		3			産褥熱痙攣		
132	1771	9	John Hannam 妻	Woodhouse		10			難産		胎児頭蓋開口
133	1771	9	James Holdsworth 妻	Bramley		7	自然		胎盤剝離手術後大量出血		胎盤剝離手術
134	1771	10	Christopher Smith 夫人			3	自然		出産後出血		
135	1771	12	David Hudson 妻	Holbeck		1	異常	足位	新生児死亡		
136	1771	12	Burley 妻(貧しい婦人)						骨盤狭窄	○	胎児頭蓋開口
137	1772	2	R 夫人			1			会陰部裂傷		
138	1772	5	John Cork 妻	Briggate		2			難産		
139	1772	1	Rhodes 夫人			3			産褥熱		
140	1772	5	篤志総合病院患者(子宮出血)		40歳前後	12					リーズ篤志総合病院患者・子宮腫瘍切除
141	1772	7	貧しい少女	Oulton					母親死亡・子宮後傾・尿閉・流産(4か月)		救貧委員の要請による
142	1772	7	Fieldshaw 夫人			5			分娩後大量出血		
143	1772	8	Jacob Holmes 妻	Kirkstall		1			分娩後出血		
144	1772	9	若い婦人			1			難産・分娩後出血	○	胎児頭蓋開口・2 番目出産正常

No.	年	月	氏名	地名	年齢	出産回数	分娩	胎位	経過	○	備考
145	1772	10	若い健康な婦人			1			難産		鉗子使用
146	1772	12	Joseph Morton 妻	Adwalton					難産		
147	1772	12	Thomas Sutcliffe 夫人			10		足位	分娩後出血		
148	1772	4	G 夫人		28	2			産褥熱痙攣・3回流産		瀉血
149	1772	?	B 夫人(Glover 氏の患者)		22				産褥熱痙攣・死産		瀉血・浣腸処方・ジェントリーの妻(第2子は自然分娩)
150	1773	1	William Pawson 妻	Kirkgate		4	異常	左腕先進位・足位	死産	○	助産婦男性助産師(G 氏およびその助手)を要請・胎位転換
151	1773	2	?						出産後出血		
152	1773	6	Wallis 夫人			4			子宮異常萎縮		鉗子使用
153	1771	11	William Gray 妻	Holbeck	39	2			子宮腫瘍		前人出産 14 年以前・尿道カテーテル
154	?	?	Richard Pickering 妻		中年				母親死亡,子宮・膀胱腫瘍,流産(5か月)		数人出産・瀉血・下剤投与
155	1773	12	Samuel Thackrah 妻	Hunslet	22	1			産褥熱・双胎		瀉血・浣腸
156	?	?	Dunderdale 夫人				自然		産褥熱		鎮痛用阿片剤・下剤投与, 浣腸
157	1774	5	Thomas Preston 妻	Chapeltown		1	異常	足位			
158	1774	6	Atkinson 夫人			4			胎盤剥離手術後発熱		胎盤剥離手術
159	1774	6	Wiliam Hudson 妻	Timble Bridge		2	異常	左腕先進位	分娩後出血		
160	1774	6	Taylor 夫人	Crosshall					分娩時出血		多数出産・羊膜切開後快癒
161	1774	7	Fieldshaw 夫人			6	自然	頭頂位			下剤投与
162	1774	8	G. Bichoff 夫人			3					鎮痛用阿片剤投与
163	1774	8	William Korthhouse 妻	Shipscar		3	異常	足位	新生児死亡		
164	1774	9	William Furth 妻	Beeston		6			骨盤狭窄		1〜5 児死産
165	1774	9	Vincent 夫人	Beeston hill		6			長時間分娩		
166	1774	10	John Heaton 妻	Coulton		1	異常	臍帯脱出・左腕先進位		○	胎位転換・下剤施薬
167	1774	10	Michael Atkinson 妻	near Red-hall		3			出血・胎盤遺残	○	
168	1774	10	James Ingham 妻 (貧しい夫人)						難産・胎児頭部腫瘍		胎児頭蓋開口・貧しい婦人
169	1774	11	James Watson 妻	Woodhouse Carr			異常	殿位		○	胎位転換
170	1774	12	William Bulmer 妻	Rothwell			異常	腕先進位	母親死亡・死産		胎位転換
171	1775	3	Christopher Telford 妻	Mabgate		5		頭頂位	産褥熱様痙攣		下剤・鎮痛薬施薬・第 4 子死産(外科医診療)
172	1774	10	William Sharp 妻	lower Wortley	25	4		右腕先進位	新生児死亡・子宮後傾		尿道カテーテル排尿・下剤施薬
173	1775	4	Samuel Sykes 妻	Kirkgate		1		足位	新生児死亡	○	胎位転換
174	1775	4	James Burley 妻			8			母親死亡・骨盤狭窄		胎児頭蓋開口・胎位転換, 鉤状鉗子・鋏使用
175	1775	5	Salt 夫人	Hurbl moor		4	自然		臍帯首部巻き付き		
176	1775	5	Thomas Preston 妻	Chapel Allerton		2		足位			胎位転換
177	1775	6	Blakie 夫人	Callane		3	自然		胎盤剥離手術前後出血		胎盤剥離手術
178	1775	6	Joy 夫人			1	自然				
179	1775	6	Warham 夫人			1	自然				
180	1775	6	John Turner 妻	Quarry hill		7	自然		胎盤遺残		Duros 法適用
181	1775	7	?		34	1	自然				
182	1775	7	Joseph Watson 妻	Qarry hill			自然				

症例番号	年	月	母親氏名	居所	母親年齢	出産順位	分娩態様	胎位	分娩前後の母子状態	助産師	治療・その他
183	1775	7	Wallis 夫人				自然	殿位			胎盤剥離手術
184	1775	7	Blackburne 夫人			2	自然				
185	1775	8	Willot 夫人			1					鉗子使用
186	1775	8	James Blakes 妻	Sipscar		1		顔位			胎児頭蓋開口・鉗子使用
187	1775	9	Renton 夫人						流産(4か月)・胎盤剥離手術後大量出血		胎盤剥離手術
188	1775	9	Wilson 妻	West Garforth		3			胎児頭部腫瘤	○	阿片剤テバイン投与
189	1775	9	Richard Mann 妻	Bramley		5			子宮後傾		
190	1775	9	Joseph Wholly 妻	Holbeck		13			骨盤狭窄		胎児頭蓋開口・鎮痛用阿片剤投与
191	1775	9	Kaye 夫人				自然				多数出産
192	1775	10	William Gill 妻 (貧しい婦人)	Blackbank					子宮腫瘍治療		
193	1775	11	Birch 妻	Millhill					流産(11 週), 子宮後傾		浣腸・鎮痛剤投与
194	1775	12	Talbot 夫人			1					
195	1775	12	John Deal 妻	Bank		4			流産		胎盤剥離手術
196	1775	12	救貧院内の若い婦人			1			難産		救貧院収容者・鉗子使用
197	1776	1	Geoffrey Baron 妻	lower Headrow		5	自然		死産		胎盤剥離手術
198	1776	1	Mason 婦人			1	自然				
199	1776	1	John Russam 妻	Meadowlane		3	自然		長時間分娩		第1子胎児頭蓋開口
200	1776	2	Richard Taylor 夫人			9					羊膜切開
201	1776	2	Robert Wood 妻	Newmill					流産(6か月)		
202	1776	2	Fieldshaw 夫人			7	自然				
203	1776	3	Thomas Myers 妻	Horsforth		7			子宮後傾		
204	1776	3	Thomas Clapham 妻	Bowman lane	37	1			産褥熱・長時間分娩・新生児死亡		胎盤剥離手術・鎮痛剤投与・3・4か月後母親死亡(肺結核)
205	1776	4	Chtistopher Napton 妻				自然				阿片剤テバイン投与・浣腸
206	1776	4	Hancock 夫人			1		殿位			
207	1776	4	William Spencer 妻		17	2			骨盤狭窄		胎児頭蓋開口・瀉血
208	1776	5	Peter Acroyd 妻	Hunslet		5			母親死亡・新生児死亡・産褥熱		
209	1776	6	Joseph Taylor 妻	Beeston		2		腹位	大量出血		
210	1776	6	K 夫人					足位	新生児死亡		数回経産
211	1776	6	Thomas Harrison 夫人	Kirkgate			自然				鎮痛用阿片剤投与
212	1776	6	貧しい婦人	Blackbank					流産(3か月)・大量出血		胎盤剥離手術
213	1776	6	Short 夫人			7	自然		会陰部裂傷		
214	1776	7	Isaac Thomas 妻		46	1	自然				
215	1776	7	Hindle 夫人			11~12			死産(8か月)		鎮痛剤投与
216	1776	8	Spink 夫人				自然		母親死亡・大量出血・産褥熱痙攣		阿片剤テバイン投与
217	1776	8	John Broadley 妻				異常	腕先進位	死産	○	胎位転換・阿片剤テバイン投与
218	216 と重複										
219	1777	1	William Roberts 妻	Armley					母親死亡		胎盤剥離手術・下剤投与
220	1777	3	Hare 夫人	Beeston			自然				下剤投与・阿片剤テバイン投与
221	1777	4	Joy 夫人			2	自然				胎盤剥離手術

付　録　409

222	1777	5	Jeffrey Baron 妻		6	自然			胎盤剥離手術
223	1777	5	Fieldshaw 夫人		8			大量出血	胎盤剥離手術・阿片剤テバイン投与
224	1777	4	貧しい婦人	Bank				流産(3か月)・子宮後傾	
225	1777	4	貧しい婦人	Holbeck		異常		母親死亡	胎児頭蓋開口・鉤状鉗子使用
226	1777	5	？	Holbeck	5			骨盤狭窄・胎児頭部未発達	帝王切開中止・阿片剤投与
227	1777	5	Thomas Preston 妻	Chapel Town	3	自然	足位		
228	1777	6	William Spencer 妻		4			胎児後頭部腫瘍・	胎児頭蓋開口・第1〜3子死産・鎮痛剤投与・阿片剤テバイン投与
229	1777	6	Hall 妻	Oulton	1			死産・会陰部裂傷	鉗子使用
230	1777	6	John Russam 妻				殿位	流産(5か月)	
231	1777	6	Rainhardt 夫人			自然		長時間分娩	鉗子使用・鎮痛剤投与
232	1777	7	？	Halifax	2			子宮外妊娠	
233	1777	8	Skant 夫人		8	自然		母親死亡(数か月後)	下剤投与・阿片剤テバイン投与・尿道カテーテル排尿
234	1777	10	Taylor 夫人	Crosshall	13	自然			羊膜切開
234*	1777	10	Glover 夫人	Briggate	1	自然			
235	1777	11	George Groundwell 妻	Gildersham	8〜9			新生児出生12時間後死亡	阿片剤テバイン投与
236	1778	10	William Spence 妻	Woodhouse	1			新生児肺気腫・死亡	鉗子使用・阿片剤テバイン投与・男性助産師介護・下剤投与
237	1778	11	Fieldshaw 夫人		9	自然			
238	1778	12	Geoffrey Baron 妻		7	自然			
239	1779	1	John Paget 妻			自然	頭頂位		阿片剤テバイン投与
240	1779	3	William Scavell 妻		1			死産	鉗子使用
241	1779	4	George Bradshaw 妻	Mabgate			殿位		直腸腫瘍切開・リーズ篤志総合病院患者として入院
242	1779	5	Thomas Philip 妻	Halton moor	3〜4			母親甲状腺腫	羊膜切開・下剤投与
243	1779	9	W 夫人		2	自然		母親死亡・産褥熱	胎盤剥離手術・阿片剤テバイン投与・下剤投与
244	1779	9	Browne 夫人		1	自然		産褥熱	ヨーク精神病院で治療・2年後に肺がんで死亡
245	1779	9	Wilson 夫人	Hunslet			第1子殿位・第2子足位	双胎	羊膜切開・胎盤剥離手術
246	1779	11	E 夫人		4			母親死亡・新生児奇形	胎盤剥離手術・鎮痛剤投与・下剤投与
247	1779	12	Thomas Walker 妻	Woodlesford	7		足位	母親死亡・大量出血	胎盤剥離手術・胎位転換・阿片剤テバイン投与
248	1780	1	James Blakes 妻		3			母親死亡・解剖	胎児頭蓋開口・胎盤剥離手術・阿片剤テバイン・下剤投与・鉗子使用・尿道カテーテル排尿
249	1779	？	Turly 夫人			自然	足位	大量出血	阿片剤投与
250	1780	2	Jeffrey Baron 妻		8	自然		大量出血	胎盤剥離手術
251	1780	6	Wilson 夫人	Armley	1		足位	難産	阿片剤テバイン投与・鉗子使用

症例番号	年	月	母親氏名	居所	母親年齢	出産順位	分娩態様	胎位	分娩前後の母子状態	助産師	治療・その他
252	1780	6	Robert Walker 妻	Holbeck		7			死産・骨盤狭窄	○	胎児頭蓋開口・胎盤剥離手術・阿片剤テバイン投与・コレラ罹病・子供4人生存・5人目死産・6人目足位
253	1780	6	Gledill 夫人			1		殿位			鉗子使用
254	1780	6	John Thompson 妻			11			臍帯首部巻き付き		
255	1780	9	William Coply	Armley		3	自然				
256	1780	9	W. B. 妻			1	自然				
257	1780	12	Topham 夫人			8			双胎(第1子殿位・第2子頭位)・		羊膜切開・胎盤2個・鎮痛剤投与
258	1780	?	B 夫人			1	自然				
259	1781	2	Isaac Wilkinson 妻	Headingley		2		腕先進位	新生児死亡		
260	1781	4	Pullon 夫人			2	自然				
261	1781	6	S 夫人			1	自然		新生児痙攣		新生児に阿片剤テバイン投与
262	1781	7	J 夫人						大量出血		阿片剤テバイン投与
263	1781	7	Thomas Preston 妻			5					羊膜切開
264	1781	?	?								赤痢による発熱・阿片剤投与・下剤投与
265	1782	3	Blakie 夫人	Callane							胎盤剥離手術
266	1782	4	Hopton 夫人			10					下剤投与
267	1789	5	John Wilson 妻			3		左腕先進位		○	夫庭師・胎位転換
268	1782	6	Robert Walker 妻	Holbeck		7		足位	母親死亡・骨盤狭窄・大量出血		胎児頭蓋開口
269	1782	7	Richard Dalby 妻	Thorner	27歳前後	1			産褥熱痙攣・妊娠6か月・母親快癒	○	瀉血・浣腸・下剤投与
270	1782	7	Coates 夫人		39	1			難産		胎盤剥離手術・鉗子使用・母親インフルエンザ罹患
271	1782	7	Crossland 夫人	Coulton	22	1			双胎(第1子頭位・第2子足位)		インフルエンザ罹患・子宮後屈・阿片剤テバイン投与・胎盤剥離手術
272	1782	9	John Padget 妻					腕先進位	多数出産・胎位転換		
273	1781	6	? (L氏の患者)						難産・双胎(第2子足位)		鉗子使用・下剤投与・阿片剤投与
274	1782	9	Brumfitt 夫人(若い婦人)			1		左腕先進位	新生児死亡・大量出血	○	鎮痛剤投与
275	1782	夏	Ridsdale 夫人	Wakefield		6					
276	1782	11	Joseph Driver 妻	Woodhouse		3			双胎(第1子頭位・第2子足位)		羊膜切開・前回出産19年前・胎盤2個・鉗子使用
277	1783	1	Wager 夫人	Hunslet		3		殿位	新生児死亡		
278	1783	2	John Rainforth 妻	Marshlane		4			骨盤狭窄		胎児頭蓋開口・阿片剤テバイン投与・鉤状鉗子使用
279	1783	4	Joseph Brammah 妻	Mabgate				腕先進位	新生児死亡・母親黄疸	○	胎位転換
280	1783	5	John Laycock 妻	Bank		11		右腕先進位			強心剤投与・瀉血(8オンス)・阿片剤テバイン投与
281	1783	7	貧しい婦人			1					母親未婚・尿道カテーテル排尿
282	1783	?	Vincent 夫人	Osmondthorp					分娩前3週間出血		
283	1784	12	Hutchinson 夫人	Old Church Road			自然		分娩中出血		羊膜切開

付　録　411

284	1784	12	Jonathan Whitaker 妻	Quarry hill			自然		産褥熱		多数出産・下剤投与・下剤投与
285	1784	1	William Birdsall 妻	Shambles					死産・分娩前出血		
286	1784	4	Joseph Atkinson 夫人		2						羊膜切開・鉗子使用・阿片剤投与・下剤投与
287	1784	4	Joseph Fawcwtt 妻				自然		分娩前5週間出血		羊膜切開
288	1784	4	Darnton 夫人		3		自然		母親死亡(分娩中疝痛:colic)・授乳熱		鎮痛剤投与, 阿片剤テバイン投与, 瀉下・下剤投与
289	1784	6	Richard Waterman 妻	Callane	3		異常	臍帯脱出・足位・頭位	大量出血	○	羊膜切開・胎位転換
290	1784	?	John Wood 夫人				自然		大量出血		胎盤剝離手術
291	1784	8	Samuel Howgate 妻	Burmantoft	20〜30	1	自然				瀉血・阿片剤テバイン投与
292	1784	?	Thompson Lister 妻		4		自然		新生児黄疸・新生児死亡		
293	1784	?	John Hutchinson 妻	Potter Newton	3		自然		産褥熱・分娩後出血		阿片剤・その他投与・強心剤投与
294	1784	10	Wilm 夫人	Hunslet							多数出産・鉗子使用・下剤投与
295	1784	?	Joseph Lee 妻		38				大量出血・流産		鎮痛剤投与
296	1784	?	Cooper 夫人	Briggate	1		自然				瀉血, 阿片剤・下剤投与
297	1785	3	Joseph Sheepshark 夫人					顔位			
298	1785	4	Thomas Hale 妻		3		自然				胎盤剝離手術・下剤投与・阿片剤テバイン投与
299	1785	7	Joy 夫人				自然				数人出産・止血栓使用
300	1785	7	Anne Birch (Blayds 夫人奉公人)				自然		大量出血・死産		胎児頭蓋開口・胎盤剝離手術・妊産婦家内奉公人・尿道カテーテル排尿・浣腸・鉗子使用
301	1785	8	Hope 夫人	Millhill					人工呼吸により胎児蘇生		
302	1785	9	William Hargraves 妻	Holbeck					出血		
303	1785	10	Joseph Atkinson 夫人		3			殿位			羊膜切開
304	1786	年初	Froyde 夫人		3				大量出血・死産		
305	1786	?	貧しい婦人	Rothwell	12				大量出血・新生児死亡		下剤投与
306	1785	12	David Denny 妻								胎盤剝離手術
307	1786	?	John Jowitt 夫人						大量出血		羊膜切開・阿片剤テバイン投与
308	1786	2	Walton 夫人		36	1					羊膜切開
309	1786	3	John Clayton 妻	Holbeck		6		肩甲位	死産		胎盤剝離手術・下剤投与
310	1786	3	Thomas Denison 妻	Lower head Row					大量出血・死産		下剤投与・阿片剤テバイン投与
311	1786	4	Coupland 夫人	Callane			自然		大量出血・		胎盤剝離手術・下剤投与
312	1786	4	John Watkinson 妻	Mabgate					双胎・流産(6か月)・大量出血	○	胎盤剝離手術・胎盤2個(1個固着)・下剤投与・阿片剤投与
313	1786	5	William Sidney 妻	Rothwell	4			左腕先進位	新生児死亡		阿片剤テバイン投与・下剤投与・浣腸
314	1786	6	James Varley	Coulton			自然	殿位	母親死亡		胎盤剝離手術・下剤投与
315	1786	6	Blagburgh 夫人		3		自然		産褥熱痙攣		阿片剤テバイン投与・瀉血・下剤投与・鎮静剤吉草酸投与

症例番号	年	月	母親氏名	居所	母親年齢	出産順位	分娩態様	胎位	分娩前後の母子状態	助産師	治療・その他
316	1786	7	Joseph Simpson 妻	Holbeck		1	自然				
317	1786	6	John Thompson 夫人	Hunslet Woodhouse		4	自然				胎盤剝離手術・阿片剤テバイン投与・下剤投与
318	1786	8	Hoole 夫人			6	自然		母親死亡・産褥熱痙攣		下剤投与・瀉血・鎮痛剤投与・阿片剤テバイン投与・吐剤投与
319	1786	9	リーズ駐屯軍曹夫人				自然		母親死亡(分娩中)・新生児生存	○	夫軍曹
320	1787	4	William Wilson 夫人	Hunslet			自然		出血		阿片剤テバイン投与
321	1787	7	John Vincent 夫人					足位	母親死亡・出血		羊膜切開・胎盤剝離手術
322	1788	1	Robinson 夫人	N. Town			自然				
323	1788	3	Joy 夫人			5	自然				
324	1788	8	Morris 夫人	Vicarlane		1	自然		死産(?)		鉗子使用
325	1788	7	David Hudson 妻	Marshlane			自然				鉗子使用
326	1788	11	John Dubb 妻						骨盤狭窄・		胎児頭蓋開口・多数出産・リュウマチ様疾患・鉤状鉗子使用
327	1788	12	Osborn 夫人					殿位	水頭症		下剤・鎮痛剤投与
328	1789	2	Bond 夫人						母親死亡・双殆・流産(6か月)		胎盤剝離手術
329	1789	3	Benjamin Collon	Headingley	24歳前後	2		右腕先進位	産褥熱痙攣・死産		胎位転換・瀉血
330	1789	5	William Morris 妻			2			母親死亡・死産		胎児頭蓋開口・阿片剤テバイン投与・下剤投与・尿道カテーテル排尿・浣腸・瀉血
331	1789	6	助産師 Lister の患者	Vicarlane				左腕先進位	新生児死亡	○	
332	1789	5	貧しい婦人	Holbeck				右腕先進位	死産	○	胎位転換
333	1789	5	John Gill 妻		35歳前後	6	自然		母親死亡・骨盤狭窄		胎児頭蓋開口・阿片剤テバイン投与・鉤状鉗子使用・第4子死産
334	1790	11	Nicholas Bischoff 夫人			1	自然	頭頂位	母親死亡・死産・大量出血		下剤投与・瀉血・尿道カテーテル排尿・阿片剤投与
335	1790	2・3	Joseph Smith 妻・Booth Niphaw	Bank			異常	左右腕先進位(2例)			
336	1790	2	Brogden 妻	Briggate			自然	右腕先進位			
337	1790	6	Hudson 夫人(若い婦人)	Shambles		1	自然				
338	1790	9	Beevor 夫人						母親死亡・腕肩損傷		数人出産・阿片剤投与
339	1791	2	Roberts 夫人	Armley		2		足位	分娩前・中大量出血		胎位転換・下剤投与・強心剤投与・浣腸
340	1791	3	Thomas Rawlins 妻	Addle			自然		産褥熱痙攣		
341	1791	7	William Garnet 妻	Leeds	20	2	自然		双胎・産褥熱痙攣	○	瀉血・尿道カテーテル排尿・浣腸・鉗子使用・胎盤単一
342	1791	8	Dodsworth 夫人		24	1			産褥熱痙攣		瀉血・阿片剤テバイン投与・下剤投与
343	1791	10	Autey 夫人			6	自然		分娩前大量出血		羊膜切開
344	1791	12	James Smith 妻	Leeds Woodhouse					母親死亡・双胎・赤痢罹患・下痢		下剤・吐剤投与
345	1792	4	Sawyer 夫人			4	自然				下剤投与

付　録　413

346	1792	5	ScottT 妻	Gray's walk				流産(7か月)		
347	1792	1	貧しい婦人	Kirkgate			肩甲位	母親死亡	○	貧しい婦人・鉤状鉗子使用
348	1792	7	Samuel Robinson 妻			1	臍帯脱出・右腕先進位			
349	1792	9	貧しい婦人	Ebenezer Street				母親死亡・死産・母親喘息		貧しい婦人・鉤状鉗子使用
350	1792	10	貧しい婦人	near Hunslet hall				大量出血・新生児死亡		羊膜切開・貧しい婦人
351	1793	1	James Blakie 妻	Callane				大量出血	○	胎盤剥離手術・夫理髪師・多数出産
352	1793	2	James Oglesby 妻	Bank	2～3		腕先進位	死産		貧しい婦人・阿片剤投与・鉤状鉗子使用
353	1793	5	Richard Cass 妻			異常		早産(6か月)		羊膜切開・胎盤剥離手術・阿片剤投与
354	1793	5	John Atkinson 夫人	Callane	1			早産(7か月)・大量出血		阿片剤投与・下剤投与・鎮痛剤投与
355	1793	5	Andrew Gill 妻	Hunslet lane	29	1		子宮大量出血		胎盤剥離手術
356	1793	5	John Rainforth 妻	Marshlane				母親死亡・流産(5か月目)・大量出血		胎盤剥離手術・数回経産・流産2回経験・夫織布工
357	1793	5	James Walker 妻		30歳前後	5	異常	右腕先進位		胎盤剥離手術
358	1793	6	David Hudson 妻	Marshlane	45	12		難産		看護師介助・鉗子使用・阿片剤投与
359	1792	9	? 妻			?	?			
360	1793	5	Benjamin Stead 妻		31歳前後	6		母親死亡・流産(3か月)・産褥熱痙攣		
361	1793	7	Wright 夫人			3	自然	流産(6か月)		胎盤剥離手術・阿片剤投与・甲状腺腫
362	1793	7	Crosland	Coulton		7	自然			
363	1793	8	Parkinson 氏の患者				左腕先進位	死産		鉤状鉗子使用
364	1793	12	Smith 夫人	Briggate				妊娠9か月目		羊膜切開・数人出産・夫肉屋・阿片剤投与
365	1793	?	Vickers 夫人		中年		異常	大量出血・咳		羊膜切開・胎盤剥離手術・阿片剤投与・看護師介助・強心剤投与・胎位転換
366	1794	2	John Wilkinson 夫人	Hunslet	熟年	1	自然	難産		
367	1794	4	Henry Armitage 妻	Swinegate		2		母親死亡・大量出血	○	阿片剤投与・下剤投与
368	1794	6	Joseph Lodale 妻			5～6	異常	肩甲位	新生児死亡		胎位転換・呼気吸入・下剤投与
369	1794	7	Wilson 夫人	Chequer Yard			自然	脱落後出血		数人出産
370	1794	8	Benson 夫人	Shambles			殿位			阿片剤投与
371	1794	9	richard Barr 妻	Union Street	35	1				阿片剤投与・鉗子使用
372	1794	9	James Chappel 妻	Swillington moor		5		骨盤狭窄・新生児死亡		子供2人生存出産・子供2人死産・阿片剤投与・鉗子使用・呼気吸入
373	1794	10	Robert Kimbley			1				鉗子使用
374	1794	10	Lady Elizabeth Lowther					流産(6か月)		Lady Elizabeth Lowthe・阿片剤投与
375	1794	10	?			1		難産		息子同伴
376	1794	10	Walker 夫人	Lassilshall near Kirkheaton	40	13				
377	1794	10	James Walker 妻				異常	右腕先進位	新生児死亡		胎位転換・阿片剤投与・呼気吸入

症例番号	年	月	母親氏名	居所	母親年齢	出産順位	分娩態様	胎位	分娩前後の母子状態	助産師	治療・その他
378	1794	11	Dixon 夫人	Gledhow		5	自然		胎盤剥離手術後大量出血		胎盤剥離手術・下剤投与
379	1794	11	Kilby 夫人			2			大量出血・頭痛		羊膜切開・強心剤投与・阿片剤投与・息子同伴・下剤投与
380	1794	12	Gray 夫人	Morwick		1			難産・臍帯首部巻き付き・新生児死亡		胎盤剥離手術・鉗子使用・呼気吸入
381	1795	1	Nevins 夫人						死産・大量出血		羊膜切開
382	1795	1	Francis Murgatroyd 妻			5		腕先進位・足位	母親死亡	○	胎位転換
383	1795	3	William Satton 妻	Gommersall			自然		死産・大量出血・胎盤固着		羊膜切開
384	1795	6	Joseph Thompson 妻	Thwaitezrte							羊膜切開・数人出産・阿片剤投与
385	1795	7	Myers 夫人	Bridge		3			流産(5か月)・出血		
386	1795	9	James Fletcher 妻		29				難産・産褥熱痙攣		胎児頭蓋開口・鉗子使用・鉤状鉗子使用
387	1795	9	Thomas Berry 妻	Meadowlane		6			死産・産褥熱痙攣		胎児頭蓋開口・息子同伴・下剤・鎮痛剤・阿片剤投与
388	1795	12	Vickers 夫人						子宮大量出血		
389	1795	12	Thomas Fourness 妻	Parklane		2			難産・骨盤狭窄		第1子死産・鉗子使用
390	1795	5	Dixon 夫人						骨盤狭窄		夫仕立業者・鉗子使用
391	1796	9	貧しい婦人	Chaple Allerton	30	2	自然		母親死亡・大量出血	○	羊膜切開・胎位転換・阿片剤投与・下剤投与
392	1796	10	James Fletcher 妻	High Street		2	自然		骨盤狭窄・胎児死亡		採尿・下剤投与
393	1796	8	Jackson 夫人						大量出血	○	胎盤剥離手術
394	1796	10	Coxon 夫人	Ebenezer Street					流産(6か月)・死産		
395	1796	11	Gibson 夫人	Aberford	30歳前後	1			母親死亡	○	胎盤剥離手術・外科医介護・鉗子使用
396	1796	12	John Johnson 夫人			3	自然		胎盤剥離手術後大量出血・麻痺		胎盤剥離手術
397	1797	3	William Lawrence 妻	Lowerhead row		1			母親死亡・難産・死産・悪性咳		採尿・鉗子使用
398	1797	5	William Buckle 妻	Westwood Manwood		2		顔位	難産・新生児死亡		鉗子使用・呼気吸入
399	1797	6	Dickinson 夫人	Quaary hill	21	1			難産		阿片剤投与・採尿・鉗子使用・下剤投与
400	1797	6	Malachi Broughton 妻	Meadowlane				第2子足位	産褥熱痙攣・双胎・第2子死産・咳		第2羊膜切開・胎位転換・下剤投与・阿片剤投与・鎮痛剤投与・看護婦介護
401	1797	7	James Tathamm 妻		30歳前後	3			出血・死産		羊膜切開・胎盤剥離手術・阿片剤投与・下剤投与
402	1797	7	Dixon 夫人	Gledshow		7					胎盤剥離手術・看護婦介助
403	1797	8	Joseph Sutcliffe 妻	Water lane at Hillhouse bank				足位	子宮出血・妊娠7か月目	○	胎位転換
404	1797	8	Radford 夫人			2	自然		流産(8か月)・死産		羊膜切開
405	1797	10	Mark Hay 妻	Shipscarr	29	1		第2子足位	双胎・2人死産		胎児頭蓋開口・羊膜切開・胎盤剥離手術・息子同伴・鉗子使用・鉤状鉗子使用・下剤投与・鎮痛剤投与

付　録　415

406	1797	10	George Turner 夫人	Vicar lane					産褥熱痙攣・新生児虚弱		側頭部蛭使用・温水足浴・阿片剤投与・数回瀉血・下剤投与
407	1797	11	?(Teale 氏の患者)				足位		分娩中および分娩後出血・死産		胎盤剥離手術
408	1797	11	John Jueson	Back of Ebenezer Street	22	3	右足・右腕先進位		母親死亡・骨盤狭窄・新生児死亡		胎位転換・阿片剤投与・下剤投与・強心剤投与・鉤使用
409	1797	12	James Cunningham 妻	Timble bridge		1			死産		採尿・鉗子使用・下剤投与・阿片剤投与
410	1797	12	Varley Tittrington		45						
411	1797	12	GeorgeDixon 夫人	Briggate		8			骨盤狭窄		胎児頭蓋開口・胎盤剥離手術・阿片剤投与・浣腸・鉤状鉗子使用
412	1798	1	Airey 夫人	Oulton				自然	骨盤狭窄・新生児死亡		胎児頭蓋開口・胎盤剥離手術・浣腸
413	1798	1	Stocks 夫人			1			死産		鉗子使用
414	1798	7	貧しい婦人(Tatham 氏の患者)	Hunslet			胎盤位	自然	大量出血		羊膜切開
415	1798	8	Mason 未亡人	Shipscar		1	泉門位		新生児死亡		寡婦・鉗子使用
416	1789	9	貧しい婦人	Prokby Hall Yard, Vicarlane					母親死亡・死産	○	胎盤剥離手術・数回経産・鉗子使用
417	1789	11	Wade 夫人	Quarry Gap near Bradford		1	泉門位・顔位				胎児頭蓋開口・胎盤剥離手術・鉗子使用・鉤状鉗子使用・尿道カテーテル排尿
418	1789	12	Mathewman 夫人			1		自然			阿片剤投与・看護師介護・尿道カテーテル排尿・両刃メス使用
419	1799	1	Heaton 夫人	Millhill		1			流産(4か月)		胎盤剥離手術・阿片剤投与・下剤投与
420	1799	2	Dixon 夫人	Gledhow				自然	子宮後傾		数人出産
421	1799	5	William Lawson 妻	Bank			足位		母親死亡・新生児虚弱・産褥熱痙攣		胎盤剥離手術・多数出産・鎮痛剤投与・阿片剤投与・下剤投与
422	1799	5	John Thompson 夫人	Woodhouse	6〜7		殿位		分娩前大量出血		
423	1799	7	John Rawson 妻		2			自然	子宮炎症・産褥熱痙攣		胎盤剥離手術・下剤投与
424	1799	10	Matthew Walker 妻	Lady lane	24	1		自然	産褥熱痙攣		鉗子使用・瀉血・下剤投与
425	1799	10	鉗子使用4例								鉗子使用(新生児4人生存)・2名初産・1名第2子・1名第4子
426	1799	11	貧しい婦人	Quarryhill			右腕先進位	異常			貧しい婦人・胎位転換
427	1799	11	Wilson 師 (Reverend)夫人	Chapel Allerton				自然	大量出血		多数出産・看護師介助・阿片剤投与
428	1799	12	John Johnson 夫人		3〜4			自然	母親死亡・分娩後大量出血		胎盤剥離手術
429	1799	12	Cooper 夫人	Armley			足位		母親死亡・子宮炎症		胎児頭蓋開口・胎位転換
430	1800	4	John Crowen 妻	Meadowlane				自然	第1子頭位・第2子足位		双胎	胎盤剥離手術
431	1800	夏	貧しい婦人2名	Holbeck				自然	大量出血・	○	第1・2例(胎盤剥離手術)・阿片剤投与・蛭使用
432	1800	8	Fletcher 夫人 (Wilson 氏の患者)	near the bridge				自然	母親死亡・死産・骨盤狭窄・		胎児頭蓋開口・数回経産・阿片剤投与・鉤状鉗子使用
433	1800	8	Mary Flower (未婚)	Bank			足位		子宮出血・咳	○	胎盤剥離手術・母親未婚・阿片剤投与

症例番号	年	月	母親氏名	居所	母親年齢	出産順位	分娩態様	胎位	分娩前後の母子状態	助産師	治療・その他
434	1800	9	Robert Darnborough 妻	High Street	11			殿位	死産・骨盤狭窄		胎児頭蓋開口・鉤状鉗子使用・手術用鋏使用
435	1800	9	Teal 夫人	Shambles				足位	死産・妊娠7か月目出血・胎盤穿孔		数人出産・強心剤投与・阿片剤投与
436	1800	9	William Leech 妻	Marshlane		2	自然	頭位	子宮出血・		羊膜切開・胎盤剝離手術
437	1800	10	Joseph Norfolk	Woodhouse lane		7	自然				胎盤剝離手術
438	1800	11	Teale 氏の患者			1			母親死亡・母親下痢・咳・痰		胎盤剝離手術・下剤・阿片剤投与
439	1800	12	Banks 夫人	Chapel Allerton				第2子足位	双胎		第2子胎位転換
440	1800	12	貧しい婦人	Far Bank					双胎・インフルエンザ罹患		羊膜切開・多数出産・貧しい婦人
441	1801	1	Wilson 師(Reverend)夫人	Chapel Allerton		3	自然		母親死亡・分娩後出血		胎盤剝離手術・息子同伴・婦長介護・母親精神的不安状態
442	1801	3	Ingledew 夫人						骨盤狭窄		胎児頭蓋開口・鉤状鉗子使用
443	1801	11	Kimbley 夫人	Lidgate							鉗子使用
444	1801	12	Joseph Norfolk 妻	Woodhouse Carr				胎盤位	子宮出血	○	数人出産
445	1801	?	Boynes 夫人						流産(6か月)・出血(miscarriage という語なし)		下剤投与・瀉血・浣腸
446	1802	1	York 夫人 Mrs. Honble Mrs York	Harewood-house		1	自然	顔位			羊膜切開
447	1802	2	Johnson 夫人 (Lady Johnson)				自然		産褥熱痙攣		Lady Johnstone・阿片剤投与・下剤投与・カンフル剤投与
448	1802	4	McMurdo 夫人			4			死産・水痘症		下剤投与
449	1802	6	George Butler 妻	Hunslet Woodhouse			異常	左腕先進位	母親死亡	○	息子同伴・鉤状鉗子使用・胎位転換
450	1802	7	John Stead 妻	Bell & Ball Yard		5			胎児死亡	○	息子同伴・阿片剤投与・鉤状鉗子使用・下剤投与・鎮痛剤投与
451	1802	?	Dixon 夫人	Gledhow					出血		数人出産・看護師介助
452	1803	4	Scott 夫人	Lowerhead Row				殿位	妊娠7か月目(新生児生存)・分娩後大量出血		
453	1803	5	Elin Williams (救貧院収容)			1		頭頂位			胎児頭蓋開口・胎盤剝離手術・救貧院収容・鉤状鉗子使用
454	1803	5	David Wood 夫人			6	自然		双胎		第2子羊膜切開・胎盤剝離手術・阿片剤投与・胎盤1個
455	1803	5	Radford 夫人					殿位	流産7か月		胎盤剝離手術・流産多数・酸化マグネシウム投与(緩下剤)・看護師介助
456	1803	6	Temple 夫人			3(生存出産)	自然		分娩後出血		胎盤剝離手術・流産多数
457	1803	6	Samuel Reniess 夫人	Vicarlane			自然		分娩後出血		流産多数
458	1803	8	Hill 夫人						分娩後出血		胎盤剝離手術・数人出産・息子同伴
459	1803	12	Nicholas 夫人	St. Poter's Square					母親死亡・骨盤狭窄		阿片剤投与・胎盤1個
460	1804	2	Dixon 夫人			8	自然	頭頂位			胎盤剝離手術

付　録　417

461	1804	3	Benjamin Lucas 妻	Union Street		2		足位	分娩前子宮出血		胎盤剝離手術
462	1804	6	William Hirst 妻	St. James Street			自然				数人出産・鉗子使用
463	1804	7	Mayor 妻		24	1			死産・双胎・出血・産褥熱痙攣		胎児頭蓋開口・胎盤剝離手術・鉗子使用・瀉血・下剤投与・阿片剤投与・採尿・浣腸
464	1804	9	Jer: Rhodes 夫人		27	1		第2子足位	双胎		羊膜切開・胎盤剝離手術・瀉血・阿片剤投与・鉗子使用・採尿
465	1804	9	Flintoft 夫人			2		顔位	分娩後出血		胎盤剝離手術・鉗子使用
466	1804	9	Benjamin Rothwell 妻	Holbeck lane end		4			死産・難産・分娩前大量出血		胎児頭蓋開口・手術用鋏使用
467	1804	夏	John English 妻	Bank					流産(6週間)・子宮出血・嚢胞		
468	1804	12	Joseph Spencer	Ebenezer Street		4			死産	○	胎児頭蓋開口・胎盤剝離手術・息子同伴・尿道カテーテル採尿・鉤状鉗子使用
469	1805	1	James Naylor 妻		24	1		右腕先進位	新生児死亡		胎盤剝離手術
470	1805	2	Radford 夫人			9			死産(8か月)		2名生存出産・7名流産
471	1805	6	Ansley 夫人	Brewery, Meadowlane			自然		死産・分娩中大量出血		羊膜切開
472	1805	8	Temple 夫人				異常	足位	死産(妊娠8か月)・大量出血		羊膜切開・胎盤剝離手術・下剤投与
473	1805	9	James Pollock 夫人			1			難産		胎盤剝離手術
474	1805	7	Sarah Barnard 夫人	Hunslet	18歳5か月	1			産褥熱痙攣		阿片剤投与・瀉血・下剤投与・カンフル剤投与・Mr Musgraveからの情報
475	1805	10	Jer:Rhodes 夫人(464参照)	Hunsletmoor		2			新生児人工呼吸による蘇生		
476	1805	12	Blesard 夫人		29	3			分娩後出血		胎盤剝離手術・阿片剤投与
477	1807	9	Hunter 夫人				自然		胎盤剝離手術後大量出血		胎盤剝離手術・阿片剤投与
478	1807	10	Wood 夫人	Briggate			自然		胎盤剝離手術後大量出血		胎盤剝離手術・数人出産
479	1807	10	William Simpson 妻	near High Street				足位	分娩前大量出血		羊膜切開
480	1807	11	Boosey 夫人	Pleasant Dairy		5			大量出血		胎盤剝離手術・止血栓使用

引用史料・文献一覧

I 未刊行史料

National Archives
State Papers, SP 1/43, f. 81
State Papers, SP 1/150, ff. 151-152
State Papers, SP 6/3, f. 1
State Papers, SP 6/6, f. 12, Folio 38, LP ref XI, 377
State Papers, SP 6/6, f. 32, LP ref VIII, 76 (3)
State Papers, SP 11/5, ff. 50-51
State Papers, SP 14/69, ff. 62-68
RG 27/1, *History of the Census of 1841 : The Registrar General's plan for taking the first Census by the Office with layout of forms and instructions*, 1841
RG 29/1, Outward 1836-1863
RG 29/5, General Registration Office : Letter Books
RG 29/5, Inward 1836-1863
RG 29/17, The Registrar General's Private Letter Book
RG 61/18 & 26, Inspectors' Reports
Census Householders' Schedules, HO 107/2505, Llandyrnog, Denbighshire, Wales, 1851
Census Enumerators' Books, HO 107/2321 (1851), Leeds
Census Enumerators' Books, HO 107/2383 (1851), Middlesbrough
Census Enumerators' Books, RG 9/3685-3689 (1861), Middlesbrough
Census Enumerators' Books, RG 10/4889-4895 (1871), Middlesbrough
Census Enumerators' Books, RG 11/4852 (1881), Middlesbrough

British Library
Cotton Library, Cleopatra E. VI, f. 226-227
Lansdowne Manuscripts, Num. 64, 30, ff. 82-

Hatfield House Archives
The Cecil Papers, CP 109/49 [1604]

West Yorkshire Archive Service, Leeds District Archives
Leeds Death Register by Disease, LLD8/1/6/1/1
Leeds Township Census Enumerators' Returns 1801, LCA, LPC 104
Burial Registers of Leeds Parish and Chapelries

University of Leeds, Brotherton Library
Brotherton Special Collection, Notebooks of case histories in obstetrics, MS 199/1/1/1-10, 1759-1807
Brotherton Special Collection, Notebooks of medical and surgical case histories, MS 199/1/1/2-12, 1763-1809

Teesside Archives
Linthorpe Road Cemetery, Ayresome Gardens, Burial Registers, 4th Sept. 1854-19th Dec., 1899, PR/ACK
Middlesbrough Workhouse Admission Book, 1907-1910, PU/M 2/1
Middlesbrough Board of Guardians, 1898, PU/M/1/12

History Data Service
Census Enumerators' Books, RG 11/4852 (1881), Middlesbrough

Parliamentary Archives
The Bill for a Treasure house in every Shire for kepyng of the Records, 1547, Manuscript Journal of the House of Commons, HC/CL/JO/1/1

II 刊行史料

英国議会資料

British Parliamentary Papers (BPP), House of Commons, Sessional Papers of the Eighteenth century, Vol. 11, George II, Bills, 1757-1760, 1758
BPP, House of Commons, *Reports from committees of the House of Commons* : Vol. 9, *Reports on the High Prices of Provisions*, 1795-1796
BPP, House of Commons, *Abstract, presented to the House of Commons, of the Answers and Returns made to the Population Act of 41st Geo. III, 1801*, 1801
BPP, House of Commons, *A bill [as amended by the committee] for the better regulating and preserving parish and other registers of births, baptisms, marriages, and burials ; and for establishing general repositories for all such registers, in England*, 1810-11 (247)
BPP, House of Commons, *A bill [as amended by the committee] for the better regulating and preserving parish and other registers of births, baptisms, marriages, and burials, in England*,

1812 (131)

BPP, House of Commons, *A bill [as amended on re-commitment] for the better regulating and preserving parish and other registers of births, baptisms, marriages, and burials, in England*, 1812 (183)

BPP, House of Commons, *A bill [as amended on second re-commitment] for the better regulating and preserving parish and other registers of births, baptisms, marriages, and burials, in England*, 1812 (228)

BPP, House of Commons, *A bill [with the amendments made by the Lords] intituled, an act for the better regulating and preserving parish and other registers of births, baptisms, marriages, and burials, in England*, 1812 (363)

BPP, House of Commons, *Copy of the first report made to His Majesty by the commissioners appointed to inquire into the law of England respecting real property*, 1829 (263)

BPP, House of Commons, *Emigration*, 1830 (650), *Return of the number of persons who have emigrated from the United Kingdom to any of the colonies of Great Britain, in each year since 1820 ; distinguishing the colonies to which they have emigrated, and the number of males, females, adults and children*

BPP, House of Commons, *Report from the Select Committee on Parochial Registration (Select Committee on Parochial Registration) : with the Minutes of Evidence, and Appendix*, 1833 (669) XIV

BPP, House of Commons, *Report to Her Majesty's Principal Secretary of State for the Home Department, from the Poor Law Commissioners, on an Inquiry into the Sanitary Condition of the Labouring Population of Great Britain by Edwin Chadwick*, 1842 (HL-), Vol. XXVI

BPP, House of Commons, *Eighth Annual Report of the Poor Law Commissioners of England and Wales*, 1842

BPP, House of Commons, 1843 (494), *Public income and expenditure*

BPP, House of Commons, *Superintendent Registrars' Districts, Return to an Order of the Honourable The House of Commons,* dated 22 March 1847, 1847 (648)

BPP, House of Commons, *Fourteenth Report of the Poor Law Commissioners*, 1848

BPP, House of Commons, *Census Great Britain*, 1851, Vol. 8, *Ages, Civil Conditions, Occupations and Birthplaces*, Vol. I

BPP, House of Commons, 1852 (485), *Public income and expenditure*

BPP, House of Commons, *Census of Great Britain*, 1851, *religious worship (England and Wales)*, Rep., 1852–53 [1690] LXXXIX

BPP, House of Commons, 1854 (262) *Supply*, (709)

BPP, House of Commons, 1854 (262) *Supply*, (719)

BPP, House of Commons, 1854 (262) *Supply*, (721)

BPP, House of Commons, 1854 (442), *Census* (1841 and 1851), (336), 15 (721)

BPP, House of Commons, 1859 Session 1 (14), *Superintendent registrars. Return of the amount of fees and other emoluments*

引用史料・文献一覧 421

BPP, House of Commons, Vol. 25, *Poor Relief, Reports from Committees* : Ten Vols., 5, Vol. IX, 1861, App. No. 1
BPP, Poor Law, *Report from the Select Committee on Poor Relief*, 1864 (349)
BPP, House of Commons, 1863 (430), *Emigration*
BPP, House of Commons, 1868-69 (397), L487, *Emigration*
BPP, House of Commons, 1875 (377), *Census (expenses)*
BPP, House of Commons, 1877 (433), *Vaccination, mortality*
BPP, House of Commons, 1880 (76), *Mortality*
BPP, House of Commons, 1880 (392), *Deaths*
BPP, House of Commons, 1888 (371), *Mortality*
BPP, House of Commons, 1888 (372), *Deaths*
BPP, House of Commons, *Census of England and Wales, 1881-1901*
BPP, House of Commons, *Eighteenth Annual Report of the Local Government Board, 1888-89, Supplement Containing the Report of the Medical Office for 1888*, 1889 [c. 5813-I]
BPP, House of Commons, *Census 1891, Population. Registration areas and sanitary districts, England and Wales*. Vol. II, 1891
BPP, House of Commons, *Public Health, Twenty-First Annual Report of the Local Government Board, 1891-92, Supplement in Continuation of the Report of the Medical Officer for 1891*, 1892
BPP, House of Commons, *Royal Commission on Metropolitan Water Supply, Report of the Royal Commission appointed to inquire into the Water Supply of the Metropolis*, 1893, *Urban Areas, Water Supply*, Minutes of Evidence [C.-7172]
BPP, House of Commons, *Royal Commission on Metropolitan Water Supply, Appendices to Minutes of Evidence taken before the Royal Commission on Metropolitan Water Supply*, 1893 [C.-7172.-II]
Journals of the House of Commons, Vols. 1, 2, 3, 26, 28, 55, 56, 67
Hansard's *The Parliamentary History of England*, Vols. XIV, XV, XXXII
Hansard's *Parliamentary Debates*, Vols. XVI, XXXI, XXXV, CXXXIX

British Museum
K. Great Britain-George III 357d. 10 (40), State Paper Room

Ordnance Survey Map
Middlesbrough in 1892, OS Map : Central Middlesbrough, Yorkshire, Sheet 6.14a

Teesside Archives
Middlesbrough Borough Clerk's Department, Printed Minutes, Town Council, for 1886-1887, CB/M/C 1/47
Middlesbrough Borough Clerk's Department, Printed Minutes, Town Council, for 1897-1898, CB/M/C 1/58

Annual Report and Vital and Mortality Statistics for the Year 1926, Middlesbrough, CB/M/H 11

その他
Access to General Register Office Records, *Local Population Studies Magazine and Newsletter*, No. 3, 1969

Acts and Ordinances of the Interregnum 1642-1660, ed. by C. H. Firth and R. S. Rait, Vols. I and II, London, Professional Books Ltd., repr., 1982

'An Extract of a Letter from Mr. William Hay, Surgeon at Leeds, to Dr. William Hunter, with an Account of an extra-urine Foetus', *Medical Observations and Inquiries*, Vol. III, 1766

Anon, 'Report to the Council of the Statistical Society of London, from the Committee appointed to consider the best mode of taking the Census of United Kingdom in 1841', *Journal of the Statistical Society of London*, Vol. 3, No. 1, Apr., 1840

Booth, C., *The Aged Poor in England and Wales*, London and New York, Macmillan & Co., 1894

Burrows, G. M., *Strictures on the Uses and Defects of Parish Registers, and Bills of Mortality, in reference to Marriages, Births, Baptisms, Diseases, Casualties, and Burials ; to the Probabilities of the Expectancy of Life ; and to the Ascertaining of the Progress of Population : with Suggestions for Improving and Extending the System of Parochial Registers*, London, J. Mallet. 1818

Considerations on the Bill for Obliging all Parishes in this Kingdom to keep proper Registers of Births, Deaths, and Marriages : and for Raising therefrom a Fund towards the Support of the Hospital for Maintenance and Education of Exposed and Deserted Young Children. In a letter to a Member of Parliament, from one of his Electors in the Borough of......, London, M. Cooper, 1759

County Borough of Middlesbrough, Housing of the Working Classes, Middlesbrough, 1903

Dingle, C. V., 'The Story of the Middlesbrough Small-Pox Epidemic and Some of Its Lessons', *Public Health*, Vol. 11, 1899

DR. Ballard's Interim Report to the Local Government Board on an Inquiry at Middlesbrough and its neighbourhood, as to an Epidemic of so called "Pneumonia", but which was in fact a specific "Pleuro-pneumonic Fever", London, HMSO by Eyre and Spottiswoode, 1889

Dr. R. Bruce Low's Report to the Local Government Board upon the Continued Prevalence of Enteric Fever in the County Borough of Middlesbrough and upon Sanitary Administration by the Town Council, London, HMSO by Eyre and Spottiswoode, 1896

Dr. Buchanan's Report on the Sanitary State of Middlesbrough-on-Tees, 1871, London, Printed at the Foreign Office by T. Harrison, 1871

Eden, F., *The State of the Poor*, Vol. III, London, J. Davis, for B. & J. White, 1797

Hey, W. 'An Account of a Rupture of the Bladder from a suppression of urine in a pregnant Woman, by Mr. Hey, Surgeon at Leeds, communicated by W. Hunter, M. D. F. R. S', *Medical Observations and Inquiries*, Vol. IV, 1768

Hey, W., *Observations on the Blood*, London, J. Wallis, 1779

Hey, W., *Practical Observations in Surgery, illustrated with cases and plates*, Philadelphia, James Humphreys, 1805

Hey, W., *A Treatise on the Puerperal Fever, illustrated by cases, which occurred in Leeds and its vicinity in the years 1809-1812*, Philadelphia, M. Carey & Son, 1817

Pett, P., *The Happy Future State of England*, London, 出版社名不明, 1688

Sparrow, A., *A Collection of Articles, Injunctions, Canons, Orders, Ordinances, and Constitutions Ecclesiastical, with other Publick Records of the Church of England, chiefly in the Times of K. Edward VI, Q. Elizabeth, K. James, and K. Charles I.*, London, Blanch Pawlett at the Bible, 1684

Strype, J., *Annals of the Reformation and Establishment of Religion, and Other Various Occurrences in the Church of England, during Queen Elizabeth's Reign* : New Edition, Vol.IV, Oxford at the Clarendon Press, 1826

'The Middlesbrough Epidemic of Small-Pox and Its Lessons', *The British Medical Journal*, April, 9, 1898

The Story of the General Register Office and Its Origins from 1538 to 1937, General Register Office, London, HMSO, 1937

The Story of the Small Pox Epidemic in Middlesbrough, Middlesbrough, *The Northern Weekly Gazette*, 1898

Wilson, D. D., Notes on the Recent Typhoid Epidemic, I, Introduction, *Northern Echo*, 1891, Oct.

Wilson, D. D., *Enteric Fever in the Tees Valley, 1890-91, observations on Dr. Barry's report*, Middlesbrough, The printing and publishing Co., 1893

Her Majesty's Stationery Office (HMSO)

Calendar of State Papers, Domestic Series, Henry VIII, Vol. XIV, Pt. I, No. 815. *Letters and Papers, Foreign and Domestic, of the Reign of Henry VIII*, Vol. XIV, Part I

Calendar of Patent Rolls, 40 Elizabeth I (1597-1598), Part 1 (Calendar), C66/1477-1492, ed. by C. Smith, H. Watt, S. R. Neal and C. Leighton, 2009

Calendar of State Papers, Domestic Series, of the Reign of James I. 1611-1618, preserved in the State Paper Department of Her Majesty's Public Record Office, Vol. LXIX

Final Report of the Royal Commission appointed to inquire into the subject of Vaccination, London, HMSO by Eyre & Spottiswoode, 1896

Guides to Official Sources, No. 2, Census Report of Great Britain 1801-1931, London, 1951

Guide to Census Reports, Great Britain 1801-1966, London, 1977

新 聞

The Glasgow Herald, March 25, 1898

The Northern Echo, 1891, Oct., 29

The Times, July 14, 1801

The Times, March 12, 1834

定期刊行物

The Gentleman's Magazine, and Historical Chronicle, Vol. XXIII, London, September 1753
The Gentleman's Magazine, and Historical Chronicle, Vol. XXIII, London, November, 1753
The Gentleman's Magazine, and Historical Chronicle, Vol. XXIII, London, December, 1753
Supplement to the Gentleman's Magazine, for the Year 1753, London, 1753
The Gentleman's Magazine, Vol. LXXI, 1801, Pt. II
The Gentleman's Magazine, Vol. V, New Series, Jan. to June, 1836
The Gentleman's Magazine, Vol. VI, New Series, July to December, 1836
The Gentleman's Magazine, Vol. VIII, New Series, July to December, 1837
The Westminster Review, July, 1834

年 報

The Annual Reports of the Registrar General of Births, Deaths, and Marriages in England, Vols. 1 (1839)–83 (1920)
Supplement to the Forty-Fifth Annual Report of the Registrar General of Births, Deaths, and Marriages in England, Vols. 45, 55, 65 and 75
The Annual Reports of the Medical Officers of Health to the Local Government Boards
Annual Report of the Medical Officer of Health and the Chief Sanitary Inspector, for the Year ending the 31st December, 1898, including the Final report on the SMALL-POX EPIDEMIC of 1897 and 1898, Middlesbrough, 1899
Annual Reports of Poor Law Commissioners for England and Wales with the Appendices, Vols. 1–7 (1835–1841), London

制定法

The Statutes of the Realm, 24 Henry VIII, c. 12
The Statutes of the Realm, 26 Henry VIII, c. 1.
The Statutes of the Realm, 28 Henry VIII, c. 10
The Statute of the Realm, 18 & 19 Car. II., c. 4
The Statutes of the Realm, 30 Car. II, c. 3
The Statutes of the Realm, 32 Car. II, c. 1
The Statutes of the Realm, 5 & 6 Gul. & Mar., c. 21
The Statutes of the Realm, 6 and 7 William and Mary, c. 6
The Statutes of the Realm, 20 Geo. II, c. 42
The Statutes at Large, 26 George II, c. 33
The Statutes at Large, 23 Geo. III, c. 67
The Statutes at Large, 25 Geo. III, c. 75
The Statutes at Large, 26 George III, c. 56
The Statutes at Large, 34 Geo. III, c. 11
The Statutes at Large, 41 George III, c. 15

The Statules at Large, 52 Geo. III, c. 146
The Statutes at Large, 10 Geo IV, c. 7
The Statutes at Large, 4 & 5 William IV, c. 76
The Statutes of the United Kingdom of Great Britain and Ireland, 6 & 7 William IV, c. 85
The Statutes of the United Kingdom of Great Britain and Ireland, 6 & 7 William IV, c. 86
The Statutes of the United Kingdom of Great Britain and Ireland, 1 Victoriae, c. 22
The Statutes of the United Kingdom of Great Britain and Ireland, 3 & 4 Victoriae, c. 99
The Statutes of the United Kingdom of Great Britain and Ireland, 10 & 11 Victoriae, c. 109
The Statutes of the United Kingdom of Great Britain and Ireland, 13 & 14 Victoriae, c. 53
The Law Reports, Vol. IX, 1874, 37 & 38 Vict., c. 88
Halsbury's Laws of England, 2nd ed., Butterworths, Vol. 33
Halsbury's Laws of England, 4th ed., Butterworths, Vol. 39

III 欧文文献

Alter, G. and M. Oris, 'Mortality and Economic Stress : Individual and Household Responses in a Nineteenth-century Belgian Village' in *Population and Economy from Hunger to Modern Economic Growth*, ed. by T. Bengtsson and O. Saito, Oxford, Oxford University Press (OUP), 2000

Alter, G., M. Neven and M. Oris, 'Economic Change and Differential Fertility in Rural Eastern Belgium, 1812 to 1875' in N. O. Tsuya, W. Feng, G. Alter, J. Z. Lee et al., *Prudence and Pressure, Reproduction and Human Agency in Europe and Asia, 1700-1900*, Cambridge Massachusetts and London, The MIT Press, 2010

Anderson, B., *Imagined Communities, Reflections on the Origin and Spread of Nationalism*, Revised Edition, London and New York, Verso, 1991（白石さや・白石隆訳『増補 想像の共同体――ナショナリズムの起源と流行』NTT 出版, 1997 年)

Anderson, M., *Family Structure in Nineteenth Century Lancashire*, Cambridge, Cambridge University Press (CUP), 1971

Anderson, M., 'Urban Migration in Victorian Britain : Problems of Assimilation?' in *Immigration et Société Urbaine en Europe Occidentale XVIe-XXe Siècles*, ed. by E. Francois, Paris, Éditions Recherche sur les Civilisations, 1985

Anning, S. T., *The History of Medicine in Leeds*, Leeds, W. S. Maney & Son Ltd., 1980

Arkell, T., 'Multiplying Factors for Estimating Population Totals from the Hearth Tax', *Local Population Studies*, No. 28, Spring, 1982

Arkell, T., 'An Examination of the Poll Taxes of the Later Seventeenth Century, the Marriage Duty Act and Gregory King' in *Surveying the People, The Interpretation and Use of Document Sources for the Study of Population in the Later Seventeenth Century*, Local Population Studies Supplement, ed. by K. Schurer and T. Arkell, Oxford, Leopard's Head Press Ltd., 1992

Arkell, T., 'Printed Instructions for Administering the Hearth Tax' in *Surveying the People*
Armstrong, A., *Stability and Change in an English County Town : A Social Study of York 1801-51*, Cambridge, CUP, 1974
Atkinson, P. D., *Cultural Causes of the Nineteenth Century Fertility Decline : A Study of Three Yorkshire Towns*, Unpublished Ph. D. thesis, University of Leeds, 2010
Atkinson, P. D., 'Family Size and Expectations about Housing in the Later Nineteenth Century : Three Yorkshire Towns', *Local Population Studies*, No. 87, Autumn, 2011
Bade, K. J., *Migration in European History*, Oxford, Blackwell, 2003
Baines, D., *Migration in a Mature Economy : Emigration and Internal Migration in England and Wales, 1861-1900*, Cambridge, CUP, 1985
Baines, D., *Emigration from Europe, 1815-1930 prepared for the Economic History Society*, Cambridge, CUP, 1995
Bengtsson, T. and M. Dribe, 'Agency, Social Class, and Fertility in Southern Sweden, 1766 to 1865' in N. O. Tsuya, W. Feng, G. Alter, J. Z. Lee et al., *Prudence and Pressure*, 2010
Bengtsson, T., in collaboration with M. Oris, M. Manfredini, C. Campbell and S. Kurosu, 'The Influence of Economic Factors on First Marriage in Historical Europe and Asia' in *Similarity in Differences, Marriage in Europe and Asia, 1700-1900*, Cambridge Massachusetts and London, The MIT Press, 2014
Benwell, R. M. & G. A., 'Interpreting the Census Returns for Rural Anglesey and Llyn', *Anglesey Antiquarian Society and Field Club Transactions*, 1973
Benwell, R. M. & G. A., 'The 1851 Census in the Llandyrnog Sub-District', *Denbighshire Historical Society Transactions*, Vol. 27, 1978
Benwell, R. M. & G. A., 'The Llandyrnog Householder's Schedules for the 1851 Census', *Local Population Studies*, Vol. 28, 1982
Boulton, J. and R. Davenport, 'Few Deaths before Baptism : Clerical Policy, Private Baptism and the Registration of Births in Georgian Westminster : a Paradox Resolved', *Local Population Studies*, No. 94, Spring, 2015
Bradley, L., *A Glossary for Local Population Studies*, Local Population Studies Supplement, Matlock, Local Population Studies, 1971
Brebner, J. B., 'Laissez Faire and State Intervention in Nineteenth-Century Britain', *The Journal of Economic History*, Vol. 8, Supplement, 1948
Breschi, M., R. Derosas, M. Manfredini and R. Rettaroli, 'Patterns of Reproductive Behavior in Preindustrial Italy : Casalguidi, 1819 to 1859, and Venice, 1850 to 1869' in *Prudence and Pressure*, 2010
Brewer, J., *The Sinews of Power : War, Money, and the English State, 1688-1783*, London, Unwin Hyman, 1989（大久保桂子訳『財政=軍事国家の衝撃──戦争・カネ・イギリス国家1688〜1783』名古屋大学出版会, 2003 年）
Brown, V. A. *Public Health Issues and General Practice in the Area of Middlesbrough, 1880-1980*, Unpublished Ph. D. thesis, Durham University, 2012

Burke, A. M., *Key to the Ancient Parish Registers of England and Wales*, London, The Sackville Press, Ltd., 1908

Burn, J. S., *Registrum Ecclesiae Parochialis. The History of Parish Registers in England*, 2nd edn., London, John Russell Smith, 1862

Busteed, M., *The Irish in Manchester c. 1750-1921 : Resistance, Adaptation and Identity*, Manchester, Manchester University Press, 2015

Cairncross, A. K., 'Internal Migration in Victorian England', *The Manchester School of Economic and Social Studies*, Vol. 17, 1949

Cairncross, A. K., *Home and Foreign Investment 1870-1913, Studies in Capital Accumulation*, Cambridge, CUP, 1953

Chevalier, L., 'Pour une histoire de la population', *Population*, Vol. 1, No. 2, 1946

Clark, G., *The Price History of English Agriculture, 209-1914*, University of California, Davis, gclark@ucdavis.edu, October 9, 2003

Clark, P., 'The Reception of Migrants in English Towns in the Early Modern Period' in *Immigration et Société Urbaine en Europe Occidentale XVIe-XXe Siècles*

Clark, P., 'Migrants in the City : The Process of Social Adaptation in English Towns 1500-1800' in *Migration and Society in Early Modern England*, ed. by P. Clark and D. Souden, London, Hutchinson, 1987

Clark, P. and D. Souden, 'Introduction' in *Migration and Society in Early Modern England*

Cohen, B., *The Triumph of Numbers, How Counting Shaped Modern Life*, New York, W. W. Norton Co., 2005（寺嶋英志訳『数が世界を作った──数と統計の楽しい教室』青土社, 2007年）

Cox, J. C., *The Parish Registers of England*, London, Methen, 1910

Cullum, D. H., *Society and Economy in West Cornwall c1588-1750*, Unpublished Ph. D. thesis, University of Exeter, 1993

Davenport, R., 'The First Stage of the Mortality Transition in England : A Perspective from Evolutionary Biology', Centre for Competitive Advantage in the Global Economy (CAGE), working paper, University of Warwick, 2015

Day, A., 'A Spirit of Improvement : Improvement Commissioners, Board of Health and Central-local Relations in Portsea' in *Urban Governance, Britain and Beyond since 1750*, ed. by R. Morris and R. H. Trainor, London, Ashgate Publishers, 2000

Deacon, B., *The Cornish Family, The Roots of Our Future*, with S. Schwartz and D. Horman, Fowey, Cornwall Edition Ltd., 2004

Deane, P. and W. A. Cole, *British Economic Growth 1688-1959, Trends and Structure*, Cambridge, CUP, 1961

Dennis, R., *English Industrial Cities of the Nineteenth Century, A Social Geography*, Cambridge, CUP, 1984

Dillon, T., 'The Irish in Leeds, 1851-1861' , *The Pub. of the Thoresby Soc.*, Vol. LIV, Pt. 1, No. 119, 1973

Dobson, M., *Contours of Death and Disease in Early Modern England*, Cambridge, CUP, 1997

Dyer, A. and D. M. Palliser (eds.), *The Diocesan Population Returns for 1563 and 1603*, published for The British Academy by Oxford University Press, Oxford, OUP, 2005

Dyson, T. and C. Ó. Gráda (eds.), *Famine Demography : Perspective from the Past and Present*, Oxford, OUP, 2002

Eltis, D., 'Free and Coerced Migration from the Old World to the New' in *Coerced and Free Migration, Global Perspective*, Stanford, Stanford University Press, 2002

Elton, G. R., *Policy and Police, The Enforcement of the Reformation in the Age of Thomas Cromwell*, Cambridge, CUP, 1971

Elton, G. R., *Reform and Renewal, Thomas Cromwell and the Common Weal*, Cambridge, CUP, 1973

Elton, G. R., *England under the Tudors*, 2nd ed., London, Methuen, 1974

Everett, M., *The Rise of Thomas Cromwell, Power and Politics in the Reign of Henry VIII*, New Haven and London, Yale University Press, 2015

Finlay, R., *Population and Metropolis, The Demography of London 1580-1650*, Cambridge, CUP, 1981

Finlay, R., 'Gateways to Death? London Child Mortality Experience, 1570-1653', *Annales de démographie historique*, 1978

Finlay, R., *Parish Regsiters : An Introduction*, Historical Geography Research Series, No. 7, London, Institute of British Geographers, Historical Geography Research Group, 1981

Fleury, M. et Henry, L. *Nouveau Manuel de Dépouillement et D'exploitation de L'état Civil Ancien*, Paris, INED, 1965

Flinn, M. W., ed., *Report on the Sanitary Condition of the Labouring Population of Gt. Britain by Edwin Chadwick, 1842*, Edinburgh, Edinburgh University Press, 1965

Flinn, M. W., *British Population Growth 1700-1850*, London, Macmillan, 1970

Flinn, M. W., *The European Demographic System, 1500-1820*, Baltimore, Johns Hopkins University Press, 1981

Flinn, M. W., 'The Population History of England, 1541-1871', *Econ. Hist. Rev.*, 2nd ser., Vol. XXXV, No. 3, 1982

Flora, P., Kraus F. and Rothenbacher, F., 'Introduction' in *The Societies of Europe, The European Population, 1850-1945, A Series of Historical Data Handbooks on the Development of Europe from the Nineteenth to the End of the Twentieth Century*, Basingstoke, Palgrave Macmillan, 2002

Foucault, M., *Sécurité, Territoire, Population*, Cours au College de France, 1977-78, Haute Etudes, Paris, Gallimard/de Seul, 2004（高桑和巳訳『安全・領土・人口（コレージュ・ド・フランス講義 1977～1978 年度 VII)』筑摩書房, 2007 年）

Foucault, M., *La volonté de savoir, Histoire de la sexualité* 1, Paris, 1976（渡辺守章訳『知への意志』『性の歴史』I, 新潮社, 1986 年）

Foster, C. W., ed., *The State of the Church in the Reigns of Elizabeth and James I as Illustrated by Documents relating to The Diocese of Lincoln*, Vol. I, The Lincoln Record Society, Vol. 23, 1926

Fritze, R. H., ed., *Historical Dictionary of Tudor England, 1485-1608*, New York, Greenwood Press,

1991
Galley, C., *The Demography of Early Modern Towns: York in the Sixteenth and Seventeenth Centuries*, Liverpool, Liverpool University Press, 1998
Garret, E., A. Reid, K. Schurer and S. Szreter, *Changing Family Size in England and Wales, Place, Class and Demography, 1891-1911*, Cambridge, CUP, 2001
Giddens, A., *The Nation-State and Violence, Volume Two of a Contemporary Critique of Historical Materialism*, Cambridge, Polity Press, 1985 (松尾精文・小幡正敏訳『国民国家と暴力』而立書房, 1999年)
Glass, D. V., 'Preface' in The Demography of the British Peerage, *Population Studies*, Vol. 18, No. 2, Supplement, Nov., 1964
Glass, D. V. and Eversley, D. E. C. (eds.), *Population in History, Essays in Historical Demography*, London, Edward Arnold, 1965
Glass, D. V., *Numbering the People, The Eighteenth-Century Population Controversy and the Development of Census and Vital Statistics in Britain*, London, C. H. Health Ltd., 1973
Goody, J., *The Development of the Family and Marriage in Europe*, Cambridge, CUP, 1983
Goody, J., 'Comparing Family Systems in Europe and Asia: Are There Different Sets of Rules?', *Population and Development Review*, Vol. 22, No. 1, 1996
Goose, N., 'Workhouse Populations in the Mid-Nineteenth Century: The Case of Hertfordshire', *Local Population Studies*, Vol. 62, 1999
Gott, R., *Henry Bolckow: Founder of Teesside*, Middlesbrough, R. Gott, 1968
Griffith, T., *Population Problems of the Age of Malthus*, Cambridge, CUP, 1926
Grigg, P. B., 'E. G. Ravenstein and the "laws of migration"', *Journal of Historical Geography*, Vol. 3, No. 1, 1977
Guichard, P., *Structures sociales « orientales » et « occidentales » dans l'Espagne musulmane*, Paris, Mouton (E. H. E. S. S., Civilisation et sociétés), 1977
Hacking, I., *The Taming of Chance*, Cambridge, CUP, 1990 (石原英樹・重田園江訳『偶然を飼いならす——統計学と第二次科学革命』木鐸社, 2003年)
Hajnal, J., 'Age at Marriage and Proportions Marrying', *Population Studies*, Vol. 7, No. 2, Nov., 1953
Hajnal, J., 'European Marriage Patterns in Perspective' in *Population in History, Essays in Historical Demography* (木下太志訳「ヨーロッパ型結婚形態の起源」速水融編『歴史人口学と家族史』藤原書店, 2003年)
Hajnal, J., 'Two Kinds of Preindustrial Household Formation System', *Population and Development Review*, Vol. 8, No. 3, 1982 (浜野潔訳「前工業化期における二つの世帯形成システム」速水融編前掲書所収)
Hammel, E. A. and P. Laslett, 'Comparing Household Structure over Time and between Cultures', *Comparative Studies in Society and History*, Vol. 16, 1974 (落合恵美子訳「世帯構造とは何か」速水融編前掲書所収)
Harzig, C. and D. Hoerder with D. Gabaccia, *What is Migration History*, Cambridge, Polity Press, 2009

Henry, L., 'Some Data on Natural Fertility', *Eugenics Quarterly*, Vol. 8, 1961（木下太志訳「自然出生力とは何か」速水融編前掲書所収）
Henry, L., *Manuel de Démographie Histrorique*, Genève-Paris, Librairie Droz, 1967
Higginbotham, P., *The Workhouse Encyclopedia*, Stroud, The History Press, 2012
Higgs, E., 'A Cuckoo in the Nest? The Origins of Civil Registration and the State Medical Statistics in England and Wales', *Continuity and Change*, Vol. 11, No. 1, 1996
Higgs, E., 'The Annual Report of the Registrar General, 1839-1920 : A Textual History' in *The Road to Medical Statistics*, ed. by E. Magnello and Anne Hardy, *Clio Medica* 67 (The Wellcome Series in the History of Medicine), Amsterdam and New York, Brill, 2002
Higgs, E., *Life, Death and Statistics, Civil Registration, Censuses and the Work of the General Register Office, 1836-1952*, A Local Population Studies Supplement, Hatfield, Local Population Studies, 2004
Higgs, E., *John Rickman, 1771-1840* (http://www.histpop.org.)
Hobsbawm, E. J., *Labouring Men, Studies in the History of Labour*, London, Weidenfeld and Nicolson, 1964 (鈴木幹久・永井義雄訳『イギリス労働史研究』ミネルヴァ書房, 1968年)
Hoerder, D., *Cultures in Contact, World Migrations in the Second Millennium*, Durham & London, Duke University Press, 2002
Hollingsworth, T. H., 'A Demographic Study of the British Ducal Families', *Population Studies*, Vol. XI, 1957
Hollingsworth, T. H., 'The Demography of the British Peerage', *Population Studies*, Vol. 18, No. 2, Supplement, Nov., 1964
Hollingsworth, T. H., *Historical Demography*, London, Hodder & Stoughton, 1969
Howells, G., 'Emigration and New Poor Law : The Norfolk Emigration Fever of 1836', *Rural History*, Vol. 11, 2000
Hudson, P., *History by Numbers, An Introduction to Quantitative Approaches*, London, Arnold, 2000
Hughes, P. L. and F. L. James (eds.), *Tudor Royal Proclamations*, Vol. 1, *The Early Tudors (1485-1553)*, London and New Haven, Yale University Press, 1964
Humphries, J., 'Female-headed Households in Early Industrial Britain : The Vanguard of the Proletariat?', *Labour History Review*, Vol. 63, No. 1, 1998
Jackson, J. H., Jr. and L. P. Moch, 'Migration and the Social History of Modern Europe' in *European Migrants : Global and Local Perspectives*, ed. by D. Hoerder and L. P. Moch, Boston, Northeastern University Press, 1996
Jackson, J. H. Jr., *Migration and Urbanization in the Ruhr Valley 1821-1914*, New Jersey, Humanities Press International, 1997
Jones, E. L., *The European Miracle, Environments, Economies and Geopolitics in the History of Europe and Asia*, Cambridge, CUP, 1981（安元稔・脇村孝平訳『ヨーロッパの奇跡——環境・経済・地政の比較史』名古屋大学出版会, 2004 年)
Kitson, P. M., 'A History of the Historical Demography of England and Wales' in A. Fauve-

Chamoux, I. Bolovan and S. Sogner (eds.), *A Global History of Historical Demography : Half a Century of Interdisciplinarity*, Bern, Peter Lang Pub Inc., 2016

Knodel, J. E., D*emographic Behavior in the Past, A Study of Fourteen German Village Populations in the Eighteenth and Nineteenth Centuries*, Cambridge, CUP, 1988

Krause, J. T., 'The Changing Adequacy of English Registration, 1690-1837' in *Population in History, Essays in Historical Demography*

Kurosu, S., C. Lundh and M. Breschi, in collaboration with C. Campbell, M. Manfredini and G. Alter, 'Remarriage, Gender, and Rural Households : A Comparative Analysis of Widows and Widowers in Europe and Asia' in *Similarity in Differences, Marriage in Europe and Asia, 1700-1900*

Kussmaul, A., *A General View of the Rural Economy of England, 1538-1840*, Cambridge, CUP, 1990

Landers, J., *Death and the Metropolis, Studies in the Demographic History of London 1670-1830*, Cambridge, CUP, 1993

Langton, J. and G. Hoppe, 'Urbanization, Social Structure and Population Circulation in Pre-industrial Times : Flows of People through Vadstena (Sweden) in the Mid-Nineteenth Century' in *Work in Towns 850-1850*, ed. by P. J. Confield and D. Keene, Leicester, Leicester University Press, 1990

Laslett, P., and J. Harrison, 'Clayworth and Cogenhoe' in *Historical Essays 1600-1750 presented to David Ogg*, London, Adam & Charles Black, 1963

Laslett, P. and R. Wall, *Household and Family in Past Time*, Cambridge, CUP, 1972

Laslett, P. and K. Oosterveen, 'Long-term Trends in Bastardy', *Population Studies*, Vol. 27, 1973

Laslett, P., 'Family, Kinship and Collectivity as Systems of Support in Preindustrial Europe : a Consideration of the "Nuclear-hardship" Hypothesis', *Continuity and Change*, Vol. 3, pt. 2, 1988

Lawton, R., *The Census and Social Structure, An Interpretative Guide to 19th Century Censuses for England and Wales*, London, Frank Cass, 1978

Lee, R., 'Estimating Series of Vital Rates and Age Structures from Baptism and Burials : A New Technique, with Applications to Pre-industrial England', *Population Studies*, Vol. 28, No. 3, 1974

Lee, R., 'The Development of Population History ('Historical Demography') in Great Britain from the Late Nineteenth Century to the Early 1960s', *Historical Social Research*, Vol. 31, No. 4, 2006

Levitan, K., *A Cultural History of the British Census, Envisioning the Multitude in the Nineteenth Century*, New York, Palgrave Macmillan, 2011

Lindert, P. H. and J. G. Williamson, 'English Workers' Living Standards during the Industrial Revolution, A New Look', *Econ. Hist. Rev.*, 2nd Ser., Vol. XXXVI, No. 1, 1983

Lindert, P. H. and J. G. Williamson, 'English Workers' Real Wages : Reply to Crafts', *Journal of Economic History*, Vol. XLV, No. 1, 1985

Livi Bacci, M., *The Population of Europe, A History*, Oxford, Blackwell, 2000

Lloyd, J. M., *The Casebooks of William Hey F. R. S. (1736-1819) : An Analysis of a Provincial*

Surgical and Midwifery Practice, Unpublished Ph. D. thesis, University of Leeds, 2005

Louden, I., 'The Nature of Provincial Medical Practice in Eighteenth-Century England', *Medical History*, Vol. 29, 1985

Loudon, I., *Death in Childbirth, An International Study of Maternal Care and Maternal Mortality 1800-1950*, Oxford, OUP, 1992

Loudon, I., *The Tragedy of Childbed Fever*, Oxford, OUP, 2000

Lucassen, J. and L. Lucassen (eds.), *Migration, Migration History, History : Old Paradigms and New Perspectives*, Bern, Peter Lang, 1997

Lucassen, J., L. Lucassen and P. Manning (eds.), *Migration History in World History ; Multidisciplinary Approaches*, Leiden and Boston, Brill, 2010

Lundh, C. and S. Kurosu 'Similarities and Differences in Pre-modern Eurasian Marriage' in C. Lundh, S. Kurosu et al., *Similarity in Differences, Marriage in Europe and Asia, 1700-1900*

Lundh, C. and S. Kurosu, 'Challenging the East-West Binary' in C. Lundh, S. Kurosu et al., *Similarity in Differences, Marriage in Europe and Asia, 1700-1900*

Lynch, K. A., 'Infant Mortality, Child Neglect, and Child Abandonment in European History : A Comparative Analysis' in *Population and Economy from Hunger to Modern Economic Growth*

MacDonagh, O., 'The Nineteenth-Century Revolution in Government : A Reappraisal', *The Historical Journal*, Vol. 1, No. 1, 1958

Macfarlane, A., *Marriage and Love in England, Modes of Reproduction 1300-1840*, Oxford, Basil Blackwell, 1986（北本正章訳『再生産の歴史人類学』勁草書房，1999 年）

MacRaild, D. M. (ed.), *The Great Famine and Beyond, Irish Migrants in Britain in the Nineteenth and Twentieth Centuries*, Dublin, Irish Academic Press, 2000

Malthus, T. R., *Essay on the Principle of Population*, London, 1798 （永井義雄訳『人口論』中央公論社，1973 年）

McIntosh, M. K., *Poor Relief in England, 1350-1600*, Cambridge, CUP, 2012

McNeill, W. H., *Plagues and Peoples*, Oxford, Basil Blackwell, 1976（佐々木昭夫訳『疫病と世界史』新潮社，1985 年）

Melon, J. F., *Essai politique sur le commerce*, Nouvelle Edition, augmentée de sept Chapitres, & où les lacunes des Editions précédentes sont remplies, 出版地・出版社不明，1736 （米田昇平・後藤浩子訳『商業についての政治的試論』京都大学学術出版会，2015 年）

Mill, J. S., *Considerations on Representative Government*, Second Edition, London, Parker, Son, and Bourn, 1861

Mitchell, B. R., *British Historical Statistics*, Cambridge, CUP, 1988

Mitterauer, M., *Why Europe, The Medieval Origins of Its Special Path*, translated by Gerald Chapple, Chicago and London, University of Chicago Press, 2010

Moch, L. P., 'The European Perspective : Changing Conditions and Multiple Migrations, 1750-1914' in *European Migrants, Global and Local Perspective*, ed. by D. Hoerder and L. P. Moch, Boston, Northeastern University Press, 1996

Mokyr, J., *The Enlightened Economy, An Economic History of Britain 1700-1850*, New Haven and

London, Yale University Press, 2009
Mooney, G., 'Stillbirths and Measurement of Urban Infant Mortality Rates, c. 1890-1930', *Local Population Studies*, Vol. 53, 1994
Morrell, C. C., 'Tudor Marriage and Infantile Mortality', *The Journal of State Medicine : A Journal of Preventive Medicine, Royal Institute of Public Health*, Vol. 43, 1935
Newton, G., 'Recent Developments in Making Family Reconstitution', *Local Polulation Studies*, No. 87, Autumn 2011
Newton, G., 'Family Reconstitution in an Urban Context : Some Observations and Methods', *CWPESH*, No. 12, July 2011 ; minor revisions January 2013
Nicholas, S. and P. Shergold, 'Internal Migration in England, 1818-1839', *Journal of Historical Geography*, Vol. 13, No. 2, 1987
Nissel, M., *People Count, A History of the General Register Office*, London, HMSO, 2nd impr., 1989
Nossiter, T. J., *Influence, Opinion and Political Idioms in Reformed England, Case Studies from the North-east 1832-74*, Brighton, Harvester Press, 1975
Nossiter, T. J., *The Role of the Shopocracy in the Nineteenth-century North East, 1832-66*, Leeds, Department of Social Studies, Leeds University, 出版年不明
Oeppen, J. E., 'Back Projection and Inverse Projection : Members of a Wider Class of Constrained Projection Models', *Population Studies*, Vol. 47, No. 2, July, 1993
OTuathaigh, M. A. G., 'The Irish in Nineteenth Century Britain : Problems of Integration', *Trans. of the Royal Historical Society*, 5th ser., Vol. 31, 1981
Outhwaite, B., ed., *Marriage and Society, Studies in the Social History of Marriage*, New York, St. Martins Press, 1981
Outhwaite, B., *Clandestine Marriage in England, 1500-1850*, London, Hambledon Press, 1995
Panayi, P., *Immigration, Ethnicity and Racism in Britain, 1815-1945*, Manchester, Manchester University Press, 1994
Panayi, P., *German Immigrants in Britain During the Nineteenth Century, 1815-1914*, Oxford, Berg Publishers, 1995
Panayi, P., *An Immigration History of Britain, Multicultural Racism since 1800*, Harlow, Pearson Education Ltd., 2010
Phillips, J. A., 'Working and Moving in Early-nineteenth-century Provincial Towns' in *Work in Towns 850-1850*
Pooley, C. G., 'The Residential Segregation of Migrant Communities in Mid-Victorian Liverpool', *Transactions of the Institute of British Geographers*, New Series, Vol. 2, No. 3, 1977
Pooley, C. G. 'Welsh Migration to England in the Mid-Nineteenth Century', *Journal of Historical Geography*, Vol. 9, No. 3, 1983
Pooley, C. G., 'The Longitudinal Study of Migration : Welsh Migration to English Towns in the Nineteenth Century' in *Migrants, Emigrants and Immigrants, A Social History of Migration*, ed. by C. G. Pooley and I. D. Whyte, London, Routledge, 1991
Pooley, C. G., 'Counterurbanization : The Nineteenth Century Origins of a Late-Twentieth Century

Phenomenon', *Area*, Vol. 28, No. 4, 1996

Pooley, C. G. and I. D. Whyte, 'Introduction, Approach to the Study of Migration and Social Change' in *Migrants, Emigrants and Immigrants, A Social History of Migration*

Pooley, C. G. and S. D'Cruize, 'Migration and Urbanization in North-West England circa 1760-1830', *Social History*, Vol. 19, No. 3, 1994

Pooley, C. G. and J. Turnbull, 'Migration and Mobility in Great Britain from the Eighteenth to the Nineteenth Centuries', *Local Population Studies*, No. 57, Autumn, 1996

Pooley, C. G. and J. Turnbull, 'Migration Trends in British Rural Areas from the 18th to the 20th Centuries', *International Journal of Population Geography*, Vol. 2, 1996

Pooley, C. G. and J. Turnbull, *Migration and Mobility in Britain since the Eighteenth Century*, London, University of London Press, 1998

Pressat, R., *The Dictionary of Demography*, ed. by C. Wilson, Oxford, Blackwell, 1985

Pryce, W. T. R., 'Manuscript Census Records for Denbighshire in the Nineteenth Century', *Transactions of the Denbighshire Historical Society*, Vol. 22, 1973

Ravenstein, E. G., 'The Laws of Migration', *Journal of the Royal Statistical Society*, Vol. XLVIII, 1885

Ravenstein, E. G., 'The Laws of Migration, Second Paper', *Journal of the Royal Statistical Society*, Vol. LII, 1889

Redford, A., *Labour Migration in England 1800-1850*, Manchester, Manchester University Press, 2nd edn., 1964

Reher, D. S. and J. A. O. Osona, 'Malthus Revisited : Exploring Medium-Range Interactions between Economic and Demographic Forces in Historic Europe' in *Population and Economy from Hunger to Modern Economic Growth*

Richards, E., *Britannia's Children, Emigration from England, Scotland, Wales and Ireland since 1600*, London and New York, Hambledon and London, 2004

Richardson, C., 'Irish Settlement in Mid-Nineteenth Century Bradford', *Yorkshire Bulletin of Economic and Social Research*, Vol. 20, 1968

Rickman, J., 'Thoughts on the Utility and Facility of Ascertaining the Population of England', *The Commercial and Agricultural Magazine*, Vol. 2, 1800

Rickman, W., *Biographical Memoir of John Rickman, Esq., F. R. S. &c. &c.*, London, W. Rickman, 1841

Rimmer, W. G., 'William Hey of Leeds, Surgeon (1736-1819) : A Reappraisal', *Leeds Philosophical and Literacy Society*, 1961

Roberts, D., 'Tory Paternalism and Social Reform in Early Victorian England', *The American Historical Review*, LXIII, 2, 1958

Roberts, D., 'Jeremy Bentham and the Victorian Administrative State', *Victorian Studies*, Vol. 11, No. 3, 1959

Roberts, D., *Victorian Origins of the British Welfare State*, New Haven, Yale University Press, 1960

Rothenbacher, F., *The Societies of Europe, The European Population 1850-1945, A Series of*

Historical Data Handbooks on the Development of Europe from the Nineteenth to the End of the Twentieth Century, Basingstoke, Palgrave Macmillan, 2002

Schofield, R. S., 'Age-specific Mobility in an Eighteenth Century Rural English Parish', *Annales de démographie historique*, 1970

Schofield, R. S. and B. M. Berry, 'Age at Baptism in Pre-industrial England', *Population Studies*, Vol. 25, No. 3, 1971

Schofield, R. S., 'English Marriage Patterns Revisited', *Journal of Family History*, Vol. 10, 1985

Schofield, R. S., 'Short-run and Secular Demographic Response to Fluctuations in the Standard of Living in England, 1540-1834' in *Population and Economy from Hunger to Modern Economic Growth*

Schurer, K., 'The Role of the Family in the Process of Migration' in *Migrants, Emigrants and Immigrants, A Social History of Migration*

Skinner, G. W., 'Family Systems and Demographic Processes' in *Anthropological Demography, Toward a New Synthesis*, ed. by D. I. Kertzer and T. Fricke, Chicago & London, University of Chicago Press, 1997

Smith, F. B., *The People's Health 1830-1910*, London, Croom Helm, 1979

Snell, K. D. M., *Annals of the Labouring Poor, Social Change and Agrarian England, 1660-1900*, Cambridge, CUP, 1985

Snell, K. D. M., 'Settlement, Poor Law and the Rural Historian', *Rural History*, Vol. 3, No. 2, 1992

Snell, K. D. M., 'English Rural Societies and Geographical Marital Endogamy, 1700-1837', *Econ. Hist. Rev.*, Vol. LV, No. 2, 2002

Snell, K. D. M., *Parish and Belonging : Community, Identity and Welfare in England and Wales, 1700-1950*, Cambridge, CUP, 2006

Souden, D., 'Movers and Stayers in Family Reconstitution Populations', *Local Population Studies*, No. 33, 1984

Southall, H. R., 'Mobility, Artisan Community and Popular Politics in Early Nineteenth-Century England' in *Urbanizing Britain, Essays on Class and Community in the Nineteenth Century*, ed. by G. Kearns and C. W. J. Withers, Cambridge, CUP, 1991

Southhall, H. R., 'The Tramping Artisan Revisits : Labour Mobility and Economic Distress in Early Victorian England', *Econ. Hist. Rev.*, Vol. XLV, No. 2, 1991

Statt, D., *Foreigners and Englishmen, The Controversy over Immigration and Population, 1660-1760*, Newark, University of Delaware Press, 1995

Stiff, P. D. and M. Esbester, 'Designing and Gathering Information : Perspectives on Nineteenth-Century Forms' in *Information History in the Modern World, Histories of the Information Age*, ed. by T. Weller, Basingstoke, Palgrave Macmillan, 2011

Stout, G., 'The 1888 Pneumonia in Middlesbrough', *Journal of the Royal Society of Medicine*, Vol. 73, Sept., 1980

Szreter, S., *Health and Wealth, Studies in History and Policy*, New York, University of Rochester Press, 2005

Szreter S. and G. Mooney, 'Urbanization, Mortality, and the Standard of Living Debate : New Estimates of Expectation of Life at Birth in Nineteenth-century British Cities', *Econ. Hist. Rev.*, Vol. LI, No. 1, 1998

Tabili, L., *Global Migrants, Local Culture : Natives and Newcomers in Provincial England, 1841-1939*, London, Palgrave Macmillan, 2011

Tate, W. E., *The Parish Chest, A Study of the Records of Parochial Administration in England*, 3rd edn., Cambridge, CUP, 1969

Taylor, A. J., 'The Taking of the Census, 1801-1951', *British Medical Journal*, Vol. 1, April 7, 1951

Taylor, J. S., 'The Impact of Pauper Settlement 1691-1834', *Past and Present*, No. 73, 1976

Thane, P., 'Government and Society in England and Wales, 1750-1914' in *The Cambridge Social History of Britain 1750-1950*, Vol. 3, ed. by F. M. L. Thompson, Cambridge, CUP, 1990

Thompson, S. J. *Census-Taking, Political Economy and State Formation in Britain, c. 1790-1840*, Unpublished Ph. D. thesis, Cambridge University, 2010

Tilley, P. and C. French, 'Record Linkage for Nineteenth Century Census Returns : Automatic or Computer-aided', *History and Computing*, 9, 1997

Todd, E., *Linvention de L'Europe*, Paris, les Editions du Seuil, 1990 (石崎晴己・東松秀雄訳『新ヨーロッパ大全』I, 藤原書店, 1992年)

Todd, E., *L'origine des systèmes familiaux*, Tome 1, L'EURASIE, Paris, Éditions Gillimard, 2011 (片桐友紀子他訳『家族システムの起源』I, ユーラシア, 下, 藤原書店, 2016年)

Tullis, W. L., *Smallpox in Middlesbrough 1875-1925, With Original Observations on the Present Epidemic*, Unpublished Ph. D. thesis, University of St. Andrews, 1926

Turner, J. J., *Guisborough, Middlesbrough and Stockton Poor Law Union Workhouses 1837-c. 1930 : An Introduction*, Leeds, University of Leeds, Department of Adult and Continuing Education, 1984

Vincent, D., *Literacy and Popular Culture, England 1750-1914*, Cambridge, CUP, 1989

Wall, P. R., M. Woollard and B. Moring, *Census Schdules and Listings, 1801-1831 : An Introduction and Guide*, Colchester, Department of History, University of Essex, Research Tools, No. 2, 2004, 2012

Wall, P. R., 'Limitations on the Role of British Households as an Economic Units' in *Finding 'Ie' in Western Society : Historical Empirical Study for the Paralleling and Contrasting between Japan and Europe*, ed. by M. Takahashi, Ehime University Economic Study Series, 17, 2013

Ward, D., 'Environs and Neighbours in the "Two Nations", Residential Differentiation in Mid-Nineteenth-Century Leeds', *Journal of Historical Geography*, Vol. 6, No. 2, 1980

Watts, M. R., *The Dissenters, from the Reformation to the French Revolution*, Oxford, OUP, 1978

Whiteman, A., ed., *The Compton Census of 1676 : A Critical Edition*, Records of Social and Economic History, New Series, Vol. X, Oxford, OUP, 1986

Whiteman, A., 'The Compton Census of 1676' in *Surveying the People*

Whiteman, A., 'The Protestation Returns of 1641-1642 : Part I, The General Organisation', *Local Population Studies*, No. 55, Autumn, 1995

Whiteman, A. and V. Russell, 'The Protestation Returns, 1641-1642 : Part II, Partial Census or Snapshot? Some Evidence from Penwith Hundred, Cornwall', *Local Population Studies*, No. 56, Spring, 1996

Williams, G., *Angel of Death, The Story of Smallpox,* London, Palgrave Macmillan, 2010

Williams, O., *Lamb's Friend the Census Taker, Life and Letters of John Rickman*, Boston and New York, Houghton Mufflin Co., 1912

Withers, C. W. J., *Urban Highlanders, Highland-Lowland Migration and Urban Gaelic Culture, 1700-1900*, East Linton, Tuckwell Press, 1998

Woods, R., *The Demography of Victorian England and Wales*, Cambridge, CUP, 2000

Woods, R., *Death before Birth : Fetal Health and Mortality in Historical Perspective*, Oxford, OUP, 2009

Woods, R. and C. Galley, *Mrs Stone & Dr Smellie : Eighteenth-century Midwives and Their Patients*, Liverpool, Liverpool University Press, 2014

Wrigley, E. A., 'Family Limitation in Pre-industrial England', *Econ. Hist. Rev.*, 2nd ser., Vol. 19, 1966

Wrigley, E. A., 'Marriage, Fertility and Population Growth in Eighteenth-Century England' in *Marriage and Society, Studies in the Social History of Marriage*

Wrigley, E. A. and R. S. Schofield, *The Population History of England, 1541-1871 A Reconstruction*, London, Edward Arnold, 1981

Wrigley, E. A. and R. S. Schofield, 'English Population History from Family Reconstitution : Summary Results 1600-1799', *Population Studies*, Vol. 37, 1983（山本千映訳「家族復元法によるイングランド人口史」速水融編前掲書所収）

Wrigley, E. A., *People, Cities and Wealth, The Transformation of Traditional Society*, Oxford, Basil Blackwell, 1987

Wrigley, E. A., *Continuity, Chance and Change, The Character of the Industrial Revolution in England*, Cambridge, CUP, 1988

Wrigley, E. A., R. S. Davies, J. E. Oeppen and R. S. Schofield, *English Population History from Family Reconstitution 1580-1837*, Cambridge, CUP, 1997

Wrigley, E. A., 'Explaining the Rise in Marital Fertility in England in the "Long Eighteenth Century"', *Econ. Hist. Rev.*, Vol. 51, No. 3, 1998

Wrigley, E. A., *Poverty, Progress, and Population*, Cambridge, CUP, 2004

Wrigley, E. A., *The Early English Censuses*, published for the British Academy by Oxford University Press, Oxford, OUP, 2011

Wrigley, E. A., 'European Marriage Patterns and Their Implications : John Hajnal's Essay and Historical Demography during the Last Half-Century' in *Population, Welfare and Economic Change in Britain 1290-1834* ed. by C. Briggs, P. M. Kitson and S. J. Thompson, Woodbridge, Boydell and Brewer, 2014

Yarranton, A., *England's Improvement by Sea and Land*, The Second Part, London, T. Parkhurst, 1698

Yasumoto, M., 'Industrialization and Demographic Change in a Yorkshire Parish', *Local Population Studies*, No. 27, 1981

Yasumoto, M., 'How Accurate is the Methley Baptismal Registration?', *Local Population Studies*, No. 35, 1985

Yasumoto, M., *Industrialisation, Urbanisation and Demographic Change in England*, Nagoya, University of Nagoya Press, 1994

Yasumoto, M. 'Medical Care for Industrial Accidents in a Late 19th Century British Voluntary Hospital : Self Help, Patronage, or Contributory Assurance? ', *Michael*, Vol. 3, 2006

Yasumoto, M., *The Rise of a Victorian Ironopolis, Middlesbrough and Regional Industrialization*, Woodbridge, Boydell and Brewer, 2011

Zelinsky, W., 'The Hypothesis of the Mobility Transition', *Geographical Review*, Vol. 61, 1971

IV 邦文文献

石原俊時「『人口表』から『スウェーデン統計概観』へ──「統計」に見る国家と社会の相互関係」『北ヨーロッパ研究』(北ヨーロッパ学会) 第 2 号, 2006 年

石原俊時「スウェーデンにおける人口統計の生成──教区簿冊と人口表」安元稔編著『近代統計制度の国際比較──ヨーロッパとアジアにおける社会統計の成立と展開』日本経済評論社, 2007 年

遠藤正敬『戸籍と国籍の近現代史──民族・血統・日本人』明石書店, 2013 年

遠藤正敬『戸籍と無戸籍──「日本人」の輪郭』人文書院, 2017 年

大沢真理『イギリス社会政策史──救貧法と福祉国家』東京大学出版会, 1986 年

小川眞里子『病原菌と国家──ヴィクトリア時代の衛生・科学・政治』名古屋大学出版会, 2016 年

金子治平『近代統計形成過程の研究──日英の国勢調査と作物統計』法律文化社, 1998 年

金子　勝「産業革命期における教区制度の動揺──イギリス近代国家の世俗化と統治原理の転換」『社会科学研究』第 35 巻第 6 号, 1984 年

木下太志「近代化初期における日本の地域性」落合恵美子編著『徳川日本の家族と地域性──歴史人口学との対話』ミネルヴァ書房, 2015 年

小松芳喬「イギリス人口史史料としての教区記録簿」社会経済史学会編『経済史における人口──社会経済史学会第 37 回大会報告』慶應通信, 1969 年

黒須里美・津谷典子・浜野潔「徳川期後半における初婚パターンの地域差」黒須里美編著『歴史人口学からみた結婚・離婚・再婚』麗澤大学出版会, 2012 年

黒須里美「婿取り婚と嫁入り婚──東北農村における女子の結婚とライフコース」黒須里美編著『歴史人口学からみた結婚・離婚・再婚』

黒須里美・髙橋美由紀・長岡篤「「ザビエルデータ」から復元する移動ヒストリー──近世庶民の人口移動研究資料」麗澤大学大学院言語教育研究科論集『言語と文明』第 15 巻, 2017 年

斎藤　修「人口転換論を再考する──とくに死亡率低下局面をめぐって」『日本学士院要』第七十三巻第一号，平成三十年十月十一日

阪上　孝『近代的統治の誕生──人口・世論・家族』岩波書店，1999年

坂巻　清「歴史学についての断章」『立正大学人文科学研究所年報別冊』第18号，2012年

佐藤正広『国勢調査と日本近代』（一橋大学経済研究叢書51）岩波書店，2002年

佐藤正広『帝国日本と統計調査──統治初期台湾の専門家集団』岩波書店，2012年

高橋基泰『イギリス検認遺言書の研究』東京経済情報出版，2016年

内閣府，平成29年版高齢社会白書（全体版），第2節　高齢者の姿と取り巻く環境の現状と動向（1）1．高齢者の家族と世帯，2017年，図1-2-1-3

中島満大「西南海村の人口・結婚・婚外出生」落合恵美子編著『徳川日本の家族と地域性──歴史人口学との対話』ミネルヴァ書房　2015年

中野　忠「定住法関連資料と18世紀イギリス農村社会」『早稲田社会科学総合研究』第5巻第1号，2004年

中野　忠「移動する貧民たち──18世紀ロンドンの救貧資料から」鈴木健夫編『地域間の歴史世界──移動・衝突・融合』早稲田大学出版部，2008年

中野　忠「イギリス近世都市における移動，役職，地域社会──ロンドンの事例から」『早稲田社会科学総合研究』第10巻第3号，2010年

二宮宏之『フランス　アンシアン・レジーム論──社会的結合・権力秩序・叛乱』岩波書店，2007年

速水　融編『歴史人口学と家族史』藤原書店，2003年

松本礼子「一八世紀パリにおける街区の把握と可視化──ポリス文書の分析から」森宜人・石井健編著『地域と歴史学──その担い手と実践』晃洋書房，2017年

丸山　博「乳児死亡の強度を示す統計値に就いて」第二回人口問題全国協議会報告書（人口問題研究会）1939年

丸山　博「乳児死亡の質的指標について」『日本統計学会年報』第9号，1940年

溝口常俊「近世屋久島における世帯構成と「夫問い（ツマドイ）婚」」『徳川日本の家族と地域性──歴史人口学との対話』

村岡健次『ヴィクトリア時代の政治と社会』ミネルヴァ書房，1980年

八代　崇『イングランド宗教改革史研究』聖公会出版，1993年

安元　稔『イギリスの人口と経済発展──歴史人口学的接近』ミネルヴァ書房，1982年

安元　稔「リグリー・スコッフィールド『イングランドの人口史，1541〜1871年，一つの復元』に寄せて」『経済研究』（一橋大学）第34巻第4号，1983年

安元　稔「初期ヴィクトリア朝イングランド工業都市の人口と家族」速水融他編『徳川社会からの展望──発展・構造・国際関係』同文舘出版，1989年

安元　稔「一七〜一八世紀ヨーロッパの人口変動」柴田三千雄他編『歴史における自然』（シリーズ世界史への問い1）岩波書店，1989年

安元　稔「産業革命期イギリス工業都市の疾病──リーズ篤志総合病院入退院台帳（一八一五─一八一七年）の分析」『社会経済史学』第59巻第1号，1993年

安元　稔「中世末期エクセタア市のステイプル裁判所記録再考」イギリス中世史研究会編

『中世イングランドの社会と国家』山川出版社，1994 年
安元　稔「産業革命期イギリスの人口と疾病」速水融・町田洋編『人口・疫病・災害』講座文明と環境　第 7 巻，朝倉書店，1995 年
安元　稔「イギリスにおける教区登録制度と民事登録制度──歴史的素描」比較家族史学会監修，利谷信義・鎌田浩・平松紘編『戸籍と身分登録』早稲田大学出版部，1996 年
安元　稔「センサス個票から見た近代イギリスの人口移動──一八五一年のリーズ」速水融編『近代移行期の家族と歴史』ミネルヴァ書房，2002 年
安元　稔「家族復元法」『人口大事典』培風館，2003 年
安元　稔・山本千映「英国議会資料（センサス）映像化をめぐる諸問題」『地域研究』Vol. 7, No. 1, 2005 年
安元　稔『製鉄工業都市の誕生──ヴィクトリア朝における都市社会の勃興と地域工業化』名古屋大学出版会，2009 年
安元　稔「工業化・都市化と環境破壊──19 世紀イングランド工業都市の疾病と死亡率」『人口学研究』第 51 巻（第 38 巻第 1 号），2015 年
安元　稔「19 世紀イギリス工業都市の疾病と死亡──都市化・工業化と環境」『比較都市史研究』第 36 巻第 1 号，2017 年
安元　稔「新刊短評」*A Global History of Historical Demography : Half a Century of Interdisciplinarity*『人口学研究』第 53 号（第 40 巻第 1 号），2017 年
山本千映「ヴィクトリアン・センサス──1841 年センサスの成立」安元稔編著『近代統計制度の国際比較──ヨーロッパとアジアにおける社会統計の成立と展開』日本経済評論社，2007 年
山本哲三・佐藤祐弥編著『上下水道事業，再構築と産業化』中央経済社，2018 年

あとがき

　2011年に勤務先を定年退職した直後に，高名な英文学者であり，シェイクスピア時代の演劇研究の第一人者である信州大学名誉教授の山田昭廣氏から，16世紀後半・17世紀前半におけるロンドンの人口に関して，きわめて興味深いご質問をいただいた。氏の意図は，エリザベス一世・ジェイムズ一世時代のイギリスにおける「演劇・劇場の隆盛」・「演劇熱」と呼ばれた文化現象を，客観的な根拠，たとえば戯曲の出版数，読者数，劇場の観客数，人口の年齢構成，市民の年間平均観劇数，識字率，その他に関する可能な限り客観的な数量的根拠に基づいて分析することのようであった。

　筆者は持ち合わせていた情報を喜んで提供した。そして，氏は独自の方法で，1600年前後のロンドン人口を143,055と推計され，年齢構成についても興味深い試算を開陳されている（山田昭廣『シェイクスピア時代の読者と観客』名古屋大学出版会，2013年，1-12, 39-73, 211-225頁；Akihiro Yamada, *Experiencing Drama in the English Renaissance : Readers and Audiences*, New York and London, Routledge, 2017, pp. xiv, 1-10, 209-220）。歴史研究という共通の領域であるとはいえ，筆者の専攻とはかなり離れた領域の研究者に対して，イギリス歴史人口学研究の成果を提供することができ，何ほどか裨益しえたことは望外の幸せであった。歴史人口学研究の意義は，近世・近代イギリスの人口そのものについて正確な事実を検出することはもとより，他の領域に対して，客観的な証拠を提供し，この時代の歴史認識と議論をより現実的な基盤の上に置くという点にある。

　これまで，イギリス経済史・都市史にも強い関心を持ち続けてきた筆者は，定年退職を一つの区切りとして，近代イギリスを対象とした歴史人口学的分析の再検討とこの分野に蓄積されてきた内外の研究成果の俯瞰に取り組み，新たな出発点とすることを志した。前々著では，繊維工業都市リーズ近郊教区メスリの家族復元分析を試み，産業革命期における労働力供給を検討した。また，前著においては19世紀後半における重化学工業都市ミドルズブラのセンサス

個票連結分析法による人口分析を柱として，都市および周辺地域の工業化と経済発展を跡づけた。紙幅の都合で割愛せざるをえず，いずれ公刊を期していた分析結果と史料は予想外に多かった。

とりわけ，工業化と都市化が人々の生活環境に及ぼす影響を歴史人口学的に検討するという課題の重要性の認識は，日を追うごとに強くなっていった。本書第Ⅲ部「近代イギリスにおける生と死」の大部分は，この課題達成のために費やされている。他方，歴史研究の根幹をなす史料の信憑性・正確性の検証もまた脳裏から離れない課題であった。歴史人口学に限らず，歴史学においては利用する史料自体の正確性はもとより，史料が作成された歴史的文脈を検討することが是非とも必要である。後者の意味における史料批判が，史料に記録された事象のいっそうの正確性を担保する拠り所となるからである。

本書の大部分は，数量的・統計的分析に費やされている。記述統計であれ，推計統計であれ，分析方法の違いはあっても，用いられるデータそのものの信憑性を保証する条件は文字史料の場合と基本的に変わらない。「統計的な思考様式や方法は，その特質を条件づける特定の社会的・経済的・知的環境の内部で発展してきたのである」とするハドソン，あるいは「記録というものの性格は，それを作り出した組織・団体の性格や活動と切り離しては考えられない。（中略）記録の性格と整理の仕方は，そうした記録を作り出した過程を跡づけることによってしか理解できない」とするヒッグズの言説に明らかなように，数量的史料・統計史料もまたそれが記録された歴史的環境を吟味することなく利用することはできない。人口動態・静態統計が提供する民勢に関する情報の収集と管理はもとより，統治の根幹をなす国民の所有権の保障手段の整備は，統治にとって不可欠の要件であった。したがって，効果的な統治の実現のために，統治機構はこの種の情報を収集する機構を整備し，可能な限り正確な情報を収集して管理することに意を用いたはずである。この軌跡を追うことによって，記録の性格が鮮明に浮かびあがり，利用の仕方に対する指針を得ることができるのである。

本書が出版されるに当たっては，これまで少なからぬ方々から貴重なご教示・助言・批判をいただいた。最初に，歴史人口学を専攻するそもそものきっかけを与えていただき，つねに激励してくださった速水融先生に深甚な感謝の

意を表したい。城戸毅先生をはじめ，イギリス中世史研究会の諸先生からは多くの有益なご助言をいただいた。麗澤大学外国語学部の黒須里美教授は，歴史人口学研究会における報告，人口学あるいは各方面の歴史研究者との議論の機会を与えてくださった。歴史人口学の先端的な方法と成果に関しても実に多くのご教示をいただいた。この研究会における報告と討論は，本書執筆に際して，ことのほか有益であった。

　早稲田大学政治経済学部大学院演習および学習院大学経済学部の研究会において，研究成果の報告と討論の機会を与えてくださった学習院大学経済学部眞嶋史叙教授に厚く御礼申し上げたい。また，助言とご教示を賜った学習院大学名誉教授湯沢威氏，早稲田大学名誉教授中野忠氏をはじめ，演習・研究会に参加された多くの方々に記して御礼申し上げる。早稲田大学商学研究科教授の矢後和彦氏には，数回にわたる産業経営研究所分科会研究プロジェクトへの参加の機会と，早稲田大学中央図書館・高田早苗記念研究図書館・戸山図書館における史料・文献の閲覧・複写の便を与えていただいた。厚く御礼申し上げる。前著と同様，本書出版に当たって名古屋大学出版会の三木信吾氏から本書の構成・その他，細部にわたる貴重な助言をいただいた。氏の励ましがなければ本書は完成しなかったであろう。ご厚情に心から感謝の意を表したい。また，同じく山口真幸氏には，本書全体の構成・論旨はもとより，用語についても詳細にわたって有益なご助言をいただいた。記して御礼申し上げる。

　2018年の年初に体調を崩し，以後3か月余の休養を余儀なくされた。順天堂大学医学部付属順天堂醫院心臓血管外科の天野篤先生，担当医の諸先生，看護師の方々，横浜労災病院循環器内科の前垣雅治先生，看護師の方々のおかげで原状復帰し，本書を完成することができた。天野・前垣両先生，諸先生方，看護師の方々に記して御礼申し上げる。本書第III部において，19世紀イギリス工業都市の感染症の頻発，住民の生と死，中央および地方自治体の取り組みについて論じた。感染症ではないが，執筆中にこうした形で筆者自身が医療の恩恵にあずかるとは想像さえしなかった。

　最後に，私事にわたるが，退職後の8年間と病気療養中に妻・裕子と二人の息子・俊介と亮介から受けた少なからぬ配慮は大きな支えとなった。家族の励ましに感謝する。

2019年4月8日に，ケンブリッジ・グループのR. スコッフィールド博士が逝去された。グループの創立以来，文字通り中枢として，イギリスのみならずヨーロッパ・その他の地域における歴史人口学研究を牽引し，多大な影響を及ぼし続けてきた氏の功績は計り知れない。筆者は1977年から79年にかけて，同グループで在外研究に従事したが，その際に氏から受けた懇切な助言と協力を忘れることはできない。謹んでご冥福を祈る。

2019年6月

筆　　者

初出一覧

- 序　章　歴史人口学とはなにか
  書き下ろし
- 第 1 章　人口動態統計記録の系譜
  「イギリスにおける教区登録制度と民事登録制度――歴史的素描」『戸籍と身分登録』比較家族史学会監修，利谷信義・鎌田浩・平松紘編，早稲田大学出版部，1996 年
- 第 2 章　人口静態統計制度の展開
  「近代センサスの成立過程――イギリスの事例」安元稔編著『近代統計制度の国際比較――ヨーロッパとアジアにおける社会統計の成立と展開』日本経済評論社，2007 年
- 第 3 章　出生から結婚まで
  「リグリー・スコッフィールド『イングランドの人口史，1541～1871 年，一つの復元』に寄せて」『経済研究』（一橋大学）第 34 巻第 4 号，1983 年
  「ヨーロッパにおける歴史人口学研究の成果と課題」社会経済史学会創立 80 周年記念『社会経済史学の課題と展望』社会経済史学会編，有斐閣，2012 年
  「家族復元法」『人口大事典』培風館，2003 年
- 第 4 章　移動，そして生の終着点へ
  「センサス個票から見た近代イギリスの人口移動――一八五一年のリーズ」『近代移行期の家族と歴史』速水融編著，ミネルヴァ書房，2002 年
  「近代イギリスの人口移動：最近における研究動向――プーリー・ウィザーズ・マクレイルドの著作に寄せて」『社会経済史学』第 67 巻第 3 号，2001 年
- 第 5 章　出生・結婚，老年と終末期
  書き下ろし
- 第 6 章　19 世紀工業都市の疾病と死亡
  書き下ろし
- 終　章　近代イギリス史研究と歴史人口学
  書き下ろし

図表一覧

表 1-1	1758 年法案の身分登録要件	42
表 1-2	現行身分登録の要件	57
表 1-3	身分登録本署における出生・結婚・死亡検索件数と証明書発給件数・手数料収入（1866〜98 年）	69
表 1-4	身分登録本署における検索比率（1845〜85 年）	69
表 2-1	全国主教管区人口数調査（1603 年）	95
表 2-2	平均世帯規模と人口数(1)（1662〜1712 年）	100
表 2-3	平均世帯規模と人口数(2)（1695〜1705 年）	100
表 2-4	1676 年コンプトン・センサスによる推計男子総人口数（ピーター・ペット；グレゴリー・キング）	103
表 2-5	リーズ市街地の人口諸指標（1801 年）	133
表 2-6	予備センサス実施地域（1841 年）	139
表 2-7	予備センサス実施地域の人口規模および調査時間・距離（1841 年）	139
表 2-8	センサス調査員の報酬（1841 年）	140
表 2-9	センサス実施経費・予算および決算額（イングランド・ウェールズ，1851 年）	157
表 2-10	センサス実施要員数（イングランド・ウェールズ，1841〜71 年）	158
表 2-11	センサス実施経費（イングランド・ウェールズ・スコットランド，1841〜71 年）	158
表 2-12	調査対象総人口と調査人口千人当たりセンサス実施経費（イングランド・ウェールズ，1841〜71 年）	159
表 3-1	イングランドにおける人口諸指標（1701〜1801 年）	173
表 3-2	イングランドの有配偶出生力（女子の結婚継続期間累計：‰，1660〜1819 年）	186
表 3-3	イングランドにおける 17 世紀後半と 19 世紀初頭の結婚性向と安定人口増加率	188
表 3-4	ヨーロッパにおける結婚類型	195
表 3-5	イングランドの結婚年齢（1610〜1837 年）	199
表 4-1	海外移民の職業と移出先（1857 年）	222
表 4-2	出身地別海外移民数（1857 年）	223
表 4-3	イングランドの死亡率（1580〜1809 年）	228
表 5-1	ウィリアム・ヘイ産科症例記録（出産順位別母親平均年齢）	248
表 5-2	ウィリアム・ヘイ産科症例記録（胎児・新生児の死因）	248

表 5-3	リーズにおける乳児死亡の構成（1780～1838年）	251
表 5-4	イングランド・ウェールズの死因別乳児死亡率（出生対千比，1855～75年）	251
表 5-5	分娩に伴う母子の生死（1750～1921年）	252
表 5-6	イングランド・ウェールズにおける年齢別産褥熱・その他妊産婦死亡率（妊産婦数対千比，1848～67年）	253
表 5-7	ミドルズブラの人口（1851～81年）	255
表 5-8	ミドルズブラにおける年齢別未婚率（1851～81年）	256
表 5-9	ミドルズブラにおける静態平均初婚年齢（SMAM）（1851～81年）	256
表 5-10	ミドルズブラの母親（全年齢）一人当たり零歳児数（1851～81年）	258
表 5-11	ミドルズブラにおける男子年齢別有配偶率（1861年・1881年）	259
表 5-12	ミドルズブラの家族形態（1861年・1881年）	264
表 5-13	アイルランド出身世帯主とその他世帯主の家族形態（1861年・1881年）	264
表 5-14	ミドルズブラの世帯主平均年齢と平均世帯規模（1861年・1881年）	265
表 5-15	ミドルズブラの全世帯主平均年齢（1851～81年）	265
表 5-16	ミドルズブラの男女別世帯主平均年齢と女性世帯主比率（1851～81年）	266
表 5-17	ミドルズブラにおける女性世帯主の配偶関係（1851～81年）	267
表 5-18	ミドルズブラの寡夫・寡婦平均年齢（1851～81年）	267
表 5-19	ミドルズブラの寡夫・寡婦世帯主比率と平均年齢（1851～81年）	268
表 5-20	ミドルズブラの単独世帯数・単独世帯比率と世帯主平均年齢（1861年・1881年）	268
表 5-21	ミドルズブラにおける単独世帯主の高齢化（1861年・1881年）	269
表 5-22	イングランド・ウェールズの貧民数および一人当たり医療補助費（1846～61年）	270
表 5-23	イングランドとウェールズにおける院内・院外救貧対象者（1841年）	271
表 5-24	ミドルズブラ救貧院被収容者配偶関係（1881年）	277
表 5-25	ミドルズブラ救貧院被収容者職業・身分（1881年）	278
表 5-26	ミドルズブラ救貧院被収容者数（1888年）	279
表 5-27	ミドルズブラ救貧院新規入所者職業・身分（1907～09年）	281
表 5-28	ミドルズブラ救貧院新規入所者食事等級（1907～09年）	282
表 5-29	ミドルズブラ救貧院新規入所者の近親者（支給食事等級別，1907～09年）	286
表 5-30	ミドルズブラ救貧院新規入所者の配偶者との関係（1907～09年）	287
表 5-31	ミドルズブラ救貧院新規入所者の近親者との関係（1907～09年）	287
表 5-32	ミドルズブラ救貧院簡易宿泊所出身者の近親者（1907～09年）	288
表 6-1	イングランド・ウェールズの都市と農村の粗死亡率（1851～98年）	294
表 6-2	イングランド・ウェールズの都市化・工業化と死亡率（1911年・1912年）	297
表 6-3	イングランド・ウェールズにおける都市と農村の乳児死亡率と死因構成（1911年）	298
表 6-4	イングランド・ウェールズにおける都市と農村の出生力（1911年）	299

表 6-5	都市と農村の感染症死亡率（1881〜90 年平均，人口百万人当たり）	301
表 6-6	ミドルズブラの肺炎死亡率（1880〜88 年）	308
表 6-7	ミドルズブラ型桿菌性胸膜肺炎（年齢別・性別致死率，1888 年）	309
表 6-8	ミドルズブラ型桿菌性胸膜肺炎（年齢別推計死亡率・罹患率，1888 年）	310
表 6-9	救貧院被収容者の「ミドルズブラ型桿菌性胸膜肺炎」罹患率・治癒率・致死率（1888 年）	313
表 6-10	救貧院と外部の「ミドルズブラ型桿菌性胸膜肺炎」罹患率・致死率・死亡率（1888 年）	313
表 6-11	イングランド・ウェールズの腸チフス年齢別死亡性比（1871〜1910 年）	314
表 6-12	ミドルズブラにおける腸チフス罹患率・死亡率・致死率（全年齢，1884〜95 年）	316
表 6-13	ティーズ川流域登録単位地域と腸チフス流行（1890〜91 年）	317
表 6-14	地域別「熱病」(fever) 致死率（1890 年）	320
表 6-15	取水源と「熱病」死亡率（1890 年）	321
表 6-16	ロンドンおよび北東部諸地域における腸チフス死亡者数季節変動（1890 年）	325
表 6-17	ミドルズブラの腸チフス流行と居住環境（1890〜91 年）	328
表 6-18	ミドルズブラの排泄設備（1890 年・1898 年）	330
表 6-19	ミドルズブラの排泄設備と腸チフス罹患率（1890〜96 年）	330
表 6-20	ダーリントンの腸チフス流行と居住環境（1890/91 年）	331
表 6-21	イングランド北東部 3 都市における居住条件・排泄設備と腸チフス（1890〜91 年）	332
表 6-22	ミドルズブラの感染症罹患率・死亡率・致死率（‰）と隔離病院収容率（1890〜95 年）	333
表 6-23	ミドルズブラにおける天然痘種痘率（種痘状況調査による，1898 年 3 月現在）	336
表 6-24	ミドルズブラの年齢別天然痘致死率（‰，1898 年）	336
表 6-25	ミドルズブラとグロスターの年齢別天然痘罹患者割合（1898 年 2 月現在）	337
表 6-26	ミドルズブラとグロスターの年齢別天然痘致死率（‰，1896 年・1898 年）	338
表 6-27	ミドルズブラ三大感染症の罹患率・死亡率・致死率（‰，全年齢）	341
図 2-1	農産物価格の変動（1770〜1820 年，1860〜69 年＝100）	127
図 3-1	イングランドの家族復元教区	174
図 3-2	家族復元分析結果の整合性（イングランドの出生間隔，1600〜1837 年）	184
図 4-1	連合王国の海外移民（1815〜63 年）	221
図 5-1	ウィリアム・ヘイ産科症例記録（出産順位）	247
図 5-2	イングランド・ウェールズとリーズ，ミドルズブラの乳児死亡率（1838〜1926 年）	250
図 5-3	イングランド・ウェールズの産褥熱・その他の疾病による妊産婦死亡率（1847〜1920 年）	253

図 5-4　ミドルズブラの年齢別有配偶率（1861 年・1881 年，女子）……………………… 257
図 5-5　ミドルズブラの母親の年齢別平均同居生残子数（1861 年・1881 年）……………… 258
図 5-6　ミドルズブラの世帯内同居息子年齢構成（1861 年・1881 年）………………… 259
図 5-7　ミドルズブラの世帯内同居娘年齢構成（1861 年・1881 年）…………………… 260
図 5-8　ミドルズブラ移入・定着人口の年齢別有配偶率（男子，1851～61 年）………… 261
図 5-9　ミドルズブラ移入・定着人口の年齢別有配偶率（男子，1861～71 年）………… 261
図 5-10　ミドルズブラ移入人口の年齢別有配偶率（男子，1851～61 年・1861～71 年）……………………………………………………………………………………… 262
図 5-11　ミドルズブラ定着人口の年齢別有配偶率（男子，1851～61 年・1861～71 年）……………………………………………………………………………………… 263
図 5-12　ミドルズブラ救貧院被収容者年齢別・性別分布（1881 年）…………………… 276
図 5-13　ミドルズブラ救貧院新規入所者年齢別・性別分布（1907～09 年）…………… 280
図 5-14a　ミドルズブラ救貧院新規入所者年齢分布（未熟練労働者）……………………… 284
図 5-14b　ミドルズブラ救貧院新規入所者年齢分布（攪錬鉄工）…………………………… 284
図 5-14c　ミドルズブラ救貧院新規入所者年齢分布（家政婦）……………………………… 284
図 6-1　イングランド・ウェールズの人口密度と死亡率（1881～91 年）………………… 292
図 6-2　イングランド・ウェールズ（都市と農村）の年齢別平均余命（1911 年・1912 年）……………………………………………………………………………………… 295
図 6-3　イングランド・ウェールズ（都市と農村）の年齢別死亡率（1911 年・1912 年）……………………………………………………………………………………… 295
図 6-4　イングランド・ウェールズ（都市と農村）の年齢別生残率（1911 年・1912 年）……………………………………………………………………………………… 296
図 6-5　イングランド・ウェールズにおける都市と農村の有効（実効）出生力（0～5 歳生残率，1911 年）…………………………………………………………………… 296
図 6-6　イングランド・ウェールズにおける男子工業労働者と農業労働者の年齢別死亡率（‰，1851 年）……………………………………………………………………… 302
図 6-7　イングランド・ウェールズにおける工業地域と農業地域の年齢別死亡率（男子有業人口対千比，1890～92 年）………………………………………………… 303
図 6-8　イングランド・ウェールズにおける工業地域と農業地域の年齢別・死因別（肺結核）死亡率（男子有業人口対千比，1890～92 年）………………………… 303
図 6-9　イングランド・ウェールズにおける工業地域と農業地域の年齢別・死因別（肺炎・気管支炎）死亡率（男子有業人口対千比，1890～92 年）……………… 304
図 6-10　1913 年のミドルズブラ特別市（County Borough of Middlesbrough）………… 306
図 6-11　ミドルズブラ型桿菌性胸膜肺炎流行時の年齢別死亡割合（1887～89 年）…… 311
図 6-12　ミドルズブラ型桿菌性胸膜肺炎流行時の乳幼児年齢別死亡割合（1887～89 年）……………………………………………………………………………………… 311
図 6-13　ミドルズブラ型桿菌性胸膜肺炎年齢別死亡割合（1888 年）…………………… 312
図 6-14　ミドルズブラ型桿菌性胸膜肺炎流行時の年齢別死亡性比（1887～89 年）…… 312
図 6-15　イングランド・ウェールズとミドルズブラの腸チフス死亡率（1869～1926

	年）…………………………………………………………………………	314
図6-16	ミドルズブラにおける年齢別腸チフス罹患率（1890〜91年）……………	315
図6-17	ティーズ川流域地域と腸チフス流行地域（1890〜91年）…………………	318
図6-18	ストックトン・ミドルズブラ水道会社の上水道施設（1890年）…………	322
図6-19	ミドルズブラの下水・冠水時排水路（1890年）………………………………	323
図6-20	主要工業都市における腸チフス死亡率の季節変動（1890年）……………	326
図6-21	ロンドン・ストックトン・ミドルズブラの腸チフス発生件数月別分布（1890年）………………………………………………………………………	327
図6-22	イングランド・ウェールズとロンドンの天然痘死亡率（対人口十万人比，1838〜1911年）……………………………………………………………	334
図6-23	イングランド・ウェールズの種痘・未種痘別天然痘死亡率（対人口百万人比，1881〜1905年）…………………………………………………………	335
図6-24	ミドルズブラの天然痘患者仮設隔離病棟平面図（1898年）………………	340
図6-25	ミドルズブラの人口年齢構成（男子，1881〜1901年）……………………	342
写真1-1	トマス・クロムウェルの聖職者に対する首長命令（1538年9月，一部）………	12
写真1-2	教区登録簿（Saint Peter Mancroft, Norwich, 1541/42年，一部）…………	14
写真1-3	ヘンリー八世の治安判事に対する回状（1538年12月，一部）……………	17
写真1-4	結婚届原票（1858年）………………………………………………………	55
写真1-5	ノッティンガム・ラドフォード地区担当登録検査官報告書（1853年4月29日）………………………………………………………………………	76
写真1-6	リーズ地区担当登録検査官報告書（1856年9月1・2日）…………………	78
写真2-1	リーズ人口調査明細書（1801年）…………………………………………	132
写真2-2	ウェールズ，デンビーシャー・ランディルノグ小地区世帯調査票（householder's schedules）（1851年）(1)……………………………………	154
写真2-3	ウェールズ，デンビーシャー・ランディルノグ小地区世帯調査票（householder's schedules）（1851年）(2)……………………………………	155
写真2-4	リーズのセンサス調査員転写冊子（enumerators' books）（1851年）……	155
写真3-1	フランスの家族復元台帳………………………………………………………	180
写真3-2	イギリスの家族復元台帳………………………………………………………	181
写真5-1	ウィリアム・ヘイの産科症例記録（自然分娩）症例番号109……………	239
統計付録	ウィリアム・ヘイ産科症例記録（1759〜1807年）…………………………	403

451

索　引

ア　行

アーケル　T. Arkell　99
アーバン・ペナルティ　300
アームストロング　A. Armstrong　204
アイルランド　6, 106, 115, 118, 140, 141, 163, 165, 170, 193, 195, 205, 208, 211, 213, 217-220, 223-225, 232, 263-265, 278, 288, 347
アジア　13, 48, 109, 171, 190, 196, 197, 199, 200, 224, 226, 307, 347
アッシュ　Ash　174
アバディーン　Aberdeen　215, 244
アボット　C. Abbot　119, 120
アメリカ（合衆国）　92, 126, 165, 217-219, 221-224, 226, 227
アメリカ植民地　109, 115
アルスター　Alcester　174
アルファ・インデックス　249, 250, 297
アンダーソン, ベネディクト　B. Anderson　88, 89
アンダーソン, マイケル　M. Anderson　203, 208, 209
安定人口増加率　173, 187, 188
アンリ　L. Henry　1, 2, 6, 10, 185
イーデン　F. Eden　198
イヴェント・ヒストリー　190, 196, 220
遺産目録　3
異常分娩　239-241
イタリア　11, 186, 187, 191, 195, 197
イップルペン　Ipplepen　174
移動補助制度　205
イヤーズドン　Earsdon　174
院外（内）救貧　198, 271, 273-275, 283
インフルエンザ　94, 172, 292, 305
ヴァステナ　Vadstena　208, 209
ウィザーズ　C. W. J. Withers　214, 215, 217
ウィットギフト　J. Whitgift　23, 24, 92, 94, 95
ウィリンガム　Willingham　174
ウイルス（感染）　231, 304
ウルストンクラフト　M. Wollstonecraft　243
ウィルソン　D. D. Wilson　318-320, 324, 326
ウィルトシャー　100, 198
ヴィレール＝コトレ　176
ヴィンセント　D. Vincent　145
ウェールズおよびベリック法　42
ウェストレイン病院　339
ウェストミンスター　139, 326
『ウェストミンスター・レヴュー』　65, 66
ウェストモアランド　Westmorland　194
ウェッドモア　Wedmore　185
ウォード　D. Ward　208
ウォール　R. Wall　99, 191, 195, 286
ウォリックシャー　194
ウッズ　R. Woods　4, 231
ウラード　M. Woollard　165
英国国教徒　103, 107, 108, 166, 288, 293
英国歴史人口学史料収集本部　163
永住型移動　214, 215
エクイティ裁判所　50, 108
エストン　Eston　320, 321
エセックス　Essex　163, 227
エディンバラ　107, 215
エドワード六世　13, 15, 21
エリザベス一世　16, 26
エルティス　D. Eltis　226
エルトン　G. R. Elton　61
王政復古　36, 37, 52, 55
大蔵委員会委員　60, 64, 72, 73, 79, 80, 82, 140, 147, 148, 151, 152
大蔵卿　22, 23, 93, 99
大蔵省統制　83
オークランド　Auckland　317, 318, 320, 321, 325
オーストラリア　220-223
オーストリア　195
オーストリー　Austrey　174
オールデニアム　Aldenham　174

オズボーン　T. Osborne　99
夫方居住　196
オッペン　J. Oeppen　165
オデイ　A. O'Day　219
オディアム　Odiham　174
親子関係　193
オランダ　126, 195, 211
恩寵の巡礼　15
オンライン歴史人口史料検索サイト　163

カ 行

カークリーサム　Kirkleatham　320, 321
カーディントン　Cardington　204
外（内）因性乳児死亡率　179
皆婚　192, 196
改正救貧法　62-64, 70, 71, 136, 143, 148, 151, 224, 269, 274, 275
核家族　192, 194, 195
拡大家族　192-194, 212, 263, 264
獲得免疫　231, 333
隔離病院　332, 339
攪錬鉄工　277, 281, 283-285
家系　3, 23, 28, 33, 41, 50-52, 59, 68, 70, 73, 108, 115, 207, 210, 211
囲い込み　128
加除式登録　14
家族史　2, 7, 195, 196, 207, 210, 211, 345
家族復元（分析）法；家族復元台帳　2-4, 3, 162, 173-183, 230
家庭内試問記録簿　175
カトリック解放法　58
カラム　D. H. Cullum　194
簡易宿泊所　206, 288, 289
環境破壊；環境悪化　5, 6, 59, 203, 249, 250, 300, 301, 305, 318, 343
完結家族；完全家族　179
感染症　6, 65, 172, 207, 231, 243, 249, 250, 278, 291, 292, 297, 300-302, 304, 305, 307-310, 313-315, 319, 320, 324, 326-329, 332, 334, 335, 338-341, 343, 347
カンタベリー大主教（管区）　16, 22-24, 26, 60, 92-95, 99, 101-103
カンバーランド　Cumberland　194
飢饉　31, 94, 172, 215, 218, 232
ギシャール　P. Guichard　193
ギズバラ　Guisborough　317, 318, 320
季節的移動　215, 217

キットソン　P. M. Kitson　4, 103
ギデンズ　A. Giddens　86-88
ギファード　W. Giffard　238
逆投影法　167, 168
キャンベル　S. Campbell　219
救済協会　215
救貧委員（会）　43-45, 75-77, 81, 164, 272-275, 282
救貧院　6, 77, 81, 131, 215, 234, 239, 251, 252, 271-289, 293, 308, 309, 312, 313, 347
救貧監督官　97, 120, 122-124, 130, 131, 151, 152
救貧制度　48, 93, 198, 269, 275
救貧税賦課記録　207
救貧法　49, 63, 93, 94, 198, 207, 211, 214, 215, 221, 273, 275, 276
　──委員（会）　66, 70, 271, 273-275, 335
　──教区連合　70, 77, 81, 141, 143, 146, 151, 152, 274
　──教区連合委員　273, 274
教会改革委員　66
教会憲章　24, 26, 43
教会十分の一税　24
　──調査記録　3
教会法規・規範集　26
教区委員　12, 13, 24, 25, 27, 43-45, 97, 100, 105, 123, 124, 130, 131
教区外地域　100, 106, 107
教区書記　43-47, 108, 123
教区世帯数兼主教管区轄調査　92, 93, 96
教区登録係　35
教区登録簿　2-6, 11, 13-20, 22, 24, 25, 27, 28, 30, 33-35, 37, 39, 41-53, 55, 58, 59, 67, 74, 96, 98, 108, 112, 114, 115, 117-121, 140, 148, 162, 165, 166, 175-179, 182, 184, 185, 194, 204, 208, 234, 293, 345
行政改革　61, 62
共同体核家族　192
共同墓地埋葬登録　293, 308, 314, 334, 346
キング　G. King　96, 98, 99, 102, 103
近接居住；父方居住；母方居住　193
近代センサス　71, 92, 102, 104, 106, 121, 136, 137, 148, 346
クウェーカー　38, 40, 56, 113, 123, 231
グーディ　J. Goody　193
クラーク　G. Clark　126
グリフィス　M. Griffith　154

グレアム　G. Graham　64, 72, 73, 79, 146-148, 157
グレイ　G. Gray　72, 137
グレイト・オークリー　Great Oakley　174
グレンヴィル　G. Grenville　110
グロスター　Gloucester　334, 337, 338
クロムウェル, オリヴァー　O. Cromwell　36
クロムウェル, トマス　T. Cromwell　11-13, 15, 16, 18-21, 61, 117, 176
軍律法　110
ケアンクロス　A. K. Caincross　203, 204
経口感染症　250
契約労働者　225
ゲインズバラ　Gainsborough　174
ゲール教会　215-217
ゲール語　214, 216, 217
外科医兼薬剤師　236
外科症例記録　236
血縁関係　192, 193
結核　292, 305, 307
結婚（簿）　2-6, 10, 11, 13, 15-19, 21-44, 46-48, 50-58, 60, 62, 64-68, 70, 71, 73-75, 77, 79-84, 86, 87, 91, 93, 103-105, 107-109, 111-125, 131, 137, 140, 144-147, 159, 160, 162, 164-167, 170-176, 178-182, 186-202, 205, 208, 211, 213, 231, 234, 237, 244, 254, 255, 260, 269, 293, 346, 348
結婚許可書（状）　39, 66, 113
結婚継続期間　179, 186, 237
結婚出産率　marital fertility　170
結婚性向　175, 176, 178, 187-189, 196, 197, 199, 229, 230, 255, 260
結婚登録税法；結婚税　38, 92
結婚年齢　28, 94, 170, 171, 179, 186-190, 192, 195, 199-201, 255, 256, 260, 347, 348
結婚の公告　39, 113
結婚法　35, 39, 58, 65
結婚率　94, 115, 165, 171, 172
ゲッドリング　Gedling　174
ケトレ　L. A. J. Quételet　87
ケニア＝フォースナー　M. Kanya-Forstner　218
厳格継承財産設定　113
原基的統計時代　10
現在人口；実際人口；事実人口　92, 97, 106, 112, 122, 138

ケント　Kent　100, 146, 195, 227
「ケンブリッジ人口・社会構造史研究グループ」（ケンブリッジ・グループ）　3, 4, 6, 162, 165, 173, 174, 176, 182, 185, 189, 191, 192, 195, 197, 199, 210, 213, 227, 230
高圧型人口　169-171, 347
抗ウイルス免疫　231
後期新生児死亡　308, 315
工業化　5, 6, 59, 61, 67, 88, 144, 152, 165, 168, 169, 171, 175, 176, 185-188, 191, 192, 204, 209, 212, 213, 226, 230, 250, 290, 291, 293, 294, 300, 301, 305, 307, 310, 340, 343, 347
公共財　91, 324, 325, 343
公共善　29, 31
合計特殊出生率　190, 191, 231, 237, 246, 247
合計有配偶（結婚）出生率　172, 187, 188, 201, 237
抗原　231
公衆衛生　5, 60, 61, 65, 67, 86, 148, 185, 275, 290, 292, 304, 307, 315, 317, 318, 326, 329, 339, 343, 347, 348
後天免疫　231
合同家族　194
コーエン　B. Cohen　88, 89
コーンウォール　21, 97, 146, 194
国王回状　16, 17, 20
国王記録裁判所　27
国王至上法　11, 15, 18
国王総代理　11, 12, 16, 18
国際人口移動　225
国籍　19, 109
国民　15-20, 23, 24, 27, 30, 32, 33, 41, 47, 55, 58, 65, 67, 68, 74, 83, 86-88, 91, 102, 104, 109-111, 113, 116, 118, 135, 141, 159, 177, 346
戸口調査表　129, 130
戸籍制度　14
国家形成　6, 19, 20, 24, 68, 89, 90, 93, 346
国教忌避者　102, 103
コモンロー　11, 20, 26-28, 30, 50, 108
コリトン　Colyton　174, 185
コルモゴロフ・スミルノフ検定　184
婚外子　186, 201
根拠法　70-72, 91, 92, 121, 137, 138, 143, 145, 148, 149, 165
婚前妊娠率　187, 188
コンプトン・センサス　92, 98-101, 194

サ 行

最高首長　11, 15, 18
再婚　179, 181, 196-200
財産所有権　19
財産法定相続　17-19, 51, 68, 108, 112-114
再生産率　172
財務府　39, 73, 98
サウサンプトン　100
サウス・シールズ　South Shields　73, 224
サウスヒル　Southill　174
阪上孝　87
坂巻清　85
サセックス　Sussex　20, 146, 227
佐藤正弘　136
ザドルーガ家族形態　193
サマセット　185, 236
サリー　Surrey　46
サルモネラ菌　304
産院　235, 236, 244, 251, 252
産科症例記録　236-239, 246-248
産業革命　160, 168, 169, 186, 187, 203, 290, 291, 348
産褥期死亡　231
産褥熱　235, 236, 238, 243-245, 248, 249, 251-254
ジェイムズ一世　43
シェップシェッド　Shepshed　174
シェフィールド　Sheffield　342, 343
シェリー　M. Shelley　243, 244
シェルドン　G. Sheldon　99, 101
ジェントリ　106, 238
ジェンナー　E. Jenner　333, 334
四季裁判所　20, 35
識字率（能力）　112, 136, 144, 145, 153
自計（自記）主義　136, 137, 143, 145, 346
死産（率）　38, 39, 62, 63, 182, 231, 236, 238, 241, 242, 248, 249, 252, 293, 308
自然出生力　185, 190, 201
自然増加率　173, 229
慈善団体　151, 216, 218
自然分娩　239-241
私的所有権　19, 20, 26, 30, 47, 82
自発的結社　88
ジフテリア　301, 304, 305, 332, 333
死亡（率；割合）　3, 60, 86, 94, 115, 119-121, 146-148, 160, 165, 168-172, 175, 178, 182, 183, 187, 189, 196, 201, 203, 227, 229-232, 237, 249, 251, 252, 254, 255, 278, 291-295, 297-302, 304, 305, 307-310, 313, 315-317, 320, 325, 327, 329, 332, 334-336, 341, 343, 347, 348
死亡証明書　34, 45
死亡証明宣誓供述書　38
死亡性比　307, 309, 313, 314, 343
死亡表　3, 46, 52, 53, 107, 108, 166, 231
社会資本　307, 340
ジャクソン・ジュニア　J. H. Jackson Junior　219
瀉血　238, 244, 245, 248
ジャコバイト　103, 110, 114
シュヴァリエ　L. Chevalier　2
19世紀行政革命　61, 62, 147, 290, 292, 342, 347
宗教改革　6, 10, 11, 19, 59, 94, 102
宗教的通過儀礼　2, 10, 13, 15, 32, 41, 47, 50, 51
州記録保管所　21
周産期死亡　308, 315
宗旨　97, 287
──確認宣誓報告書　92, 97, 98, 101, 194
十信仰箇条　The Ten Articles　15, 18
従属人口比；被扶養人口比　168, 173
集中作業場　291, 292
自由放任　61
宗務総監　11, 18
主教　22, 23, 25, 26, 29, 50, 66, 93-96, 99, 101, 102, 117, 123, 143
──管区　13, 22, 27, 29, 34, 47, 50, 92-96, 101, 108, 143
──座記録保管所　32
──座聖堂　29, 100
──座本部　117
──総代理　11, 18, 117
──牒　25, 47, 108, 124
──登録簿　25
──登録本部　26
熟練労働者　145, 206, 211, 277, 281, 283, 285, 288, 289
未──　139, 145, 222, 277, 278, 281, 283-285, 288, 289
受胎能力　172, 179, 188
首長命令　11-13, 15-18, 21, 26, 61, 176
十戒　18

索引　455

出生間隔　179, 182-184, 188, 190, 257
出生居住結婚　193
出生時平均余命　expectation of life at birth
　　4, 169, 170, 173, 188, 229-231, 237, 296
出生証明書　38
出生率　3, 86, 115, 119, 160, 165, 168-172,
　　178, 186-190, 201, 229, 237, 254, 299, 341,
　　347, 348
出生力　94, 162, 171-173, 175-178, 185-191,
　　196, 201, 229-231, 234, 236-238, 246, 247,
　　254, 256-260, 262, 299, 300, 345, 348
種痘　60, 304, 333-340
　　再——　338, 339
　　反——運動　338
　　未——　334-338
ジュネーヴ　4
シュルーズベリー　Shrewsbury　100
シュレター　S. Szreter　231
受禄聖職者　12
巡回裁判所　46, 64, 73
純再生産率　169, 172, 173, 187, 188
巡察　16, 24, 101, 102
生涯独身率　188, 189, 195-197, 200, 256
消化器疾患　251
上下水道　291, 316, 317, 329, 340
　　——民営化（コンセッション）　324
商工人名録　directory　207, 211
猩紅熱　301, 304, 305, 319, 332, 333
常住人口；現住人口　92, 97, 106, 112
小修道院解散　15
小商人政治（ショポクラシー）　342, 343
譲渡証書　66
商務省　46, 48, 105, 106, 109, 111
ジョージア　109, 110
職能団体　205-207
植民地　90, 92, 103, 109, 110, 114, 117, 118,
　　135, 141, 158, 202, 220-225
初婚年齢　177, 181, 185, 187, 191, 196, 199-
　　201, 255, 256, 258-260
助産術　231, 235
助産婦；助産師；助産夫　accoucheurs
　　235-238, 240, 243, 245-247
シリ・アイランド　Scilly Islands　146
ジリー　S. Gilley　218
人為的家族制限　185
進化生物学　304
信教国家　91, 102

人口移動　4, 5, 160, 166, 175, 176, 192, 202-
　　205, 207, 209-214, 217, 219, 220, 224-227,
　　305, 348
人口再生産　162, 190, 191, 196, 254, 259, 263,
　　346
人口静態統計　5, 7, 11, 40, 84, 89-91, 98, 102-
　　104, 110, 121, 136, 148, 152, 153, 346
人口調査明細書　129, 131, 132, 134, 135
人口動態統計　4-6, 11, 23, 31, 41, 48, 54, 59,
　　60, 72, 79, 84, 89, 104, 108, 125, 153, 162,
　　165, 170, 175, 178, 255, 345, 346
人口年齢構成　94, 166
人口離散　217
人口論争　103, 104, 118, 224
新生児後死亡率　179, 298
新生児死亡率　179, 250, 296, 315
真性自然増加率　187
親族共住　204
人的財産　23, 28, 41, 49, 50, 52, 346
人頭税　38, 92, 101, 102, 111
診療記録（カルテ；Karte）　235, 236
水系感染症　304, 305, 323, 328, 329
推計感染力指数　304
水洗式便所　323, 330
スウェーデン　92, 107, 115, 126, 175, 186,
　　187, 190, 195, 197, 208, 211, 230, 347
枢密院　50, 93, 95, 123
スカンディナヴィア諸国　92, 104, 191
スキナー　G. W. Skinner　193
スケルトン　Skelton　320, 321
スコットランド　6, 42, 105, 106, 108, 118,
　　119, 122-124, 130, 137, 140, 141, 144, 147,
　　149-152, 163, 165, 202, 205, 214, 216, 217,
　　220, 223, 224, 278
　　——・ゲール語　214
　　——高地　103, 110, 213
　　——自由教会　215
スコッフィールド　R. S. Schofield　4, 49,
　　96, 97, 165, 189, 204
スターリング　Sterling　215
スタット　D. Statt　224
スタッフォードシャー　194
ステュワード　Sir R. Steward　26
ストークスリー　Stokesley　329
ストーン　S. Stone　237, 238
ストックトン　Stockton　275, 278, 316-318,
　　324, 327-329, 331, 332

——・ダーリントン鉄道　305
——・ミドルズブラ水道会社　317, 318, 320-322, 324, 326
ストライプ　J. Strype　23
スメリー　W. Smellie　237
生活水準　126, 129, 135, 189, 196, 260, 290
聖餐式　94-96, 99
生産年齢人口　168
生残率　survival rates　169, 258
政治算術　10, 102, 111
聖職禄　29, 51, 61, 94, 95, 100, 117
成人死亡率　179, 182, 203, 227, 228, 230
聖体拝領者　94
静態平均初婚年齢　191, 255, 256
製鉄工業　234, 249, 254, 259, 260, 262, 263, 267, 275, 279, 281, 288, 289, 292, 299, 301, 302, 310, 341, 343
聖奠　15, 18
生に対する権力　86, 87
生に基づく政治学　86
性比　98, 134, 188, 260, 301, 309, 343
生命表；簡易生命表　4, 60, 89, 167, 188, 294
生命保険　60, 89, 117, 118
セイント・メアリ・ル・ボン　Saint Mary le Bon　46
セシル　W. Cecil　21-24, 30, 93
世俗身分登録制度　10, 15, 35, 37, 39, 41, 51, 54, 59-62, 65, 74, 81, 109, 165, 182, 230
世帯形成　6, 189, 191, 192, 196, 197, 205, 254, 259, 260, 346
世帯調査票　105-107, 136-138, 140-146, 150, 151, 153, 154, 156, 164
セッジフィールド　Sedgefield　320, 321, 325
節足動物　305
絶対核家族　192
ゼリンスキー　W. Zelinsky　213
繊維工業　6, 129, 249, 289, 292, 299, 343, 346
全国主教管区調査　24, 92, 94, 101
全国反種痘同盟　334
センサス　3-7, 11, 31, 40, 41, 47, 48, 58, 65, 66, 70-72, 82, 84, 88-93, 96, 98, 101, 102, 104-106, 109, 111, 112, 114-116, 118-121, 123-131, 134-138, 140, 142-149, 152, 153, 156-159, 162-167, 174, 177, 178, 182, 203, 204, 207, 210, 211, 215, 218, 219, 234, 254, 255, 257, 260, 266, 274-279, 292, 293, 316,

341, 346
——個票連結分析法　254, 260, 261
——実施中央本部　125, 134, 135, 137-143, 146, 147, 157
先天性疾患（弱質）　249-251, 297
洗礼（簿）　2, 3, 5, 10, 13, 15-19, 21, 22, 24-28, 33-38, 40, 41, 43, 46-55, 58, 59, 61, 67, 74, 93, 108, 112, 118-125, 131, 140, 164, 166, 168, 174-180, 182, 293
洗礼手数料　49
早期新生児死亡率　179
早期胎児死亡　242
早婚　192, 196
総再生産率　169, 173, 187-189
総出生率　299
相続　17-19, 23, 28, 33, 47, 49, 58, 59, 67, 69, 73, 192, 346, 347
ソーントン　W. Thornton　74, 80, 114
遡及推計　4, 6, 96, 118, 119, 121, 162, 165, 167-169, 171, 172, 175, 176
粗死亡率　171, 173, 227, 229, 293
粗出生率　168, 171-173, 299
租税記録　3
ソルフォード　Salford　326

タ　行

ダービーシャー　Derbyshire　194
ターリング　Terling　174
ダーリントン　Darlington　316-318, 323, 324, 327-329, 331, 332
ターンバル　J. Turnbull　210, 213, 219, 220
胎位；定位　235, 236, 238-242, 247
大英図書館ハーリー文書　95
大家族制度　191, 194
大気汚染　291
胎児死亡　231, 236, 242, 249
胎児頭蓋開下　238, 248, 249
大修道院解散　20
大登録区　54, 146, 149, 165
大法官府　11
『タイムズ』　66
ダイヤー　A. Dyer　94, 96
大陸法　26-28, 30
ダヴェンポート　R. Davenport　304
多核家族　194, 263-265
他計（他記）主義　104, 136-138, 143, 145
タビリ　L. Tabili　224

索引　457

段階的移動　214, 215
単婚（単純；単独）小家族形態　170, 191-194, 263
ダンディー　Dundee　215
単独世帯　134, 263-265, 267, 269, 282
ダンビー　Lord Danby　99
治安判事　16-20, 30, 35-37, 39, 45, 50, 93, 97, 105, 106, 108, 122-124, 130
地区登録監督官　54, 56, 57, 64, 75-82, 138-140, 142, 146, 149-152, 164
致死率　278, 304, 312, 313, 315, 332, 334-337, 341
地方統治委員会（法）　164, 275
地方統治法　275
嫡出（率）　17-19, 22, 28, 58, 65, 83, 107, 170, 176, 183, 299
チャップマン　E. Chapman　238
チャドウィック　E. Chadwick　60
チャペル・アラトン　Chapel Allerton　241
治癒率　231
超過死亡　207, 308, 314, 315, 335
調査員転写冊子　140-142, 144-146, 153-156, 163, 177, 203, 204, 207, 210, 211, 215, 218, 219, 254, 255, 276, 277, 293
調査地区　54, 141, 149
腸チフス　6, 304, 305, 307, 310, 313-321, 323-334, 338, 341, 347
長老派　288
直系家族　191-193
治療記録　235
妻方居住　196
低圧型人口　169, 170, 201, 348
ティアニー　G. Tierney　127, 128
ディーコン　B. Deacon　195
ティーズ川　The River Tees　305, 316-321, 323-325, 327, 329, 339
ティーズデール　Tees Dale　317, 318, 325
抵抗力　243, 303, 304, 313
定住法　Settlement Acts　49
定常（静止）人口　119
ディスアメニティ　disamenity　300
ディロン　T. Dillon　208
デヴォンシャー　Devonshire　21, 185
テューダー行政革命　61
デュルラッハ　Durlach　175
デラニー　E. Delaney　219
伝染経路　303, 305, 310, 324

天然痘　6, 112, 251, 301, 304, 305, 307, 333-341
デンビーシャー　Denbighshire　153-155
デンマーク　92, 195, 230
ドイツ　173, 175, 187, 189, 191, 195, 201, 210, 211, 224, 225, 347
同郷クラブ　206
ドウクス　T. Dawkes　238
統治　5, 13, 15, 16, 18-21, 23, 26, 27, 29-33, 35, 39, 42, 47, 68, 82, 85, 87, 90, 93, 94, 102, 103, 129, 135, 159, 203, 290, 346
ドウリッシュ　Dawlish　174
トゥルーロ　Truro　139
登録官　54-58, 62-67, 70, 72, 73, 75, 77, 79, 80, 82, 138, 139, 141-145, 149-152, 157, 164
登録区域　149
登録検査官　64, 72-78, 80-82, 164
登録事務所　47, 54, 56, 64, 75-77, 80-82
登録州　149
登録小地区　149
登録法　34, 43, 54, 60, 62, 69, 73, 79, 165, 166
ドーセット州　185
トーリー　Tory　129, 224
篤志病院　235, 293
特別市　293
独立居住　196
都市化　4-6, 59, 61, 88, 103, 152, 160, 203, 204, 209, 210, 212-214, 226, 229-231, 250, 290, 291, 293, 294, 298, 300, 301, 310, 317, 342, 343, 347, 348
都市縮小現象　212
土地譲渡・相続　20, 23
土地法　11, 20
トッド　E. Todd　192, 194
徒弟　138, 141, 205, 207, 259
——奉公契約書　207, 211
トレヴェリアン　73, 80

ナ　行

内政　26, 29-31, 66
内戦　34-36, 49, 52, 97, 118
内務省（大臣）　54-56, 60, 62, 64, 65, 72, 73, 120, 121, 124, 130, 134, 135, 137, 138, 142
中野忠　207
7年戦争　103
南部イングランド　203
南部ウェールズ　223

ニール　F. Neal　218
西インド諸島　220-222
二宮宏之　48
日本　5, 92, 197-199, 226, 232, 345
ニューキャッスル　219, 224
乳児死亡（率）　4, 49, 178, 182-186, 227, 230, 231, 236, 249-251, 295-299, 308, 315
ニュートン　G. Newton　185
乳幼児死亡（率）　177, 182, 183, 228, 230, 254, 257, 258, 298, 299
任意団体　206
妊産婦死亡率　179, 231, 236, 244, 252, 253
妊娠中毒症　243
妊孕力　179, 187, 188, 200, 237, 257
年季奉公人　225
年金　28, 29, 60, 89, 117, 118, 156, 159, 198
年平均人口増加率　172, 173
ノヴァ・スコシア　Nova Scotia　109, 110
ノーサンプトン　208
ノース・エルムハム　North Elmham　185
ノース・オームズビー病院　283
ノース・ライディング　North Riding　145
　──篤志病院　283
ノースアラトン　Northallerton　317, 318, 320, 325, 327
ノーデル　J. E. Knodel　189
ノーマンビー　Normanby　320, 321
ノッティンガム　20, 75-77, 101, 326
ノルウェー　92, 195

ハ　行

パーカー　M. Parker　93
バーク　A. M. Burke　23
バーケンヘッド　Birkenhead　326
パース　Perth　215
バーストル　Birstol　174
バーデ　K. J. Bade　225
ハードウィック法　39
ハートランド　Hartland　174
ハートリプール　Hartlepool　317, 318, 320, 321, 325
パーネル　H. Parnell　120
バーミンガム　139, 142, 342, 343
バーリー卿　Lord Burghley　21, 93
肺炎　6, 251, 292, 302, 304, 307, 308, 312, 334, 338
配偶関係　38, 53, 65, 83, 91, 104-106, 149,

177, 210, 211, 213, 255, 266, 277
肺結核　285, 292, 302
陪餐会　3, 94-96, 101, 102
排泄設備　291, 316, 317, 323, 329, 331, 343
バヴァリア地方　173, 189
ハウォルズ　G. Howells　224
パウンズ　J. Pounds　240
曝露機会　249, 250, 291, 292, 300, 301, 305, 324, 329, 331, 332
バスティード　M. Busteed　218, 225
ハダーズフィールド　Huddersfield　326
パタゴニア布教協会　220
ハッキング　I. Hacking　88
ハドソン　P. Hudson　85, 88
パナイ　P. Panayi　224
バラード　Dr. Ballard　279, 310
バリー　Dr. F. W. Barry　315, 317-320, 326
パリサー　D. M. Palliser　94, 96
パルマー　W. Palmer　242
馬鈴薯飢饉　213, 218
バロウズ　B. M. Burrows　52, 53
ハンスレット　Hunslet　245
ハンター　W. Hunter　235
ハンフリーズ　J. Humphries　266
バンベリー　Banbury　174
ハンメル　E. A. Hammel　191, 196, 263
ビーストン　Beeston　240
被後見人　28
非国教徒　13, 35, 36, 38, 40, 49, 52, 56, 58-60, 65, 67, 82, 95-97, 99-101, 108, 114, 118, 166, 176, 177
非嫡出子（率）　28, 43, 114, 183, 186-188, 201
ヒッグズ　E. Higgs　85, 87, 88, 165
百日咳　251, 304, 305
ピューリタン　36, 94
病原菌　230, 304, 305, 307, 310, 313, 319, 323, 324, 329, 331
　──毒性　291, 305
表式調査　136
標準化死亡率　291, 292
平等主義核家族　192
貧民救助施行委員　42, 45
貧民の状態を調査する法　115, 126
ファー　W. Farr　89, 147, 148, 167, 190
フィリップス　J. A. Phillips　208
フィンランド　186, 191, 195, 232
フィンレー　R. Finlay　3, 207

索　引　459

フィンレゾン　J. Finlaison　60
フーコー　M. Foucault　30, 86-88
ブース　C. Booth　198
プーリー　C. G. Pooley　210, 213, 219, 220
ブーリン　A. Boleyn　15
複合家族　191-194
布告　16, 34, 36
不識字　illiteracy　97, 153, 154
物的財産（法定相続）　18, 30, 33, 34, 54, 73, 82, 346
不動産権原　19, 30
不動産相続　20, 73
プライヴァシー　33, 61, 114
フランス（革命；革命戦争）　2, 6, 32, 48, 52, 67, 87, 92, 103, 104, 109-111, 114, 116, 118, 127, 128, 175, 176, 178, 185-187, 189, 191, 195, 201, 230, 347
フランス国立人口学研究所　1
ブリストル　Bristol　142, 208
ブリッドフォード　Bridford　174
プリマス　Plymouth　326
フリン　M. W. Flinn　119, 171
プリンストン・モデル生命表　4, 167, 188
プレストン　Preston　203, 208, 241
浮浪者　28, 272, 273
ブローデル　F. Braudel　85
プロテスタント諸派　13, 166
ブロトン・スケルトン　Brotton & Skelton　320
ベアボーン議会　34
ヘイ　W. Hey　234-239, 241, 242, 244-249, 251, 252, 254, 283
平均世帯（家族）規模　94, 99, 100, 133, 134, 179, 191, 264, 265
平均余命　119, 179, 228, 230, 294, 295
ペイズリー　Paisley　215
併存疾患　292
ヘイナル　J. Hajnal　189, 191-193, 195, 197
ベインズ　D. Baines　223
ヘーダー　D. Hoerder　226
ベシューン　D. Bethune　138, 143
ペット　P. Pett　102, 103
ベッドフォードシャー　204
ペティ　W. Petty　117
ヘムリントン天然痘病院　340
ヘムリントン病院　339
ベリック・アポン・トゥウィード　43, 45, 47

ベルギー　190, 195, 197, 211
ベルチャム　J. Belchem　218
ベンサム　J. Bentham　65
ヘンリー八世　11, 15-17, 19, 20, 30, 61, 117
貿易・植民監督局　48, 105-107
紡毛毛織物工業　301, 302
訪問留置自計法　143, 145, 146
ポーツマス　Portsmouth　326
ボドリーアン図書館文書　95
ポール　Cardinal R. Pole　16
北西ヨーロッパ　170, 171, 191, 192, 197, 198
北東部イングランド　6, 303, 316, 324, 328
『北部の声』　319
保険計理人　60, 89
ポッター　T. Potter　109
ボッツフォード　Bottesford　174
母乳哺育　173, 183, 188, 189, 227, 235, 300
ホブズボウム　E. J. Hobsbawm　205
ポリス　30, 31
ホリングスワース　T. H. Hollingsworth　2, 3
ボルコウ　H. Bolckow　343
ホワイトマン　A. Whiteman　96-99

マ 行

マーチ　March　174
埋葬（簿）　2, 3, 5, 10, 13, 15-19, 21-27, 33-41, 43, 44, 46-55, 58, 59, 63, 67, 70, 74, 93, 108, 112, 117-125, 131, 140, 164, 166, 168, 174-180, 183, 184, 215, 231, 249, 293
間借り人　264
マクレイルド　D. M. MacRaild　217, 218
窓税　131
　──賦課台帳　131
マフンシャス　139
マルサス　T. R. Malthus　104, 120, 128, 129, 189, 190, 196, 197, 201
　──的結婚制度　190, 191, 198
丸山博　249
マン　T. Mann　138
マンチェスター　77, 142, 218, 225, 289, 326, 342, 343
マンマスシャー　Monmouthshire　166, 175
未婚率　255
未熟児　249
ミドルズブラ　Middlesbrough　234, 249, 250, 254-269, 275, 278-289, 299, 302, 304-

308, 310, 313-319, 321, 323-325, 327-343
──型桿菌性胸膜肺炎　283, 307-313, 315, 328, 341
──救貧法教区連合救貧院　275, 276
──土地開発会社　339
ミドルセックス　46, 100
身分登録本署　10, 22, 23, 26, 27, 30-35, 41-43, 45-47, 54, 56, 57, 60, 63-69, 71-73, 79-83, 93, 104, 108, 116, 121, 124, 125, 136-138, 146-148, 153, 156, 157, 163, 164, 203, 292, 300
──長官　55, 56, 64, 71, 73, 80, 137, 145, 148, 157, 164, 182
──長官年次報告書　60, 163, 177, 293, 301
ミル　J. S. Mill　32
民営水道会社　325
民事婚　35-37, 55, 56, 58
民事登録　57, 109, 124
民勢　18, 62, 82, 111, 135, 159
民兵法　110
ムーニー　G. Mooney　231
無式婚姻　39, 40, 112-114, 166
──禁止法　39, 113, 114
無遺言不動産（物的財産）法定相続　41
ムロン　J. F. Melon　32
メアリー　Mary Tudor　16, 49, 52
メスリ　Methley　174
免疫力　231, 300, 337
モーガン　W. Morgan　120
モーチャード・ビショップ　Morchard Bishop　174
モール　F. Maule　120
モキイア　J. Mokyr　127
モック　L. P. Moch　219
モデル生命表　169, 229, 230
モリル　C. C. Morrell　185

ヤ 行

遺言　3, 18, 28, 30, 50, 51, 66, 73, 117, 207, 211
友愛組合　60, 121
有効（実効）出生力　254, 299, 300
有配偶出生力　179, 186
有配偶嫡出総出生率　299
有配偶率　170, 171, 186-190, 197, 200, 256-263, 299, 347, 348
ユーラシア人口・家族史研究計画　190, 196
ユーラシア大陸　162, 197

ユグノー　205
ユダヤ教徒　13, 38, 40, 56, 113, 176
ユダヤ人　205, 224
ヨーク　95, 103, 204
ヨークシャー　49, 129, 144, 208
ヨーク大主教（管区）　26, 101, 102
ヨーロッパ型結婚慣習　162, 191-193, 199, 259
予備センサス　138-140
予防的抑制（制限）　171, 190

ラ・ワ行

ライゲイト　Reigate　174
ライダー　D. Ryder　113
ライフ・サイクル（生活周期）　14, 15, 51, 178, 211, 213, 234
ラスレット　P. Laslett　99, 191, 193, 196, 197, 263
ラッセル卿　Lord J. Russell　55, 62, 65, 121
ラドフォード　Radford　75, 76
ランカシャー　146, 203, 223
ランダース　J. Landers　231
ランディ島　Lundy Island　164
ランディルノグ小地区　Llandyrnog Subdistuit　153-155
ランベス　Lambeth　101
リー　R. Lee　165, 167, 168, 171
リーズ　Leeds　6, 75, 77-82, 129-135, 139, 144, 156, 208, 234-236, 238, 244, 249, 250, 252, 283, 289, 292, 299, 326, 342, 343, 346
──救貧院　Leeds Workhouse　133, 239
──篤志総合病院　131, 133, 234, 239, 283
リヴァプール　142, 146, 208, 218, 252, 326
罹患性比　307
罹患率　278, 309, 310, 312, 313, 315-317, 320, 327-329, 331, 332, 335, 336, 341, 343
リグリー　E. A. Wrigley　4, 49, 96, 97, 101, 102, 128, 165, 185, 187, 189, 204
離婚　30, 87, 198, 211, 266, 269
リスター　T. H. Lister　55, 62, 138, 143, 145, 148, 152, 164
リチャーズ　E. Richards　224
リックマン，ウィリアム　W. Rickman　119, 164
リックマン，ジョン　J. Rickman　116, 118-121, 137, 164
リッチモンド　Richmond　317, 318, 320,

325
流産　188, 236, 242, 243, 248, 254
旅行許可証　206
旅費支給帳簿　206
リンソープ　Linthorpe　255, 265
ルカッセン　J. Lucassen　225, 226
レイヴェンシュタイン　E. G. Ravenstein　203, 204, 212
レヴィタン　K. Levitan　88, 90
歴史科学国際会議　1
レッドフォード　A. Redford　203, 204
連鎖移動　219, 223
ロイド　J. M. Lloyd　238
ロウェストフト　Lowestoft　174
ローズ法　49, 51, 52, 59, 119

ローマ　11, 15, 28, 30, 39, 92
　──教皇権　12, 18
ロスウェル　Rothwell　242
炉税報告書　92, 98, 99, 101, 194
ロンドン　3, 4, 11, 26, 27, 32, 34, 35, 46-49, 53, 56, 57, 66, 79-81, 88, 98-101, 105-108, 111, 134, 137, 147, 163, 166, 175, 185, 207, 211, 219, 223, 224, 231, 243, 244, 294-299, 319, 320, 325, 326, 334
　──捨て子施療院　40, 48
　──教区書記組合　46
ワイコム　Wycomb　139
ワイト島　the Isle of Wight　139
和解譲渡　23, 28
渡り職人　205

《著者略歴》

安元　稔（やすもと　みのる）

1941 年　大連市に生まれる
1970 年　慶應義塾大学大学院経済学研究科博士課程修了
現　在　駒澤大学名誉教授
著　書　『イギリスの人口と経済発展――歴史人口学的接近』（ミネルヴァ書房，1982 年）
　　　　Industrialisation, Urbanisation and Demographic Change in England（名古屋大学出版会，1994 年）
　　　　『近代統計制度の国際比較――ヨーロッパとアジアにおける社会統計の成立と展開』（編著，日本経済評論社，2007 年）
　　　　『製鉄工業都市の誕生――ヴィクトリア朝における都市社会の勃興と地域工業化』（名古屋大学出版会，2009 年）
　　　　The Rise of a Victorian Ironopolis, Middlesbrough and Regional Industrialization（Woodbridge, Boydell and Brewer, 2011）

イギリス歴史人口学研究

2019 年 6 月 30 日　初版第 1 刷発行

定価はカバーに表示しています

著　者　安　元　　　稔

発行者　金　山　弥　平

発行所　一般財団法人　名古屋大学出版会
〒 464-0814　名古屋市千種区不老町 1 名古屋大学構内
電話（052）781-5027 / FAX（052）781-0697

Ⓒ Minoru YASUMOTO, 2019　　　　Printed in Japan
印刷・製本　亜細亜印刷㈱　　　　ISBN978-4-8158-0954-6
乱丁・落丁はお取替えいたします。

JCOPY 〈出版者著作権管理機構 委託出版物〉
本書の全部または一部を無断で複製（コピーを含む）することは，著作権法上での例外を除き，禁じられています。本書からの複製を希望される場合は，そのつど事前に出版者著作権管理機構（Tel：03-5244-5088，FAX：03-5244-5089，e-mail：info@jcopy.or.jp）の許諾を受けてください。

安元　稔著
製鉄工業都市の誕生
―ヴィクトリア朝における都市社会の勃興と地域工業化―
A5・458 頁
本体 6,000 円

小川眞里子著
病原菌と国家
―ヴィクトリア時代の衛生・科学・政治―
A5・486 頁
本体 6,300 円

E. L. ジョーンズ著　安元稔/脇村孝平訳
ヨーロッパの奇跡
―環境・経済・地政の比較史―
A5・290 頁
本体 3,800 円

R. C. アレン著　眞嶋史叙/中野忠/安元稔/湯沢威訳
世界史のなかの産業革命
―資源・人的資本・グローバル経済―
A5・380 頁
本体 3,400 円

末廣昭/大泉啓一郎編
東アジアの社会大変動
―人口センサスが語る世界―
A5・352 頁
本体 5,400 円

安藤　究著
祖父母であること
―戦後日本の人口・家族変動のなかで―
A5・272 頁
本体 4,500 円

M. ミッテラウアー/R. ジーダー著　若尾祐司/若尾典子訳
ヨーロッパ家族社会史
―家父長制からパートナー関係へ―
A5・260 頁
本体 2,400 円

芝　紘子著
歴史人名学序説
―中世から現在までのイベリア半島を中心に―
A5・308 頁
本体 5,400 円

山田昭廣著
シェイクスピア時代の読者と観客
A5・338 頁
本体 5,800 円

野村　康著
社会科学の考え方
―認識論，リサーチ・デザイン，手法―
A5・358 頁
本体 3,600 円